Die Wirtschaftsprobleme Kameruns

Europäische Hochschulschriften

Publications Universitaires Européennes
European University Studies

Reihe V
Volks- und Betriebswirtschaft

Série V Series V
Sciences économiques, gestion d'entreprise
Economics and Management

Bd./Vol. 2250

PETER LANG
Frankfurt am Main · Berlin · Bern · New York · Paris · Wien

Detlef Rettinger

Die Wirtschaftsprobleme Kameruns

Eine Untersuchung der Bedeutung von Institutionen für den Entwicklungsprozeß

PETER LANG
Europäischer Verlag der Wissenschaften

Die Deutsche Bibliothek - CIP-Einheitsaufnahme

Rettinger, Detlef:

Die Wirtschaftsprobleme Kameruns : eine Untersuchung der Bedeutung von Institutionen für den Entwicklungsprozeß / Detlef Rettinger. - Frankfurt am Main ; Berlin ; Bern ; New York ; Paris ; Wien : Lang, 1998
(Europäische Hochschulschriften : Reihe 5, Volks- und Betriebswirtschaft ; Bd. 2250)
Zugl.: Würzburg, Univ., Diss., 1997
ISBN 3-631-31655-0

D 20
ISSN 0531-7339
ISBN 3-631-31655-0

Meiner lieben Mutter

INHALTSVERZEICHNIS

1 Einleitung

„How can we live together in peace, prosperity, and harmony, while retaining our liberties as autonomous individuals who can, and must, create our own values“ (BUCHANAN, 1987, S. 250)?

Wenn dies die grundsätzlichste Frage ist, die sich ein Ökonom stellen kann, dann drängt sich eine Beschäftigung mit den Problemen der sogenannten Entwicklungsländer direkt auf. Diese sind - mit Abstufungen - am weitesten von dem in der Frage implizierten Idealbild menschlichen Zusammenlebens entfernt. Ein Erkenntnisgewinn über die Fragen, warum es den Menschen in einigen Ländern so viel besser geht als in anderen und wie sich diese „Entwicklungsunterschiede“ verringern lassen können, ist für einen Ökonomen zweifellos ein erstrebenswertes Ziel: „Is there some action a government of India could take that would lead the Indian economy to grow like Indonesia's or Egypt's? If so, what exactly? If not, what is it about the `nature of India´ that makes it so? The consequences for human welfare involved in questions like these are simply staggering: Once one starts to think about them, it is hard to think about anything else“ (LUCAS, 1988, S. 5).

Hat man einmal begonnen, sich mit solchen Fragen zu beschäftigen, erkennt man bald, daß zwar eine Entwicklungs*politik unterschiedliche* Antworten auf die Probleme der verschiedenen Länder finden kann, eine Entwicklungs*theorie* aber letztlich *allgemeingültige* Erklärungen der Funktionsprinzipien wirtschaftlicher Systeme liefern muß. Es entspricht eben *nicht* einer wissenschaftlichen Vorgehensweise, nach irgendwelchen subjektiven Kriterien eine Gruppe von Ländern - z.B. die sogenannten Entwicklungsländer - zu definieren und sich mit diesen auseinanderzusetzen - ein objektives Problem muß am Anfang stehen, denn: „Erfahrungswissenschaftliche Analyse beginnt nicht mit einer Definition, sondern mit einem Problem“ (HOPPMANN, 1988, S. 334).

Welches ist aber dieses Problem? Was soll sich *verändern*, um von Entwicklung sprechen zu können?

Ökonomie beschäftigt sich mit dem Umgang des Menschen mit knappen Ressourcen. Folglich interessiert das *Verhalten des einzelnen* und die wissenschaftliche Vorgehensweise ist die des *methodologischen Individualismus*. Die handelnden Personen und ihr Handlungsumfeld stehen im Mittelpunkt der Analyse (BUCHANAN, 1987). Dieses Handlungsumfeld wird durch Restriktionen definiert, die nicht nur in der Ausstattung mit knappen Ressoucen bestehen, sondern zu denen auch die Institutionen zu zählen sind. Institutionen sind die *von Menschen erdachten Beschränkungen*, die den Wahlbereich des einzelnen begrenzen (NORTH, 1990, S. 4). „By institutions, I mean the humanly devised constraints on repeated human interaction, that is, the rules of the game - both formal rules and informal norms of behavior and the way they are enforced“ (NORTH, 1988, S. 15). Der auf den ersten Blick nicht ganz eindeutige Unterschied zwischen Institutionen und Organisationen ist dabei derselbe wie zwischen Spielregeln und Mannschaften in einem Spiel. „It should be noted that it is one thing to analyse the rules that define the way the game is played but it is something else to model the organization and strategy that the team will develop as a response to the rules“ (NORTH, 1993b, S. 246).

Douglass C. NORTH, dessen Arbeiten eine wichtige Grundlage der vorliegenden Untersuchung darstellen, ist als Ökonom und Historiker besonders daran interessiert, die unterschiedliche wirtschaftliche Leistungsfähigkeit von Volkswirtschaften zu erklären. Dabei stellt er die Institutionen in den Mittelpunkt seiner Analyse des Wirtschaftsprozesses. Auch internationale Organisationen wie der IMF (1994, S. 54), der als wirtschaftspolitischer Berater vieler Regierungen auftritt, haben die Bedeutung des „Handlungsumfeldes" erkannt: „An important policy factor that has held back growth in many countries is the lack of a stable environment for economic decision making". Diese *Erkenntnis* ist die Voraussetzung für die *Erklärung* von Problemen und diese Erklärung ist die Voraussetzung für *Gestaltung*. „Aufgrund ihrer verhaltenssteuernden Eigenschaften und ihrer sozialen Dimension sind Institutionen von zentraler analytischer Bedeutung. Erst die umfassende Kenntnis der Wirkungszusammenhänge von institutionellen Arrangements, ökonomischen Handlungen und Handlungsergebnissen ermöglicht ein systematisches Verständnis von Realität und bietet die Voraussetzung für ihre rationale Gestaltung" (HARTWIG, 1988, S. 31). Zur Gestaltung durch Politik gehört auch eine Zieldiskussion. Einem solchen normativen Ansatz müssen aber Werturteile zugrunde liegen. Dem *methodologischen* Individualismus entspricht das Werturteil, das Handlungsideal des *selbstbestimmten* Individualismus wie es im Eingangszitat von BUCHANAN (1987, S. 250) bereits zum Ausdruck kam. *Entwicklung ist daher als Zunahme der individuellen (Entscheidungs-)Freiheit zu definieren.* Die Institutionen liefern demnach nicht nur einen Beitrag zur Erklärung wirtschaftlicher Systeme, sie bestimmen durch die Festlegung der Handlungsspielräume auch den „Entwicklungsstand" von Individuen und Gesellschaften.

Allerdings sind Institutionen bzw. deren verhaltenslenkende Wirkungen schwer zu fassen bzw. zu quantifizieren - ein schwieriges Problem, wenn man zur Theoriebildung unbedingt auch eine Quantifizierung zählt. „The role of theory is not to catalogue the obvious, but to help us to sort out effects that are crucial, quantitatively, from those that can be set aside" (LUCAS, 1988, S. 13). Ist es aber gerechtfertigt, Einflußgrößen, die zwar „crucial", aber schwer zu separieren und quantifizieren sind wie z.B. die Wirtschaftsordnung als Ganzes, in der Theoriebildung beiseite zu lassen? „Die Konsequenz einer mangelnden theoretischen Auseinandersetzung mit der Wirtschaftsordnung sind erhebliche Beschränkungen des Forschungsprogramms: empirisch werden fundamentale Tatbestände der Erfahrungswirklichkeit vernachlässigt, während analytisch eine Verengung der Perspektive auf preis-, mengen- und parameterinduzierte Verhaltensreaktionen erfolgt. Auf der instrumentellen Ebene schließlich wird das Bewußtsein für institutionelle Probleme, d.h. die Möglichkeiten und Konsequenzen ordnungspolitischer Maßnahmen, in den Hintergrund gedrängt, wenn es nicht sogar vollständig verlorengeht" (HARTWIG, 1988, S. 32). Die Qualität einer Theorie entscheidet sich eben nicht allein an der statistischen Überprüfbarkeit der Ergebnisse oder der „mathematischen Sauberkeit" ihrer Modelle, sondern an ihrem Beitrag zum Erkenntnisgewinn über das zu erklärende Phänomen. „Yet, I maintain, models untested rigorously may still lead to better understanding, through a process that combines casual empiricism and intuition. By casual empiricism joined with intuition I mean that the reader should look at any given model or idea and ask: Based on personal experience and intuition about how things are, does this make sense? Does it help put into perspective things that have been observed? Does it help organize thoughts about a number of `facts'? When and if so, the exercise of theory construction has been useful" (KREPS, 1990, S. 7). Dies leistet die Institutionenökonomie: „But some of the deductive considerations suggested by the economics of institutions may be helpful in organising one's thoughts" (MATTHEWS, 1986, S. 908).

Durch die Einbeziehung von Institutionen kann die ökonomische Theorie Kompetenzen zurückgewinnen, die sie an Sozialwissenschaftler anderer Fachrichtungen verloren hat. „The consequence of taking the institutional framework as given has been to leave the analysis of institutional constraints to noneconomists (typically political scientists, lawyers, sociologists, and anthropologists)“ (NABLI / NUGENT, 1989b, S. 1335). Zu schnell stoßen die Ökonomen ansonsten an die Grenzen ihrer Erklärungsfähigkeit: „When pressed to explain why practice so often diverges from prescription, economists instinctively take refuge in the blanket category of `political motives´“ (RODRIK, 1993, S. 356). Instabile politische Rahmenbedingungen, unsichere private Verfügungsrechte, eine falsche Wirtschaftspolitik und ähnliches als Ursachen für „Unterentwicklung“ auszumachen, mag wohl zutreffen, aber der wichtige nächste Schritt muß die *Erklärung* sein, *warum* in manchen Ländern solche ineffizienten Institutionen vorliegen und in anderen nicht. Diesen nächsten Schritt macht die Institutionenökonomie. Um aber für die *normative* Entwicklungstheorie oder *politische* Fragestellungen im allgemeinen tauglich zu sein, muß die Institutionenökonomie mit einer Zieldiskussion verbunden werden: „Soll die Neue Institutionenökonomik für die Lösung ordnungspolitischer Fragen herangezogen werden, so ist es unbedingt notwendig, die ausführliche Diskussion der gesellschaftlichen Ziele, wie man sie in der Wettbewerbs- und der allgemeinen Wirtschaftspolitik findet, aufzunehmen“ (RIBHEGGE, 1991, S. 49).

Da Entwicklung ein Prozeß und kein Endzustand ist, ist es nicht korrekt, von entwickelten und unterentwickelten Ländern zu sprechen, vielmehr lassen sich Volkswirtschaften anhand bestimmter - durch die Zieldiskussion vorgegebener - Kriterien nur im Vergleich zueinander als *mehr oder weniger entwickelt* bezeichnen. Nicht nur die „armen“ Länder, auch die „reichen“ sind daran interessiert, sich weiter zu entwickeln. *Weiter-Entwicklung* wird in dieser Sicht zum Universal-Ziel jedes individuellen und gesellschaftlichen Strebens. Es gibt aber in jedem Land andere Hindernisse, die sich der Entwicklung in den Weg stellen und folglich auch andere Antworten der „Entwicklungspolitik“ bzw. der Politik im allgemeinen. Allerdings klärt die Beschäftigung mit einem Land wie Kamerun oder anderen weniger entwickelten Ländern auch den Blick für die Probleme der besser entwickelten Länder, da sie dazu zwingt, über *grundsätzliche* Funktionsprinzipien wirtschaftlicher und politischer Systeme nachzudenken und sich nicht nur mit Einzel-Aspekten auseinanderzusetzen. „From one perspective, a study of LDCs is to economics what the study of pathology is to medicine: by understanding what happens when things do not work well, we gain insight into how they work when they do function as designed. The difference is that in economics, the pathology is the rule: less than a quarter of mankind lives in the developed economies“ (STIGLITZ, 1989a, S. 19).
Gerade die Entwicklung Afrikas war in den letzten Jahrzehnten überwiegend enttäuschend. „Independence brought neither democracy nor prosperity to most Africans. Self-rule there was, but often with a pronounced economic and military dependence on external powers“ (SANDBROOK / BARKER, 1985, S. 145). Im Bild, das sich außenstehende Beobachter von Afrika machen, sind wirtschaftliche Prosperität und friedliche demokratische Entwicklung nicht enthalten. „During the past two decades scholars, journalists, and other observers of African affairs have noted the recurrence of such phenomena as `coups´, `plots´, `clientelism´, `corruption´, `factionalism´, `purges´, and `succession uncertainties´ in numerous African countries“ (JACKSON / ROSBERG, 1982, S. 14). Die Beschäftigung mit prinzipiellen Fragen, die aufgrund der offenbar grundsätzlichen Entwicklungshindernisse notwendig erscheint, macht afrikanische Staaten zu einem Untersuchungsgegenstand, der auch Erkenntnisse über Probleme in den weiter entwickelten Ländern liefern kann: „In many respects

Africa is a mirror. However distorting it may be, it reflects our own political image and has a lot to teach us about the springs of our western modernity" (BAYART, 1993, S. 269).

Obwohl Entwicklung ein allgemeingültiges Phänomen ist, sind die Hindernisse, die sich einer Weiter-Entwicklung in den Weg stellen, doch in jedem Land *spezifisch* und folglich unterscheiden sich auch die Lösungsansätze einer konkreten „Entwicklungspolitik". In dieser Arbeit wird versucht, die *Wirtschaftsprobleme Kameruns* zu beschreiben, zu erklären und mögliche Wege zu ihrer Überwindung aufzuzeigen. Die *politische* Entwicklung spielt zwar eine große Rolle, da Wirtschaft und Politik nicht zu trennen sind, aber im Mittelpunkt steht die *wirtschaftliche* Entwicklung dieses zentralafrikanischen Landes.
Wieso aber gerade Kamerun - ein Land, das relativ selten in den Zeitungen und Nachrichten erwähnt wird? Am ehesten über Kamerun bekannt ist hierzulande noch die Tatsache, daß es etwa dreißig Jahre lang eine der deutschen Kolonien in Afrika war. Wenig Wissen gibt es dagegen über seine jüngere Geschichte. Dies liegt auch daran, daß sich Kamerun seit der Unabhängigkeit 1960 - für afrikanische Verhältnisse - überwiegend durch politische Stabilität ausgezeichnet hat und auch die wirtschaftliche Entwicklung vergleichsweise positiv war. Gerade die weitgehende Abwesenheit von Kriegen, Bürgerkriegen, Revolutionen, Staatsstreichen und anderen Unterbrechungen eines kontinuierlichen Wandels erleichtert es aber, *systemimmanente* Hindernisse der wirtschaftlichen Entwicklung zu erkennen. Besonders interessant ist dabei die Suche nach Erklärungen, warum Kamerun nach 1986 innerhalb weniger Jahre von einem wirtschaftlichen Musterland Afrikas zu einem hochverschuldeten, wirtschaftspolitisch kaum noch handlungsfähigen Staat werden konnte.

Die Arbeit beginnt mit einem ausführlichen *beschreibenden* Teil (Kapitel 2). Dieser Erläuterung des Ist-Zustandes folgt in Kapitel 3 eine Definition des Soll-Zustandes, des *Ziels Entwicklung*. Ebenfalls in Kapitel 3 wird untersucht, welchen Beitrag die *Institutionenökonomie* allgemein zur Erklärung des Phänomens Entwicklung liefern kann und wie diese Erklärung wirtschaftspolitisch zu nutzen ist. Anschließend wird versucht, durch die Verbindung des Wissens aus dem 2. und den Erkenntnissen aus dem 3. Kapitel die entscheidenden Entwicklungshindernisse in Kamerun zu definieren (Kapitel 4) und darauf aufbauend *mögliche* Lösungswege aufzuzeigen (Kapitel 5). Die vorliegende Arbeit ist folglich methodisch und nicht nach objektiven Tatbeständen gegliedert. Daher erschien es im Sinne einer besseren Überschaubarkeit angebracht, bei der Behandlung bestimmter Sachfragen Querverweise in die entsprechenden weiterführenden Gliederungspunkte einzufügen.

2 Politik und Wirtschaft Kameruns

Bedauerlicherweise wird die Wirtschaftsanalyse der meisten Entwicklungsländer durch das unzureichende Datenmaterial erschwert. Dazu kommen häufig noch Manipulationen des spärlich vorhandenen Materials, um unvorteilhaft erscheinende Entwicklungen zu schönen. Eine besonders in Diktaturen gängige Praxis. Auch demokratische Regierungen würden sicher gern zu diesem Mittel greifen und sie tun es gelegentlich auch, wenn es die entsprechenden Kontrollmechanismen (Verfassung, Opposition, Interessengruppen, Massenmedien etc.) nicht verhindern. Das trifft inzwischen auch auf Kamerun zu. Folgende 1986 mit einiger Berechtigung getätigte Äußerung besitzt heute kaum noch Gültigkeit: „Cameroon today is among a handful of African countries that have in the past two decades followed an admirable and *well-documented* path of economic growth and development“ (NDONGKO, 1986, S. 83; Hervorhebung durch den Verfasser). Während die „bewundernswerte wirtschaftliche Entwicklung“ bis Mitte der 80er Jahre noch statistisch dokumentiert wurde, hat man darauf von Seiten der Regierung mit dem Beginn der wirtschaftlichen Krise verzichtet: „One of the problems in assessing economic trends in Cameroon is the shortage of authoritative statistics and data. There are few accurate, complete up-to-date economic data available“ (UNIDO, 1990, S. XI) und: „In Abwesenheit von regierungseigenen realistischen Statistiken seit 1987 können auch IWF und Weltbank nur schätzen“ (BfAI, 1994, S. 3). Doch auch schon vor 1987 pflegte die Regierung einen großen Teil der Einnahmen aus dem Ölexport in nicht veröffentlichen Nebenhaushalten („compte hors budget“) zu „verstecken“. Nach Schätzungen wurden 75 % der Öleinnahmen auf Konten in den USA deponiert (FIELDING, 1995, S. 30). „A major problem has been the exclusion of oil earnings into its own economic data, be there for GDP, balance of payments, or the national budget“ (UNIDO, 1990, S. 1). „Outside experts“ gehen davon aus, daß die Handelsbilanz Kameruns *entgegen offiziellen Statistiken* von 1981 bis 1985 einen Überschuß aufwies (UNIDO, 1990, S. XI). Die Weltbank schätzt z.B. die Exporteinnahmen des Fiskaljahrs 1984/85 *mehr als doppelt so hoch* ein wie die offiziellen Statistiken (UNIDO, 1990, S. 1).
Die im folgenden präsentierten Daten sind also nicht nur wegen der allgemein mit statistischen Erhebungen verbundenen Probleme mit Vorbehalt zu interpretieren. Handelt es sich nämlich um von der Regierung oder anderen offiziellen Kameruner Stellen veröffentlichte Daten, so ist deren Objektivität in Zweifel zu ziehen, handelt es sich um von internationalen Organisationen veröffentlichte Daten, dann beruhen sie notwendigerweise zum Teil auf Schätzungen. Allerdings gibt es in jüngster Zeit Grund zu der Annahme, daß sich diese Situation verbessert, da die Auflagen von IWF und Weltbank für die Vergabe weiterer Kredite die Erhebung und Veröffentlichung verläßlicher Statistiken einschließen. Mitte der 90er Jahre ist Kamerun an einem Punkt angelangt, an dem es sich den Bedingungen dieser internationalen Organisationen nicht mehr entziehen kann.

Nach einleitenden Bemerkungen zur Rolle Kameruns als „Musterland“ in Afrika und zu seiner gegenwärtigen wirtschaftlichen und politischen Krise werden zuerst einige - allerdings kurze - Erläuterungen zur Geographie und Demographie des Landes gegeben. Damit sollen bereits einige der Rahmenbedingungen bzw. Restriktionen, denen sich die kamerunische Wirtschaft gegenüber sieht, dargestellt werden. Dabei wie auch bei der Beschreibung der politischen Rahmenbedingungen steht aber der Einfluß auf das Wirtschaften der Kameruner im Vordergrund. Nach recht ausführlichen Erläuterungen zu diesem wichtigen Be-

reich, wobei mit dem „Sektor Staat“ schon ein Teil der Wirtschaft selbst abgehandelt wird, erfolgt die Beschreibung des privaten Sektors der Wirtschaft Kameruns.
Im Anschluß an die Darstellung und Erläuterung der Entwicklung einiger makroökonomischer Indikatoren werden die Sektoren Landwirtschaft und Industrie ausführlich analysiert. Über den dritten Sektor, den man in dieser Aufzählung erwarten würde, die Dienstleistungen, sind leider nur wenige Informationen vorhanden, so daß mit dem Kreditgewerbe sowie dem formellen und informellen Kleingewerbe nur auf Teilbereiche eingegangen werden kann. Während die bisherige Analyse bei den *Wirtschaftssubjekten (-sektoren)* ansetzte, wird zum Abschluß mit den wirtschaftlichen Verflechtungen mit dem Ausland ein wesentlicher Teil der *Transaktionen* beschrieben. Auf eine Definition des Begriffes Entwicklung soll im übrigen vorerst verzichtet werden. Er wird einstweilen synonym mit Veränderung verwendet. Die Bemerkungen hierzu aus der Einleitung waren ein Vorgriff auf die Zieldiskussion des zweiten Kapitels.

2.1 Ein kurzer Überblick

„Cameroon has a particularly rich and diverse natural resource base and an underexploited agricultural potential. It is considered a middle-income economy by the World Bank, having attained an average per capita GNP of US $ 1.010 in 1989 - one of the highest in sub-Saharan Africa ... In addition, Cameroon has enjoyed considerable political stability since gaining independence in 1960“ (BLANDFORD et al., 1994, S. 131).
1993 aber sah die Lage anders aus:
„ ... épingle pour mauvaise gestion, laxisme dans ses programmes de réformes et, surtout, retard supérieur à soixante jours dans le paiement de ses arriérés de dettes auprès de la Banque mondiale, Yaoundé risquait d'être inscrit sur la fameuse «liste noire» de Washington“ (JA 1760, Sept./Okt. 1994, S. 36).

Im Mittelpunkt des folgenden *kurzen Überblicks* stehen die Rolle Kameruns als wirtschaftliches Musterland Afrikas *vor* 1985 und die schwere wirtschaftliche Krise *nach* 1985. Die Analyse der Wirtschaftsprobleme Kameruns ist auch insofern besonders interessant, als das Land weitgehend - bis auf Unruhen in den 60er Jahren und einen mißglückten Putschversuch zu Beginn der 80er Jahre - von *offenen* politischen Kämpfen verschont blieb. Weder Bürgerkriege noch Staatsstreiche oder ähnliches haben seine Entwicklung, im Gegensatz zu der vieler anderer afrikanischer Länder, entscheidend beeinträchtigt. Dies hat sicher dazu beigetragen, daß sich Kamerun lange Zeit wirtschaftlich besser entwickelte als die meisten afrikanischen Länder. Um so interessanter ist die Analyse der langanhaltenden Krise seit Mitte der 80er Jahre, denn deren Ursachen sind nicht in politischen Eruptionen zu suchen, sondern im politischen und wirtschaftlichen System *selbst*. Vor dessen Analyse muß aber eine Beschreibung erfolgen.

2.1.1 Kamerun als afrikanisches „Musterland“

Kamerun ist im doppelten Sinne ein „*Muster*“ für Afrika. Zum einen hat es besonders in den 70er und in der ersten Hälfte der 80er Jahre eine für Afrika beispielhafte wirtschaftliche Entwicklung genommen; zum anderen wird es häufig aufgrund seiner naturräumlichen Gliederung und seiner ethnischen und religiösen Vielfalt als „Afrika im Kleinen“ bezeichnet.

In Kamerun ist vom tropischen Regenwald im Süden bis hin zu den Steppenzonen im Norden ein Großteil der auch im übrigen Afrika vorherrschenden Klimazonen vorzufinden (vgl. DELANCEY, 1989, S. 82ff). Je nach Abgrenzung des Begriffes „Ethnie“ werden über hundert (Van De WALLE, 1990, S. 42f) oder über zweihundert (MEHLER, 1993a, S. 62 und DELANCEY, 1989, S. 96) Völker gezählt, die zugleich unterschiedliche Sprachgemeinschaften darstellen. Allerdings gibt es nur einige Großgruppen von Gewicht (vgl. 2.2 - Ethnien). Die Völkervielfalt bedeutet auch eine kulturelle Vielfalt, wobei sich die Mehrzahl der von verschiedenen Autoren im Afrika südlich der Sahara identifizierten Kulturräume in Kamerun überschneidet (DELANCEY, 1989, S. 96). Die Heterogenität Kameruns spiegelt sich auch in den Religionen wider: Neben den traditionellen afrikanischen Religionen sind der Islam und der katholische Glaube verbreitet. Dazu kommt noch die Kolonialgeschichte - an der Deutschland sowie die beiden bedeutensten Kolonialmächte in Afrika, Frankreich und England, beteiligt waren -, die Kamerun zum „microcosm of Africa“ (Van De WALLE, 1990, S. 42) macht. Dies ist auch der Grund, daß heute sowohl französisch als auch englisch offizielle Amtssprachen sind.

Kamerun ist aber nicht nur in mancher Hinsicht ein *Abbild* Afrikas, sondern es war seit Beginn der 70er Jahre bezüglich - zumindest vordergründiger - politischer Stabilität und wirtschaftlichem Wachstum ein *Vorbild* und damit ein Muster für Afrika. Die Vorbildfunktion in wirtschaftlicher Hinsicht gründet sich vor allem auf die Zeit von Ende der 70er bis Mitte der 80er Jahre, denn die Zunahme des realen BIP pro Kopf betrug z.B. in der Zeit von 1978/79[1] bis 1984/85 im Durchschnitt ungefähr 6 % pro Jahr (BLANDFORD et al., 1994, S. 134).
Die Rechtfertigung für die Kür Kameruns zum wirtschaftlichen Musterland Afrikas waren aber nicht nur die für sich gesehen hohen Wachstumsraten, sondern auch die schweren ökonomischen Krisen, in denen die meisten anderen Länder Sub-Sahara-Afrikas (SSA)[2] steckten, wodurch sich das prosperierende Kamerun besonders deutlich abhob. Auch gehörte Kamerun zu den am wenigsten verschuldeten Staaten dieser Ländergruppe: „Das Pro-Kopf-Einkommen lag 1985 mit $ 810 um mehr als das Doppelte, die Lebenserwartung (55 Jahre) um 10 % über dem subsaharischen Durchschnitt. ... Noch 1987 stand das Land in der Hierarchie der Kreditwürdigkeit bei internationalen Banken höher als jedes andere subsaharische Land“ (KÖRNER, 1988, S. 77). Als einziges Land in SSA besaß es die höchste internationale Kreditwürdigkeit, das „Triple A credit rating“, während die ganze Welt die Schuldenkrise der Entwicklungsländer - auch der afrikanischen - diskutierte (Van De WALLE, 1990, S. 156). Die Mitte der 80er Jahre einsetzende Abwertung des Dollar gegenüber dem Franc und damit auch dem FCFA (Franc de la Coopération Financière en Afrique), der bis 1994 im Verhältnis 50 zu 1 an den französischen Franc gekoppelten Währung Kameruns, brachte es sogar mit sich, daß das Pro-Kopf-Einkommen bis 1989 trotz der wirtschaftlichen Krise,

[1] Viele Wirtschaftsstatistiken werden in Kamerun für die Dauer von Fiskaljahren erhoben. 1978/79 entspricht dem Zeitraum vom 1. Juli 1978 bis zum 30. Juni 1979.
[2] Der Begriff "Sub-Sahara-Afrika", der von der Weltbank für alle afrikanischen Länder (47 inkl. einiger kleiner Inselstaaten) außer Südafrika (in jüngeren Statistiken wurde Südafrika allerdings zu SSA gezählt) und außer den nordafrikanischen Staaten Mauretanien, Marokko, Algerien, Tunesien, Lybien und Ägypten verwendet wird, erscheint dem Verfasser zwar "gekünstelt", dennoch soll er in dieser Arbeit verwendet werden. Eine ausführliche Erläuterung der unterschiedlichen Verwendung dieses Begriffes durch verschiedene Organisationen und in verschiedenen Statistiken ist nachzulesen bei RIDDELL (1990, S. 23f). Die Alternative "Schwarzafrika" ist jedenfalls noch unpassender. Ist die genannte Unterscheidung nicht unbedingt nötig, so wird im folgenden daher einfach von Afrika die Rede sein.

die bereits 1986 eingesetzt hatte, nochmals um fast 20 % auf 990 Dollar gestiegen ist (bis 1993 ist es allerdings wieder auf 820 Dollar gefallen) (vgl. Tab. 12). Im gleichen Zeitraum ist das reale BIP pro Kopf in FCFA gerechnet um 26 % gefallen (vgl. Tab. 11).
Auch strukturell zeigten sich einige erfreuliche Entwicklungen. Der inländische Bedarf an Nahrungsmitteln konnte im Gegensatz zu vielen anderen afrikanischen Ländern weitgehend durch eigene Produktion gedeckt werden und die Exportstruktur war innerhalb der landwirtschaftlichen Güter relativ stark diversifiziert. Der Anteil des verarbeitenden Gewerbes am gesamten BIP stieg von Mitte der 70er bis Mitte der 80er Jahre von 8,5 auf 12,1 % (vgl. Tab. 15), was auf eine durchschnittliche jährliche reale Wachstumsrate dieses Sektors von etwa 15 % (1979 bis 1985; vgl. Tab. 16) zurückzuführen war. Die Exporte legten von 1978 bis 1985 - in Dollar gerechnet - um mehr als das Doppelte zu (vgl. Tab. 37). Die Investitionen stiegen in Relation zum BIP von etwa 20 % in der zweiten Hälfte der 70er Jahre auf über 34 % 1986/87 (vgl. Tab. 13). Auch hinsichtlich der sozialen Indikatoren der Entwicklung ist Kamerun im afrikanischen Vergleich zu den „entwickelteren" Ländern zu zählen. Nach dem Human Development Index (HDI)[3] lag Kamerun 1992 in SSA an 9. Stelle und wurde gerade noch in die Gruppe der Länder mit mittlerer menschlicher Entwicklung eingeordnet (UNDP, 1995, S. 173ff).

Fragt man nach den Ursachen dieses Erfolges, dann stechen - vordergründig - zwei Aspekte ins Auge: Zum einen die Deviseneinnahmen durch die Ende der 70er Jahre einsetzende Erdölförderung, die der Wirtschaft quasi als Treibstoff dienten und zum anderen ein Staat, der es vermied, über seine Verhältnisse zu leben, was sich in ausgeglichenen Budgets widerspiegelte. Bemerkenswert war die makroökonomische Stabilität Kameruns aber nicht erst in der Phase des Ölbooms, sondern vor allem auch in den 70er Jahren. Budgetdefizite, wenn überhaupt vorhanden, überstiegen nie 2 % des BIP (vgl. Tab. 7) und die Verschuldung im Ausland blieb sehr gering. „In fact, it was during this pre-oil boom period of responsible macroeconomic management that Cameroon earned its reputation for fiscal prudence" (BLANDFORD et al., 1994, S. 139) Auch die Öleinnahmen wurden zumindest so verwendet, daß sie sich in höheren Wachstumsraten und in höheren Investitionen niederschlugen. Das ist nicht selbstverständlich für Entwicklungsländer in ähnlichen Situationen. „Cameroon's prudence in spending oil revenues, which became increasingly significant beginning in 1977/78, compares favorably with other oil-exporting countries" (BLANDFORD et al., 1994, S. 131).
Die Wachstumsperiode von Ende der 70er bis Mitte der 80er Jahre wurde also von den öffentlichen Investitionen getragen (BEKOLO-EBE, 1986, S. 9f). Steigende Staatseinnahmen vor allem in Folge der Ölexporte ermöglichten ein immer stärkeres staatliches Engagement in der Wirtschaft. „De plus, alors que jusque-là les recettes pétrolières n'étaient pas budgétisées, elles vont alimenter, surtout à partir de 1982, le budget de l'Etat et contribuer ainsi à sa rapide expansion" (BEKOLO-EBE, 1986, S. 14). Das äußerte sich sowohl in steigenden staatlichen Beteiligungen an Unternehmen als auch in einer Zunahme der Kreditvergabe durch den Staat. Darüber hinaus wurde eine Reihe von Investitionen in die Infrastruktur getätigt (BEKOLO-EBE, 1986, S. 14).

[3] In diesen Index gehen neben dem Pro-Kopf-Einkommen noch Meßgrößen für die Lebenserwartung und die Ausbildung der Menschen ein.

Auch was die politische Entwicklung seit der Unabhängigkeit betrifft, ist Kamerun zumindest nicht typisch für Afrika. Von einem Musterland zu sprechen, wäre allerdings angesichts der diktatorischen Regime und der von diesen angewendeten Repressionen zynisch. Dennoch ragte Kamerun - wiederum vordergründig - aus den meisten anderen Staaten in SSA heraus und paßt nicht in das Bild, das gemeinhin von Afrika verbreitet ist: „Africa is subject to stereotypes. There is a sameness to the images of `tropical gangsters' and greedy expatriates, ethnic conflict and the failure of the African state" (GARRITY / PICARD, 1994, S. 151). Statt dessen gehörte Kamerun noch Mitte der 80er Jahre laut SANDBROOK (1986, S. 327) zur Handvoll „starker" afrikanischer Staaten: „Botswana, the Ivory Coast, Cameroon, Kenya, Malawi, and Senegal are capable of maintaining social order and devising and implementing diverse policies".

Die politische Kontinuität und Stabilität zeigt sich vor allem an dem außergewöhnlichen Umstand, daß Kamerun seit seiner Unabhängigkeit 1960 nur zwei Staatschefs hatte, nämlich bis 1982 Ahmadou Ahidjo und seitdem Paul Biya, wobei die Regierung von Biya spätestens seit Ende der 80er Jahre, aber teilweise auch schon zuvor, allenfalls als kontinuierlich, aber nicht mehr als stabil bezeichnet werden kann. Nicht die einzige, aber vermutlich die wichtigste Konstante in der Politik war die enge Bindung an Frankreich, dessen Unterstützung für die Stabilität der jeweiligen Regierung entscheidend war und heute mehr denn je ist. Die politische Stabilität Kameruns, die auch ein wichtiger Grund war für die im afrikanischen Vergleich gute wirtschaftliche Entwicklung, war also nicht (nur) das Resultat der Zustimmung weiter Teile der Bevölkerung *zur* jeweiligen Regierung, sondern auch der Unterstützung der Regierung durch Frankreich *gegen* weite Teile der Bevölkerung. Das Zutreffen dieser Behauptung zumindest für die jüngere Kameruner Geschichte soll später noch belegt werden (vgl. 2.3.2).

Kamerun scheint also geeignet zu sein als „Fallstudie", wenn man aus der Analyse der Wirtschaftsprobleme dieses afrikanischen Landes Aussagen über die Gründe des Zurückbleibens der wirtschaftlichen Entwicklung der meisten afrikanischen Länder südlich der Sahara hinter der der meisten lateinamerikanischen und besonders der asiatischen Entwicklungsländer ziehen will. Dies ist jedoch nicht das Anliegen dieser Arbeit, da es dem Verfasser angebrachter erscheint, der Heterogenität der afrikanischen Länder durch den Versuch der Analyse der Wirtschaftsprobleme jedes einzelnen Landes Rechnung zu tragen, als durch die Übertragung von Analysen und Problemlösungen kulturelle oder andere Gemeinsamkeiten zu unterstellen, die es möglicherweise nicht gibt. Wenn es allgemeingültige Antworten auf Probleme der Unterentwicklung, sozusagen Grundbedingungen für Entwicklung, gibt, dann gelten sie für alle Länder und nicht nur für Afrika. Daher sollten z.B. statistische Querschnittsanalysen, die das Herausfinden von Einflußgrößen auf den Verlauf der wirtschaftlichen Entwicklung zum Ziel haben, *alle* Länder miteinbeziehen und nicht nur die sogenannten Entwicklungsländer oder gar von diesen nur eine bestimmte Gruppe. Wird nämlich eine Ländergruppe nicht zufällig, sondern nach bestimmten Kriterien ausgewählt, besteht die Gefahr der systematischen Fehleinschätzung der wirtschaftlichen Entwicklungsfaktoren.

2.1.2 Die wirtschaftliche und politische Krise

Mitte der 80er Jahre begann der „Mythos" von der Ausnahmestellung Kameruns zu zerbrechen. Ende 1982 noch für einen der wenigen friedlichen Machtwechsel in SSA überhaupt gelobt, stiegen in der Folgezeit die politischen Spannungen und gipfelten schließlich in ei-

nem offenen blutigen Putsch der Präsidentengarde im August 1984. Biya blieb im Amt und konnte seine Macht festigen, aber der Ruf der politischen Stabilität war dahin. Angetreten auch mit dem *Versprechen*, die kamerunische Gesellschaft demokratischer zu gestalten, sah sich Biya erst von 1989 an unter dem Druck weiter Teile der Bevölkerung zur teilweisen Einlösung dieses Versprechens *gezwungen*. Seitdem unternimmt er eine bis jetzt erfolgreiche Gratwanderung zwischen Zugeständnissen an die oppositionellen Kräfte und deren gewaltsamer Unterdrückung. Von politischer Stabilität kann also nicht mehr die Rede sein.
Die unruhigen politischen Zeiten werden seit Mitte der 80er Jahre von einer wirtschaftlichen Rezession begleitet, wobei beide Entwicklungen nicht unabhängig voneinander zu sehen sind. Die Wirtschaftskrise ist zurückzuführen auf einen *massiven* Einbruch der Exporterlöse, der wiederum die Folge zum einen der Abwertung des Dollar gegenüber dem FCFA und zum anderen des Rückgangs der Weltmarktpreise der wichtigsten Exportgüter Kameruns - allen voran des Erdöls - war. Die Erlöse aus dem Export von Erdöl sanken in FCFA gerechnet vom Fiskaljahr 1984/85 bis 1988/89 um 69 % (in Dollar gerechnet um 42 %) (vgl. Tab. 33). Die Abwertung des Dollar gegenüber dem FCFA im gleichen Zeitraum um 29 % schlug sich direkt in den Exporterlösen nieder, da Erdöl international in Dollar gehandelt wird (vgl. Tab. 21). Das andere Standbein der Ausfuhren, Agrarerzeugnisse, knickte ebenfalls weg. „Unfortunately, wide as the range of cash crops is, nearly every one of them has suffered from depressed world market prices since the mid 1980s" (UNIDO, 1990, S. 41). Die Weltmarktpreise von Kakao (-59 %) und Kaffee (Arabica: -44 %; Robusta: -53 %) sanken von 1985 bis 1989 ebenfalls erdrutschartig (vgl. Tab. 24). Im gleichen Zeitraum verringerten sich die Terms of trade Kameruns um 41 % (vgl. Tab. 19) und die nominalen Exporterlöse gingen in Dollar und in FCFA gerechnet jeweils um 23 % zurück (vgl. Tab. 37 und Tab. 39).
Die Krise betraf inzwischen nicht nur die Exporte, sondern hatte alle Bereiche der Volkswirtschaft ergriffen. Die vor allem seit Mitte der 70er Jahre aufgebauten oder ausgeweiteten landwirtschaftlichen Entwicklungsorganisationen (v.a. die sogenannten Société de Développement) häuften aufgrund der sinkenden Exporterlöse aus dem Verkauf der Cash crops immer größere Defizite an. Das verarbeitende Gewerbe konnte mit den durch die Aufwertung des FCFA verbilligten Importen nicht konkurrieren, wobei auch die Abwertungspolitik des großen Nachbarn Nigeria, die die - zum großen Teil illegalen - Importe verarbeiteter Waren aus Nigeria in erheblichem Umfang verstärkte, eine Rolle spielte.
Bereits 1987 war der Bankensektor „insolvent and inactive" geworden (Van De WALLE, 1990, S. 158) und 1989 war nach Schätzungen der Weltbank das Defizit im Bankensektor auf 300 bis 375 Mrd. FCFA, einem Drittel des gesamten Portfolios und 10 % des BIP, angewachsen (BLANDFORD et al., 1994, S. 155). Daß das Bankengewerbe so empfindlich auf die Krise reagierte, lag daran, daß der Staat (inkl. der parastaatlichen Unternehmen) der wichtigste Kreditgeber war und diese Rolle in der Krise nicht mehr erfüllen konnte. Darüber hinaus mußten viele Kredite - auch an staatliche Organisationen - aufgrund von Zahlungsunfähigkeit und -unwilligkeit abgeschrieben werden.

Da die Exportwirtschaft auch die wichtigste Einnahmequelle des Staates ist, verschlechterte sich die Haushaltslage rapide. Von 1984/85, als der Staatshaushalt fast ausgeglichen war, bis 1988/89 sind die Einnahmen nominal um 31 % gefallen, während die Ausgaben nur um 10 % reduziert wurden. Das hatte ab 1986/87 erhebliche Budgetdefizite zur Folge (vgl. Tab. 7). Die Regierung reagierte auf die Krise, indem sie die Einnahmeausfälle durch Rückflüsse aus dem durch die Öleinnahmen gespeisten Nebenhaushalt, dem sogenannten Compte

Hors Budget (CHB), kompensierte (UNIDO, 1990, S. XI). Das war aber nur kurze Zeit möglich: „Ajoutée au poids des interventions hors-budget, cette évolution achève d'épuiser la «réserve pétrolière»" (WAUTELET, 1990, S. 81). Notwendige strukturelle Reformen wie z.B. Ausgabenkürzungen wurden dadurch hinausgeschoben und da das CHB schon bald aufgebraucht war, reihte sich Kamerun nach kurzer Zeit in die Phalanx der hochverschuldeten afrikanischen Länder ein.
Der Staat wurde vom wichtigsten Kreditgeber für die Wirtschaft zum Kreditnehmer. Die Finanzierung des Budgets mit ausländischen Krediten erhöhte sich von 48 Mrd. FCFA 1985/86 auf 164 Mrd. FCFA 1988/89 (BLANDFORD et al., 1994, S. 154). Die Verschuldung stieg im gleichen Zeitraum von 36 % auf 47 % in Relation zum BIP. Die Ausgaben für den fälligen Schuldendienst erhöhten sich von 23 % der Exporteinnahmen auf 35 %. Nachdem Kamerun 1980 noch sehr gering verschuldet war, stieg die gesamte Auslandsverschuldung bis Ende 1993 auf 6,6 Mrd. Dollar und der fällige Schuldendienst belief sich in diesem Jahr auf 797 Mio. Dollar (vgl. Tab. 8). Der Schuldenstand im Inland betrug - 1992 - zusätzlich noch 960 Mrd. FCFA (MTM, 1992, S. 3290). Nicht nur der Staat selbst verschuldete sich, sondern auch die meisten parastaatlichen Organisationen (Parastatals). So akkumulierte z.B. das ONCPB (Office Nationale pour la Commercialisation des Produits de Base), das die Aufgabe der Stabilisierung der Produzentenpreise der wichtigsten Agrarexportgüter hatte und eine der kapitalstärksten Organisationen des Landes war, innerhalb kurzer Zeit so viele Schulden, daß es nicht mehr in der Lage war, die garantierten Produzentenpreise voll und sofort auszuzahlen (BLANDFORD et al., 1994, S. 155).
Die Politik wurde sehr schnell handlungsunfähig und war zu einer Entwicklungsplanung nicht mehr in der Lage: „Die Ziele des Sechsten Nationalen Entwicklungsplanes, der ein durchschnittliches jährliches Wirtschaftswachstum von 6,7 % anpeilte, entschwanden ins Reich der Utopie" (KÖRNER, 1988, S. 90). Die Krise war exogen ausgelöst worden, aber ihre Schwere und Dauer deckte die großen strukturellen Schwächen in der Kameruner Wirtschaft, die durch den Ölboom seit Ende der 70er Jahre nur überdeckt worden waren, auf. Die scheinbar gute Performance Kameruns zerplatzte wie eine Seifenblase: Es wurde offensichtlich, daß die Öleinnahmen die Verluste der Parastatals kaschiert hatten, daß das Wachstum im verarbeitenden Gewerbe „künstlich" war und sich beim Wegfall der durch die Öleinnahmen induzierten Investitionen als nicht stabil erwies, daß der Bankensektor äußerst labil war und daß die Landwirtschaft trotz anders lautender Beteuerungen in den Zeiten des Ölbooms vernachlässigt worden war (BLANDFORD et al., 1994, S. 132).

Die Politik reagierte spät und halbherzig auf die Krise. Die Gründe waren entweder falsche Informationen und ein Verkennen der Tatsachen oder die Unfähigkeit zu wirtschaftspolitischen Maßnahmen oder beides: „The government appears to have been ill informed, uncoordinated and indecisive" (Van De WALLE, 1990, S. 231). Offensichtlich wurden aber das Kapital und die Reserven der Parastatals auch überschätzt. Erst 1987 - zwei Jahre nach Beginn der Krise - begann die Regierung, mit einer Kürzung der geplanten Staatsausgaben um nominal 19 % zu reagieren. „The 1987/88 budget was the first real `austerity´ budget and the first recognition that Cameroon's economic problems were other than a temporary phenomenon" (UNIDO, 1990, S. 2). Die Halbherzigkeit dieser Maßnahme zeigt sich daran, daß die Zahl der Staatsangestellten auch 1988 noch zunahm (Van De WALLE, 1990, S. 160). Zudem lagen die tatsächlichen Staatsausgaben, trotz anhaltender Krise, auch in den bis 1993/94 folgenden Haushalten noch *über dem bereits für 1987/88 geplanten* Niveau von 650 Mrd. FCFA (vgl. Tab. 7).

Da die Regierung ihre Ausgaben offensichtlich nicht in den Griff bekommen konnte, verschärfte sich die Verschuldungssituation und sie mußte die Unterstützung der internationalen Kreditgeber IWF und Weltbank suchen. Das führte 1988 zu einem Stand-by Kredit des IWF (im September erhielt Kamerun zwei Kredite in Höhe von insgesamt 115,9 Mio. SDR) und 1989 zum Akzeptieren eines Strukturanpassungprogrammes (SAP) der Weltbank in Verbindung mit weiteren Krediten (150 Mio. US $, wovon 1989 50 Mio. überwiesen wurden).
Damit sollten die Maßnahmen des bereits zuvor beschlossenen Regierungsprogramms unterstützt werden:
- Umstrukturierung der Staatsfinanzen, der parastaatlichen Organisationen und des Bankensektors;
- Liberalisierung der Vermarktung der landwirtschaftlichen Güter;
- Deregulierung des Binnenhandels;
- Verbesserung der Anreize für die Suche nach neuen Ölquellen;
- Umorientierung der Politik bzgl. Forstwirtschaft, Gesundheit und Bildung sowie
- die Ergreifung bestimmter Maßnahmen, um die negativen Folgen der Anpassung zu mildern (BLANDFORD et al., 1994, S. 156f).

Die Regierung stellte 1988 eine Kommission aus Ministerialbeamten zusammen, die unterstützt von ausländischen Experten (finanziert von IWF und Weltbank) ein Reformprogramm für die Parastatals entwickeln sollte. Das Ergebnis war, das von den 75 reformbedürftigen Parastatals (von 150 insgesamt) 15 liquidiert, 12 privatisiert, 4 fusioniert und 38 saniert werden sollten. Die ganzen Maßnahmen hätten auf 4 Jahre verteilt 616 Mrd. FCFA gekostet (BLANDFORD et al., 1994, S. 156).
Bis Ende 1992 waren kaum Fortschritte bei den angekündigten Maßnahmen festzustellen. So hatte z.B. die Kommission zur Überprüfung der Parastatals zwar bereits im Mai 1988 ihren Bericht vorgelegt, aber Ende 1992 hatten erst 8 von 29 zur Sanierung vorgesehene Parastatals (ohne Finanzinstitute) mit Maßnahmen begonnen und nur eine der 15 zur Liquidation vorgesehenen war aufgelöst worden (BLANDFORD et al., 1994, S. 158). Wie bereits angedeutet, waren auch bei der Kürzung der tatsächlichen Staatsausgaben nicht die notwendigen Erfolge zur Haushaltskonsolidierung erzielt worden. Besonders dieser Umstand brachte Kamerun in die Abhängigkeit von den internationalen Gebern. Die Ordnung der Staatsfinanzen war mittlerweile zum dringlichsten Problem geworden, wobei sowohl die Rückführung der laufenden Ausgaben als auch die Schaffung von neuen Einnahmequellen geboten waren. Bis 1992/93 verringerte der Staat seine Ausgaben fast ausschließlich durch die Kürzung des Investitionsbudgets: Von 1985/86 bis 1992/93 war der Anteil der *geplanten* Investitionsausgaben an den gesamten geplanten Ausgaben von 42 % auf 25 % gefallen, *tatsächlich* machten die Investitionsausgaben 1992/93 sogar nur noch 13 % der gesamten Ausgaben aus (vgl. Tab. 4 und Tab. 6).

Die Jahre von 1988 bis 1995 waren von einem Lavieren der kamerunischen Regierung zwischen verbalen Zugeständnissen an die internationalen Geber und tatsächlicher Passivität bei den Reformbemühungen geprägt, durch das sich die Situation der Wirtschaft immer weiter verschlechterte. In den Jahren 1989/90 bis 1991/92 schrumpfte das reale BIP um 6 - 7 % jährlich (vgl. Tab. 10). 1993 sah sich die Regierung zu drastischen Maßnahmen gezwungen: Die Gehälter der Staatsangestellten wurden im Frühjahr um *bis zu* 30 % und im November um *bis zu* weitere 50 % gekürzt. Die Abwertung des FCFA gegenüber dem FF um 50 % am 1. Januar 1994 hat zudem die Preise importierter Waren erhöht. Auch wenn sich die Abwertung nicht in einer Verdoppelung der Importpreise niederschlug, verringerten sich dadurch besonders die realen Einkommen der besser verdienenden Stadtbewohner weiter, da diese zu einem erheblichen Teil importierte Waren konsumieren: „Les classes moyennes sont les plus marquées par la crise. Longtemps habituées à une salaire régulier parmi les plus confortables d'Afrique, elles ont vu leur pouvoir d'achat s'effriter petit à petit“ (Croissance, Nr. 370, April 1994, S. 16: „A Yaoundé, la résignation“). Durch die Einführung einer Umsatzsteuer von 16,5 % am 1. Juli 1994 sind die Realeinkommen noch weiter gesunken. Die Stadtbewohner mit regelmäßigem Einkommen, die zum großen Teil beim Staat oder bei staatlichen Organisationen angestellt waren, waren damit die letzte Gruppe, die wirklich hart von den Anpassungsmaßnahmen getroffen wurde. Zuvor mußten bereits die Bauern drastische Senkungen der Produzentenpreise für Cash crops (Agrarexportgüter) und die im übrigen privaten Gewerbe Tätigen ein Wegbrechen der Nachfrage aus dem Aus- und Inland, was zu Arbeitslosigkeit oder erheblichen Einkommensausfällen führte, hinnehmen. Die sozialen Folgen der Krise sind wegen kaum vorhandenen statistischen Materials zwar schwer zu quantifizieren, es ist aber davon auszugehen, daß sie aufgrund der weitgehenden Abwesenheit staatlicher sozialer Sicherungssysteme - besonders im nicht-modernen Sektor - gravierend waren.

Ende 1995 hat der IWF Kamerun einen weiteren Stand-by Kredit gewährt - eine Maßnahme, die Signalwirkung für andere Gläubiger hat und die die Chance für einen Ausweg aus der Krise bietet. Es ist das vierte Abkommen dieser Art und Kameruns *letzte Chance*, seine Glaubwürdigkeit und Kreditfähigkeit wiederzuerlangen, nachdem die drei vorherigen Abkommen an der Nicht-Erfüllung der an die Kredite geknüpften Bedingungen durch die Regierung Kameruns gescheitert sind. Die Regierung mußte aber im voraus erhebliche Entschlossenheit in der Durchführung der Reformen zeigen, um den IWF zu diesem Schritt zu bewegen: Die Liberalisierung der Vermarktung der Cash crops wurde abgeschlossen, die Privatisierung oder Liquidation öffentlicher Unternehmen wurde vorangetrieben, die Staatseinnahmen wurden durch die Einführung neuer Steuern und durch die Verbesserung der Effizienz bei der Erhebung deutlich erhöht und 1995 wurden zum ersten Mal in größerem Umfang Staatsangestellte entlassen. Der Abbau des überdimensionierten Staatssektors war von Anfang an eine der Hauptforderungen der internationalen Geber gewesen.

Die endlich ernsthaft betriebene Konsolidierung des Staatshaushaltes und der Rückzug des Staates aus der Privatwirtschaft treffen zusammen mit einer wirtschaftlichen Erholung, die vor allem auf - infolge der Abwertung und hoher Weltmarktpreise für Rohstoffe - gestiegene Exporte zurückzuführen ist. Nach der Schätzung des IWF ist die Wirtschaft Kameruns 1994/95 erstmals seit 1986/87[4] wieder real gewachsen.

2.2 Geographie und Demographie

Landwirtschaft

Wie schon erwähnt, weist Kamerun eine naturräumliche Gliederung auf, die gerne auch als „Afrika im Kleinen“ (vgl. „Afrique en Miniature“; BALÉPA et al., 1992, S. 1) bezeichnet wird, da sich fast alle Vegetations- und Klimaformen des afrikanischen Kontinents dort finden. Das beginnt mit der Steppenzone im Norden über die Savannen im mittleren Landesteil

---

[4] Andere Statistiken weisen für 1990/91 ebenfalls ein positives Wirtschaftswachstum aus (vgl. Diagramm 2).

bis zum tropischen Regenwaldgebiet, welches das südliche Drittel Kameruns umfaßt und eines der größten des afrikanischen Kontinents ist.
Insgesamt wurden Ende der 80er Jahre nur 12,5 % der Gesamtfläche des Landes als Ackerland genutzt und weitere 2,2 % waren Dauerkulturflächen, obwohl besonders in den 70er Jahren eine Ausweitung dieser Flächen erfolgt war. Zudem wurden 17,5 % der Fläche Kameruns als Weideland genutzt und der überwiegende Rest, nämlich 51,8 %, sind mit Wald bedeckt, der jedoch durch die verstärkte Nutzung seit 1972 um 6 % abgenommen hat (STBA, 1993, S. 63f). Das Küstentiefland ist außerordentlich fruchtbar und regenreich und stellt das stark besiedelte wirtschaftliche Kerngebiet dar. Im Zentrum und Westen des Landes werden in erster Linie die wichtigen Agrarexportgüter Kaffee, Kakao, Palmöl und Bananen produziert. Auch die meisten Industriebetriebe befinden sich in dieser Region, wobei Douala als das wirtschaftliche Zentrum bezeichnet werden kann. Das Hochland im Süden ist nur dünn besiedelt und spielt für die landwirtschaftliche Produktion eine geringe Rolle. In der Mitte Kameruns wird vor allem Viehhaltung betrieben und im Norden werden Baumwolle, Reis und Erdnüsse produziert (vgl. BALÉPA et al., 1992, S. 1f). Kurz und vereinfachend lassen sich die wichtigsten Kameruner Agarexportgüter folgendermaßen den einzelnen Landesteilen zuordnen: „The arid north is suited to cotton growing, the fertile west to coffee, the centre to cocoa, the littoral region to palm oil and the dense forests of the south to rubber growing" (UNIDO, 1990, S. 5).
Kamerun gehört jedoch nicht nur wegen der Fruchtbarkeit des Landes, die eine Vielfalt in der landwirtschaftlichen Produktion ermöglicht, zu einem der begünstigten Länder Afrikas. Die Waldfläche von 24,7 Mio. ha (1989) ist darüber hinaus nach der von Zaire die zweitgrößte Afrikas. Die Nutzung dieser natürlichen Ressource hat in den 80er Jahren zugenommen. 1990 wurden etwa 50 % mehr Nutzhölzer als 1980 geschlagen, wobei deren Anteil am gesamten Holzeinschlag aber nicht einmal 25 % beträgt (STBA, 1993, S. 75f).
Hinzu kommen die enormen Möglichkeiten zur Nutzung der Wasserkraft, durch die etwa 95 % der Energie erzeugt wird und deren Potential bei weitem noch nicht ausgeschöpft ist. Nennenswerte Rohstoffvorkommen existieren in Form von Erdölquellen vor der Küste, wobei diese aber begrenzt und die bekannten zum größten Teil bereits ausgebeutet sind. In jüngster Zeit wurden allerdings die Explorationsaktivitäten verstärkt und die Entdeckung neuer Quellen scheint nicht ausgeschlossen (EIU, 1995, S. 23ff). Vorkommen anderer Rohstoffe sind zwar bekannt, werden bis jetzt aber nicht industriell ausgebeutet (vgl. ausführlich EIU, 1995, S. 23).

Verkehrsinfrastruktur

Die Eisenbahn ist ein wichtiges Verkehrsmittel in Kamerun. Dennoch haben die Schienenwege in den letzten Jahren keine Erweiterung erfahren, sie sind im Gegenteil von 1975 bis 1988 von 1165 km auf 1104 km zurückgegangen. In jüngster Zeit gibt es aber Pläne zum Ausbau. Die wichtigste Strecke ist mit 930 km die Verbindung von Douala über Yaoundé nach Ngaoundéré, der Hauptstadt der Provinz Adamaoua in der Mitte des Landes. Die übrigen Strecken befinden sich im Westen des Landes. Allerdings hat sich die Anzahl der Lokomotiven und Wagen erhöht, obwohl es einen Einbruch bei der Zahl der beförderten Personen und der Menge der beförderten Fracht in der Mitte der 80er Jahre gab. Die Gründe dafür sind zum einen die Wirtschaftskrise und zum anderen der Ausbau des Straßennetzes, speziell die Eröffnung der asphaltierten Straßenverbindung zwischen Douala und Yaoundé (EIU, 1995, S. 27).

Nach staatlichen Angaben beträgt das Straßennetz (Hauptstraßen) 34.100 km, wovon lediglich 3.700 km geteert sind. Jährlich kommen etwa 200 km geteerter Straßen hinzu (MTM 10. Juli 1992, S. 1845). Das Straßennetz hat auch eine große Bedeutung für den Transit in die beiden Binnenländer Tschad und Zentralafrikanische Republik (RCA). Das zu kleine und sich großenteils auch im schlechten Zustand befindende Straßennetz ist auch ein wichtiger Grund dafür, daß viele Inlandsflugverbindungen vorhanden sind. Internationale Flughäfen gibt es in Douala, Garoua und bei Yaoundé. Fast der gesamte Überseehandel Kameruns, wie auch der beiden genannten Binnenstaaten, wird über den Hafen Douala - Bonaberi abgewickelt. Die Frachtmenge betrug 1990 3,8 Mio. Tonnen und damit etwa das dreißigfache des nächstgroßen Hafens Kribi, über den vorwiegend Holz verladen wird (STBA, 1993, S. 104ff).

Bevölkerungsentwicklung

Die folgenden demographischen Daten stützen sich im wesentlichen auf die Volkszählung von 1987. Von 1976, dem Jahr der letzten Volkszählung, bis 1987 ist die Bevölkerung demnach von 7,663 auf 10,494 Millionen angewachsen, was einer Steigerung von insgesamt 36,9 % und einer durchschnittlichen jährlichen Wachstumsrate von 2,9 % entspricht. Die Weltbank schätzt die Einwohnerzahl 1994 auf 12,871 Mio. und die Bevölkerungszunahme auf 2,8 % jährlich (WORLD BANK, 1995, S. 8). Die Zahl der Einwohner pro Quadratkilometer ist folglich von 16,1 im Jahre 1976 auf 27,1 1994 gestiegen. Damit ist Kamerun für zentralafrikanische Verhältnisse relativ dicht besiedelt, aber bei weitem nicht so dicht wie sein Nachbar im Westen, Nigeria (Bevölkerungsdichte ungefähr 110 Einwohner pro Quadratkilometer). Obwohl das rasche Bevölkerungswachstum als wichtiges Problem erkannt wurde, gibt es von offizieller Seite keine direkte Intervention in diesem Bereich, was drastische Änderungen der Wachstumsrate also nicht erwarten läßt. Die niedrige Variante der Bevölkerungsvorausschätzungen der Vereinten Nationen errechnet bis zum Jahr 2010 eine Verdoppelung der Bevölkerungszahl des Jahres 1987, während die anderen Varianten, wie auch die Schätzung der Weltbank von einem noch rascheren Bevölkerungszuwachs ausgehen (STBA, 1993, S. 32ff). Das schnelle Bevölkerungswachstum führt auch zu einer raschen Verjüngung der Bevölkerung. Während bereits 1976 42 % der Kameruner unter 15 Jahre alt waren, ist diese Zahl bis 1991 noch auf über 47 % gestiegen. Daher waren 1991 nicht einmal 50 % der Bevölkerung im erwerbsfähigen Alter von 15 bis 64 Jahren (BALÉPA et al., 1992, S. 15).

Bei der 1991 durchgeführten Enquête Démographique et de Santé du Cameroun (EDSC) wurde festgestellt, daß die durchschnittliche Kinderzahl pro Frau von 1988 bis 1991 5,8 betrug. Diese Zahl ist dabei sowohl von der Region (Yaoundé / Douala: 4,4; ländliche Gebiete: 6,3) als auch vom Bildungsniveau der Frau abhängig (keine Schulbildung: 6,2; Secondaire oder höhere Bildung: 4,5). Seit der letzten vergleichbaren Befragung im Jahre 1978 läßt sich ein Rückgang dieser Zahl von 6,5 auf 5,8 feststellen, was vor allem auf die Entwicklung in den großen Städten Yaoundé und Douala zurückzuführen ist. Die hohe Kinderzahl ist aber keineswegs ungewollt, denn die durchschnittliche gewünschte Familiengröße beträgt 6,8 (vgl. dazu ausführlich BELLA, 1995).

Gesundheit und Bildung

Die Reduzierung der Kindersterblichkeit hat erheblich zur Erhöhung der Lebenserwartung bei Geburt von 1972 nur 46 auf 56 Jahre 1992 beigetragen (WORLD BANK, 1994d, S. 182f). „... au millieu des années 1960, un enfant sur quarte décédait avant atteindre cinq ans, à la fin des années 1980, cette probabilité de décéder est passée à un sur huit" (BALÉPA et al., 1992, S. 135). Die Investitionen im Gesundheitssektor können dennoch teilweise kaum mit dem schnellen Bevölkerungswachstum mithalten. So hat die Zahl der Krankenhausbetten von 1979 bis 1987 zwar um 27 % zugenommen, die Zahl der Betten je Einwohner ist jedoch fast konstant geblieben (360 statt 363). Anders verhält es sich mit der Zahl der Ärzte. Hier konnten auch in den 80er Jahren relativ deutliche Verbesserungen erzielt werden, indem die Zahl der Einwohner je Arzt von 15.500 (1980) auf 11.800 (1987) gesenkt wurde (STBA, 1993, S. 47). 1965 betrug diese Zahl noch knapp 27.000 (SOOTH, 1992, S. 123).[5]

Das Schulsystem ist dem französischen - bzw. im Westen dem englischen - nachempfunden und demzufolge dreistufig, mit einer Grundschule, die ab dem 5. oder 6. Lebensjahr für 6 oder 7 Jahre besucht wird, einer Sekundarstufe, die sieben Jahre dauert und dem Besuch einer höheren Schule als dritter Stufe (BALÉPA et al., 1992, S. 15). Es ist ein eindeutiger Trend zu einem höheren Bildungsniveau feststellbar, wobei jedoch die Benachteiligung der Frauen fortbesteht (vgl. BALÉPA et al., 1992, S. 16f). Kamerun steht mit einer Einschulungsrate von 73 % in SSA an der Spitze. Die großen regionalen Unterschiede sind dabei aber nicht zu vergessen, so gehen in der Provinz South West 93 %, in der Provinz Extrème Nord aber nur 44 % aller Kinder zur Schule. Die Erfolge in der Bildungspolitik sind zu einem guten Teil auch auf zahlreiche private Schulen zurückzuführen (EIU, 1995, S. 13). Dennoch gab es 1992 immer noch etwa 40 % Analphabeten (UNDP, 1995, S. 174). Die EDSC von 1991 hat gezeigt, daß das Bildungsniveau der Frauen mit verschiedenen Größen korreliert ist. Das betrifft nicht nur die tatsächliche durchschnittliche Kinderzahl pro Frau, sondern auch die als ideal bezeichnete Kinderzahl, die von 8,8 bei Frauen ohne Schulbildung über 6,3 bei Frauen, die die Grundschule besucht haben, bis zu 4,8 bei Frauen mit darüber hinaus gehender Ausbildung reicht (BALÉPA et al., 1992, S. 88). Diese Unterschiede betreffen auch die Familienplanung: Während 100 % der befragten Frauen, die die Sekundarstufe oder eine höhere Schule besucht haben, Methoden der Familienplanung kennen und 43 % eine anwenden, kennt mit 47 % nicht einmal die Hälfte der Frauen ohne Schulbildung eine Methode und nur 5 % geben an, auch eine anzuwenden (BALÉPA et al., 1992, S. 48 und 52). Diese Unterschiede betreffen auch die Gesundheitsvorsorge. Während die Kindersterblichkeit bis zum 5. Lebensjahr - in den 10 Jahren vor der EDSC von 1991 - bei Müttern, die eine Grundschule besucht haben, 9,7 % betrug und bei denen mit höherer Schulbildung 8,0 %, starb bei Müttern ohne Schulbildung jedes fünfte Kind (20 %) vor Erreichung des 5. Lebensjahres (BALÉPA et al., 1992, S. 135). Auch wenn sich die Unterschiede nicht nur in Abhängigkeit vom Bildungsniveau feststellen lassen, sondern ebenfalls zwischen Stadt und Land sowie zwischen den verschiedenen Regionen des Landes bestehen, legen die genannten Zahlen nicht nur eine Korrelation, sondern auch einen Kausalzusammenhang zwischen dem Bildungsniveau der Frauen und Kinderzahl, Familienplanung sowie Gesundheitsvorsorge nahe, obwohl dies der Interpretation überlassen bleibt. Eine solche Schlußfolgerung schließt ja nicht aus, daß Schulbildung negativ mit Armut oder der schlechten Versorgung mit Infrastruktur auf dem Land bzw. in bestimmten Regionen korreliert ist und sich somit auch diese beiden Faktoren als Ursachen für die genannten Unterschiede interpretieren lassen. Für die politischen Konsequenzen spielt das kaum eine Rolle, denn eine Bekämpfung der Armut bedarf einer Verbesserung der Ausbildung oder umgekehrt und eine bessere

---

[5] Einen kurzen Überblick über das Gesundheitswesen sowie über die Defizite und die Fortschritte in der Gesundheitsversorgung in Kamerun bietet das STBA (1993, S. 41ff).

Infrastruktur auf dem Land, z.B. mehr Schulen oder bessere Verkehrswege, führt zu leichterem Zugang zu Bildungseinrichtungen. Ein Zusammenhang zwischen Bildungsstand und Familiengröße wird jedenfalls auch in anderen Studien festgestellt: „... que plus le niveau d'instruction du ménage augmente plus la dimension du ménage baisse" (LACHAUD, 1994, S. 112). Dasselbe gilt auch für die Einkommenshöhe (LACHAUD, 1994, S. 113).
Die wirtschaftliche Krise seit Mitte der 80er Jahre hat allerdings laut Weltbank noch zu einer Verschlechterung der sozialen Indikatoren der Entwicklung und zu größerer Armut geführt (EIU 4. Quartal 1995, S. 14). Die Schulbesuchsquote ist seit 1988/89 rückläufig, die Pro-Kopf-Ausgaben im Gesundheitsbereich wurden zwischen 1985 und 1990 um 40 % gesenkt (vgl. auch SOOTH, 1992, S. 122) und der Umfang staatlicher Stipendien wurde halbiert (MEHLER, 1993a, S. 243). Damit droht Kamerun seinen im afrikanischen Vergleich guten Stand an menschlicher Entwicklung (gemessen durch den HDI) zu verlieren.

Städte

Nach der Volkszählung von 1987 lag der Anteil der Stadtbevölkerung mit 3,988 Millionen bei 38 % der Gesamtbevölkerung, nachdem er 1976 noch 28,5 % betragen hatte (STBA, 1993, S. 4). Nach Schätzung der Weltbank hat sich diese Zahl bis 1992 weiter auf 42 % erhöht (WORLD BANK, 1994d, S. 183). Der Anteil der Stadtbevölkerung hat damit in Kamerun schneller zugenommen als im Durchschnitt der Länder in SSA (DELANCEY, V., 1986, S. 135). Die noch vor dem Auswerten der Volkszählungsergebnisse von 1987 erschienene Statistik „Cameroon In Figures 1988" (CAMEROON, 1989b) zeigt zwar eine Schätzung des Anteils der Stadtbevölkerung, die insgesamt nicht sehr weit von den oben genannten Ergebnissen abweicht, aber die Verteilung dieser Bevölkerung auf die verschiedenen Städte offenbart krasse Unterschiede. So wurde in dieser Statistik für Douala 1987/88 eine Bevölkerung von 1,196 Millionen angenommen, während die Volkszählung ein Ergebnis von 810.000 Einwohnern in der größten Stadt des Landes erbrachte. Die Bevölkerungszahlen der anderen großen Städte, außer die Yaoundés (649.000 Einwohner 1987), mußten hingegen nach oben korrigiert werden. So wies Garoua, die Hauptstadt der Provinz Nord und die drittgrößte Stadt des Landes, 1987 statt der geschätzten 104.000 eine Einwohnerzahl von 142.000 auf. Garoua besaß auch zusammen mit Bamenda (Provinz North West) zwischen 1976 und 1987 die höchsten durchschnittlichen jährlichen Wachstumsraten (5,6 bzw. 5,8 %), während die Bevölkerung Doualas jährlich nur um 2,2 % zunahm. Douala und Yaoundé sind zwar jeweils immer noch größer als die vier nächstgrößeren Städte zusammen, dennoch scheint die Entwicklung von diesen beiden Primärzentren weg zu mehreren Sekundärzentren hin zu laufen (vgl. STBA, 1993, S. 40).
Wie sehr sich Douala und Yaoundé allerdings im Lebensstandard vom übrigen Land abheben, kann man z.B. daran sehen, daß 85 % der Haushalte dort einen Elektrizitätsanschluß haben, während es in den übrigen Städten nur 50 % und auf dem Land nur 9 % sind (BALÉPA et al., 1992, S. 21). Ein weiteres Indiz ist das Bildungsniveau: In Douala und Yaoundé besuchten bzw. besuchen nur 5,8 Prozent der männlichen und 10,5 % der weiblichen Personen über 5 Jahre keine Schule, wohingegen es in den übrigen Städten 32,1 bzw. 46,2 % und auf dem Land 37,4 bzw. 55,3 % sind (BALÉPA et al., 1992, S. 16f). In diesen beiden Städten praktizieren darüber hinaus etwa 30 % der Mediziner Kameruns (SOOTH, 1992, S. 124). Es besteht also ein ausgeprägtes Stadt-Land Gefälle, wobei sich Douala mit dem Überseehafen als bedeutenstes Wirtschaftszentrum des Landes und Yaoundé als Verwaltungszentrum bezüglich Infrastruktur und durchschnittlichem Einkommen sowie Ausbildung ihrer Bewohner deutlich vom restlichen Land abheben.

Tabelle 1

Regionale Unterschiede

	Hauptorte	Fläche in 1.000 qkm	Einwohner 1987 in 1.000	(je qkm)	Kinder-sterblichkeit* je 1.000	ohne Schulbildung: Männer in %	Frauen	Krankenhaus-betten 1987 in 1.000	(Einwohner je Bett)	Bruttoeink. je Farm 1984 in 1.000 FCFA	Anteil der Stadtbev. 1986 in %
Yaoundé / Douala					103,2	5,8	10,5				
Extrème Nord	Maroua	34,2	1855,7	(54,2)						10,4	10,3
Nord	Garoua	65,6	832,2	(12,7)						21,2	17,7
Adamaoua	Ngaoundéré	63,7	495,2	(7,8)						30,9	22,6
Norden insg.		**163,5**	**3183,0**		**199,2**	**64,4**	**83,7**	**3,9**	**(818)**		
Centre	Yaoundé	68,9	1651,6	(24,0)				6,9	(240)	41,6	50,0
Sud	Ebolowa	47,1	373,8	(7,9)						39,8	25,8
Est	Bertoua	109,0	517,2	(4,7)				1,8	(294)	45,2	24,0
Süden insg.		**225,0**	**2542,6**		**124,2**	**11,4**	**29,6**	**8,7**	**(294)**		
Ouest	Bafoussam	13,9	1339,8	(96,6)				5,7	(234)	19,1	27,3
Littoral	Douala	20,2	1354,8	(66,9)				5,0	(270)	62,3	80,8
Ouest/Littoral		**34,1**	**2694,6**		**109,3**	**20,5**	**33,7**	**10,8**	**(251)**		
North West	Bamenda	17,8	1237,3	(69,5)				2,8	(449)	31,4	17,4
South West	Buea	24,5	838,0	(34,2)				3,1	(272)	78,6	40,7
Westen insg.		**42,3**	**2075,4**		**88,8**	**19,2**	**36,9**	**5,8**	**(356)**		
Kamerun		***475,4***	***10495,7***	***(22,1)***	***144,1***	***31,7***	***47,3***	***29,1***	***(360)***	***31,6***	***36,1***

*Lebendgeborene bis zum 5. Geburtstag

Quelle: STBA, 1993, S. 38/47; BALÉPA et al., 1992, S.16/17/135; Van De WALLE, 1990, S. 58.

Regionen

Es gibt in Kamerun 10 Provinzen: Sud, Est, Centre, Littoral, Ouest, Adamaoua, Nord, Extrème Nord sowie die englischsprachigen North West und South West, die ehemals englischem UN-Mandat unterstanden und etwa 9 % der Fläche und 20 % der Bevölkerung Kameruns ausmachen. Erst 1983 war die ehemalige - bei weitem größte - Provinz Nord in Adamaoua, Nord und Extrème Nord und die Provinz Centre-Sud in die beiden gleichnamigen unterteilt worden. Es handelt sich dabei um Verwaltungseinheiten (nicht um politische Einheiten im Sinne eines Föderalismus), die weiter in insgesamt etwa 49 Départements und 150 Arrondissements unterteilt sind (DELANCEY, 1989, S. 82).

Die höchste Bevölkerungsdichte weist die Provinz Ouest (97 Einwohner je km^2), gefolgt von North West (70), Littoral (67) und Extrème Nord (54) auf. In den Provinzen Est (5), Sud und Adamaoua (je 8) leben dagegen nicht einmal 10 Einwohner pro Quadratkilometer. Am größten ist die bevölkerungsarme Provinz Est und die meisten Menschen leben in der an den Tschad-See grenzenden Provinz Extrème Nord. Die Provinzen Littoral, Centre und South West besitzen die größten Anteile von Stadtbewohnern an der gesamten Bevölkerung, während neben der Provinz North West besonders der gesamte Norden ländlichen Charakter hat (vgl. Tab. 1). Insgesamt läßt sich eine Ungleichverteilung der Bevölkerung feststellen, da mehr als zwei Drittel (71 %) der Menschen auf rund einem Drittel (34 %) der Staatsfläche leben (STBA, 1993, S. 37).

Aber auch wirtschaftlich und in der Versorgung mit Infrastruktur sind erhebliche regionale Ungleichgewichte festzustellen, die zum Teil auch mit den unterschiedlichen Anteilen der Stadtbevölkerung zusammenhängen. So sind die „städtischen" Provinzen besser mit Krankenhausbetten ausgestattet als die eher ländlichen Regionen. Besonders sticht aber die Benachteiligung des Nordens ins Auge: Die Kindersterblichkeit liegt um 38 % über dem Durchschnitt und ist damit mehr als doppelt so hoch wie z.B. im Westen; die Zahl der Einwohner je Krankenhausbett ist um das 1,3 fache höher als der Landesdurchschnitt und der Anteil der Personen über 5 Jahre, die keine Schule besucht haben oder besuchen, ist in der männlichen Bevölkerung mehr als doppelt so hoch wie im Landesdurchschnitt. Von der weiblichen Bevölkerung besuchte oder besucht gar nur etwa eine von sechs Frauen eine Schule (vgl. Tab. 1). Diese Rückständigkeit bzw. Vernachlässigung des Nordens zeigt sich auch daran, daß 1984/85 von 8.381 Sekundarschullehrern nur 628 (7,5 %) im Norden, in dem ein Drittel der Bevölkerung lebt, arbeiteten (BLANCKMEISTER, 1990, S. 78).

Obwohl die Einkommen der Bauern schwer zu messen sind, da sich die Subsistenzproduktion nicht beziffern läßt und auch die Einkommen aus dem Verkauf von Nahrungsmitteln kaum statistisch erfaßt sind, lassen die Zahlen der Tabelle 1 dennoch den Schluß zu, daß das Durchschnittseinkommen der Bauern besonders in den Provinzen Extrème Nord und Nord deutlich unter dem Landesdurchschnitt liegt. Dasselbe gilt auch für die Provinz Ouest, wobei diese auch die am dichtesten besiedelte Region ist, was darauf schließen läßt, daß die niedrigen Durchschnittseinkommen in dieser Provinz die Folge von Überbevölkerung sind. In der Tat stellen die aus dieser Region stammenden Bamiléké die bedeutenste Gruppe an Immigranten in den großen Städten.

Auch im verarbeitenden Gewerbe gibt es eine erhebliche Ungleichverteilung: Etwa 58 % der Industrieunternehmen befinden sich in der Provinz Littoral und weitere 23 % in der Provinz Centre, wobei die Firmen überwiegend in den beiden großen Städten in diesen beiden Provinzen, Douala und Yaoundé, liegen (MEHLER, 1993a, S. 66).

Obwohl die regionalen Unterschiede nach Provinzen hier relativ ausführlich dargestellt wurden, soll nicht der Eindruck entstehen, daß diese über ihre Funktion als Verwaltungseinheiten hinaus im Leben der Menschen eine große Rolle spielen: „Eine Identität qua Provinz ist somit eher schwach entwickelt" (MEHLER, 1993a, S. 88). Diese orientiert sich an anderen Kriterien, die sich aber manchmal mit der Herkunftsprovinz überdecken. So hat die Bevölkerung des anglophonen Westens (South West und North West) besonders in den letzten Jahren aufgrund ihrer anderen Geschichte und aus einem Gefühl der Benachteiligung gegenüber der frankophonen Mehrheit heraus ein gemeinsames Bewußtsein entwickelt. Die Provinz Ouest ist mit den die Bevölkerungsmehrheit stellenden Bamiléké ethnisch sehr homogen und besitzt daher in gewisser Weise ebenfalls eine Identität. Ein vereinigendes Element im Norden ist der Islam, dem zwar nur 30 % der Menschen in den Nordprovinzen tatsächlich angehören, der aber als Kultur prägend ist (BLANCKMEISTER, 1990, S. 80).

Ethnien

Es gibt in Kamerun schätzungsweise über 230 Ethnien (BALÉPA et al., 1992, S. 3).[6] Diese lassen sich bzw. werden von Ethnologen in wenige Großgruppen zusammengefaßt, wie Sudanvölker, Semiten und Hamiten im Norden und Bantuvölker im Süden. Die drei großen ethnischen Gruppen mit politischem und wirtschaftlichem Gewicht sind die Fulbe im Norden, die Beti/Bulu im Süden und die Bamiléké im Westen. Daneben sind als wichtige Gruppen die Douala an der Küste und die Anglophonen, die zwar keine Ethnie sind, aber eine Gruppe mit zunehmendem Bewußtsein gemeinsamer kultureller Traditionen darstellen, zu nennen.

Gegenüber der Vielfalt des Südens macht der Norden einen relativ homogenen Eindruck. Das liegt daran, daß die Fulbe über ein Jahrhundert die Region beherrschten und auch heute noch politisch und wirtschaftlich dominieren, aber: „The north is far from being a homogeneous society" (KOFELE-KALE, 1986, S. 56). Weitaus zahlreicher als die erst in jüngerer Zeit eingewanderten islamischen Fulbe sind die schon länger in dieser Region ansässigen Kirdi (knapp 75 % der Bevölkerung im Norden), wobei der Bergiff „Kirdi" von den Fulbe stammt und ebenfalls mehrere Völker zusammenfaßt (KOFELE-KALE, 1986, S. 56). Während also der Norden zumindest einige Zeit unter der Herrschaft eines Volkes „vereinigt" war, entstanden im Süden vor der Kolonialzeit kaum gemeinsame Herrschaftsstrukturen. Die einzelnen Dörfer und Gemeinschaften mußten sich selten einer übergeordneten Autorität unterwerfen. Das trifft besonders auf die Beti/Bulu und auf die anderen Völker im Zentrum und Süden des Landes zu. Im Westen hingegen entstanden klar abgegrenzte politische Einheiten, sogenannte (von Europäern so genannte) Chefferien, die bedeutende Größen erreichen. Die Europäer führten auch die Bezeichnung Bamiléké für die Bewohner der Chefferien im westlichen Hochland ein, obwohl „(e)ine soziale Identität [...] zunächst nur in bezug auf die jeweilige Chefferie ..." bestand (MEHLER, 1993a, S. 76). Bezeichnenderweise entwickelten erst die *emigrierten* Bamiléké besonders durch die Anfeindungen der autochthonen Bevölkerung eine gemeinsame Identität (MEHLER, 1993a, S. 77; ILLY, 1976, S. 83).[7]

Über den nationalen Einfluß der einzelnen Gruppen läßt sich grob sagen, daß die Völker des Südens (vor allem Beti/Bulu) in der Administration und in der Politik, die Fulbe in Militär und Polizei und die Bamiléké in der privaten Wirtschaft und im Handel deutlich überrepräsentiert sind (wobei es auch einige sehr mächtige Fulbe-Händler gibt). Diese Verallgemeine-

---

[6] Eine Aufzählung und kurze Charakterisierung findet sich bei ILLY (1976, S. 24 - 41).

[7] Details über die einzelnen Völker sowie mögliches und tatsächliches ethnisches Konfliktpotential können bei MEHLER (1993a, S. 62ff) nachgelesen werden.

rung trifft aber am ehesten noch auf die Rolle der Bamiléké zu, vor allem im höheren Staatsdienst oder in der Leitung der parastaatlichen Organisationen herrscht jedoch weitgehend ethnischer Proporz. Darauf wird vor allem in Kapitel 4 noch ausführlich eingegangen.

2.3 Politik in Kamerun

Unter der allumfassenden Überschrift „Politik in Kamerun" können in der Tat nur *Teilbereiche* der Politik erörtert werden. Zunächst wird ein Überblick über die politische Entwicklung seit der Unabhängigkeit gegeben, wobei der Schwerpunkt auf die Regierungszeit Paul Biyas seit 1982 gelegt wird. Von den außenpolitischen Rahmenbedingungen der kamerunischen Politik werden der Einfluß Frankreichs und die Mitgliedschaft in der UMAC (Union Monétaire en Afrique Centrale) als die vor allem in wirtschaftlicher Hinsicht wichtigsten herausgegriffen. Die Union Douanière et Economique d'Afrique Centrale (UDEAC) besitzt dagegen noch eine geringe praktische Bedeutung, ist aber besonders im Hinblick auf die zukünftige wirtschaftliche Entwicklung interessant. Bei der anschließenden Beschreibung der Wirtschaftspolitik in Kamerun wird das besondere Augenmerk auf die Maßnahmen der jüngsten Zeit - Stichwort Strukturanpassung - gelegt. Dies gilt auch für den abschließenden Gliederungspunkt „Staatshaushalt".

2.3.1 Die politische Entwicklung

In Kamerun hat es seit der Unabhängigkeit des Ostteiles von Frankreich am 1. Januar 1960 nur zwei Präsidenten gegeben: Ahmadou Ahidjo von der Unabhängigkeit an bis zu seinem Rücktritt 1982 und Paul Biya seit seinem Amtsantritt am 6. November 1982. Da es sich bei Kamerun seit der Unabhängigkeit mit mehr oder weniger großen Einschränkungen um eine Autokratie handelt - man kann auch sagen: „Presidential power is the central characteristic of the Cameroonian political system" (Van De WALLE, 1990, S. 145) - ist es gerechtfertigt, die politische Geschichte des unabhängigen Kamerun in die Regierungszeiten dieser beiden Männer zu unterteilen. Die Regierungszeit Ahidjos war dabei vor allem durch das teilweise gewaltsame Streben geprägt, Kamerun zu einem Nationalstaat zu machen, der zentral kontrolliert und kontrollierbar ist. Die herausragende und gleichsam unanfechtbare Machtposition, die sich Ahidjo geschaffen hatte, konnte Biya nie errreichen. Das läßt sich auf drei Ursachen zurückführen: *Erstens* war er die ersten Jahre seiner Regierungszeit damit beschäftigt, die alten Gefolgsleute Ahidjos zu entmachten und eigene in die Schlüsselpositionen zur Kontrolle von Politik, Gesellschaft und Wirtschaft - soweit diese staatlich kontrolliert war - einzusetzen; *zweitens* beraubte ihn die schwere Wirtschaftskrise seit Mitte der 80er Jahre weitgehend der Ressourcen, über die Ahidjo noch verfügen konnte; *drittens* wurde Biya von der Demokratiebewegung, die auch Teil eines weltweiten „Trends" war, seit Ende der 80er Jahre zu demokratischen Zugeständnissen und damit zur teilweisen Abgabe von Macht gezwungen.

2.3.1.1 Die Unabhängigkeit

Die Geschichte Kameruns beginnt natürlich nicht mit der Kolonialzeit, aber die geographische Gestalt und die Existenz Kameruns als Staat in seiner heutigen Form sind, wie bei

den meisten afrikanischen Ländern, auf diese Zeit zurückzuführen. Von 1884 bis zum Ersten Weltkrieg war Kamerun ein deutsches Protektorat, wobei man sich fragen muß, vor wem diese *Schutzgebiete* geschützt wurden. Tatsache ist jedenfalls, daß bei der sogenannten „Pazifizierung" Tausende von Kamerunern getötet wurden (vgl. MEHLER, 1993a, S. 34ff).
Nach dem Ersten Weltkrieg folgten mit Auftrag des Völkerbundes (später der UN) Großbritannien und Frankreich als sogenannte Mandatsmächte, sprich neue Kolonialherren. Während Westkamerun verwaltungsmäßig an Nigeria gebunden wurde und Großbritannien sich relativ wenig in die Regierung auf lokaler Ebene einmischte, griff die französische Kolonialverwaltung tief in die Belange der Bevölkerung ein (MEHLER, 1993a, S. 39). Mit einer leichten Demokratisierung der französischen Kolonie kamen auch Unabhängigkeitsbestrebungen auf und 1948 wurde die UPC gegründet, die neben der Unabhängigkeit auch die Wiedervereinigung mit dem Ostteil als Ziel hatte. Sie wurde wenige Jahre später „... von einer nationalistischen zu einer revolutionären Partei ... " (ILLY, 1976, S. 77) mit guten Kontakten z.B. zur KP Frankreichs. Die UPC wurde nach einigen blutigen Unruhen 1955 verboten und ging in den Untergrund, den sogenannten „Maquis". Ihr Generalsekretär, Ruben Um Nyobé, stammte aus dem Land der Bassa (zwischen Yaoundé und Douala), weshalb sich der Widerstand dort konzentrierte. Nach der Erschießung Nyobés 1958 war dieser Kampf jedoch relativ schnell beendet (ILLY, 1976, S. 76ff).
In der bereits seit 1946 bestehenden - weitgehend machtlosen - Nationalversammlung wird 1958 ein neuer Premierminister von Frankreichs Gnaden, Ahmadou Ahidjo von der UC, gewählt. Die Franzosen sahen in ihm „... someone they could easily manipulate" (LE VINE, 1986, S. 22). Sein Programm umfaßte neben Unabhängigkeit und Wiedervereinigung auch die Fortdauer der Kooperation mit Frankreich, die durch zahlreiche Verträge manifestiert wurde. „Solch subtile Mechanismen lassen erkennen, mit welcher Energie Frankreich an der Erhaltung seiner Präsenz in seinen Kolonien und Treuhandgebieten arbeitete und wie dadurch ein Land wie Kamerun schon vor seiner völkerrechtlichen Unabhängigkeit in ein Netz von Verpflichtungen und Abhängigkeiten gebunden wurde, denen zu entrinnen ein äußerst schwieriges Unterfangen werden mußte (dies wird besonders deutlich im Vergleich zu den ehemals englischen Territorien Afrikas)" (ILLY, 1976, S. 81).
Am 1. Januar 1960 kam es zur Unabhängigkeit, deren Konditionen von der bestehenden Nationalversammlung ausgehandelt worden waren. Da die UPC aufgrund ihres Verbotes nicht in dieser vertreten war, forderte sie Neuwahlen sowie Neuverhandlungen und begann erneut einen Untergrundkampf. Dieser konzentrierte sich diesmal allerdings auf das Land der Bamiléké in der Provinz Ouest, war aber nicht nur gegen die Regierung und die nach wie vor teilweise französischen Truppen gerichtet, sondern es gab viele Kleingruppen, die sich auch gegenseitig bekämpften. Nach Einschätzung von ILLY (1976, S. 83) wurde der Maquis „... zum Zündfunken für das Ausbrechen eines Konfliktpotentials, das sich im Bamiléké-Land aufgestaut hatte". Dieses Konfliktpotential war auf die Veränderungen der traditionellen Machtpositionen durch die Kolonialverwaltung zurückzuführen. Die UPC-Rebellion besitzt vor allem aus zwei Gründen für die politische Entwicklung Kameruns große Bedeutung: Zum einen war die Kameruner Regierung auf die militärische Unterstützung Frankreichs angewiesen, was den Einfluß der ehemaligen Kolonialmacht auf politische Entscheidungen noch erhöhte, zum anderen lieferte der Ausnahmezustand die Argumente für eine nicht-demokratische Entwicklung. Bereits Ende 1959 ließ sich Ahidjo von der Nationalversammlung mit Sondervollmachten ausstatten. „Der Terrorismus ließ sich als Alibi für - dem Ernst der Lage überproportionale - Unterdrückungsmaßnahmen gebrauchen, die in den folgenden Jahren die elementarsten politischen Freiheiten erstickten und den Aufbau eines

auf die Person Ahidjos zugeschnittenen autoritären Regimes legitimierten" (ILLY, 1976, S. 84).

2.3.1.2 Die Ära Ahidjo - Kamerun wird Zentralstaat

Nachdem der unter französischer Verwaltung stehende Teil Kameruns seine völkerrechtliche Souveränität erlangt hatte, wurde im unter britischer Verwaltung stehenden Westteil Kameruns eine Volksabstimmung abgehalten, bei der sich die Bevölkerung zwischen einer Zugehörigkeit zu Kamerun oder zu Nigeria entscheiden konnte. Dabei votierte der südliche Teil für Kamerun und der nördliche für Nigeria. Am 1. Oktober 1961 entstand damit die *föderale Republik Kamerun*, bestehend aus der vormals französischen Republik von Kamerun und dem ehemals britischen südlichen Kamerun (British Southern Cameroons).
Zum Zeitpunkt der „Wiedervereinigung" waren die ökonomischen Unterschiede immens, speziell zwischen dem relativ wohlhabenden südlichen Teil des ehemals französischen Kameruns und dem ehemals englischen Westkamerun. Noch 1966 war das BSP pro Kopf in der erstgenannten Region mit 46.000 FCFA fast dreimal so hoch wie in Westkamerun mit 16.000 FCFA (DELORME et al., 1986, S. 419). Das „föderale Experiment" (MEHLER, 1993a, S. 45) war aber von der ostkamerunischen Regierung und speziell von Ahidjo nie ernst gemeint. Es diente lediglich dazu, die Wiedervereinigung zu erleichtern und dem Westen die Angst vor einer Dominanz des wirtschaftlich und politisch gewichtigeren Ostens zu nehmen (MBAKU / KAMERSCHEN, 1993, S. 43). Am 20. Mai 1972 wurde nach nur *zweiwöchigen* Beratungen über eine neue Verfassung - angesichts der Kürze der Zeit ohne öffentliche Diskussion und quasi im Handstreich - der Föderalismus, der schon zuvor paradoxerweise „highly centralized" (MBAKU / KAMERSCHEN, 1993, S. 40) war, kurzerhand aus derselben gestrichen. „Tot-geboren und nie zum Leben erwacht, wurde ihm am Ende auch symbolisch der Garaus gemacht. In der rückblickenden Betrachtung lag seine Funktion allein in der Erleichterung der Integration eines Teils der anglophonen in die nunmehr nationale Elite" (MEHLER, 1993a, S. 47). Diese Integration war in der Zeit der Föderation dadurch gelungen, daß einflußreichen anglophonen Politikern Ämter im Zentralstaat übertragen wurden. Die proportionale Berücksichtigung anglophoner Politiker wurde nach dem Ende des Föderalismus beibehalten. Zur Zentralisierung der Macht gehörte demnach ebenfalls die Verhinderung der Entstehung regionaler Selbständigkeit. Ein Mittel dazu war nach DELANCEY, M. (1989, S. 55) auch die infrastrukturelle Integration des Westens in den Osten bei gleichzeitiger gezielter „De-Integration" des Westens, um dessen Fähigkeit, als eigenständige Einheit zu existieren, zu schwächen. Beispiel dafür ist die Etablierung von Douala als einzigem Überseehafen, was den Häfen Limbe und Tiko im Westen ihre entsprechenden Funktionen nahm.

Die Verfassungsänderung 1972 war aber nur die formaljuristische Bestätigung einer Politik der *Gleichschaltung*, die Ahidjo von Beginn seiner Regentschaft an verfolgt hat. Durch diese Gleichschaltung im Sinne einer Eliminierung aller unabhängigen politischen oder gesellschaftlichen Organisationen versuchte er jede Enstehung von autonomer Macht neben der eigenen zu verhindern (JACKSON / ROSBERG, 1982, S. 153f). Am Ende stand eine Autokratie, die „... zu den repressivsten Staaten des Kontinents" (MEHLER, 1993a, S. 46) gehörte. Repression war aber nicht das einzige von Ahidjo eingesetzte Mittel: „Centralization, coalition building, and repression were the major tactics utilized by Ahidjo to concentrate political and economic power in his office and person" (DELANCEY, M., 1989, S.

51f). JACKSON / ROSBERG (1982, S. 152f) klassifizieren ihn als „political strongman“: „President Ahmadou Ahidjo has been resolute, tough, and uncompromising“.
Ein Element dieser Gleichschaltungspolitik bzw. Machtkonzentration war die Etablierung eines *Einparteiensystems*. Nachdem Ahidjo bereits die UC im Osten durch Integration der willigen Spitzenpolitiker der anderen Parteien und polizeiliche Verfolgung der unwilligen faktisch zur Einheitspartei gemacht hatte, schloß er diesen Prozeß durch die Fusion mit den drei Parteien Westkameruns und der Gründung der UNC 1966 ab (MEHLER, 1993a, S. 46f). Ein weiterer Aspekt war die gesellschaftliche Gleichschaltung. Schon vor der Unabhängigkeit war den Kolonialmächten wenig an der Entstehung unabhängiger gesellschaftlicher Organisationen zur Interessenvertretung bestimmter Gruppen gelegen. Die Kameruner Gesellschaft wies also zum Zeitpunkt der Unabhängigkeit einen geringen Organisationsgrad auf und Ahidjo versuchte, diesen Zustand durch Unterdrückung und Vereinnahmung fortbestehen zu lassen. Beispiel dafür ist der Zusammenschluß der bestehenden Gewerkschaftsbewegungen zu einer Einheitsgewerkschaft, der UNTC, Ende der 60er Jahre. KONINGS (1988, S. 19) beschreibt die Folgen dieses Prozesses z.B. für die Gewerkschaft der Cameroon Development Corporation (CDC), dem größten Agrarindustriebetrieb des Landes, folgendermaßen: Die Löhne werden nicht mehr ausgehandelt, sondern zentral festgelegt und mehr und mehr wird die Gewerkschaft von einer Interessenvertretung der Arbeiter zum Mittel, diese zu kontrollieren. Am Ende der Gleichschaltung stehen alle gesellschaftlichen Organisationen, die es in Kamerun gibt, unter staatlicher Kontrolle (Van De WALLE, 1990, S. 187f). Auch dem Pluralismus in den Medien wurde der Garaus gemacht: Während es zur Zeit der Unabhängigkeit noch 15 Zeitungen gab, waren es bereits 1966 nur noch zwei, darunter die regierungseigene Cameroun Tribune; der Rundfunk und das Fernsehen stehen unter der Kontrolle des Ministeriums für Information und die Kulturförderung belohnt nur „Hofdichter“ (BREITINGER, 1992, S. 255). Kamerun wurde sozusagen „depolitisiert“ (JACKSON / ROSBERG, 1982, S. 153).

Wichtigster Aspekt der Gleichschaltung war aber die zentrale Verwaltung. Ahidjo konnte dabei auf die bereits im Osten existierenden in hohem Maße zentralen Strukturen aufbauen. Die lokalen Verwaltungseinheiten waren angefangen bei den Provinzen bis zu den Gemeindeverwaltungen nur *Erfüllungsorgane* der Zentralregierung mit geringer eigener Entscheidungskompetenz.[8] Diese Zentralisierung ging sogar noch weiter durch die Konzentration der Verwaltung im Präsidentenamt und letztlich bei Ahidjo selbst. Entscheidungen, die eigentlich in den Ministerien hätten fallen müssen, wurden von parallel operierenden Büros im Präsidentenamt getroffen (DELANCEY, M., 1989, S. 55f).
Ausdruck und auch Garantie der zentralen Macht war die Möglichkeit des Präsidenten, unkontrolliert alle wichtigen Staatsrepräsentanten *persönlich* zu ernennen. Das betraf die Minister, die Leiter der Parastatals, die Provinzgouverneure, die Präfekten der Départements, die Richter, die Parteikandidaten (ohne Gegenkandidaten) für die Wahl zur Nationalversammlung und die hohen Armeeoffiziere. Alle diese Personen waren nur vom Präsidenten abhängig, der sie eingesetzt hatte und der sie wieder absetzen konnte. Besonders bemerkenswert ist dabei, daß auch die lokalen Politiker nur dem Präsidenten verantwortlich und somit nicht Interessenvertreter der Region, die sie verwalteten, waren, sondern eher zu einem „local tyrant“ (DELANCEY, M., 1989, S. 56) wurden: „Gerade im ländlichen Raum ist die Macht von Präfekten und Governeuren absolut - kleine Monarchen von des Präsiden-

[8] ILLY (1976, S. 188ff) erläutert den hierarchischen Aufbau der Regional- und Territorialverwaltung.

ten Gnade“ (MEHLER, 1993a, S. 155). Die Präfekten wiederum ernannten die Beamten der regionalen Verwaltung und nahmen auch Einfluß auf die Wahl der örtlichen traditionellen Autoritäten (DELANCEY, M., 1989, S. 56).
Dadurch daß Ahidjo die zentrale Macht zur Verteilung v.a. von Ämtern nutzte, schuf er, wie DELANCEY, M. (1989) es nennt, eine „Coalition“ ihm persönlich verpflichteter Personen, die das Land regierte. Daneben benutzte Ahidjo allerdings immer auch repressive Mittel (willkürliche Festnahmen von Oppositionellen, Folter, gewaltätige Sicherheitskräfte, Zensur etc.) zum Machterhalt (vgl. DELANCEY, M., 1989, S. 63ff). JACKSON / ROSBERG (1982, S. 154) sprechen daher von einem Polizeistaat. Die Schätzungen über die Anzahl der politischen Gefangenen in der Ära Ahidjo schwanken zwischen 10.000 und 30.000. Durch diese Politik von „Zuckerbrot und Peitsche“ (wobei das Zuckerbrot nur wenige bekamen) errichtete Ahidjo ein - besonders für afrikanische Verhältnisse - sehr stabiles politisches System (MBAKU / KAMERSCHEN, 1993, S. 47). Dies gilt besonders für die Zeit nach 1972, als sich die politische Lage mit der endgültigen Niederschlagung der UPC Rebellion (Bamiléké - Maquis) beruhigt hatte. Ein Indiz dafür ist, daß es bis zu seinem Rücktritt 1982 zu keinen größeren Veränderungen in den zehn wichtigsten Positionen im Kabinett mehr kam (LE VINE, 1986, S. 34). Besonders ab den 70er Jahren läßt sich von Ahidjo sagen: „... he has acquired complete personal mastery of the state apparatus, and he is an effective manager of the economy“ (JACKSON / ROSBERG, 1982, S. 154).

Ende 1982 kam es zu einem unerwarteten Wechsel an der Spitze Kameruns, indem Ahidjo freiwillig zugunsten seines Nachfolgers Biya zurücktrat. Anfangs gefeiert als eine der wenigen friedlichen Machtübernahmen in Afrika, zeigte sich in der Folgezeit, daß Ahidjo entweder doch nicht bereit war, die Macht abzugeben oder es sich anders überlegt hatte. Seine Motive für den Rücktritt liegen jedenfalls bis heute im Dunkeln und sind Ziel von Spekulationen, denn: „No official explanation has ever been given for this resignation ...“ (DELANCEY, M., 1989, S. 65). Möglich ist, daß er auf Anraten seiner Ärzte zurückgetreten ist, deren Diagnose sich später als falsch herausgestellt hat oder er schnell wieder gesundete oder daß er einfach amtsmüde war. Jedenfalls zeigten die Monate nach dem Rücktritt, daß er nicht willens war, die Macht wirklich abzugeben. Vielleicht wollte Ahidjo mehr aus dem Hintergrund die Fäden ziehen mit Biya als Mann für die repräsentativen Aufgaben. Dafür spricht nach DELANCEY, M. (1989, S. 66f), daß er Parteivorsitzender blieb, das Kabinett darüber hinaus nicht geändert wurde und Biya ein politischer Zögling Ahidjos war. Spätestens seit 1979, als die Verfassung dahingehend geändert wurde, daß der Premierminister (Biya) Stellvertreter und Nachfolger des Präsidenten ist, war er auch der designierte „Kronprinz“. Dies war vor allem zur Beruhigung der „Southerner“ im Politischen Büro gedacht, denn tatsächlich wollte Ahidjo als Nachfolger einen „Northerner“ haben. Deswegen wurde als einzige weitere bedeutende Änderung im Kabinett Bello Bouba Maigari, wie Ahidjo ein Moslem aus dem Norden, zum Premierminister ernannt. Es ist anzunehmen, daß Maigari, Ahidjos Protégé, wenn sich die Lage etwas beruhigt hatte, zum Präsidenten gekürt werden sollte (BAYART, 1993, S.43f). War die Rechnung Ahidjos so, dann hat er sie ohne den „Übergangsmann“ Biya gemacht.

2.3.1.3 Die Regierung Biya - Machterhaltung und Demokratisierung

Es war jedenfalls zu diesem Zeitpunkt erst das dritte Mal seit der Unabhängigkeit, daß in SSA ein amtierender Staatsführer freiwillig sein Amt an einen Nachfolger abgab (LE VINE, 1986, S. 35). Die Beziehungen zwischen Ahidjo und Biya verschlechterten sich aber aus nicht genau bekannten Gründen kurze Zeit nach dem Rücktritt. Es begann damit, daß Ahidjo, der noch Parteivorsitzender war, die Partei über die Regierung stellen wollte. Dies war ein offensichtlicher Versuch, wieder mehr politischen Einfluß zu erlangen - vermutlich, um in absehbarer Zeit Maigari zum Präsidenten machen zu können. Im August 1983 verkündete Biya die Aufdeckung einer Verschwörung. Als Hauptverschwörer wurden Ahidjo (in Abwesenheit) und zwei seiner wichtigsten Gefolgsleute im Februar 1984 zum Tode verurteilt. Die Todesurteile wurden von Biya wenig später in Lebenslänglich umgewandelt. Die eineinhalbjährige Phase der endgültigen Durchsetzung Biyas nach dem Machtwechsel endete mit dem versuchten Staatsstreich der hauptsächlich aus Garoua, der Heimatregion von Ahidjo, stammenden 1.500 Mann starken Präsidentengarde am 6. und 7. April 1984 und den darauffolgenden 120 vollstreckten Todesurteilen (MEHLER, 1993a, S. 49). Eine direkte Beteiligung Ahidjos an der Planung dieses Staatsstreiches ist nicht nachgewiesen und tatsächlich eher unwahrscheinlich, obwohl er ihn eindeutig begrüßte. Anlaß des Putsches war möglicherweise die geplante Auflösung der Truppe (ausführlich bei MEHLER, 1993a, S. 47ff). Das wichtigste Resultat der teilweise dramatischen Ereignisse vom November 1982 bis zum Juli 1984[9] war, daß „... after the dust has settled, Biya had almost completely changed the composition and character of the country's national leadership core“ (LE VINE, 1986, S. 39). Allerdings verlor Biya trotz der personellen Veränderungen (schätzungsweise 125) in den wichtigsten Positionen des Landes nicht den ethnischen Proporz aus den Augen, was auch für Politiker aus dem Norden galt (LE VINE, 1986, S. 45/47). Die Auswechslung betraf auch zahlreiche Generaldirektoren von Parastatals[10], was die primär politische Bedeutung dieser Positionen unterstreicht. „Ahidjo, throughout his long career as Cameroon's president, usually preferred (if possible) to coopt his opponents instead of punishing them. Biya may well have learned his wisdom of policy ...“ (LE VINE, 1986, S. 45).

Die Ursachen dieses Konfliktes sind, wie bereits erwähnt, nicht geklärt. MEHLER (1993a, S. 135f) liefert sechs Interpretationsmöglichkeiten der Ereignisse, die aber alle allein zur Erklärung nicht ausreichen.
Die Interpretation dieser Ereignisse als Versuch Biyas, den Einfluß des Nordens insgesamt zu verringern oder zu beenden, und den daraus resultierenden Widerstand des „Northerners“ Ahidjo ist jedenfalls zu schematisch: „He (Biya, d. Verf.) had moved *Ahidjo's* northerners out of position, but he replaced them with *Biya's* northerners“ (DELANCEY, M., 1989, S. 72). Auch kam es, obwohl die meisten Putschisten und damit auch die meisten Verurteilten aus dem Norden stammten, dort zu keinen Unruhen (MEHLER, 1993a, S. 48). Die regionalistische Komponente reduziert sich also damit darauf, daß *ein Teil* der Fulbe - Elite entmachtet wurde (MEHLER, 1993a, S. 145). Gerade in den letzten Jahren seiner Amtszeit hat Ahidjo einige Fulbe-Geschäftsleute bei der (nicht unbedingt legalen) Verfolgung ihrer wirtschaftlichen Interessen unterstützt. Diese Bereicherung war durch den neuen

---

[9] Die Ereignisse in diesem Zeitraum und vor allem die personellen Veränderungen in der Staatselite sind ausführlich bei LE VINE (1986, S. 35ff) dargestellt.
[10] Darunter die Generaldirektoren von ONCPB, SNH, SONEL, CAMAIR, FONADER und SODECOTON.

Präsidenten gefährdet. „Suddenly, the transfer of power took on an ethnic-regionalist flavour“ (BAYART, 1993, S. 44). Obwohl es sich nach außen hin in erster Linie um einen regionalistischen Konflikt zu handeln schien, was von den Medien auch bereitwillig aufgegriffen wurde, ging es tatsächlich mehr um politische und wirtschaftliche Macht (BAYART, 1993, S. 44f). Biya strebte *nicht* die Entmachtung des Nordens insgesamt an - das hätte er sich politisch auch gar nicht erlauben könne. In dieses Bild paßt auch, daß er 1983 den Norden in drei Provinzen aufteilte. Garoua, das von Ahidjo begünstigt wurde, verlor dadurch an Einfluß, während aber Maroua und Ngaoundéré, die gegen Ahidjo gewesen waren und deswegen benachteiligt wurden, an Macht gewannen (BAYART, 1993, S. 46).
Neben der Entmachtung eines großen Teiles der alten Elite und der Einsetzung einer neuen war ein weiteres wichtiges Resultat der Ereignisse zwischen Ende 1982 und 1984, daß die Armee durch die Unterstützung Biyas gegen die Putschisten in der neuen Regierung an Einfluß gewann. Ahidjo war zuvor immer bestrebt, durch dezentrale Organisation der Armee deren innenpolitische Handlungsfähigkeit zu verringern (MEHLER, 1993a, S. 142). Die Ereignisse nach 1982 zeigten jedoch, daß Biya nicht über eine so starke Position verfügte wie zuvor Ahidjo. Er mußte erst eine Basis für seine Regierung schaffen, indem er sich der Unterstützung bestimmter Gruppen durch Vergünstigungen versicherte (Van De WALLE, 1990, S. 163). Das Versprechen Biyas nach seiner Amtsübernahme, mehr - oder überhaupt - Demokratie zuzulassen, ist möglicherweise ebenfalls unter dem Gesichtspunkt der Schaffung einer Legitimationsbasis durch die Unterstützung der Bevölkerung zu sehen. Symbol der neuen Politik und des Wandels war 1985 der Parteitag in Bamenda und die Umbenennung der Einheitspartei in Rassemlement Démocratique du Peuple Camerounais (RDPC) (KÖRNER, 1988, S. 93; vgl. auch MEHLER, 1992, S. 229). Auch die Jahre nach 1984 waren noch von den Versuchen Biyas geprägt, Loyalitäten gegenüber sich selbst zu schaffen. Nach MEHLER (1993a, S. 154) konnte Biya erst 1988 nach der Besetzung aller wichtigen Positionen mit ihm gegenüber loyalen Gefolgsleuten als etabliert gelten.

Biya hat selbst in seinem Buch „Pour le Libéralisme Communautaire“ von 1987 die Demokratie als politische Organisationsform, der sich Kamerun anschließen müsse, gepriesen (ausführlich diskutiert bei MEHLER, 1993a, S. 146ff). Inwieweit oder warum er tatsächlich mehr Demokratie in Kamerun verwirklichen wollte, ist allerdings umstritten. Nach Meinung von DELANCEY, M. (1989, S. 70/76) hat er zumindest die Macht des Präsidentenamtes zugunsten der Ministerien verringert und bei Entscheidungen *innerhalb* der Einheitspartei mehr Demokratie zugelassen (1986) sowie bei den Parlamentswahlen 1988 im Gegensatz zu früher mehrere Kandidaten zur Wahl gestellt.
Tatsache ist aber - und das zeigen besonders die Ereignisse der 90er Jahre -, daß er *nicht* bereit ist, die Macht nach einer demokratischen Wahl *freiwillig* wieder abzugeben. Er verwendete seit seiner Amtsübernahme die Phrasen vom Präsidenten als „Vater unmündiger Kinder“ und er stellte die Ordnung über die Demokratie, wobei er vor allem von einem Mehrparteiensystem Chaos erwartete (DELANCEY, M., 1989, S. 78). Dennoch wurde die politische Atmosphäre freier als unter Ahidjo und die Demokratiebewegung wurde zusätzlich durch den Zusammenbruch der diktatorischen Regime in Osteuropa 1989 inspiriert.[11] Die ersten Reaktionen der Regierung waren aber Repressionen, denn wenn Biya überhaupt mehr Demokratie wollte, dann unter seiner Kontrolle. Zu offenen Unruhen führte im Februar 1990 der Prozeß gegen den Anwalt Yondo Black, der eine Partei gründen wollte und

[11] Zu den Hintergründen der Demokratiewelle siehe BANOCK (1993, S. 27 - 36).

daraufhin mit einigen anderen wegen Verschwörung angeklagt und verurteilt wurde. Als gewaltsame Unterdrückung aber nicht mehr auszureichen schien, sah sich die Regierung noch im gleichen Jahr zu Zugeständnissen gezwungen. Ab Juni 1991 wurde dann durch zivilen Ungehorsam vor allem im Westen des Landes („Villes mortes"-Kampagne) der Versuch unternommen, die Regierung noch stärker unter Druck zu setzen. Insgesamt kann aber das Jahr 1990, das mit der offiziellen Etablierung des *Mehrparteiensystems* am 19. Dezember endete, als Eckdatum der Demokratiebewegung in Kamerun bezeichnet werden (MEHLER, 1993a, S. 247).[12] 1995 gibt es bereits 102 Parteien, von denen aber nur wenige bedeutend sind (MTM, 1995, S. 2709).[13]

Im März 1992 kam es zu den ersten pluralistischen Wahlen, die jedoch von der wichtigsten Oppositionspartei, der SDF (Social Democratic Front), boykottiert wurden. Die SDF hat ihre Wurzeln im anglophonen Teil Kameruns, während sich die Regierungspartei seit den Zeiten der Regierung von Ahidjo eher auf das Zentrum und den Norden des Landes stützt. Der Kampf um die Macht zwischen RDPC und SDF spiegelt damit auch den Konflikt zwischen frankophonen und anglophonen Landesteilen wider, ist aber keineswegs darauf zu reduzieren. Dank des Boykotts der SDF gelang es der RDPC, die trotzdem nur 88 der 180 Mandate errang, mit Unterstützung einer kleineren Oppositionspartei, der MDR mit 6 Sitzen, die Mehrheit in der Nationalversammlung zu behaupten. Mit 68 Sitzen, die vor allem in den Provinzen Nord und Adamaoua gewonnen wurden, wurde die UNDP zweitstärkste Partei. Vorsitzender dieser Partei war Bello Bouba Maigari, der Ende 1982 von Ahidjo zum Nachfolger Biyas als Premierminister ernannt und im August 1983 von Biya wieder entlassen wurde, obwohl ihm keine Beteiligung am August-Putsch nachgewiesen werden konnte. Weiterhin war die UPC mit 18 Sitzen, die in der Mehrzahl in ihrer früheren Hochburg, dem Bassa-Land, gewonnen wurden, im Parlament vertreten. Da die RDPC ihrerseits alle Wahlkreise in der Provinz Sud und mit einer Ausnahme die der Provinz Centre errungen hatte, „... war die Regionalisierung von Politik also weiter vorangeschritten" (MEHLER, 1993b, S. 178). Besonders die UNDP wurde zur „... Partei des Nordens, oder genauer: der Fulbe ..." (MEHLER, 1993b, S. 179). Allerdings waren die Provinzen, wie ein Vergleich von regionaler Bevölkerungsverteilung und Nationalversammlung nach der Wahl von 1992 zeigt, weitgehend proportional repräsentiert (EIU, 1995, S. 9).

Der Weg zu politischem Pluralismus schien schließlich in den Präsidentschaftswahlen im Oktober 1992 zu gipfeln. „Eine Mischung aus persönlichen Eitelkeiten und ethnischen Animositäten ..." (MEHLER, 1993b, S. 180) hinderte die Opposition aber daran, einen gemeinsamen Kanditaten aufzustellen. Paul Biya verstand es zudem, durch taktische Maßnahmen die Chancen der Opposition zu vermindern, wobei die wichtigste der Schachzug war, die Wahlen in *einem* Wahlgang durchführen und mit *relativer* Mehrheit entscheiden zu lassen. Dadurch verhinderte er, daß sich die Opposition in einem zweiten Wahlgang vereinigen konnte. *Offiziell* gewann Paul Biya die Wahlen mit 39.9 % (!) vor seinem schärfsten Konkurrenten John Fru Ndi, dem Kanditaten der SDF, der 35.9 % der Stimmen auf sich vereinigen konnte. Die Opposition, speziell John Fru Ndi, akzeptierte dieses Wahlergebnis nicht

[12] Die Ereignisse von Anfang 1990 bis Anfang 1992 sind ausführlich bei BANOCK (1993, S. 37 - 74) dargestellt.
[13] Bei MEHLER (1993a, S. 262) kann eine Charakterisierung der wichtigsten Oppositionsparteien nachgelesen werden. Eine Liste der 40 bereits 1991 gegründeten Parteien findet sich bei BANOCK (1993, S. 246ff.).

und bezichtigte die Regierung der Wahlfälschung, woraufhin der Führer der SDF unter Hausarrest gestellt und für Bamenda der Ausnahmezustand ausgerufen wurde.
Der Vorwurf der Wahlmanipulation war durchaus begründet (vgl. MEHLER, 1993b, S. 180 und MEHLER, 1993a, S. 387ff) und wurde sogar durch den Obersten Gerichtshof, der die Anfechtung des Wahlergebnisses durch Ndi zwar Ende 1994 ablehnte, aber schwere Versäumnisse bei der Wahldurchführung einräumte, teilweise bestätigt (MEHLER, 1995a, S. 182). Auch viele ausländische Beobachter teilten die Einschätzung, daß das Wahlergebnis durch Betrug zustande gekommen sei. So sprach z.B. die NZZ (31. Okt. 1992) von „unübersehbaren Betrügereien". Das amerikanische „National Institute for Democracy", das die Beobachtung von Wahlen zur Aufgabe hat, stellte ebenfalls fest, daß es zu vielen Unregelmäßigkeiten gekommen sei. Das führte zu diplomatischen Spannungen mit den USA, die mit dem zeitweiligen Einstellen ihrer Entwicklungshilfe reagierten. Demonstrativ wurde Ndi zur Amtseinsetzung des amerikanischen Präsidenten Anfang 1993 in die USA eingeladen. Bei seinem Abflug zu dieser Reise, in deren Verlauf er auch Deutschland besuchte, wurde er am Flughafen von Douala von 80.000 Menschen verabschiedet (JAE 164, Feb. 1993, S. 117). Auch Deutschland reagierte mit einer teilweisen Unterbrechung der Entwicklungszusammenarbeit (MEHLER, 1993b, S. 182 und 1995a, S. 186).
Trotz der diplomatischen Reaktionen gelang es Biya einerseits durch repressive Maßnahmen wie der Verhängung des Ausnahmezustandes über die Provinz North West und andererseits durch Zugeständnisse an die Opposition wie z. B. der Beteiligung weiterer Oppositionspolitiker an der Regierung (vgl. MEHLER, 1993b, S. 181), die Situation in der Schwebe zu halten und seine Position zu behaupten (MTM, 1992, S. 3285f). Ein weiteres Zugeständnis war die Einberufung einer Kommission (ohne Beteiligung der Opposition) zur Beratung einer Verfassungsreform. Der schließlich vorgelegte Verfassungsentwurf sah eine unabhängige Gerichtsbarkeit, die Bildung eines Verfassungsgerichts, eines staatlichen Rechnungshofes und eines Senats, in dem u.a. die traditionellen Führer vertreten sein sollen, vor. Obwohl Vertreter Frankreichs an diesen Vorschlägen mitgearbeitet haben, ist das mehr als *taktisches Manöver* Biyas zu werten, um der Opposition das Wasser abzugraben (IA 3, 1993, S. 237f). Auch die Ankündigung von Kommunalwahlen, die erst Anfang 1996 tatsächlich stattfanden, ist so einzuordnen.
Noch wichtiger war aber die Unterstützung Biyas durch Frankreich nach anfänglichem Zögern. Bei einem Besuch in Paris im Mai 1993 traf Biya neben Staatspräsident Mitterand und Premierminister Balladur noch weitere Spitzenpolitiker (MEHLER, 1994, S. 191).

Bei der Diskussion der Fortschritte in der Demokratisierung erscheint es unverzichtbar, einige Worte zur unabhängigen Presse als dem einzigen nicht vollständig von der Regierung kontrollierten Medium zu verlieren. Sie kann nahezu als einzige Möglichkeit der öffentlichen Äußerung von Kritik an der Regierung bezeichnet werden. Die parlamentarische Opposition erfüllt nämlich *nicht* die Aufgabe der Kontrolle der Regierung, denn: „Die *in Parlament und Kabinett vertretenen* Parteien UNDP, UPC und MDR erwiesen sich als insgesamt gefügige Koalitionspartner der ehemaligen Einheitspartei RDPC" (MEHLER, 1994, S. 188). Welche Bedeutung die freie Presse hat, zeigt sich auch daran, welche Mühen die Regierung darauf verwendet, sie zu kontrollieren. Zensur, das Verbot von Zeitungen sowie die Verhaftung und Einschüchterung von Journalisten gehören zur Tagesordnung (ausführlich bei BREITINGER, 1992). Die repressiven Maßnahmen erfolgten dabei in Wellen. Auch 1995 versuchte die Regierung wieder gewaltsam, eine unabhängige und kritische Berichterstattung durch Journalisten zu verhindern (EIU 4. Quartal 1995, S. 11).

Eine bedeutende Person ist in diesem Zusammenhang der Schriftsteller Celestin Monga. Nach einem Interview im Jahre 1992 mit dem ehemals wichtigsten Banker Kameruns, der über immense Veruntreuungen berichtete, die er auf Anweisung des Präsidenten und besonders dessen Frau vornehmen mußte, wurde gegen Celestin Monga Haftbefehl erlassen (die tageszeitung, 13.5.1992). Schon einmal zuvor, im Januar 1991, wurde ihm in Kamerun der Prozeß gemacht, nachdem er in einem offenen Brief an Biya die Korruption des öffentlichen Lebens in Kamerun beklagt hatte: „Comme beaucoup de Camerounais j'ai été choqué par le ton outrageusement condescendant, paternaliste et prétentieux que vous avez employé à l'Assemblée nationale le 3 décembre pour vous adresser au peuple. Comment pouvez-vous vous permettre de dire à onze millions de Camerounais: `Je vous ai amenés la démocratie...´, dans ce pays où, tous les jours les droits les plus élémentaires de l'homme sont bafoués, où la majorité des gens n'a pas de quoi vivre alors qu'une petite poignée d'arrivistes se partage impunément les richesses du pays" (Le Messager 27. Dez. 1990 - zitiert bei BREITINGER, 1992, S. 260)? Der darauffolgende Prozeß war einer der Auslöser für die „Villes Mortes"-Kampagne, die zum Demokratisierungsprozeß beitrug.

Die Tatsache, daß die SDF als stärkste Oppositionspartei ihr Stammland in Westkamerun und als Ziel u.a. die Wiederherstellung des Föderalismus hat, ist ein Zeichen dafür, daß die Zentralisierungspolitik Ahidjos das Bewußtsein einer eigenen Geschichte in Westkamerun nicht zerstören konnte. Allerdings greift die Identifizierung anglophoner Interessen mit der SDF zu kurz, denn zum einen hat der Präsidentschaftskanditat der Partei, Ndi, bei den Wahlen im Oktober 1992 auch in den anderen Landesteilen in erheblichem Maße Wähler mobilisieren können und zum anderen gibt es noch andere Parteien, die die Interessen der Anglophonen vertreten. Das gemeinsame Bewußtsein der anglophonen Kameruner gründet sich auch auf ein Gefühl der Benachteiligung. So steht die offizielle Zweisprachigkeit oftmals nur auf dem Papier. In den Universitäten sind z.B. überwiegend frankophone Lehrer tätig, so daß es mit der gesetzlichen Verpflichtung, auch Kurse in englischer Sprache anzubieten, nicht weit her ist (DELANCEY, 1989, S. 93 und MBAKU / KAMERSCHEN, 1993, S. 40). Zudem waren häufig nicht nur die Provinzgouverneure, sondern auch viele rangniedrigere Beamte im Westen französischsprachig. Die Anglophonen sind daher im Gegensatz zu den Frankophonen - gezwungenermaßen - tatsächlich zweisprachig: „Cameroon bilingualism came to mean that Anglophones had to study French" (MBAKU / KAMERSCHEN, 1993, S. 40). Es wird zudem eine wirtschaftliche Benachteiligung beklagt. So besitzt die Provinz North West nur ein einziges geteertes Stück Überlandstraße von 50 km Länge (NZZ vom 20.9.1993). Das Gefühl des Westens, daß seine Belange nicht genügend berücksichtigt werden, geht schon auf die Zeit der „Wiedervereinigung" zurück. Diese bestand im wesentlichen in einer *Anpassung* des Westens (seiner Institutionen) an den Osten, die sich noch verstärkte, nachdem die Föderation offiziell aufgehoben und ein Zentralstaat ausgerufen worden war (KOFELE-KALE, 1986, S. 63). Die Klagen über die Vernachlässigung gipfeln sogar in der Behauptung, daß manche Gegenden im Westen 25 Jahre nach der Unabhängigkeit weniger entwickelt sind als vorher. Tatsächlich ist der Westen aber *nicht* benachteiligter als die Nordprovinzen oder die Provinz Est (KOFELE-KALE, 1986, S. 65). Die Vernachlässigung des anglophonen Landesteils ist daher relativ gesehen „keinesfalls von außergewöhnlichem Umfang" (MEHLER, 1993a, S. 90). Die Tabelle 1 hat dies mit einigen Indikatoren bestätigt. Im „ethnischen Kalkulus" der Verteilung von Spitzenämtern wurde der Westen ebenfalls nicht vernachlässigt. Das zeigt sich auch daran, daß mit Simon Achidi Achu erstmals ein Anglophoner Premierminister von Kamerun ist.

Besonders in den letzten Jahren haben sich die Differenzen zwischen dem frankophonen Kamerun, bzw. der Zentralregierung, und dem anglophonen Westen verschärft. So wird selbst Achu in der der Regierung nahe stehenden Zeitung Cameroon Tribune am 16. Aug. 1995 mit den Worten zitiert: „We must fight even what some of us call the anglophone war". Wie schon 1993 (vgl. MEHLER, 1994, S. 189f) kam es im Mai 1994 in Bamenda wieder zu einer illegalen Versammlung anglophoner Gruppierungen, während der Biya aufgefordert wurde, endlich auf die Forderungen nach einer Föderation einzugehen. Andernfalls wird eine verfassungsgebende Versammlung einberufen, die dann Verhandlungen mit Yaoundé über eine friedliche Loslösung aufnehmen soll. Versuche der Regierung, nach bewährtem Muster durch Bestechung und Bedrohung die Versammlung zu torpedieren, sind in diesem Fall fehl geschlagen (MEHLER, 1995a, S. 184 und IPS 20, 14.5.1994, S. 24). Inzwischen gewinnen die Parteien, die nicht nur für eine Föderation, wie die SDF, sondern für eine Abspaltung Westkameruns eintreten, wie die CAM, an Einfluß. Die EIU (4. Quartal 1995, S. 10) urteilt, daß „... the anglophone - francophone divide has ... widened into a seemingly unbridgeable chasm".

Die Zeit nach den Wahlen Ende 1992 war geprägt von Repression. Der IPS (45, 5.11.1994, S. 22) titelte z.B. einen Bericht mit: „In Kamerun gehören prügelnde Polizisten zum Alltag" und sprach von „Unsicherheitskräften". Die sich verschärfende ökonomische Krise, die auch Maßnahmen wie die Kürzung der Gehälter der Angestellten im öffentlichen Dienst 1993 nötig machte, schien die Regierung dazu zu veranlassen, mehr auf Unterdrückung zu setzen. Dabei kam ihr die Zerstrittenheit und teilweise Käuflichkeit der Opposition entgegen. „Sans doute majoritaires dans le pays, les adversaires de Biya semblent incapables de s'entendre sur une plate-forme et une stratégie communes" (JA 1760, Sept./Okt. 1994, S. 51). Dabei ist nicht nur die Opposition, sondern auch Biya schwach - oder zumindest unentschlossen. In Frankreich wird beklagt, daß er weder an Kabinettssitzungen noch an Treffen der Staatschefs der Region teilnimmt und sich kaum noch ans Volk wendet. Entscheidungen werden einfach nicht getroffen (JA 1760, Sept./Okt. 1994, S. 35). Allerdings besitzt Biya den Vorteil, von seinen Gegnern unterschätzt zu werden: „On ne demeure pas douze années à la tête d'un Etat sans avoir pour cela quelques qualités" (JA 1760, Sept./Okt. 1994, S. 35).

Zu Anfang des Jahres 1995 gab es wieder einmal Gerüchte, daß die Regierung Biya bald am Ende sei, da sich die Anzeichen mehrten, daß mit der neuen Regierung in Frankreich dessen Unterstützung schwinden würde (vgl. MEHLER, 1995a, S. 185 und IPS 8, 25.2.1995, S. 19). Darüber hinaus gab es 1994 auch Putschgerüchte (MEHLER, 1995a, S. 184). Um dem entgegen zu treten, versuchte Biya, durch einige Auftritte auf der internationalen Bühne sein Image wieder aufzupolieren. Dies stabilisierte sein Regime jedoch weniger als die Zerstrittenheit der Opposition, wobei besonders das Erstarken des SCNC, der für eine Abspaltung Westkameruns eintritt, hervorsticht (EIU 4. Quartal 1995, S. 5f). Im Juli 1995 gab Frankreich dann doch einen Kredit in Höhe von 900 Mio. FCFA, um die Polizeikräfte zu verstärken (EIU 4. Quartal 1995, S. 17). Ein deutliches Zeichen für die wahren Interessen Frankreichs: Ordnung vor Demokratie. Auch bei der Entscheidung zur Vergabe eines neuen, des vierten[14], Stand-By-Kredits in Höhe von 101 Mio. US-$ durch den IWF am 27. September 1995 setzte sich der französische Präsident Jaques Chirac für Kamerun ein (EIU

[14] Der dritte in Höhe von 114 Mio. US-$ wurde Anfang 1994 gewährt und bereits wenige Monate später wieder zurückgezogen - wegen Nicht-Einhaltung der damit verbundenen Vereinbarungen durch Kamerun.

4. Quartal 1995, S.6). Mit dem neuen Kredit werden die Fortschritte bei den Reformen gewürdigt und zudem befindet sich die Wirtschaft Kameruns in einer günstigen Position, um sich wieder zu erholen.[15] Darüber hinaus hat Biya, dem wie gesagt Lethargie und wenig Entscheidungsfreude vorgeworfen werden, seinen Reformwillen bekräftigt, indem er wieder einmal Schlamperei und Korruption den Kampf angesagt (1.6.1995) und am 16.6.1995 25 (!) Staatssekretäre ernannt hat (vgl. JAE 200, Juli 1995, S. 64 - 71: „Du sang neuf pour le Cameroun"). Falls die Kameruner Regierung bei der Erfüllung der mit dem Kredit verbundenen Reformauflagen erfolgreich ist, sind weitere Kredite auch von anderen Gebern und Schuldenerlasse zu erwarten (EIU 4. Quartal 1995, S. 12).

Trotz dieser für die Regierung im Gegensatz zu 1994 wieder vorteilhafteren Rahmenbedingungen versucht Biya laut EIU (4. Quartal 1995, S. 7) einen Drahtseilakt: Wird er die für den 21. Januar 1996 angekündigten Kommunalwahlen nicht ordnungsgemäß durchführen lassen, riskiert er einen Aufruhr; treibt er die Reformen nicht erfolgreich weiter, verliert Kamerun vollständig die Kreditfähigkeit. Mehr und mehr sieht er sich zu demokratischen Zugeständnissen und zu schmerzhaften wirtschaftspolitischen Maßnahmen *gezwungen*, was beides seine persönliche Machtposition schwächt. In Zukunft ist zudem nach dem zu erwartenden Fall der Rohstoffpreise wieder ein etwas geringeres Wachstum zu erwarten. Dazu kommt, daß „(a)s long as Mr Biya holds onto power, the confidence of local and foreign investors, badly needed to fuel growth, will remain shaky ..." (EIU 4. Quartal 1995, S. 7). Wie lange Biya noch an der Macht bleibt, ist ungewiß. Sicherlich werden die 1997 fälligen Parlamentswahlen zu einem wichtigen Datum, denn die SDF wird nicht wieder den Fehler des Boykotts begehen. Daß Biya, vor allem solange er die Unterstützung aus Frankreich genießt, aber nicht zu unterschätzen ist, zeigte das Jahr 1995: „Cet homme est une tortue et sa carapace est en Téflon" (JA 1760, Sept./Okt. 1994, S. 35).

Nachtrag

Nach einer Reuters-Meldung hatten die Kommunalwahlen vom 21. Januar 1996 folgendes Ergebnis: Von 336 Gemeinden haben die RDPC 219 (65 %), die SDF 62 (18 %) - darunter alle 6 in Douala -, die UNDP 29 (9 %), die Democratic Union 9 (3 %) und einige kleinere Parteien die restlichen gewonnen. Die Wahlen wurden wieder begleitet von den Einschüchterungsversuchen der Ordnungskräfte und es kam zu Demonstrationen, in deren Verlauf in Douala zwei Menschen getötet wurden. Nachdem erste Veröffentlichungen von Wahlergebnissen andeuteten, daß die SDF drei der sechs Gemeinden in Yaoundé gewonnen hat, erklärte der Innenminister kurzerhand die Ergebnisse für ungültig und die RDPC zum Sieger in allen sechs Wahlkreisen. Die Wahlergebnisse sind zudem unter der Einschränkung zu beurteilen, daß nur die RDPC in allen Wahlkreisen angetreten ist - dabei in 50 ohne Gegenkanditaten und daß die Wahlbehörden 143 Wahllisten der SDF für ungültig erklärten, so daß diese nur in 100 Gemeinden antrat, von denen sie also 62 % gewonnen hat.

2.3.2 Der Einfluß Frankreichs

Es wurde bereits angedeutet, welchen Einfluß Frankreich auf die Politik Kameruns auch nach der Unabhängigkeit hatte. „As an appendix, the cameroonian economy was to remain highly dependent on the French economy; even after political independence was granted, the

---

[15] Hohe Weltmarktpreise für Kaffee, Kakao, Baumwolle, Holz und Bananen haben zusätzlich zur Abwertung die kamerunischen Exporte Ende 1994 erheblich ansteigen lassen (EIU 4. Quartal 1995, S. 6).

subordinate position of the Cameroonian economy gave France substantial influence in Cameroon's political system" (DELANCEY, M., 1986, S. 192). Frankreich verfolgte insgesamt nach der Unabhängigkeit der afrikanischen Staaten eine andere Politik als z.B. Großbritannien, das sich politisch und wirtschaftlich stärker zurückzog (ILLY, 1976, S. 81). Das zeigt sich auch an Kamerun, zu dem Großbritannien keine besonderen Beziehungen mehr unterhält, obwohl 10 % des Landes mit 20 % der Einwohner immerhin über 40 Jahre unter britischer Kolonialverwaltung standen. Frankreich hingegen versuchte *vor* und auch *nach* der Unabhängigkeit, die politische Entwicklung im Sinne französischer Interessen zu beeinflussen. So gelang es ihm, die für eine rakikale Trennung vom französischen Mutterland eintretende UPC politisch und militärisch zu unterdrücken und statt dessen Kamerun von Parteien, vor allem der UC (später UNC bzw. RDPC) unter der Führung von Ahidjo, in die Unabhängigkeit führen zu lassen, die für die Aufrechterhaltung der engen Beziehungen zu Frankreich eintraten (vgl. ausführlich DELANCEY, M, 1986, S. 192ff). „The French administrators were thus able in some degree to respond positively to those elements of the elite most favourable to French interests in Cameroon and negatively to those elements most inimical to French interests" (DELANCEY, M, 1986, S. 192).
Obwohl in den folgenden Gliederungspunkten gegebenenfalls auf Details der Bedeutung dieser Einflußnahme und der wirtschaftlichen Beziehungen insgesamt durch das Engagement privater französischer Investoren, durch Entwicklungshilfe und durch den Außenhandel eingegangen wird, soll vorab ein kurzer Überblick über die Bedeutung der Beziehungen mit Frankreich gegeben werden.
Die engen Bindungen zwischen Kamerun und Frankreich sind gerade in jüngster Zeit wieder offenkundig geworden. Das zeigte sich zum einen militärisch (zumindest symbolisch) und politisch durch die Unterstützung Kameruns im jüngsten Grenzstreit mit Nigeria um die Bakassi-Halbinsel, obwohl Frankreich auch an guten Beziehungen zu Nigeria interessiert ist (vgl. MEHLER, 1995a, S. 185 und die tageszeitung, 1.3.1994). Besonders aber die Hilfe Frankreichs in der Wirtschaftskrise hat seinen Einfluß wieder erhöht. Frankreich war zeitweise der einzige Kreditgeber, den Kamerun noch hatte. So ist es 1993 zweimal, nämlich im Januar in Höhe von 600 Mio. Franc und im Juli nach gerade 6 Monaten wiederum in Höhe von diesmal 460 Mio. Franc, für Kameruner Verpflichtungen bei der Weltbank eingesprungen, um zu verhindern, daß Kamerun auf die schwarze Liste der nicht kreditwürdigen Länder gesetzt wird (MEHLER, 1994, S. 192). Damit ist die These von DELANCEY, M. (1986, S. 204), daß der französische Einfluß seit der Unabhängigkeit abgenommen hat, zumindest für die jüngere Geschichte nicht haltbar.

Frankreich ist für Kamerun nach wie vor der wichtigste Geber von Entwicklungshilfe. In den 80er Jahren zeichnete es - mit abnehmender Tendenz - für 70 (1981-83) bis 50 % (1987-89) der bilateralen und für 40 bis 30 % der gesamten ausgezahlten Entwicklungshilfe verantwortlich (STBA, 1993, S. 202). Die Höhe des Engagements in Kamerun war auch für Frankreich außergewöhnlich. Von 1989 bis 1993 gab die Caisse Française de Développement (CFD) Entwicklungshilfen in Höhe von 5,37 Mrd. Franc an Kamerun, was 13,2 % des gesamten Engagements in Afrika und den zweiten Platz hinter der Côte d'Ivoire in der Empfängerrangliste bedeutete (EIU 2. Quartal 1994, S. 21). Mit den gegebenen Krediten wurden jedoch primär private *französische* Gläubiger bedient (vgl. MTM, 1992, S. 3329).
Auch beim privaten ausländischen Kapital besitzen die französischen Investoren eine Ausnahmestellung, obwohl ihr Anteil am gesamten ausländischen Kapital in den Kameruner Unternehmen von 1973 bis 1989 von 77,4 auf 63,0 % zurückgegangen ist. Aufgrund der

Zunahme des privaten und öffentlichen *kamerunischen* Kapitals ist der Anteil des französischen am Gesamtkapital im gleichen Zeitraum allerdings noch stärker von 52,0 auf 21,2 % gesunken (STBA, 1993, S. 160; vgl. auch DELANCEY, M., 1986, S. 196ff). Dennoch ist es noch erheblich, wenn ein Fünftel des gesamten Kapitals kamerunischer Unternehmen in französischen Händen ist. Immerhin sind etwa 100 französische Unternehmen in Kamerun aktiv (MTM 11.6.1993, S. 1478). Darüber hinaus besitzen die vier größten Banken Kameruns, die zusammen 85 % des Kreditgeschäftes kontrollieren, französische Partner (BLANDFORD et al., 1994, S. 147).
Die dominante Stellung französischer Investoren in Kamerun erklärt sich aber nach Ansicht von DELANCEY, M. (1986, S. 202) nicht nur aus den Vorteilen, die sich aus dem langjährigen Engagement in Kamerun ergeben: „... non-French foreign investors and businessmen frequently feel that there is an invisible but very real pro-French bias among the Cameroonian bureaucracy and that this bias makes it especially difficult for them to operate in Cameroon“. Eine weitere mögliche Erklärung ist die größere Sicherheit vor politischer Willkür, die französische Investoren aufgrund des großen politischen Einflusses Frankreichs genießen.
Bemerkenswert ist auch die Vielzahl der in Kamerun arbeitenden französischen Experten (vgl. HESP, 1988, S. 14). Bereits zum Zeitpunkt der Unabhängigkeit hat Kamerun eine Reihe von Verträgen über finanzielle und technische Hilfe mit Frankreich abgeschlossen, die dazu führten, daß französische Experten in allen Ministerien zu finden sind (DELANCEY, M., 1986, S. 197). Die Schlußfolgerung, daß Kamerun mit seiner Politik der Verstaatlichung von Unternehmen und seiner zentralen Verwaltung der französischen Tradition folgt, liegt nahe, kann aber weder bewiesen noch widerlegt werden (HESP, 1988, S. 14). Die Präsenz von Franzosen in Spitzenämtern hat sich in jüngster Zeit noch erhöht. Gemäß dem Sprichwort, „wer zahlt, schafft an“, versuchte Frankreich im Gegenzug für seine Kredite mehr direkte Kontrolle über die Finanzen Kameruns zu bekommen bzw. Franzosen in Schlüsselpositionen zu bringen. So wurden 1993 zwei Franzosen als Leiter der Cameroon Airlines (CAMAIR) und des Schatzamtes (Inspecteur des finances à la direction du Trésor) ernannt (MEHLER, 1994, S. 188, vgl. auch die tageszeitung, 1.3.1994).
Die zunehmende Zahl von Franzosen in Spitzenämtern hat der Regierung den Vorwurf der „Rekolonialisierung“ durch die Opposition eingebracht. Dabei tat sich besonders Ndi hervor, der auch aufgrund der bereits erwähnten politischen Unterstützung Biyas durch Frankreich nach der Präsidentschaftswahl 1992 zum Boykott französischer Waren aufrief (MEHLER, 1994, S. 188). Von Charles Pasqua, dem ersten hochrangigen Politiker, der Kamerun und besonders Biya nach den Wahlen Ende 1992 besuchte (MEHLER, 1994, S. 191), behauptet der IPS (36, 3.9.1994, S. 6): „Zu den erklärten Freunden Biyas gehörte auch Charles Pasqua, heute französischer Innenminister. Er ließ es sich nicht nehmen, öffentlich zu erklären, daß Biya der Kandidat Frankreichs sei und Paris es niemals zulassen werde, daß ein englischsprachiger Kameruner Präsident werde“. Auch die NZZ (25. Sept. 1993) schreibt: „Offenbar erschreckt in Paris die Vision eines demokratischen Machtwechsels zugunsten eines Anglophonen so sehr, dass in der Alternative eines schleichenden Übergangs zur offenen Militärdiktatur das kleinere Übel gesehen wird“. Kein Wunder, daß der Unmut der Opposition darüber so groß war, daß es zu einigen Übergriffen auf Franzosen in Kamerun gekommen ist (IPS 36, 3.9.1994, S. 6f). Mittlerweile stellt sich sogar die Frage, wer eigentlich Kamerun regiert. „Die Meinung, Frankreich und nicht Biya bestimme eigentlich, was in Kamerun vorgehe, ist im Land selbst sehr verbreitet“ (MEHLER, 1993a, S. 339).

2.3.3 Die regionalen Wirtschaftsbündnisse UMAC und UDEAC

Ein herausragendes Beispiel der engen Bindung Kameruns, wie auch vieler anderer ehemaliger Kolonien, an Frankreich ist die Zugehörigkeit zur Franc-Zone, im Falle Kameruns der Union Monétaire en Afrique Centrale (UMAC). Ihr gehören auch die Staaten Gabun, Congo, Tschad, die Zentralafrikanische Republik (RCA) und Äquatoralguinea[8] an. Währung ist der CFA-Franc (FCFA), der seit 1949 im festen Verhältnis von 50:1 an den französischen Franc gebunden war und am 1. Januar 1994 auf 100:1 abgewertet wurde. Die monetäre Kontrolle übernimmt die in Yaoundé ansässige Banque des Etats d'Afrique Centrale (BEAC) (vgl. ausführlich NJOMO, 1992, S.1 ff). Daneben gewinnt die Zoll- und Wirtschaftsunion Union Douanière et Economique d'Afrique Centrale (UDEAC) in jüngster Zeit an Bedeutung.

Die UMAC

Die zentralafrikanische Währungsunion mit Frankreich verfolgt vier Prinzipien (ALLECHI / NIAMKEY, 1994, S. 1148): Das sind der *fixe Wechselkurs*, die *volle Konvertibilität* mit dem französischen Franc, der *freie Kapitalverkehr* in den Mitgliedsländern und mit Frankreich sowie der *gemeinsame Pool der Devisenreserven*, der es den Mitgliedern mit Defiziten ermöglicht, auf die Überschüsse der anderen zurückzugreifen. Jedes Mitglied hält zwei Drittel seiner Reserven in FF beim französischen Schatzamt (nicht bei der Zentralbank), das dafür alle internen und externen Verpflichtungen übernimmt (KAPPEL, 1993, S. 270).[9] Die geldpolitische Steuerung wird von der BEAC durch das Festlegen der Zinsen und durch die Rediskontpolitik vorgenommen. Ihr Board ist zusammengesetzt aus 4 Vertretern Kameruns, 3 Frankreichs, 2 Gabuns und 1 aus den übrigen Mitgliedsländern. Die Geldmengenziele werden jährlich für jedes Land festgelegt (NJOMO, 1992, S. 13). Die BEAC darf an den Staatssektor Kredite maximal in der Höhe von 20 % der Einnahmen des Staates im vorangegangenen Jahr geben (KAPPEL, 1993, S. 270). Allerdings fallen Unternehmen im öffentlichen Besitz nicht unter diese Regel, so daß sich hier eine Möglichkeit zur Umgehung der 20 %-Klausel bietet. Darüber hinaus können der öffentliche Sektor und die staatlichen Unternehmen Anleihen im Ausland aufnehmen (NJOMO, 1992, S. 14).
In jüngster Zeit gab es einige Änderungen im institutionellen Rahmen der UMAC. So wurde am 1. Juli 1994 in Kamerun durch 8 Banken unter der Leitung der BEAC die Einrichtung eines Geldmarktes beschlossen. In der nächsten Zeit sollen Banken aus den anderen Mitgliedsländern der UMAC folgen (MTM 1.7.1994, S. 1376). Zudem gibt es Planungen, daß die BEAC die Privatbanken stärker kontrollieren und ihre Geldpolitik ändern soll. Dazu gehören die Liberalisierung des Zinsniveaus und die Anwendung anderer geldpolitischer Instrumente wie Mindestreserve- und Offenmarktpolitik (MTM, 1995, S. 2716).
Bei der Beurteilung, ob sich die Währungsunion in der Vergangenheit positiv oder negativ auf die wirtschaftliche Entwicklung der beteiligten afrikanischen Länder ausgewirkte, besteht keine Einigkeit. Einige Studien behaupten, daß die CFA-Länder vor 1980 eine bessere Performance hatten als die Nicht-CFA-Länder (ALLECHI / NIAMKEY, 1994, S. 1147f). Bei dieser Art von Studien liegt die Annahme zugrunde, daß alle anderen Einflußfaktoren

---

[8] Äquatorialguinea ist als einziges von den genannten Ländern keine ehemalige französische, sondern eine ehemalige spanische Kolonie.

[9] Zu den institutionellen Rahmenbedingungen der Franc-Zone siehe ausführlich NGOGANG (1982, S. 24ff).

nicht systematisch auf die beiden verglichenen Ländergruppen verteilt sind. Die Frage, ob die Währungsunion mit Frankreich sich im Durchschnitt für die beteiligten afrikanischen Länder positiv auswirkte oder nicht, ist aber nicht Gegenstand dieser Arbeit. Auf jeden Fall gibt es in den 90er Jahren einen „... consensus among economists that the CFA Franc is overvalued by 20-60 % depending on the country and that may constitute a major hindrance to the structural adjustment programs undertaken by most CFA countries" (ALLECHI / NIAMKEY, 1994, S. 1147; vgl. auch DEVARAJAN, 1993, S. 55).

Diagramm 1

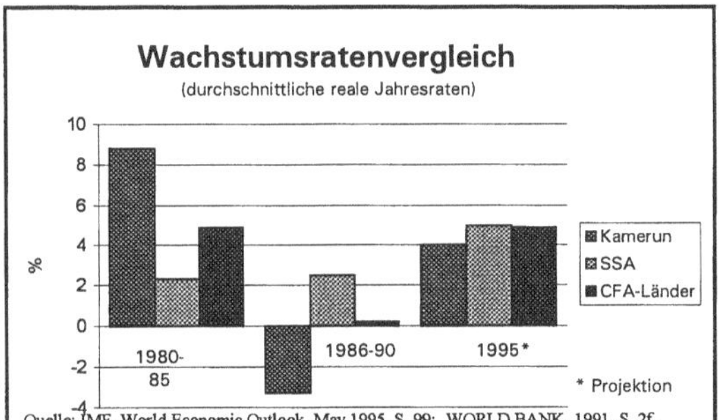

Quelle: IMF, World Economic Outlook, May 1995, S. 99; WORLD BANK, 1991, S. 2f.

Der Vergleich der nach Bevölkerungsanteilen gewichteten Wachstumsraten in den CFA-Ländern und in SSA insgesamt in Diagramm 1 zeigt, daß in der ersten Hälfte der 80er Jahre in den CFA-Ländern durchschnittlich höhere reale Wachstumsraten erzielt wurden, die CFA-Länder ab Mitte der 80er Jahre insgesamt jedoch stagnierten. Für 1995, ein Jahr nach der Abwertung des FCFA gegenüber dem FF, erwartet der IWF eine Angleichung der realen Wachstumsraten. Er kommt daher zu dem Schluß, daß sich die Bindung einiger afrikanischer Währungen an den Franc in der Vergangenheit zum Vorteil dieser Länder ausgewirkt zu haben scheint: „Since its creation almost fifty years ago, the African franc zone - usually referred to as the CFA-Zone - has served its members well" (IMF, 1994, S. 60). Ab Mitte der 80er Jahre war dies jedoch nicht mehr der Fall. Dafür waren gemäß IMF (1994, S. 60) zum einen die Verschlechterung der Terms of trade durch den Preisverfall bei den wichtigsten Exportgütern, was allerdings auch die anderen afrikanischen Länder derselben Region traf, und zum anderen die Aufwertung des französischen Franc gegenüber dem Dollar und anderen Währungen in der Mitte der 80er Jahre verantwortlich. Dies war der Grund, daß die Mitgliedsländer der UMAC außer geringeren Exporterlösen auch noch Verluste bei den Marktanteilen ihrer Exportgüter hinnehmen mußten.

Für die Wirtschaftspolitik in Kamerun ergibt sich aus der Währungsunion die Konsequenz: „The nominal exchange rate is exogenous and does not constitute a policy instrument" (ALLECHI / NIAMKEY, 1994, S. 1148). Die Geldpolitik kann über das Board der BEAC zudem nur eingeschränkt - in Übereinstimmung mit den anderen Mitgliedern - beeinflußt werden. Tatsächlich ist es aber so, daß die Vertreter Frankreichs die wirklich wichtigen Entscheidungen im Board treffen, das heißt „(m)oney supply is controlled by France" (KAPPEL, 1993, S. 276). Insgesamt ist die Geldpolitik der BEAC nicht nur an der Geldwertstabilität orientiert. „... BEAC makes loans based on administrative and policy criteria and does not attempt to set interest rates at market clearing levels" (NJOMO, 1992, S. 16). Die Zinsen wurden statt dessen administrativ meistens auf ein Niveau unter dem in Frankreich gesetzt, was den Kapitalexport nach Frankreich begünstigte. Das Funktionieren einer Währungsunion setzt aber zumindest eine *Tendenz* zur Angleichung der realen Zinsen voraus. Unterschiede sind nur durch verschiedene Marktbedingungen zu rechtfertigen. Das höhere

Risiko von Krediten in einem Entwicklungsland ließ z.B. höhere Zinsen eher in den afrikanischen Ländern erwarten. Die Festlegung von Prioritäts-Sektoren, die in den Genuß von günstigeren Zinsen kommen, stellt ein weiteres Problem dar, da hier in der Regel von Europäern dominierte Sektoren bevorzugt werden (NJOMO, 1992, S. 17f).[10]
Wenn es auch strittig ist, ob die Währungsunion Kamerun oder den anderen beteiligten afrikanischen Ländern überwiegend Vorteile brachte, besteht bei Frankreich diesbezüglich kein Zweifel. Vom stabilen Wechselkurs und der vollen Konvertibilität profitieren nämlich vor allem die in Kamerun tätigen französischen Firmen, für die sich beim Kapitalverkehr keine Beschränkungen oder Risiken ergeben. „This link (die Währungsunion, d.Verf.) also guaranteed preferential treatment to French companies in Cameroon" (JUA, 1991, S. 164). Zudem kann Frankreich die Geldpolitik und damit auch das Zinsniveau in Kamerun beeinflussen, denn „(t)he bank (die BEAC, d. Verf.) ... was controlled by France" (DELANCEY, M., 1986, S. 197).

Die Exportwirtschaft der CFA-Länder und besonders auch die Kameruns wurde von der Aufwertung des FF gegenüber dem Dollar und anderen Währungen Mitte der 80er Jahre hart getroffen, da viele Rohstoffe - im Falle Kameruns besonders das Erdöl - in Dollar abgerechnet werden. Weil darüber hinaus die Staatshaushalte zum großen Teil von den Einnahmen aus der Besteuerung der Ausfuhren abhängen, erhöhten sich die Budgetdefizite ständig. Die Devisenreserven schrumpften, die Verschuldung wuchs und die Wirtschaftspolitik war kaum noch handlungsfähig. „They (die CFA-Länder, d.Verf.) cannot import enough goods or attract enough outside capital to attain any investment momentum, and are also prone to capital flight. They can no longer resort to borrowing to engage in Keynesian deficit spending because of existing debt levels. They cannot boost exports because of their overvalued currency. Imports are used mainly for purposes of consumption. They are subject to external 'restraint' in the form of the structural adjustement programmes prescribed as shock therapy by the international organizations - a shock which is heightened by the overvalued currency. In these circumstances, the CFA countries will become more and more dependent on development aid, including the support from the french treasury" (KAPPEL, 1993, S. 275). Es hat dennoch sehr lange gedauert, bis sich Frankreich und die afrikanischen Mitgliedsländer der Franc-Zone zur seit geraumer Zeit erwarteten Abwertung am 1. Januar 1994 durchringen konnten. *Beide* Seiten schienen kein Interesse an einem solchen Schritt zu haben, der vor allem auf Druck von Weltbank und IWF zustande kam: „Angesichts der dramatischen wirtschaftlichen Stagnation bzw. Regression der allermeisten FCFA-Länder und der Weigerung von IWF und Weltbank, ohne monetäre Anpassung ihre Finanzierungen wieder aufzunehmen, blieb den afrikanischen Staatschefs zusammen mit Frankreich Anfang Januar 1994 keine andere Wahl, als den FCFA drastisch auf 1 FF = 100 (bisher 1 FF = 50) FCFA abzuwerten" (PELTZER, 1994, S. 207). Die Schärfe der Anpassung ist wohl vor allem mit dem Wunsch zu begründen, die Wechselkurse nun möglichst lange stabil zu halten (CLEMENT, 1994, S. 11).
Warum ließ die Abwertung aber so lange auf sich warten? Schon 1990 war im Bericht der UNIDO (1990, S. 37) zur industriellen Entwicklung Kameruns zu lesen: „... the French government is currently firmly against a devaluation of the FCFA but some donors, including the World Bank, are said to be in favour of such a measure". Gerüchte über eine bevorste-

[10] Eine ausführliche Auflistung der Vorzüge und Nachteile der Franc-Zone ist bei NJOMO (1992, S. 38f) zu finden.

hende Abwertung gab es tatsächlich schon sehr lange. Noch Mitte 1992 endeten aber Gespräche des französischen Präsidenten mit den afrikanischen Vertretern der Franc - Zone dahingehend, daß eine Abwertung zur Zeit nicht in Frage kommt und mit allen Mitteln verhindert werden soll. Die Konferenz diente dazu, entsprechenden Gerüchten ein Ende zu bereiten, um die Kapitalflucht aus den afrikanischen Ländern zu stoppen (MTM 7.8.1992, S. 2096). Man kann noch verstehen, daß Frankreich nicht an einer Abwertung interessiert war, denn das bedeutete eine Entwertung der französischen Vermögen z.B. in Kamerun. Die in Kamerun tätigen französischen Firmen traf zudem die vorangegangene Aufwertung nicht so hart, da die Exporte sowieso überwiegend nach Frankreich gehen und z.B. Vorleistungsimporte aus anderen Ländern sogar billiger wurden. Eine Erklärung, warum die afrikanischen Regierungen, darunter auch die Kameruns, gegen eine Abwertung waren, ist da schon schwerer zu finden. Zwar erhöht sich der Schuldendienst, dafür verbessern sich aber die Bedingungen für Kapitalimporte. Grund der Ablehnung dürfte neben dem Einfluß Frankreichs eher die Furcht vor steigenden Importpreisen gewesen sein (vgl. 4.2.2.3).

Kamerun war auf die Abwertung *schlecht vorbereitet*: „Le Cameroun, qui fait partie des pays qui ont refusé jusqu'au dernier moment l'ajustement monétaire, a en effet été l'un de ceux qui a été le moins bien préparé à cette mesure ..." (MTM, 1995, S. 2705). Dafür spricht, daß an der entscheidenden Sitzung nicht Biya, sondern nur sein Finanzminister teilnahm. Während andere Länder der Weltbank bereits Aktionspläne für den Fall einer Abwertung vorlegen konnten und daraufhin Hilfen bekamen, stand die kamerunische Regierung völlig unvorbereitet da. Ohne ein wirtschaftspolitisches Programm wollte die Weltbank aber keine Kredite geben, um die Folgen der Abwertung zu mildern. Diese schlechte Vorbereitung der Regierung trug also wesentlich dazu bei, daß die ersten Auswirkungen der Abwertung schlimmer waren als in anderen Ländern der Franc-Zone (JA 1753/1754, Aug. 1994, S. 48). Als verspätete Reaktion senkte die Regierung die Importzölle. Hauptleidtragender der Abwertung war die Stadtbevölkerung, da diese einen erheblich höheren Anteil an importierten Waren konsumiert als die Landbevölkerung.

Die UDEAC

Kamerun gehört zudem, wie auch die anderen Mitgliedsländer der UMAC, der im Dezember 1964 gegründeten UDEAC an, die aber bis heute „... une structure essentiellement formelle ..." geblieben ist (JAE 164, Feb. 1993, S. 84). Die Ziele der UDEAC sind die Schaffung eines gemeinsamen Marktes durch den *Abbau von Handelshemmnissen*, die gleichmäßige Verteilung industrieller *Gemeinschaftsprojekte* und die *Koordination von Entwicklungsprogrammen* (AGBOR-TABI, 1986, S. 266).

Diese Ziele sollten durch gemeinsame Zölle, die Harmonisierung der Steuer- und Investitionsgesetzgebung sowie wirtschaftspolitische Kooperation und Integration erreicht werden. Tatsächlich ist aber die Bedeutung der UDEAC über die längste Dauer ihrer Existenz gering geblieben, da der Handel zwischen ihren Mitgliedern kaum eine Rolle spielt (weniger als 3 % der Gesamtexporte der Region 1980) und bis 1986 keines der angestrebten gemeinsamen Projekte ausgeführt wurde (AGBOR-TABI, 1986, S. 266ff). In den 90er Jahren hat sich der Anteil des intraregionalen Handels auf bescheidene 6 - 8 % erhöht (MTM 30.7.1993, S. 1975). Ein Beispiel für die nicht funktionierende wirtschaftspolitische Zusammenarbeit ist die Errichtung einer Erdölraffinerie in Kamerun, obwohl die bereits existierende Raffinerie in Gabun dazu ausersehen war, den Bedarf der UDEAC-Staaten zu decken und der Markt tatsächlich zu klein ist für eine effiziente Auslastung zweier Raffinerien. Darüber hinaus wäre Gabun ein Markt für Nahrungsmittel aus Kamerun, was aber von der kamerunischen Regierung aus Angst vor Nahrungsmittelknappheit im eigenen Land und steigenden Preisen teilweise unterbunden wurde (DELANCEY, M., 1986, S. 209). „Böse Zungen" behaupten, die UDEAC „... was imposed from outside; it was a unity of Europe in Africa reflecting the hegemony of France over her ex-colonies" (AGBOR-TABI, 1986, S. 266). Dann muß man sich allerdings fragen, welchen Nutzen eine dreißig Jahre lang weitgehend wirkungslose Union für Frankreich haben soll.

Seit 1990 versuchen jedoch die Weltbank und Frankreich, die Integration voran zu bringen. Es sieht allerdings so aus, als würden die Regierungen der betroffenen Länder *selbst* der Integration weniger Bedeutung beimessen (vgl. JAE 164, Feb. 1993: „Intégration régionale en panne", S. 84f und PELTZER, 1994, S. 213). 1993 wurden tatsächlich einige Reformen der UDEAC eingeleitet: Ab Januar 1994 gelten gemeinsame Außenzölle, der Handel zwischen den UDEAC-Staaten soll nur mit einem niedrigen Präferenzsatz besteuert werden und es wird eine einheitliche Umsatzsteuer eingeführt (näheres dazu in 2.3.6.2). Zur Reform der UDEAC gehört auch eine Reorganisation des Generalsekretariats, durch die nur 85 der vormals 240 Beschäftigten ihre Stelle behalten. Frankreich hat für die Reform der UDEAC eine Hilfe von 1,2 Mrd. FCFA zugesagt (MTM 30.7.1993, S. 1975). Der krisengeschüttelte Textilsektor sah auch erste Versuche einer gemeinsamen Industriepolitik (MTM, 1992, S. 3311f).
Es ist geplant, die UMAC und die UDEAC in absehbarer Zeit zur CEMAC (Coopération Economique et Monétaire en Afrique Centrale) organisatorisch zusammenzufassen. Kamerun gehört neben der UDEAC auch der Communauté Economique des Etats de l'Afrique Centrale (CEEAC) an. Diese hat zwar 10 Mitglieder (neben den UDEAC-Staaten auch Burundi, Rwanda, Sao Tomé und Zaire), ist aber bisher ökonomisch ohne Bedeutung (DELANCEY, M., 1986, S. 211f).

2.3.4 Wirtschaftspolitik

Die Geldpolitik liegt also nicht (nur) in den Händen der Kameruner Regierung. Ebensowenig können die Wechselkurse als Politikinstrument genutzt werden, wie das z.B. Nigeria durch seine gezielte Abwertungspolitik Mitte der 80er Jahre machte. Von den möglichen übrigen Politikbereichen sollen im folgenden vor allem die *Investitionspolitik*, zu der auch das Auftreten des Staates als Produzent nicht-öffentlicher Güter gezählt werden soll, und die *Fiskalpolitik* erläutert werden, da beide unmittelbare Eingriffe in das Wirtschaftsgeschehen darstellen. Die ausführliche Behandlung anderer (natürlich auch ökonomisch) wichtiger Bereiche wie z.B. der Bildungs- oder der Gesundheitspolitik würde den Rahmen dieser Arbeit sprengen. Daneben werden die offiziellen wirtschaftspolitischen *Ziele* seit der Unabhängigkeit und die *tatsächliche* Wirtschaftspolitik in der Krise ab Mitte der 80er Jahre erläutert. Auf politische Maßnahmen, die einzelne Sektoren wie Landwirtschaft und Industrie oder die Außenwirtschaft betreffen, wird im jeweiligen Abschnitt des Gliederungspunktes 2.3 eingegangen.
Vorab soll noch bemerkt werden, daß die Wirtschaftspolitik Kameruns seit der Unabhängigkeit *weniger Ideologien* folgte als *pragmatisch* ausgerichtet war, was aber nicht bedeutet, daß nicht versucht wurde, die Wirtschaftsentwicklung zu lenken. Auch wird darauf hingewiesen, daß in Kamerun wie auch in anderen Entwicklungsländern die politischen Entscheidungen wesentlich davon beeinflußt werden, ob ausländische Hilfen für bestimmte

Projekte zu erwarten sind. Die Geber haben auf diese Weise Einfluß auf die tatsächliche Wirtschaftspolitik und tragen durch ihre mangelnde Koordination vielfach zu deren Inkonsistenz bei. „The international lending environment is not monolithic" (GROS, 1994, S. 49). So ist z.B. die große Zahl parastaatlicher Unternehmen in Kamerun, deren Auflösung bzw. Privatisierung ein wichtiges Ziel der Strukturanpassung ist, auch *darauf* zurückzuführen: „Few parastatals exist that have not been financed in part by the donors ..." (Van De WALLE, 1990, S. 195).

Wenn auch weder die Marktwirtschaft noch die Zentralverwaltungwirtschaft zum alleinigen Referenzsystem ernannt worden sind, so steckt hinter der Kameruner Mischwirtschaft doch eine bestimmte Grundannahme. Das ist die - möglicherweise in diesem Fall der französischen Tradition folgende - These, daß der Staat die Privatwirtschaft durch Preisfestlegungen und andere diskretionäre Instrumente sowie durch auf Märkten tätige öffentliche Unternehmen lenken kann und soll (vgl. PLANE, 1992, S. 149). „Son économie est une économie mixte où les secteurs publics et privés se partagent l'activité économique dans des proportions variables, selon les exigences économiques spécifiques et les ideologies" (GANKOU, 1991, S. 71).

2.3.4.1 Ziele

Durch die Festlegung von offiziell viel strapazierten Oberzielen in der kamerunischen Wirtschaftspolitik und die Aufstellung von Fünf-Jahres-Plänen mit exakt zugeteilten Investitionsbudgets für die verschiedenen Bereiche wird suggeriert, daß in Kamerun eine konsistente und konstante Wirtschaftspolitik betrieben wurde und wird. Tatsächlich wurde aber vor allem die Methode der „case-by-case" Entscheidungen verfolgt, die zum Teil durch die Unsicherheit über die in Zukunft zur Verfügung stehenden Mittel bedingt ist (HESP, 1988, S. 13). Eine konsistente Zielformulierung scheitert auch an der häufigen Praxis, solche Projekte auszuführen, für die die Unterstützung von Gebern (internationale, nationale oder unabhängige) zu bekommen ist. Dabei zeigte es sich gerade in der Phase der Strukturanpassung nach 1985 wieder einmal, daß multilaterale und bilaterale Geber unterschiedliche Strategien verfolgen. So haben Weltbank und IWF die beiden bedeutenden Parastatals SEMRY und SODECOTON zur Liquidation vorgesehen und waren gegen den Bau des Flughafens in Yaoundé, während Frankreich die beiden Organisationen durch finanzielle Unterstützungen am Leben hielt und Deutschland den Flughafenbau durch günstige Kredite unterstützte (Van De WALLE, 1990, S. 194). Zu den Schwierigkeiten bei der Aufstellung eines konsistenten Zielsystems kommt die später noch ausführlich zu erläuternde „low implementation capacity" (Van De WALLE, 1990, S. 331) des Staates bei wirtschaftspolitischen Maßnahmen hinzu (vgl. 4.2.2).

2.3.4.1.1 Die Leitmotive

Seit der Unabhängigkeit versucht die kamerunische Wirtschaftspolitik laut GANKOU (1991, S. 6f), die Entwicklungsmöglichkeiten unter strikter Beachtung des Haushaltsgleichgewichts auszuschöpfen. Um das zu erreichen, wurden zwei Prinzipien verfolgt (vgl. auch NDONGKO, 1986, S. 97ff):

Erstens: „Le développement endogène signifie que le Cameroun entend être à la fois l'artisan et le bénéficiaire privilégié de son propre développement" (GANKOU, 1985, S. 6).

Dies klingt so, als hätte Kamerun die Absicht, sich gegenüber dem Ausland abzuschotten und autark zu sein. Das ist aber nicht beabsichtigt, denn Handel mit dem Ausland und Investitionen von Ausländern in Kamerun sind erwünscht. Letztlich bleibt vom „développement endogène" nicht viel mehr übrig als die Aussage, daß Kamerun (bzw. seine Politiker) in ihren Entscheidungen unabhängig bleiben wollen und eine Politik zum Nutzen der Kameruner betrieben werden soll - für eine ehemalige Kolonie nicht unbedingt selbstverständlich. Wirklich konkrete Auswirkungen hatte dieses „Oberziel" aber allenfalls in der Agrarpolitik, in der Kamerun seit Anfang der 70er Jahre unter dem Schlagwort der „Green Revolution" explizit das Ziel der Selbstversorgung mit Nahrungsmitteln verfolgt (DELANCEY, 1989, S. 111). Das bei KUOH (1991, S. 195) genannte Prinzip des „Développement auto-centré" meint etwa das gleiche und erscheint mit der Definition als „... développement du peuple par le peuple, répond à la nécessité de mobiliser toutes les énergies nationales en vue du développement ..." genauso inhaltsleer.
Zweitens: „Le libéralisme planifié". Dieses Prinzip bedeutet allgemein, daß die Kameruner Wirtschaftspolitik die Bedeutung der Institution des Privateigentums und die *Möglichkeit des Gewinns* als Antriebskraft des Fortschritts anerkennt und daß man sich gegenüber Investitionen nicht nur liberal zeigt, sondern diese auch zu begünstigen versucht. Das betrifft auch Investitionen von Ausländern. Andererseits: „Le System «planifié» du Cameroun diffère du libéralisme intégral dans la mesure où il ne laisse aucune place à l'anarchie" (GANKOU, 1985, S. 11). Anders ausgedrückt: „The government attempts to link an essentially free-market society to a strong central government's economic planning" (DELANCEY, 1989, S. 110). Die Privatinitiative soll so *gelenkt* werden, daß sie der wirtschaftlichen und sozialen Entwicklung zugute kommt. Der `libéralisme planifié´ ist also ein vieldeutiges Prinzip, dessen Interpretation durch die kamerunische Regierung letztlich nur anhand der tatsächlichen Politik beurteilt werden kann. Nach der Regierungsübernahme durch Biya hat sich die Sprachregelung etwas geändert, indem vom „libéralisme communautaire" die Rede ist, der aber „... tout en reprennant les grandes lignes de l'ancien principe de libéralisme planifié ..." (GANKOU, 1985, S. 11). Er schließt also das ein, was schon den liberalisme planifié ausmachte, nämlich unternehmerische Freiheit und die Regulierungsfunktion des Staates, beinhaltet aber zusätzlich noch die Verpflichtung zur Solidarität, hat also eine gesellschaftliche Komponente (vgl. MEHLER, 1993a, S. 148).
Darüber hinaus wurden der Entwicklungspolitik noch zwei Ziele hinzugefügt: *Zum einen* „l'ouverture démocratique et la justice sociale". Was von dem Willen der Kameruner Regierung zur Demokratisierung zu halten ist, dürfte allerdings schon durch die Beschreibung der jüngeren politischen Entwicklungen deutlich geworden sein. Inwieweit die Regierung eine Politik der sozialen Gerechtigkeit verfolgt, die sich dadurch auszeichnen müßte, daß alle gleichermaßen von der wirtschaftlichen Entwicklung des Landes profitieren können, ist später noch genauer zu klären (vgl. 4.1). Vorerst mögen die Hinweise auf die Wohlstandsunterschiede z.B. zwischen Stadt (v.a. Douala und Yaoundé) und Land sowie auf die Privilegierung der Staatsbediensteten genügen (DELANCEY, 1989, S. 115f). *Zum anderen* wird ein „développement équilibré" angestrebt, das eine gleichmäßige Entwicklung der Regionen des Landes zum Ziel hat (GANKOU, 1991, S. 74).

Die Wirtschaftsordnung Kameruns enthielt seit der Unabhängigkeit tatsächlich sowohl marktwirtschaftliche Elemente als auch in großem Umfang diskretionäre Eingriffe des Staates in den Wirtschaftskreislauf. Die unter dem politischen Schlagwort „Libéralisme planifié" zusammengefaßte Politik äußerte sich vor allem seit Mitte der 70er Jahre in einem

starken staatlichen Engagement im industriellen Sektor. Aber auch auf die Landwirtschaft wurde durch die Festlegung von Erzeugerpreisen bei den Agrarexportgütern und durch Parastatals ein lenkender Einfluß ausgeübt. Das marktwirtschaftliche Element kam dagegen vor allem in den Bereichen zur Geltung, die ohnehin schwer zu kontrollieren sind, wie in weiten Teilen des Dienstleistungssektors und bei den industriellen Kleinbetrieben. Auch der informelle Sektor - als dem Einfluß des Staates *definitionsgemäß* entzogener Bereich - spielt in Kamerun eine bedeutende Rolle.
Eine kritische Einstellung erscheint daher insgesamt angebracht: „In fact, the doctrine of planned liberalism was more a shopping list of desirable public sector investment projects for interested financing bodies and industrialists than the rigorous exercise in integrated financial, economic, and social allocation it was theoretically intended to be" (WILLAME, 1986, S. 112).

2.3.4.1.2 Die Fünf-Jahres-Pläne

Um die genannten Oberziele zu erreichen, wurden seit der Unabhängigkeit Fünf-Jahres-Pläne (FJP) erstellt, in denen festgelegt wurde, auf welche Bereiche die Investitionen im genannten Zeitraum verteilt werden *sollen*. In die Planungen wurden nicht nur die öffentlichen, sondern auch private Investitionen und teilweise Entwicklungshilfeprojekte miteinbezogen. In den FJP manifestiert sich der Willen der Regierung, die Entwicklung langfristig zu lenken.[11] In den fünf FJP seit der Unabhängigkeit ist das Volumen der geplanten Investitionen folgendermaßen ständig gestiegen (STBA, 1993, S. 231f):

	1. FJP	2. FJP	3. FJP	4. FJP	5. FJP
Zeitraum:	'61/62-'65/66	'66/67-'70/71	'71/72-'75/76	'76/77-'80/81	'81/82-'85/86
Volumen: *(in Mrd. FCFA)*	*100*	*174.5*	*250*	*725.2*	*2300*
Veränderung in Prozent:		+75 %	+43 %	+190 %	+217 %

Von den Mitteln für die im 4. FJP vorgesehenen Investitionen sollten zwei Drittel und für die im 5. FJP etwa 60 % vom Staat aufgebracht werden. Ins Auge sticht die drastische Erhöhung der Investitionen ab Mitte der 70er Jahre. Die Bedeutung und die Wirkungen der Aufstellung der Investitionspläne sollten aber nicht überschätzt werden: „These should not be considered as comprehensive, definite investment and development programmes, but they do serve as guidelines for investment by public authorities, and a.o. contain fairly detailed lists of industrial projects" (HESP, 1988, S. 9). Hinzu kommt, daß erst durch das rapide steigende Investitionsbudget des Staates im Zeitraum des 4. und vor allem des 5. FJP die Regierung wirklich die Möglichkeit hatte, die Wirtschaft lenkend zu beeinflussen. „Si l'on compare les divers plans élaborés et mis en oeuvre depuis l'independance, on peut dire que le Ve Plan est celui qui, de par son contenue et sa méthodologie, porte le plus la marque de l'intervention publique. Et celle-ci a pu jouer ici son rôle d'impulsion grâce à un afflux de ressources résultant pour une large part des effets du second choc pétrolier" (BEKOLO-EBE, 1986, S. 13).

---

[11] Bei KUOH (1991, S. 183ff und 195ff) können die Ziele des 3. und 4. FJP nachgelesen werden.

Tabelle 2a

Investitionsstruktur der Fünf-Jahrespläne (in Prozent)				
	3. FJP	**4. FJP**	**5.FJP***	**insg.**
Ausgaben für				
Landwirtschaft	12,6	10,3	15,4	**12,7**
Produzierendes Gewerbe	17,6	51,7	26,5	**31,9**
Handel und Tourismus	5,4	1,3	9,6	**5,4**
Infrastruk./Stadtentwicklung	37,7	25,0	19,5	**27,4**
Soziale Projekte	20,2	6,3	13,9	**13,3**
sonstiges	6,5	5,4	15,1	**9,3**

* 1981/82 - 1983/84

Quelle: DINAMONA-LOUKOMBO, 1987, S. 205

Tabelle 2a, deren Zahlen Schätzungen des IWF sind und somit *realisierte* und nicht geplante Investitionen darstellen, zeigt, daß in der ersten Hälfte der 70er Jahre noch fast 58 % der Investitionen in Infrastruktur, Stadtentwicklung und sozialen Projekten getätigt wurden. Für die direkte Entwicklung der einzelnen Wirtschaftssektoren wurden nur etwa 36 % der Mittel verwendet. Ab dem 4. FJP änderte sich dies grundlegend: Für die Förderung der „produktiven Sektoren" wurden in der zweiten Hälfte der 70er Jahre 63 % und von 1981/82 bis 1983/84 immerhin noch 52 % der Investitionen verwendet. Der Anteil des produzierenden Gewerbes in Höhe von 52 % im 4. FJP deutet auf höchste Priorität für diesen Sektor hin. Auf die Landwirtschaft, in der immerhin etwa drei Viertel der Erwerbstätigen arbeiten, entfielen im gesamten Zeitraum direkt nur 13 % der Investitionen. Dies ist um so erstaunlicher, wenn man bedenkt, daß in allen Plänen dem Agrarsektor zumindest *verbal* höchste Priorität eingeräumt wurde (JAKOBEIT, 1988, S. 242).

Tabelle 2b

Investitionsstruktur der FJP (geplant/tatsächlich) (in Prozent)						
	4. FJP		*tats./*	**5.FJP**		*tats./*
	geplant	tats.	*geplant*	geplant	tats.	*geplant*
Ausgaben für						
Landwirtschaft	17,3	13,7	*(79,2)*	23,7	14,6	*(61,6)*
Produzierendes Gew.	30,9	44,7	*(144,7)*	16,4	25,4	*(154,9)*
Handel u. Tourismus	6,7	7,9	*(117,9)*	7,7	8,5	*(110,4)*
Infrastruktur	21,6	22,1	*(102,3)*	21,1	18,5	*(87,7)*
Stadtentwicklung	12,3	2,6	*(21,1)*	11,0	7,1	*(64,5)*
Soziale Projekte	6,7	3,7	*(55,2)*	12,8	5,5	*(43,0)*
sonstiges	4,5	5,3	*(117,8)*	7,3	20,4	*(279,5)*

Quelle: BLANDFORD et al., 1994, S. 144.

Daß den in den FJP festgelegten Investitionsplänen nicht allzu große Bedeutung beizumessen ist, zeigt sich am Vergleich der geplanten mit der realisierten Investitionsstruktur in Tabelle 2b (Zahlen der Weltbank). Die Ankündigungen der FJP stimmten nicht mit den Ergebnissen überein. „Agriculture, rural development, and the social sectors, in particular, received a much lower share of actual investment than planned" (BLANDFORD et al., 1994, S. 143). Dasselbe gilt auch für die Stadtentwicklung, während vor allem im produzierenden Gewerbe sehr viel mehr investiert wurde als geplant. Obwohl also die Planungen für den 5. FJP wieder eine Rückbesinnung auf Investitionen in der Landwirtschaft und sozialen Projekte vorsahen, stellte sich die tatsächliche Verteilung der Investitionen nicht viel anders als im 4. FJP dar - mit Ausnahme des deutlich gesunkenen Anteils des produzierenden Gewerbes.

Der 6. FJP (1986/87 - 1991/92) sah Investitionen von 7.380 Mrd. FCFA vor, was eine Steigerung gegenüber der letzten Fünf-Jahres Periode von 221 % bedeutet hätte, und nahm eine durchschnittliche Wachstumsrate des realen BIP von 6,7 % an (EIU, 1995, S. 15). Von den Investitionen sollten nur 42 % vom Staat aufgebracht werden, was eine deutliche Verringerung gegenüber den vorangegangenen Plänen bedeutet hätte, 35 % sollten vom einheimischen privaten Sektor kommen und der Rest sollte durch ausländische Kredite finanziert werden. Die Anteile von Landwirtschaft (26 %) und sozialen Projekten (16 %) sollten weiter ausgeweitet werden. Allein 20 % der Investitionen sollten für die Verbesserung der Kommunikationsinfrastruktur verwendet werden. Weitere Ziele waren die Förderung von Klein- und Mittelbetrieben (PME), die verstärkte Förderung benachteiligter Regionen, die Selbstversorgung mit Nahrungsmitteln und die Erhöhung des Anteils der aus dem Inland stammenden Vorprodukte in der Industrie (UNIDO, 1990, S. 33f). Die Wirtschaftskrise ab Mitte der 80er Jahre ließ den 6. FJP jedoch sehr schnell im Reich der Utopie verschwinden (STBA, 1993, S. 232). Die Investitionsplanungen wurden statt dessen in der Folgezeit durch *Strukturanpassungsprogramme* ersetzt.

2.3.4.2 Instrumente

Von den Instrumenten der Wirtschaftspolitik sollen aus den eingangs genannten Gründen an dieser Stelle nur die Investitionsgesetzgebung und die prinzipielle Rolle des Staates als Unternehmer erläutert werden. Spezielle Politikbereiche wie die Agrarpolitik, die Industriepolitik, die Außenhandelspolitik usw. werden in den entsprechenden Kapiteln besprochen. Vorab soll aber erwähnt werden, daß zu den verwendeten Instrumenten auch *Preisfixierungen* besonders bei landwirtschaftlichen Exportgütern (Cash crops) und teilweise auch bei Nahrungsmitteln und Industriegütern gehörten. Bei den meisten Cash crops besaß der Staat, vertreten durch Parastatals, sogar das Vermarktungsmonopol. Auch z.B. die Verteilung von Inputs in der Landwirtschaft (Düngemittel, Pestizide etc.) war durch den Staat monopolisiert. Durch die Außenhandelspolitik wurde zudem versucht, bestimmte in Kamerun vorhandene Industrien durch hohe Zölle oder Importquoten vor ausländischer Konkurrenz zu schützen. Alles in allem kann man daher sagen, daß die Wirtschaftspolitik Kameruns in der Vergangenheit dirigistisch und nicht transparent war (RIDDELL, 1990, S. 137).

2.3.4.2.1 Die Investitionsgesetzgebung

Privates *kamerunisches* Kapital spielte für die Wirtschaftsentwicklung bis in die 80er Jahre hinein eine relativ geringe Rolle. Auch privates *ausländisches* Kapital floß nicht in dem Maße ins Land, wie es aufgrund der Kapitalknappheit zu erwarten gewesen wäre und wie es eine schnellere wirtschaftliche Entwicklung sowie ein Aufholen gegenüber den Industrieländern erfordert hätte. Bemerkenswert ist dabei, daß mehr als zwei Drittel dieses Auslandskapitals aus Frankreich kamen. Dies legt den Verdacht nahe, daß das bereits seit 1960 existierende Investitionsgesetz bis in die 80er Jahre hinein nicht geeignet war, diesen Zustand zu ändern. Durch seine Novellierung im Jahre 1984 sollten die Investitionsanreize verbessert werden. Wie schon das vorherige Investitionsgesetz besaß auch das neue eine ganze Reihe von Ausnahmeregelungen (régime) (vgl. NDONGKO, 1989, S. 15f; GANKOU, 1991, S. 52ff; GANKOU, 1985).
Es sollten besonders Unternehmen gefördert werden, die Technologie einsetzen und Arbeitskräfte ausbilden sowie solche, die sich in der Peripherie, also vor allem *nicht* in den industriellen Zentren Douala und Yaoundé, ansiedeln. Solche Investitionen kommen in den Genuß eines auf 5 % reduzierten Import-Steuersatzes und der Freistellung von Steuern beim Kauf von Ausrüstungen, Ersatzteilen und Rohstoffen im Inland für höchstens 10 Jahre. Weiterer Förderschwerpunkt waren die Klein- und Mittelbetriebe (PME), die durch das

„régime C“ ebenfalls von einer teilweisen Steuerbefreiung bis zu 10 Jahren profitieren konnten (BEKOLO-EBE, 1986, S. 24). Auf das Investitionsgesetz von 1984 wird hier aber nicht näher eingegangen, da es bereits 1991 wieder novelliert wurde. Die UNIDO (1990, S. 7) zieht jedenfalls folgendes Resümee: „Foreign investment inflows outside the oil sector have been particularly disappointing and the Investment Code of 1984 has proved no greater attraction to foreign investors than the preceding one“.

Am 8.11.1991 trat ein neues Investitionsgesetz in Kraft, das durch weitergehende Steuerbefreiungen und Verwaltungsvereinfachungen die Investitionstätigkeit mehr anreizen sollte als das alte. In ihm werden die Unwiderrufbarkeit der einzelnen Vergünstigungen, der freie Transfer von Faktoreinkommen sowie die Bewegungsfreiheit und Sicherheit von Ausländern garantiert (FOKAM, 1992, S. 219). Es gibt vier Kategorien bevorzugter Investitionsbedingungen, in deren Genuß Unternehmen des produzierenden Gewerbes (genaue Aufzählung der betroffenen Branchen: FOKAM, 1992, S. 219) kommen können:
- „le régime de base“,
- „le régime de Petites et Moyennes Entreprises (PME) “,
- „le régime des entreprises stratégiques“ und
- „le régime de réinvestissements“.

Bedingungen für die Anwendung des „régime de base“ sind garantierte Investitionen von höchstens 10 Mio. FCFA pro Arbeitsplatz oder ein Anteil der Exporte am Gesamtumsatz von mehr als 25 % oder ein Anteil der inländischen Vorleistungen (außer Energie) an den gesamten Vorleistungen von mehr als 25 %. In den drei Jahren nach ihrer Gründung („phase d'installation“) profitieren die Unternehmen, die eine der genannten Bedingungen erfüllen, von einer auf insgesamt 15 % reduzierten Umsatzsteuer (taxe sur le chiffre d'affaires) - inkl. Importabgaben - sowie der weitgehenden Befreiung von anderen Abgaben. Nach dem Ablauf der 3 Jahre werden einige der Vergünstigungen in der „phase d'exploitation“ (5 Jahre) gestrichen (vgl. Details hierzu bei FOKAM, 1992, S. 220f).

Bedingungen für das „régime de PME“ sind geplante Investitionen von höchstens 5 Mio. FCFA pro Arbeitsplatz, ein Investitionsniveau von insgesamt weniger als 1,5 Mrd. FCFA und die Beteiligung einer kamerunischen natürlichen oder juristischen Person mit mindestens 35 %. Die Unternehmen, die diese Bedingungen erfüllen, kommen nicht nur in den Genuß der Befreiung von Abgaben durch das „régime de base“, sondern auch eines Abzuges vom steuerpflichtigen Gewinn in Höhe von 25 % der an *Kameruner* gehenden Lohnsumme während der „phase d'exploitation“, die für die PME um 2 auf 7 Jahre verlängert wird (FOKAM, 1992, S. 221f).

Unter das „régime des entreprises stratégiques“ fallen Unternehmen bestimmter „strategischer Industrien“, die einen Anteil der Ausfuhren am Gesamtumsatz von mehr als 50 % haben oder mehr als 50 % ihrer Vorleistungen (außer Energie) aus Kamerun beziehen oder Investitionen von höchstens 20 Mio. FCFA pro Arbeitsplatz planen. Ihnen werden für 5 Jahre die Vergünstigungen der „phase d'installation“ und für 12 Jahre die der „phase d'exploitation“ wie in den beiden oben genannten Regimen gewährt. Das „régime de réinvestissements“ schließlich enthält unter bestimmten Bedingungen einige Steuerbefreiungen bei Investitionen bereits existierender Unternehmen (FOKAM, 1992, S. 222f).

Um die Genehmigungsverfahren und die Verwaltung zu vereinfachen, hat die Regierung ein Büro (Cellule de Gestion du Code des Investissements - CGCI) gegründet, das als *einziger* Ansprechpartner für die Investoren bei der Inanspruchnahme von Behördendienstleistungen fungieren soll (FOKAM, 1992, S. 225). Diese Verwaltungsvereinfachung wird auch als

„Single window system" bezeichnet (WTO, 1995, S. 12). Insgesamt dürfte nach Einschätzung von FOKAM (1992, S. 224f) das neue Investitionsgesetz zur Liberalisierung der Wirtschaft beitragen und Auslandsinvestoren ermutigen. Allerdings stellt er ein wichtiges Defizit fest: Das neue „régime des PME" stellt keine Verbesserung gegenüber dem alten „régime C" dar - im Gegenteil: „Il s'agit là, nous semble t'il, d'un net recul par rapport à l'ancienne disposition" (FOKAM, 1992, S. 224).

Die im Januar 1990 beschlossene Exportfreizonenregelung, durch die die für den Export produzierenden Industrieunternehmen von erheblichen Steuervergünstigungen profitieren sollen, kann ebenfalls als Teil dieses Investitionsgesetzes angesehen werden. Unternehmen, die sich in den räumlich genau definierten Zone Franche Industrielle (ZFI) ansiedeln und *für den Export produzieren* (das betrifft auch Transaktionen mit anderen Unternehmen in den ZFI), sind von den Kameruner Außenhandelsbestimmungen (PGE) ausgenommen und unterliegen *keinen administrativen Kontrollen* bezüglich Preisen, Gewinnen (keine Kapitalverkehrsbeschränkungen), Investitionen sowie ihren Ein- und Ausfuhren. Sie müssen keine Exportabgaben entrichten und erhalten für die ersten 10 Jahre nach ihrer Gründung eine vollständige Steuer- und Abgabenbefreiung. Ab dem elften Jahr ist eine reduzierte Gewerbeertragssteuer von 15 % vorgesehen. Dazu kommt eine Befreiung von Einfuhrzöllen für Vorleistungen und Kapitalgüter oder von Produktionssteuern bei Käufen im Inland, wenn diese Vorleistungen für die Exportproduktion verwendet werden. Weitere Begünstigungen stellen günstige Wasser- und Stromtarife und die automatische Erteilung von Arbeitserlaubnissen für ausländische Arbeitskräfte dar. Allerdings darf deren Anteil an der gesamten Beschäftigtenzahl und auch an den jeweiligen Berufsgruppen ab dem fünften Jahr nach der Gründung des Unternehmens 20 % nicht übersteigen (BfAI, NfA 8.3.1990). Die Unternehmen sind zudem beim Transport von allen Staatsmonopolen ausgenommen und dürfen jegliche - auch eigene - Transportmittel benutzen (FOKAM, 1991, S. 84ff und STBA, 1993, S. 95).

Die United States Agency for International Development (US-AID) und die Overseas Private Investment Corporation (OPIC) sind seit 1991 am Aufbau einer ersten Freihandelszone in Douala beteiligt. Mit Niederlassungen wurde erst für 1993 gerechnet. Wahrscheinlich trägt die Abwertung des FCFA dazu bei, daß in der Zukunft mehr Unternehmen die Freizonen nutzen. Eine besondere Regelung des Kameruner Freizonengesetzes ist, daß sich Unternehmen überall im Land zur Freizone, sogenannten Point Franc Industriel (PFI), ernennen können - vorausgesetzt sie produzieren für den Export.
Die Verwaltung der Freizonen erfolgt durch das Office National des Zones Franches Industrielles (ONZFI) (STBA, 1993, S. 95f und 172f). Das ONZFI hat die Aufgabe, Anträge auf die Aufnahme in eine ZFI oder auf Zuweisung des Status des PFI entgegenzunehmen und zu prüfen. Anschließend wird dem Ministère du Développement Industriel et Commercial (MINDIC) ein Dossier zur Entscheidung vorgelegt. Das ONZFI soll den Unternehmen darüber hinaus die benötigten öffentlichen Dienstleistungen, wie Zolldokumente, Arbeitserlaubnisse etc., anbieten können (FOKAM, 1991, S. 81). Die Leitung des ONZFI obliegt dem Conseil d'Administration, der aus drei vom Präsidenten ernannten Personen aus dem öffentlichen Sektor und sechs Personen aus der Privatwirtschaft, die die Chambre de Commerce vorschlägt - aber der Präsident ernennt - besteht. Dadurch soll erklärtermaßen die Leitung des Projektes der ZFI dem Privatsektor anvertraut werden - ein Anliegen, dem die *Ernennung* der Privatpersonen im Conseil durch den Präsidenten entgegenstehen dürfte

(FOKAM, 1991, S. 82). Eine Beschleunigung der Genehmigungsvorgänge soll dadurch erreicht werden, daß das MINDIC nur 30 Tage für die Beurteilung der vom ONZFI vorgelegten Dossiers Zeit hat. Kommt in dieser Zeit keine Antwort des Ministeriums, gilt der Antrag automatisch als genehmigt (BfAI, NfA 8.3.1990). Es gilt: „Le statut de ZFI est permanent, irrévocable et illimité. Celui du PFI est permanent pendant la durée de vie de l'entreprise" (FOKAM, 1991, S. 82). Von neuen Steuern bleiben die Zonen automatisch ausgenommen. Verkäufe ins Inland werden als Importe behandelt und unterliegen den entsprechenden Zöllen oder Einfuhrbeschränkungen.

Die Zoll- und Steuerreform von Anfang 1995 brachte für die Investoren ebenfalls einige Veränderungen. Importierte Ausrüstungen und Rohstoffe sind nur einem Zoll von 10 % unterworfen und Ausrüstungsgüter sind zusätzlich noch von der Umsatzsteuer befreit (WTO, 1995, S. 12). Im Detail wird diese Reform im Kapitel über den Staatshaushalt (vgl. 2.3.5) besprochen, da sie in erster Linie das Ziel der Erhöhung der Staatseinnahmen und damit der Konsolidierung des Haushaltes hatte. Investitionslenkende Überlegungen spielten dabei natürlich auch eine Rolle, standen aber nicht im Mittelpunkt.

2.3.4.2.2 Der Staat als Unternehmer

Die parastaatlichen Organisationen besaßen und besitzen eine große Bedeutung in der Kameruner Wirtschaft. Ihre Anzahl dürfte 1988 mehr als 150 betragen haben (JUA, 1991, S. 166).[12] Die Parastatals sind im sogenannten modernen Sektor tätig, also der Wirtschaft ohne die traditionelle Landwirtschaft oder andere traditionelle Gewerbe und ohne den informellen Sektor: In ihnen waren 1989 40 % der im modernen Sektor Beschäftigten angestellt (ESSOMBE EDIMO, 1991, S. 67). Die Gründung einer Vielzahl von Gesellschaften und Unternehmen durch den Staat bzw. seine verstärkte Beteiligung an privaten Unternehmen besonders in der zweiten Hälfte der 70er Jahre und zu Beginn der 80er Jahre war auch ein Ausdruck der Bestrebung, die Wirtschaft zu lenken. Hauptsächliche Rechtfertigung war das „zu geringe" Niveau der privaten Investitionen. Neben Mehrheitsbeteiligungen an Industriebetrieben gehörten zu den parastaatlichen Unternehmen auch Gesellschaften, die die Kreditvergabe, die Vermarktung von landwirtschaftlichen Gütern usw. zum Ziel hatten (z.B. FOGAPE, FONADER, ONCPB etc.). „La diversité de ces instruments a ainsi donné à l'Etat une capacité de mobilisation des ressources et d'intervention dans l'ensemble des secteurs de l'économie, permettant de faire jouer à la politique économique, le triple rôle qui est le sien, à savoir réguler, impulser et corriger, triple fonction indispensable pour assurer la continuité de la croissance" (BEKOLO-EBE, 1986, S. 16). Obwohl BEKOLO-EBE (1986, S. 16; vgl. auch S. 21) diese Politik der direkten Einflußnahme auf die Wirtschaft lobt, erkennt er doch die immanente Gefahr, die schon 1986 am Beginn der Wirtschaftskrise offenkundig wurde: „La dépendance structurelle de l'activité des entreprises de la dépense publique constitue ainsi un des grands problèmes de l'économie camerounaise".
Diese grundsätzlich positive Einstellung gegenüber den parastaatlichen Unternehmen muß vor dem Hintergrund der hohen Wachstumsraten zu Anfang der 80er Jahre und der von den staatlichen Investitionen induzierten Zunahme des Anteils des verarbeitenden Gewerbes gesehen werden. Der sprunghafte Anstieg der öffentlichen Investitionen, von dem vor allem

---

[12] Bei GANKOU (1991, S. 49ff) findet sich nach dem Stand vom 30.6.1986 eine (nicht vollständige) Liste staatlicher Unternehmen (17), teilweise (Anteil von mindestens 35 %) staatlicher Unternehmen (31) und öffentlicher Körperschaften ohne Erwerbszweck (25).

die Parastatals profitierten, war in erster Linie auf den Ölboom zurückzuführen. Obwohl über die Performance der Parastatals kaum Zahlen vorliegen, gibt es doch Schätzungen, die verdeutlichten, daß der parastaatliche Sektor auch schon vor der 1985/86 einsetzenden Krise erhebliche Verluste machte, die der Staat durch Transfers ausgleichen mußte. Nach einer Schätzung der Weltbank wurden die öffentlichen Unternehmen allein 1984 mit 150 Mrd. FCFA unterstützt (BLANDFORD et al., 1994, S. 141). Von 1982 bis 1986 war der Staat gezwungen, den parastaatlichen Sektor jährlich mit schätzungsweise 100 Mrd. FCFA zu subventionieren, um ihn am Leben zu erhalten. Trotz dieser schwierigen Lage vieler Unternehmen und Gesellschaften nahm der Personalbestand von 1985 bis 1989 um jährlich 9 % zu, während er seit der Unabhängigkeit lediglich mit einer Rate von 6 % gestiegen war (ESSOMBE EDIMO, 1991, S. 68). So verwundert es nicht, daß sich die Verluste der Staatsbetriebe in der Folgezeit noch erhöhten und der Staat Mitte der 90er Jahre nach von der Regierung bestätigten Angaben der Weltbank *jährlich 460 Mrd. FCFA* zuschießen muß (MEHLER, 1995a, S. 186).

Die Beteiligung des Staates an privaten Unternehmen lief zu einem großen Teil über die 1964 gegründete Société Nationale d'Investissement (SNI), die praktisch als Holding-Gesellschaft der Regierung fungierte. Darüber hinaus war der Staat noch durch direkte Beteiligungen von Ministerien, durch staatseigene Banken wie die Banque Camerounaise de Développement (BCD) und durch andere Gesellschaften wie die Société Nationale des Hydrocarbures (SNH) oder das Office Nationale pour la Commercialisation des Produits de Base (ONCPB) Anteilseigner oder Kreditgeber (dann nur noch teilweise) privater Unternehmen (UNIDO, 1990, S. 39). Insgesamt ergab sich ein - auch für die Regierung selbst - *kaum mehr überschaubares Geflecht* von Staatsbeteiligungen, was dadurch noch verstärkt wurde, daß die genannten Organisationen auch verschiedenen Ministerien unterstanden.
Die SNI selbst wird vom MINDIC kontrolliert (UNIDO, 1990, S. 39). 1975 hielt sie Beteiligungen an 29 Industriebetrieben, darunter an 12 der größten des Landes und an Staatsbetrieben wie SNEC und SONEL sowie dem nach dem Staat selbst größten Arbeitgeber des Landes, der CDC (UNIDO, 1990, S. 13). Bis 1985/86 ist die Anzahl der Beteiligungen auf 58 Unternehmen und 7 Gesellschaften, die Entwicklungsprojekte durchführen, angestiegen. Von den 58 Unternehmen gehören 18 dem primären, 23 dem sekundären und 17 dem tertiären Sektor an. Mehrheitsanteile hält die SNI aber nur an wenigen Unternehmen. Mit der Wertschöpfung, die auf ihre Anteile entfällt, zeichnet sie für ungefähr 5 Prozent des BIP verantwortlich (UNIDO, 1990, S. 39).
Die SNI machte aber jahrelang Verluste, die allein 1984/85 4,1 Mrd. FCFA und 1985/86 1,4 Mrd. FCFA betrugen (UNIDO, 1990, S. 39f). Die Verluste wurden vor allem von den Unternehmen des primären und des tertiären Sektors eingefahren, während die des sekundären Sektors „have usually made a profit" (UNIDO, 1990, S. XII). Dennoch werden die Transfers aus den von den Öleinnahmen gespeisten Schattenhaushalten an die SNI allein für das Jahr 1984 von der Weltbank auf 150 Mrd. FCFA geschätzt, was ungefähr der Hälfte der Öleinnahmen der Regierung in diesem Jahr entspricht (UNIDO, 1990, S. 7). Die Situation der SNI hatte sich auch bis Anfang 1990/91 nicht verbessert, obwohl von den 84 Unternehmen, an denen sie im Juni 1991 beteiligt war, 9 bereits aufgelöst waren. 20 befanden sich im Verfahren der Liquidation und von den restlichen 55 waren viele auf der Regierungsliste der „Privatisierbaren" oder befanden sich im Stadium der Rehabilitation. Im September 1992 wurde mit dem Staat ein „Contrat de performance" abgeschlossen, der eine größere Autonomie der SNI und eine stärkere Orientierung der Aktivitäten an der marktwirtschaftli-

chen Rentabilität vorsah. Die SNI sollte nur noch Minoritätsbeteiligungen halten und diese gegebenenfalls an private Interessenten verkaufen und damit zu einem „catalyseur de projets privés" (MTM, 1992, S. 3325) werden. Dazu sollte sie bis 1995 ihre Betriebsausgaben von 2,5 auf 1,6 Mrd. FCFA verringern, und zwar vor allem durch eine Reduzierung der Beschäftigtenzahl um 50 %. Die Zahl der Beteiligungen sollte auf 25 reduziert werden (MTM, 1992, S. 3325f).
Trotz dieser Ankündigungen wurden auch 1991/92 23 Mrd. FCFA und 1992/93 4 Mrd. FCFA an Verlusten eingefahren (EIU 3. Quartal 1994, S. 20). Auch die vorgesehene Reduzierung der Anzahl der Beteiligungen ist bis Mitte der 90er Jahre kaum vorangekommen. Die SNI hält immer noch Anteile an 60 Unternehmen, wovon gut ein Drittel der verarbeitenden Industrie angehört. Allerdings ist nun nicht mehr nur die Privatisierung dieser Anteile geplant, sondern es wird die Liquidation der SNI insgesamt in Betracht gezogen (EIU, 1995, S. 25).

Es gab keine Vorschriften darüber, in welcher Höhe sich der Staat an welchen Unternehmen beteiligen darf oder wem die Leitung der Unternehmen Rechenschaft abzulegen hat. Das gilt z.B. auch für das staatliche Elektrizitätsunternehmen SONEL, das bis 1982 nicht einmal eine Bilanz vorlegen konnte oder für das staatliche Transportunternehmen SOTUC, dem mangelnde Transparenz und interne Kontrolle vorgeworfen werden (PLANE, 1992, S. 150). In jüngster Zeit sollten jedoch diese Mängel beseitigt werden. 1994 wurden die 17 wichtigsten staatlichen Unternehmen oder Gesellschaften dazu gezwungen, vierteljährliche *Rechenschaftsberichte* vorzulegen. „Il s'agit là d'une petite révolution dans les méthodes de gestion et de supervision de ces sociétés" (MTM, 1995, S. 2723). Dasselbe gilt für das Gesetz vom 17. August 1995, das den gesetzlichen Rahmen für die staatlichen und parastaatlichen Unternehmen ändert bzw. erst schafft. Den Unternehmen wird mehr Autonomie gewährt und die *Verantwortlichkeit* der Unternehmensleitung wird verstärkt. Die Vorstandsmitglieder sollen von den Aktionären gewählt werden und selbst den Vorsitzenden bestimmen. Der Vorstand bekommt mehr Einfluß auf die Unternehmenspolitik. Die Zahl der gleichzeitig ausübbaren Vorstandsämter wird auf drei beschränkt. Die Funktion des Direktors und des Vorstandsmitglieds darf nicht gleichzeitig ausgeübt werden und die Vergabe von Krediten durch das Unternehmen an ein Vorstandsmitglied ist verboten (MTM, 1995, S. 2723). Durch die größere Autonomie werden auch die in der Vergangenheit üblichen Festlegungen der Preise (vgl. PLANE, 1992, S. 152) der von staatlichen oder parastaatlichen Unternehmen angebotenen Güter wie Elektrizität, Wasser etc. nach politischen Erwägungen beendet. Allerdings muß der juristischen Autonomie auch die tatsächliche folgen, was in der Vergangenheit nicht immer der Fall war (PLANE, 1992, S. 155).
Es wurden drei Kategorien öffentlicher Unternehmen festgelegt, nämlich:
- Einrichtungen zur öffentlichen Verwaltung *(Etablissement public administratif)*, die selbständige Rechtspersonen und finanziell autonom sein können, aber öffentliche Dienstleistungen anbieten, die nicht auf Märkten gehandelt werden;
- Gesellschaften mit staatlichem Kapital *(Société à capital public)*, die als Industrie-, Handels- oder Finanzunternehmen tätig sind;
- Gesellschaften mit staatlicher Beteiligung *(Société d'économie mixte)*, die als Industrie- oder Handelsunternehmen mit einem privaten Partner betrieben werden (MTM 1. Sept. 1995, S. 1862).

Der kamerunische Staat war also in der Vergangenheit in erheblichem Maße als Unternehmer tätig bzw. an Unternehmen beteiligt. Aufgrund der schlechten Performance dieser Unternehmen wurden aber beträchtliche Verluste eingefahren, so daß er im Zuge der Verschlechterung seiner Einnahmesituation nach 1985 zur Verringerung seines Engagements gezwungen war.

2.3.4.3 Die Reaktion der Wirtschaftspolitik auf die Krise

Im folgenden wird ein chronologischer Überblick über die Maßnahmen der Regierung in Reaktion auf die Wirtschaftskrise seit Mitte der 80er Jahre gegeben. Die Versuche der „Strukturanpassung" und deren Wirkungen werden allgemein dargestellt, um die Einordnung der noch folgenden detaillierteren Informationen, die den Staatshaushalt, die Staatsverschuldung und einzelne Märkte - z.B. durch die Freigabe von Preisen, die Privatisierung von Staatsunternehmen usw. - betreffen, zu erleichtern.

2.3.4.3.1 Grundzüge der Wirtschaftspolitik vor 1985

In den 60er Jahren wurde einerseits versucht, durch Importsubstitution mittels der Forcierung der Weiterverarbeitung von Nahrungsmitteln Devisen einzusparen und andererseits durch den verstärkten Export *weiterverarbeiteter* Güter den inländischen Anteil an der Wertschöpfung zu erhöhen und dadurch mehr Devisen zu erwirtschaften. Diese Politik wurde bei Kakao, Baumwolle, Aluminium und Getränken mit einigem Erfolg betrieben (WAUTELET, 1990, S. 76f). In den 70er Jahren wurde die Besteuerung der Agrarexporte verstärkt, um den Staatshaushalt zu finanzieren und die Industrialisierung zu fördern. Dies ging natürlich zu Lasten der Einkommen der Bauern, denn die Relation von Produzentenpreis zu Export- oder Weltmarktpreis verschlechterte sich. Dadurch wurde die Landflucht gerade der jungen „aktiven" Bevölkerung noch verstärkt und der Altersdurchschnitt der bäuerlichen Bevölkerung stieg ständig. Zudem fehlten die Anreize zu Investitionen in die Exportkulturen. Auch die Ausrufung der „Grünen Revolution" 1973 mit dem Ziel der Förderung der Landwirtschaft änderte nichts an der Funktion dieses Sektors als Einnahmequelle des Staates (WAUTELET, 1990, S. 77f). Obwohl sich die Regierung also zur Bedeutung des Agrarsektors für Kamerun bekannte, waren ihre Aktionen nicht Teil einer genau definierten Entwicklungsstrategie (BLANDFORD et al., 1994, S. 148). Ergebnis war letztlich, daß große landwirtschaftliche Entwicklungsprojekte und der Plantagenanbau auf Kosten der Kakao und Kaffee produzierenden Kleinbauern gefördert wurden. Darüber hinaus wurden in den 70er Jahren Versuche unternommen, die Exporte durch den Anbau von Palmöl, Kautschuk und Tee in Plantagen im Süden zu diversifizieren sowie die Nahrungsmittelproduktion für den Inlandsmarkt zu erhöhen, um damit Importe zu substituieren (WAUTELET, 1990, S. 79).

Besonders ab Mitte der 70er Jahre wurde die Förderung großer landwirtschaftlicher Entwicklungsprojekte und die Kontrolle der Agrarmärkte überhaupt verstärkt. Diese zunehmende Politik des *direkten staatlichen Eingriffs* wurde auch in der Industrie praktiziert. Bis Mitte der 70er Jahre besaß der Staat nur geringe Beteiligungen an Industrieunternehmen. Das änderte sich aber: „Toutefois à partir de 1974, on assiste en soutien des projets agricoles et industriels de l'Etat à une prise de participation en capital de plus en plus importante de la SNI et de la Caisse de stabilisation (ONCPB)“ (WAUTELET, 1990, S. 79). Besonders die Öleinnahmen erlaubten dem Staat, als Kapitalgeber für große parastaatliche Unternehmen aufzutreten oder sich an privaten Unternehmen zu beteiligen. In dieser Zeit von Ende der 70er bis Anfang der 80er Jahre wurde die kleinbäuerliche Landwirtschaft weiterhin vernachlässigt. Genauer gesagt blieb trotz der Erhöhung der Produzentenpreise für Kaffee und Kakao aufgrund der gestiegenen Weltmarktpreise die Besteuerung dieser beiden Cash crops hoch und durch die Festlegung von Mindestpreisen für im Inland hergestellte Nahrungsmittel wurden die Produzenten von Food crops benachteiligt. Die hohen Wachstumsraten in dieser Zeit (1976 bis 1985) gingen daher in erster Linie auf das Konto des verarbeitenden Gewerbes mit einer durchschnittlichen Zunahme von 9,5 %, während die Agrarproduktion nur um 2,2 % stieg, was sogar einen Rückgang der Produktion pro Kopf bedeutete. Vor allem in der Zeit von 1976 bis 1982 erhöhte der Staat seine Investitionen in kapitalintensiven Industrie- und Agrarunternehmen beträchtlich. Von 1982 bis 1986 floß weiterhin Geld in diese Unternehmen - mittlerweile aber mehr, um deren Verluste auszugleichen und ihre Liquidation zu verhindern. Man schätzt, daß der Staat in dieser Zeit die maroden Betriebe und Gesellschaften mit 100 Mrd FCFA jährlich unterstützt hat (WAUTELET, 1990, S. 79ff).

Schon vor der Wirtschaftskrise zeigte sich also, daß die erheblichen Staatseinnahmen durch die Besteuerung der Cash crops und die Erlöse aus dem Ölgeschäft zum großen Teil zwar investiert wurden, aber in *nicht rentable* Projekte. Der Verfall der Weltmarktpreise für Rohstoffe und die Aufwertung des FCFA gegenüber dem Dollar lösten dann eine Wirtschaftskrise aus, die diese schon zuvor vorhandenen Strukturschwächen schonungslos aufdeckte.

2.3.4.3.2 Der Verlauf der Strukturanpassung

Für den 6. FJP von 1986/87 bis 1990/91 waren Gesamtinvestitionen in Höhe von 7380 Mrd. FCFA vorgesehen. Er erwies sich wegen der Mitte der 80er Jahre beginnenden Rezession jedoch schon bald als undurchführbar und wurde, obwohl offiziell nicht außer Kraft gesetzt, in der Realität durch ein Strukturanpassungsprogramm ersetzt. Unter „Strukturanpassung“ kann man die Reaktion von Akteuren, in diesem Fall des Staates und der parastaatlichen Unternehmen, auf veränderte Rahmenbedingungen bzw. relative Preise verstehen. Die Regierung versuchte also ab 1986 durch bestimmte Maßnahmen, die Staatsfinanzen und den parastaatlichen Sektor wieder „in Ordnung“ zu bringen, d.h., Defizite und Schulden zu verringern. Dazu wurde unter anderem im Juni 1986 die Gründung einer „Mission de réhabilitation des entreprises publiques“ beschlossen. Obwohl sie von den internationalen Gebern technisch und finanziell unterstützt wurde, stand sie doch in erster Linie unter der Regie der kamerunischen Regierung. Allerdings läßt sich für diese ersten Maßnahmen wie auch für die bis 1995 folgenden konstatieren: „Throughout the adjustement process, the state has been characterized by fragmentation, lack of cohesion and an `everyone for himself´ attitude“ (Van De WALLE, 1990, S. 279). Die Anpassungsmaßnahmen waren nicht erfolgreich und die wirtschaftliche Krise verschärfte sich zusehends. Es zeichnete sich der Zeitpunkt ab, an dem Kamerun zum Erhalt seiner Zahlungsfähigkeit auf Kredite der Weltbank und des IWF angewiesen und damit - wie viele andere Staaten in SSA auch - zur Annahme der damit verbundenen Bedingungen dieser beiden Organisationen gezwungen sein würde. Das war natürlich mit einem Verlust an Souveränität verbunden und widersprach damit fundamental der noch kurz zuvor bei der Aufstellung des 6. FJP erneut proklamierten Errichtung einer

„économie endogène", die in der Lage ist, die Grundbedürfnisse der Bevölkerung aus eigener Kraft zu decken und die inländische Ersparnis zur Hauptquelle der Finanzierung der Entwicklung zu machen (GANKOU, 1991, S. 35).
Im September 1988 mußte Kamerun schließlich ein Strukturanpassungsprogramm (SAP) von IWF und Weltbank annehmen, das mit einem entsprechenden „Structural Adjustement Loan" (SAL) verbunden war. „The Operational Manual of the World Bank defines SALs as 'non-project lending' to support progammes of policy and institutional change necessary to modify the structure of the economy so that it can maintain both its growth rate and the viability of its balance of payments in the medium term.'" (GREENAWAY / MORRISSEY, 1993, S. 242). Dieses erste SAP sollte 18 Monate dauern und war mit einem Kredit in Höhe von 115,9 Mio. SDR verbunden. Im Juni 1989 kam ein Anpassungskredit der Weltbank in Höhe von 150 Mio. Dollar hinzu, der in drei Tranchen zur Auszahlung kommen sollte (MTM, 1992, S. 3287). Die Ziele des SAP waren die Begrenzung des Haushaltsdefizits und des Leistungsbilanzdefizits, die Verringerung der Staatsverschuldung sowie die Beendigung der Wirtschaftskrise. Dies sollte erreicht werden durch die Einschränkung der Staatsausgaben, die Schaffung neuer Einnahmequellen, eine Verbesserung der Effizienz der öffentlichen Verwaltung, die Privatisierung von parastaatlichen Unternehmen, die Deregulierung des Handels und die Reform des Kreditgewerbes.
Bis Mitte 1992 wurden zwar einige Fortschritte in bezug auf die Marktliberalisierung, die Umstrukturierung der Agrargesellschaften und die Rehabilitation des Finanzsektors erzielt, aber beim Abbau des Budgetdefizits, der Privatisierung und der Entwicklung des privaten Sektors wurden so gut wie keine Ergebnisse realisiert. Trotz der geringen Erfolge konnte 1991 mit dem IWF ein zweites Abkommen abgeschlossen werden, in dem sich Kamerun zu drastischeren Anpassungsmaßnahmen verpflichtete (vgl. MTM, 1992, S. 3288). Dieses Abkommen lief aber ebenfalls 1992 aus. Gespräche über eine Fortsetzung der Programme zogen sich aufgrund ungenügender Erfüllung der Bedingungen durch Kamerun bis 1994 ergebnislos hin. Nach Einschätzung von IWF und Weltbank gehört Kamerun zu den „enttäuschendsten 'Anpassern'" (MEHLER, 1995b, S. 296) und auch die EIU (1995, S. 15) urteilt: „... progress was very disappointing ...".

1993 hat sich die wirtschaftliche Situation Kameruns soweit zugespitzt, daß die Zahlungsunfähigkeit drohte. Die Staatseinnahmen deckten nach Schätzungen nur noch etwa die Hälfte der Ausgaben. Die gesamte Staatsverschuldung war auf 2.500 Mrd. FCFA (davon 1.500 Mrd. FCFA Auslandsschulden) aufgelaufen. Nur durch zwei Notkredite Frankreichs in Höhe von 1.060 Mio. Francs, die direkt an IWF und Weltbank gingen, konnte die absolute Zahlungsunfähigkeit verhindert werden (JAE 170, Aug. 1993, S. 84ff). Auch die Annahme, daß der Bankensektor erfolgreich umstrukturiert wurde (MTM, 1992, S. 3321ff), erwies sich als Trugschluß und seine Reform mußte erneut auf die Tagesordnung gesetzt werden (MTM, 1995, S. 2723ff).
Erst im Frühjahr 1994 kam es zu einem neuen Abkommen, das weniger auf inzwischen erzielte deutliche Erfolge in der Strukturanpassung als vielmehr darauf zurückzuführen war, daß die internationalen Geber die positiven Wirkungen der Abwertung für die kamerunische Wirtschaft unterstützen wollten. Neben der Gewährung eines Stand-by-credits in Höhe von 114 Mio. US$ durch den IWF gelangte die dritte Tranche des bereits 1989 gewährten Weltbankkredits zur Auszahlung. Im Zuge der Kredite von IWF und Weltbank kam es auch zu Reaktionen der anderen Geber: Eine Umschuldung durch den Club de Paris im März 1994; ein Strukturanpassungskredit in Höhe von 1,2 Mrd. FF von Frankreich, der ebenfalls

im März 1994 gewährt wurde und von dem bis Mitte 1994 eine erste Tranche von 400 Mio. FF zur Auszahlung gelangt war (JA 1760, Sept./Okt. 1994, S. 37ff); eine Kreditzusage durch die EU in Höhe von 20,2 Mio. ECU (13,3 Mrd. FCFA), der allerdings in Tranchen je nach Erfolg ausgezahlt werden sollte (MTM 8.7.1994); ein weiterer Strukturanpassungskredit der Weltbank in Höhe von 75 Mio. US$, der im August 1994 freigegeben wurde (MTM 2.9.1994, S. 1848). Die Kameruner Regierung mußte sich allerdings mit *noch drastischeren* Reformen einverstanden erklären (JA 1760, Sept./Okt. 1994, S. 36ff). Aber bereits im Mai 1994 hat der IWF seinen erst am 14. März 1994 gewährten Stand-by-credit aufgrund mangelnder Reformwilligkeit oder -fähigkeit der kamerunischen Regierung wieder eingefroren.

Ende 1995 gab es den vorläufig letzten Akt in diesem Theater. Nachdem die Regierung Kameruns mit dem seit 1989 geforderten Stellenabbau im öffentlichen Dienst endlich begonnen hat, das Staatsdefizit deutlich verringert werden konnte und auch bei der Privatisierung Fortschritte erzielt wurden, wurde am 27. September 1995 vom IWF ein neuer Kredit gewährt - möglicherweise Kameruns *„letzte Chance"* (EIU 4. Quartal 1995, S. 6). Ein Grund dafür war auch, daß die Kameruner Wirtschaft inzwischen vor allem aufgrund der Abwertung und der gestiegenen Rohstoffpreise deutliche Erholungszeichen zeigte. Falls Kamerun bei der Durchführung der zugesagten Reformen und bei der Überwindung des Budgetdefizits erfolgreich ist, werden dem Stand-by-credit des IWF in Höhe von 101 Mio. US-$ weitere Kredite und Unterstützungen anderer Geber folgen. Bereits Mitte November 1995 hat der Club de Paris eine Umschuldung in Höhe von 341 Mrd. FCFA und die CFD die Freigabe von im Jahre 1994 stornierten 20 Mrd. FCFA beschlossen. Insgesamt stellen IWF, Weltbank, EU und Frankreich weitere 260 Mrd. FCFA an Krediten in Aussicht (MTM, 1995, S. 2707f; vgl. dazu auch BfAI, NfA 6.11.95).
Erstmals seit dem Beginn der Wirtschaftskrise Mitte der 80er Jahre gibt es aufgrund der genannten günstigen Rahmenbedingungen und - gezwungenermaßen - scheinbar echten Reformwillens Chancen dafür, daß Kamerun wieder in eine Wachstumsphase eintritt. Trotz dieser etwas günstigeren Zukunftsperspektiven muß aber aus 8 Jahren „Strukturanpassung" folgendes Resümee gezogen werden: „Kamerun gehört zu den kaum noch schön zu redenden Fällen mißglückter Strukturanpassung durch gebergestützte Programme unter Anleitung von IWF und Weltbank" (MEHLER, 1995b, S. 295).

2.3.4.3.3 Liberalisierung und Reform des parastaatlichen Sektors

In bezug auf die *Liberalisierung* der Kameruner Wirtschaft wurden einige Erfolge erzielt, wobei aber nicht vergessen werden darf, daß Maßnahmen wie Preisfixierungen oder Mengenkontingentierungen aufgrund der geringen Effizienz der staatlichen Organisationen nur in wenigen Bereichen auch tatsächlich funktionierten. Immerhin wurde aber die Menge der Güter, die nur mit Genehmigung oder Bezugsberechtigung zu erhalten sind, zwischen 1989 und 1992 von 122 auf 16 verringert (MTM, 1992, S. 3289). Die Vermarktung und damit auch die Preise der wichtigen Cash crops Kakao und Kaffee wurden liberalisiert und die Preiskontrollen bei Nahrungsmitteln wurden bis Mitte 1994 aufgegeben (MTM 17.6.1994, S. 1232). Das bereits erläuterte Investitionsgesetz von 1990 und die Exportfreizonenregelung (vgl. 2.3.4.2.1) sollten bürokratische Vereinfachungen bringen. Die quantitativen Importbeschränkungen wurden 1991 aufgehoben und das Zollsystem wurde durch die Reform im Januar 1994 wesentlich vereinfacht. Diese Maßnahmen veranlaßten Justin Ndioro, der

seit 1994 das neu geschaffene Ministère de l'Economie, des Finances et du Plan leitet und als „Superminister" der Strukturanpassung gilt, zu der Aussage: „La libéralisation du commerce et des prix est quasi complète" (JAE 199, Juli 1995, S. 52).
In der Tat sind bei der Liberalisierung eher Fortschritte erzielt worden als bei der Reform der parastaatlichen Unternehmen. Erst in jüngster Zeit aber sicherte die Regierung zu, ihre Einstellung zum Engagement des Staates im privaten Sektor grundlegend zu ändern (MTM, 1995, S. 2729).[13] Die ersten - immerhin fünf - Jahre der Wirtschaftskrise verstrichen diesbezüglich mit Absichtserklärungen: „In 1986, the Director-General of SNI announced that the Government was to sell off most of SNI's holdings over a five year period" (UNIDO, 1990, S. 29). Allerdings ist die Privatisierung der Anteile der SNI bis Mitte der 90er Jahre kaum voran gekommen (vgl. EIU, 1995, S. 25). Nicht nur der Rückzug des Staates aus seinen Aktivitäten im privaten Sektor gelang nicht, auch der Versuch der Rehabilitation der parastaatlichen Unternehmen hatte kaum Erfolge vorzuweisen. Im Juni 1986 hatte die Regierung zwar die Gründung der „Mission de réhabilitation des entreprises publiques" beschlossen, aber erst ein Jahr später wurde festgelegt, wer dieser Mission überhaupt angehören sollte und im Oktober 1987 nahm sie in Form der Gründung zweier Organe ihre Arbeit auf. Die permanente Commission technique bestehend aus fünf ständigen Mitgliedern hatte die Aufgabe, Studien über die staatlichen Unternehmen zu erstellen, die dann dem Comité interministériel als Entscheidungsgrundlage vorgelegt werden sollten. Dieses Comité setzte sich zusammen aus 7 Mitgliedern des Kabinetts, einem Vertreter der BEAC und einem der SNI. Die Commission technique wurde finanziell und technisch von der Weltbank und der UN unterstützt. Zudem beteiligte sich die CFD finanziell an der Rehabilitation von neun Unternehmen und die EU unterstützte über den Fonds STABEX das ONCPB, die Vermarktungsgesellschaft für Kaffee und Kakao (MTM, 1992, S. 3314).
Es wurden 171 öffentliche Unternehmen - unter den Begriff „entreprises publiques" fielen alle Unternehmen mit einer Staatsbeteiligung von mehr als 25 % - identifiziert, wovon 147 (24 waren Kreditinstitute) unter die Kompetenz der Commission technique fielen.[14] Nur zwei von 15 vorgesehenen Privatisierungen waren bis Ende 1992 durchgeführt (MTM, 1992, S. 3318), aber zahlreiche Verträge - 26 allein von Juli 1989 bis April 1990 (ESSOMBE EDIMO, 1991, S. 71) -, in denen sich die Unternehmen zu größerer Effizienz verpflichteten (Contrats de performance), wurden abgeschlossen. Die Rehabilitation verzeichnete vor allem dann Erfolge, wenn sie von ausländischen Geldgebern unterstützt wurde, wie im Falle der landwirtschaftlichen Parastatals SODECOTON, SOCAPALM, HEVECAM, SEMRY und CDC durch die Hilfe der CFD. Diesen Organisationen gelangen im Gegensatz zu den meisten anderen Unternehmen erhebliche Kostenreduzierungen. Insgesamt scheiterte die Sanierung der Unternehmen aber an der mangelnden Kompetenz in den Betrieben selbst und am Unvermögen des Staates, die notwendigen Finanzmittel bereit zu stellen. Es gibt aber auch Gründe, am tatsächlichen politischen Willen zu Reformen zu zweifeln: "Plus généralement, la signature de contrats de performances ne s'est pas accompagnée, sauf exceptions, de changement dans les équipes de direction et dans les méthodes de mangement ..." (MTM, 1992, S. 3317).

Obwohl die Sanierung also in den meisten Fällen nicht gelang, waren bis Juni 1994 nur 22 Gesellschaften des öffentlichen Rechts sowie drei zweitrangige staatliche Unternehmen li-

[13] Der Verlauf der Privatisierung kann im Detail in MTM (1995, S. 2729ff) nachgelesen werden.
[14] Eine Bilanz der Ergebnisse der Commission technique bis Ende 1992 ist in MTM (1992, S. 3314) zu finden.

quidiert und 5, darunter das OCB und die SCDM, privatisiert worden (MTM, 1995, S. 2731/2739, vgl. auch JA 1752, Aug. 1994, S. 47). Der schnelle Rückzug des IWF von seiner Kreditzusage Anfang 1994 schien die Kameruner Regierung aber endlich wach zu rütteln. Die Schaffung des neuen Ministère de l'Economie, des Finances et du Plan als einer Art Superministerium, in dem die Maßnahmen der Strukturanpassung koordiniert werden sollen, ist ein Teil dieser Reaktion. Mit der Ernennung von Justin Ndioro und der Ablösung seines Vorgängers wurde zudem einem Wunsch Frankreichs entsprochen, was die Verantwortlichen bei der CFD etwas optimistischer in die Zukunft blicken ließ (JA 1760, Sept./Okt. 1994: „NZorro est arrivé", S. 36ff). Immerhin handelt es sich bei Ndioro um jemanden, der laut Jeune Afrique économie (Nr. 199, Juli 1995, S. 47) „... n'est ni un professionel de la politique, ni un de ces barons bien (trop ?) connus du Rassemblement démocratique du peuple camerounais (RDPC) ...". Statt dessen hat er eine Karriere als Manager in den Staatsunternehmen SONEL und ALUCAM hinter sich. Zu seinen ersten Maßnahmen gehörte die lang geforderte Offenlegung der Bilanz der SNH vor den internationalen Geldgebern (JA 1760, Sept./Okt. 1994, S. 39).

Im Juli 1994 wurden 15 weitere halbstaatliche oder staatliche Unternehmen genannt, die privatisiert werden sollen, wobei 7 aus dem Agrarsektor, 5 aus dem Transportbereich und 3 aus Dienstleistung und Handel stammen. Darunter befinden sich einige der bedeutensten Unternehmen Kameruns wie die CDC (Kapital: 15,6 Mrd. FCFA; Staatsanteil: 100 %), HEVECAM (16,5; 92 %), SOCAPALM (9,5; 100 %), SPFS (1,4; 16,4 % - direkte Beteiligung), SODECOTON (4,5; 70 %) und die SCT (1,8; 66,7 %). Die Unternehmen aus dem Transportsektor (darunter: CAMAIR, CAMSHIP und REGIFERCAM) besitzen zusammen ein Kapital von etwa 18 Mrd. FCFA (BFAI, NfA 24.8.1994). Diese Privatisierungsoffensive zeigte endlich Resultate. Im Oktober 1994 äußerte die bereits in einigen afrikanischen Ländern im Transportsektor aktive französische Saga-Gruppe Interesse am Kauf von CAMSHIP, REGIFERCAM, SODECOTON, SOCAPALM und HEVECAM (MTM 28.10.1994, S. 2246). Am 1. Juni 1995 wurde sogar beschlossen, die Wasser- und die Elektrizitätsversorgung sowie die Telekommunikation zu privatisieren (MTM, 1995, S. 2713).
Die Zwischenbilanz der 1994 beschlossenen Maßnahmen lautete im Oktober 1995, daß fünf Unternehmen (darunter SOTUC) liquidiert, von dreien (darunter CHOCOCAM) die Minderheitsbeteiligungen verkauft und eine privatisiert worden war. Drei (darunter CAMSUCO) befinden sich im Stadium der Privatisierung. Darüber hinaus wird bei einigen Gesellschaften (darunter SCT) das Management in private Hände gelegt (MTM, 1995, S. 2731). 11 Unternehmen befinden sich noch im Stadium der Planung: HEVECAM und SOCAPALM sollen vollständig, CAMSHIP, CAMTAINER und CAMAIR teilweise privatisiert werden. Von SONEL, SNEC, REGIFERCAM und dem Telekommunikationsdienst soll das Management privatisiert werden (MTM, 1995, S. 2731).[15] Insgesamt läßt sich sagen, daß in den beiden Jahren 1994 und 1995 größere Fortschritte beim Rückzug des Staates aus der Privatwirtschaft erzielt wurden als in den 8 Jahren zuvor.

[15] In MTM (1995, S. 2737ff) werden die genannten Unternehmen und Gesellschaften im Detail beschrieben.

2.3.5 Staatshaushalt

Bedauerlicherweise sind die verfügbaren Statistiken über den Staatshaushalt Kameruns in den 80er Jahren nicht vollständig. Die Regierung hat es trotz anders lautender Forderungen der Gebergemeinschaft verstanden, bis Mitte der 90er Jahre die tatsächliche Höhe der ihr zufließenden Einnahmen aus der Ölförderung geheim zu halten (BLANDFORD et al., 1994, S. 139). Aber nicht nur durch die Vernebelung der Öleinnahmen auch durch die vielfältigen Verflechtungen mit der Privatwirtschaft sowohl des Staates direkt als auch der parastaatlichen Gesellschaften wie der SNI, dem ONCPB und eben der SNH, deren Bilanzen ebenfalls nicht vollständig offen gelegt wurden, ist es praktisch unmöglich geworden, Einnahmen, Ausgaben und Vermögen des Staates zu bestimmen. Man ist auf Schätzungen angewiesen. Dazu kommt, daß die Budgetvorgaben besonders ab Mitte der 80er Jahre zu bloßen *Absichtserklärungen* geworden sind, die eher einem „Wunschdenken" als ernsthaften Planungen der Staatsaktivitäten entsprangen. Da die Kameruner Regierung aber mittlerweile mit dem Rücken zur Wand steht, kann sie es sich nicht mehr erlauben, die Gebergemeinschaft über die Staatsfinanzen im Unklaren zu lassen. Dies scheint der seit Mitte 1994 amtierende Wirtschafts- und Finanzminister Ndioro erkannt zu haben (JA 1760, Sept./Okt. 1994, S. 39).

2.3.5.1 Die Entwicklung der Budgetvorgaben

Die erste Hälfte der 80er Jahre sah eine erhebliche Ausweitung des Staatshaushaltes. Er ist von 1977/78 (Juli 1977 - Juni 1978) 137 Mrd. FCFA bis 1986/87 nominal um das sechsfache auf 800 Mrd. FCFA gestiegen. Die reale Zunahme von 1980 bis 1986 betrug jährlich durchschnittlich ebenfalls stolze 16 Prozent (BEKOLO-EBE, 1986, S. 14). Im Fiskaljahr 1987/88 war die Regierung aber zu einem um nominal 19 % drastisch reduzierten Austeritätsbudget gezwungen. In der Folgezeit sank das geplante Budgetvolumen sogar noch weiter, so daß der Budgetvoranschlag von 1993/94 nominal nur um 5 % über dem von 1983/84 lag. In der ersten Hälfte der 90er Jahre blieb der Budgetansatz etwa konstant, wobei aber die Abwertung des FCFA um 50 % im Januar 1994 zu berücksichtigen ist (vgl. BfAI, NFA 19. Aug. 1994). Die für 1995/96 erwartete Steigerung ist auf die wirtschaftliche Erholung und auf strukturelle Veränderungen bei den Staatseinnahmen, auf die im nächsten Gliederungspunkt noch genauer eingegangen wird, zurückzuführen.
Inwieweit die Zunahme in der ersten Hälfte der 80er Jahre eine Folge des Ölbooms war, läßt sich nur schätzen. Die budgetierten Einnahmen aus den Konzessionen für die Erdölförderung allein betrugen etwa 20 % des Haushaltsvolumens und stiegen Ende der 80er Jahre sogar auf 25 %. Allerdings führten die Öleinnahmen durch die Zunahme des Staatsverbrauchs und die Ausweitung des parastaatlichen Sektors zu einem Nachfrageschub und einem Wirtschaftswachstum, das auch die Steuereinnahmen steigen ließ. Untersucht man die *Struktur* der Staatseinnahmen, so stellt man fest, daß sich die Anteile zuungunsten der Einnahmen aus den indirekten Steuern verschoben. Dies wird besonders deutlich, wenn man die Staatseinnahmen ohne die Erträge aus den Konzessionen für die Erdölförderung betrachtet: Während der Anteil der Steuereinnahmen insgesamt am auf diese Weise „bereinigten" Budget von 1977/78 bis 1993/94 nur von 88,0 auf 85,3 % - und nicht auf 71,2 %, die in der Tabelle 3 als Anteil an den Einnahmen ausgewiesen werden - sank, reduzierte sich der Anteil der indirekten Steuern am bereingten Budget von 67,5 % auf 44,7 %. Die Zolleinnahmen als wichtigster Teil der indirekten Steuern sanken nicht ganz so stark (von 52,8 auf

Tabelle 3

Struktur der geplanten Staatseinnahmen

(in Milliarden FCFA; in Klammern: jeweils Anteile an den Staatseinnahmen in Prozent)

	Einnahmen insgesamt	Steuerliche Einnahmen	dar.: Direkte Steuern und Gebühren	dar.: Indirekte Steuern	dar.: dar.: Zolleinnahmen	Erträge aus Konzessionen für die Erdölförderung	Erträge aus Staatsvermögen u. Dienstleistungen	Sonstige Einnahmen	dar.: Staatl. Beteilig.	dar.: Erträge aus Wertpap.	dar.: Außerord. Einnahmen
1977/78	**137,0**	**120,5 *(88,0)***	28,0 *(20,4)*	92,5 *(67,5)*	72,4 *(52,8)*	**0,0**	**13,8**	**2,7**	0,2	0,0	0,5
1979/80	**186,6**	**162,9 *(87,3)***	39,7 *(21,2)*	123,3 *(66,1)*	95,4 *(51,1)*	**5,0 *(2,7)***	**11,3**	**9,0**	0,7	0,2	0,1
1981/82	**310,0**	**230,2 *(74,3)***	95,9 *(30,9)*	134,3 *(43,3)*	91,8 *(29,6)*	**50,0 *(16,1)***	**23,1**	**11,6**	0,8	0,5	0,1
1983/84	**520,0**	**368,3 *(70,8)***	165,8 *(31,9)*	202,5 *(38,9)*	136,7 *(26,3)*	**102,0 *(19,6)***	**46,1**	**3,6**	0,4	0,5	2,7
1984/85	**620,0**	**443,0 *(71,5)***	198,0 *(31,9)*	245,0 *(39,5)*	164,0 *(26,5)*	**123,0 *(19,8)***	**50,0**	**4,0**	0,6	2,8	0,6
1985/86	**740,0**	**510,4 *(69,0)***	241,2 *(32,6)*	269,2 *(36,4)*	177,7 *(24,0)*	**159,0 *(21,5)***	**59,8**	**10,8**	0,6	8,1	2,1
1986/87	**800,0**	**569,6 *(71,2)***	288,1 *(36,0)*	281,6 *(35,2)*	185,1 *(23,1)*	**150,0 *(18,8)***	**60,2**	**20,1**	0,6	12,8	6,7
1987/88	**650,0**	**435,0 *(66,9)***	203,0 *(31,2)*	232,0 *(35,7)*	152,0 *(23,4)*	**150,0 *(23,1)***	**50,7**	**14,3**	0,9	2,0	11,4
1988/89	**600,0**	**401,5 *(66,9)***	191,6 *(31,9)*	209,9 *(35,0)*	128,2 *(21,4)*	**150,0 *(25,0)***	**26,0**	**22,5**	7,0	1,0	14,5
1989/90	**600,0**	**388,6 *(64,8)***	198,5 *(33,1)*	190,1 *(31,7)*	115,1 *(19,2)*	**150,0 *(25,0)***	**27,6**	**33,8**	7,4	3,0	23,4
1990/91	**550,0**	**366,3 *(66,6)***	198,5 *(36,1)*	167,8 *(30,5)*	n.b.	**120,0 *(21,8)***	**37,5**	**26,2**	6,8	2,0	17,4
1991/92	**545,0**	**376,0 *(69,0)***	195,0 *(35,8)*	181,0 *(33,2)*	154,5 *(28,3)*	**120,0 *(22,0)***	**17,5**	**29,5**	n.b.	n.b.	n.b.
1992/93	**546,0**	**364,0 *(66,7)***	175,0 *(32,1)*	189,0 *(34,6)*	155,5 *(28,5)*	**124,0 *(22,7)***	**15,2**	**42,6**	n.b.	n.b.	n.b.
1993/94	**546,0**	**389,0 *(71,2)***	185,0 *(33,9)*	204,0 *(37,4)*	176,5 *(32,3)*	**90,0 *(16,5)***	**21,5**	**45,5**	n.b.	n.b.	n.b.
1994/95*	**481,0**	**426,0 *(88,6)***	n.b	n.b	124,0 *(25,8)*	**55,0 *(11,4)***	**n.b.**	**n.b.**	n.b.	n.b.	n.b.
1995/96	**707,0**	**596,0 *(84,3)***	n.b	n.b	124,0 *(17,5)*	**111,0 *(15,7)***	**n.b.**	**n.b.**	n.b.	n.b.	n.b.

*revidiertes Budget

Quelle: BEAC, 1988; STBA, 1993, S. 119; MTM, 1992, S. 3295; EIU, 1994, S. 29; MTM, 1995, S. 2721.

38,7 %). Bei den direkten Steuern und Gebühren, deren Anteil im gleichen Zeitraum von 20,4 auf 40,6 % stieg, verhielt es sich genau umgekehrt.

Tabelle 4

Struktur der geplanten Staatsausgaben
(in Milliarden FCFA; in Klammern: Anteile an den Staatsausgaben in Prozent)

	Staats-ausgaben	laufende Ausgaben (lA)	dar.: Aufwendungen für den öffentl. Dienst (öD)	Kapitalausgaben (KA)	dar.: Auslandsschuldendienst (ASD)	öD/lA*	ASD/KA*
1977/78	**137,0**	98,5 *(71,9)*	86,6 *(63,2)*	38,5 *(28,1)*	9,6 *(7,0)*	*87,9*	*24,9*
1979/80	**186,6**	129,5 *(69,4)*	113,7 *(60,9)*	57,2 *(30,6)*	18,0 *(9,6)*	*87,8*	*31,5*
1981/82	**310,0**	199,0 *(64,2)*	106,7 *(34,4)*	111,0 *(35,8)*	26,0 *(8,4)*	*53,6*	*23,4*
1983/84	**520,0**	325,5 *(62,6)*	172,2 *(33,1)*	194,5 *(37,4)*	46,0 *(8,8)*	*52,9*	*23,6*
1984/85	**620,0**	400,0 *(64,5)*	296,3 *(47,8)*	220,0 *(35,5)*	60,0 *(9,7)*	*74,1*	*27,3*
1985/86	**740,0**	430,0 *(58,1)*	327,3 *(44,2)*	310,0 *(41,9)*	80,0 *(10,8)*	*76,1*	*25,8*
1986/87	**800,0**	460,0 *(57,5)*	356,3 *(44,5)*	340,0 *(42,5)*	100,0 *(12,5)*	*77,5*	*29,4*
1987/88	**650,0**	400,0 *(61,5)*	320,2 *(49,3)*	250,0 *(38,5)*	150,0 *(23,1)*	*80,1*	*60,0*
1988/89	**600,0**	375,0 *(62,5)*	300,2 *(50,0)*	225,0 *(37,5)*	170,0 *(28,3)*	*80,1*	*75,6*
1989/90	**600,0**	425,0 *(70,8)*	342,2 *(57,0)*	175,0 *(29,2)*	97,0 *(16,2)*	*80,5*	*55,4*
1990/91	**550,0**	364,0 *(66,2)*	302,3 *(55,0)*	186,0 *(33,8)*	100,0 *(18,2)*	*83,0*	*53,8*
1991/92	**545,0**	378,5 *(69,4)*	311,9 *(57,2)*	166,5 *(30,6)*	110,0 *(20,2)*	*82,4*	*66,1*
1992/93	**546,0**	410,0 *(75,1)*	336,5 *(61,6)*	136,0 *(24,9)*	80,0 *(14,7)*	*82,1*	*58,8*
1993/94	**546,0**	409,5 *(75,0)*	336,5 *(61,6)*	136,5 *(25,0)*	85,0 *(15,6)*	*82,2*	*62,3*
1994/95**	**744,0**	357,0 *(48,0)*	264,0 *(35,5)*	387,0 *(52,0)*	293,0 *(39,4)*	*73,9*	*75,7*
1995/96	**787,0**	379,0 *(48,2)*	285,0 *(36,2)*	408,0 *(51,8)*	305,0 *(38,8)*	*75,2*	*74,8*

* in Prozent **revidiertes Budget

Quelle: BEAC, 1988; STBA, 1993, S. 121; MTM, 1992, S. 3295; EIU, 1994, S. 29; MTM, 1995, S. 2721.

Wie Tabelle 4 zeigt, gab es auch bei den budgetierten Staatsausgaben von Ende der 70er bis Mitte der 90er Jahre erhebliche strukturelle Verschiebungen. Der Anteil der Kapitalausgaben an den gesamten Ausgaben stieg von 28,1 % 1977/78 (38,5 Mrd. FCFA) auf einen Höchststand von 42,5 % (340 Mrd. FCFA) 1986/87, um danach bis 1993/94 wieder auf 25 % (136,5 Mrd. FCFA) zu sinken. Die erhebliche Zunahme des Budgets in der ersten Hälfte der 80er Jahre kam also überproportional den Kapitalausgaben zugute. Der Anteil des Schuldendienstes für Auslandsverbindlichkeiten an den Kapitalausgaben nahm von 1977/78 bis 1986/87 nur von 25 auf 29 % zu, so daß der Zuwachs vor allem durch eine deutliche Steigerung der *Investitionen* des Staates zustandekam. Bereits in den beiden darauffolgenden Fiskaljahren stieg der Auslandsschuldendienst aber spunghaft auf 28,3 % der Gesamtausgaben und 76 % der Kapitalausgaben an. Die Investitionen wurden also erheblich verringert. Da sich der Anteil der laufenden Ausgaben an den Gesamtausgaben in den Jahren 1987/88 und 1988/89 sogar leicht erhöhte, gingen die geplanten Haushaltseinsparungen dieser beiden Fiskaljahre also vor allem zu Lasten der Investitionen.
Von 1989/90 bis 1993/94 nahm der Schuldendienst vor allem aufgrund von Umschuldungsmaßnahmen der Gebergemeinschaft wieder ab. Statt dessen erhöhte sich der Anteil der laufenden Ausgaben weiter auf 75 %. Die Aufwendungen für den öffentlichen Dienst, die hauptsächlich aus Personalausgaben bestehen, stiegen ebenfalls bis 1993/94 auf 61,6 % der Gesamtausgaben. Die Zunahme war sogar etwas schneller als die der laufenden Ausgaben insgesamt, denn ihr Anteil an diesen nahm von 74 % 1984/85 auf 82 % 1993/94 zu. 1994/95 gab es dann aber erhebliche Veränderungen. Die budgetierten Ausgaben stiegen

um 36 %, wobei die Zunahme ausschließlich für eine stärkere Bedienung der Auslandsschulden genutzt wurde. Die laufenden Ausgaben und die Kapitalausgaben ohne den Auslandsschuldendienst sanken sogar nominal. Die Aufwendungen für den öffentlichen Dienst, die in diesem Budget nur noch 35,5 % der Gesamtausgaben ausmachten, wurden dabei noch stärker verringert, denn ihr Anteil an den laufenden Ausgaben ging wieder auf 74 % zurück. Der Haushaltsvoranschlag für 1995/96 soll diese Entwicklung fortsetzen, wobei die Ausweitung des Budgets diesmal auch den laufenden Ausgaben zugute kommen soll.

Tabelle 5

Struktur der geplanten Staatsausgaben nach Ministerien

(in Prozent)

Ministerien	1985/86	1988/89	1991/92	1993/94	1994/95	*Veränderung von 1985/86 bis 1993/94*	*Veränderung von 1993/94 bis 1994/95*
Präsidentenamt und angeschlossene Dienste	11,0	11,8	10,7	10,3	11,7	***-3,6***	***-3,0***
Verteidigung	15,0	15,2	14,2	14,9	20,1	***2,4***	***14,8***
Bildungswesen	20,0	22,6	21,0	22,9	17,1	***17,6***	***-36,0***
Gesundheitswesen	8,2	9,6	7,2	7,2	6,3	***-9,0***	***-26,2***
Finanzen	5,7	5,8	5,1	5,6	4,3	***1,6***	***-35,1***
Landwirtschaft	5,3	6,6	5,8	5,9	4,3	***14,9***	***-38,8***
Infrastruktur*	11,2	4,5	7,2	7,8	8,9	***-28,3***	***-2,3***
übrige	23,6	23,9	28,8	25,4	27,3	***10,7***	***-8,0***
(insgesamt)						***(2,8)***	***-(14,4)***

* inkl. Stadtplanung und Wohnungsbau

Quelle: STBA, 1993, S. 121; EIU, 1994, S. 29; EIU, 1995, S. 31.

Die Aufwendungen für den öffentlichen Dienst lassen sich den einzelnen Ministerien und damit deren Aufgabenbereichen zuordnen. Dabei kann man feststellen, daß es von 1985/86 bis 1993/94 erhebliche Verschiebungen in der Zuteilung von Finanzmitteln gegeben hat. Auch hier bestätigt sich, daß die Budgetkürzungen in dieser Periode in erster Linie zu Lasten der Investitionen gegangen sind, denn auch die laufenden Ausgaben der vor allem für die öffentlichen Bauinvestitionen zuständigen Ministerien für Infrastruktur und Wohnungsbau wurden deutlich um 28,3 % reduziert.

Die beiden Bereiche Gesundheitswesen und Präsidentenamt (inkl. angeschlossene Dienste) hatten ebenfalls 1993/94 nominal 9,0 bzw. 3,6 % weniger Mittel als 8 Jahre zuvor, 1985/86, zur Verfügung. Von den aufgeführten Ministerien konnten nur die für Bildungswesen und für Landwirtschaft ihre Anteile erhöhen. Das Bildungsministerium baute dadurch bis 1993/94 seine führende Rolle bei der Verteilung der Mittel vor dem Verteidigungsministerium aus. Allerdings sah der Budgetvoranschlag von 1994/95 drastische Kürzungen in Höhe von 36 % bei den Ausgaben für das Bildungswesen vor. Da gleichzeitig die Ausgaben für Verteidigung erhöht werden sollten, würde 1994/95 erstmals das Verteidigungsministerium die meisten Finanzmittel erhalten. Weitere starke Einsparungen waren bei den Mitteln für das Gesundheits-, das Finanz- und das Landwirtschaftsministerium vorgesehen (EIU, 1995, S. 29ff).

2.3.5.2 Tatsächlicher Staatshaushalt und Verschuldung

Die bisherige Analyse bezog sich ausschließlich auf die *Budgetplanungen*, die aber gerade nach 1985 erheblich von den *realisierten* Staatshaushalten abwichen, auch weil die Einnahmen aus der Ölförderung nur teilweise in den Planungen erfaßt wurden. In Tabelle 6 sind die Budgetplanungen den realisierten Staatshaushalten - inklusive der gesamten Einnahmen aus dem Ölsektor - nach den Schätzungen von IWF und Weltbank (1979/80 und 1984/85) und des französischen Ministère de la Coopération (1988/89 bis 1992/93) gegenübergestellt. Anzumerken ist, daß die Schätzungen aus diesen beiden Quellen für sich überschneidende Jahre voneinander abweichen.

Tabelle 6

Gegenüberstellung der Budgetvorgaben und des tatsächlichen Staatshaushaltes
(in Mrd. FCFA)

		Einnahmen insgesamt	Steuerl. Einnah.	Ausg. insg.	lauf. Ausg.	Kapital-ausg.
1979/80	Plan (A)	186,6	162,9	186,6	129,5	57,2
	Ergebnis (B)	230,7	n.b.	224,9	151,8	73,1
	B / A (in %)	***123,6***		***120,5***	***117,2***	***127,8***
1984/85	Plan (A)	620,0	443,0	620,0	400,0	220,0
	Ergebnis (B)	813,9	n.b.	813,7	506,9	307,6
	B / A (in %)	***131,3***		***131,2***	***126,7***	***139,8***
1988/89	Plan (A)	600,0	401,5	600,0	375,0	225,0
	Ergebnis (B)	562,8	532,5	730,9	558,9	172,0
	B / A (in %)	***93,8***	***132,6***	***121,8***	***149,0***	***76,4***
1989/90	Plan (A)	600,0	388,6	600,0	425,0	175,0
	Ergebnis (B)	478,0	452,9	760,9	569,0	184,0
	B / A (in %)	***79,7***	***116,5***	***126,8***	***133,9***	***105,1***
1990/91	Plan (A)	550,0	366,3	550,0	364,0	186,0
	Ergebnis (B)	506,0	458,0	774,0	592,0	133,0
	B / A (in %)	***92,0***	***125,0***	***140,7***	***162,6***	***71,5***
1991/92	Plan (A)	545,0	376,0	545,0	378,5	166,5
	Ergebnis (B)	502,0	341,0	694,0	583,0	84,0
	B / A (in %)	***92,1***	***90,7***	***127,3***	***154,0***	***50,5***
1992/93	Plan (A)	546,0	364,0	546,0	410,0	136,0
	Ergebnis (B)	480,0	317,0	663,0	562,0	85,0
	B / A (in %)	***87,9***	***87,1***	***121,4***	***137,1***	***62,5***

Quelle: Tab. 3 u. 4; BLANDFORD, 1994, S. 141f; EIU, 1995, S. 30.

Es wird deutlich, daß die tatsächlichen Einnahmen und Ausgaben Anfang der 80er Jahre jeweils um 20 bis 30 % über den Budgetplanungen lagen. 1984/85 waren die Kapitalausgaben sogar 40 % höher als geplant. In der zweiten Hälfte der 80er Jahre und Anfang der 90er Jahre änderte sich dies. Die Einnahmen von 1988/89 bis 1992/93 waren jeweils um mindestens 6 % - 1989/90 sogar um mehr als 20 % - geringer als erwartet. Bei den Ausgaben war es umgekehrt: Diese lagen jeweils mindestens um 21 % - 1990/91 sogar um über 40 % - über den Planungen. Ungeachtet der bereits für 1987/88 vorgesehenen Budgetkürzung sanken die tatsächlichen Ausgaben *erst ab 1991/92*. Die Zahlen für die laufenden und die Kapitalausgaben machen deutlich, *was* die Regierung nicht in den Griff brachte. Die Kapitalausgaben lagen in der Regel erheblich - 1991/92 sogar um knapp 50 % - unter den Vorgaben. Anders verhielt es sich bei den laufenden Ausgaben, denn diese waren um bis zu 63 % (1990/91) höher als geplant. Die Budgetkürzungen gingen also in erster Linie auf Kosten der Investitionen und nicht der Personalausgaben, die den Hauptteil der Ausgaben ausmachten (vgl. Van De WALLE, 1990, S. 169). Dieses Mißverhältnis zwischen Einnahmen und Ausgaben führte dazu, daß die Ausgaben in den genannten fünf Jahren um bis zu 37 % (1989/90) über den Einnahmen lagen (vgl. auch EIU, 1995, S. 29).

Tabelle 7

Der Staatshaushalt
(in Mrd. FCFA)

	Einnahmen	Ausgaben	Saldo	*(in Prozent des BIP)*
1970/71	52,1	49,1	**3,0**	*(0,9)*
1971/72	56,5	56,0	**0,5**	*(0,1)*
1972/73	59,3	60,2	**-0,9**	*-(0,2)*
1973/74	67,9	68,8	**-0,9**	*-(0,2)*
1974/75	86,8	78,7	**8,1**	*(1,4)*
1975/76	104,3	94,4	**9,9**	*(1,5)*
1976/77	128,2	133,5	**-5,3**	*-(0,7)*
1977/78	178,8	173,2	**5,6**	*(0,6)*
1978/79	222,4	189,0	**33,4**	*(2,9)*
1979/80	230,7	224,9	**5,8**	*(0,4)*
1980/81	447,0	443,7	**3,3**	*(0,2)*
1981/82	535,1	494,3	**40,8**	*(1,9)*
1982/83	705,9	606,2	**99,7**	*(3,8)*
1983/84	716,9	720,4	**-3,5**	*-(0,1)*
1984/85	813,9	813,7	**0,2**	*(0,0)*
1985/86	877,2	926,4	**-49,2**	*-(1,2)*
1986/87	720,5	1228,8	**-508,3**	*-(12,8)*
1987/88	598,7	813,0	**-214,3**	*-(6,4)*
1988/89	562,8	730,9	**-168,1**	*-(5,1)*
1989/90	478,0	760,9	**-282,9**	*-(8,7)*
1990/91	506,0	774,0	**-268,0**	*-(8,4)*
1991/92	502,0	694,0	**-192,0**	*-(6,2)*
1992/93	480,0	663,0	**-183,0**	*-(6,1)*
1993/94	481,0	744,0	**-263,0**	*-(8,8)*

Quelle: s. Tab. 6 u. 10; MTM, 1995, S. 2721.

Wie Tabelle 7 zeigt, war der Staatshaushalt von 1970/71 bis 1984/85 fast immer ausgeglichen und in einigen Jahren gab es sogar deutliche Überschüsse. Ab dem Haushaltsjahr 1986/87 mit einem Rekorddefizit von 508 Mrd. FCFA (12,8 % des BIP) änderte sich dies jedoch grundlegend. Bis Mitte der 90er Jahre blieben die Budgetdefizite und damit die Neuverschuldung des Staates auf einer langfristig bedenklichen Höhe von jeweils - mit der Ausnahme von 1988/89 - mindestens 6 % des BIP. In den 90er Jahren sanken die Budgetdefizite aber absolut und relativ gesehen. Die Zunahme auf 263 Mrd. FCFA im Jahre 1994/95 fällt dabei zwar aus der Rolle, ist aber vor allem das Ergebnis von Umschuldungsmaßnahmen, die die Begleichung von Altschulden beinhalteten und damit die Ausgaben nach oben trieben (MTM, 1995, S. 2721). Die laufenden Ausgaben wurden dagegen signifikant verringert. Eine deutliche Steigerung der Einnahmen soll zudem dazu beitragen, daß 1995/96 das Budgetdefizit auf 80 Mrd. FCFA verringert wird, obwohl ein Schuldendienst in ungefähr gleicher Höhe wie im Fiskaljahr zuvor vorgesehen ist. Auch 1995/96 nach der Umschuldung durch den Club de Paris wird der Schuldendienst noch 320 Mrd. FCFA und damit 40 % der Exporteinnahmen betragen (MTM, 1995, S. 2721).

Vor der Interpretation der Zahlen der Tabelle 8, soll angemerkt werden, daß deren Angaben in Dollar sind, die Schulden Kameruns zum Teil aber in anderen Währungen - vor allem in FF - verrechnet sind. Daher haben auch die Wechselkurse Einfluß auf die Entwicklung von Schuldenstand und -dienst. Tabelle 8 zeigt, daß der Stand der Auslandsschulden Kameruns nicht erst ab Mitte der 80er Jahre zugenommen hat, sondern bereits von 1980 bis 1986 um über 48 % gewachsen ist. Da das BIP aber ebenfalls erheblich zugenommen hat, ist die Relation von Schuldenstand zu BIP in diesem Zeitraum konstant bei etwa 36 % geblieben. Allerdings hat die Verschuldung dann von 1986 bis 1993 um weitere 77 % zugenommen, wobei aufgrund der wirtschaftlichen Rezession in diesem Zeitraum die Relation zum BIP, besonders ab 1989, nun erheblich auf knapp 72 % zugelegt hat. In den 13 Jahren von 1980 bis 1993 stieg der Umfang der Auslandsschulden also *absolut* um das Zweieinhalbfache auf 6,6 Mrd. Dollar und in *Relation* zum BIP um etwa das Doppelte. Allerdings hat sich nach einer starken Zunahme Ende der 80er Jahre (allein 24 % 1990) das Wachstum des absoluten Schuldenstandes Anfang der 90er Jahre verlangsamt. Auch in Relation zu den Exporten hat sich der Schuldenstand erhöht. Während 1980 noch die Exporteinnahmen aus 1,4 Jahren benötigt worden wären, um die aufgelaufenen Auslandsschulden zu begleichen, waren es 1993 die Einnahmen aus 3,2 Jahren. Besonders die Verschlechterung dieser Relation Anfang der 90er Jahre ist aber zum großen Teil auch die Folge gesunkener Exporteinnahmen.

Der sinkende Anteil der *nicht öffentlich garantierten Schulden* läßt sich auch als Folge einer abnehmenden Glaubwürdigkeit Kameruns als verläßlicher Schuldner interpretieren.

Tabelle 8

Auslandsschulden

(in Millionen US-Dollar; Relationen in Prozent)

	GSS	(Veränderung)	dar.: LS	dar.: dar.: NGS	NGS/LS	SD	FSD	SD/FSD	GSS / BIP	GSS / Exporte	SD / Exporte	FSD / Exporte
1980	2.513		2.183	178	(8,2)	280			36,8	136,7	15,2	
1986	3.730	(48,4)	2.937	505	(17,2)	659			36,5	128,7	22,7	
1987	4.075	(9,2)	3.347	520	(15,5)	636			35,2	190,5	29,7	
1988	4.189	(2,8)	3.333	427	(12,8)	652			37,9	197,8	30,8	
1989	4.815	(14,9)	4.141	378	(9,1)	379	764	(49,6)	47,2	220,6	17,4	35,0
1990	5.982	(24,2)	4.934	230	(4,7)	446	777	(57,4)	57,4	275,3	20,5	35,8
1991	6.162	(3,0)	5.097	184	(3,6)	406	701	(57,9)	56,6	257,4	17,0	29,3
1992	6.530	(6,0)	5.671	254	(4,5)	368	1.070	(34,4)	67,2	308,3	17,4	50,5
1993	6.601	(1,1)	5.683	247	(4,3)	444	797	(55,7)	71,8	323,8	21,8	39,1

GSS: gesamter Schuldenstand; LS: langfristige Schulden; NGS: nicht öffentlich garantierte Schulden; SD: Schuldendienst; FSD: fälliger Schuldendienst.

Quelle: World Bank, 1994a, S. 78.

Wie Tabelle 8 zeigt, konnte Kamerun ab 1989 höchstens 58 % des fälligen Schuldendienstes bedienen, 1990 war es sogar nur gut ein Drittel. Der Rückgang des geleisteten Schuldendienstes nach 1989 ist demnach auf zunehmende Zahlungsunfähigkeit zurückzuführen. Im dargestellten Zeitraum war daher 1986 mit 659 Mio. Dollar der Höchststand des geleisteten Schuldendienstes, während der fällige Schuldendienst mit über einer Milliarde Dollar 1992 seinen bisherigen Höhepunkt erreichte. Aus diesem Grund ist als Indikator der Verschuldung Kameruns auch weniger die Relation von Schuldendienst als die von *fälligem* Schuldendienst zu Exporten aussagekräftig. Immerhin wurden aber nach etwa 30 % 1987 und 1988 in den folgenden Jahren noch 17 bis 22 % der Exporteinnahmen für den tatsächlichen Schuldendienst benötigt. Hätte Kamerun seine gesamten Schulden bedient, dann wären aber ab 1989 mindestens 29 % und 1992 sogar mehr als die Hälfte der Exporteinnahmen nötig gewesen. Wie sehr Kamerun immer weiter in die Zahlungsunfähigkeit schlitterte, zeigt auch ein Blick auf die internationalen Reserven in Tabelle 9. 1993 und 1994 betrugen diese nur noch 2 Mio. Dollar, womit Kamerun seiner Handlungsfähigkeit auf den internationalen Märkten weitgehend beraubt war. Ein Leistungsbilanzdefizit war nur noch durch neue Kredite zu finanzieren.

Die Schuldenkrise ist um so erstaunlicher, wenn man bedenkt, daß Kamerun noch Mitte der 80er Jahre eine der höchsten Kreditwürdigkeiten aller Staaten in SSA besaß. (KÖRNER, 1988, S. 77). In dieser Zeit war der Staat „(t)raditionally a net lender to the domestic mone-

Tabelle 9

Internationale Reserven

Reserveposition beim IWF, Devisenreserven und Sonderziehungsrechte. (ohne Gold)

1975	'76	'77	'78	'79	'80	'81	'82	'83	'84	'85	'86	'87	'88	'89	'90	'91	'92	'93	'94
29	44	42	52	126	189	85	67	159	54	132	59	64	176	80	26	43	20	2	2

(in Millionen US-Dollar; Stand am Jahresende)

Quelle: UN, Monthly Bulletin of Statistics, New York, Januar 1996, S. 208f

tary system ..." (BLANDFORD et al., 1994, S. 146). Die Einlagen des Staates bei den Banken verzehnfachten sich von 17 Mrd. FCFA 1978 auf 172 Mrd. FCFA 1985. Auch die Nettoguthaben im Ausland stiegen im gleichen Zeitraum von 16 auf 166 Mrd. FCFA. Die Aufwertung des FCFA gegenüber dem Dollar und die Budgetdefizite führten aber dazu, daß diese Einlagen sehr schnell aufgebraucht wurden. Die Verschuldung wurde zudem auch dadurch begünstigt, daß die Parastatals sich aufgrund der Konvertibilität des FCFA überall Geld leihen konnten, das sie, wie sich später herausstellte, nicht gewinnbringend investiert hatten (KAPPEL, 1993, S. 272). Ergebnis dieser Entwicklungen war nicht nur die Verschuldung des Staates und der Parastatals im Ausland, sondern ebenso im Inland. Die Unfähigkeit des staatlichen Sektors, Kredite der inländischen Banken zurückzuzahlen, führte zu einer Lähmung des gesamten Kreditgewerbes. Ende 1992 wurden die Schulden des Staates im Inland auf 1.000 Mrd. FCFA, was einem Drittel des BIP entspricht, beziffert (MTM, 1992, S. 3329).

2.3.5.3 Die Strukturanpassung

Mit dem Austeritätsbudget von 1987/88 versuchte die Kameruner Regierung erstmals, das Defizit in den Griff zu bekommen. Als Maßnahmen zur Begrenzung der Ausgaben und Erhöhung der Einnahmen waren dabei die Abschaffung einiger Privilegien für hochrangige Staatsbedienstete sowie eine effizientere Steuer- und Zolleintreibung - u.a durch den Kampf gegen Korruption und Schmuggel - vorgesehen. Eine Delegation des IWF, die Kamerun 1988 besuchte, legte der Regierung darüber hinaus nahe, 80.000 Stellen im öffentlichen Dienst abzubauen, und zwar auch „... unter Berufung auf einen Bericht, der eine erhebliche personelle Überbesetzung im öffentlichen Sektor und die Existenz von 20.000 rein fiktiven Staatsbediensteten konstatiert hatte" (KÖRNER, 1988, S. 91). Ohne eine Verringerung des weitaus größten Postens in den Staatsausgaben, den Gehältern für die Staatsbediensteten, schien es unmöglich, die Finanzen wieder in Ordnung zu bringen.

Die Zahl der Staatsangestellten hat sich besonders in den 80er Jahren beschleunigt erhöht. Während die Beschäftigung im öffentlichen Sektor nämlich seit der Unabhängigkeit durchschnittlich jährlich um 6 % zunahm, erhöhte sich diese Wachstumsrate von 1983 bis 1989 auf 9 % (WAUTELET, 1990, S. 80). Allein von 1982 bis 1986 nahm die Zahl der Staatsangestellten (ohne Parastatals) von 124.000 auf 174.300 und damit um über 40 % zu, was eine Erhöhung des Anteils an den Beschäftigten im formalen Sektor von 27 auf 30 % bedeutete (BLANDFORD et al., 1994, S. 142f). Dementsprechend hat sich von 1981 bis 1984 die Lohn- und Gehaltssumme der Staatsbediensteten von 92,5 auf 201,1 Mrd. FCFA mehr als verdoppelt und bis 1986/87 weiter auf 261,5 Mrd. FCFA erhöht. 1987/88 standen 176.068 Personen auf den Gehaltslisten des öffentlichen Dienstes (JUA, 1993, S. 144ff). Andere Quellen sprechen von Ende der 80er Jahre 188.000 Staatsangestellten (JAE 199, Juli 1995, S. 50) oder gar von 200.000 (und weiteren 100.000 in den Parastatals) (Van De WALLE, 1990, S. 123). In jedem Fall leistet sich Kamerun mit Gabun und dem Congo zusammen aber das Privileg, die meisten Angestellten im öffentlichen Dienst in Relation zur Bevölkerung zu haben (MTM 20.5.1994, S. 1017f).

Die Empfehlung des IWF aus dem Jahr 1988, die Beschäftigung im öffentlichen Dienst wieder zu verringern, wurde zu einer zentralen Forderung der Strukturanpassungsprogramme. Dennoch dauerte es bis Mitte der 90er Jahre, bis sich die Regierung zu Entlassungen durchringen konnte. Zu wirklich durchgreifenden Maßnahmen zur Stabilisierung des Budgets durch die Verringerung der Ausgaben kam es also erst in den 90er Jahren. Anfang 1993 wurden auf Druck der Geber - vor allem Frankreichs - (MEHLER, 1995b, S. 302) die Gehälter pauschal um bis zu 30 % und im November 1993 wiederum um bis zu 50 % gesenkt, aber erst 1994 kündigte die Regierung die Entlassung von 20.000 Angestellen an, was eine Bedingung des im März mit dem IWF vereinbarten SAP war (MTM 20.5.1994, S. 1017f). Auch im zuletzt abgeschlossenen SAP vom September 1995 war wiederum die wichtigste Bedingung der Beschäftigungsabbau im öffentlichen Dienst. Mit Hilfe der CFD sollten Abfindungsentschädigungen gezahlt werden (EIU 4. Quartal 1995, S. 13). Die Zwischenbilanz dieser Maßnahmen lautet, daß von 1990 bis 1995 die Lohnsumme des öffentlichen Dienstes um 37 % von 300 auf 194 Mrd. FCFA und die Zahl der Staatsangestellten um 16 % von 188.000 auf 158.000 verringert wurde (Cameroon Tribune 20. Juni 1995).

Die Strukturanpassung zur Verringerung des Budgetdefizits schließt auch Verbesserungen auf der Einnahmeseite ein. Obwohl dies ebenfalls von Beginn an ein Ziel der SAP's war, kam es erst ab Anfang 1994 zu einem tiefgreifenden Umbau des *Steuersystems*. Dabei wurde mit Wirkung vom 1. Januar 1994 auch eine Harmonisierung der Zölle in der UDEAC verwirklicht. Das neue Zollsystem, das später noch ausführlich erläutert wird (vgl. 2.4.6.2), brachte erhebliche Vereinfachungen, indem quantitative Beschränkungen und Ausnahmen abgeschafft wurden und nur noch vier Kategorien von Gütern, die unterschiedlichen Zollsätzen unterliegen, bestehen (WTO, 1995, S. 7). Darüber hinaus wurde das Steuersystem reformiert. Es wurde mit der Taxe sur le chiffre d'affaires (TCA) eine Umsatzsteuer eingeführt, die sowohl auf eingeführte als auch auf im Inland produzierte Güter erhoben wird. Bemessungsgrundlage ist der Marktwert und der Steuersatz beträgt 12,5 (normal) bzw. 5 % (ermäßigter Tarif für lebensnotwendige Güter). Zudem wurde eine Verbrauchsabgabe (Droit d'accise - DA) auf Mengenverbrauchsgüter wie Getränke, Zigarren, Zigaretten, Kosmetika sowie auf Luxuswaren (Edelsteine etc.) mit einem einheitlichen Steuersatz von 25 % eingeführt. Ebenso wie das neue Zollsystem führte auch die Steuerreform zu erheblichen Vereinfachungen, da die Einfuhrumsatzsteuer (Taxe sur le chiffre d'affaires à l'importation - TCAI), die Stempelsteuer (Droit de timbre proportionel - DTP), die Taxe unique (TU), die Taxe intérieure à la production (TIP) und die Impôt sur le chiffre d'affaires intérieur (ICAI) aufgehoben wurden(BfAI, NFA 5.5.1994). Bis Anfang 1995 wurde jedoch die Umsatzsteuer bereits auf 18,6 bzw. 8 % erhöht (MTM, 1995, S. 2715f).

Diese Steuerreform reichte aber nicht zur notwendigen Erhöhung der Staatseinnahmen aus und im Januar 1995 wurden *Exportsteuern* für verschiedene landwirtschaftliche Erzeugnisse, nämlich 15 % auf Kakao, Baumwolle, Zucker, Kautschuk und Heilkräuter, 25 % auf Kaffee, 30 % auf Palmöl, 25 % auf Holzexporte und 6.500 FCFA pro Tonne auf Bananen erhoben (WTO, 1995, S. 12). Im Juli 1995 wurden diese Exportsteuern wieder etwas modifiziert, indem die Ausfuhren der Agrarerzeugnisse einheitlich mit einem Satz von 15 % besteuert werden - mit Ausnahme der Holzexporte (weiterhin 25 %) (MTM, 1995, S. 2715f). Allerdings ist man bei der Einführung neuer Steuern auch auf Schwierigkeiten gestoßen: Die eben genannte Exportsteuer in Höhe von 25 % auf Kaffee mußte auf 15 % reduziert werden und eine Kopfsteuer in Höhe von 3.000 FCFA auf nicht erwerbstätige erwachsene Männer mußte ebenso zurückgenommen werden wie eine Achsensteuer auf die vor allem in der Holzwirtschaft verwendeten LKW's (EIU 4. Quartal 1995, S. 15f; vgl. auch MTM, 1995, S. 2707).
Neben der Einführung neuer Steuern gab es aber auch noch andere Maßnahmen, um die Staatseinnahmen zu erhöhen. Dazu gehört die - bisher nicht praktizierte - Besteuerung der

Parastatals, die Übertragung der Zollkontrolle eines Teils der Importe auf die Schweizer Firma SGS und die Schaffung spezieller Abteilungen zur Steuereintreibung bei den großen Unternehmen in Douala und Yaoundé (MTM, 1995, S. 2707; EIU 4. Quartal 1995, S. 15). Diese ganzen Maßnahmen führten dazu, daß, begünstigt durch die konjunkturelle Erholung, die nicht aus dem Ölsektor stammenden Einnahmen 1994/95 um 47,4 % gegenüber dem Vorjahr erhöht werden konnten (MTM, 1995, S. 2707). Mitte September 1995 wurde beschlossen, den Tätigkeitsbereich der SGS auf den gesamten Außenhandel auszuweiten und den Zolldienst zu reorganisieren. Die Regierung will zudem mit Unterstützung des IWF eine Reform der direkten Besteuerung durchführen, wobei es eine einheitliche Steuer auf alle Einkommen geben soll. Das soll dazu beitragen, die Exportsteuern wieder abzuschaffen (MTM, 1995, S. 2723).

Eine wesentliche Forderung der SAP war von Anfang an und auch im jüngsten Programm Ende 1995 die Offenlegung aller Staatseinnahmen (EIU 4. Quartal 1995, S. 15). Das betrifft zum einen die Reorganisation der von der Kameruner Regierung selbst teilweise nicht mehr durchschauten Verflechtungen des Staates mit den parastaatlichen Gesellschaften und mit privaten Unternehmen sowie die vollständige Budgetierung der Einnahmen aus den Ölexporten. Die Verschleierung der Öleinnahmen und der Bilanzen der SNH (nicht einmal der Energieminister hatte Einblicke in deren Geschäfte - MEHLER, 1995b, S. 300), zu deren vollständigen Offenlegung sich die kamerunische Regierung bis Ende 1994 nicht durchringen konnte, war dabei *systematisch* (EIU 4. Quartal 1994, S. 19). Während aber Ahidjo stets versuchte, die Bedeutung des Erdöls - auch im Hinblick auf das schlechte Beispiel anderer Länder - herunterzuspielen, hielt Biya zwar ebenfalls die Höhe der Öleinnahmen geheim, gab deren Bedeutung aber zu (JUA, 1993, S. 137ff).

Wie bereits mehrfach erwähnt, erschwert die Verheimlichung genauer Zahlen aus dem Ölsektor auch die genaue Beurteilung der wirtschaftlichen Entwicklung Kameruns in den 80er Jahren. Die Öleinnahmen erscheinen nur zu einem Teil in der VGR, der Zahlungsbilanz und im Budget. Als Instrument dieser Geheimhaltung diente ein Schattenhaushalt, das sogenannte Comptes hors budget (CHB). Im offiziellen Haushalt erschienen nur die Einnahmen aus den Förderlizensen und die Gewinnsteuern der Ölgesellschaften (JUA, 1993, S. 136). Der größere Teil der Einnahmen, der aus den staatlichen Beteiligungen an den Fördergesellschaften stammt, wurde auf Konten in Übersee verbucht. Ihre „Repatriierung“ erfolgte dann auf dem besagten CHB, das wiederum zur Finanzierung verschiedener Ausgaben, vor allem von Investitionen, benutzt wurde. Die unmittelbare und unkontrollierte Verfügungsgewalt besaß der Präsident persönlich. In den Zeiten des Ölbooms von 1980/81 bis 1982/83 machte dieser Schattenhaushalt etwa 25 % der gesamten Staatseinnahmen aus, um in den folgenden Jahren dann auf unter 20 % zu sinken (1987/88 nur noch 9 %) (BLANDFORD et al., 1994, S. 139, 142). So gab es letztlich drei Investitionshaushalte: den regulären, *„domestic financed“*, durch den 1984 nur 36 % der Investitionen finanziert wurden; den durch das *CHB finanzierten* und direkt vom Präsidenten verwalteten mit 42 %; den *„externally financed“*, der vom Ministry of Finance verwaltet wurde mit 22 % (BLANDFORD et al., 1994, S. 144; vgl. auch JUA, 1993, S. 140).

Die Weltbank schätzt, daß 1986 alle bis dahin erzielten Einnahmen aus dem Ölgeschäft entweder auf diese Weise ausgegeben worden waren oder in ausländischen (10 %) sowie in inländischen Banken (4 %) deponiert waren (JUA, 1993, S. 137). Diese Verschleierungstaktik mußte die Regierung Kameruns aber wegen des verstärkten Drucks von IWF und Weltbank aufgeben (EIU 4. Quartal 1994, S. 19).

2.4 Die Wirtschaft Kameruns

Zu Beginn dieses Kapitels wurde erwähnt, daß es schwierig ist, gute und detaillierte Statistiken über Kamerun - wie über viele andere Länder auch - zu bekommen. Bei den makroökonomischen Daten - z.B. VGR - konnte aber zum großen Teil auf inländische Quellen und die BEAC zurückgegriffen werden. Auch die Zahlenwerke der UN geben diese inländischen Quellen wieder. IWF und besonders Weltbank führen jedoch auch eigene Schätzungen durch, die seit Beginn der 80er Jahre zum Teil deutlich von den Kameruner Statistiken abweichen. Während man sich bei den makroökonomischen Daten jedoch „nur" unterschiedlichen Angaben gegenübersieht, sind Statistiken, die bei den einzelnen Wirtschaftssubjekten erhoben werden müßten, entweder *nicht vorhanden* oder von schlechter Qualität. Das betrifft z.B. Produktionszahlen einzelner Wirtschaftszweige, Einkommensstrukturen, den Dienstleistungssektor im ganzen usw. Daher werden als Ersatz die Angaben von Wirtschaftsverbänden, Studien ausländischer Forschungsinstitute, Ergebnisse privater Forschungen und ähnliches als Quellen verwendet - also zum Teil sogenannte „weiche Daten". Im Rahmen dieser begrenzten Möglichkeiten wurde dennoch - soweit wie möglich - versucht, einen umfassenden und hinreichend detailgenauen Überblick über die Wirtschaft Kameruns zu geben.

2.4.1 Die gesamtwirtschaftliche Entwicklung

Im folgenden wird die gesamtwirtschaftliche Entwicklung Kameruns vor allem von Anfang der 70er bis Mitte der 90er Jahre mit Hilfe des Instrumentariums der VGR (bzw. Teilen der VGR) dargestellt. Bei der Analyse von Entwicklung und Struktur des BIP oder anderer ähnlicher Größen sollte deren Aussagekraft aber nicht überschätzt werden. Schon das in den entwickelten Volkswirtschaften ermittelte BIP erfaßt nicht die gesamte volkswirtschaftliche Leistung und kann auch aus anderen bekannten Gründen nicht als Wohlstandsindikator dienen. Aufgrund der weit geringeren Qualität der Daten in einem Land wie Kamerun sind diese Einwände noch erheblich berechtigter. Die präsentierten Zahlen aus der VGR Kameruns sollten also als das verstanden werden, was sie sind, nämlich *Schätzungen* über die Entwicklung des formalen Teils der Wirtschaft, d.h ohne informellen Sektor und Subsistenzproduktion. Daß die Darstellung dieses Bereichs dennoch relativ ausführlich ausgefallen ist, hängt auch mit den unterschiedlichen Angaben der verschiedenen Quellen zusammen.

2.4.1.1 Die Entwicklung des BIP

BEAC, Weltbank und IWF liefern zum Teil erheblich voneinander abweichende Angaben zur Entwicklung des realen BIP. Diese Differenzen können nur teilweise auf die unterschiedlichen Basisjahre zurückgeführt werden, verschiedene Urprungswerte bzw. Schätzungen über diese kommen hinzu. Es ist erkennbar, daß zumindest bis zu Beginn der 80er Jahre die Angaben nach IWFa (International Financial Statistics Yearbook) auf den BEAC-Statistiken beruhen, aber später - ebenso wie Weltbank und IWFb (World Economic Outlook) - teilweise eigenen Schätzungen folgen.

Immerhin ist jedoch die Tendenz in allen drei Zeitreihen gleich. Moderate reale Wachstumsraten Anfang der 70er Jahre von in der Regel unter 5 % (mit Ausnahme der größeren Schwankungen der Weltbankdaten) werden von 1977/78 bis 1980/81 von Zunahmen deutlich über 10 % abgelöst. Von 1981/82 bis 1984/85 folgen - mit einigen Ausschlägen nach oben und unten - im Schnitt etwas geringere Wachstumsraten von etwa 7 bis 8 %. Wie in Diagramm 2 zu erkennen ist, setzen die Datenquellen den Beginn der bis 1993/94 andauernden Rezession in verschiedenen Jahren fest. Die stärksten Einbrüche werden 1987/88 (Weltbank und IWF) bzw. 1986/87 (BEAC) registriert. Der World Economic Outlook des IWF stellt erstmals für 1995 wieder eine positive reale Wachstumsrate fest. 1996 soll es sogar zu einer Beschleunigung des Wachstums auf 5,7 % kommen.

Diagramm 2

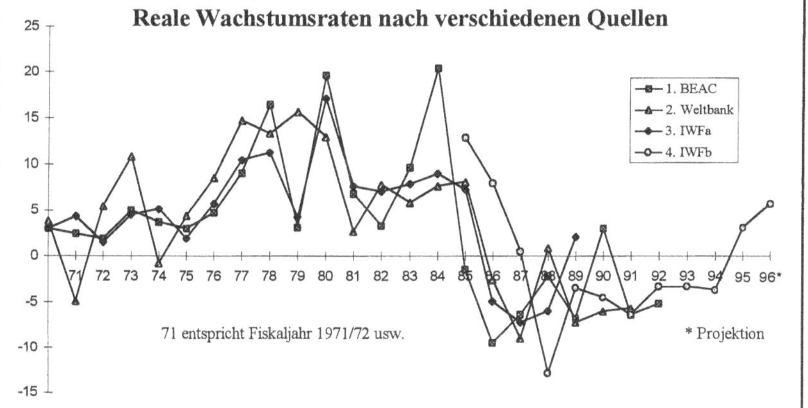

1: BEAC, 1988; BEAC, Etudes et Statistiques, versch. Ausg. (1970/71 - 1975/76 in Preisen von 1980; 1976/77 - 1992/93 in Preisen von 1985);

2: WORLD BANK, 1991, S. 160f und 1994d, S. 180f. (in Preisen von 1987);

3: IMF, 1995d, S. 268f. (in Preisen von 1990);

4: IMF, World Economic Outlook, verschiedene Ausgaben.

Angaben über die wirtschaftliche Entwicklung in den 60er Jahren sind aufgrund des schwachen Datenmaterials noch mehr als in der Folgezeit auf Schätzungen angewiesen. Das Wachstum dürfte aber höher gewesen sein als Anfang der 70er Jahre (BEKOLO-EBE, 1992, S. 107). „Au niveau des agrégats macroéconomiques de l'independance à 1969/70, la croissance du PIB est à prix constant de 8,0 % par an environ ..." (WAUTELET, 1990, S. 76). Von 1972 bis 1975 verringerte sich dann das dynamische Wachstum der 60er Jahre, was vor allem auch auf einen Rückgang der Investitionen zurückzuführen war (UNIDO, 1990, S. 13).

Tabelle 10

Entwicklung des BIP
(in Mrd. FCFA; in Klammern: Wachstumsraten in Prozent)

	BIP nom.		BIP real**		*nachrichtlich: Bevölkerung in Tausend*	
1969/70	300		1.320		*6.352*	
1970/71	321	(7,1)	1.370	(3,8)	*6.506*	*(2,4)*
1971/72	356	(10,8)	1.302	-(5,0)	*6.836*	*(5,1)*
1972/73	401	(12,5)	1.373	(5,5)	*7.022*	*(2,7)*
1973/74	493	(23,0)	1.521	(10,8)	*7.223*	*(2,9)*
1974/75	580	(17,8)	1.509	-(0,8)	*7.439*	*(3,0)*
1975/76	657	(13,3)	1.575	(4,4)	*7.671*	*(3,1)*
1976/77	790	(20,2)	1.708	(8,4)	*7.921*	*(3,3)*
1977/78	968	(22,6)	1.959	(14,7)	*8.183*	*(3,3)*
1978/79	1.135	(17,3)	2.219	(13,3)	*8.445*	*(3,2)*
1979/80	1.356	(19,4)	2.566	(15,6)	*8.701*	*(3,0)*
1980/81	1.796	(32,5)	2.897	(12,9)	*8.954*	*(2,9)*
1981/82	2.173	(21,0)	2.974	(2,7)	*9.205*	*(2,8)*
1982/83	2.618	(20,5)	3.205	(7,8)	*9.457*	*(2,7)*
1983/84	3.195	(22,0)	3.392	(5,8)	*9.710*	*(2,7)*
1984/85	3.896	(21,9)	3.651	(7,6)	*9.969*	*(2,7)*
1985/86	4.135	(6,1)	3.945	(8,1)	*10.244*	*(2,8)*
1986/87	3.969	-(4,0)	3.842	-(2,6)	*10.536*	*(2,9)*
1987/88	3.330	-(16,1)	3.496	-(9,0)	*10.846*	*(2,9)*
1988/89	3.319	-(0,3)	3.526	(0,9)	*11.175*	*(3,0)*
1989/90	3.261	-(1,7)	3.271	-(7,2)	*11.524*	*(3,1)*
1990/91	3.197	-(2,0)	3.073	-(6,1)	*11.880*	*(3,1)*
1991/92	3.086	-(3,5)	2.897	-(5,7)	*12.242*	*(3,0)*
1992/93	3.023	-(2,0)				
1993/94*	2.991	-(1,1)				

* offizielle Prognose ** in Preisen von 1987

Quelle: DINAMONA-LOUKOMBO, 1987, S 206; BEAC, Etudes et Statistiques, versch. Ausgaben; EIU, 1995, S. 16; WORLD BANK, 1991, S. 160f und 1994d, S. 180f.

Tabelle 10 zeigt die Entwicklung von nominalem und realem BIP nach 1970. Beide Zahlenreihen erreichen ihren Höhepunkt 1985/86. Bemerkenswert ist, daß das nominale BIP von 1979/80 bis 1984/85 jährlich um mindestens 19 % gewachsen ist. Die höchsten Wachstumsraten des realen BIP (Angaben der Weltbank) waren dagegen mit jeweils mindestens 13 % von 1977/78 bis 1980/81. Trotz einiger Schwankungen betrug die durchschnittliche jährliche Wachstumsrate des BIP in konstanten Preisen in den 15 Jahren von 1971 bis 1986 7,2 % (DINAMONA-LOUKOMBO, 1987, S. 190). Das erklärt, warum Kamerun sich in dieser Zeit den Ruf eines wirtschaftlichen Musterlandes in SSA erworben hat. Ebenso erstaunlich wie der Boom vor allem zu Ende der 70er und Anfang der 80er Jahre ist aber die Rezession Ende der 80er Jahre. Das reale BIP war 1991/92 wieder genauso hoch *wie 10 Jahre zuvor* und sogar das nominale BIP lag in den 90er Jahren auf oder unter dem Niveau von 1983/84. Die Berücksichtigung der Bevölkerungsentwicklung von im Durchschnitt etwa 3 % macht deutlich, daß die Auswirkungen der Rezession auf das Pro-Kopf-Einkommen noch erheblich drastischer waren. Nach Tabelle 11 (nächste Seite) hat sich das nominale BIP pro Kopf von 1975/76 bis 1985/86 um das 4,7 fache erhöht und das reale BIP pro Kopf hat sich immerhin fast verdoppelt (+88 %). In der folgenden Rezession ist das nominale BIP pro Kopf bis 1991/92 wieder auf das Niveau von 1981/82 gesunken und das reale BIP pro Kopf sogar auf den Stand von *1977/78*. Das bedeutet, daß die realen Einkommensgewinne pro Kopf durch den Ölboom, der Ende der 70er Jahre begonnen hatte, bis Anfang der 90er Jahre durch die Rezession und das hohe Bevölkerungswachstum wieder verloren gegangen sind. Wie schwer die Rezession war, wird daran deutlich, daß das reale BIP pro Kopf (und das nominale mit Ausnahme 1990/91) ab 1986/87 in *sechs aufeinanderfolgenden Jahren* gesunken ist.

Etwas anders als die Entwicklung des BIP pro Kopf in FCFA stellt sich die des von der Weltbank ermittelten BIP pro Kopf in US-Dollar (und in laufenden Preisen) dar. Dieser Unterschied dürfte in erster Linie eine Folge der Wechselkursentwicklung sein (vgl. 2.4.1.3), obwohl durch die Verwendung von Drei-Jahres-Durchschnitten kurzfristige Wech-

Tabelle 11

BIP pro Kopf
(in Tausend FCFA; in Klammern: Wachstumsraten in Prozent)

	BIP nom.		BIP real*		*nachr.: BIP in $*
1969/70	**47**		**208**		
1970/71	**49**	(4,6)	**211**	(1,3)	*(0,0)*
1971/72	**52**	(5,4)	**190**	-(9,6)	*(0,0)*
1972/73	**57**	(9,6)	**196**	(2,7)	*(16,7)*
1973/74	**68**	(19,6)	**211**	(7,7)	*(28,6)*
1974/75	**78**	(14,4)	**203**	-(3,7)	*(14,8)*
1975/76	**86**	(9,8)	**205**	(1,2)	*(12,9)*
1976/77	**100**	(16,4)	**216**	(5,0)	*(17,1)*
1977/78	**118**	(18,6)	**239**	(11,0)	*(22,0)*
1978/79	**134**	(13,6)	**263**	(9,8)	*(20,0)*
1979/80	**156**	(15,9)	**295**	(12,2)	*(26,7)*
1980/81	**201**	(28,7)	**324**	(9,7)	*(19,7)*
1981/82	**236**	(17,7)	**323**	-(0,1)	*(0,0)*
1982/83	**277**	(17,3)	**339**	(4,9)	*-(3,3)*
1983/84	**329**	(18,9)	**349**	(3,1)	*-(4,5)*
1984/85	**391**	(18,8)	**366**	(4,8)	*-(1,2)*
1985/86	**404**	(3,3)	**385**	(5,2)	*(9,6)*
1986/87	**377**	-(6,7)	**365**	-(5,3)	*(5,5)*
1987/88	**307**	-(18,5)	**322**	-(11,6)	*(1,0)*
1988/89	**295**	-(3,8)	**316**	-(2,1)	*(2,1)*
1989/90	**266**	-(10,0)	**284**	-(10,0)	*-(8,1)*
1990/91	**266**	(0,1)	**259**	-(8,9)	*-(5,5)*
1991/92	**239**	-(10,3)	**237**	-(8,5)	*-(4,7)*
1992/93					*(0,0)*
1993/94					*-(17,1)*

* in Preisen von 1987

Quelle: Tab.12; WORLDBANK, 1994d, S.180 DINAMONA-LOUKOMBO, 1987, S 206; BEAC, Etudes et Statistiques, versch. Ausg.

selkursschwankungen geglättet werden. Jedenfalls deuten bereits die im Vergleich zur Entwicklung des nominalen BIP pro Kopf in FCFA höheren Wachstumsraten Ende der 70er und in der zweiten Hälfte der 80er Jahre darauf hin, daß in dieser Zeit der FCFA gegenüber dem Dollar aufgewertet wurde. Für die dazwischen liegende Phase gilt das Gegenteil. Immerhin ist aber auch das reale BIP pro Kopf in US-Dollar nach den Angaben der WORLD BANK (1995, S. 18) von 1985 bis 1994 durchschnittlich jährlich um 6,6 % gesunken.

Die Berechnung des BIP pro Kopf in US-Dollar macht nicht sehr viel Sinn, wenn man Informationen über die durchschnittlichen Einkommen und die Kaufkraft *in Kamerun* haben will, aber sie dient durch die Umrechnung in eine Referenzwährung dazu, die Entwicklung der Einkommen in verschiedenen Ländern *vergleichbar* zu machen. In Tabelle 12 (nächste Seite) wird dieser Vergleich zum Durchschnitt der unter dem Begriff SSA zusammengefaßten Ländergruppe gezogen. Dabei erschien es sinnvoll, diese Ländergruppe auch exklusive Nigeria zu betrachten, da in diesem bevölkerungsreichsten Land Afrikas knapp ein Viertel der Bevölkerung von SSA lebt (1990 113,8 von 479,8 Millionen) (WORLD BANK, 1992, S. 10). Dazu kommt, daß Nigeria eines der wenigen erdölexportierenden Länder in SSA ist und seine gesamtwirtschaftliche Entwicklung daher stark vom Weltmarktpreis für Erdöl und vom Dollarkurs abhängt. Anzumerken ist noch, daß ein Vergleich Kameruns mit SSA nach 1989 nicht mehr sinnvoll ist, da die Weltbank in den World Tables 1994 SSA nur noch *inklusive* Südafrika ausweist.

Die Entwicklung des kamerunischen BIP pro Kopf zu Anfang der 80er Jahre war nicht nur für sich genommen beeindruckend, sondern stand auch im Gegensatz zur durchschnittlichen Entwicklung der Staaten in SSA insgesamt. Tabelle 12 zeigt, daß bis einschließlich 1977 das BIP pro Kopf in Kamerun etwa dem Durchschnitt in SSA entsprach. Ab 1978 änderte sich dies relativ schnell und bereits 1981 lag das BIP pro Kopf in Kamerun um mehr als 50 % und ab 1986 um mehr als das Doppelte über dem in SSA insgesamt. 1989 war das Einkommen der Kameruner nach dieser Statistik im Durchschnitt sogar drei mal so hoch wie das der Einwohner in SSA insgesamt. Zieht man den Vergleich mit SSA ohne Nigeria, schneidet Kamerun bis 1987 sogar noch besser ab, denn im Vergleich zu dieser Ländergruppe war sein Pro-Kopf-Einkommen in Dollar gerechnet bereits ab 1981 doppelt so hoch. Während das BIP pro Kopf in FCFA real und nominal seinen Höhepunkt 1985/86 erreichte, war es - gemessen in Dollar - mit knapp 1.000 US-$ erst 1989 der Fall. Infolge der Aufwer-

Tabelle 12

BIP pro Kopf in laufenden Preisen
(in US-Dollar; als Wechselkurse werden Drei-Jahres-Durchschnitte verwendet)

	Kamerun	SSA	(Kam.-SSA)	*nachr.: SSA**	Bruttoinv.**: Kam.	SSA
1967	**130**	120	(10)	*130*		
1968	**150**	120	(30)	*130*		
1969	**170**	130	(40)	*140*		
1970	**180**	150	(30)	*160*	**80**	60
1971	**180**	170	(10)	*170*	**100**	70
1972	**180**	190	-(10)	*180*	**100**	60
1973	**210**	210	(0)	*190*	**110**	70
1974	**270**	260	(10)	*230*	**100**	80
1975	**310**	300	(10)	*260*	**110**	90
1976	**350**	360	-(10)	*280*	**100**	100
1977	**410**	400	(10)	*300*	**130**	110
1978	**500**	420	(80)	*330*	**190**	90
1979	**600**	490	(110)	*370*	**170**	80
1980	**760**	560	(200)	*420*	**190**	90
1981	**910**	590	(320)	*430*	**260**	90
1982	**910**	590	(320)	*420*	**250**	80
1983	**880**	520	(360)	*380*	**260**	70
1984	**840**	480	(360)	*340*	**240**	50
1985	**830**	470	(360)	*320*	**250**	60
1986	**910**	420	(490)	*330*	**390**	60
1987	**960**	340	(620)	*330*	**280**	50
1988	**970**	330	(640)	*350*	**160**	50
1989	**990**	330	(660)	*360*	**170**	50
1990	**910**				**150**	50
1991	**860**					
1992	**820**					
1993	**820**					
1994	**680**					

* ohne Nigeria   ** pro Kopf in lauf. Preisen

Quelle: WORLD BANK, 1989b, S. 14f und 168f; 1991, S. 2f; 1994d, S. 180f; 1995, S. 18.

(Anmerkung: ab 1990 weist die Weltbank SSA nur noch inklusive Südafrika aus)

tung des FCFA gegenüber dem Dollar in der zweiten Hälfte der 80er Jahre war also während der Rezession die Kaufkraft im Inland weit schneller gesunken als die im Ausland - zumindest, was in Dollar gehandelte Waren betraf. Die Wechselkursentwicklung erklärt auch den Rückgang des BIP pro Kopf in Dollar gerechnet in den eigentlichen Boomjahren von 1982 bis 1985. In den 90er Jahren ist das BIP pro Kopf in Dollar - sozusagen als etwas verspätete Reaktion auf die Krise - dann aber doch unter das Niveau von 1981 gesunken. Der deutliche Rückgang 1994 hingegen ist in erster Linie auf die Abwertung des FCFA gegenüber dem FF und nicht auf einen Rückgang der wirtschaftlichen Leistungsfähigkeit in dieser Höhe zurückzuführen.

Ein ähnliches Bild ergibt auch ein Vergleich der Bruttoinvestitionen pro Kopf gemessen in US-Dollar in Kamerun und im gesamten SSA (Tab. 13; nächste Seite). Ab 1978 stiegen sie in Kamerun nicht nur rapide an, sondern sanken auch in SSA insgesamt im Zuge der allgemeinen Schulden- und Wirtschaftskrise der Entwicklungsländer. Von 1981 bis 1990 sind die Bruttoinvestitionen pro Kopf in Kamerun mindestens dreimal so hoch wie im Durchschnitt der Staaten in SSA. 1986 kulminiert mit 390 US-$ nicht nur die Höhe der Bruttoinvestitionen pro Kopf in Kamerun, sondern auch die Differenz zum SSA-Durchschnitt. In diesem Jahr kann Kamerun nach Gabun den zweithöchsten Wert im gesamten SSA verzeichnen. Über die 80er Jahre insgesamt konnte es sich darüber hinaus in der *Spitzengruppe* der fünf Länder mit den höchsten Bruttoinvestitionen pro Kopf in SSA halten (WORLD BANK, 1991, S. 14f).

Tabelle 13

Investitionen und Ersparnis in Relation zum BIP (jew. Bruttogrößen, in Prozent)	I	S	(X-M)
1969/70	16,0	17,6	1,6
1970/71	16,6	12,5	-4,1
1971/72	18,2	12,6	-5,6
1972/73	19,9	16,6	-3,3
1973/74	17,1	19,7	2,6
1974/75	20,0	17,1	-2,9
1975/76	17,6	12,9	-4,7
1976/77	21,8	19,1	-2,7
1977/78	22,7	18,2	-4,5
1978/79	21,7	14,5	-7,2
1979/80	18,9	15,7	-3,2
1980/81	24,7	22,3	-2,4
1981/82	23,4	23,1	-0,3
1982/83	24,4	28,8	4,4
1983/84	20,8	32,7	11,9
1984/85	24,9	35,9	11,0
1985/86	30,8	31,5	0,7
1986/87	34,3	29,7	-4,6
1987/88	21,8	18,6	-3,2
1988/89	16,5	14,7	-1,8
1989/90	14,7	12,4	-2,3
1990/91	12,6	12,8	0,2
1991/92	10,7	9,9	-0,8

Quelle: WORLDBANK, 1991, S. 50ff und 1994d, S. 58ff.

Wie Tabelle 13 bestätigt, nahmen die Investitionen in Kamerun von Anfang der 70er bis Mitte der 80er Jahre nicht nur absolut zu, sondern sie stiegen auch relativ stärker als die gesamte Nachfrage. Während die Bruttoinvestitionen bis einschließlich 1975/76 kleiner oder gleich 20 % des BIP waren, betrugen sie bis 1986/87 - mit einer Ausnahme - jeweils mehr als 20 %. Der Höhepunkt wurde 1986/87 mit 34 % erreicht. Schon zwei Jahre später hatten sie sich aber auf die Hälfte dieses Wertes und bis 1991/92 gar auf nur noch ein Drittel verringert. Damit sind die Bruttoinvestitionen in Relation zum BIP seit 1989/90 so niedrig wie noch nie in den zwanzig Jahren zuvor. Nach Angaben der WORLD BANK (1995, S. 18) sind sie aber 1994 wieder leicht auf 14 % gestiegen. Die Entwicklung der Ersparnis in Relation zum BIP verlief tendenziell wie die der Investitionen. Bemerkenswert ist, daß sie bis auf zwei Ausnahmen von 1969/70 bis 1981/82 kleiner war als die Investitionen. Das bedeutet, daß in dieser Periode jeweils ein negativer Außenbeitrag und damit ein Kapitalimport zu verzeichnen war - eine für ein Entwicklungsland mit relativer Kapitalknappheit durchaus zu erwartende Situation. Von 1982/83 bis 1985/86 änderte sich dies und es wurde sogar zweimal ein positiver Außenbeitrag von mehr als 11 % des BIP erreicht. Von 1986/87 an gab es allerdings wieder einen negativen Finanzierungssaldo des Inlands gegenüber dem Ausland. Die Abweichung von der Grundtendenz zu negativen Außenbeiträgen Mitte der 80er Jahre ist auf einen kräftigen Anstieg der Exporte infolge hoher Rohstoffpreise und einer Abwertung gegenüber dem Dollar in dieser Zeit zurückzuführen.

2.4.1.2 Die Struktur des BIP

Nachdem vor allem auf die Entwicklung des *Aggregats* BIP ausführlich eingegangen worden ist, soll nun dessen Struktur und Strukturwandel in den 80er Jahren näher beleuchtet werden. Mit Tabelle 14 (nächste Seite) wird aber zuerst einmal ein Eindruck von der nominalen Struktur des BIP (nach Kameruner Statistik) gegeben, bevor die realen Veränderungen besonders der Entstehungsseite des BIP analysiert werden.

Der Vergleich der drei Jahre 1982/83, 1985/86 und 1988/89 zeigt für das BIP insgesamt und für die meisten seiner Teilaggregate einen kräftigen Anstieg in der ersten Drei-Jahresperiode und einen Rückgang bzw. eine Stagnation in der zweiten. Von 1982/83 bis 1988/89 insgesamt stieg das nominale BIP um 34 %, wobei die Öffentliche Verwaltung und die Organisationen ohne Erwerbszweck am stärksten zulegten (+65 %), gefolgt von Tertiärem Sektor (+49 %) und Primärem Sektor (+48 %). Der Sekundäre Sektor entwickelte sich mit +17 % deutlich unterdurchschnittlich, was vor allem auf den Rückgang im Bergbau zurückzuführen ist.

Tabelle 14

Volkswirtschaftliche Gesamtrechnung Kameruns

BIP zu laufenden Preisen (in Mrd. FCFA)

	1982/83	1985/86	1988/89	*nachr.: 1990/91*
Inlandskonzept				
Entstehung				
Primärer Sektor	607,2	888,1	896,1	*857,4*
(+) ***Sekundärer Sektor***	867,3	1.333,9	1.017,5	*966,2*
Bergbau	400,5	518,2	310,8	*310,7*
Verarbeitendes Gewerbe	291,0	492,0	493,6	*465,5*
Elektrizität, Gas, Wasser	30,1	45,1	49,2	*59,3*
Baugewerbe	145,8	278,6	163,9	*130,7*
(+) ***Tertiärer Sektor***	791,7	1.405,6	1.179,4	*1.181,6*
(+) ***Öffentl. Verwaltung, IPSBL****	205,1	343,8	338,6	*346,2*
(+) ***Importsteuern, -abgaben***	146,8	134,8	81,4	*72,2*
(=) **BIPm**	**2.618,0**	**4.106,2**	**3.513,0**	***3.423,6***
(+) ***FE** aus dem Ausland***	11,7	15,6		
Inländerkonzept				
Verwendung				
(-) ***FE** ans Ausland***	71,5	151,7		
Saldo der Faktoreinkommen	-59,7	-136,1	-121,0	
(=) **BSPm**	**2.558,4**	**3.970,1**	**3.392,0**	
Konsum	1.965,2	3.035,8	2.809,3	*2.703,9*
Staatsverbrauch	248,7	465,6	378,4	*350,1*
Privater Verbrauch	1.716,5	2.570,2	2.430,9	*2.353,8*
(+) ***Investitionen***	680,1	1.047,6	600,6	*561,6*
Lagerinvestitionen	25,6	29,4	-37,6	
Bauinvestitionen	323,5	600,6	391,2	
Ausrüstungsinvestitionen	331,0	417,5	247,0	
(=) **Inlandsnachfrage**	**2.645,3**	**4.083,4**	**3.409,9**	***3.265,5***
(+) ***Exporte***	547,5	881,9	667,2	*721,5*
(-) ***Importe***	574,7	859,0	564,1	*563,4*
Saldo der Handelsbilanz	-27,2	22,9	103,1	*158,1*
(+) Saldo der Faktoreinkommen	-59,7	-136,1	-121,0	
Außenbeitrag	-86,9	-113,2	-17,9	
(=) **BSPm**	**2.558,4**	**3.970,1**	**3.392,0**	
Verteilung				
(-) ***Abschreibungen***	158,1	172,3	230,4	
(=) **NSPm**	**2.400,3**	**3.797,8**	**3.161,6**	
(-) ***(Ti - Zu)***	348,9	483,9	293,0	
(=) **NSPf = Volkseinkommen**	**2.051,4**	**3.313,9**	**2.868,6**	
Löhne und Gehälter (an Inlän.)	747,4	1.110,4	1.055,1	
Gewinne (an Inländer)	1.363,7	2.340,1	1.934,5	
Saldo der Faktoreinkommen	-59,7	-136,1	-121,0	
Verwendung				
(+) ***Saldo der lauf. Übertrag.***	-5,1	-11,4	-60,0	
(+) ***(Ti - Zu)***	348,9	483,9	293,0	
(=) **Verfügbares Einkommen**	**2.395,1**	**3.784,6**	**3.101,6**	
Konsum	1.965,2	3.035,8	2.809,3	
Ersparnis	429,9	748,8	292,3	

*Institutions privées sans but lucratif (Private Organisationen ohne Erwerbszweck)

Quellen: CAMEROON, 1989a; STBA, 1993, S. 54ff; UN, 1994a. ** Faktoreinkommen

Die Zahlen für das Jahr 1990/91 bestätigen den Fortgang dieser Entwicklung, wobei besonders der weitere Rückgang im Baugewerbe auffällt. Bemerkenswert ist auch, daß die Einnahmen aus den Importsteuern und -abgaben von 1982/83 bis 1990/91 nominal (!) um 50 % gesunken sind, obwohl die Importe im gleichen Zeitraum nur um 2 % abgenommen haben.
Das BIP war jeweils höher als das BSP, d.h. Kamerun ist ein Netto-Importeur von Faktorleistungen. Das gilt nicht nur für die dargestellten Jahre, sondern ist ein Charakteristikum der kamerunischen Volkswirtschaft (vgl. WORLD BANK, 1994d, S. 182f). Trotz eines positiven Handelsbilanzsaldos ergibt sich daher auch jeweils ein negativer Außenbeitrag, so daß die Inlandsnachfrage in allen drei Jahren das BSP überstieg. Die Inlandsnachfrage bestand in der ersten Hälfte der 80er Jahre zu drei Vierteln aus der Nachfrage nach Konsumgütern und zu einem Viertel aus der nach Investitionsgütern. Durch den nominalen Rückgang der Bruttoinvestitionen um 12 % von 1982/83 bis 1988/89 (um 18 % bis 1990/91), der außer durch die stark konjunkturreagiblen Lagerinvestitionen vor allem durch die Schrumpfung der Ausrüstungsinvestitionen um ein Viertel zustande kam, verschob sich die Relation von Konsum zu Investitionen auf 82 zu 18 %. Da die Abschreibungen von 1985/86 bis 1988/89 kräftig zugenommen haben, sind die nominalen Nettoinvestitionen von 1982/83 bis 1988/89 sogar um 29 % zurückgegangen. Das nominale Volkseinkommen, das sich zu etwa einem Drittel aus Löhnen und Gehältern und zu zwei Dritteln aus Gewinnen zusammensetzt, stieg von 1982/83 bis 1988/89 um 40 %, wobei sich die Zunahmen zu etwa gleichen Teilen auf die beiden Arten von Faktoreinkommen verteilten. Wie ein Blick auf das verfügbare Einkommen zeigt, wurde auf die Krise in der zweiten Hälfte der 80er Jahre weniger mit einer Einschränkung des Konsums als vielmehr mit einer Verringerung der Ersparnis um 32 % reagiert. Damit ging die Sparquote im dargestellten Zeitraum von 17,9 auf 9,4 % zurück.
In Tabelle 14 deuten sich also schon gewisse Strukturveränderungen auf der Entstehungsseite des BIP in den 80er Jahren an. Tabelle 15, die auf Statistiken und Schätzungen der Weltbank beruht, bestätigt diese Vermutung auch für das reale BIP. Bereits von 1968/69 bis 1976/77 verringerte sich der Anteil der Landwirtschaft am BIP zugunsten der anderen beiden Sektoren. Mit Beginn des Ölbooms gewann dann vor allem das produzierende Gewerbe, dessen Anteil 1982/83 mit 38 % am größten war, an Bedeutung. Diese Zunahme ging bis 1982/83 etwa gleichermaßen zu Lasten von Landwirtschaft und Dienstleistungen. Ab 1984/85 pendelte sich der Anteil der Dienstleistungen aber bei 47 bis 48 % - etwa dem Niveau der 70er Jahre - ein, während die Landwirtschaft 1984/85 mit einem Anteil am BIP von nur noch einem Fünftel den Tiefpunkt erlebte und in den 90er Jahren bei etwa 22 % wesentlich unter ihrer Bedeutung in den 70er Jahren verharrte. Dabei ist bemerkenswert, daß die reale Produktion in der Landwirtschaft 1984/85 auch *absolut* unter der seit 1980/81 lag. Das verarbeitende Gewerbe ex-

Tabelle 15

Struktur des BIP nach drei Sektoren
(in Preisen von 1987)

	Lamd-wirtschaft	Prod. Gew.	dar.: Verarb. Gew.	Dienstleistung etc.
1968/69	36,5	17,0	8,2	46,4
1970/71	36,3	17,6	9,0	45,9
1972/73	37,0	16,4	8,5	46,6
1974/75	35,7	16,3	8,5	48,0
1976/77	32,4	18,4	9,1	49,3
1978/79	29,7	22,4	8,4	47,9
1980/81	27,9	29,9	9,3	42,1
1982/83	24,2	38,0	12,1	37,7
1984/85	20,5	32,3	12,1	47,1
1986/87	22,0	30,7	*23,8*	47,3
1988/89	24,0	29,7	*22,0*	46,3
1990/91	22,0	30,0	*21,6*	48,0
1991/92	22,0	30,0	*21,6*	48,0
1992/93	22,3	30,5	*21,5*	47,2
1993/94	22,3	30,3	*23,0*	47,4

Quelle: WORLD BANK, 1991, S. 160f und 1994d, S. 180f; EIU, 1995, S. 16.

pandierte nicht so stark wie das produzierende Gewerbe insgesamt, konnte aber vor allem zu Beginn der 80er Jahre einen erheblichen Bedeutungszuwachs von 9 auf etwa 12 % verzeichnen. Der Sprung auf 23,8 % 1986/87 ist allerdings ohne weitere Informationen nicht erklärbar. Da der Anteil des produzierenden Gewerbes sich sogar etwas verringerte, liegt der Schluß nahe, daß die Weltbank bei der statistischen Erfassung oder bei der Zuordnung Änderungen vornahm. Anders läßt sich die Zunahme der realen Produktion des verarbeitenden Gewerbes um 80 % innerhalb eines Jahres von 1985/86 auf 1986/87, während das reale BIP insgesamt bereits schrumpfte, nicht erklären.

Die bereits aus den Anteilsverschiebungen der drei Sektoren gezogenen Schlußfolgerungen über deren Entwicklung bestätigen sich durch einen Blick auf Tabelle 16, die die durchschnittlichen jährlichen Wachstumsraten während der Phase des Wirtschaftsbooms von 1979 bis 1985 widergibt. Nur der Bergbau, das verarbeitende Gewerbe und das Baugewerbe konnten im gesamten Zeitraum überdurchschnittliche Wachstumsraten verbuchen, wobei sich die Zunahmen von Bergbau und Baugewerbe vor allem auf den ersten Teil dieser Periode konzentrierten, während das verarbeitende Gewerbe eine etwa gleichbleibende jährliche Wachstumsrate von 15 % erzielen konnte. Die Zunahme der Dienstleistungsbranchen fand dagegen in erster Linie im zweiten Teil der Periode statt. Nach einem jährlichen realen Wachstum von respektablen 12 % von 1979 bis 1981 stagnierte die Land- und Forstwirtschaft in den folgenden drei Jahren nahezu. Nach den Berechnungen der UNIDO war der direkte Beitrag des Erdölsektor zum Wachstum von 1979 bis 1982 etwa 25 % und von 1982 bis 1985 etwa 18 %. Diese Zahl gibt aber keine Auskunft über die indirekten Wirkungen der Öleinnahmen des Staates auf die anderen Sektoren.

Tabelle 16

Sektorale Wachstumsraten
(jahresdurchschnittlich)
(in Preisen von 1980)

	1979-81	'82-85	*'79-85*
Land-, Forstwirt., Viehzucht	12,1	0,5	*5,3*
Bergbau (inkl. Öl)	120,2	18,9	*54,9*
Verarbeitendes Gewerbe	14,5	15,9	*15,3*
Elektrizität, Gas, Wasser	9,6	9,3	*9,5*
Baugewerbe	24,7	7,6	*14,6*
Handel, Gaststättengewerbe	5,6	8,1	*7,0*
Transport, Nachrichtenverk.	3,3	5,9	*4,8*
Öffentliche Verwaltung	4,6	9,5	*7,4*
andere Dienstleistungen	13,3	5,9	*9,0*
Importabgaben	5,3	3,0	*3,9*
BIP	13,8	7,6	*10,2*
BIP ohne Ölsektor*	10,4	6,2	*7,9*

*Nebenwirkungen der Öleinnahmen (z.B. auf das verarbeitende Gewerbe) sind nicht berücksichtigt

Quelle: UNIDO, 1990, S. 5.

Tabelle 17 (nächste Seite) zeigt die Veränderungen des realen BIP und seiner Struktur in den 80er Jahren insgesamt gemäß offizieller kamerunischer Statistik. Dabei wird besonders deutlich, wie unterschiedlich die beiden Hälften dieses Jahrzehnts gesamtwirtschaftlich verlaufen sind. Die reale Zunahme des BIP um knapp 19 % von 1980/81 bis 1990/91 verteilte sich auf einen Anstieg um 45 % in der ersten Hälfte und einen Rückgang um 18 % in der zweiten Hälfte der Periode. Diese Entwicklung wurde besonders vom Sekundären und vom Tertiären Sektor geprägt. Während die reale Produktion im Tertiären Sektor Ende der 80er Jahre aber nur um magere 6 % über der vom Anfang des Jahrzehnts lag, konnte der Sekundäre Sektor trotz eines Produktionsrückgangs um ein Viertel in der zweiten Hälfte der 80er Jahre insgesamt eine deutlich überdurchschnittliche Zunahme um 38 % verbuchen. Dies war vor allem auf das verarbeitende Gewerbe zurückzuführen, dessen Produktion am Ende der Periode fast doppelt so hoch war wie zu Beginn. Eine entgegengesetzte Entwicklung war im Primären Sektor zu beobachten. Einer mit einem Wachstum um knapp 3 % schon fast als Stagnation zu bezeichnenden Entwicklung in der ersten Hälfte der 80er Jahre folgte eine

Zunahme um 19 % in der zweiten Hälfte, als die gesamte übrige Produktion erheblich schrumpfte. Mit einem realen Rückgang der Produktion um fast 60 % litt das Baugewerbe am stärksten unter der Wirtschaftskrise in der zweiten Hälfte der 80er Jahre. Es war auch der einzige unter den aufgeführten Sektoren, dessen Produktion 1990/91 unter der von 1980/81 lag - und zwar gleich um 42 %. Bemerkenswert ist auch, daß der Bereich Öffentliche Verwaltung etc. nach dem Sekundären Sektor in den 80er Jahren insgesamt die stärkste Zunahme verzeichnete.

Tabelle 17

BIP nach Sektoren
(in Preisen von 1979/80, in Klammern: in Prozent des BIP)

	1980/81	1985/86	1990/91
BIP	**1.650.690**	**2.393.684**	**1.961.600**
Primärer Sektor	**460.560 *(27,9)***	**473.350 *(19,8)***	**563.500 *(28,7)***
Landwirtschaft für Weiterverarbeitung und Export	96.654 *(5,9)*	110.661 *(4,6)*	
Sonstige Landwirtschaft	231.601 *(14,0)*	235.729 *(9,8)*	
Viehzucht, Jagd, Fischerei	96.546 *(5,8)*	78.845 *(3,3)*	
Forstwirtschaft	35.758 *(2,2)*	48.115 *(2,0)*	
Sekundärer Sektor	**426.990 *(25,9)***	**793.834 *(33,2)***	**590.700 *(30,1)***
Bergbau	159.300 *(9,7)*	292.386 *(12,2)*	196.900 *(10,0)*
Verarbeitendes Gewerbe	157.793 *(9,6)*	339.571 *(14,2)*	307.300 *(15,7)*
Elektrizität, Gas, Wasser	17.002 *(1,0)*	28.521 *(1,2)*	32.600 *(1,7)*
Baugewerbe, öffentliche Arbeiten	92.896 *(5,6)*	133.356 *(5,6)*	53.900 *(2,7)*
Tertiärer Sektor	**541.127 *(32,8)***	**850.365 *(35,5)***	**572.200 *(29,2)***
Öffentliche Verwaltung, IPSBL, Haushaltsproduktion	**122.305 *(7,4)***	**190.713 *(8,0)***	**166.100 *(8,5)***
Importabgaben	**99.708 *(6,0)***	**85.424 *(3,6)***	**69.300 *(3,5)***

Quelle: Cameroon, 1989a, S. 10; UN, 1994a, S. 243f.

Die unterschiedlichen Wachstumsraten führten zu Strukturveränderungen. Von 1980/81 bis 1985/86 ist der Anteil des Primären Sektors am BIP von etwa 28 auf 20 % gefallen, während der des Sekundären Sektors von 26 auf 33 % gestiegen ist. In der zweiten Hälfte der 80er Jahre wurden diese Verschiebungen zum Teil wieder rückgängig gemacht, so daß 1990/91 der Anteil des Primären Sektors wieder knapp 29 % betrug und der des Sekundären Sektors auf 30 % gefallen war. Letzteres war auf den Bergbau und das Baugewerbe zurückzuführen, während die Produktion des verarbeitenden Gewerbes in diesem Zeitraum um 9,5 % - und damit nur halb so stark wie das BIP insgesamt - schrumpfte. Daher konnte das verarbeitende Gewerbe bis 1990/91 seinen Anteil am BIP sogar noch auf 15,7 % ausbauen, was in den 80er Jahren insgesamt eine relative Zunahme um fast zwei Drittel bedeutete.

Tabelle 18 (nächste Seite) liefert zum einen vor allem im Hinblick auf das verarbeitende Gewerbe eine detailliertere Struktur der Entstehungsseite des nominalen BIP im Jahr 1985/86 und zum anderen einen Einblick in die Verteilung der bei der Produktion entstandenen Einkommen auf die beiden Kategorien Löhne und Gehälter (LuG) sowie Gewinne. Mit 22 % hat die Landwirtschaft den größten Anteil an der Bruttowertschöpfung, wobei allerdings der der Produktion für Weiterverarbeitung und Export, durch die ein Großteil der

Tabelle 18

BWS und Faktoreinkommen nach Branchen 1985/86
(zu laufenden Preisen, in Millionen FCFA; in Klammern: in Prozent der gesamten BWS bzw. Löhne und Gehälter bzw. Gewinne)

	BWS		*Löhne und Gehälter*		*Gewinne*	
Land- und Forstwirtschaft	**907.866**	***(22,0)***	**138.462**	***(12,4)***	**723.546**	***(30,7)***
Landwirtschaft für Weiterverarbeitung u. Export	196.756	*(4,8)*	45.604	*(4,1)*	141.510	*(6,0)*
Sonstige Landwirtschaft	467.215	*(11,3)*	52.668	*(4,7)*	402.953	*(17,1)*
Viehzucht, Jagd, Fischerei	155.411	*(3,8)*	10.024	*(0,9)*	139.109	*(5,9)*
Forstwirtschaft	88.484	*(2,1)*	30.166	*(2,7)*	39.974	*(1,7)*
Bergbau	**504.658**	***(12,2)***	**20.874**	***(1,9)***	**419.005**	***(17,8)***
Verarbeitendes Gewerbe	**514.790**	***(12,4)***	**170.025**	***(15,3)***	**225.304**	***(9,5)***
Verarbeitung von Getreide u. Gemüse, H.v. Mehl	42.986	*(1,0)*	9.643	*(0,9)*	21.640	*(0,9)*
Verarbeitung landwirtschaftlicher Produkte	32.876	*(0,8)*	18.442	*(1,7)*	9.618	*(0,4)*
H.v. Backwaren	13.434	*(0,3)*	4.714	*(0,4)*	6.667	*(0,3)*
Sonstige Nahrungsmittelindustrie	6.711	*(0,2)*	1.706	*(0,2)*	4.281	*(0,2)*
H.v. Getränken, Tabakverarbeitung	143.547	*(3,5)*	32.677	*(2,9)*	63.173	*(2,7)*
Textil- und Bekleidungsgewerbe	59.279	*(1,4)*	24.612	*(2,2)*	26.674	*(1,1)*
Lederwaren, H.v.Schuhen	20.987	*(0,5)*	11.589	*(1,0)*	3.602	*(0,2)*
Holzbe- und verarbeitung	44.821	*(1,1)*	22.554	*(2,0)*	12.193	*(0,5)*
H.v. Papier, Druckereien, Verlagswesen	4.066	*(0,1)*	3.017	*(0,3)*	0.477	*(0,0)*
Chemische Industrie	40.352	*(1,0)*	7.081	*(0,6)*	25.058	*(1,1)*
H.v. Gummi u. Kunststoffen	33.079	*(0,8)*	8.831	*(0,8)*	18.928	*(0,8)*
H.v. Baumaterialien	18.413	*(0,4)*	3.194	*(0,3)*	10.568	*(0,4)*
Metallerzeugung und -bearbeitung	21.969	*(0,5)*	9.232	*(0,8)*	8.378	*(0,4)*
Metallverarb., Maschinenbau, H.v. Ausrüstungen	22.822	*(0,6)*	9.561	*(0,9)*	9.236	*(0,4)*
H.v. Transportausrüstungen	2.337	*(0,1)*	1.152	*(0,1)*	0.954	*(0,0)*
Sonstiges verarbeitendes Gewerbe	7.111	*(0,2)*	2.020	*(0,2)*	3.857	*(0,2)*
Elektrizität, Gas, Wasser	**45.120**	***(1,1)***	**18.984**	***(1,7)***	**18.056**	***(0,8)***
Baugewerbe	**278.580**	***(6,7)***	**87.560**	***(7,9)***	**156.064**	***(6,6)***
Handel- u. Gaststättengewerbe	**658.395**	***(15,9)***	**143.739**	***(12,9)***	**343.524**	***(14,6)***
Transport, Lagerung, Nachrichtenverkehr	**248.804**	***(6,0)***	**89.072**	***(8,0)***	**137.140**	***(5,8)***
Banken, Versicherungen, Immobilienhandel, Unternehmensdienstleistungen	**470.420**	***(11,4)***	**82.209**	***(7,4)***	**346.530**	***(14,7)***
übrige Dienstleistungen	**54.031**	***(1,3)***	**28.662**	***(2,6)***	**16.492**	***(0,7)***
Öffentliche Verwaltung und Organisationen ohne Erwerbszweck	**312.644**	***(7,6)***	**303.679**	***(27,3)***		
Insgesamt	**4.135.127**	***(96,6)***	**1.114.286**	***(97,2)***	**2.359.661**	***(101,1)***

Quelle: Cameroon, 1989a, S. 30ff.

Exporterlöse erwirtschaftet wird, nur knapp 5 % beträgt. Während auf diesen Bereich also nicht einmal ein Viertel der BWS der Land- und Forstwirtschaft entfällt, wird dort ein Drittel der LuG gezahlt. Das weist darauf hin, daß in diesen Bereichen der Anteil der Plantagenproduktion und der Lohnarbeit höher ist als im Primären Sektor insgesamt, in dem nur 12,4 % der LuG, aber 30,7 % der Gewinne erzielt werden.

Wie wenig arbeitsintensiv der von der Ölproduktion dominierte Bergbau ist, zeigt sich daran, daß dort zwar 1985/86 17,8 % der Gewinne, aber nur 1,9 % der LuG entstanden sind, wobei anzumerken ist, daß auch in dieser Statistik der Erdölsektor nicht vollständig erfaßt ist. Ein umgekehrtes Bild bietet das verarbeitende Gewerbe, dessen Anteil an den LuG höher und an den Gewinnen niedriger ist als an der BWS insgesamt. Mit 28 % der BWS des verarbeitenden Gewerbes ist die Getränke- und Tabakbranche die bedeutenste Industrie. Insgesamt entfallen auf die Nahrungs- und Genußmittelindustrien 47 % der BWS des verarbeitenden Gewerbes. Weitere bedeutende Branchen sind das Textil- und Bekleidungsgewerbe, die Holzbe- und verarbeitung sowie die Chemie. Über ein Drittel der gesamten BWS enstand jedoch in den privaten Dienstleistungsbereichen. Besonders bemerkenswert ist, daß zwar nur 7,6 % der BWS, aber über 27 % der LuG auf die Öffentliche Verwaltung und die Organisationen ohne Erwerbszweck entfielen. Das bedeutet, daß im privaten und im öffentlichen Dienstleistungssektor fast 60 % der LuG gezahlt wurden, während nahezu die Hälfte der Gewinneinkommen in der Landwirtschaft und im Bergbau entstanden sind. Nachdem damit Entwicklung, Struktur und Strukturwandel des BIP relativ ausführlich dargestellt worden sind, sollen im folgenden einige Aspekte des *monetären* Bereichs beschrieben werden.

2.4.1.3 Preise, Zinsen und Wechselkurse

Der IWF bietet zwei Statistiken zur Entwicklung der Konsumentenpreise an. Zum einen einen Index zur Basis 1990 (IWFa) und zum anderen Inflationsraten in seiner halbjährlichen

Tabelle 19

Preisentwicklung in Kamerun
(kursiv: Veränderungsraten)

	Konsumentenpreise IWFa	IWFb	BEAC*	Prod. preise	BIP Deflator	Terms of Trade	Exportpreise	Importpreise
1970	*5,8*							
1971	*3,7*							
1972	*8,2*				29,0	146,3	42,5	29,0
1973	*10,3*				30,9 *(6,6)*	172,4 *(17,8)*	62,2 *(46,4)*	36,1 *(24,5)*
1974	*17,2*				34,1 *(10,4)*	140,7 *-(18,4)*	76,3 *(22,7)*	54,2 *(50,1)*
1975	*13,9*				40,6 *(19,1)*	118,2 *-(16,0)*	67,7 *-(11,3)*	57,2 *(5,5)*
1976	*10,0*				44,0 *(8,4)*	176,8 *(49,6)*	103,1 *(52,3)*	58,3 *(1,9)*
1977	*14,4*				48,8 *(10,9)*	222,0 *(25,6)*	141,6 *(37,3)*	63,8 *(9,4)*
1978	*12,6*				53,7 *(10,0)*	180,1 *-(18,9)*	130,5 *-(7,8)*	72,4 *(13,5)*
1979	*6,5*				56,7 *(5,6)*	157,6 *-(12,5)*	131,1 *(0,5)*	83,2 *(14,9)*
1980	*9,5*		*10,0*		61,1 *(7,8)*	151,0 *-(4,2)*	145,0 *(10,6)*	96,0 *(15,4)*
1981	*10,7*		*10,7*		68,3 *(11,8)*	148,3 *-(1,8)*	144,0 *-(0,7)*	97,1 *(1,1)*
1982	*12,9*		*12,8*		77,5 *(13,5)*	144,3 *-(2,7)*	135,3 *-(6,0)*	93,7 *-(3,5)*
1983	*16,8*		*16,7*	*10,4*	85,9 *(10,8)*	141,7 *-(1,8)*	129,8 *-(4,1)*	91,5 *-(2,3)*
1984	*11,3*		*11,3*	*7,9*	96,5 *(12,3)*	145,6 *(2,8)*	130,7 *(0,7)*	89,8 *-(1,9)*
1985	*11,5*		*11,5*	*13,7*	105,1 *(8,9)*	139,4 *-(4,3)*	125,4 *-(4,1)*	89,9 *(0,1)*
1986	*7,6*	*4,3*	*7,7*	*-2,1*	105,6 *(0,5)*	98,4 *-(29,4)*	98,1 *-(21,8)*	99,7 *(10,9)*
1987	*12,9*	*2,8*	*12,8*	*2,1*	100,0 *-(5,3)*	100,0 *(1,6)*	100,0 *(1,9)*	100,0 *(0,3)*
1988	*-5,6*	*1,7*	*-5,5*	*-6,3*	96,2 *-(3,8)*	87,1 *-(12,9)*	95,7 *-(4,3)*	109,8 *(9,8)*
1989	*5,5*	*1,6*	*5,5*		94,8 *-(1,5)*	82,1 *-(5,7)*	90,7 *-(5,2)*	110,6 *(0,7)*
1990	*1,7*	*1,5*			100,5 *(6,0)*	76,0 *-(7,4)*	89,5 *-(1,3)*	117,7 *(6,4)*
1991	*1,9*	*-0,6*			102,0 *(1,5)*	70,3 *-(7,5)*	81,8 *-(8,6)*	116,5 *-(1,0)*
1992	*1,4*	*1,9*			100,6 *-(1,4)*			
1993		*-3,7*						
1994		*12,7*						
1995		*26,9*						
1996**		*6,3*						

* afrikanischer Haushalt in Yaoundé ** Projektion

Quelle: IMF, 1995d, S. 266f; IMF, World Economic Outlook, versch. Ausgaben; STBA, 1993, S. 133; BEAC, 1994, S. 297; CAMEROON, 1989b, S. 22; WORLD BANK, 1994d, S. 180ff.

Publikation „World Economic Outlook" (IWFb). Wie Tabelle 19 zeigt, entsprach die Entwicklung des Index den Angaben des von der BEAC veröffentlichten Konsumentenpreisindex für afrikanische (nicht-europäische) Haushalte in Yaoundé. Die Inflationsraten gemäß IWFb weichen zwar erheblich davon ab, zeichnen sich aber durch größere Aktualität aus.
Ein Blick auf die Inflationsraten von 1970 bis 1984 zeigt, daß es von 1973 an bis auf eine kurze Unterbrechung 1979 und 1980 immer *zweistellige* Zuwachsraten gab. Ab 1985 sind die Angaben widersprüchlich. Es scheint aber sicher zu sein, daß die Wirtschaftskrise ab Mitte der 80er Jahre von niedrigen Inflationsraten und teilweise sogar von Deflation begleitet war. Um die Verwirrung über die unterschiedlichen Preisstatistiken komplett zu machen, soll nicht unerwähnt bleiben, daß nach den Angaben der WORLD BANK (1994b, S. 18) die durchschnittliche Inflationsrate in Kamerun von 1985 bis 1993 bei -0,6 % lag. Der deflationäre Druck wird durch den für diesen Zeitraum vorliegenden Produzentenpreisindex und den BIP Deflator bestätigt. Der BIP Deflator, der die Preisentwicklung aller für den Endverbrauch produzierten Güter mißt, zeigt für die drei Jahre von 1987 bis 1989 Preissenkungen, was bedeutet, daß das reale BIP in diesem Zeitraum schneller gewachsen (bzw. langsamer geschrumpft) ist als das nominale. Diese lang anhaltende Deflation ist ein Indiz für die Schwere der Wirtschaftskrise. Erst 1994 und 1995 kam es vor allem im Zusammenhang mit der Abwertung und der daraus folgenden Erhöhung der Importpreise - vermutlich vorübergehend - wieder zu hohen Inflationsraten.
Detaillierte Angaben zur Entwicklung der Verbraucherpreise sind kaum zu bekommen. Tabelle 20 gibt zumindest Auskunft über die Preisniveauveränderungen in acht Ausgabefeldern. Dabei werden aufgrund verschiedener Zusammensetzungen der Warenkörbe der „Haushalte in Yaoundé" und „- nicht in Yaoundé" unterschiedliche Indizes ermittelt. Die Preise in Yaoundé sind demnach in den 5 Jahren von 1982/83 bis 1987 /88 mit knapp 40 % erheblich schneller gestiegen sind als die außerhalb Yaoundés (+27,6 %). Am bemerkenswertesten ist, daß sich die Preise der jeweils wichtigsten Gütergruppe, Nahrungsmittel, am geringsten erhöht haben, während die in den meisten übrigen Ausgabefeldern überdurchschnittlich gestiegen sind. In Yaoundé gilt dies vor allem für die Preise von Kleidung sowie die Ausgaben für Schule und diverse Dienstleistungen, die sich im genannten Zeitraum fast verdreifacht haben. Dagegen gab es bei der Preisentwicklung für die Haushalte „außerhalb Yaoundés" weniger Unterschiede bei den einzelnen Gütergruppen. Allerdings sollte diese Statistik nicht überbewertet werden, denn besonders Preisstatistiken sind aufgrund der Schwierigkeiten bei der Festlegung des Warenkorbes und der Erhebung Unwägbarkeiten unterworfen. In diesem Fall kommen noch die weit zurückliegenden Basisjahre 1968 und 1966 als Indiz für die eingeschränkte Aussagefähigkeit hinzu.

Tabelle 20

Preisentwicklung nach Ausgabefeldern
von 1982/83 bis 1987/88

(in Prozent)	Haushalte in		HH nicht in	
	Gewicht	**Yaoundé**	*Gew.*	**Yaoundé**
Insgesamt	*(1000)*	**39,5**	*(1000)*	**27,6**
Nahrungsmittel	*(336)*	18,7	*(373)*	17,7
Getränke und Tabak	*(103)*	58,4	*(133)*	53,4
Ausgaben für Wohnen	*(146)*	45,5	*(193)*	30,6
Kleidung	*(163)*	193,5	*(36)*	17,4
Transport	*(105)*	50,6	*(65)*	22,4
Hygiene u. Gesundheit	*(50)*	38,8	*(35)*	52,5
Freizeit	*(51)*	43,5	*(59)*	40,1
Schule, Dienstleist. etc.	*(46)*	181,8	*(106)*	30,3

(nach Preisindizes zur Basis 1968 bzw. 1966)
Quelle: CAMEROON, 1989a, S. 75.

Tabelle 19 zeigt auch, daß die Exportpreise in der Mitte der 80er Jahre stark gefallen sind. Allein 1986 gab es einen Rückgang um knapp 22 %, was aufgrund der gleichzeitig um 11 % gestiegenen Importpreise zu einer Verschlechterung der Terms of Trade (ToT) innerhalb eines Jahres um *nahezu 30 %* führte. Mit einer einjährigen Unterbrechung 1987 setzte sich die Verschlechterung der ToT dann von 1988 bis 1991 fort, so daß der ToT-Index 1991 um mehr als 50 % unter dem der Jahre 1980 bis 1984 lag. Auch in den 70er Jahren schwankte der Index relativ stark, wobei vor allem der auf eine Zunahme der Exportpreise zurückgehende erhebliche Anstieg in den Jahren 1976 und 1977 um 50 bzw. 26 % ins Auge sticht. Diese fulminante Verbesserung der ToT war allerdings bereits 1979 - vor allem durch den starken Anstieg der Importpreise zum Ende der 70er Jahre - wieder verlorengegangen. Von 1978 bis 1991 war der ToT-Index mit den beiden Ausnahmen 1984 und 1987 ständig rückläufig. Die Exportpreise haben sich von 1972 bis 1980 mehr als verdreifacht, um dann wieder - mit den Ausnahmen 1984 und 1987 - bis 1991 durchgehend zu sinken. Auch die Importpreise haben sich von 1972 bis 1981 verdreifacht, sind aber nach einem Rückgang in den drei Jahren von 1982 bis 1984 weiter gestiegen. Der Rückgang der Exportpreise 1986 um ein Fünftel erklärt sich zum einen aus den sinkenden Weltmarktpreisen für Erdöl sowie für agrarische Rohstoffe. Zum anderen verringerten sich die Exporterlöse pro Stück in FCFA durch die Aufwertung des FF und damit des FCFA gegenüber dem Dollar, da einige der Exportgüter - vor allem Erdöl - in Dollar gehandelt werden. Die Importpreise beeinflußt der Wechselkurs zum Dollar hingegen kaum, weil nur ein geringer Teil der Einfuhren in Dollar gerechnet wird (die meisten Importe Kameruns kommen aus Europa). Tabelle 21 zeigt, daß der FCFA allein 1986 um knapp 23 % und 1987 nochmals um 13 % gegenüber dem Dollar aufwertete. Bis 1993 verringerte sich der Wechselkurs des FCFA nach einigem Auf und Ab (vor allem einer nochmaligen Aufwertung um 15 % 1990) um weitere 6 %. 1994 erhöhte sich dann - aufgrund der Veränderung der *seit 1948* festen Relation von 50 FCFA zu 1 FF auf 100 zu 1 - der Wechselkurs zum Dollar um fast 90 %, was einer Abwertung von knapp 50 % entspricht.

Bereits in den 70er Jahren hatte der FCFA gegenüber dem Dollar insgesamt um 24 % aufgewertet, wobei die beiden Jahre 1976 und 1977 (sowie 1974) mit Abwertungen, die zum bereits erwähnten Anstieg der Exportpreise in dieser Zeit beitrug, eine Ausnahme darstellen. 1985 besaß der FCFA dann allerdings nur noch die Hälfte seines Wertes in Dollar gerechnet von 1980 - dem Jahr, in dem im dargestellten Zeitraum für den FCFA die meisten Dollar zu bekommen waren. Dabei darf nicht vergessen werden, daß es sich um *nominale* Wechselkurse handelt. Die Analyse der Preisentwicklung hat bereits gezeigt, daß besonders in der ersten Hälfte der 80er Jahre hohe Inflationsraten zu verzeichnen waren, was darauf schließen läßt, daß die *reale* Abwertung sehr viel geringer war.

Insgesamt soll nochmals hervorgehoben werden, daß der FCFA fest an den FF gebunden ist und daher weder reale noch nominale Wechselkursveränderungen gegenüber Drittwährungen durch die Preisentwicklung oder reale Veränderungen in Kamerun wie z.B. Produk-

Tabelle 21

Wechselkurs zum Dollar
(FCFA pro Dollar, Jahresdurchschnitte, in Klammern: Veränderung in Prozent)

1970	276	
1971	276	*(0,0)*
1972	252	*-(8,7)*
1973	223	*-(11,5)*
1974	241	*(8,1)*
1975	214	*-(11,2)*
1976	239	*(11,7)*
1977	246	*(2,9)*
1978	226	*-(8,1)*
1979	213	*-(5,8)*
1980	211	*-(0,9)*
1981	272	*(28,9)*
1982	329	*(21,0)*
1983	381	*(15,8)*
1984	437	*(14,7)*
1985	449	*(2,7)*
1986	346	*-(22,9)*
1987	301	*-(13,0)*
1988	298	*-(1,0)*
1989	319	*(7,0)*
1990	272	*-(14,7)*
1991	282	*(3,7)*
1992	265	*-(6,0)*
1993	283	*(6,8)*
1994	555	*(96,1)*
7/95*	477	*-(14,1)*

*Kurs am Monatsende

Quelle: IMF, 1995d, S. 266f; UN, Monthly Bulletin, 1/1996, S.188

tivitätsfortschritte beeinflußt werden. Die Bedeutung der kamerunischen wie auch der gesamten der Franc-Zone angehörenden Volkswirtschaften ist gegenüber der französischen zu gering, um den Wechselkurs des FF zu verändern. Die Kameruner Wirtschaftspolitik muß den Wechselkurs des FCFA daher als so gut wie nicht beeinflußbares Datum hinnehmen.

Tabelle 22

Zinssätze

	Diskontsatz		Kreditzinsen		Guthabenzin.	
	nom.	**real**	nom.	**real**	nom.	**real**
1970	4,5	**-1,3**				
1971	4,5	**0,8**				
1972	4,5	**-3,7**				
1973	4,5	**-5,8**				
1974	5,5	**-11,7**				
1975	5,5	**-8,4**				
1976	6,5	**-3,5**				
1977	6,5	**-7,9**				
1978	6,5	**-6,1**				
1979	8,5	**2,0**	10,3	**3,8**	6,5	**0,0**
1980	8,5	**-1,0**	13,0	**3,5**	7,5	**-2,0**
1981	8,5	**-2,2**	13,0	**2,3**	7,5	**-3,2**
1982	8,5	**-4,4**	13,0	**0,1**	7,5	**-5,4**
1983	8,5	**-8,3**	14,5	**-2,3**	7,5	**-9,3**
1984	8,5	**-2,8**	14,5	**3,2**	7,5	**-3,8**
1985	9,0	**-2,5**	14,5	**3,0**	7,5	**-4,0**
1986	8,0	**0,4**	13,5	**5,9**	7,4	**-0,2**
1987	8,0	**-4,9**	13,0	**0,1**	7,2	**-5,7**
1988	9,5	**15,1**	13,5	**19,1**	7,2	**12,8**
1989	10,0	**4,5**	15,0	**9,5**	7,5	**2,0**
1990	11,0	**9,3**	18,5	**16,8**	7,5	**5,8**
1991	10,8	**8,9**	18,2	**16,3**	7,5	**5,6**
1992	12,0	**10,6**	17,8	**16,4**	7,5	**6,1**
1993	11,5	**15,2**	17,5	**21,2**	7,8	**11,5**
1994			17,4	**4,7**	8,1	**-4,6**

reale Größen bereinigt um den Konsumentenpreisindex nach Tab. 19 (bis 1992 IWFa, ab 1993 IWFb), Zinsen kommerzieller Banken)

Quelle: IMF, 1995d, S. 266f.

Auch die Einflußmöglichkeiten auf die Geldpolitik und damit auf die Zinsen sind eingeschränkt, da Kamerun nur *eines* der Mitglieder der Währungsunion der zentralafrikanischen Staaten mit Frankreich ist. Bei der Betrachtung des Diskontsatzes aus Tabelle 22 verblüfft, daß er trotz der erheblich schwankenden Inflationsraten z.B. von 1979 bis 1984 konstant bei 8,5 % lag. Genauso konstant waren dementsprechend die Kredit- und die Guthabenzinsen der kommerziellen Banken. Kein Wunder also, daß sich bei der Betrachtung der realen Zinsen (um die vom IWF ermittelte Inflationsrate bereinigt) erhebliche Schwankungen offenbaren, wobei allerdings aufgrund der Unsicherheiten in der Preisstatistik die Werte im einzelnen nicht überinterpretiert werden sollten. Tendenziell dürfte sich aber von Beginn der 70er bis Mitte der 80er Jahre ein negativer realer Diskontsatz ergeben. Aus der moderaten Preisentwicklung ab Mitte der 80er Jahre resultierte dann aber ein positiver realer Diskontsatz. Da es sogar teilweise zur Deflation kam, lag der reale Diskontsatz folglich über dem nominalen. Die Entwicklung der realen Kredit- und Guthabenzinsen verlief analog, wobei besonders der negative Kreditzins des Jahres 1983 und die erstaunliche Höhe (bzw. Tiefe) der negativen Guthabenzinsen in der ersten Hälfte der 80er Jahre verwundern können. Jedenfalls liefern diese Zahlen bereits einige Ursachen der bereits angesprochenen Krise der kommerziellen Banken in der zweiten Hälfte der 80er Jahre. Weiterhin lassen sich Zusammenhänge zum später noch genauer zu erläuternden negativen Saldo der Kapitalbilanz vor allem von Mitte der 70er bis Mitte der 80er Jahre ziehen (vgl. 2.4.6.1).

Insgesamt kommt man bei der Zusammenfassung der monetären Rahmenbedingungen zu dem Schluß, daß sie einer kontinuierlichen Wirtschaftsentwicklung eher im Wege standen. Das betrifft die - trotz der Währungsunion mit Frankreich - *hohen Inflationsraten* bis zur Mitte der 80er Jahre, die nicht im Zusammenhang mit der kamerunischen Wirtschaftsentwicklung stehenden *starken Wechselkursschwankungen* - vor allem zum US-Dollar - sowie das niedrige Zinsniveau, das zumindest in der ersten Hälfte der 80er Jahre zu tendenziell *negativen realen Guthabenzinsen* führte.

2.4.1.4 Exkurs: Arbeitsmarkt und Soziale Sicherung

Über den *Arbeitsmarkt* gibt es nur Schätzungen. In der zweiten Hälfte der 80er Jahre dürfte die ökonomisch aktive Landbevölkerung 6.640.000, die sozialversicherungspflichtigen und beitragszahlenden Personen sowie Beamte und Militär 540.000 und der urbane informelle Sektor 1.600.000 betragen haben. Einem Sozialversicherten stünden damit 3 Personen aus dem städtischen informellen Sektor und 15 der gesamten übrigen ökonomisch aktiven Bevölkerung gegenüber. Die Schätzung über den informellen Sektor ergibt sich allerdings nur als Residualgröße aus Näherungswerten über die beiden anderen Gruppen. Der Anteil der lohnabhängigen Beschäftigten (ohne Beamte und Militär) an der ökonomisch aktiven Bevölkerung ist von 5 % (192.000) 1970 auf über 9 % (350.000) Ende der 80er Jahre gestiegen (SOOTH, 1992, S. 110f).
Hier ist allerdings anzumerken, daß die Weltbank die ökonomisch aktive Bevölkerung in Kamerun für das Jahr 1992 nur mit 4,568 Millionen angibt (WORLD BANK, 1994d, S. 183). Die erhebliche Differenz zu den oben genannten Zahlen kann auf einer unterschiedlichen Erfassung der Teilzeitbeschäftigten, der Saisonarbeiter und vor allem der in der Landwirtschaft mitarbeitenden Familienangehörigen beruhen. Für letzteres spricht, daß nach den Angaben der Weltbank nur ein Drittel der „labor force" Frauen sind, von denen drei Viertel in der Landwirtschaft tätig waren, während sich bei den Männern diese Relation auf 58 % belief. Im Gegensatz dazu waren 15 % der Männer und nur 4 % der Frauen in der Industrie beschäftigt. Während allerdings die ökonomisch aktive Bevölkerung von 1980 bis 1985 nur um 9,4 % gestiegen ist, waren 1984 mit 47.800 43 % mehr Personen bei der Zentralregierung angestellt als 1980 (WORLD BANK, 1992, S. 282ff).

Zahlen über die *Arbeitslosigkeit* sind ebenfalls rar. Eine Studie des International Institute for Labour Studies in Genf (LACHAUD, 1994) über die Arbeitsmärkte in verschiedenen Städten in SSA kommt zu dem Ergebnis, daß in Yaoundé 1990/91 eine Arbeitslosenquote von etwa 29 % zu verzeichnen war - auch infolge der Wirtschaftskrise seit 1986. Aus den Angaben der Volkszählung von 1976 konnte man auf eine Quote von etwa 16 % Mitte der 70er Jahre schließen (LACHAUD, 1994, S. 49). Zur hohen Arbeitslosigkeit zu Beginn der 90er Jahre trugen auch die Liquidationen und Restrukturierungen der öffentlichen Unternehmen und der Einstellungsstopp im öffentlichen Dienst bei. Dafür spricht die relativ hohe Arbeitslosigkeit unter besser ausgebildeten Arbeitskräften, die offenbar eine Anstellung in der Privatwirtschaft suchen. Ein Drittel der „diplômés de l'enseignement supérieure" und mehr als ein Viertel der „diplômés de l'enseignement du secondaire" sind arbeitslos, was einer zwei- bis dreimal so hohen Quote enspricht, wie unter der Bevölkerung ohne Schulausbildung (LACHAUD, 1994, S. 49f).
Die Zugangsvoraussetzungen zu Arbeitsplätzen sind unterschiedlich: Bei den „salariés protégés" (den Angestellten des staatlichen und parastaatlichen Sektors) und etwas weniger auch bei den „salariés concurrentiels" (den Angestellten und Arbeitern in der privaten Wirtschaft) ist es ein Diplom, bei den „Indépendant" (Selbständigen) sind es eine Ausbildung und Kapital, wobei der Zugang zu Kapital durch persönliche Beziehungen erleichtert wird, und bei den „salariés irréguliers" (Gelegenheitsarbeitern) sind es persönliche Beziehungen (LACHAUD, 1994, S. 52f). Neben der schlechten wirtschaftlichen Lage in Kamerun nennt LACHAUD (1994, S. 234) eine insgesamt nicht arbeitsmarktgerechte Ausbildung, in der zu viel Gewicht auf die Allgemeinbildung und zu wenig z.B. auf technisches Wissen gelegt wird, als weitere Ursache für die Arbeitslosigkeit in Yaoundé. Daneben gibt es auch in Ka-

merun einen Trend zur Landflucht und Verstädterung, was natürlich den Druck auf den städtischen Arbeitsmarkt erhöht. Eine Verbesserung der Möglichkeiten zur Erzielung höherer Einkommen auf dem Land würde daher auch die Arbeitslosigkeit in den Städten verringern.

Eine Arbeitslosenversicherung gibt es in Kamerun nicht. Allerdings sind etwa 9 % der ökonomisch aktiven Bevölkerung, nämlich die lohnabhängigen Beschäftigten (ohne Beamte und Militärs), sozialversichert (SOOTH, 1992, S. 118). Dabei gibt es die drei Systeme Arbeitsunfall- und Rentenversicherung sowie Familienzulagen. Bei den Beamten oder gleichgestellten Personen sowie dem Militärpersonal übernimmt der Staat direkt diese Leistungen. Das Rentenalter beträgt hier 55 (für Soldaten 50) (SOOTH, 1992, S. 77). Es gibt keine Angaben über die Höhe der Leistungen für Beamte. Sie sind aber vermutlich besser gestellt als Arbeiter und Angestellte. Das System für die übrigen Lohnempfänger ist zentralisiert unter dem Dach der CNPS (Caisse Nationale de Prévoyance Sociale) (SOOTH, 1992, S. 78).
Die erste gesetzliche Fassung der Rentenversicherung stammt aus dem Jahr 1969 (SOOTH, 1992, S. 118). Die versicherten Personen können unter bestimmten Voraussetzungen (geleistete Beiträge) mit 60 Jahren in Rente gehen. Die Rente beträgt nur 30 % des durchschnittlichen Monatslohns und einen Prozentpunkt mehr für jedes Beitragsjahr über 180 Beitragsmonate hinaus. Es gibt auch eine Hinterbliebenenrente (SOOTH, 1992, S. 78f). In jüngster Zeit ist es zu einer weiteren Reduzierung des Rentenalters auf 55 Jahre bei höheren Lohnkategorien und auf 50 Jahre bei niedrigeren gekommen (SOOTH, 1992, S. 117). Die Finanzierung erfolgt duch Beiträge in Höhe von 7 % der Bruttolöhne, wobei 4,2 % der Arbeitgeber und 2,8 % der Arbeitnehmer aufzubringen hat. Die Zahl der Anspruchsberechtigten ist in den 10 Jahren von 1979 bis 1989 von 3.510 auf 17.745 angewachsen. Die Beiträge für die Arbeitsunfallversicherung werden von den Arbeitgebern gezahlt, deren Betriebe in drei Risikogruppen eingeordnet werden. Bei vorübergehender Arbeitsunfähigkeit werden zwei Drittel des Bruttolohnes und bei vollständiger 85 % gezahlt (SOOTH, 1992, S. 79f).
Die Familienzulagen machen knapp die Hälfte der Gesamtausgaben der CNPS aus. Sie umfassen Mutterschaftsleistungen in Höhe von 100 % des Lohnes 4 Wochen vor und 10 Wochen nach der Geburt sowie nach der Geburt eine einmalige Zahlung von 21.600 FCFA und monatliche Zahlungen (Kindergeld) von 1.800 FCFA. Die Finanzierung erfolgt durch den Arbeitgeber, der 7 % des Bruttolohnes (im privaten Schulwesen 3,7 % und im modernen Sektor der Landwirtschaft 5,65 %) abführen muß (SOOTH, 1992, S. 80f).
Es gibt keine Krankenversicherung, aber die CNPS stellt Einrichtungen bereit, die formalen Arbeitnehmern kostenlos bzw. zu einem nicht definierten und nicht genau bekannten Kostenbeitrag zur Verfügung stehen. Darüber hinaus sind Betriebe ab einer bestimmten Größe dazu verpflichtet, medizinische Betreuung zu gewährleisten. Es gibt auch einen bedeutenden privaten Gesundheitssektor. Von den insgesamt 388 Krankenhäusern in Kamerun waren 1988 218 privat/kirchlich und 170 (para)staatlich (SOOTH, 1992, S. 82f).
Zusammenfassend läßt sich sagen, daß nur ein sehr kleiner Teil der Kameruner in den Genuß von Leistungen der Sozialversicherungen kommt (nur 17.745 Rentenempfänger 1989). Trotz offensichtlicher organisatorischer Ineffizienz schreibt die CNPS allerdings schwarze Zahlen, was auch an der Altersstruktur der Bevölkerung mit ihrem hohen Anteil junger Menschen liegen dürfte. Die überwiegende Mehrheit der Kameruner muß sich aber, falls sie nicht in der Lage ist, ihren Lebensunterhalt z.B. aufgrund von Arbeitsunfähigkeit durch Alter, Krankheit oder Unfall selbst zu bestreiten, auf eigene Vorsorge sowie die Solidarität der Familie, der dörflichen Gemeinschaft oder anderer Gruppen verlassen.

2.4.2 Die Landwirtschaft

Die Landwirtschaft besitzt für Kamerun eine sehr große Bedeutung. Es wurde bereits gezeigt, daß 1990/91 knapp 29 % des BIP in diesem Sektor erwirtschaftet wurden (vgl. Tab. 17). Mitte der 80er Jahre entfielen 22 % der BWS auf diesen Bereich (vgl. Tab. 18). Noch größer als für die gesamtwirtschaftliche (in der VGR erfaßte) Produktion ist aber die Bedeutung der Landwirtschaft für die Beschäftigung, denn „(i)mmer noch leben und arbeiten 70 - 75 % der Bevölkerung (bzw. der Erwerbstätigen) im ländlichen Bereich“ (KÖRNER, 1988, S. 78f). Dabei wird nur ein kleiner Teil des Landes als Ackerland genutzt: 12,5 % für den Ackerbau und 2,2 % als Dauerkulturfläche (1989). 17,5 % werden weidewirtschaftlich genutzt und 51,8 % des Landes sind mit Wald bedeckt. Während die Waldfläche von 1972 bis 1989 um mehr als 6 % abnahm, wurden das Ackerland im gleichen Zeitraum um 8 % und die Dauerkulturflächen sogar um 37 % ausgeweitet (STBA, 1993, S. 63f). Diagramm 3 gibt eine Schätzung der Wertschöpfungsanteile der verschiedenen Bereiche im primären Sektor wieder (vgl. auch EIU, 1995, S. 18). Im folgenden soll besonders auf den Bereich der Cash crops (Produktion für den Export) und die „industrielle“ Forstwirtschaft eingegangen werden. Das liegt nicht nur daran, daß diese Sektoren für einen erheblichen Teil der Exporterlöse Kameruns verantwortlich sind und damit für die gesamte Wirtschaft große Bedeutung besitzen, sondern auch daran, daß es wenig Datenmaterial über die Bereiche Food crops und Viehwirtschaft gibt, auf die immerhin schätzungsweise rund 62 % der Wertschöpfung des Primären Sektors entfallen.

Diagramm 3

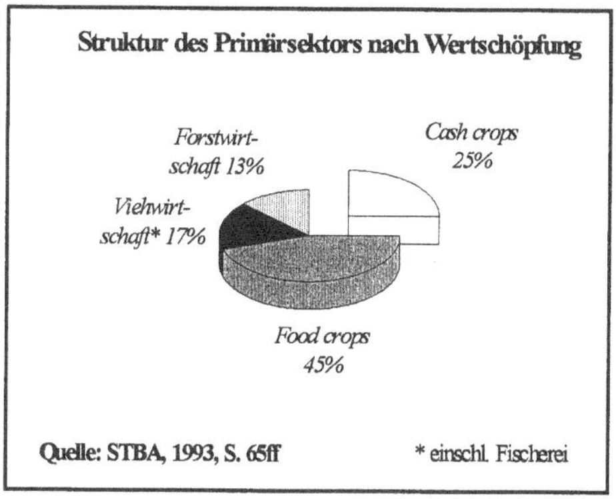

2.4.2.1 *Landwirtschaftliche Entwicklung*

Über die Entwicklung der Agrarproduktion gibt es widersprüchliche Angaben. Der von der Weltbank ermittelte Index der Agrarproduktion weist in der zweiten Hälfte der 70er Jahre einen geringen durchschnittlichen jährlichen Anstieg von 0,3 % auf, in der ersten Hälfte der 80er Jahre beschleunigt sich die Zunahme auf 1,1 % jährlich, um dann in der zweiten Hälfte wieder auf 0,3 % zu fallen (WORLD BANK, 1992, S. 221). Der ebenfalls von der Weltbank ermittelte Index der Lebensmittelproduktion pro Kopf (Basis: 1987) steigt in der ersten Hälfte der 70er Jahre und ist dann von 1974 (131,0) bis 1992 (88,8) tendenziell rückläufig. Von 1975 bis 1980 sinkt der Index um 15 %, von 1980 bis 1985 um 1,5 % und von 1985 bis 1992 wieder um erhebliche 17 % (WORLD BANK, 1994d, S. 182f). Im genannten Zeitraum ergibt sich also nach diesen Angaben ein deutlicher Rückgang der Produktion von Nahrungsmitteln pro Kopf. Zu einem anderen Schluß kommt DELANCEY, V. (1986, 133f), die angibt, daß zwischen 1970 und 1982 die Agrarproduktion um 3,4 % jährlich gestiegen ist. Das ist zwar langsamer als das BIP insgesamt, aber es bedeutet ein Wachstum der Pro-Kopf Produktion und eine Zunahme, die nur neun andere Länder[24] Sub-Sahara Afrikas ebenfalls erreichen oder übertreffen konnten. Kamerun gehörte zudem 1981 zu den neun Ländern[25] in SSA, die ihre Bevölkerung mit den täglich benötigten Kalorien versorgen konnten.

Die unterschiedlichen Zahlen ergeben sich vor allem aus den Schwierigkeiten bei der Erfassung der zum großen Teil in Subsistenzproduktion hergestellten Nahrungsmittel (STBA, 1993, S. 66 und MEILINK, 1988, S. 3). Wie auch immer sich die landwirtschaftliche Produktion insgesamt entwickelte - einzelne Produkte, zu denen es verläßliche Angaben gibt, werden im folgenden noch untersucht -, durch die schon angesprochene klimatische Begünstigung gelang es Kamerun, landwirtschaftliche Erzeugnisse zu seinen wichtigsten Exportgütern zu machen und trotzdem die Nahrungsmittelproduktion für den eigenen Verbrauch nicht zu vernachlässigen: „Kamerun gilt bei den meisten Nahrungsmitteln als Selbstversorger" (STBA, 1993, S. 65). Probleme bei der Versorgung mit Nahrungsmitteln bestehen allerdings regional, denn der Norden hat von Zeit zu Zeit unter Dürreperioden zu leiden (STBA, 1993, S. 65).

Tabelle 23

Entwicklung der Agrarproduktion

(durchschnittliche jährliche Wachstumsraten in Prozent)

	Export-produktion	Misch-prod.*	Inlands-prod.	Viehzucht & Fisch.	**gesamte Prod.**	**Prod./ Kopf**
1960-'63	3,9	6,0	5,4		**5,0**	**2,4**
1963-'70	5,2	10,4	4,3	8,4	**5,3**	**2,6**
1970-'75	2,1	1,0	3,3	2,8	**2,6**	**0,0**
1975-'80	0,6	5,2	1,0	3,9	**1,9**	**-0,9**
1980-'85	2,4	4,8	2,0	1,0	**2,3**	**-0,6**

* v.a. Baumwolle, Palmöl, Holzprod. für Weiterverarbeitung oder Export

Quelle: WAUTELET, 1990, S. 80.

Nach Tabelle 23, die auf offiziellen Kameruner Quellen beruht, stagnierte die Agrarproduktion pro Kopf bereits in der ersten Hälfte der 70er Jahre, um anschließend von 1975 bis 1985 abzunehmen. Darüber hinaus bestätigt sie die langsamere Zunahme der Produktion in der zweiten Hälfte der 70er Jahre und die Beschleunigung in der ersten Hälfte der 80er Jahre. Diese Schwankung betraf besonders stark die Exportproduktion. Bemerkenswert sind zudem die erheblich höheren Wachstumsraten in den 60er Jahren.

Land- und forstwirtschaftliche Produkte besitzen eine große Bedeutung für die Ausfuhren Kameruns. 1994/95 war ihr Anteil (ohne bearbeitete Hölzer) an den gesamten Exporten 37 % und an den Nicht-Öl-Exporten fast 60 % (vgl. Tab. 42). Dadurch werden für Kamerun, wie auch für andere Länder mit einem so hohen Anteil von Rohstoffen an den gesamten Exporten, die in diesem Bereich stark schwankenden Weltmarktpreise zum Problem. Tabelle 24 zeigt diese Schwankungen in den 80er Jahren für die wichtigsten landwirtschaftlichen Exportprodukte Kameruns. Nach einem kräftigen Anstieg der Weltmarktpreise aller dargestellten Erzeugnisse von 1982 bis 1984 folgte 1986 bzw. 1987 ein dramatischer Rückgang, der bei Kakao und Kaffee bis 1992 anhielt, wobei besonders in den Jahren 1989, 1990 und 1992 weitere erhebliche Einbrüche zu verzeichnen waren. Noch 1993 lag der Weltmarktpreis für Kakao um 40 % unter dem von 1982 und um 67 % unter dem von 1985. Die entsprechenden Rückgänge betrugen bei Arabica-Kaffee 52 % und 68 %, bei Robusta-Kaffee 61 % und 72 % und bei Baumwolle 30 % und 41 %. Zusätzlich ist zu bedenken, daß die dargestellten Preise in *nominalen* FF angegeben sind, so daß der *reale* Rückgang der Weltmarktpreise und damit der Exporterlöse pro Stück noch höher zu veranschlagen ist. Die

---

[24] Botswana, Elfenbeinküste, Gambia, Kenia, Liberia, Malawi, Mali, Mauretanien und Sudan.

[25] Benin, Elfenbeinküste, Kamerun, Lesotho, Liberia, Niger, Senegal, Sierra Leone und Somalia.

Tabelle 24

Weltmarktpreise ausgewählter Cash crops
in FF pro kg im Jahresdurchschnitt
(in Klammern: Veränderung in Prozent gegenüber Vorjahr)

	Kakao	Arabica Kaf.	Robusta Kaf.	Baumwolle
1982	11,6	19,7	16,5	9,5
1983	16,9 *(45,7)*	23,0 *(16,8)*	21,1 *(27,9)*	13,0 *(36,8)*
1984	21,6 *(27,8)*	28,1 *(22,2)*	26,4 *(25,1)*	14,8 *(13,8)*
1985	21,1 -*(2,3)*	29,0 *(3,2)*	23,2 -*(12,1)*	11,4 -*(23,0)*
1986	14,1 -*(33,2)*	31,7 *(9,3)*	21,8 -*(6,0)*	7,5 -*(34,2)*
1987	12,2 -*(13,5)*	15,5 -*(51,1)*	12,9 -*(40,8)*	9,6 *(28,0)*
1988	11,8 -*(3,3)*	17,5 *(12,9)*	11,9 -*(7,8)*	8,2 -*(14,6)*
1989	8,7 -*(26,3)*	16,2 -*(7,4)*	10,9 -*(8,4)*	10,0 *(22,0)*
1990	7,7 -*(11,5)*	10,6 -*(34,6)*	6,8 -*(37,6)*	9,4 -*(6,0)*
1991	7,7 *(0,0)*	10,3 -*(2,8)*	6,0 -*(11,8)*	9,0 -*(4,3)*
1992	6,6 -*(14,3)*	8,8 -*(14,6)*	5,1 -*(15,0)*	6,4 -*(28,9)*
1993	7,0 *(6,1)*	9,4 *(6,8)*	6,5 *(27,5)*	6,7 *(4,7)*
Ort	Kamerun	Le Havre	Le Havre	Zentralafrika

Quelle: BEAC, Dez. 1992, S. 252; BEAC, 1994, S. 286.

Entwicklung der Weltmarktpreise wirkte sich aber *nicht direkt* auf die Produktion aus, da aufgrund der im folgenden noch zu erläuternden Vermarktung der genannten Produkte die Produzentenpreise von den Weltmarktpreisen abgekoppelt sind. Zudem ist noch zu klären, ob es sich um ein preiselastisches oder -unelastisches Angebot handelt.
Wie bereits erwähnt, verfügt Kamerun noch über erhebliche Landressourcen, die als Ackerland genutzt werden könnten. Demzufolge kommen Produktionszunahmen zu einem großen Teil durch eine Ausweitung der Anbauflächen und weniger durch eine Erhöhung der Hektarerträge zustande (DELANCEY, V., 1986, S. 142). „The Ministry of Agriculture ... denotes that nearly all growth in food production during 1972 - 1984 was to attribute to *areal* expansion" (MEILINK, 1988, S. 3). Ausnahmen von dieser Regel stellen nach BLANDFORD et al. (1994, S. 148) in jüngerer Zeit vor allem Baumwolle und Reis dar. Insgesamt liegen die Flächenerträge „... im internationalen Vergleich auf einem niedrigen Niveau ..." (STBA, 1993, S. 67). Dies ist nicht auf eine Verschlechterung der klimatischen Bedingungen - abgesehen von der Dürre zu Beginn der 80er Jahre - zurückzuführen, sondern „(t)he relative neglect of the agricultural sector, in terms of investment, in favor of other, politically important sectors contributed to that lower growth and probably also to declining productivity" (DELANCEY, V., 1986, S. 142f). Auf diese Aspekte, zu denen auch der relativ geringe Einsatz von Produktionsmitteln wie Dünger, Pestiziden oder Maschinen zu rechnen ist, wird später noch zurückzukommen sein (vgl. 4.2.2.3).

2.4.2.2 *Die Agrarpolitik*

Der Förderung der Landwirtschaft wurde in der Kameruner Wirtschaftspolitik zumindest verbal immer große Bedeutung beigemessen. So rief Präsident Ahidjo 1973 die „Grüne Revolution" aus. Unter diesem Schlagwort sollte Kamerun nicht nur Selbstversorger bei Nahrungsmitteln sein, sondern auch Food crops in andere afrikanische Länder exportieren. Darüber hinaus sollten auch die Exportkulturen gefördert werden. Dieser Zielsetzung wurde im 4. und noch mehr im 5. FJP Priorität eingeräumt (CLAUDE, 1989, S. 206). Auch Biya bekannte sich zur Bedeutung der Landwirtschaft, was in seiner Aussage zur Rolle des Erdöls in der kamerunischen Wirtschaft zum Ausdruck kommt: „Before oil there was agriculture and after oil there will be agriculture" (Van De WALLE, 1990, S. 52). Diese Zielsetzung steht im Gegensatz zu der vieler anderer Regierungen in Afrika und auch zu den auf den industriellen Fortschritt konzentrierten Entwicklungsstrategien der 60er Jahre. Wie sehen aber die tatsächlichen wirtschaftspolitischen Maßnahmen und deren Wirkungen aus?

Die einzigen *direkten* Steuern der Landbevölkerung sind die Kopfsteuern auf die männliche, arbeitende Bevölkerung in Höhe von 6.000 bis 10.000 FCFA pro Jahr, die zur Finanzierung der Gemeindeverwaltung dienen (JAKOBEIT, 1988, S. 289). Der wesentliche Teil der Besteuerung erfolgt aber *indirekt* über die staatliche Kontrolle der Vermarktung der wichtigsten - von Kleinbauern angebauten - Cash crops Kakao, Kaffee und Baumwolle mit Hilfe parastaatlicher Gesellschaften. Bei Plantagenprodukten wie Palmöl, Kautschuk, Tee und Bananen ist bzw. war die Kontrolle noch stärker, da sich die Plantagen zum größten Teil in staatlichem Besitz befanden. Für alle Cash crops galt, daß die Produzentenpreise zu Beginn der Saison durch ein Dekret des Präsidenten festgelegt wurden (Van De WALLE, 1990, S. 220f).
Dem Ziel der Förderung der landwirtschaftlichen Entwicklung wurde durch die Gründung einer Vielzahl von Entwicklungsgesellschaften (sociétés de développement) Rechnung getragen. Diese Politik wurde bereits während des 2. FJP (1966 - 1971) begonnen und bis zu Beginn der 80er Jahre noch verstärkt (TCHALA ABINA, 1988, S. 2). Der 4. FJP (1976 - 1981) wurde aus diesem Grund sogar „Plan de Projets" getauft (TCHALA ABINA, 1988, S. 20). Allerdings gibt es *keine konsistente Agrarpolitik*, denn die Kompetenzen der Vielzahl der existierenden Organisationen sind zum großen Teil nicht genau festgelegt und ihre Tätigkeitsbereiche überschneiden sich häufig: „This expansion led to a great deal of costly duplication and appears to have not been based on a discernable, coherent agricultural strategy, but rather on ad hoc considerations and the lure of foreign finance" (Van De WALLE, 1990, S. 78; vgl. auch S. 65). Die Gründung staatlicher Agrarindustrien und landwirtschaftlicher Entwicklungsgesellschaften, bzw. die staatliche Unterstützung solcher Unternehmungen hatte nach WILLAME (1986, S. 121) vor allem folgendes Ergebnis: „... they drew money away from the rural peasantry through `caisses de stabilisation´ and marketing boards, which were all financially involved in agro-industry, instead of playing the role they were expected to perform: that of stabilizing prices and sustaining peasant production". Es gibt Schätzungen, daß die Abgaben, die die Kakao-Bauern Ende der 70er Jahre zu zahlen hatten, höher waren als ihre Nettoeinkommen (WILLAME, 1986, S. 121). Jedenfalls war die Agrarpolitik offensichtlich wenig erfolgreich, denn wie bereits dargelegt war die Entwicklung der Agrarproduktion bescheiden und die der Produktivität sogar enttäuschend.

Die Frage, ob die Regierung trotz ihrer Lippenbekenntnisse tatsächlich nicht an der Entwicklung des landwirtschaftlichen Sektors interessiert oder ob sie zu einer solchen Politik nur nicht in der Lage war, wird uns später noch beschäftigen (vgl. 4.2.2). Es soll jedoch angemerkt werden, daß die Regierung auf die Fehlentwicklungen, die in einer Untersuchung des Agrarministeriums (Bilan Diagnostic Agricole de 1960 à 1980) von 1980 offengelegt wurden, mit einer Erhöhung der Produzentenpreise für die Cash crops reagierte. In dieser Bilanz wurden nämlich falsche Anreize für die Stagnation der Produktions- und Produktivitätsentwicklung bei den meisten Agrarprodukten verantwortlich gemacht (Van De WALLE, 1990, S. 89 und TCHALA ABINA, 1988, S. 24). Das führte immerhin dazu, daß die Produzentenpreise für Kaffee und Kakao 1985 die *höchsten im frankophonen Afrika* und die Preise für Baumwolle sogar um 50 % höher als in anderen Ländern der Franc-Zone waren (Van De WALLE, 1990, S. 164/211). Für diese Maßnahme, die auch der Begrenzung der Landflucht dienen sollte, wurden unter anderem Transfers aus dem CHB eingesetzt (UNIDO, 1990, S. 6).
Auf den Verfall der Weltmarktpreise wichtiger Cash crops in der Mitte der 80er Jahre reagierte die Regierung aber nicht mit einer entsprechenden Senkung der Produzentenpreise,

obwohl dies zu einer Forderung der internationalen Kreditgeber wurde (MTM, 1992, S. 3331). Erst 1989/90 kam es dazu, nachdem das ONCPB nur noch in der Lage war, ein Viertel oder die Hälfte des offiziellen Preises unmittelbar auszuzahlen. Der Rest wurde in Schuldscheinen vergeben (Van De WALLE, 1990, S. 171). Es war also „... keineswegs so, daß die zuvor hohen Preise in den letzten Jahren überhaupt noch bezahlt worden wären" (MEHLER, 1995b, S. 299). Dabei ist auch nicht zu vergessen, daß es sich bei den Produzentenpreisen um mittlere Preise handelt. Es werden verschiedene Preise für bestimmte Qualitätsstufen festgelegt. Durch die Einordnung in die unterschiedlichen Qualitäten haben die staatlichen Aufkäufer die Möglichkeit, den Produzentenpreis praktisch „durch die Hintertür" zu drücken. Dabei ist auch Korruption im Spiel: „It is an open secret that the state manipulates the quality control process and that financial dosiderations condition the proportion of the crop that is determined to be top quality" (Van De WALLE, 1990, S. 212).

Die Regierung kontrollierte also durch ihr Vermarktungsmonopol für Cash crops deren Preise. Im Gegensatz dazu ist der Markt für Food Crops praktisch frei von staatlichen Eingriffen, obwohl die Provinzgouverneure die Möglichkeit besitzen, zum Schutz der Konsumenten in die Preisbildung bei Nahrungsmitteln einzugreifen (MEILINK, 1988, S. 6). Dieser Prozeß, in dem jeder Provinzgouverneur die Preise für alle wichtigen Nahrungsmittel festlegen soll, wobei das MINDIC die Überwachung übernimmt, wird Mercuriale genannt (Van De WALLE, 1990, S. 287f). Die Preisfixierungen funktionierten jedoch so gut wie nicht: Zum einen ist der Markt zu komplex (es gab z.B. nur zwei Preise für Fleisch: mit oder ohne Knochen!) und zum anderen war die *Kontrolle* der Preisfestsetzungen ungenügend, so daß sie weitgehend ignoriert wurden (vgl. dazu ausführlich Van De WALLE, 1990, S. 288ff). Seit Mai 1989 war es eine Bedingung des SAP der Weltbank, das Mercuriale-System abzuschaffen (Van De WALLE, 1990, S. 290).
Auch Versuche, die Preise im Norden des Landes durch das 1974 gegründete Office Céréalier (OC)[26] und die Konsumentenpreise in den Städten durch das 1973 gegründete MIDEVIV zu stabilisieren, brachten wenig Erfolg und hatten demzufolge auch nur geringen Einfluß auf die tatsächliche Preisentwicklung bei den Food Crops. Beide Gesellschaften hatten den Auftrag, in Zeiten von Angebotsüberschüssen Waren aufzukaufen, diese zu lagern und bei Rückgang des Angebots wieder zu verkaufen. Sie scheiterten an der zu geringen Ausstattung mit finanziellen Mitteln, an der ineffizienten Bürokratie und an Korruption (MEILINK, 1988, S. 7). Auch für einige landwirtschaftliche Produkte wie Zucker, Reis und Pflanzenöl, die teilweise importiert werden, werden Preise für das Inland festgelegt. Dadurch sollen zum einen die Einfuhren vermindert und damit Devisen gespart und zum anderen soll durch die hohen Preise die Importsubstitution durch heimische Produkte erleichtert werden (MEILINK, 1988, S. 8). Allerdings waren auch diese Preiskontrollen weitgehend wirkungslos, da sie von den Importeuren umgangen wurden (vgl. MTM, 1992, S. 3335). Die Aufwertung des FCFA, die u.a. die Wettbewerbsposition der inländischen Nahrungsmittelproduzenten verschlechterte, konnte also durch handelspolitische Instrumente nicht kompensiert werden: „In an indirect way, the widely implemented policy of `overvalued exchange rates´ has forced domestic food producers to compete with (artificially) cheap food imports" (MEILINK, 1988, S. 1).
Alles in allem läßt sich festhalten, daß die Preise tatsächlich vom Markt bestimmt wurden, obwohl es einige hundert Angestellte gab, die sich mit der Preisfestsetzung und -über-

[26] Zu den Aufgaben des OC siehe REPUBLIQUE DU CAMEROUN (1992, S. 411).

wachung beschäftigten (Van De WALLE, 1990, S. 148). „Summarizing, it must be concluded that, with regard to food products, there is no explicit policy in Cameroon which could influence input and/or food output prices" (MEILINK, 1988, S. 9). Pointiert ausgedrückt: „In brief, the price fixing policy has produzed confusion at best, corruption at worst, and has not affected most consumer food prices" (Van De WALLE, 1990, S. 289). Zudem war es eine Bedingung des Strukturanpassungsprogrammes, die Versuche der Preiskontrollen bei Nahrungsmitteln zu beenden. Auch das MIDEVIV wurde daher zur Liquidierung vorgesehen (ESSOMBE EDIMO, 1991, S. 70f). Auf Drängen des IWF wurden Mitte 1994 die Preiskontrollen bei Reis, Mehl, Speiseöl, Zucker und Fisch aufgegeben (MTM 17.6.1994, S. 1232).

Neben der Kontrolle der Preise und der Vermarktung der Produkte besitzt die Regierung auch die Möglichkeit, durch die Subventionierung der Inputs die landwirtschaftliche Entwicklung zu beeinflussen. Inputs bedeutet im Falle Kameruns vor allem Dünger und Pestizide, denn der Einsatz von Maschinen spielt bisher nur eine untergeordnete Rolle. So hat z.B. der Schlepperbestand zwar in den letzten Jahrzehnten erheblich zugenommen, ist aber mit 1050 (1989) immer noch sehr gering (STBA, 1993, S. 64). Zur Förderung des Maschineneinsatzes mit dem Ziel höherer Boden- und Arbeitsproduktivität wurde 1974 das CENEEMA (Centre National d'Etudes et d'Expérimentation du Machinisme Agricole) gegründet. Die Erfolge waren jedoch relativ bescheiden, was auch daran liegt, daß bei vielen Erzeugnissen (wie z.B. Kaffee und Kakao) kaum Maschinen eingesetzt werden *können* und die kleinbäuerliche Struktur großflächigem Maschineneinsatz entgegensteht.

Eine intensivere Nutzung des Bodens bedarf eines erhöhten Einsatzes von Düngemitteln. Zwar hat sich der Einsatz pro Hektar von 1970 bis 1981 auf 60 kg verdoppelt, das ist aber immer noch vergleichsweise wenig (DELANCEY, V., 1986, S. 145). Nachdem der Verbrauch von *Handelsdünger* in der ersten Hälfte der 80er Jahre weiter von 4,6 auf 8,1 kg pro Hektar deutlich zugenommen hat, ist er bis 1989/90 wieder auf 4,1 kg zurückgegangen. Da die Düngemittel vorwiegend in der Produktion von Cash crops eingesetzt werden, dürften die in der zweiten Hälfte der 80er Jahre gesunkenen Weltmarktpreise für Agrarprodukte und die anschließend ebenfalls gefallenen Produzentenpreise ein wichtiger Grund für diese Entwicklung sein (STBA, 1993, S. 65). Der Vertrieb von Düngemitteln wird bzw. wurde stark vom Staat unterstützt. Er richtete ein Monopol für die Verbreitung von Düngemitteln ein, das gemeinsam vom Agrarministerium (MINAGRI) und dem FONADER (Fonds National du Développement Rural) zentral verwaltet wurde (vgl. dazu ausführlich HAGEL, 1992, S. 34ff). Schätzungsweise 90 % der Baumwollbauern, 55 % der Kaffeebauern und 24 % der Food crop Bauern konnten Dünger in der Produktion einsetzen (BLANDFORD et al., 1994, S. 152). Der größte Teil der Mineraldünger und Pestizide wird dabei im Kaffeeanbau verwendet, während ihr Einsatz im Kakaoanbau wenig lohnend ist (HEIDHUES et al., 1995, S. 439). Etwa zwei Drittel der Düngemitteleinfuhren werden an Kaffeebauern verkauft, wobei diese schätzungsweise 10 bis 15 Prozent davon für den Nahrungsmittelanbau verwenden. Im Gegensatz zu den Düngemittelverkäufen an die Kaffeebauern, die subventioniert werden, geschieht das bei den übrigen Abnehmern, den Baumwoll- und Reisbauern sowie den Bananenplantagen nicht (HAGEL, 1992, S. 32). Die Subventionierung des Düngemitteleinsatzes wurde bald zum wichtigsten Posten im Investitionsbudget des Agrarministeriums. 1987, als man mit der Abschaffung der Subventionen begann, wurden 60 % der gesamten Düngemittel auf etwa ein Drittel des Preises herunter-subventioniert, was der Regierung jährlich ungefähr 6 Mrd. FCFA kostete (BLANDFORD et al., 1994, S. 152). Zu einer ähnlichen Schätzung kommt HAGEL (1992, S. 36): 1987 wurde der Endverkaufspreis

auf 45 FCFA/kg festgelegt, obwohl sich der CIF-Preis in Douala bereits auf 55 und die Vermarktungskosten auf weitere 65 FCFA/kg beliefen, was also eine Subvention von 75 FCFA /kg oder 5 Mrd. FCFA insgesamt bedeutete.
Zu den hohen Subventionen kam noch eine *ineffiziente Verteilung* hinzu: Die Düngemittel wurden zur falschen Zeit geliefert - statt der beabsichtigten 6 Monate dauerte die Verteilung 18 Monate - und von den Empfängern falsch eingesetzt. Zudem erreichten sie auch nicht immer die, für die sie eigentlich gedacht waren, d.h.: „Profits were made, but not by those originally targeted" (BLANDFORD et al., 1994, S. 152; vgl. auch DELANCEY, V., 1986, S. 149). Speziell der Vorgang der Auftragsvergabe an Importeure war anfällig für Korruption und Bestechung (HAGEL, 1992, S. 35). Es gibt Schätzungen, daß die Hälfte der Düngemittel von Staatsangestellten umgelenkt wurde. Nur die Baumwollproduzenten bekamen in der Regel rechtzeitig und in ausreichender Menge Dünger (Van De WALLE, 1990, S. 87). Die Subventionierung für den Kaffeeanbau hatte auch zur Folge, daß die Bauern zum Teil eine kleine Parzelle mit Kaffee bestellten, um in den Genuß des subventionierten Inputs zu kommen, den sie dann in der Nahrungsmittelproduktion einsetzten (JAKOBEIT, 1988, S. 263). Ein Beweis für die Ineffizienz der staatlichen Düngemittelverteilung ist die Tatsache, daß ein Schwarzmarkt entstand, auf dem 1987 statt der erwähnten 45 FCFA/kg etwa 65 FCFA/kg gezahlt wurden (HAGEL, 1992, S. 36).
Die Höhe der Subventionen brachte die Regierung unter dem Zwang zur Ausgabensenkung dazu, in Zusammenarbeit mit USAID über eine Reform der Vermarktung nachzudenken. Diese Überlegungen mündeten 1987 in der Einleitung der Privatisierung der Düngemittelvermarktung. Quoten und Preisfixierungen sowie andere Regulierungen sollten abgeschafft und die Subventionen nach 1991 ganz eingestellt werden. Ausgenommen waren davon aber die drei Nordprovinzen, wo die Vermarktung weiterhin in der Hand der dort ansässigen Parastatals SODECOTON und SEMRY bleiben sollte (HAGEL, 1992, S. 37ff). Belastet wurde der Privatisierungsprozeß aber durch den „Bankrott der staatlichen Kaffeevermarktung" (HAGEL, 1992, S. 60). Insgesamt zieht HAGEL (1992, S. 66) aber folgende vorläufige Bilanz:[27] „Dem Projekt ist es gelungen, in einem schwierigen Umfeld einige bedeutende Erfolge zu erzielen". Im einzelnen: Die Subventionen konnten von 5 auf 1,5 Mrd. FCFA 1990/91 reduziert werden, der Endverkaufspreis ist trotz der Subventionskürzung um 70 % nur um 28 % gestiegen und liegt damit unter dem erwähnten Schwarzmarktpreis von 1987 und die Auslieferungszeiten konnten um die Hälfte verringert werden (vgl. auch BLANDFORD et al., 1994, S. 160). Diese Erfolge dürfen aber nicht darüber hinweg täuschen, daß es nach wie vor Defizite in der Versorgung mit Düngemitteln gibt (HAGEL, 1992, S. 66f).
Ein weiteres die landwirtschaftliche Infrastruktur betreffende Problem ist die unzureichende Ausstattung mit Lager- und Kühlkapazitäten. Dadurch verdirbt gemäß internationaler Untersuchungen ein großer Teil der landwirtschaftlichen Erzeugnisse. Allerdings gab es bereits 1990 Pläne, vier größere Lagerkomplexe zu errichten (BfAI, NfA 18.5.1990).
Kredite spielen in der Landwirtschaft naturgemäß eine große Rolle, da die Zeitpunkte von Ausgaben und Einnahmen auseinanderfallen. Auch hier bieten sich also Möglichkeiten für den Staat, die landwirtschaftliche Entwicklung durch die Unterstützung des Kreditwesens zu beeinflussen. Daher wurde 1973 der FONADER[28] gegründet, um die ökonomische und soziale Entwicklung auf dem Land zu fördern, und zwar vor allem durch die Gewährung von Krediten (DELANCEY, V., 1986, S. 151). Er besitzt finanzielle und rechtliche Auto-

[27] Eine ausführliche Analyse der Düngemittelvermarktung in den ersten beiden Jahren der Reform kann bei HAGEL (1992, S. 44ff) nachgelesen werden.
[28] Der FONADER ist ausführlich dargestellt bei JAKOBEIT (1988, S. 279ff).

nomie unter der Aufsicht des Landwirtschaftsministeriums. Seine Aufgabengebiete sind die Verwaltung, Lagerung und Verteilung landwirtschaftlicher Inputs, die Finanzierung und Verwaltung von Entwicklungsprojekten und die Kreditvergabe im ländlichen Bereich. Für diese weitreichenden Aufgaben genügten die zur Verfügung stehenden Ressourcen aber bei weitem nicht. Dazu kommt, daß Mitte der 80er Jahre nur etwa 10 bis 20 % der Gesamtausgaben auf Agrarkredite, aber ungefähr ein Drittel auf die eigene Verwaltung entfielen (JAKOBEIT, 1988, S. 279f). „The amount of credit it has been able to provide has always been insufficient, and it seldom has reached small scale farmers" (DELANCEY, V., 1986, S. 151). Der zu geringe Umfang der zur Verfügung stehenden Mittel war also nur *ein* Problem: „Nonetheless, its credit went predominantly to urban bureaucrats and provincial officials" (Van De WALLE, 1990, S. 92; vgl. auch JAKOBEIT, 1988, S. 283 und DELANCEY, 1989, S. 61).

Insgesamt läßt sich sagen, daß besonders die Kleinbauern kaum von den staatlich subventionierten Krediten profitieren konnten (JUA, 1988, S. 15/22). Die Kredite gingen, wenn sie nicht überhaupt zweckentfremdet wurden, an größere Betriebe, wobei auch der Anteil der Exportproduktion eine Rolle spielte: „Für moderne Betriebsmittel in den Exportkulturen stehen meistens Kredite zur Verfügung" (HEIDHUES et al., 1995, S. 443). Die vom offiziellen Kreditsystem nahezu ausgeschlossenen Kleinbauern müssen folglich auf traditionelle Spargemeinschaften wie die Tontines zurückgreifen (vgl. 2.4.4).

2.4.2.3 Die Struktur der Landwirtschaft

Die Landwirtschaft Kameruns weist überwiegend kleinbäuerliche Strukturen auf, nicht nur in der Produktion der Nahrungsmittel für die heimische Wirtschaft (Food Crops), sondern auch beim Anbau der Agrarexportprodukte (Cash Crops). Nur 10 % der landwirtschaftlichen Nutzfläche werden von Großbetrieben von 22 bis zu 10.000 ha Anbaufläche bewirtschaftet, 70 % der Fläche entfallen auf Kleinbetriebe mit weniger als 2 ha und 20 % auf mittlere Betriebe mit 2 bis 22 ha. Die durchschnittliche Betriebsgröße liegt bei 1,6 ha. Von den sich vorwiegend im Küstenbereich um Buea befindenden staatlichen bzw. teilweise staatlichen Großbetrieben (nur in der Forstwirtschaft dominieren ausländische Besitzer), die zum Teil auf die deutsche Kolonialzeit zurückgehen und damals das Kapital der Kolonie darstellten, werden hauptsächlich Palmöl, Kautschuk und Bananen produziert, während die wichtigsten Exportgüter Kakao, Kaffee und Baumwolle von kleinbäuerlichen Betrieben hergestellt werden. Neben dem stationären Feldbau und der stationären Weidewirtschaft gibt es auch in manchen Regionen den Brandrodungswanderfeldbau und die Wanderweidewirtschaft (STBA, 1993, S. 63f). 90 % der landwirtschaftlichen Produktion, 80 % der vermarkteten Produktion, 90 % des bebauten Landes und über 75 % der in der Landwirtschaft Beschäftigten gehen auf das Konto der „Smallholder" (BLANDFORD et al., 1994, S. 148). In Westkamerun beispielsweise sind drei Viertel der kaffeeanbauenden Betriebe kleiner als 2 ha (COURADE et al, 1991, S. 892). Über die Einkommen der Bauern, die natürlich auch von der Betriebsgröße abhängen, existieren aufgrund der erwähnten statistischen Probleme nur Schätzungen. 1984 verdiente ein Produzent von Kakao in der Provinz Centre im Durchschnitt etwa 174.000 FCFA, der von Baumwolle im Norden 131.000, der von Arabica-Kaffee im Westen 71.000 und der von Robusta-Kaffee in der Provinz Littoral 538.000 FCFA (Van De WALLE, 1990, S. 221). Jedenfalls verwundert es unter diesen Umständen nicht, daß die Landflucht im Westen (u.a. der Bamiléké) besonders stark ist.

Tabelle 25

Produktion landwirtschaftlicher Güter

in Tonnen

	Kakao		Kaffee		Baumwolle		Bananen	Kautschuk	Palmöl	Tee	Holzexporte*	Reis	Mais	Zucker
1961/62	89.695	Drei-	42.290	Fünf-	31.923	Drei-						9.000		
1966/67	87.729	Jahres-	70.847	Jahres-	54.147	Jahres-						22.000		
1969/70	103.328	Durch-	92.284	Durch-	91.334	Durch-						14.000		
1971/72	124.238	schnitte:	95.476	schnitte:	43.197	schnitte:						11.000		
1973/74	109.869		93.913		27.839							24.000		
1975/76	95.835		79.914		49.462							41.000		
1977/78	111.385		85.703		40.682							44.000		
1979/80	121.862		115.285		80.346						385.388	44.000		
1980/81	117.419	(119.840)	113.306		84.344	(81.669)					302.598	56.000	410.600	
1981/82	120.238	(114.462)	103.903	(108.740)	80.316	(79.009)					321.338	75.000	424.900	
1982/83	105.730	(111.484)	128.058	(106.087)	72.368	(82.871)	49.012	15.995	72.485	2.546	326.066	78.000	490.900	
1983/84	108.484	(111.585)	64.101	(109.047)	95.928	(88.599)	43.285	16.413	64.586	2.289	443.267	86.400	1.145.000	
1984/85	120.540	(115.781)	143.263	(110.092)	97.502	(102.991)	57.476	17.679	76.954	2.299	497.241			
1985/86	118.320	(120.804)	97.625	(114.870)	115.544	(111.939)	55.402	18.986	83.616	3.206	384.216			
1986/87	123.552	(124.903)	142.698	(117.313)	122.772	(117.338)	49.395	20.500	110.000	2.376	375.067	90.000	366.700	70.454
1987/88	132.838	(126.862)	87.684	(116.597)	113.699	(133.967)	37.974	26.112	109.325	2.882	382.400	65.100	429.100	64.362
1988/89	124.196	(127.320)	139.226	(109.361)	165.431	(127.670)	40.000	38.508	91.000	2.450	439.918	61.050	446.892	76.706
1989/90	124.927	(120.400)	95.937	(105.759)	103.879	(127.715)	93.000	52.873	114.276	2.700	509.523	90.000	483.282	72.502
1990/91	112.077	(115.335)	86.499	(97.091)	113.835	(110.692)	93.000	37.222	121.700	2.980	419.547	97.500	514.526	68.553
1991/92	109.000	(106.026)	115.066	(81.808)	114.362	(117.966)	125.000	41.000	130.000	3.500	472.814	100.000	543.857	59.569
1992/93	97.000	(102.832)	42.500	(77.804)	125.702	(122.235)	133.000	43.000	100.000	2.410		100.000		60.000
1993/94	102.495	(99.832)	70.400		126.642	(135.781)	167.000	51.247	102.120	6.332				
1994/95	*100.000*		*80.000*		*155.000*		*200.000*	*55.500*	*100.000*	*6.350*				

* nicht Fiskaljahre: 1980 = 1979/80 ** Schätzung der EIU

Quelle: DINAMONA-LOUKOMBO, 1987, S. 204; BEAC, 1991, S. 248ff; BEAC, 1994, S. 282ff; EIU Country Profile - versch. Jahrgänge, S. 18ff; DELANCEY, V., 1986, S. 158.

Im folgenden sollen *vor allem* die Entwicklung von Produktion und Preisen sowie die Vermarktung *einzelner* Cash crops dargestellt werden. Dabei wird im Detail auf die traditionellen Exportprodukte *Kakao*, *Kaffee* und *Baumwolle* sowie die in letzter Zeit stark an Bedeutung gewinnenden *Bananen* eingegangen. Die Plantagenprodukte *Kautschuk* und *Palmöl* werden etwas kürzer analysiert. Der Teeanbau, der sich auf wenige Plantagen beschränkt, ist von geringerer Bedeutung. Allerdings ist die Produktion, wie Tabelle 25 zeigt, Ende der 80er Jahre deutlich angestiegen und befand sich Anfang der 90er Jahre auf einem Rekordniveau. Kurz soll auch erwähnt werden, daß in jüngster Zeit versucht wird, die Exportstruktur durch die Erhöhung der Ananasproduktion und -ausfuhren weiter zu diversifizieren (MTM, 1995, S. 2752). Aufgrund ihrer großen Bedeutung vor allem für den Export wird die *industrielle Holzgewinnung* (für Weiterverarbeitung und Export) ausführlich untersucht. Abschließend wird kurz auf den *Reis*, *Weizen*, *Zucker* und *Mais* eingegangen, obwohl diese Nahrungsmittel nicht unbedingt die wichtigsten in Kamerun sind. Sie werden aber in Plantagen bzw. auf größeren Flächen angebaut, wodurch zum einen besseres Datenmaterial vorhanden ist als für die „traditionellen", von den Kleinbauern angebauten, Food crops (Maniok, Kochbananen, Hirse und Sorghum, Jams, Süßkartoffeln etc.) und sich zum anderen hier ein Feld für staatliche Eingriffe bietet.

Kaffee und Kakao

1992/93 war Kamerun weltweit der siebtgrößte Produzent von Kakao, der auf 350.000 ha angebaut wird und in den 60er und 70er Jahren das wichtigste Exportprodukt war (EIU, 1994, S. 17). In den 80er Jahren wurde er aber (abgesehen vom Erdöl) teilweise vom Kaffee und zu Beginn der 90er Jahre von den Holzexporten abgelöst (vgl. Tab. 43). Nach dem Agrarzensus von 1984 gibt es 262.000 Betriebe, die Kakao anbauen, mit einer durchschnittlichen Betriebsgröße von 1,3 ha (JAKOBEIT, 1988, S. 221/225), wobei nur 8 % der Betriebe größer sind als 3 ha (STBA, 1993, S. 69). Von dieser Betriebszahl ausgehend kann man schätzen, daß etwa 23 % der arbeitenden und 18 % der gesamten Bevölkerung für den hauptsächlichen Teil ihrer (monetären) Einkommen vom Kakao abhängig sind (JAKOBEIT, 1988, S. 227). Er wurde 1984 zu 60 % in den Provinzen Centre und Sud und zu 30 % in der Provinz Southwest produziert. Noch 1975 betrugen die Anteile 80 % und 5 %. Diese Bedeutungszunahme des Südwestens erklärt sich durch einen Blick auf die Altersstruktur der Kakaobäume, die im Südwesten im Durchschnitt jünger und damit leistungsfähiger sind (JAKOBEIT, 1988, S. 222/226). Die Flächenerträge betragen allerdings nur 50 % derer in der Côte d'Ivoire und nur 10 bis 30 % derer in Malaysia (STBA, 1993, S. 69). Sie sind zudem zwischen 1962 und 1977 fast gleich geblieben, nämlich bei 267 kg (1962: 261 kg), wobei auf einen Produktivitätsanstieg zu Beginn der 70er Jahre ein Rückgang in der zweiten Hälfte des Jahrzehnts folgte (DELANCEY, V., 1986, S. 138ff). Das Durchschnittsalter der Kakao-Kleinbauern liegt bei etwa 52 Jahren - eine Folge der Landflucht (UNIDO, 1990, S. 42). Ein weiteres Problem ist die *Überalterung* der Kakao-Bäume, da sich deren Erträge mit zunehmendem Alter verringern. Die Kleinbauern haben den Bestand nicht verjüngt, da der Erlös durch den Verkauf von Kakao diese Investitionen offensichtlich nicht sinnvoll erscheinen ließ.

Tabelle 26 zeigt, daß der Anteil der mehr als 20 Jahre alten Kakaobäume 1984 fast 45 % betrug. Allerdings ist der Anteil der Neupflanzungen im Vergleich zu 1972 leicht gestiegen. Die Überalterung der Kaffeepflanzen ist sogar noch offensichtlicher. Bei beiden Kaffeesorten hat sich in den 12 Jahren von 1972 bis 1984 der Anteil der Pflanzen mit einem Alter von weniger als 5 Jahren erheblich verringert und der Anteil der über 20 Jahre alten vergrößert.

Tabelle 26

Altersstruktur der Kakao- und Kaffeepflanzen
(in Prozent)

	Alter	1972	1984
Kakao	<5	12,0	13,8
	5 bis 10	17,9	15,1
	11 bis 20	31,8	26,3
	> 20	38,4	44,8
Robusta-Kaffee	<5	19,7	12,1
	5 bis 10	25,5	26,5
	11 bis 20	33,3	28,9
	> 20	21,5	32,5
Arabica-Kaffee	<5	18,7	9,4
	5 bis 10	25,6	22,1
	11 bis 20	24,3	31,4
	> 20	31,5	37,1

Quelle: WAUTELET, 1990, S. 78.

Kamerun ist in Afrika einer der größten Produzenten von Kaffee, der nach Angaben der EIU (1994, S. 18) auf etwa 400.000 ha angebaut wird. Im Agrarzensus von 1984 wurde die Fläche, die für den Kaffeeanbau genutzt wird, allerdings nur mit 253.000 ha (153.000 ha Robusta, 100.000 ha Arabica) angegeben. Treffen diese Zahlen zu, dann werden 6 % der landwirtschaftlich *genutzten* Fläche für den Kaffeeanbau verwendet. Für Kakao beträgt diese Zahl 8 %. Nur auf knapp 2 % der insgesamt landwirtschaftlich *nutzbaren* Fläche werden damit Kaffee oder Kakao angebaut - eine Zahl, die das noch nicht ausgeschöpfte landwirtschaftliche *Potential* Kameruns andeutet. Es gibt ungefähr 380.000 Betriebe, die Kaffee produzieren, wobei die durchschnittliche Betriebsgröße bei Robusta 0,7 und bei Arabica 0,5 Hektar beträgt (landwirtschaftliche Betriebe insgesamt: 1,7 ha). Von dieser Betriebszahl ausgehend kann man schätzen, daß etwa 26 % der arbeitenden und 22 % der gesamten Bevölkerung für den hauptsächlichen Teil ihrer monetären Einkünfte vom Kaffee abhängig sind. Die Robusta-Kaffeeproduktion Kameruns stammt zu knapp einem Drittel aus der Provinz Littoral - der überwiegende Rest entfällt zu etwa gleichen Teilen auf die Provinzen South West, Ouest und Est. Der Arabica-Kaffee wird zu zwei Dritteln in der Provinz Ouest und zu einem Drittel in der Provinz North West geerntet (JAKOBEIT, 1988, S. 221ff).

Sowohl bei Kakao als auch bei Kaffee herrschen Mischbetriebe vor. So werden von den Kakaobauern 30 bis 50 % und bei den Kaffeebauern sogar 50 bis 70 % der ohnehin kleinen Fläche für die Produktion von Nahrungsmitteln verwendet (WAUTELET, 1990, S. 78). Nach einer Untersuchung über die kaffeeanbauenden Betriebe durch HEIDHUES et al (1995, S. 439) werden im Hochland (überwiegend Arabica) durchschnittlich 7, im Regenwald (Robusta) 4 Kulturen pro Parzelle angebaut. Der Einsatz von Mineraldünger, Pestiziden und - während der Erntezeit - Lohnarbeitskräften ist charakteristisch. Die Hektarerträge liegen für Arabica im Mischanbau (mehrere Kulturen auf der gleichen Fläche) bei etwa 250 kg pro ha und für Robusta in Reinkultur bei etwa 450 kg pro ha. Der Nahrungsmittelanbau ist durchschnittlich für 59 % des gesamten Einkommens in Arabica- und für 39 % in Robustabetrieben verantwortlich. 90 % der befragten Arabica-Betriebe betreiben Mischanbau, wodurch die Nahrungskulturen ebenfalls vom Dünger profitieren. In den Robusta-Betrieben ist der Mischanbau nicht verbreitet. Ein Grund für diesen Unterschied ist auch die Landknappheit im westlichen Hochland, dem Hauptanbaugebiet von Arabica (HEIDHUES et al., 1995, S. 441f).

Tabelle 25 zeigt, daß die Produktionsmengen von Kakao und Kaffee erheblichen Schwankungen unterworfen sind. Um einen *Trend* feststellen zu können, schien es daher angebracht, gleitende Durchschnitte zu bilden, wobei für Kakao und Baumwolle jeweils Drei-Jahres- und für Kaffee aufgrund der im Zwei-Jahresrhythmus auftretenden Schwankungen Fünf-Jahresdurchschnitte ermittelt wurden. Die Erntemengen bei Kakao lagen in der ersten Hälfte der 80er Jahre kaum über denen in den 70er Jahren. Ab Mitte der 80er Jahre kam es dann zu einem tendenziellen Produktionsanstieg, wie ein Blick auf die Drei-Jahresdurchschnitte zeigt. In den Jahren 1986/87 bis 1989/90 wurden jeweils die höchsten Erntemengen der 80er Jahre erzielt. In den 90er Jahren gab es dann aber einen erheblichen Produktionsrückgang: Der Durchschnitt der Erntemengen der Jahre 1990/91 bis 1993/94 lag um 17 % unter dem der vier vorangegangenen Jahre.

Tabelle 27

Produzentenpreise ausgewählter Cash crops

(in FCFA pro kg; Relationen in Prozent)

	Kakao	P/E*	*Robusta-Kaf.*	P/E*	*Arabica-Kaf.*	P/E*	*Baumwolle*	P/E*	*Kautschuk*	*Bananen*	*Palmöl*	*Zucker*	*Tee*
1961/62	75	**72**	96	**67**	175	**87**	28	**51**					
1962/63	70	**62**	90	**64**	175	**85**	28	**50**					
1963/64	75	**61**	105	**68**	180	**81**	28	**52**					
1964/65	85	**83**	127	**85**	180	77	28	**52**					
1965/66	55	**61**	100	**69**	180	**78**	28	**52**					
1966/67	65	**52**	115	**71**	150	**70**	28	**54**					
1967/68	65	**43**	115	**69**	150	**71**	28	**54**					
1968/69	70	**40**	115	74	155	**71**	28	**49**					
1969/70	85	**59**	117	**59**	200	**72**	30	**55**					
1970/71	85	**66**	125	**61**	176	**67**	30	**48**					
1971/72	90	**40**	125	**60**	165	**67**	31	**43**					
1972/73	90	**40**	125	**60**	175	**62**	31	**44**					
1973/74	100	**36**	130	**51**	200	**68**	38	**37**					
1974/75	120	**51**	135	**52**	190	**59**	43	**39**					
1975/76	130	**43**	145	**36**	235	**51**	43	**37**					
1976/77	150	**28**	195	**24**	305	**32**	55	**45**					
1977/78	220	**32**	250	**29**	325	**32**	65	**46**					
1978/79	260	**39**	280	**46**	360	**55**	65	**53**					
1979/80	290	**50**	310	**43**	350	**42**	75	**51**					
1980/81	300	**64**	320	**43**	340	**49**	80	**54**					
1981/82	310	**65**	330	**57**	350	**50**	100	**47**					
1982/83	330	**46**	350	**40**	370	**53**	105	**43**					
1983/84	370	**44**	390	**36**	410	**37**	117	**59**					
1984/85	410	**43**	430	**34**	450	**35**	145	**111**	368	219	271	213	1227
1985/86	450	**48**	470	**46**	515	**36**	155	**85**	270	223	224	213	773
1986/87	450	**63**	470	**45**	515	**70**	155	**94**	257	209	196	213	588
1987/88	450	**70**	470	**75**	515	**70**	155		293	220	172	216	522
1988/89	420	**95**	440	74	475	**(54)**	140		322	213	192	216	548
1989/90	250	71	175	**50**	250	**(31)**	95		246	206	180	216	618
1990/91	220	**(57)**	155	**(46)**	250	**(47)**	96		234	200	191	216	602
1991/92	220	**(57)**	155	**(52)**	250	**(49)**	95		225	200	191	231	602
1992/93	200	**(61)**	100	**(39)**	200	**(45)**	85		229				
1993/94	150	**(43)**					130		406				
1994/95							135		748				

* Produzentenpreis dividiert durch Exportpreis in Prozent;

(Produzentenpreise jeweils für 1. Qualität; Exportpreise jeweils f.o.b.; in Klammern: eig. Berechnungen aus Tab. 24)

Quelle: VAN DE WALLE, 1990, S. 209; BLANDFORD et al., 1994, S. 151; EIU, 1994, S. 18; MTM, 1992, S. 3332; MTM, 14.5.1993, S. 1269; MTM, 1995, S. 2751f.

Die Produktion von Kaffee zeigt tendenziell eine ähnliche Entwicklung, wobei bemerkenswert ist, daß es bei beiden Kulturen 1990/91 zu einem *erheblichen Einbruch* kam. Dabei ist zu berücksichtigen, daß 1990/91 gemäß dem Zwei-Jahresrhythmus ein gutes Erntejahr für Kaffee hätte sein müssen. Als Gründe können (neben ungünstigen Witterungsbedingungen) die im Vorjahr drastisch gesenkten Produzentenpreise (vgl. Tab. 27) und der Abbau der Inputsubventionen angeführt werden (STBA, 1993, S. 70 und Van De WALLE, 1990, S. 53).

JAKOBEIT (1988, S. 318) sieht einen Grund für den Rückgang der Kakaoproduktion (in der ersten Hälfte der 80er Jahre) in der zunehmenden Attraktivität der Nahrungsmittelproduktion. Das betrifft vor allem das infrastrukturell gut erschlossene Umland der Städte. Da sich den Kaffee-Bauern mehr Möglichkeiten zur Erzielung von Einkommen durch das Ausweichen auf Food crops bieten als z.B. den Produzenten von Baumwolle im Norden und da der Kaffeeanbau arbeitsintensiver ist als der Kakaoanbau, reagieren die Kaffee-Bauern (und damit deren Produktion) am elastischsten auf Schwankungen der Produzentenpreise (Van De WALLE, 1990, S. 240).
Die Produzentenpreise für die Cash crops wurden jährlich durch ein *Präsidentendekret* festgelegt. Für Kakao und Robusta-Kaffee wurden zudem sogenannte „Barème“[29] aufgestellt, in denen neben den Produzentenpreisen für die verschiedenen Qualitäten auch die einzelnen Kostenpositionen der Vermarktung, die vom ONCPB übernommen wurde, festgelegt waren. Bei Arabica-Kaffee wurde nur der Produzentenpreis bestimmt, da für dessen Vermarktung fast ausschließlich die weitgehend selbständige UCCAO (Union Centrale des Coopératives Agricoles de l'Ouest) verantwortlich ist (JAKOBEIT, 1988, S. 246ff). Auf die beiden genannten Organisationen wird noch ausführlich eingegangen (vgl. 2.4.2.4). Ziele der Vermarktung waren ein landesweit einheitlicher Preis und der gesicherte Abtransport der Ware, was beides vom ONCPB garantiert wurde (JAKOBEIT, 1988, S. 290). Die Bauern erhielten demnach einen Preis, der unabhängug von den Transportkosten war. Mit der Produktion in bezüglich der Infrastruktur günstig gelegenen Gebieten wurde somit die in abgelegenen Gegenden subventioniert. Darüber hinaus hatte das ONCPB auch die Aufgabe der *Preisstabilisierung*.
Tabelle 27 zeigt, daß sich die Produzentenpreise für Kakao und die beiden Kaffeesorten (jeweils erste Qualität) seit Anfang der 70er Jahre ähnlich entwickelten. Die erste Hälfte der 70er Jahre sah nur leichte Zunahmen - bei Arabica-Kaffee sogar einige Rückgänge -, aber von 1975/76 bis 1980/81 stiegen sie dann kräftig an, nämlich um 131 % für Kakao, um 121 % für Robusta-Kaffee und um 45 % für Arabica-Kaffee. Dennoch waren die Erhöhungen nicht so stark wie die der Weltmarktpreise, denn das Verhältnis von Produzenten- zu Exportpreisen war in der zweiten Hälfte der 70er Jahre schlechter als in der ersten, verbesserte sich aber 1980/81 bzw. 1981/82 wieder. Von 1980/81 bis 1985/86 stiegen die Produzentenpreise weiter kräftig an (Kakao: +50 %, Robusta: +47 %, Arabica: +51 %). Bei allen drei Cash crops wurden die Produzentenpreise dann in den drei Erntejahren von 1985/86 bis 1987/88 auf einem Rekordhoch „eingefroren“. In der ersten Hälfte der 80er Jahre gab es aber trotz des Anstieges der Produzentenpreise bis einschließlich 1984/85 wieder einen Rückgang der Relation von Produzenten- zu Exportpreisen. Erst danach stieg diese aufgrund des schon häufiger erwähnten Verfalls der Weltmarktpreise bis Ende der 80er Jahre auf Rekordhöhen an. 1988/89 wurde (zumindest offiziell) an die Kakaobauern nahezu der Weltmarktpreis ausgezahlt. Nach einem leichten Rückgang 1988/89 wurden die Produzentenpreise im darauf folgenden Jahr dann *kräftig* um 41 % für Kakao, um 60 % für Robusta und um 47 % für Arabica gesenkt. In den folgenden Jahren folgten weitere Kürzungen, so daß die Preise für Kakao 1992/93 auf einem Niveau lagen, das letztmals 1976/77 und für Arabica auf einem, das letztmals 1974/75 unterschritten wurde. Für Robusta wurden sogar seit 1966/67 höhere Preise gezahlt als 1992/93.

---

[29] Beispiele für solche Barème von Kakao und Robusta-Kaffee sind für das Jahr 1983/84 bei JAKOBEIT (1988, S. 289/293) zu finden.

JAKOBEIT (1988, S. 334/338) stellt fest, daß die Einkommen, die der Staat aus der Kakaoproduktion abschöpfen konnte, seit der Unabhängigkeit erheblich schneller gestiegen sind als die der Bauern und die der Händler. Dasselbe gilt auch für Kaffee. Das zeigt sich auch daran, daß die Relation von Produzenten- zu Exportpreisen im Durchschnitt der Jahre von 1961/62 bis 1969/70 deutlich höher war als von 1970/71 bis 1984/85, nämlich 59 gegenüber 46 % bei Kakao, 70 gegenüber 45 % bei Robusta und 77 gegenüber 51 % bei Arabica. Das heißt, ein immer größerer Teil der Erlöse floß in die Vermarktung oder wurde vom Staat (bzw. durch das ONCPB) abgeschöpft. Die Bauern als Produzenten erhielten teilweise *weniger als ein Drittel* der Exporterlöse. Im folgenden Gliederungspunkt wird untersucht, ob das ONCPB seiner Aufgabe, einen Stabilisierungsfonds zu bilden, gerecht wurde.

Im gesamten Vermarktungssystem existierten also vier Akteure: die Bauern, die Genossenschaften, das ONCPB (außer bei Arabica-Kaffee) und die Exporteure. Mitte der 80er Jahre gab es etwa 30 zugelassene Exporteure, die in einem Verband zusammengeschlossen waren und gegenüber dem ONCPB - im Gegensatz zu den Bauern - ihre Interessen vertreten konnten (JAKOBEIT, 1988, S. 246f). Diese Aufgabe würde normalerweise den Genossenschaften zufallen. Tatsächlich besitzen diese in Kamerun vor allem bei der Vermarktung der Cash crops Kakao und Kaffee eine große Bedeutung. Sie sind das Bindeglied zwischen den einzelnen Bauern und der staatlichen Vermarktungsgesellschaft. Obwohl Kamerun für afrikanische Verhältnisse also über ein gut ausgebautes Genossenschaftswesen - besonders auch in den anglophonen Provinzen - verfügt, fungieren diese tatsächlich jedoch *kaum als Interessenvertretungen der Bauern*, denn sie unterliegen „... einer intensiven Aufsicht, Kontrolle und Einmischung des Staates“ (HAGEL, 1992, S. 87). Man kann sagen, daß sie mehr oder weniger vom Staat kontrolliert werden. Dabei konnten sich die Genossenschaften im Westen noch eher dieser Kontrolle entziehen als die in den östlichen Landesteilen. Wirklich unabhängige Interessenvertretungen der Kleinbauern sind sie aber nicht. Immerhin werden die Direktoren in den Genossenschaften im Westen von gewählten Gremien kontrolliert. Das hatte zur Folge, daß diese Genossenschaften bessere Konditionen mit dem ONCPB aushandeln konnten als die im Westen. Regelmäßige Rückvergütungen an die Mitglieder waren das Ergebnis (JAKOBEIT, 1988, S. 258). Eine Ausnahme unter den Genossenschaften bildet die UCCAO, die zwar direkt exportieren darf, aber an die von der Regierung festgelegten Produzentenpreise gebunden ist.

Der Verfall der Weltmarktpreise und das gleichzeitige Festhalten an den hohen Produzentenpreisen - „Les prix au producteur de cacao au Cameroun sont ainsi plus élevés dans les années 80, que ceux accordés aux planteurs de Côte d'Ivoire, situation inverse à celle des années 70“ (WAUTELET, 1990, S. 79) - führte schließlich zur Zahlungsunfähigkeit des ONCPB und zwang die Regierung, das Vermarktungssystem zu reformieren. Der Druck der Geber spielte dabei eine wichtige Rolle, denn allein aus dem STABEX-Fonds wurden z.B. von 1987 bis 1992 für die Stabilisierung des Kakaomarktes 172,4 Mio. ECU und für die des Kaffeemarktes 202,2 Mio. ECU überwiesen (MTM, 1992, S. 3332). 1994 wurden die Lizensierung der Aufkäufer sowie die Preisbindung vollständig aufgegeben und 1995 gab es im Kaffee- und Kakaomarkt bereits 200 Aufkäufer (MTM, 1995, S. 2750). Der an die Produzenten gezahlte Preis betrug nach den - mit Unsicherheit behafteten Angaben - des ONCC, der Nachfolgeorganisation des aufgelösten ONCPB, für Robusta-Kaffee am Anfang der Kampagne (August - Juli) 1994/95 617 und am Ende 529 FCFA pro Kilogramm. Das entsprach etwa 45 % des Exportpreises. Für Arabica-Kaffee erhöhte sich der Preis von 731 auf 913 FCFA pro kg, wobei die Relation zum Exportpreis zwischen 34 und 67 % schwankte. Der Preis für Kakao betrug am Anfang der Kampagne 1994/95 500 und am Ende 395 FCFA pro Kilogramm. Das entsprach etwa 60 % des Exportpreises (MTM, 1995, S. 2749). Wie aus Tabelle 27 ersichtlich ist, bedeutet das im ersten Jahr des „freien" Kakao- und Kaffeemarktes zumindest keine Verschlechterung der *Relation* von Produzenten- zu Exportpreisen in den 90er Jahren. Zudem erhöhten sich die *absoluten* Produzentenpreise deutlich, was bedeutet, daß die Bauern von den gestiegenen Weltmarktpreisen profitieren konnten.

Baumwolle

Baumwolle wird vor allem in den Provinzen Nord und Extrème Nord von Kleinbauern angebaut. Allerdings wird die Verteilung von Saatgut, Dünger, Maschinen und der Verkauf der Ernte von SODECOTON kontrolliert. Aber „its commercial viability is questionable" (UNIDO, 1990, S. 6), denn obwohl der Baumwollanbau auch dem Erwirtschaften von Devisen und der Versorgung des inländischen Marktes dient, ist er vor allem unter dem Aspekt der *Entwicklung des Nordens* zu sehen. Daher hat SODECOTON u.a. auch die Aufgabe, die Infrastruktur im Norden auszubauen. Die Rohbaumwolle wird nicht nur exportiert, sondern auch zur Weiterverarbeitung - hauptsächlich an die CICAM - verkauft. Die Hektarerträge konnten nach Angaben des MINAGRI von 379 kg 1960 auf 844 kg 1970 und schließlich auf 1262 kg 1978/79 gesteigert werden (DELANCEY, V., 1986, S. 139). Obwohl sich die SODECOTON bei der Erhöhung der Produktivität demnach als recht erfolgreich erwies und die zweithöchsten Erträge im frankophonen Afrika erzielt wurden, sind die Perspektiven eher düster: „... Cameroons cotton cannot hope to compete on world markets with low-cost producers like China" (UNIDO, 1990, S. 42).
Wie Tabelle 25 zeigt, konnte die Produktion bereits in den 60er Jahren erheblich gesteigert werden, erlebte in den 70er Jahren einen Einbruch und stieg dann ab Ende der 70er Jahre wieder kräftig an. In der ersten Hälfte der 80er Jahre zeigte die Tendenz weiter nach oben und in der zweiten Hälfte pendelte sich die Produktion etwa zwischen 110.000 und 120.000 Tonnen ein, wobei als Ausnahme aber 1988/89 mit 165.400 t als bisheriges Rekordjahr herausragt. Abgesehen von diesem Rekordjahr konnten die beiden besten Ernten in den 90er Jahren eingefahren werden. Nach der Schätzung der EIU ist für 1994/95 mit einem weiteren erheblichen Produktionsanstieg auf 155.000 t zu rechnen. Im Gegensatz zu Kaffee und Kakao zeigt hier die Tendenz nach oben.
Aus Tabelle 27 wird ersichtlich, daß der Produzentenpreis in den 60er Jahren konstant blieb und erstmals 1973/74 deutlich erhöht wurde. Dem folgten in den 70er Jahren weitere Erhöhungen, so daß er 1979/80 um 150 % höher war als 1969/70. Von 1979/80 bis 1985/86 wurde er sogar jährlich erhöht, was dazu führte, daß der Produzentenpreis bis zu seinem Höhepunkt von 155 FCFA/kg Mitte der 80er Jahre wieder um das Doppelte gestiegen war. Wie bei Kaffee und Kakao wurde auch der Preis für Baumwolle von 1985/86 bis 1987/88 konstant gehalten, um dann besonders 1989/90 kräftig um 32 % gesenkt zu werden. Allerdings war die Kürzung des Produzentenpreises für Baumwolle nicht so drastisch wie bei Kaffee und Kakao. Er lag auf seinem Tiefststand 1992/93 immer noch über dem Niveau von 1980/81 und konnte in der Saison 1993/94 sogar wieder um über 50 % erhöht werden. Diese im Gegensatz zu den beiden anderen Cash crops stehenden Erfolge sind zum Teil der guten Performance von SODECOTON zuzuschreiben. Allerdings betrug auch bei Baumwolle die Relation zwischen Produzenten- und Exportpreis von 1961/62 bis 1983/84 stets -

teilweise deutlich - weniger als 60 %. In der Mitte der 70er Jahre wurden sogar zeitweise nicht einmal 40 Prozent ausgezahlt. 1984/85 lag dann der Produzentenpreis aufgrund des Verfalls der Weltmarktpreise sogar *über* dem Exportpreis und in den beiden folgenden Erntezeiten nur knapp darunter.

Kautschuk

Kautschuk wird anders als die drei bisher behandelten Produkte auf Plantagen angebaut. 90 % des Kautschuks werden zu etwa gleichen Teilen von der CDC und der HEVECAM produziert und vermarktet, der Rest entfällt auf das private Unternehmen SAFACAM. Die Kautschukplantagen liegen wie die meisten anderen Plantagenbetriebe im Süden des Landes, und zwar in Küstennähe in den Provinzen Southwest und Littoral. Während die Plantagen der CDC noch auf die deutsche Kolonialzeit zurückgehen, wurde HEVECAM 1975 gegründet und begann 1984 die Produktion (MTM, 1992, S. 3333). Das trug auch dazu bei, daß die Produktion, die in der ersten Hälfte der 80er Jahre noch moderat expandierte, ab 1987/88 kräftig zunahm. Innerhalb von drei Jahren, von 1987/88 bis 1989/90, verdoppelte sich die Ernte. Nach Produktionsrückgängen zu Beginn der 90er Jahre konnte 1993/94 wieder fast das Ergebnis des Rekordjahres 1989/90 erreicht werden. Der Produktionsanstieg nach der Mitte der 80er Jahre fällt zusammen mit einer Zunahme des Produzentenpreises um 25 % von 1986/87 bis 1988/89 (vgl. Tab. 27). Diese Erhöhung wurde allerdings bereits im darauffolgenden Jahr wieder egalisiert. Der Anstieg der Kautschuk-Produktion im Jahre 1993/94 ging abermals mit einer kräftigen Zunahme des Produzentenpreises um 77 % gegenüber dem Vorjahr einher. 1994/95 sollte nach der Schätzung der EIU noch eine stärkere Erhöhung um 84 % folgen, so daß aufgrund der gestiegenen Preise weitere Produktionszunahmen zu erwarten sind.

Palmöl

1991/92 teilte sich die Produktion von Palmöl auf folgende Plantagen auf: die staatlichen SOCAPALM (52 %) und CDC (21 %) sowie PAMOL (12 %), SAFACAM (8 %) und SPFS (8 %). Allein SOCAPALM besaß zu Anfang der 90er Jahre ein Kapital von 9,5 Mrd. FCFA (REPUBLIQUE DU CAMEROUN, 1992, S. 398). Daneben gibt es noch einige weiterverarbeitende Betriebe. Von der Produktion von Palmöl leben schätzungsweise 160.000 Menschen (MTM, 1992, S. 3335). Obwohl Palmöl in Kamerun einen großen Absatzmarkt besitzt, hat die heimische Produktion mit Problemen zu kämpfen. Aufgrund ungenügender Raffineriekapazitäten exportiert Kamerun 40 % des Öls im unbearbeiteten Zustand und importiert jährlich 15.000 bis 30.000 t raffiniertes Öl, um die heimische Nachfrage zu befriedigen (MTM, 1992, S. 3335). Das liegt zum einen an der starken Konkurrenz asiatischer Anbieter (UNIDO, 1990, S. 42) und zum anderen an der schlechten Performance der einheimischen Unternehmen. So schrieb SOCAPALM, die bereits 1968 gegründet wurde und erst 1978 die eigene Produktion aufnahm, bis Mitte der 80er Jahre fast ständig rote Zahlen. Die Probleme des massiv von außen (z.B. durch die Weltbank) unterstützten Unternehmens werden auch auf schlechtes Management zurückgeführt (WILLAME, 1986, S. 113). Aber auch die privaten Unternehmen hatten Schwierigkeiten: PAMOL, eine Tochtergesellschaft von Unilever, ging Ende 1987 in Liquidation (UNIDO, 1990, S. 42), wurde aber von der SPFS wieder eröffnet (EIU, 1994, S. 18). Der Staat zieht sich zunehmend aus diesem Bereich zurück. So hat er in jüngster Zeit seine Minderheitsbeteiligung an der SPFS verkauft und SOCAPALM befindet sich im Stadium der Planungen zur vollständigen Privatisierung (MTM, 1995, S. 2731). Schon gegen Ende der 80er Jahre hat die Regierung mit SOCA-

PALM und CDC zwei der bereits erwähnten Contrats de performance geschlossen, die Kostenreduzierungen, aber auch Investitionen zum Inhalt hatten. Mit Unterstützung ausländischer Geldgeber wurden also nicht nur Anpassungsmaßnahmen unternommen, sondern auch Investitionen in Raffinerien getätigt. Es folgte 1991 die Gründung eines Pools der Produzenten zum Ausgleich von Preisschwankungen (MTM, 1992, S. 3335).
Trotz der Schwierigkeiten lag die Produktion in der zweiten Hälfte der 80er Jahre deutlich über der in der ersten Hälfte. 1991/92 wurde mit 130.000 t sogar eine Rekordernte erzielt, die fast doppelt so hoch war wie die in den Jahren 1982/83 bis 1984/85 (vgl. Tab. 25). Dazu kam es, obwohl in der zweiten Hälfte der 80er Jahre der Produzentenpreis fast ständig gesunken war und sich 1991/92 auf einem Niveau befand, das um 30 % unter dem von 1984 /85 lag (vgl. Tab. 27). Die dennoch zunehmende Produktion dürfte auch ein Resultat der Subventionierung dieses Sektors gewesen sein und wenn sich die Weltmarktpreise nicht wieder erhöhen, hängt das Überleben der Branche auch in Zukunft von der Protektion des Binnenmarktes ab (MTM, 1992, S. 3335).

Bananen

Der Bananenanbau erfolgt überwiegend auf Plantagen der ehemaligen OCB (Organisation Camerounaise de la Banane) und der CDC in der Provinz Southwest. Die Produktivität konnte in den letzten Jahren deutlich gesteigert werden und auch 1994 ist der Ertrag pro Hektar weiter von 40 auf 45 t gestiegen. Insgesamt wurden von 1990 bis 1994 15 Mrd. FCFA investiert (MTM, 1995, S. 2748f). Diese Investitionen schlugen sich nach Produktionsrückgängen in den Jahren nach 1985/86 bereits 1989/90 in einer Zunahme der Erntemenge um 132 % nieder. In den 90er Jahren setzte sich dieser Anstieg fort und für 1994/95 wird eine Produktion von 200.000 t erwartet, was etwa eine Vervierfachung gegenüber der durchschnittlichen Produktion in den 80er Jahren und eine Verdoppelung gegenüber 1990/91 bedeuten würde (vgl. Tab. 25). Wie Tabelle 27 zeigt, sind die Produzentenpreise im genannten Zeitraum aber weitgehend konstant geblieben bzw. gegen Ende der 80er Jahre sogar leicht gefallen. Der Erfolg des Bananensektors kann daher nur durch eine Veränderung der *Rahmenbedingungen* erklärt werden.
Dabei stößt man auf zwei Ursachen: Zum einen wurde die Produktion weitgehend privatisiert und zum anderen verbesserten sich die Exportchancen durch den europäischen Binnenmarkt. Kamerun profitiert davon, daß es als AKP-Staat und Unterzeichner der Lomé - Konvention bevorzugten Zugang, nämlich eine Zollbegünstigung um 20 % seit 1. Juli 1993, auf den EU-Markt hat (STBA, 1993, S. 71). Da die Produktion Kameruns gegenüber den „Dollar-Bananen" preislich nicht wettbewerbsfähig ist, verwundert es nicht, daß der Export fast ausschließlich nach Europa erfolgt. Während noch 1987 sogar der *gesamte* Export nach Frankreich ging, reduzierte sich dessen Anteil bis 1991 auf 74 %. Der Rest wurde von Italien (23 %) und von Großbritannien (2,5 %) abgenommen (MTM, 1992, S. 3318). Allerdings hängt der Bananenexport von den Quoten der EU ab (MTM, 1995, S. 2748f). Es haben sich aber in den 90er Jahren nicht nur die Nachfragebedingungen deutlich verbessert, sondern auch auf der Angebotsseite spielten sich bedeutende Veränderungen ab. Die staatlichen Plantagen der OCB, dem zweiten Anbieter neben der CDC, wurden 1988 teilweise und 1992 durch den Verkauf der restlichen Staatsanteile von 51 % an die französische Compagnie frutière vollständig *privatisiert*. Aus der „Konkursmasse" der OCB gingen drei rechtlich selbständige Plantagenbetriebe - allerdings mit denselben Aktionären - hervor. Darüber hinaus schloß die CDC mit DelMonte einen Vertrag über technische und finanzielle Hilfe, der dem privaten Unternehmen praktisch das Management dieses Bereiches überließ (MTM,

1992, S. 3318ff; UNIDO, 1990, S. 42). Die CDC weitete daraufhin ihre Produktion aus und baut mittlerweile auf 1.200 ha Bananen an, was 40 % der gesamten Bananenanbaufläche und 30 % der Produktion entspricht. Da neben der Produktion auch die Vermarktung privatisiert wurde, kam es nicht nur zu erheblichen Investitionen in Bewässerung, Mechanisierung und Transport, sondern auch zu einer Straffung und damit höheren Effizienz der Vermarktung (MTM, 1992, S. 3334).

Tee

Die Teeplantagen der CDC sind die einzigen im Land. Ihre Produktion spielt mit in den 80er Jahren jährlich etwa 2.500 t eine untergeordnete Rolle. Allerdings ist bemerkenswert, daß auch in diesem Bereich wie bei den Bananen nach einem Kooperationsvertrag und der Übernahme des Managements durch ein privates Unternehmen, der Commonwealth Development Corporation (COMDEV) (MTM, 1992, S. 3320), die Produktion 1993/94 auf über das Doppelte des Durchschnitts der 80er Jahre anstieg. Auch 1994/95 soll die Produktion auf diesem hohen Niveau verharren (vgl. Tab. 25).

Holz

Zwischen 1980 und 1990 nahm der gesamte Holzeinschlag um 39 % auf 14,126 Mio. Kubikmeter zu. Nur 23 % davon waren allerdings Nutzhölzer. Die kommerzielle Holzgewinnung wird im Zentrum und im Süden des Landes sowie an der Küste betrieben (STBA, 1993, S. 76). Obwohl es 113 registrierte Fostbetriebe gibt, wird der Sektor von einigen wenigen ausländischen Unternehmen dominiert, die die technische Fähigkeit haben, mit der schlechten Infrastruktur fertig zu werden (EIU, 1995, S. 21). 40 bis 50 % des geschlagenen Holzes werden in Kamerun bearbeitet bzw. weiterverarbeitet. In der Forstwirtschaft arbeiteten 1993/94 etwa 45.000 Personen bei einem Umsatz von 145,5 Mrd. FCFA, wovon der Staat 30,9 Mrd. FCFA als Steuern abschöpfen konnte (MTM, 1995, S. 2745). Aus Tabelle 25 wird ersichtlich, daß die Holzexporte in der ersten Hälfte der 80er Jahre kräftig gestiegen sind, um nach Rückgängen 1985/86 und 1986/87 gegen Ende der 80er Jahre weiter zuzunehmen. Allerdings waren nach dieser Statistik der BEAC die Exporte unverarbeiteter Hölzer mengenmäßig 1991/92 immer noch geringer als 1984/85. Anders verhält es sich mit den *Erlösen* aus dem Export von Holz und Holzprodukten, die ab Mitte der 80er Jahre kräftig gestiegen sind und 1991 fast 20 % der gesamten Exporterlöse Kameruns (exklusive Öl) ausmachten (vgl. Tab. 43).

Im Februar 1990 wurde das ONADEF (Office nationale du Développement des Fôrets) gegründet. Es ging hervor aus dem Centre National de Développment des Fôrets und dem Office National de Régéneration Forestrière, die in der Vergangenheit unterschiedliche und ineffiziente Strategien verfolgten. ONADEF soll *langfristige* Pläne zur Waldnutzung aufstellen. Es hat darüber hinaus die Aufgaben der Erhaltung und Erneuerung der Waldbestände, der Eingrenzung der Versteppung und der Förderung der Holzindustrie (STBA, 1993, S. 76). Ein neues Forstgesetz ist unter Mitarbeit - und auch auf Druck (EIU, 1995, S. 22) - von Weltbank und IWF im Januar 1994 in Kraft getreten. Seine Ziele sind die Erhaltung des Waldbestandes und der Umwelt, die Nutzung der Holzressourcen zur Entwicklung des Landes sowie deren Aufwertung durch den Ausbau der Forstwirtschaft. Fünf Jahre nach Inkrafttreten des Gesetzes, also ab Januar 1999, dürfen *keine unbearbeiteten* Hölzer mehr exportiert werden - in der Übergangszeit darf ihr Anteil an den gesamten Holzexporten höchstens 30 % betragen. Die Durchsetzung dieses recht komplizierten Gesetzes (68 Seiten) dürfte trotz der von der Weltbank zugesagten Unterstützung schwierig werden (MTM,

1995, S. 2745f). Steuerliche Maßnahmen sind die Erhöhung der Nutzungsabgabe pro Hektar von 98 auf 300 FCFA und eine Steuer von 7 % auf den Marktwert des geschlagenen Holzes. Seit 1994 gibt es darüber hinaus die erwähnte Exportabgabe von 25 % auf unbearbeitetes Holz, die je nach dem Bearbeitungsgrad bis auf 15 %, dem Satz für landwirtschaftliche Produkte, sinken kann (MTM, 1995, S. 2746).

Reis

Reis ist kein traditionelles Nahrungsmittel in Kamerun. Er wird vor allem in den Städten konsumiert, in denen der Pro-Kopf-Verbrauch zehnmal so hoch wie auf dem Land ist. Der Reisverbrauch nahm in den 70er und 80er Jahren vor allem deshalb stark zu, weil die Preissteigerungen bei importiertem Reis erheblich geringer waren als bei im Inland produzierten Nahrungsmitteln (Van De WALLE, 1990, S. 303f). Da Reis (wie auch Weizen) zu den wenigen Nahrungsmitteln gehört, bei denen Kamerun nicht Selbstversorger ist, wurde aus Gründen der Importsubstitution und der Förderung des unterentwickelten Nordens der Reisanbau vor allem in den Provinzen Nord und Extrème Nord gefördert. Zu diesem Zweck wurde (neben einigen anderen Gesellschaften) 1971 SEMRY gegründet. Der Reisanbau und speziell SEMRY konnten durchaus Erfolge aufweisen (UNIDO, 1990, S. 41) - so wurden die Hektarerträge nach Angaben der FAO von 1969/71 bis 1982 verdreifacht (DELANCEY, V., 1986, S. 141). Das STBA (1993, S. 67) gibt für die Zeit von 1979/81 bis 1990 ebenfalls Produktivitätssteigerungen um fast 32 % auf 30 Doppelzentner pro Hektar an. Die *Produktion* konnte bereits in den 70er Jahren und besonders zu Beginn der 80er Jahre (Verdoppelung von 1979/80 bis 1983/84) deutlich erhöht werden. Nach einem Einbruch Ende der 80er Jahre pendelte sich die Ernte zu Beginn der 90er Jahre bei etwa 100.000 t ein (vgl. Tab. 25).

Trotz dieser Erfolge hatte die Reisproduktion in Kamerun vor allem mit zwei Problemen zu kämpfen: Erstens konnte sie preislich nicht mit dem aus Asien importierten Reis konkurrieren. Es gelang der Regierung nicht - trotz einiger Versuche -, den heimischen Markt zu schützen und den Reispreis in Kamerun hoch zu halten. Ob diese Maßnahmen tatsächlich ernsthaft waren oder *nicht*, wie Van De WALLE (1990, S. 283) meint: „Cameroon is running a `cheap rice´ policy that placates politically important urban constituencies but that undermines domestic food producers in rural areas“, soll vorerst nicht beurteilt werden. Zweitens kamen wegen der schlecht ausgebauten Infrastruktur zu den vergleichsweise hohen Produktionskosten noch immense Transportkosten von den Produktionsorten im Norden zu den Konsummärkten in den Städten im Süden hinzu (UNIDO, 1990, S. 41). So kostete SEMRY-Reis 1993 etwa 50 % mehr als der importierte Reis *inklusive* Importsteuer (MTM 1.10.1993, S. 2444). Die Abwertung des FCFA hat die preisliche Wettbewerbsfähigkeit des im Inland produzierten Reises zwar erheblich verbessert, aber es bleibt abzuwarten, ob SEMRY dadurch seine Probleme lösen kann (vgl. 2.4.2.4).

Zucker

Auch auf dem Zuckermarkt verfolgte Kamerun eine Importsubstitutionspolitik. Die Zuckerproduktion in Kamerun ist relativ stabil und betrug 1990/91 75.000 t bei einer Binnennachfrage von etwa 80.000 t. Die staatlichen Gesellschaften SOSUCAM (52 %) und die 1975 gegründete CAMSUCO (48 %) teilen sich die Produktion (MTM, 1992, S. 3335). CAMSUCO besteht aus einer Plantage mit 12.000 ha und zwei Zuckerfabriken (MTM, 1995, S. 2740). Das Problem der Zuckerproduzenten sind ebenfalls die billigeren Importe: Ende der 80er Jahre kostete der importierte Zucker 80 FCFA je Kilo, während CAMSUCO seinen

Zucker zu über 300 und SOSUCAM zu 245 FCFA je Kilo anboten. Beide Gesellschaften waren daher auf die Protektion des heimischen Marktes und Subventionen angewiesen (WILLAME, 1986, S. 116f). Die 1988 gegründete Ausgleichskasse, die mit auf den importierten Zucker erhobenen Steuern die heimische Produktion subventionieren sollte (ein Verfahren, das auch bei Reis erfolglos versucht wurde), konnte keine Erfolge aufweisen. Da die Lösung des Problems v.a. in einer effizienteren Produktion und Organisation liegt, hat die Regierung 1990 die Privatisierung von CAMSUCO beschlossen (MTM, 1992, S. 3335), die 1995 immer noch nicht abgeschlossen war (MTM, 1995, S. 2731).

Mais

In den letzten Jahren wurden besondere Anstrengungen unternommen, den Anbau von Mais zu verstärken. Er ist inzwischen vor Hirse und Sorghum zum wichtigsten Getreide geworden. Die Produktion ist von 275.000 Tonnen 1981/82 auf 600.000 Tonnen 1988/89 gestiegen.[30] 1989 wurden darüber hinaus Verarbeitungsbetriebe für Maisöl und Ölkuchen, die MAISCAM in der Region von Ngaoundéré und die Nouvelle Maiserie de l'Ouest gegründet (BfAI, NfA 18.5.1990). Die Perspektiven für den Maisanbau sind aufgrund hoher Produzentenpreise recht gut und lassen eine Ausweitung der Produktion in den 90er Jahren annehmen. Im Verlauf der 80er Jahre konnten die Hektarerträge um kräftige 72 % gesteigert werden (STBA, 1993, S. 66f).

Weizen

Die Weizenproduktion spielt in Kamerun eine sehr geringe Rolle. Allerdings wurde 1975 mit Unterstützung - aber nicht unter Beteiligung - der französischen SCM (Tochterunternehmen von Grand Moulin de Paris - GMP) die SODEBLE (Société de Développement du Blé) gegründet, die als Ziel „... the creation of a highly mechanized publicly owned farm, to culture wheat on some 50.000 hectares" (Van De WALLE, 1990, S. 286) hatte. Bei SODEBLE war der Fall ähnlich wie bei SEMRY gelagert, nur daß es sich jetzt um den Anbau von Weizen in der Region um Ngaoundéré handelte. Nach Angaben der FAO konnten die Hektarerträge von Weizen von Mitte bis Ende der 70er Jahre auf 1000 kg erhöht und damit verdoppelt werden. Sie sind jedoch Anfang der 80er Jahre wieder auf 500 kg zurückgefallen, woraufhin SODEBLE ihre Tätigkeit auch auf andere Pflanzen (Mais und Soja) ausgeweitet hat (DELANCEY, V., 1986, S. 141). Das Projekt erwies sich als Fehlschlag und als „... another big failure in the practice of import substitution" (WILLAME, 1986, S. 117), wofür auch die für den Weizenanbau ungünstigen Witterungsbedingungen und die fehlende Nachfrage vor allem unter der Landbevölkerung verantwortlich waren. SODEBLE war daher eine der ersten Parastatals, die 1989 liquidiert wurden (Van De WALLE, 1990, S. 86). WILLAME (1986, S. 119) bietet neben den bei SODEBLE selbst zu suchenden Ursachen noch eine Art „Verschwörungstheorie" als Erklärung für den Mißerfolg an: „... the wheat project could not compete with the powerful French lobby of cereal importers and indeed with GMP itself". Das würde bedeuten, daß GMP, die dieses Projekt unterstützte, selbst am Mißerfolg interessiert war. Wie dem auch sei, es bleibt als Resümee: „SODEBLE was an ill advised effort to create a state wheat farm in the Adamoua Plateau that consumed 4 billion CFA between 1975 and 1981" (Van De WALLE, 1990, S. 86).

---

[30] Das STBA (1993, S. 67) nennt gestützt auf die FAO nur eine Erntemenge von 460.000 Tonnen und einen weiteren Rückgang in den folgenden beiden Jahren. Allerdings gesteht es selbst eine Untererfassung der Nahrungsmittelproduktion zu.

2.4.2.4 Die landwirtschaftlichen Entwicklungsorganisationen

Besonders in den 70er Jahren wurde eine Vielzahl von Gesellschaften gegründet, die die Förderung der landwirtschaftlichen Entwicklung zur Aufgabe hatten.[31] Die Société de Développement wurde 1968 als parastaatliches Unternehmen mit weitgehender Autonomie definiert, das unter der Vormundschaft des zuständigen Ministeriums ein bestimmtes von der Regierung festgelegtes Ziel verfolgt (Van De WALLE, 1990, S. 74f). Die Tätigkeitsfelder bezogen sich entweder auf bestimmte Regionen (z.B. SEMRY, SODERIM), bestimmte landwirtschaftliche Produkte (z.B. SODECOTON, SODECAO) oder auf bestimmte Aufgaben (z.B. FONADER, CENEEMA). Sie scheinen demnach zwar klar definiert, aber nicht ohne erhebliche Überschneidungen - zum einen mit den Aufgaben des MINAGRI und zum anderen auch untereinander.[32] Zudem kamen zur eigentlichen Hauptaufgabe von Anfang an oder mit der Zeit andere Tätigkeitsfelder hinzu wie z.B. die Förderung des Anbaus von Food crops oder der Ausbau der Infrastruktur. Man kann daher schon von einem sich verstärkenden *unorganisierten „Wildwuchs"* sprechen (vgl. auch JAKOBEIT, 1988, S. 244). Neben den wichtigsten dieser Entwicklungsgesellschaften (SEMRY, SODECOTON, SODECAO und HEVECAM) sollen im folgenden die CDC, die eine lange Tradition hat und erst mit der Zeit zur Entwicklungsgesellschaft wurde, die UCCAO als größter und wichtigster Zusammenschluß von Genossenschaften - ebenfalls mit Entwicklungsaufgaben - sowie das ONCPB, das als Marketing board für die Cash crops insgesamt (mit bedeutenden Ausnahmen) fungierte und bis zu seiner Auflösung eine der kapitalstärksten Organisationen in Kamerun war, dargestellt werden.

Alle diese Organisationen kamen im Zuge der Wirtschaftskrise ab Mitte der 80er Jahre - wenn sie es nicht schon vorher waren - in finanzielle Schwierigkeiten. Bis 1992 häuften die landwirtschaftlichen Gesellschaften *insgesamt* Schulden in Höhe von 289 Mrd. FCFA an, darunter das ONCPB 100, SODECOTON 57, CAMSUCO 34, CDC 21, SEMRY 19, HEVECAM 17, SOFIBEL 10, SODECAO 8, COCAM 5, SCT 5 und OCB 4 Mrd. FCFA (MTM, 1992, S. 3331). Nach anfänglichen Versuchen der Regierung, die Probleme durch die sogenannten „Contrats de performance" - u.a. mit SODECOTON, SOCAPALM, CDC, HEVECAM und SEMRY (MTM, 1992, S. 3332) - in den Griff zu bekommen, mußte sie sich schließlich weitgehend dem Druck vor allem von Weltbank und IWF zur Privatisierung oder Auflösung dieser Gesellschaften beugen. An dieser Stelle soll aber nicht unerwähnt bleiben, daß diese Organisationen, die man nun gerne los werden will, nahezu alle von ausländischen Geldgebern unterstützt wurden und teilweise noch werden (Van De WALLE, 1990, S. 83). So gab die Weltbank bis in die Mitte der 80er Jahre mehr als die Hälfte ihrer Entwicklungskredite an Kamerun für agrarindustrielle Projekte und Plantagen (CLAUDE, 1989, S. 207; Van De WALLE, 1990, S. 100f). So wurde der angesprochene „Wildwuchs" auch durch die *mangelnde Koordination* der Geldgeber und die Strategie der Kameruner Regierung, unter Verzicht auf eine konsistente Entwicklungspolitik die Projekte durchzuführen, für die Entwicklungshilfe oder Kredite gegeben wurden, gefördert.

ONCPB / ONCC

Das Office Nationale de Commercialization des Produits de Base (ONCPB) wurde 1976 gegründet und verfügte 1988 über etwa 3000 Angestellte (Van De WALLE, 1990, S. 223).

---

[31] Bei TCHALA ABINA (1988, S. 4f) ist eine Tabelle mit den bis 1981 gegründeten Entwicklungsorganisationen und deren Tätigkeitsfeldern zu finden.

[32] Details zu den verschiedenen Aufgabenbereichen sind bei Van De WALLE (1990, S. 78ff) zu finden.

Seine Hauptaufgabe war die *Stabilisierung* der inländischen Preise der „smallholder cash crops“ Kaffee, Kakao und Baumwolle. Darüber hinaus hatte es auch den Auftrag, die Produktqualitäten zu überwachen. Allerdings sind die Kompetenzen nicht so klar abgesteckt, wie es nach dieser kurzen Erläuterung den Anschein hat. So besitzt SODECOTON in der gesamten Region, in der Baumwolle angebaut wird, die alleinige Verantwortung für die ländliche Entwicklung und auch für die Vermarktung der Baumwolle. Daneben ist für die Vermarktung von Arabica-Kaffee, der in der Provinz Ouest angebaut wird, die UCCAO in Eigenverantwortung zuständig - sie hat sich (ebenso wie SODECOTON) nur an die festgelegten Preise zu halten (Van De WALLE, 1990, S. 213f). Die Kompetenzen waren also nicht so klar zugeordnet, wie man es bei einer zentralen Organisation erwarten könnte. „In principle, ONCPB had a monopsony on farmgate purchases and exports for all export crops, but in practice it delegated marketing responsibilities to cooperatives, private buyers, and parastatal development agencies, with a different arrangement for every crop and in several cases different arrangements among provinces“ (BLANDFORD et al., 1994, S. 149).
Zudem war das ONCPB weit davon entfernt, nur Stabilisierungskasse und Vermarktungsorganisation zu sein. Die Überschüsse, die es aus der Vermarktung abschöpfte, dienten auch zur Finanzierung der Defizite von SODECOTON oder der Ausstattung von beispielsweise SODECAO oder FONADER mit Finanzmitteln (Van De WALLE, 1990, S. 97f). Daneben wurden sie für den Bau von Straßen und Beteiligungen an Industriebetrieben genutzt oder verschwanden im allgemeinen Staatsbudget. Das ONCPB betätigte sich zum Teil auch als Kreditgeber für die Kooperativen, die als Zwischenhändler zwischen den Bauern und dem Board fungierten. Obwohl es dem MINDIC unterstand (BLANDFORD et al., 1994, S. 149), wurde es auch vom MINAGRI überwacht. Die Kooperativen werden ebenfalls vom Agrarministerium und von ihren Mitgliedern - den Bauern -, die jeweils Sanktionen gegen Funktionäre der Kooperativen verhängen können, kontrolliert. Allerdings besitzen das ONCPB und die Kooperativen gegeneinander ebenso wie die einzelnen Bauern gegenüber dem ONCPB im Falle schlechter Performance keine Sanktionsmöglichkeiten, obwohl sie als *direkt* am Vermarktungsprozeß Beteiligte über die Aktionen der anderen besser informiert sind als das MINAGRI (LAAN, 1988, S. 2ff).
Die Einnahmen des ONCPB bestanden in einer pauschalen Exportsteuer pro Kilogramm auf das jeweilige Export crop und in den Abschöpfungen der Differenz zwischen Weltmarktpreis und Produzentenpreis. Die Ausgaben ergaben sich aus der Erfüllung der oben genannten Aufgaben. Beim von der UCCAO vermarkteten Arabica-Kaffee floß dem ONCPB lediglich ein pauschaler Abschöpfungsbetrag pro Kilogramm zu. Im Staatshaushalt wurden aufgrund der finanziellen Autonomie des ONCPB allerdings nur die Exportsteuern erfaßt. Sie machten 1984/85 nur etwa 2 % der gesamten Staatseinnahmen (inkl. CHB) aus (JAKOBEIT, 1988, S. 232f).

Insbesondere in den 70er Jahren, als die Weltmarktpreise für die von Kamerun exportierten Cash crops hoch und die Produzentenpreise niedrig waren (vgl. Tab. 27) - aber auch noch in der ersten Hälfte der 80er Jahre -, konnte das ONCPB einiges Kapital ansammeln. 1984/85 und 1985/86 waren aufgrund der günstigen Entwicklung der Weltmarktpreise nochmals sehr profitable Jahre für das ONCPB, sogar SODECOTON machte in diesen Jahren das einzige Mal in seiner Geschichte Gewinne (Van De WALLE, 1990, S. 229). Die Einnahmen wurden aber vor allem zum Aufblähen der eigenen Organisation verwendet und „(a)pparently the revenues gained by the ONCPB were also used at times to finance activities outside the agriculture sector; ...“ (BLANDFORD et al., 1994, S. 150). Von 1980/81

bis 1984/85 erhöhte das ONCPB seinen Personalbestand um 85 % von 1.300 auf 2.200 und sein Budget um 111 % von 56,4 auf 105,1 Mrd. FCFA. Obwohl sich sein Budget bis 1988/89 wieder um 32 % verringerte, stieg der Personalbestand weiter auf 2.800 an (MTM, 1992, S. 3331). Das gesamte Kapital betrug im Juni 1985 100 Mrd. FCFA, die zu 60 % als Termineinlagen in Banken deponiert waren. Daneben war das ONCPB mit 22 Mrd. FCFA an 19 agroindustriellen Gesellschaften beteiligt und vergab an staatliche oder halbstaatliche Organisationen 19 Mrd. FCFA an langfristigen Krediten (JAKOBEIT, 1988, S. 269). Von seinen Beteiligungen und Krediten waren 78 % mittel- und langfristig in öffentlichen Unternehmen gebunden (WAUTELET, 1990, S. 83).
Ab 1987 war das ONCPB infolge der gefallenen Weltmarktpreise in ernsthaften finanziellen Schwierigkeiten. Über die tatsächliche Höhe der Schulden gibt es jedoch nur Schätzungen wie die bereits erwähnten 100 Mrd. FCFA (vgl. auch STBA, 1993, S. 68 und HAGEL, 1992, S. 92). In dieser Phase stellte sich die Frage, *wo* die Einnahmen aus früheren Jahren geblieben waren. Denn die Aufgabe der Preisstabilisierung wurde in der Vergangenheit allenfalls als Nebenprodukt bei der Erzielung von Einnahmen erfüllt. Nur in 4 von 25 Jahren von 1960 bis 1985 - das letzte Mal 1971/72 - waren die Abschöpfungen negativ. In den übrigen Jahren wurden beträchtliche - jedoch stark schwankende - Gewinne gemacht (JAKOBEIT, 1988, S. 335). Selbst unter Berücksichtigung der immensen Verwaltungsausgaben des ONCPB hätten die Einnahmen aus dem Robusta-Export der „fetten" Jahre von 1983 bis 1986 ausreichen müssen, um den Bauern drei Jahre lang jährlich 90.000 t Kaffee ohne jegliche weitere Einnahme abkaufen zu können (HAGEL, 1992, S. 32). Die Milliarden-Abschöpfungen waren aber außer für die eigene Verwaltung für Subventionen und Kredite an andere Parastatals und für Infrastrukturprojekte bereits überwiegend ausgegeben worden (etwa 170 Mrd. FCFA von 1978 bis 1990). Einlagen von über 100 Mrd. FCFA beim Staat und bei staatlichen Banken waren aufgrund der Zahlungsunfähigkeit bzw. -unwilligkeit des Staates und des Bankrotts der staatseigenen Banken BCD und Paribas nicht mehr flüssig. Auch mit einer Rückzahlung der Kredite konnte aufgrund der Zahlungsunfähigkeit der meisten parastaatlichen Unternehmen kaum gerechnet werden (HAGEL, 1992, S. 91). Allerdings gab es auch noch ein anderes Problem: „... much money seems to have simply disappeared" (Van De WALLE, 1990, S. 224). So verschwanden einfach 9 Mrd. FCFA aus dem STABEX-Fond der EG spurlos. Das ONCPB war zu einem Moloch geworden, den wohl nicht einmal mehr der Präsident selbst durchschaute (Van De WALLE, 1990, S. 226). Obwohl die Produzentenpreise dennoch für drei Jahre *formal* stabil gehalten wurden, waren die Bauern die Leidtragenden, denn die hohen Preise wurden tatsächlich kaum noch bezahlt. Statt dessen häufte das ONCPB Schulden gegenüber den Bauern an, die erst ab 1992 mit Hilfe des Stabex-Fonds der EG teilweise zurückgezahlt wurden (MEHLER, 1995b, S. 299). Zudem konnte das ONCPB die durchschnittlichen Produzentenpreise durch Änderungen in der Einordnung in die verschiedenen Qualitätsstufen beeinflussen. Auch Betrug beim Wiegen soll durchaus nicht selten vorgekommen sein (Van De WALLE, 1990, S. 211f).
Nachdem bereits in dem mit der Regierung abgeschlossenen Contrat de performance vorgesehen war, einige Geschäftsbereiche wie Qualitätskontrolle und Transport abzutreten (BfAI, NfA 18.5.1990), mußten 1989 drastischere Maßnahmen ergriffen werden. Es wurden 40 % aller leitenden Posten gestrichen und insgesamt 1.700 der 2.850 Angestellten entlassen (HAGEL, 1992, S. 93). Im Juni 1991 wurde die Organisation dann vollständig liquidiert, wobei weitere Entlassungen vorgenommen wurden (COURADE et al, 1991, S. 894 und EIU, 1995, S. 15). Das ONCPB wurde im gleichen Jahr durch das ONCC (Office Nationale

du Café et du Cacao) ersetzt, das nur noch die Qualitätskontrolle und die Errichtung eines Preisstabilisierungsmechanismus zur Aufgabe hat sowie die Funktion eines Supervisors übernimmt, aber nicht mehr direkt als Zwischenhändler auftritt. Das Aufkaufen der Cash crops soll von privaten Händlern übernommen werden (STBA, 1993, S. 68f). Im August 1993 wurde den Produzenten von Kaffee und Kakao dann endgültig erlaubt, ihre Produkte *direkt* unter Umgehung der lizensierten Händler zu exportieren (MTM 3.9.1993, S.2224) und im August 1994, also für die Saison 1994/95, wurde die zentrale Festlegung der Produzentenpreise beendet. Die Liberalisierung der Preise wurde mit der Einführung eines Informationssystems verbunden. In den Medien sollen regelmäßig die Preise der Käufer und Exporteure von Kaffee und Kakao für jede Region und jede Qualität bekannt gegeben werden. USAID beteiligt sich an der Finanzierung dieses Informationssystems (MTM 19.8.1994, S. 1750).

Allerdings gibt es vor allem von der EU, dem wichtigsten Geldgeber, Kritik am ONCC. Sie richtet sich gegen die Zunahme der Ausgaben und des Personals sowie das bisherige Versagen bei der Qualitätskontrolle. Darüber hinaus wird ihm vorgeworfen, zu eng mit den Exporteuren zusammenzuarbeiten und bisher kein leistungsfähiges Preis-Informationssystem für die Produzenten aufgebaut zu haben. Die EU fordert daher eine Umstrukturierung des ONCC, wozu die Übertragung der Aufgabe des Aufbaus eines Informationsnetzes an das CICC (Comité Interprofessionnel Cacao et Café) und die bereits beschlossene Übertragung der Qualitätskontrolle auf die SGS gehört. Auch das CICC ist der Kritik des zu großen Einflusses der Exporteure ausgesetzt. Dem soll durch eine bessere Repräsentation der Produzenten und demokratischere Strukturen abgeholfen werden (MTM, 1995, S. 2751). Alles in allem ist es aber noch zu früh, um die Ergebnisse der neuen Marktordnung beurteilen zu können.

CDC

In der Cameroon Development Corporation (CDC) wurden 1946/47 die ehemaligen deutschen Plantagen um den Mount Cameroon zusammengefaßt. Ab 1967 wurden dann sowohl die Anbaufläche als auch die Tätigkeitsfelder ausgeweitet, wobei ab 1977 auch die North West- und die angrenzenden frankophonen Provinzen mit einbezogen wurden. Die CDC bewirtschaftete zu Anfang der 90er Jahre 40.000 ha und hatte 60.000 ha „in Reserve" für zukünftige Expansion. Insgesamt 21 Plantagen, auf denen Kautschuk, Palmöl, Bananen und Tee angebaut werden, sind in der CDC zusammengeschlossen. Sie ist seit Beginn ihrer Gründung das größte agroindustrielle Unternehmen Kameruns (KONINGS, 1993, S. 220). Während die CDC Anfang der 50er Jahre noch 25.000 Arbeiter beschäftigte, waren es in den 90er Jahren nur noch 15.000 dauerhaft eingestellte und ein paar Tausend Saisonarbeiter (KONINGS, 1995, S. 527). In MTM (1995, S. 2741) wird die Zahl der Beschäftigten sogar nur mit 12.000 angegeben. Die Arbeiter der CDC rekrutieren sich nicht nur aus der jeweiligen Region, sondern bestehen zu einem großen Teil auch aus Zuwanderern. Aufgrund der Weiterbildung ihrer Arbeitnehmer, der Leistungsüberwachung, der Beförderung aufgrund von Leistung und der Bereitstellung sozialer und medizinischer Betreuung für die Beschäftigten kann festgestellt werden, „... that the CDC employees are highly motivated and committed to the organisational objectives because of the material and non-material incentives provided for the workers by the organisation" (NDONGKO, 1989, S. 32f).

Während die CDC vor der Krise von 1983/84 bis 1985/86 noch Gewinne in Höhe von 3,2 Mrd. FCFA einfahren konnte, machte sie nach dem Fall der Rohstoffpreise von 1986/87 bis 1990/91 19 Mrd. FCFA Verlust, was zu ihrem faktischen Bankrott führte. Zum Einbruch der Exporteinnahmen kamen Absatzprobleme auf dem Binnenmarkt aufgrund der durch die Aufwertung des FCFA billiger gewordenen Importe von Tee und Palmöl hinzu. Darüber hinaus wurden vom Management Gelder veruntreut und verschwendet (KONINGS, 1995, S. 527). Aufgrund der Verschuldung dieses einstmaligen Vorzeigeunternehmens und auf Druck der Geber sah sich die Regierung gezwungen, die CDC Stück für Stück zu privatisieren. 1987 wurde das Management des Bananenanbaus Del Monte überlassen und Ende 1992 ein Vertrag über die Übernahme des Managements der drei Teeplantagen durch COMDEV geschlossen (MTM, 1992, S. 3320). Nachdem bekannt wurde, daß die französische CCCE[33] an der Übernahme des Palmölbereichs interessiert ist, liegt die Schlußfolgerung nahe, daß „... these developments seem likely to lead to the eventual fragmentation and privatization of this sizeable corporation which was once the pride of Anglophone Cameroon“ (KONINGS, 1995, S. 528). Im Juni 1992 war die Regierung Biya gezwungen, von der CCCE einen Kredit in Höhe von 7 Mrd. FCFA anzunehmen, der den französischen Einfluß auf die Gesellschaft erhöhte, was „... was strongly resented by CDC workers and the wider public in Anglophone Cameroon“ (KONINGS, 1995, S. 528). Dieser Unmut der anglophonen Bevölkerung verstärkte sich noch, als die Regierung im Juli 1994 ankündigte, den größten agrar-industriellen Betrieb Kameruns *vollständig* zu privatisieren. Vor allem unter den Bakweri, denen das Land zu Beginn des Jahrhunderts von den deutschen Kolonialisten weggenommen wurde und die den Verkauf „ihres Landes“ an private Interessenten für nicht akzeptabel halten, kam es zu Unruhen. Die Plantagen der CDC umfassen immerhin 60 % des bebaubaren Landes ihres Territoriums. Dabei sorgen besonders Gerüchte, daß die CDC an ein *französisches* Unternehmen verkauft werden soll, für Mißstimmung (MTM 26.8.1994, S. 1800 und MEHLER, 1995a, S. 187).

SEMRY

Die Société d'Expansion et de Modernisation de la Riziculture à Yagoua (SEMRY), die bereits seit den 50er Jahren einen Vorläufer hatte, wurde 1971 gegründet und hat die Förderung des Reisanbaus in der Provinz Extrême Nord, an der Grenze zum Tschad, zur Aufgabe. Daneben sind noch die 1977 gegründete SODERIM (Société de développement de la riziculture dans la plaine des Mbo) in der Provinz Ouest - inzwischen zur Privatisierung vorgesehen (MTM, 1992, S. 3318) - und die 1970 gegründete UNVDA (Upper Noun Valley Development Authority) in der Provinz North West ebenfalls mit der Förderung des Reisanbaus betraut (TCHALA ABINA, 1988, S. 5). Die SEMRY ist aber mit einer Fläche von 13.050 ha (1985) von diesen Projekten bei weitem das größte (FODOUOP, 1988, S. 16). Ihre Tätigkeiten beinhalten die Verwaltung des Wassers, die Verteilung von Düngemitteln und Saatgut, die Vergabe von Saisonkrediten und die Vermarktung der Produktion (Van De WALLE, 1990, S. 293). Die Ziele, die mit SEMRY verfolgt wurden, waren die Selbstversorgung Kameruns mit Reis, die Verbesserung der Handelsbilanz durch Importsubstitution und die Entwicklung der Yagoua-Region (CLAUDE, 1989, S. 204).[34] Mitte der 80er Jahre stammten über 85 % der Reisproduktion Kameruns von SEMRY, was etwa 50 % der Nachfrage in Kamerun entsprach. Die Gesellschaft verschaffte 1984 22.000 Haushalten ein Durchschnittseinkommen von 148.600 FCFA (Van De WALLE, 1990, S. 293f). Im Vordergrund stand aber die ländliche Entwicklung: „Moreover, it is a development pro-

[33] Die CCCE (Caisse Centrale de la Coopération Economique) ist eine öffentliche Finanzanstalt des französischen Staates, die bei finanzieller Autonomie die Aufgabe hat, bevorzugte Kredite an frankophone Staaten zu vergeben.

[34] Eine ausführliche Beschreibung des SEMRY-Projekts ist bei CLAUDE (1989, S. 207ff) zu finden.

ject not a production project" (CLAUDE, 1989, S. 202). Aus diesem Grund investierten zwischen 1971 und 1986 Frankreich, die EG und die Weltbank 30 Mrd. FCFA in dieses Projekt (Van De WALLE, 1990, S. 292).
In SEMRY wie auch in den anderen Gesellschaften zur Förderung des Reisanbaus besitzen die Funktionäre im Vergleich mit den anderen Entwicklungsorganisationen die am weitesten gehenden Befugnisse. Sie entscheiden nicht nur über die Verteilung des Saatguts, den Düngemittel- und Maschineneinsatz und besitzen, da es sich nicht um ein für Kamerun traditionelles Produkt handelt, alleine (bzw. unter Zuhilfenahme ausländischer Experten) das Know how des Reisanbaus, sondern sie kontrollieren auch den Boden sowie das für den Reisanbau notwendige Wasser: „„.. il apparait clairement que dans la riziculture par exemple, les AP (autorités des projets, der Verf.) contrôlent pratiquement les ressources, les moyens de production, la force de travail et le produit social, les PR (populations rurales, der Verf.) ne fournissant que la main d'ouevre dans un cadre bien prescrit par les AP" (TCHALA ABINA, 1988, S. 13). Auch der Reispreis wurde wie bei den Cash crops zu Beginn der Saison festgelegt (NYEMBA AMBELA, 1992, S. 34f). Die Kontrolle durch die Funktionäre ist also bei SEMRY erheblich stärker als bei den Gesellschaften, die den Kaffee- oder Kakaoanbau fördern sollen. Ähnliches gilt für SODECOTON. Die weitgehenden Kompetenzen der Funktionäre führen dazu, daß man sagen kann: „peasants are workers of the state" (CLAUDE, 1989, S. 209).

SEMRY war bei der Förderung von Produktion und Produktivität relativ erfolgreich: Mit einem Hektarertrag von 6 Tonnen gehören ihre Felder zu den ertragreichsten in SSA (Van De WALLE, 1990, S. 295). Auch manche Entwicklungsziele wurden erreicht, denn nach Schätzungen sind die Einkommen der Landarbeiter von SEMRY zehnmal so hoch wie vor dem Projekt. Das bedeutet aber nicht, daß es nicht viele Kritikpunkte an den sozialen Veränderungen, die dieses Großprojekt verursacht hat, gibt. Die Teilnahme an dem Projekt ist zwar freiwillig, aber den Bauern im Norden bieten sich wenig Alternativen zum Einkommenserwerb, da in der Yagoua-Region auch kein Baumwollanbau möglich ist (CLAUDE, 1989, S. 209ff). Trotz der Erfolge geriet SEMRY aufgrund des Wettbewerbsnachteils gegenüber der billigeren Konkurrenz aus Asien, der sich durch die Aufwertung des FCFA in der zweiten Hälfte der 80er Jahre weiter verschlechterte, in ernsthafte Schwierigkeiten. Dadurch wurde die Erfüllung der Entwicklungaufgaben in Frage gestellt, ganz abgesehen von der Erzielung von Einnahmen: „Far from providing the state any revenues, all of the major cereals projects, from SODEBLE to SEMRY and SODERIM, have been expensive failures" (Van De WALLE, 1990, S. 287). Subventionen und Entwicklungshilfe waren nötig, um SEMRY am Leben zu erhalten. Zudem versuchte die Regierung seit Mitte der 70er Jahre, die heimischen Produzenten durch das Jumelage- oder Twinning-System zu schützen, das die Importeure von Reis dazu verpflichtete, auch einen bestimmten Anteil einheimischen Reises zu kaufen. Der Marktpreis würde sich dann zwischen Import- und dem Preis für inländischen Reis einpendeln. Auf diese Weise sollte die inländische Produktion mit den Abschöpfungen aus dem Verkauf von Importreis subventioniert werden. Mit der zunehmenden Reisproduktion im Inland wurde es aber immer lohnender, diese Regelung zu umgehen (Van De WALLE, 1990, S. 297f). „However, this measure did not succeed" (WILLAME, 1986, S. 114). Die Händler bestellten zwar einheimischen Reis, nahmen aber die Lieferungen nicht an. Die Reisimporte verringerten sich nicht, denn der Preisunterschied war einfach zu groß. Zudem gibt es Schätzungen, daß Mitte der 80er Jahre nur 22 % der Produktion von SEMRY in Kamerun selbst verkauft wurden, was bedeutet, daß Kamerun den Konsum von Reis im Ausland subventionierte (CLAUDE, 1989, S. 226). Das resultierte daraus, daß SEMRY auch aufgrund der hohen Transportkosten in die 1.000 km entfernten Absatzmärkte in Kamerun nie mit dem Preis von Importreis konkurrieren konnte, aber gerade aufgrund der hohen Transportkosten im Norden Nigerias, der RCA und Tschads wettbewerbsfähig war (Van De WALLE, 1990, S. 295). Die Bevölkerung im Norden Kameruns selbst konsumiert dagegen kaum Reis.

Die Probleme SEMRY's wurden dann Mitte der 80er Jahre durch die Entscheidung Nigerias zur Schließung der Grenze weiter verschärft. 1987 hatte SEMRY 81.000 Tonnen Reis auf Lager und trotz Subventionen in Höhe von 8 Mrd. FCFA 11 Mrd. FCFA an Schulden akkumuliert (Van De WALLE, 1990, S. 297). Sie schloß ihre Mühlen und sah sich bereits Ende 1986 außerstande, die folgende Saison zu finanzieren (CLAUDE, 1989, S. 225). Von 1987 bis 1989 nahm der Anteil „nicht regulär importierten" Reises am Gesamtmarkt weiter zu. Nicht regulär importiert bedeutet dabei, daß entweder das Jumelage-System umgangen worden ist oder keine Zölle bezahlt wurden, indem Zollbeamte bestochen und/oder Importe als Transfers in den Tschad oder die RCA falsch deklariert wurden. Es gibt Schätzungen, daß bereits Anfang der 80er Jahre *50 bis 90 %* des mit Transit-Lizensen importierten Reises in Kamerun selbst verkauft wurden (Van De WALLE, 1990, S. 316ff).
Im Januar 1988 wurde auf Initiative der CCCE die Caisse de Péréquation gegründet: Es sollten Zölle auf Reisimporte erhoben werden, durch die der Preis von Importreis auf das Niveau von im Inland produzierten angehoben werden sollte. Die daraus enstehenden Zolleinnahmen sollten in die Caisse de Péréquation fließen, die zur Subventionierung der heimischen Produktion und für Maßnahmen zur Kostensenkung verwendet werden sollte (Van De WALLE, 1990, S. 298ff). 1989 wurde mit SEMRY zudem ein Contrat de performance geschlossen, der die Liberalisierung der Preise, d.h. in diesem Fall die *Reduzierung* der Produzentenpreise, die Verringerung der Beschäftigtenzahl von 760 auf 280 sowie die Privatisierung eines Teils ihrer Aktivitäten zum Inhalt hatte (BfAI, NfA 18.5.1990). Auch das *Monopol* von SEMRY als Käufer des Reises und als Lieferant von Inputs wurde aufgehoben. Die Bauern müssen allerdings nun für die Dienstleistungen der Entwicklungsgesellschaft zahlen (NYEMBA AMBELA, 1992, S. 35f). SEMRY konnte bei der Kostenreduzierung tatsächlich gewisse Erfolge erzielen, zudem wurde der Produzentenpreis von 78 auf 45 FCFA je Kilo reduziert. Die Geldgeber haben aber weitere Kredite an die Verbesserung der bislang noch nicht zufriedenstellenden Funktionsfähigkeit der Caisse de péréquation gebunden (MTM, 1992, S. 3335). „... the issue of fraud and the state's inability to rid the sector of it, is at the center of the reform's failure" (Van De WALLE, 1990, S. 315). SEMRY kommt aber zugute, daß es als „französisches" Entwicklungsprojekt auf die Unterstützung der CCCE rechnen kann (BfAI, NfA 18.5.1990).

SODECOTON

Die Société de Développement du Coton (SODECOTON) wurde als Nachfolger der französischen Entwicklungsorganisation CFDT (Compagnie Française pour le Développement des Fibres Textiles) (DELANCEY, V., 1986, S. 148), die immer noch 30 % des Kapitals hält (MTM, 1995, S. 2731), 1975 gegründet, um in den Provinzen Extrème Nord und Nord nicht nur den Baumwollanbau, sondern die landwirtschaftliche Entwicklung insgesamt zu fördern. Sie verfügt über eine Fabrik zur Entkernung der Baumwolle mit einer Kapazität von 130.000 t jährlich und über drei Raffinerien zur Gewinnung von Öl aus Baumwolle mit einer Gesamtkapazität von 60.000 t. 1992 wurden aber nur 12.000 t Öl produziert (MTM,

1992, S. 3333). Gemeinsam mit externen Geldgebern beschäftigt sie sich allerdings nicht nur mit der Vermarktung und Weiterverarbeitung der Baumwolle, der Verteilung von Saatgut, Düngemitteln und anderen Inputs, sondern fördert auch den Anbau von Food crops und engagiert sich im Brunnen- und Straßenbau sowie in der Ausbildung der Menschen. Aufgrund dieses umfangreichen Aufgabenfeldes wurde SODECOTON, die (offiziell) dem MINDIC untersteht, 1986 etwa 3.000 Angestellte hatte und etwa 750.000 Bauern Einkommen verschaffte, zur mächtigsten Organisation im Norden Kameruns (Van De WALLE, 1990, S. 251ff und 280). „By the early 1980s, it had become a kind of state within the state in Northern Cameroon" (Van De WALLE, 1990, S. 246). Auch bei SODECOTON entscheiden die *Funktionäre* über die Verteilung des Saatguts und den Düngemitteleinsatz und sie bzw. ihre ausländischen Experten besitzen das Know how des Baumwollanbaus. Im Gegensatz zu SEMRY ist aber das Land Eigentum der Kleinbauern selbst (TCHALA ABINA, 1988, S. 12).

SODECOTON erwies sich, was die Förderung von Produktion und Produktivität betrifft, als relativ erfolgreich (TCHALA ABINA, 1988, S. 15). Wie Tabelle 25 zeigt, ist die Baumwollproduktion, die ausschließlich von SODECOTON vermarktet wird, besonders zu Beginn der 80er Jahre erheblich angestiegen. Die Hektarerträge konnten von 500 kg Mitte der 70er Jahre auf 1420 kg 1979 gesteigert werden, wobei die für den Baumwollanbau genutzten Flächen sogar zurückgingen. Mit diesem Erfolg im Rücken hat sich SODECOTON verstärkt der Förderung des Anbaus von Food crops wie Mais, Erdnüssen und Sorghum zugewandt (DELANCEY, V., 1986, S. 148). Sie war aber in erster Linie *Entwicklungsgesellschaft* und sollte den Bauern im Norden die Möglichkeit bieten, überhaupt Einkommen zu erzielen, wobei sie recht erfolgreich war (Van De WALLE, 1990, S. 246f). Die Gesellschaft wurde zudem zum größten Importeur von Agrarinputs und trat durch die Vergabe von saisonalen Krediten an die Bauern als größter Kreditgeber im Norden auf.

Dennoch stürzte auch SODECOTON in die Krise und im Juni 1989 waren ihre Schulden auf 59 Mrd. FCFA aufgelaufen (Van De WALLE, 1990, S. 229). Dies war v.a. die Folge des Zusammenbruchs der Weltmarktpreise für Baumwolle (vgl. Tab. 24) und der Abwertung des Dollar gegenüber dem französischen Franc. Dazu kamen noch die hohen Produzentenpreise (1985 die höchsten in Afrika), die SODECOTON auf Beschluß der Regierung bezahlen mußte. Die Krise in der restlichen Wirtschaft tat ihr übriges: Das ONCPB kam nicht mehr wie bisher für die Defizite auf und die CICAM, die ein Fünftel der Produktion SODECOTONS abnahm, zahlte ihre Schulden (3 Mrd. FCFA 1988) nicht zurück. Die Regierung stellte ihre Überweisungen an SODECOTON, die diese für Entwicklungsaufgaben erhielt, ein. Daraufhin reagierten auch die internationalen Geldgeber (u.a. die Weltbank) mit der Stornierung von Zahlungen (Van De WALLE, 1990, S. 262ff).

Wie schon früher unter Ahidjo - „There is little evidence in fact that Ahidjo extented any special favors to the cotton company, which was reatively self financing and received little more money from the state" (Van De WALLE, 1990, S. 257) - zeigte sich die Regierung auch gegenüber der Krise von SODECOTON in der zweiten Hälfte der 80er Jahre relativ gleichgültig. Dies lag vor allem am großen französischen Einfluß auf diese Gesellschaft: Die französische CFDT, die nicht nur in Kamerun, sondern in allen baumwollproduzierenden Ländern im frankophonen Afrika engagiert ist, besitzt ein Monopol für die Einfuhr von Baumwolle aus diesen Ländern nach Frankreich und gute Beziehungen zu den Gebern, besonders der CCCE. Der französische Einfluß auf SODECOTON manifestierte sich in der relativ hohen Zahl von 86 französischen Experten, die sich aber bis 1988 auf 25 verringerte

(Van De WALLE, 1990, S. 259ff). Man kann also von einem *französischen Projekt* sprechen: „Nonetheless, the state's slow response to the crisis, despite the alarms sounded early on by the CCCE and SODECOTON, suggest that the company's problems were at least partly perceived to be a French concern" (Van De WALLE, 1990, S. 282). Die im Vergleich zu anderen Organisationen relativ große Effizienz machte SODECOTON attraktiv für externe Kreditgeber und sorgte zusätzlich für Neid in den Regierungsstellen. Die Verpflichtung des ONCPB zum Ausgleich der Verluste von SODECOTON, der tatsächlich häufig nötig war, sollte auch nicht überbewertet werden, denn im Gegenzug hat die Gesellschaft für Regierungsleistungen (REGIFERCAM und CAMSHIP) mehr bezahlt als andere und sie mußte darüber hinaus Baumwolle zu begünstigenden Preisen an die staatliche CICAM verkaufen (Van De WALLE, 1990, S. 274ff).

Es ist demnach kein Wunder, daß Frankreich durch seine Zahlungen - trotz teilweise fehlender Anpassungsmaßnahmen - das Überleben von SODECOTON nach 1985 sicherte, während Weltbank und IWF ihre Unterstützung eingestellt hatten. Obwohl in einigen Studien zur Verbesserung der Wirtschaftlichkeit von SODECOTON - die erste fand bereits 1986 statt - drastische Maßnahmen vorgeschlagen wurden, dauerte es nämlich bis 1989, bis tatsächlich Anpassungsmaßnahmen ergriffen wurden. Anfang 1990 unterzeichneten Regierung und SODECOTON einen Contrat de performance, der Kostenreduzierungen um ein Fünftel, Verringerung des effektiven Produzentenpreises und der Input-Subventionen um ein Drittel und eine Zunahme der Transfers vom Staat für die von SODECOTON erfüllten Entwicklungsaufgaben vorsah (Van De WALLE, 1990, S. 264ff und STBA, 1993, S. 71). Dieses Fünf-Jahresprogramm wurde von Frankreich mit 5,5 Mrd. FCFA unterstützt (EIU, 1994, S. 18). Besonders die Verringerung des hohen Produzentenpreises war seit langem ein Anliegen der Verantwortlichen bei SODECOTON, denn dies würde aufgrund mangelnder Alternativen für die Bauern kaum zu einer geringeren Produktion führen. Schon bevor die Preise für die erste Qualität 1988/89 leicht von 155 auf 140 und in der darauffolgenden Saison *kräftig* auf 95 FCFA pro Kilogramm reduziert wurden, hat die Gesellschaft aber die *effektiv* gezahlten Preise verringert. Zum einen indem die Input-Subventionen gekürzt wurden, zum anderen indem die angelieferte Ware in niedrigere Qualitätsstufen eingeordnet wurde (Van De WALLE, 1990, S. 272ff).
Obwohl die Regierung durch ihr langes Zögern bei der Reduzierung der Produzentenpreise die Anpassung an die neuen Weltmarktbedingungen behinderte, erwies sich SODECOTON ab 1990 bei den Reformmaßnahmen als recht erfolgreich. Bis 1991 wurden die Zahl der Beschäftigten um ein Drittel und die Kosten um die Hälfte reduziert (MTM, 1992, S. 3333). Van De WALLE (1990, S. 269) vermutet als Gründe dafür, daß dies einer der wenigen großen Erfolge des Rehabilitationsprogrammes war, daß SODECOTON bei der staatlichen Ämtervergabe eine geringe Rolle spielte und das Management relativ „diszipliniert" war: „These staff reductions have not appeared to pose political problems and have proceeded on schedule so far" (Van De WALLE, 1990, S. 269). Nachdem die Gesellschaft lange Zeit Verluste von bis zu 15 Mrd. FCFA pro Jahr erwirtschaftete, trat jedenfalls Anfang 1992 eine Stabilisierung der Finanzlage ein (STBA, 1993, S. 71).
Dennoch wurde SODECOTON 1994 zur Privatisierung ausgeschrieben. Daraus entwickelte sich ein Skandal: Eine Reihe prominenter Personen, darunter der Präsident der Nationalversammlung, der Vize-Premierminister, ein früherer Premierminister und einige Mitglieder der RDPC schlossen sich in einer Investitionsgesellschaft mit dem Ziel des Kaufs von SODECOTON zusammen. Unter Mißachtung der Verfahrensregeln und vor allem zu einem Preis

von nur 7.000 FCFA pro Aktie, der *unter* dem Nominalwert der Aktie von 10.000 FCFA zum Zeitpunkt der Gründung der Gesellschaft 1974 sowie erheblich unter dem derzeitigen *Marktwert* von 40.000 bis 70.000 FCFA lag, wurden 205.000 Aktien (48 % des Kapitals) aufgekauft. Im Frühjahr 1995 erklärte der Präsident den Verkauf der Aktien aufgrund von Verfahrensfehlern für null und nichtig, nachdem Frankreich und die Weltbank ihr Befremden darüber ausgedrückt hatten (JAE 194, April 1995, S. 8ff und MTM, 1995, S. 2731f). Hintergrund der Aktion mag auch gewesen sein, ebenfalls interessierte französische Investoren auszuschalten (IA 3, 1995, S. 229). Die weitere Entwicklung ist nun ungewiß. Insbesondere stellt sich die Frage, ob SODECOTON auch nach der Privatisierung noch ihre bisherigen Entwicklungsaufgaben erfüllt. Es ist jedenfalls keine Organisation der Regierung in Sicht, die „... the only working state institution left in the north" (Van De WALLE, 1990, S. 281) ersetzen könnte.

SODECAO

Die Société de Développement du Cacao (SODECAO) wurde 1974 gegründet und ist in den Hauptanbaugebieten für Kakao, den Provinzen Centre und Sud tätig. Sie wurde von der Weltbank (vgl. UNIDO, 1990, S. 42), durch französische Entwicklungshilfe und durch staatliche Mittel finanziert und erreicht etwa 150.000 Bauern. SODECAO hatte bis 1988/89 mehr als 3.000 Beschäftigte und hat diese Zahl im nächsten Haushaltsjahr auf genau 3.000 verringert. Ihr Budget erreichte 1987/88 mit 18,5 Mrd. FCFA seinen höchsten Stand, in den darauffolgenden Jahren wurde es dann auf weniger als die Hälfte (9 MRD. FCFA) gekürzt (MTM, 1992, S. 3331). Die SODECAO hat die Aufgaben der Verteilung von Inputs, der Beratung und der Produktionsförderung. Diese Tätigkeiten beziehen sich aber nicht ausschließlich auf den Kakaoanbau, sondern seit 1984 auch auf den Robusta-Kaffee und entsprechen damit weitgehend dem Aufgabengebiet der Außenstellen des MINAGRI, die wegen mangelnder finanzieller und materieller Ausstattung jedoch als ineffizient bekannt sind (JAKOBEIT, 1988, S. 266). Obwohl die SODECAO also vergleichsweise besser ausgestattet ist (1 Berater auf 200 Bauern), hat es aber dennoch den Anschein, daß - abgesehen von den Infrastrukturmaßnahmen - „... der durchschnittliche Kleinbauer wenig von den Fördermaßnahmen des Staates zu profitieren vermag" (JAKOBEIT, 1988, S. 276). Im Vergleich zu den anderen Organisationen, die mit Entwicklungsaufgaben betraut sind, ist SODECAO jedoch noch als relativ wirkungsvoll zu bezeichnen (JAKOBEIT, 1988, S. 277). TCHALA ABINA (1988, S. 15) vertritt dagegen die Meinung, daß SODECAO, wie auch die anderen Gesellschaften zur Entwicklung des Kakao- oder des Kaffeeanbaus, weder die Produktion noch die Produktivität erhöhen konnten.

HEVECAM

HEVECAM (Hévéas du Cameroun) wurde 1975 gegründet und nahm 1984 die Produktion von Kautschuk auf (MTM, 1992, S. 3333). Bis 1994 weitete sie ihre Plantagen auf 15.000 ha aus und unterhält neben Anlagen zur Weiterverarbeitung von Kautschuk auch zahlreiche soziale Einrichtungen für ihre mehr als 4.000 Beschäftigten. HEVECAM produziert jährlich etwa 26.000 t bei einem Hektarertrag von 1,73 t (MTM, 1995, S. 2740 und JA 1760, Sept./Okt. 1994, S. 45). Ihr Kapital belief sich Anfang der 90er Jahre auf 3,5 Mrd. FCFA (REPUBLIQUE DU CAMEROUN, 1992, S. 412). Auch HEVECAM, die zusammen mit der CDC zu etwa gleichen Teilen 90 % des gesamten Kautschuks in Kamerun produziert, kam in finanzielle Schwierigkeiten und unterzeichnete im Februar 1990 einen Contrat de performance mit der Regierung. Dieser beinhaltete die Verpflichtung zur Kostenreduzierung und eine Umwandlung der Schulden in langfristige Fälligkeiten. Die Gesellschaft wurde bereits früher von der Weltbank und der CCCE unterstützt (WILLAME, 1986, S. 113) und konnte auch in der Krise finanzielle Hilfe ausländischer Geber in Höhe von 47 Mrd. FCFA in Anspruch nehmen. 1992 lagen aber die Produktionskosten von HEVECAM mit 310 FCFA je Kilo immer noch um das zweieinhalbfache über dem Weltmarktpreis von 114 FCFA (MTM, 1992, S. 3334). Angesichts dieses Mangels an internationaler Wettbewerbsfähigkeit verwundert die Ankündigung vom Juli 1994, die Gesellschaft zu privatisieren, nicht (MTM, 1995, S. 2731).

UCCAO

Zusammenschlüsse von Bauern, die als deren Lobby fungieren, sind eher die Ausnahme in Afrika. In Kamerun spielen die Genossenschaften noch eine vergleichsweise große Rolle. Obwohl sie unter dem Einfluß der Regierung stehen und *nicht als unabhängige* Interessenvertretungen der Bauern auftreten können, bezeichnet die UNIDO (1990, S. 6) besonders die Kaffee-Kooperativen wie z.B. die UCCAO als erfolgreich und effizient. Die UCCAO (Union Centrale des Coopératives Agricoles de L'Ouest du Cameroun) ist bereits 1958 als Dachverband von 6 Arabica-Kaffee-Genossenschaften entstanden und hat die Befugnis, in der Provinz Ouest Kaffee Arabica, das wichtigste Cash crop dieser Region, direkt zu vermarkten und zu exportieren (COURADE et al, 1991, S. 887f). Hierzu gehören auch die Aufgaben der Sammlung, des Transports und der Lagerung. Sie hat sich aber an den staatlich festgelegten Produzentenpreis zu halten und muß 70 FCFA/kg an die Regierung als Exportsteuer sowie 38 FCFA/kg an die Stabilisierungskasse des ONCPB abführen (HAGEL, 1992, S. 90). In der UCCAO waren Ende der 80er Jahre etwa 100.000 Bauern organisiert (Van De WALLE, 1990, S. 141).

Da die UCCAO nur einen kleinen Teil der Gewinne, die sie aus der Differenz zwischen Weltmarkt- und staatlich festgelegten Produzentenpreisen erzielt, als Rückvergütungen ausschütten darf, damit das Einkommensgefälle zu den Kaffeebauern in den anderen Landesteilen nicht zu groß wird, wurde das Geld anders eingesetzt: Die Genossenschaft besitzt repräsentative Verwaltungsgebäude, eine Rösterei und eine Sortieranlage. Sie investiert in den Bau von Straßen, Krankenhäusern, Strom- und Wasserleitungen, Schulen usw., was dem Westen zu einem Vorsprung in der Infrastruktur verhalf hat. Darüber hinaus wurden seit Ende der 70er Jahre die Aufgabenbereiche der UCCAO immer mehr ausgeweitet. So vertritt sie inzwischen auch die Robusta-Kaffee-Genossenschaften im Westen, ist für die Förderung der Nahrungsmittelkulturen und für von der Weltbank unterstützte integrierte Entwicklungsprojekte - mithin für die gesamte Entwicklung der Region - zuständig (JAKOBEIT, 1988, S. 259f). Damit wurde „... die UCCAO mehr und mehr zu einer staatlichen Entwicklungsorganisation bzw. selbst zur Stabilisierungskasse, die sich vom genossenschaftlichen Grundgedanken immer weiter entfernt" (JAKOBEIT, 1988, S. 260).
Erschwerend kommt hinzu, daß die UCCAO keineswegs unabhängig ist. Der Staat mischt sich in organisatorische, technische sowie personelle Fragen ein: „... aucun responsable de haut rang n'a pu être choisi sans le consentement implicite ou explicite des cadres de l'Etat" (COURADE et al, 1991, S. 890). Die wichtigste Einmischung ist jedoch die jährliche zentrale Festlegung der Produzentenpreise. Dennoch ist die Genossenschaft bekannt als Organisation, die die Interessen der Pflanzer vertritt und der diese auch Vertrauen entgegenbringen (COURADE et al, 1991, S. 891). COURADE et al (1991, S. 893) nennen als ihre

Schwächen die Verzögerungen bei der Bezahlung und der Lieferung der Düngemittel sowie den Verzicht der Kooperative, auch als Kreditgeber tätig zu sein.

Immerhin hat die UCCAO im Gegensatz zum ONCPB ihre Aufgabe der Preisstabilisierung einigermaßen erfüllt. Drei Jahre lang konnte sie den Preis des nach Douala gelieferten Kaffees über dem Weltmarktpreis halten. Dafür gab sie mehr als 3 Mrd. FCFA aus und brachte sich an den Rand des Ruins. Andererseits konnte sie nach Schätzungen in den 5 Jahren vor 1987 Überschüsse in Höhe von 26 Mrd. FCFA erzielen. Diese Überschüsse wurden auch für zahlreiche „dépenses inutiles“ (COURADE et al, 1991, S. 895) und zum Aufblähen des Personalbestandes benutzt. Dieser wurde zwar von 1986 bis 1989 wieder von 3932 auf 1819 Angestellte reduziert, die jährliche Lohnsumme übersteigt aber immer noch die Milliardengrenze. Allerdings versagte die UCCAO auch bei der Aufgabe der Produktivitätsverbesserung weitgehend. Die Kaffeepflanzen haben inzwischen ein durchschnittliches Alter von mehr als 23 Jahren, während die höchsten Ernteerträge zwischen 10 und 15 Jahren zu erzielen sind. Die mangelnde Transparenz des Marktes ist ein weiteres Problem: „Aucun adhérent ne sait véritablement quels sont les prix de vente du café Arabica sur le marché international et quels sont les cours mondiaux“ (COURADE et al, 1991, S. 897). Die Dezentralisierung der Sammlung, Lagerung und des Transports nach Douala, die im Zuge der Reformbemühungen vorgenommen wurde, hat dazu geführt, daß die Preise, zu denen die einzelnen Departements den Kaffee abliefern, um bis zu 40 Prozent (1987) differieren (COURADE et al, 1991, S. 894ff). Ein Unterschied, der sich nicht nur durch die unterschiedliche Qualität der Infrastruktur erklären läßt, sondern wahrscheinlich auch organisatorische Ursachen hat. Wettbewerb zwischen den Departements könnte also möglicherweise zu geringeren Vermarktungskosten führen. Eine größere Unabhängigkeit von der Regierung und mehr Einfluß der Bauern selbst würden dazu beitragen, daß der Erfolg, den diese Organisation in der Vergangenheit hatte, in höherem Maße den Bauern zugute kommt und der Landflucht, die gerade den dicht bevölkerten Westen betrifft, entgegengewirkt wird. Die Liberalisierung des Kaffeemarktes dürfte auch dazu beitragen, daß diese Genossenschaft unabhängiger von der Regierung wird. Ein zunehmender Einfluß der Bauern selbst könnte dann dafür sorgen, daß diese durch den Anbau von Kaffee höhere Einkommen als in der Vergangenheit erzielen können.

2.4.3 Das produzierende Gewerbe

Im Mittelpunkt des folgenden Kapitels steht das verarbeitende Gewerbe. Die anderen Teile des produzierenden Gewerbes wie die Energie- und Wasserwirtschaft, das Baugewerbe und der Bergbau (außer Erdölförderung) sollen nur kurz erwähnt werden. Was die Energie- und Wasserwirtschaft betrifft, so besitzt Kamerun beträchtliche Möglichkeiten zur Nutzung von Wasserkraft und nutzt dieses Potential in letzter Zeit verstärkt, so daß 95 % der Elektrizität aus Wasserkraftwerken stammen. Es gibt Pläne, den beiden großen Kraftwerken in Edéa und Song-Loulou ein weiteres in Nachtigall am Sanaga River hinzuzufügen (STBA, 1993, S. 83). Bergbau und die Gewinnung von Steinen und Erden spielen keine allzu große Rolle. Die Produktion in diesem Bereich befindet sich häufig noch auf handwerklichem Niveau.[35]

---

[35] Nähere Informationen hierzu sind in MTM (1992, S. 3339), STBA (1993, S. 85ff) und EIU (1995, S. 23) zu finden.

Die Förderung von Erdöl ist hier eine Ausnahme und soll in diesem Kapitel genauer erläutert werden. Zahlen über das Baugewerbe sind kaum erhältlich, es steht jedoch fest, daß dieser Sektor wegen der massiven Einschränkung der öffentlichen Bauinvestitionen mit am schwersten von der Rezession getroffenen wurde (STBA, 1993, S. 96).
Die Statistiken über die industrielle Produktion sind allerdings auch nicht von hoher Qualität und laut UNIDO (1990, S. 14) gibt es einige Anzeichen dafür, daß sie z.B. in der ersten Hälfte der 80er Jahre überschätzt wurde. Auch in jüngerer Zeit gibt es widersprüchliche Angaben: 1990/91 war nach Kameruner Statistik der Beitrag des industriellen Sektors zum realen BIP (in Preisen von 1979/80) 15,7 % (vgl. Tab. 17), während die Weltbank für das gleiche Jahr in ihren jüngeren Veröffentlichungen einen Anteil am realen BIP (in Preisen von 1987) von 21,6 % (1993/94: 23,0 %) ausweist (vgl. Tab. 15). Der höhere Anteil nach der Weltbankstatistik beruht dabei *nicht* auf einer niedrigeren Schätzung für die anderen Sektoren.
Beim Industrieministerium waren 1985 222 Unternehmen registriert, von denen etwa 40 % den Status von PME hatten. Die Zahl der PME *insgesamt* betrug vor der Rezession etwa 40.000 (COURLET / TIBERGHIEN, 1986, S. 608). Die Industrie ist am Maßstab der Industrieländer gemessen von nicht allzu großer Bedeutung. Dennoch besitzt Kamerun damit in SSA einen der am weitesten entwickelten Industriesektoren (HESP, 1988, S. 2).

2.4.3.1 Industrielle Entwicklung und Industriepolitik

Nach einer vom Overseas Development Institute (ODI) herausgegebenen Studie verlief die industrielle Entwicklung in Kamerun entgegen dem Trend in SSA. Demnach ist die Wertschöpfung in Kamerun von 1963 bis 1973 jährlich nur um 2,5 % gestiegen, die drittniedrigste Wachstumsrate unter 43 Ländern. Von 1973 bis 1979, als die überwiegende Mehrzahl der afrikanischen Länder Industrie-Wachstumsraten von weniger als 5 % (13 Länder hatten sogar negative Wachstumsraten) verzeichneten, war Kamerun mit durchschnittlich 6,4 % an 9. Stelle zu finden. In der Periode von 1979 bis 1986, in der die Wertschöpfung im verarbeitenden Gewerbe Afrikas nur etwas mehr zulegte als in der Periode zuvor, war Kamerun mit einer durchschnittlichen Wachstumsrate von 24,6 % einsamer Spitzenreiter mit weitem Abstand vor Gambia (13,9 %) (RIDDELL, 1990, S. 18f).
Vor 1960 gab es nur drei Industriebetriebe in Kamerun: eine Brauerei, eine Zigarettenfabrik und eine Aluminiumhütte (WILLAME, 1986, S. 121). In den 60er Jahren wuchsen die Nahrungsmittel-, Getränke- und Tabakindustrie (NGTI) sowie die Textilindustrie und die Metallverarbeitung besonders schnell. Zu Beginn der 70er Jahre etablierte sich dann die NGTI als bedeutenste Branche (HESP, 1988, S. 3). Allerdings konzentrierte sich die industrielle Produktion aufgrund der geringen Zahl von Betrieben auf wenige Branchen: 1969/70 entfielen allein 47 % der Wertschöpfung der Industrie auf die Getränke- und die Aluminiumherstellung (WAUTELET, 1990, S. 76). Kamerun betrieb in den 60er Jahren durch hohe Zölle auf den Import verarbeiteter Produkte eine Politik der Importsubstitution. Das begünstigte vor allem die NGTI sowie die Textilindustrie und die Herstellung von (H.v.) Metallprodukten. „With a structure firmly rooted in import substitution, the bulk of manufacturing output is placed on the domestic market" und „... the bulk of manufactured exports go to other Central African countries" (UNIDO, 1990, S. 16). Aber: „The initial stimulus provided by the expansion of import-substitution after independence however was loosing its effect" (HESP, 1988, S. 2). Die inländischen Märkte waren zu klein und zur Eroberung ausländischer Märkte in größerem Umfang schien die kamerunische Industrie nicht in der Lage zu

sein. Nachdem die Industrieproduktion daher in der ersten Hälfte der 70er Jahre nur langsam zunahm, beschleunigte sich ihr Wachstum in der zweiten Hälfte dennoch deutlich - vor allem infolge des zunehmenden *staatlichen* Engagements.

Tabelle 28

Produktionsindex des verarbeitenden Gewerbes

(1974/75 = 100; ohne Betriebe, die nach 1974/75 entstanden sind; inkl. Elektrizität, Gas, Wasser)

	Gewicht	76/77	79/80	81/82	83/84	85/86	86/87	87/88	nachr.: 89/90*	*'85 bis '87***
Verarbeitendes Gewerbe	**1000**	**121**	**168**	**215**	**216**	**248**	**235**	**222**	**233**	*-10,5*
Landwirtschaft für Weiterverarb. u. Exp.	**90**	106	172	204	199	274	316	310	291	*13,0*
Fischverarbeitung	**22**	123	90	71	61	23	16	11		*-51,1*
Forstwirtschaftliche Produkte	**47**	154	203	189	193	200	176	145	184	*-27,5*
Verarb.v. Getreide u. Gemüse, H.v. Mehl	**10**	142	162	175	240	138	87	128	20	*-7,6*
Sonstige verarbeitete landwirt. Produkte	**90**	105	133	308	197	209	181	248	340	*18,4*
H.v. Backwaren	**8**	82	130	140	150	155	129	111	99	*-28,3*
Sonstige Nahrungsmittelindustrie	**1**	188	492	1105	1724	2224	1526	1016	1018	*-54,3*
H.v. Getränken, Tabakverarbeitung	**262**	118	195	238	251	332	320	306	289	*-7,7*
Textil- und Bekleidungsgewerbe	**89**	134	199	202	173	151	127	115	142	*-23,6*
Lederwaren, H.v. Schuhen	**35**	126	109	124	96	113	89	63	47	*-44,5*
Holzbe- und verarbeitung	**17**	142	77	114	135	184	170	146	110	*-20,8*
Herstellung und Verarbeitung von Papier	**6**	158	138	227	242	279	238	193	247	*-31,1*
Chemische Industrie	**51**	128	151	169	234	255	248	200	222	*-21,4*
H.v. Gummi und Kunststoffen	**16**	115	171	227	201	285	180	150	288	*-47,3*
H.v. Baumaterialien	**26**	169	312	330	387	518	472	370	312	*-28,6*
Metallerzeugung und -bearbeitung	**72**	169	94	145	199	158	137	126	118	*-20,3*
H.v. mechanischen u. elektr. Apparaten	**33**	144	143	174	212	192	234	127	193	*-33,8*
H.v. Transportausrüstungen	**8**	129	96	180	133	192	143	84	53	*-56,5*
Sonstiges verarbeitendes Gewerbe	**12**	189	388	626	668	637	487	429	242	*-32,7*
Elektrizität, Gas, Wasser	**105**	115	127	171	197	223	222	229	241	*2,6*

* Stand am Ende des 2. Quartals ** Veränderung von 1985/86 bis 1987/88 in Prozent

Quelle: BEKOLO-EBE, 1986, S. 42; CAMEROON, 1989a, S. 76; STBA, 1993, S. 90.

Die Zahlen des Produktionsindex für das verarbeitende Gewerbe (inkl. Elektrizität, Gas, Wasser), die in Tabelle 28 dargestellt sind, besitzen nur eingeschränkte Aussagekraft, da nicht nur das Basisjahr 1974/75 weit zurückliegt, sondern auch nach diesem Jahr entstandene Betriebe *nicht* miterfaßt werden. Der Index stieg in den fünf Jahren von 1974/75 bis 1979/80 um 68 % und in den folgenden zwei Jahren um weitere 28 %, so daß für diese Periode von einem Boom in der industriellen Entwicklung gesprochen werden kann.
Dieser wurde dann durch eine Phase der Stagnation von 1981/82 bis 1983/84 unterbrochen (vgl. auch BEKOLO-EBE, 1986, S. 22), um sich dann bis Mitte der 80er Jahre mit einem Wachstum von 15 % über zwei Jahre fortzusetzen. Von 1974/75 bis 1985/86 stieg gemäß dieser Statistik die Produktion im verarbeitenden Gewerbe insgesamt um etwa das Zweieinhalbfache. Von den Branchen mit einem Anteil von mehr als 5 % an der gesamten Industrieproduktion wuchs in dieser Periode mit +232 % die Getränke- und Tabakindustrie als bedeutenste Branche (Anteil von 26,2 %) am schnellsten. Auch die verarbeiteten landwirtschaftlichen Produkte für Weiterverarbeitung und Export nahmen deutlich überdurchschnittlich zu. Der Anstieg von 418 % in der (insgesamt eher unbedeutenden) H.v. Baumaterialien ist vor allem eine Folge des durch öffentliche Investitionen hervorgerufenen Baubooms. Bemerkenswert ist dabei, daß die Produktion dieser Branche auch von 1983/84 bis 1985/86 mit 34 % außerordentlich stark expandierte. Unterdurschnittlich entwickelten sich

von 1974/75 bis 1985/86 Lederwaren und H.v. Schuhen sowie Metallerzeugung und -bearbeitung (allerdings unter erheblichen Schwankungen). Das gilt unter den bedeutenderen Branchen (mindestens 5 %) in nicht ganz so starkem Maße für das Textil- und Bekleidungsgewerbe und die forstwirtschaftlichen Produkte.
Der Boom in der industriellen Produktion in dieser Phase ist nicht zuletzt auf den 4. FJP von 1976 bis 1981 zurückzuführen, der eine kräftige Zunahme der staatlichen Investitionen in Großunternehmen wie ALUCAM, CAMSUCO, SOFIBEL, SOCAME (Anfang der 80er Jahre in Konkurs) und SONARA vorsah (UNIDO, 1990, S. 13). Die Einnahmen aus den Ölexporten wurden zu einem großen Teil in (überwiegend) kapitalintensive Industrieprojekte gesteckt. „Industries were fostered whose survival depended on continuous government assistance and protection" (WTO, 1995, S. 10). Die positive Entwicklung der industriellen Produktion von Ende der 70er bis Mitte der 80er Jahre war also nicht in erster Linie das Ergebnis eines sich selbst tragenden Aufschwungs mit zunehmender privater Investitionstätigkeit, sondern hauptsächlich die Folge *staatlicher* Investitionen zur gezielten Förderung der Industrie.
In der zweiten Hälfte der 80er Jahre wurde auch das verarbeitende Gewerbe hart von der Wirtschaftskrise getroffen. Zum einen verringerte sich die inländische Nachfrage und zum anderen verloren die kamerunischen Produkte durch die Aufwertung des FCFA international an Wettbewerbsfähigkeit. Das betraf sowohl den Inlandsmarkt als auch Drittmärkte. Besonders nigerianische Güter wurden durch die Abwertungspolitik der Regierung Nigerias zu einer starken Konkurrenz auf den Kameruner Märkten. Nach Tabelle 28 verringerte sich die Industrieproduktion von 1985/86 bis 1987/88 um 11 %. Unter den Branchen mit mehr als 5 % Anteil an der Produktion waren das Textil- und Bekleidungsgewerbe, die Chemie sowie die Metallerzeugung und -bearbeitung besonders stark vom Rückgang betroffen. Die Zweige der Verarbeitung landwirtschaftlicher Produkte und der Getränke- und Tabakindustrie zeigten sich resistenter und konnten sogar teilweise noch zulegen. Auch über die gesamte dargestellte Periode erhöhten diese Branchen, die dem Nahrungs- und Genußmittelgewerbe zuzurechnen sind, ihre Produktion überwiegend überdurchschnittlich. Die übrigen Wirtschaftzweige, die vor allem dem Verbrauchsgütergewerbe und der Grundstoffindustrie angehören, wuchsen von 1974/75 bis 1987/88 unterdurchschnittlich (mit der Ausnahme der H.v. Baumaterialien). Unter den wichtigen Branchen trifft das besonders auf die Metallerzeugung und -bearbeitung sowie das Textil- und Bekleidungsgewerbe zu. Von 1985/86 bis 1989/90 ist die Wertschöpfung im sekundären Sektor insgesamt von 1.373 Mrd. FCFA auf 930 Mrd. FCFA gefallen, was eine jährliche Schrumpfung von 9,3 % bedeutete (STBA, 1993, S. 79).
Relativ verläßliche Zahlen der jüngeren Entwicklung in der Industrie liefert der Unternehmensverband SYNDUSTRICAM, der mit seinen 104 Mitgliedsfirmen (ohne staatliche, aber mit einigen parastaatlichen Unternehmen) etwa 50 % der Kameruner Industrie repräsentiert (STBA, 1993, S. 89). Nach den Statistiken von SYNDUSTRICAM (vgl. Tab. 29) hielt der Zusammenbruch der Industrie auch zu Beginn der 90er Jahre an. Von 1989 bis 1990 sanken die Umsätze um 10,5 %, wobei die Auslandsumsätze, die 1990 nur noch einen Anteil von 21 % am Gesamtumsatz hatten, allein um ein Fünftel schrumpften. 1991 nahmen die Umsätze nicht mehr so stark ab, um von 1991 bis 1992/93 wieder um kräftige 11,7 % zu schrumpfen. 1993 stellt den Tiefpunkt der Krise des verarbeitenden Gewerbes dar. Allein von 1989 bis 1992/93 verringerten sich die Gesamtumsätze um 23 % und die Auslandsumsätze um 46 %. Während die Beschäftigung in dieser Zeit um 29 % reduziert wurde, sank die Lohnsumme nur um 16 %.

Tabelle 29

Umsätze der SYNDUSTRICAM - Mitglieder
(in Mrd. FCFA; in Klammern: Veränderung gegen Vorperiode in Prozent)

	1989	1990	1991	1992/93**	1993/94*	1994/95*	*Veränderung v. 1989 bis 1992/93*	*Veränderung v. 1989 bis 1994/95*
Gesamtumsatz (inkl. Steuern)	**449**	**402 -(10,5)**	**393 -(2,2)**	**347 -(11,7)**	**369 (6,5)**	**427 (15,6)**	*-(22,7)*	*-(4,9)*
Inlandsumsatz (ohne Steuern)	300	280 -(6,7)	272 -(2,7)	250 -(8,1)	244 -(2,3)	257 (5,0)	*-(16,6)*	*-(14,4)*
Exporte	105	84 -(20,3)	80 -(4,9)	56 -(29,1)	90 (59,8)	126 (39,6)	*-(46,2)*	*(19,9)*
(UDEAC)		18	20 (8,3)		17	27 (53,4)		
Steuern	44	38 -(13,3)	41 (6,0)	40 -(0,7)	35 -(13,9)	45 (28,2)	*-(8,8)*	*(0,7)*
Löhne	48	45 -(7,6)	43 -(4,3)	41 -(4,7)	32 -(21,1)	31 -(5,3)	*-(15,7)*	*-(37,0)*
Beschäftigte (in 1.000)	**24,8**	**22,7 -(8,5)**	**20,3 -(10,6)**	**17,5 -(13,8)**	**11,9 -(32,0)**	**11,7 -(1,7)**	***-(29,4)***	***-(52,8)***

* 1. Okt. bis 30. Sept. ** 1. April bis 31. März

Quelle: STBA, 1993, S. 89; EIU, 4. Quartal 1994, S. 20; MTM, 1992, S. 3340; MTM, 1995, S. 2753.

Die Umsätze der Periode 1. Oktober 1993 bis 30. September 1994 lagen dann erstmals wieder über den vorangegangenen Vergleichszeitraum. Dies war auf die um 60 % gestiegenen Exportumsätze infolge der Abwertung des FCFA zurückzuführen, wobei besonders die Exporte von Aluminium, weiterverarbeiteten Agrarprodukten und Textilien zunahmen (EIU 4. Quartal 1994, S. 19f). 1994/95 setzte sich diese Entwicklung fort. In diesem Jahr sind die Umsätze der Mitglieder von SYNDUSTRICAM um 15,6 % gegenüber der Vorperiode gestiegen. Diese Zunahme war jedoch fast ausschließlich der gestiegenen Exportnachfrage (+40 %) zuzuschreiben, wobei die Ausfuhren in die UDEAC-Staaten mit +53 % besonders zulegten. Der Anteil dieser Region an den gesamten Ausfuhren der SYNDUSTRICAM-Mitglieder ist damit wieder auf 21 % angewachsen. Da aber im Inland nur die Textilindustrie und einige Agroindustrien einen größeren Absatz vermelden konnten, ist der Anteil des Auslandsumsatzes am gesamten Umsatz von 24 % auf 29 % gestiegen. Auch der Anteil der Industriegüterexporte an den *gesamten* Ausfuhren Kameruns nahm von 15 auf 22 % zu (MTM, 1995, S. 2753). Die Inlandsnachfrage verharrt weiterhin auf niedrigem Niveau, weil sich die Kaufkraft im Inland - insbesondere die der Angestellten im öffentlichen Dienst, der wichtigsten Käufergruppe für die Produkte der heimischen Industrie - noch nicht nennenswert erhöht hat. Dazu kommt die Erhöhung der Umsatzsteuer (MTM, 1995, S. 2755). Durch die jüngste Entwicklung ergibt sich für die in der Tabelle 29 dargestellte Periode von 1989 bis 1994/95 „nur" noch ein Umsatzrückgang von 5 % (Inland: -14 %, Export: +20 %). Das Steuervolumen ist in etwa konstant geblieben. Besonders schlecht stellt sich jedoch nach wie vor die Beschäftigungssituation dar. 1994/95 sank nicht nur die Lohnsumme um weitere 5 % und damit um insgesamt 37 % seit 1989, sondern auch die Beschäftigung wurde weiter um 1,7 % verringert. Damit ist die Zahl der Beschäftigten (der SYNDUSTRICAM-Mitglieder) von 33.000 1986 über 22.700 1990 auf 11.700 1994/95 und damit auf nur noch gut ein Drittel gesunken (vgl. auch MTM, 1995, S. 2709). MTM (1995, S. 2755) schätzt jedoch die Aussichten für die weitere industrielle Entwicklung als nicht besonders gut ein, denn besonders die rechtlichen Rahmenbedingungen sind nach wie vor schlecht: Die Erhebung der neuen Umsatzsteuer ist ineffizient und ungerecht, der Kampf gegen den Schmuggel kann kaum Erfolge vorweisen und staatliche Willkür sowie Korruption haben sich mit den gesunkenen Einkommen der Beamten noch verstärkt, was auch auf die Bestechlichkeit der Richter zutrifft. Dazu kommt die In-Frage-Stellung der Exportfreizonen und die mangelnde Transparenz des Privatisierungsprozesses, die in jüngster Zeit die Unsicherheiten noch verstärkten.

2.4.3.2 Die Industriestruktur

Die Kameruner Industrie weist eine starke *regionale* Konzentration auf. Um Douala liegen die Schwerpunkte der verarbeitenden Industrie in den Branchen Nahrungs- und Genußmittel (darunter Bier, Getränke, Schokolade, Mehl, Tabak, Zigaretten), Textilien, Schuhe, Chemie, Aluminium und Baumaterialien (KÖRNER, 1988, S. 86). Tabelle 30 zeigt den *sektoralen* Strukturwandel im verarbeitenden Gewerbe in der ersten Hälfte der 80er Jahre. Die Abgrenzung, die die UNIDO (1990) hier für das verarbeitende Gewerbe verwendet, stimmt nicht mit der aus Tabelle 28 überein. Vor allem ordnet sie einen großen Teil der Weiterverarbeitung landwirtschaftlicher Produkte noch dem Primären Sektor zu. Außerdem ist eine Unterschätzung der Erdölverarbeitung festzustellen, die auf die schlechte Datenlage in diesem Bereich zurückzuführen ist.

Tabelle 30

Umsatzanteile im verarbeitenden Gewerbe
(nur registrierte Unternehmen, in Prozent)

Jahr:	1980	1986
Getränke- und Tabakindustrie	33,7	33,5
Metallerzeugung und -bearb.	14,9	20,7
Textilindustrie	20,4	11,8
Chemie und Gummiverarb.	9,2	9,5
H.v. Baumaterialien	3,3	9,0
Nahrungsmittelverarbeitung	7,7	5,6
Holz- und Papierbe- und verarb	2,9	2,7
Elektronik	3,3	1,8
sonstige	2,9	4,1*
Rundungsfehler	*1,7*	*1,3*
	100	100

* inkl. Erdölverarbeitung

Quelle: UNIDO, 1990, S. 15.

Auf die acht in dieser Tabelle definierten Branchen entfielen von 1980 bis 1986 mehr als 95 % des Umsatzes. Ebenso wie die regionale ist auch die sektorale Konzentration sehr hoch, denn sowohl 1980 als auch 1986 wurden mehr als 54 % der gesamten Umsätze des verarbeitenden Gewerbes in den zwei bedeutensten Branchen getätigt. Die Getränke- und Tabakindustrie konnte mit einem Anteil von einem Drittel ihre dominante Stellung behaupten. Die Textilindustrie, deren Anteil von 20 auf 12 % sank, verlor dagegen im dargestellten Zeitraum ihre zweite Position an die vom Aluminium dominierte Metallerzeugung und -bearbeitung (1986: 21 %). Bedeutende Strukturveränderungen sind darüber hinaus der gesunkene Anteil der Nahrungsmittelverarbeitung und der um das 2,7-fache gestiegene Anteil der H.v. Baumaterialien. Im folgenden sollen die sechs wichtigsten Sektoren und die größten Unternehmen des verarbeitenden Gewerbes in Kamerun ausführlich dargestellt werden.

Getränke- und Tabakindustrie

Eine der erfolgreichsten Branchen in Kamerun ist die Getränkeherstellung, besonders die Brauereien. Auf sie entfielen 1985 18 % der gesamten im verarbeitenden Gewerbe Beschäftigten. Dieser Sektor konnte von 1975 bis 1984 ein durchschnittliches jährliches Wachstum der Wertschöpfung von 15 % erreichen. Der Nettogewinn erreichte im Durchschnitt 5 % vom Umsatz (KARMILOFF, 1990, S. 114) und hatte z.B. 1984/85 eine absolute Höhe von 4,9 Mrd. FCFA (vgl. Tab. 32). Bis in die 80er Jahre, als sie vorübergehend von der Erdölraffinerie SONARA abgelöst wurde, war die von der französischen Castel-Gruppe kontrollierte Brauerei SABC das umsatzstärkste Industrieunternehmen des Landes (MTM, 1992, S. 3340). Von 1971/72 bis 1985/86 insgesamt stieg ihr Umsatz kontinuierlich auf das 10-fache. Ab Mitte der 80er Jahre verlangsamte sich dieses Wachstum und 1989 betrug ihr

Umsatz 116 Mrd. FCFA (STBA, 1993, S. 91). Bis 1968 war die bereits 1948 gegründete SABC die einzige Brauerei des Landes. In diesem Jahr errichtete Guiness einen Betrieb in Kamerun, 1971 kamen die UBC und in den 80er Jahren zwei weitere Brauereien hinzu. Der Bierausstoß expandierte allein von 1983/84 bis 1987 von 2,9 auf 5,8 Mio. Hektoliter. 1985 waren in den Brauereien insgesamt etwa 7.200 Menschen beschäftigt, davon allein 4.772 (66 %) in der SABC (UNIDO, 1990, S. 21f; vgl. auch Tab. 32). Die 8 Produktionseinheiten der SABC allein besaßen 1992 eine Kapazität von 6 Mio. hl pro Jahr und einen Anteil von 80 % an der Produktion des gesamten Sektors. Allerdings sank von 1985 bis 1992 die Zahl der Beschäftigten der SABC im Zuge der Wirtschaftskrise um etwa 37 % auf gut 3.000. Der Getränkemarkt insgesamt schrumpfte in Kamerun allein zwischen 1987 und 1992 um mehr als ein Drittel (MTM, 1992, S. 3327).

Tabelle 31

Umsatzentwicklung bei zwölf ausgewählten großen Unternehmen

(in Millionen FCFA)

Name	*Bezeichnung der Aktivität*	71/72	74/75	79/80	81/82	83/84	84/85	85/86	*Veränderung von** *71-79*	*79-85*
SONARA	*Erdölverarb.*				96.823	131.812	136.340	141.055		
SABC	*Brauerei*	9.300	13.700	36.500	55.500	64.074	79.985	93.535	*292,5*	*156,3*
ALUCAM	*Aluminiumerz.*	3.795	9.000	11.700	31.175	39.061	43.514	40.357	*208,3*	*244,9*
SOCATRAL	*Alumin.verarb.*	3.025	6.110	9.000	13.170	20.057	20.366	23.967	*197,5*	*166,3*
CICAM	*H.v.Textilien*	3.000	6.200	11.700	18.582	19.441	23.272	19.534	*290,0*	*67,0*
SIC-CACAOS	*Kakaoverarb.*	2.400	8.400	14.088	5.124	15.501	12.038	12.747	*487,0*	*-9,5*
GUINNESS	*Brauerei*			9.948	16.317	20.000				
BATA SA Cam	*H.v.Schuhen*	1.800	2.388	4.400		3.497	4.977	5.893	*144,4*	*33,9*
CIMENCAM	*H.v.Zement*	1.723	4.491	10.287	14.062	20.573	26.079	27.833	*497,0*	*170,6*
SCM	*Mühle*	1.516	2.485	5.000	5.874	9.624	9.257	6.137	*229,8*	*22,7*
CHOCOCAM	*H.v.Schokolade*	1.500	3.000	10.110	9.830	4.672	5.390	6.425	*574,0*	*-36,4*
SOSUCAM	*H.v.Zucker*	1.300	2.700	3.547	5.366	5.830	5.998	7.242	*172,8*	*104,2*
nachr.: zusammen		36.286	69.251	148.628	290.025	380.952	382.309	384.725	*309,6*	*158,9*

Quelle: UNIDO, 1990, S. 53. * 71 = 1971/72; Angaben in Prozent

Aber nicht nur die SABC, die gesamte Getränke- und Tabakindustrie wurde schwer von der gesunkenen Inlandsnachfrage getroffen. Allein von April 1993 bis März 1994 wurden 1.500 Arbeitnehmer und damit 33 % der Beschäftigten entlassen (EIU 4. Qu. 1994, S. 20). Da dieser Sektor mehr von der Inlandsnachfrage abhängig ist als die meisten anderen Branchen, wurde er von den drastischen Einkommenseinschnitten des Jahres 1993 bei den im öffentlichen Dienst Beschäftigten und den damit einhergehenden Kaufkraftverlusten besonders hart getroffen.

In der Zigarettenproduktion besaß das Unternehmen Bastos in Yaoundé bis 1983 ein Monopol. In diesem Jahr wurde die SITABAC gegründet, wobei mit Reemtsma ein deutscher Investor mit einer Minderheitsbeteiligung engagiert ist. Beide Unternehmen hatten 1985/86 zusammen etwa 1.100 Beschäftigte (UNIDO, 1990, S. 22). Bastos wurde 1987 von BAT Cameroun (British american tobacco) übernommen. 1992 stammten 38 % der inländischen Zigarettenproduktion von BAT Cameroun und 62 % von SITABAC (MTM, 1992, S. 3341). SITABAC gab 1995 ihre Beschäftigtenzahl mit 500 und ihren Umsatz mit 15,3 Mrd. FCFA an. 75,5 % des Kapitals in Höhe von 4,56 Mrd. FCFA sind in privater Kameruner Hand und 24,5 % gehören Reemtsma (MTM, 1995). SITABAC geriet allerdings 1993 in die Schlagzeilen, da Reemtsma vom kamerunischen Teilhaber, dem bekannten Geschäftsmann Onobiono, teilweise aus dem Unternehmen herausgedrängt wurde. Die deutsche Firma fühlte sich dabei vom Gericht benachteiligt (JA 1708, Sept./Okt. 1993, S. 74f: „Més-aventures allemandes au Cameroun"). Der Verdacht der Einflußnahme auf das Gericht liegt nahe, da Onobiono als ZK-Mitglied über enge Kontakte zur Staatsführung verfügt. Jedenfalls trug die ganze Affäre nicht zu einer Verbesserung des Geschäftsklimas speziell für ausländische Investoren bei (MEHLER, 1994, S. 194).

Agroindustrien

Die Weiterverarbeitung von Agrarprodukten liegt angesichts der reichen Ressourcen Kameruns nahe und wurde teilweise auch erfolgreich betrieben. „Le secteur des industries alimentaires a constitué aussi un des secteurs les plus dynamiques de l'industrie camerounaise, et

Tabelle 32

Industrieunternehmen mit SNI - Beteiligung

(in Millionen FCFA; in Klammern: in Prozent) Stand vom 30. Juni 1985

	K	SNI*	B Inl.	B Ausl.	(K+S)/B	S	(K/S)	BWS	G	G/(K+S))
Nahrungsmittelind.	*12.549*	***(19,0)***	*5.249*	*73*	*6,7*	*23.134*	*(54,2)*	*74.775*	*6.458*	(18,1)
SIC-CACAOS	1.147	***(15,0)***	235	7	18,8	3.410	(33,6)	2.864	736	(16,2)
CHOCOCAM	625	***(15,1)***	288	4		n.a.		1.640	325	
SCM	1.333	***(31,9)***	90	2	32,2	1.632	(81,7)	1.051	331	(11,2)
SABC	9.184	***(17,4)***	4.605	59	5,7	17.629	(52,1)	69.044	4.909	(18,3)
SEMC	260	***(37,5)***	31	1	22,6	463	(56,2)	176	157	(21,7)
Textil- und Bekleidungsgew.	*8.012*	***(19,6)***	*3.298*	*55*	*5,0*	*8.650*	*(92,6)*	*11.412*	*-1.202*	-(7,2)
CICAM	2.137	***(27,2)***	1.727	35	2,6	2.406	(88,8)	6.057	-1.643	-(36,2)
SOLICAM	3.000	***(13,8)***	197	5	26,5	2.353	(127,5)	1.839	-20	-(0,4)
STT	800	***(3,2)***	622	14	4,3	1.964	(40,7)	1.113	150	(5,4)
SCS	2.075	***(26,6)***	752	1	5,3	1.882	(110,3)	2.403	311	(7,9)
H.v. Baumaterialien										
CIMENCAM	5.600	***(63,1)***	604	18	12,2	1.976	(283,4)	7.437	2.027	(26,8)
H.v. Lederwaren / Schuhen	*2.232*	***(24,4)***	*710*	*10*	*8,2*	*3.667*	*(60,9)*	*2.877*	*-1.642*	-(27,8)
STPC	1.427	***(29,7)***	1	0		3.243	(44,0)	-97	-1.003	-(21,5)
BATA SA CAM.	805	***(15,0)***	709	10	1,7	424	(189,9)	2.974	-639	-(52,0)
Metallerz. u. -bearb. / elektrotechn. Ind.	*41.322*	***(9,5)***	*2.853*	*68*	*19,9*	*16.762*	*(246,5)*	*21.023*	*-1.410*	-(2,4)
SCDM	1.475	***(24,8)***	442	12	4,1	368	(400,8)	3.074	-24	-(1,3)
SOCATRAL	750	***(25,0)***	254	7	4,7	480	(156,3)	3.358	665	(54,1)
ALUBASSA	225	***(15,1)***	124	1	2,6	105	(214,3)	692	21	(6,4)
CTMC	210	***(15,0)***	164	1	2,3	174	(120,7)	565	-129	-(33,6)
CAMELCAB	600	***(40,0)***	74	4	16,1	656	(91,5)	743	1	(0,1)
LEE	425	***(46,9)***	91	0	5,2	46	(923,9)	228	-266	-(56,5)
SOCAVER	1.100	***(35,0)***	239	5	8,2	897	(122,6)	2.412	298	(14,9)
SATC	100	***(74,8)***	26	0		n.a.		102	0	
ALUCAM	34.776	***(6,9)***	1.269	34	37,2	13.709	(253,7)	10.188	-655	-(1,4)
GETRAM	1.661	***(2,4)***	170	4	11,4	327	(508,0)	-339	-1.321	-(66,4)
Chemie / Energie										
SONARA	4.000	***(17,0)***	374	36	70,9	25.070	(16,0)	18.276	4.158	(14,3)
zusammen	73.715	***(17,1)***	13.088	260	11,5	79.214	(93,1)	135.800	8.389	(5,5)

K: Kapital; B: Beschäftigte Inländer/Ausländer; S: Lang- und kurzfristige Schulden; G: Nettogewinne

* Beteiligungen der SNI in Prozent

Quelle: UNIDO, 1990, S. 49.

un de ceux qui ont le mieux résisté à la concurrence, non seulement sur le marché intérieur, mais aussi en accroisement, ses parts de marchés notamment dans la zone UDEAC" (BEKOLO-EBE, 1986, S. 19). Auch der Staat engagierte sich mit dem Ziel der Importsubstitution in diesem Bereich überdurchschnittlich (vgl. Tab. 34 und Tab. 35). 1985 entfielen 8 % der Beschäftigten und 11 % der Wertschöpfung des verarbeitenden Gewerbes auf die Nahrungsmittelverarbeitung im engeren Sinne (KARMILOFF, 1990, S. 121). Schon frühzeitig gab es z.B. Unternehmen zur Verarbeitung von Kakaobohnen. Dabei sind besonders SIC-CACAOS (seit 1953) und CHOCOCAM (seit 1969) mit 1984/85 über 500 Beschäftigten und einem Eigenkapital von etwa 1,75 Mrd. FCFA zu nennen (vgl. Tab. 32).
SIC-CACAOS betreibt Weiterverarbeitung auf einer niedrigen Stufe (mit geringer Wertschöpfung je Einheit), indem sie Kakaobutter und -rohmasse überwiegend aus Bohnen minderwertigerer Qualität herstellt, da diese ansonsten nur unter großen Preisabschlägen exportiert werden könnten. CHOCOCAM produziert Schokolade und Schokoladenprodukte. Beide Unternehmen sind Tochterunternehmen der französischen Firma Cacao Barry bzw. seit Beginn der 80er Jahre der Firma Sucrées Denrées, die Cacao Barry übernommen hat. Während die Produktion von SIC-CACAOS fast ausschließlich an das Mutterunternehmen in Frankreich verkauft wird, werden die Produkte von CHOCOCAM in Kamerun oder in der UDEAC abgesetzt.
Bereits in den 60er Jahren wurden 15 % der Produktion von Kakao in Kamerun weiterverarbeitet und Mitte der 70er Jahre wurde sogar ein Höchststand von 35 % erreicht. In den 80er Jahren fiel dieser Anteil jedoch wieder auf gut 10 %. Tabelle 31 liefert die Ursache für diese Entwicklung: Während die Umsätze von 1971/72 bis 1979/80 bei SIC-CACAOS um fast das 6-fache und die bei CHOCOCAM um mehr als das 6,5-fache zunahmen, mußten beide Unternehmen von 1979/80 bis 1985/86 Umsatzrückgänge um 10 (SIC-CACAOS) bzw. sogar 36 % (CHOCOCAM) hinnehmen. Die Krise der beiden Unternehmen, die zu einer gedrosselten Produktion bzw. zeitweiligen Schließung führten, hing auch mit den Problemen des französischen Mutterhauses zusammen, die schließlich die erwähnte Übernahme nach sich zog. Nachdem in der ersten Hälfte der 80er Jahre Arbeiter entlassen wurden, konnten ab Mitte der 80er Jahre Umsatz, Wertschöpfung und Gewinne wieder erhöht werden (KARMILOFF, 1990, S. 123). 1984/85 erzielten beide zusammen bereits einen Nettogewinn von über 1 Mrd. FCFA (vgl. Tab. 32). Erst in der Phase der Umstrukturierung zu Beginn der 80er Jahre kam es zu staatlichen Beteiligungen an den beiden Unternehmen (SIC: 31 %; CHOCOCAM: 16 %), die ihnen vor allem den Vorteil von Subventionen beim Einkauf der Kakaobohnen brachte. Nach wie vor hielt die französische Muttergesellschaft jedoch mehr als 50 % an beiden Unternehmen; vor kurzem verkaufte der Staat seine Minderheitsbeteiligung an CHOCOCAM wieder (JAKOBEIT, 1988, S. 355ff und MTM, 1995, S. 2731).
Die 1967 gegründete Weizenmühle SCM hatte 1985 92 Beschäftigte und konnte in der Periode 1984/85 einen Nettogewinn in Höhe von 331 Mio. FCFA erzielen (WAUTELET, 1990, S. 76). Während sie von 1971/72 bis 1979/80 ihren Umsatz noch kräftig um durchschnittlich jährlich 16 % erhöhte, reduzierte sich diese Wachstumsrate von 1979/80 bis 1985 /86 auf 3,5 % (vgl. Tab. 31). Die SCM, an der die SNI 1985 mit 32 % beteiligt war, hatte besonders in den 80er Jahren unter den festen Brotpreisen und den subventionierten Importen aus der EU zu leiden. Trotz Entlassungen in der Mitte der 80er Jahre hat sie auch aus den genannten Gründen in der zweiten Hälfte der 80er Jahre Verluste eingefahren und wurde zur Privatisierung vorgesehen (ESSOMBE EDIMO, 1991, S. 70f). Als Beispiel für ein kleines erfolgreiches privates Unternehmen kann CAMLAIT, ein Hersteller von Milchpro-

dukten, dienen (KARMILOFF, 1990, S. 124). An dieser Stelle soll nochmals auf die beiden bereits erwähnten Zuckerproduzenten CAMSUCO und SOSUCAM hingewiesen werden (vgl. 2.4.2.3 - Zucker).

Als Mängel des nahrungsmittelverarbeitenden Sektors in Kamerun werden in der vom ODI herausgegebenen Studie (KARMILOFF, 1990) das Fehlen der Weiterverarbeitung von Fischen und Shrimps sowie Maniok und Früchten gesehen. Der Export von *weiterverarbeiteten* Kakaoprodukten ist zwar starken Schwankungen unterworfen, hat aber in der ersten Hälfte der 80er Jahre im Gegensatz zu *unverarbeiteten* Kakaobohnen, deren Ausfuhren sich von 1977 bis 1984 verdoppelt haben, nicht zugenommen. Die Importsubstitution bei Fleisch-, Milch- und Fischprodukten ist bis jetzt kaum gelungen (KARMILOFF, 1990, S. 121). Als Fazit bleibt, daß Kamerun sein Potential in diesem Bereich bei weitem noch nicht ausgeschöpft hat. Da die Nachbarländer Kameruns überwiegend Importeure von Nahrungsmitteln sind, würde eine Intensivierung des regionalen Handels besonders dieser Branche zugute kommen.

Textil-, Bekleidungs- und Ledergewerbe

Die SNI ist an den 4 führenden Unternehmen der Textilbranche - CICAM (1965 gegründet), deren Tocherunternehmen SOLICAM sowie an STT und SCS - mit insgesamt 20 % beteiligt. CICAM hat seinen Hauptsitz in Garoua und eine Fabrik zur Weiterverarbeitung in Douala. Seine Spinnerneien und Webereien beliefern die weiterverarbeitenden Unternehmen SOLICAM und STT. SCS stellt Jute und Plastiksäcke für den Transport von Kakao und Kaffee her. Es ist daher fraglich, ob dieses Unternehmen überhaupt in den Textilsektor einzuordnen ist, insbesondere da zumindest bis Mitte der 80er Jahre die Jute aus Asien importiert und nicht von heimischen Produzenten geliefert wurde. Erst in der zweiten Hälfte der 80er Jahre wurden Versuche unternommen, im Norden Kameruns Jutefasern anzubauen (JAKOBEIT, 1988, S. 353). Alle vier Unternehmen zusammen machten 1985/86 37,7 Mrd. FCFA Umsatz und beschäftigten 3.300 Menschen. Im selben Jahr fuhren die 4 Unternehmen, wie schon 1984/85 (vgl. Tab. 32), allerdings erhebliche Verluste in Höhe von insgesamt 1,25 Mrd. FCFA ein. Das einzige andere Unternehmen der Textilbranche von nennenswerter Größe ist SAFIL, das sich zu zwei Dritteln im Besitz von privaten Kamerunern befindet. Darüber hinaus gibt es noch SICABO, das Kleidung herstellt (UNIDO, 1990, S. 26). Die Unternehmen STPC und BATA SA. CAM, die Lederwaren und Schuhen produzieren, sollen ebenfalls hier eingeordnet werden. Beide Unternehmen, an deren Kapital die SNI insgesamt zu 24 % beteiligt war, machten 1984/85 Verluste in Höhe von 1,6 Mrd. FCFA. Allerdings befand sich die STPC zu diesem Zeitpunkt bereits in Auflösung.

Der gesamte Textil-, Bekleidungs- und Lederwarensektor hatte also Mitte der 80er Jahre schon vor der allgemeinen Wirtschaftskrise mit großen Problemen zu kämpfen. Wie aus Tabelle 31 ersichtlich ist, konnte CICAM seinen Umsatz in den 70er Jahren noch fast um das 4-fache erhöhen und auch von 1979/80 bis 1981/82 stiegen die Umsätze um weitere 60 %. 1985/86 lagen die Umsätze dann jedoch nur um 5 % über denen von 1981/82, so daß in diesem Zeitraum von einer Beinahe-Stagnation gesprochen werden kann. BATA SA. CAM erhöhte seine Umsätze in den 70er Jahren ebenfalls um etwa das 2,5-fache, geriet aber bereits zu Beginn der 80er Jahre in eine Krise. Von 1983 /84 bis 1985/86 konnte es seine Umsätze zwar wieder um fast 70 % steigern, machte dabei aber Verluste (vgl. Tab. 32).

Die wichtigste Ursache für den Niedergang des Textilsektors, in dem in den 70er Jahren in Kamerun noch 8.000 Menschen beschäftigt waren, sind nach Meinung von KARMILOFF (1990, S. 114) neben mangelhaftem Know-how bei Produktion und Vermarktung die billigeren (z.T. illegalen, d.h. nicht verzollten) Importe aus Asien. Die kamerunische Textilindustrie kann mit den asiatischen Produzenten nicht konkurrieren - dieser Zustand wurde durch die Aufwertung des FCFA noch verstärkt. Die Kameruner Regierung versuchte zwar die heimische Textilindustrie durch Zölle vor der ausländischen Konkurrenz zu schützen, was aber, begünstigt durch die Abwertung des Naira, vor allem durch Schmuggel über die Grenze zu Nigeria umgangen wurde. Marchés Tropicaux et Mediterranéens schätzt, daß der Marktanteil der illegal eingeführten Produkte in manchen Bereichen (pagnes et friperie) bis zu 80 % (!) beträgt (MTM, 1992, S. 3311). Damit ist Kamerun von einem *Exporteur* von Textilien zu einem *Importeur* geworden. Zu den Umsatzeinbußen auf dem Inlandsmarkt kam noch der Wegfall der Exportmärkte Nigeria (durch die Abwertung des Naira) und Zaire (durch den Zusammenbruch des Landes). Ein weiteres Problem der Textilindustrie stellten die staatlich garantierten hohen Produzentenpreise für Baumwolle dar. Andererseits erhält sie aber erhebliche Subventionen, da sie durch die Verarbeitung des wichtigsten landwirtschaftlichen Produkts des Nordens, der Baumwolle, Teil der Förderung dieser Region ist.

CICAM (inkl. SOLICAM) wurde aber auch von der allgemeinen Wirtschaftskrise in der Mitte der 80er Jahre hart getroffen: Die Zahl der Beschäftigten mußte von etwa 2.000 1985 /86 auf 1.100 1992 verringert werden, die Gehälter wurden um 10 % gekürzt und für 5 Jahre eingefroren und der Umsatz verringerte sich zwischen 1985 und 1991 um 63 %. Die STT wurde zu Beginn der 90er Jahre sogar aufgelöst. Zur Rettung des Textilsektors schlossen sich Anfang der 90er Jahre 14 Beteiligte (Banken, internationale Kreditinstitutionen, Aktionäre und staatliche Unternehmen als Gläubiger wie z.B. SODECOTON) zusammen und trafen Vereinbarungen über den Erlaß und die Stundung von Schulden sowie über den Zuschuß neuen Kapitals (MTM, 1992, S. 3312). Besonders die CFD tat sich dabei 1992 mit einem Kredit von 5,5 Mrd. FCFA zur Umstrukturierung der CICAM hervor. Bis 1995 hatte sich das Unternehmen, an dem zu 35 % DMC (Dolfus Mieg & Cie), zu 35 % die DEG (Deutsche Investitions- und Entwicklungsgesellschaft mbH) und zu 30 % die SNI beteiligt sind, etwas erholt. Einschließlich der Tochterunternehmen SOLICAM und Newco betrug der Umsatz 25 Mrd. FCFA und die Beschäftigtenzahl wieder 1.500. Die von den Unternehmen hergestellten Vorprodukte gehen v.a. nach Europa, während die Fertigprodukte in der UDEAC verkauft werden (MTM, 1995, ohne Seitenzahl). Besonders in der UDEAC liegt nach der Abwertung, die die Wettbewerbsfähigkeit gegenüber Importen wieder erhöhte, auch der Zukunftsmarkt der Kameruner Textilindustrie. Im Textilsektor wurde daher zum ersten Mal versucht, Industriepolitik für die ganze UDEAC-Zone zu betreiben. Allerdings existieren nach der Liquidation der STT nur noch zwei Unternehmen: die UCATEX (Union centrafricaine des textiles) in der RCA und die CICAM. Beide werden zudem von dem französischen Unternehmen DMC geführt. Besonders diese Verflechtung, an der noch ein weiteres französisches Unternehmen (Schaeffer Engineering System) in der RCA, im Tschad und im Congo beteiligt ist, erleichtern eine Zusammenarbeit in diesem Bereich (MTM, 1992, S. 3311f). Es ist noch nicht absehbar, ob die Abwertung des Jahres 1994 wieder zu einer Expansion des Textilsektors führt. Ansätze zu einer Erholung der Branche sind aber auch aufgrund der Bemühungen der französischen CFD unverkennbar.

Aluminiumindustrie

Die Aluminiumindustrie hat innerhalb der Ausfuhren des verarbeitenden Gewerbes den größten Stellenwert (STBA, 1993, S. 92; vgl. auch Tab. 42). Es gibt allerdings nur eine

Aluminiumschmelze, ALUCAM, die aus Guinea importiertes Bauxit verwendet und nach der SABC bzw. in den 80er Jahren nach SONARA und SABC nach Umsatz das zweit- bzw. drittgrößte Unternehmen im verarbeitenden Gewerbe war. Es ist auch der bei weitem kapitalstärkste (35 Mrd. FCFA Eigenkapital 1985) und nach SONARA und der liquidierten CELLUCAM kapitalintensivste (37 Mio. FCFA Eigen- und Fremdkapital je Beschäftigten 1985) Betrieb Kameruns (vgl. Tab. 32 und KÖRNER, 1988, S. 86f). Diese Zahl gewinnt noch mehr an Bedeutung, wenn man bedenkt, daß die SABC 5,7 und die CICAM 2,6 Mio. FCFA Kapital pro Arbeitsplatz benötigten. ALUCAM wurde 1954 gegründet und befindet sich in Edea etwa 60 km von Douala entfernt. 39,2 % des Kapitals befinden sich im Staatsbesitz und die anderen 60,8 % sind ausländisches, vor allem französisches Kapital (Péchiney). ALUCAM profitiert stark vom sehr billigen Strom, der bei der Aluminiumschmelze eine große Rolle spielt und den das Unternehmen aus den Wasserkraftwerken der staatlichen SONEL bezieht. ALUCAM *allein* nimmt 45 % der nationalen Energieproduktion ab (UNIDO, 1990, S. 22). Mitte der 80er Jahre beschäftigte das Unternehmen etwa 1.300 Personen und produzierte über 80.000 t Aluminium, wovon 66 bis 75 % in den Export vor allem nach Frankreich und auch nach Japan gingen (KARMILOFF, 1990, S. 120). Es ist (neben der aluminiumverarbeitenden SOCATRAL) das einzige der in Tabelle 31 dargestellten Unternehmen, das seinen Umsatz von 1979/80 bis 1985/86 stärker ausweiten konnte (um durchschnittlich jährlich 23 %) als von 1971/72 bis 1979/80 (durchschnittlich jährlich 15 %). Diese Zunahme fällt aber vor allem in die Zeit von 1979/80 bis 1981/82, als der Umsatz fast verdreifacht wurde. Hier ist ein Zusammenhang mit den Öleinnahmen des Staates zu sehen, denn zu Beginn der 80er Jahre wurden mit *staatlichen* Investitionen in Höhe von 23 Mrd. FCFA die Produktionskapazitäten verdoppelt. Dennoch machte ALUCAM von 1983 bis 1987 vor allem aufgrund der gesunkenen Weltmarktpeise für Aluminium Verluste (KARMILOFF, 1990, S. 120; KÖRNER, 1988, S. 86) (z.B. 1984/85 655 Mio. FCFA; vgl. Tab. 32). Außerdem hatte das Unternehmen noch in der ersten Hälfte der 80er Jahre mit einer unregelmäßigen Stromversorgung zu kämpfen. Nach der Fertigstellung neuer Wasserkraftwerke dürften diese Probleme aber überwunden sein und 1986/87 machte das Unternehmen erstmals wieder Gewinne. Dies gelang trotz eines von 40,4 auf 33,4 Mrd. FCFA gesunkenen Umsatzes und war auch auf weitere Steuerbefreiungen und günstigere Preise für das Rohmaterial zurückzuführen (UNIDO, 1990, S. 23). Dennoch verringerte ALUCAM bis 1991/92 die Zahl seiner Beschäftigten von 1200 auf 956 (MTM, 1992, S. 3341).

In der *Weiterverarbeitung* von Aluminium dominieren zwei Betriebe, nämlich die 1962 gegründete SOCATRAL, die Aluminium-Dächer und -platten produziert und die 1955 gegründete ALUBASSA, die Küchengeräte, Türen und Fensterrahmen aus Aluminium herstellt. Das Kapital von SOCATRAL hielt 1985 zu 49 % ALUCAM, zu 25 % die SNI und zu weiteren 25 % die französische Firma Péchiney (UNIDO, 1990, S. 23ff). Die Umsatzentwicklung verlief mit einer Verdoppelung von 1979/80 bis 1983/84 ähnlich wie bei ALUCAM (vgl. Tab. 31). SOCATRAL hatte in der ersten Hälfte der 80er Jahre mit der Konkurrenz illegaler Importe und der Preispolitik der Regierung zu kämpfen (KARMILOFF, 1990, S. 121). Dennoch konnte das Unternehmen von 1980/81 bis 1986/87 bei einem durchschnittlichen Umsatz von 18,2 Mrd. FCFA (1986/87: 21,0 Mrd. FCFA) Gewinne von im Durchschnitt etwa 200 Mio. FCFA einfahren (UNIDO, 1990, S. 25), 1984/85 waren es sogar 665 Mio. FCFA (vgl. Tab. 32).

ALUBASSA, an der ALUCAM ebenfalls zu 45,6 % und die SNI zu 15,1 % beteiligt sind (1985), hatte bei einem Umsatz, der etwa einem Zehntel dessen von SOCATRAL ensprach, in der ersten Hälfte der 80er Jahre einen schlechteren Geschäftsverlauf. Von 1980/81 bis 1985/86 machte das Unternehmen Verluste in Höhe von 196 Mio. FCFA, was in Relation zum Umsatz einem Wert von -1,8 % entprach. Ein großer Teil der Erzeugnisse der beiden Unternehmen wird auf den Nachbarmärkten, nämlich in der UDEAC, in Nigeria und in der Côte d'Ivoire abgesetzt. Etwa 40 % der Ausfuhren wurden in der ersten Hälfte der 80er Jahre allein nach Gabun verkauft. Während jedoch die Perspektiven für SOCATRAL auf den Nachbarmärkten relativ gut sind, hat ALUBASSA mit Konkurrenzunternehmen in diesen Ländern, die zum Teil von SOCATRAL beliefert werden, zu kämpfen (UNIDO, 1990, S. 25). Da für beide Unternehmen der regionale Export also eine große Rolle spielt, dürften sie von der Abwertung des FCFA und der damit gestiegenen preislichen Wettbewerbsfähigkeit gegenüber Konkurrenten aus Drittländern profitieren.
ALUCAM, das mit finanzieller Hilfe der CFD Anfang der 90er Jahre umstrukturiert wurde, konnte bereits 1993 einen Anstieg seiner Exporte um 21 % vermelden. Die Aufwertung wird allerdings auch die *Kosten* von ALUCAM erhöhen, da der Rohstoff Bauxit aus Guinea, das nicht der Franc-Zone angehört, importiert wird. In Kamerun selbst gibt es zwar Bauxitvorkommen, die aber in der Provinz Adamoua liegen. Eine Ausbeutung dieser Vorkommen ist derzeit nicht möglich, da in dieser Gegend nicht die geeigneten Möglichkeiten zur Energiegewinnung und damit zur Aluminiumschmelze oder die entsprechende Infrastruktur (Eisenbahn) zum Abtransport dieser Vorkommen vorhanden sind (EIU 1.Quartal 1994, S. 17).

Chemie

Es gibt in Kamerun einige Unternehmen der Chemiebranche, die auf den regionalen Märkten relativ erfolgreich und wettbewerbsfähig sind. Sie sind allerdings bezüglich Vorleistungen und Kapital fast vollständig vom Ausland abhängig (KARMILOFF, 1990, S. 117). Trotz einiger guter Ansätze befindet sich die chemische Industrie jedoch noch „im Aufbau“ (STBA, 1993, S. 92). In diesen Sektor fällt auch das erfolglose parastaatliche Unternehmen SOCAME, das 1975 (500 Beschäftigte) unter Beteiligung (25,5 %) eines deutschen Unternehmens zur Herstellung von Düngemitteln gegründet wurde, aber nach kurzer Lebensdauer 1981 wieder liquidiert wurde. Die Kapazitätsauslastung überstieg nie 50 % und das Unternehmen mußte ständig durch Subventionen am Leben erhalten werden. Neben Planungsfehlern bezüglich Technologie und Produktionskosten war es die überlegene ausländische Konkurrenz, die eine wirtschaftliche Produktion verhinderte: „... The cost of imported inputs in 1981 was greater than the *landed* price of competing *final products*“ (KARMILOFF, 1990, S. 117). So hat SOCAME letztlich nur insgesamt 50.000 t produziert, aber Verluste von 8 Mrd. FCFA angehäuft (JAKOBEIT, 1988, S. 352). Ein Grund für das Scheitern war möglicherweise auch gezieltes Dumping des wichtigsten Importeurs von Düngemitteln. Der Anstieg der Einfuhren von 41.000 t 1976 auf mehr als 100.000 t 1978 sticht jedenfalls ins Auge (WILLAME, 1986, S. 123 und JAKOBEIT, 1988, S. 352). Verwunderlich ist dabei, daß der Staat zu 51 % an der Importgesellschaft SEPCAE (70 Beschäftigte) beteiligt ist, der französische Exporteur SCPA nur zu 49 % (JAKOBEIT, 1988, S. 351). Der Kameruner Staat hat damit anscheinend seine eigene Importsubstitutionspolitik untergraben.

Holz- und Papierbe- und verarbeitung

Trotz der reichen forstwirtschaftlichen Ressourcen Kameruns ist die Holz- und Papierindustrie eher unterentwickelt. Das meiste Holz wird unverarbeitet oder lediglich in Sägemühlen bearbeitet ausgeführt. Insgesamt gibt es 1995 etwa 20 große Sägemühlen und 5 Sperrholzfabriken (EIU, 1995, S. 22). Der Umsatz der holzverarbeitenden und papierherstellenden Industrie ist sogar von 1981/82 bis 1983/84 um zwei Drittel gefallen und befindet sich damit etwa auf dem Niveau von 1975/76. Auch mit den Gewinnen war es in der ersten Hälfte der 80er Jahre schlecht bestellt: „None of the four large parastatals in this sub-sector made a consistent profit in the five years to 1987 ..." (KARMILOFF, 1990, S. 116). Zwar gibt es auch einige Möbelhersteller, die allerdings unter der Einschränkung der öffentlichen Bauinvestitionen seit 1987 sehr gelitten haben. Die Streichholzfabrik UNALOR mit 27 Beschäftigten besitzt in der Region keine Konkurrenz und setzt 40 % ihrer Produktion in den anderen UDEAC-Staaten ab (UNIDO, 1990, S. 28f).

Besondere Erwähnung verdient hier das gescheiterte Projekt der Zellulosefabrik CELLUCAM, die zur Investitionsruine par excellence wurde. Das Projekt startete mit Unterstützung des österreichischen Unternehmens Voest-Alpine 1974 und der Bau der Papiermühle dauerte von 1976 bis 1980. Es erforderte allerdings weitere Investitionen, bis im Januar 1982 die Produktion aufgenommen werden konnte. Bereits zwei Monate später gab es zwei schwere Explosionen, die Teile der Fabrik zerstörten. Aufgrund schlechter Vorbereitung des Unternehmens, Ungeeignetheit der lokalen Hölzer, Problemen in der Regenzeit, der für eine wettbewerbsfähige Produktion nicht ausreichenden Kapazität und ungenügender Qualität der Endprodukte stand CELLUCAM bereits Ende 1983 vor dem Bankrott (WILLAME, 1986, S. 125f; STBA, 1993, S. 92; KARMILOFF, 1990, S. 116f). Schlicht ausgedrückt: „From the start, risks were to high with respect to the costs involved" (WILLAME, 1986, S. 126). Obwohl bereits Ende 1982 die Mehrzahl der 1200 Beschäftigten entlassen wurde, wurde sie erst 1986 mit inzwischen 179 Mrd. FCFA Schulden liquidiert bzw. zum Verkauf angeboten (UNIDO, 1990, S. 29). „Investitionen von mehr als F CFA 80 Mrd waren buchstäblich im Urwald verschwunden" (KÖRNER, 1988, S. 86). Im Dezember 1990 wurde die CELLUCAM dann von der internationalen Gesellschaft Lafimar, hinter der vor allem ein indonesisches Konsortium (Gudang Garam) steht, gekauft. Mit Investitionen von 75 Mrd. FCFA soll das Werk saniert und auf eine Produktion von 150.000 t gebracht werden (STBA, 1993, S. 92f). CELLUCAM (neuer Name CPPC) soll eines der ersten Unternehmen sein, das als PFI (Point Franc Industriel) ausgewiesen wird und damit von der im Januar 1990 verabschiedeten Industriefreizonenregelung profitiert (FOKAM, 1991, S. 81; MTM, 1992, S. 3328).

Andere Branchen

Vom Boom der öffentlichen Bauinvestitionen in der ersten Hälfte der 80er Jahre konnten die inländischen Produzenten von Baumaterialien nur eingeschränkt profitieren, da ein großer Teil der Inputs importiert wurde. Das wichtigste Unternehmen dieser Branche ist der Zementhersteller CIMENCAM, an dem die SNI zu 63,1 % beteiligt ist. Der größte ausländische Anteilseigner ist ein französisches Unternehmen. Nachdem sich der Umsatz dieses Unternehmens bereits in den 70er Jahren von einem niedrigen Niveau ausgehend kräftig erhöhte, kam es von 1979/80 bis 1985/86 zu einer weiteren Steigerung um 171 %, was unter den in Tabelle 31 dargestellten Unternehmen die zweithöchste Zunahme in dieser Periode bedeutet. Auch der Output von CIMENCAM konnte in der ersten Hälfte der 80er Jahre um mehr als 50 % gesteigert werden, wobei von 1982/83 bis 1985/86 Gewinne von 7 - 8 % des

Umsatzes eingefahren wurden (UNIDO, 1990, S. 30; vgl. auch Tab. 32). Allerdings waren auch 1985 nur 622 Personen bei CIMENCAM beschäftigt. Der Boom lockte zwar Investoren aus Großbritannien und Korea an, die aber ihre Pläne angesichts der Rezession in der zweiten Hälfte der 80er Jahre wieder aufschoben.
Erwähnung verdient hier auch noch die SCDM, die als metallverarbeitender Betrieb unter anderem landwirtschaftliche Werkzeuge herstellt (JAKOBEIT, 1988, S. 349f). 1985 hatte sie mit 454 Personen nach ALUCAM die höchste Beschäftigtenzahl unter den Unternehmen der Metall- und elektrotechnischen Industrie (vgl. Tab. 32). Allerdings machte sie (bei noch geringer Verschuldung) 1984/85 24 Mio. FCFA Verluste. Bis Mitte der 90er Jahre verschlechterte sich die Situation der SCDM jedoch zusehends und 1994 übernahm die deutsche Hobum-Gruppe das inzwischen hochverschuldete Unternehmen (1.474,8 Mio. FCFA, Staatsanteil: 86,7 %) (BfAI, NfA 24.8.1994).[35]

2.4.3.3 Der Erdölsektor

Im November 1977 nahm Elf-Serepca, die lokale Tochtergesellschaft der französischen Elf-Aquitaine, die Förderung im Offshore-Bereich auf. 1983 kamen die französische Total und die amerikanische Shell Pecten Oil Company hinzu, wobei 80 % der Förderung aber weiterhin auf ELF-Serepca entfielen. An allen Förderfirmen war das 1980 gegründete Kameruner Staatsunternehmen Société Nationale des Hydrocarbures (SNH) beteiligt (KÖRNER, 1988, S. 82).
Aufgrund der Verschleierungstaktik der kamerunischen Regierung gibt es über die Produktion und besonders über die Exporteinnahmen widersprüchliche Angaben, da die entsprechenden Zahlen von den internationalen Organisationen geschätzt werden müssen: „... it is almost impossible to determine with any certainty Cameroon's production" (JUA, 1993, S. 132). Gemäß den in Tabelle 33 wiedergegebenen Angaben ist die Produktion bis 1985/86, ihrem Höhepunkt, auf 9,2 Mio. t gestiegen, um bis 1994/95 wieder um fast 50 % auf 5,1 Mio. t zu fallen. Der bei weitem größte Teil der Produktion wurde als Rohöl exportiert. Allerdings ging der Exportpreis von Rohöl in der ersten Hälfte der 80er Jahre nach dem Ende der zweiten Ölkrise tendenziell zurück, nämlich um 38 % zwischen 1981/82 und 1985/86 (STBA, 1993, S. 82). Während sich die Produktion von 1981/82 bis 1985 /86 mehr als verdoppelte, stiegen daher die Exporterlöse in Dollar nur um 40 %. Aufgrund der Abwertung des FCFA gegenüber dem Dollar in diesem Zeitraum gab es allein von 1981/82 bis 1984/85 mehr als eine Verdoppelung der Exporterlöse in *FCFA* gerechnet (1984/85: 682 Mrd. FCFA). Ab Mitte der 80er Jahre verringerte sich dieser warme Geldregen aus den Ölexporten aus drei Gründen drastisch: Erstens der kontinuierliche Rückgang der Produktion; zweitens das weitere Fallen der Exportpreise in Dollar - allein 1986/87 um ein Drittel -, was zu einer Verringerung der Exporteinnahmen in Dollar gerechnet um ebenfalls etwa ein Drittel führte; drittens die Aufwertung des FCFA in der Mitte der 80er Jahre. Alle drei Ursachen bedingten einen Rückgang der Exporteinnahmen in FCFA gerechnet um 42 % 1985/86 und um weitere 41 % 1986/87. 1988/89 lagen die Exporterlöse um 70 % unter denen des Jahres 1984/85. Der Beitrag des Erdöls zu den gesamten Exporterlösen sank damit von rund zwei Dritteln 1985 auf etwa zwei Fünftel Ende der 80er Jahre (STBA, 1993, S. 81). Da sich der Weltmarktpreis für Rohöl Anfang der 90er Jahre wieder dem Ni-

[35] Weitere Informationen zum verarbeitenden Sektor Kameruns, vor allem auch zu kleineren Branchen, sind bei KARMILOFF (1990, S. 113ff) zu finden.

Tabelle 33

Ölproduktion und -exporte
(in Klammern: Veränderung gegen Vorjahr in Prozent)

	in Tausend Tonnen	Exporte in Mio. US-Dollar*	Exporte in Mrd. FCFA
1978/79	600	25,3	5,4
1979/80	1.700 (183,3)	266,4 (953,0)	56,3 (942,6)
1980/81	2.700 (58,8)	503,9 (89,2)	85,0 (51,0)
1981/82	4.340 (60,7)	1058,6 (110,1)	298,6 (251,3)
1982/83	5.331 (22,8)	1051,1 -(0,7)	381,6 (27,8)
1983/84	5.626 (5,5)	1183,3 (12,6)	518,3 (35,8)
1984/85	7.400 (31,5)	1342,8 (13,5)	681,6 (31,5)
1985/86	9.170 (23,9)	1489,2 (10,9)	394,7 -(42,1)
1986/87	8.800 -(4,0)	1083,0 -(27,3)	232,5 -(41,1)
1987/88	8.348 -(5,1)	803,0 -(25,9)	230,2 -(1,0)
1988/89	8.295 -(0,6)	773,5 -(3,7)	209,4 -(9,0)
1989/90	8.114 -(2,2)	807,0 (4,3)	258,1 (23,3)
1990/91	7.835 -(3,4)	1134,9 (40,6)	299,8 (16,2)
1991/92	7.235 -(7,7)	1138,0 (0,3)	262,1 -(12,6)
1992/93	6.790 -(6,2)	868,0 -(23,7)	195,6 -(25,4)
1993/94	6.153 -(9,4)	779,0 -(10,3)	253,4 (29,6)
1994/95	5.093 -(17,2)		306,8 (21,1)

* 1978/79 =1978

Quelle: BEAC, Etudes et Statistiques, versch. Ausgaben, NIDA, 1986, S. 62; WORLD BANK, 1991, S. 162f; JUA, 1993, S. 133; STBA, 1993, S. 142; EIU, 1993, S. 32; EIU, 4.Q.1994, S. 49; EIU, 1995, S. 33; MTM, 1995, S. 2705.

veau von 1984/85 annäherte, stiegen die Exporteinnahmen 1989/90 und 1990/91 vorübergehend wieder an, um in den folgenden beiden Jahren auf ein Rekordtief - gemessen in FCFA - zu fallen. Erst die Abwertung des FCFA um 50 % am 1. Januar 1994 ließ die Ausfuhrerlöse 1994/95 auf das höchste Niveau seit 1985/86 ansteigen. Dennoch dürften die Ölexporte aufgrund der gesunkenen Produktion nicht mehr die Bedeutung des Jahres 1984/85 erreichen, in dem sie 22 % zum Wachstum des BIP, 51 % zum Wachstum der Staatseinnahmen und 80 % zum Wachstum der Exporte beitrugen (WAUTELET, 1990, S. 80).

Es ist damit zu rechnen, daß die *bekannten* Ölfelder in absehbarer Zeit ausgebeutet sind. Allerdings besteht die Hoffnung auf die Entdeckung neuer Felder, zumal die Ölgesellschaften in der Vergangenheit kaum Explorationen unternommen haben. Grund dafür war neben den niedrigen Weltmarktpreisen der für ausländische Ölfirmen (im Vergleich zu anderen Ländern wie z.B. dem benachbarten Gabun) nicht vorteilhafte Hydrocabures Code (Gesetz zur Regelung der Erdölförderung) Kameruns (JUA, 1993, S. 134). Die Ölgesellschaften konnten nur einen kleinen Teil der Nettogewinne (13 % 1985) für sich verbuchen, der Rest ging an den Staat. Dessen geschätzte Nettoeinnahmen aus dem Ölgeschäft setzten sich 1985 zusammen aus den Lizenzgebühren (30,3 %), den Einkommenssteuern der Gesellschaften (11,2 %) und dem Produktionsanteil von 70 % an allen ausgebeuteten Vorkommen (58,6 %) (JUA, 1993, S. 135). Eine Änderung dieses Gesetzes 1990, durch die nunmehr der SNH nur noch 60 und nicht mehr 70 % der Rohölförderung zustehen sowie eine Verringerung der Gewinnsteuer, die die Relation von Gewinn nach Steuern zu Einnahmen für die Ölfirmen von 13 auf 22 % erhöhte, führten jedoch inzwischen dazu, daß verschiedene Gesellschaften nach weiteren Ölvorkommen suchen (STBA, 1993, S. 80). Allerdings wäre nach Ansicht der EIU (4.Quartal 1994, S. 19) ein noch attraktiverer Hydrocabures Code nötig, damit die Ölgesellschaften ihre Anstrengungen verstärken - zudem bedürfe es auch etwas Glück bei der Suche.

Um das Rohöl selbst weiterverarbeiten und damit die eigenen sowie die Märkte der Region mit raffiniertem Öl versorgen zu können, gründete die Regierung Kameruns 1981/82 in der Nähe von Limbe die Erdölraffinerie SONARA. Diese löste bereits im Jahr ihrer Gründung die SABC als *umsatzstärkstes* Unternehmen ab und konnte ihre Umsätze bis 1985/86 um weitere 46 % steigern (vgl. Tab. 31). Erst 1989 wurde die SABC aufgrund der rückläufigen Erdölförderung wieder zum umsatzstärksten Unternehmen vor SONARA. Die Lebensdauer

von SONARA dürfte angesichts der limitierten Erdölvorräte Kameruns allerdings begrenzt sein. Somit sind auch die Gründungsinvestitionen von 73 Mrd. FCFA in Frage zu stellen. Bereits zwei Jahre nach ihrer Gründung konnte sie aber das Importdefizit bei Energieprodukten um 132 Mill.US$ verringern (KARMILOFF, 1990, S. 118). Allerdings waren Mitte der 80er Jahre bei SONARA nur etwa 400 Personen beschäftigt und sie war mit 71 Mio. FCFA Kapital pro Beschäftigten das kapitalintensivste Unternehmen Kameruns (vgl. Tab. 32). SONARA steht unter der Leitung der SNH, auch die SNI besitzt Anteile von 17 %. Insgesamt sind 66 % des Kapitals von etwa 4 Mrd. FCFA in staatlicher und 33 % in der Hand verschiedener privater Ölfirmen (REPUBLIQUE DU CAMEROUN, 1992, S. 373).
Die immensen Investitionen für die Erdölraffinerie rechneten sich jedoch nicht. Nach dem Urteil der Weltbank ist die Kapazität von SONARA zu klein und die Infrastruktur zu ungenügend für eine wettbewerbsfähige Produktion. Auf der Anlage können zudem kein hochwertiges Benzin und kein Teer (wichtig für den Straßenbau!) hergestellt werden (WILLAME, 1986, S. 128f). Zudem hatte SONARA mit dem Schmuggel von Benzin aus Nigeria zu kämpfen, so daß ihre Produktion zwischen 1986/87 und 1991/92 von 1.553.000 auf 883.000 t gesunken ist (MTM, 1992, S. 3339). Die auf Druck der Geber durchgeführten Reformen beinhalteten neben der Offenlegung der Bilanzen der SNH auch eine Anfang 1995 beschlossene Verringerung der Subventionen der SNH an SONARA (MTM, 1995, S. 2715f). Zudem soll der Mineralölmarkt liberalisiert werden. Das bedeutet, daß sowohl das Monopol von SONARA als auch das in der Benzinversorgung (Lager) abgeschafft werden (MTM, 1995, S. 2724/2743).

2.4.3.4 Die Kapitalstruktur

Im folgenden wird nicht nur auf die Kapitalstruktur der Industrie eingegangen, sondern z.T. auch auf die der gesamten kamerunischen Wirtschaft, wobei zuerst der Umfang und die Struktur des ausländischen Privatkapitals in Kamerun und anschließend die sektorale Struktur der staatlichen Beteiligungen beleuchtet werden sollen. Wie für viele Bereiche der Kameruner Statistik ist allerdings auch für die des Kapitalbestandes, der Kapitalströme und der Kapitalstruktur bedauerlicherweise eine schlechte Qualität zu konstatieren (STBA, 1993, S. 157). Bei den Investitionen der ausländischen Privatwirtschaft läßt sich in den verschiedenen Quellen dennoch eindeutig ein Rückgang nach 1985 feststellen (STBA, 1993, S. 157f und S. 168ff). Besonders interessant ist, daß gemäß der Zahlungsbilanz des Kameruner Finanzministeriums die reinvestierten Gewinne bereits von 1980 bis 1988 durchgehend negativ waren, d.h., es fand ein Transfer von Gewinnen *aus* Kamerun statt. Dieser erreichte 1985 sogar die Höhe von fast 100 Mrd. FCFA.
Nach einer von der französischen Botschaft 1984 in Kamerun unter 409 Unternehmen vorgenommenen Erhebung belief sich das Kapital ausländischer Herkunft auf 129,7 Mrd. FCFA, was einem Anteil von 39 % am Gesellschaftskapital dieser Unternehmen entsprach. In mehr als 60 % der Unternehmen verfügten Ausländer über eine Mehrheitsbeteiligung (STBA, 1993, S. 158). Nachdem das ausländische Kapital von 1973 bis 1980 nur um 6,1 % jährlich zunahm, stieg es zwischen 1980 und 1982 um 34,0 % p.a. und zwischen 1982 und 1984 um 16,2 % p.a. Dennoch verringerte sich sein Anteil am Gesamtkapital von 67 % 1973 auf 39 % 1984. Dieser Trend setzte sich gemäß weiterer Erhebungen in den Jahren 1988 und 1989 fort (STBA, 1993, S. 159ff). Eine Abnahme des Anteils ausländischen Kapitals läßt sich nicht nur für die kamerunische Wirtschaft insgesamt, sondern auch für die Industrie im speziellen feststellen.

Tabelle 34

Eigentümerstruktur im verarbeitenden Gewerbe

(1984/85, Angaben in Prozent)

	Kapital*	Anteil	Staat	Private Inländer	Franzosen	Andere Ausl.
Nahrungsmittelverarbeitung	(988)	58	64	12	17	7
Holz- und Papierbe- u. -verarbeitung	(243)	14	42	10	16	32
Metallerzeugung u. -bearbeitung	(274)	16	30	3	64	4
Chemie u. H.v.Kunststoffen	(26)	2	21	35	32	12
Textilindustrie, H.v.Leder	(91)	5	36	23	10	31
Sonstige Industrien	(86)	5	39	15	32	14
zusammen	**(1708)**	**100**	**52**	**11**	**25**	**12**

* in Milliarden FCFA   Quelle: UNIDO, 1990, S. 18.

Der noch 1976 bei etwa 57,5 % gelegene Anteil des ausländischen Kapitals an den *Industrie-Unternehmen* sank bis 1979 auf 48 Prozent (34,5 Prozent allein in französischer Hand). Von den 52 % des sich im Besitz von Inländern befindenden Kapitals waren 44 Prozentpunkte staatlicher und nur 8 privater Herkunft (NDONGKO, 1986, S. 93). Wie Tabelle 34, die die Ergebnisse einer Studie aus dem Jahr 1985 wiedergibt, zeigt, stiegen die Anteile des Kameruner Staates und privater Inländer am gesamten Kapital des verarbeitenden Gewerbes bis 1984/85 auf 52 bzw. 11 %. Das bedeutet zugleich, daß der Anteil ausländischen Kapitals weiter auf 37 % (25 % französisch) sank. Ähnliche Ergebnisse liefert auch die bereits erwähnte Studie aus dem Jahr 1984 (STBA, 1993, S. 160f). Der *relative* Rückgang des Anteils ausländischen Kapitals ist aber nicht auf eine *absolute* Abnahme der Auslandsinvestitionen, sondern vor allem auf die Zunahme staatlicher Investitionen zurückzuführen. Allerdings ist auch zu konstatieren: „Yet, despite the relative secure environment offered to foreign investors, inflows were very modest, with the exception of the oil sector, where French and US companies rushed in, and of the Cellucam project, in which the Austrian firm Voest-Alpine took a holding" (UNIDO, 1990, S. 19).
Tabelle 34 gibt auch die Kapitalherkunft nach einer groben Branchenstruktur an. Es wird deutlich, daß der Kameruner Staat überdurchschnittlich in der Weiterverarbeitung von landwirtschaftlichen Produkten engagiert ist. Da auf diesen Sektor - nach der der Tabelle 34 zugrundeliegenden Studie - 58 % des Kapitals im verarbeitenden Gewerbe entfallen, summiert sich der Staatsanteil insgesamt auf 52 %. Private Kameruner Interessen bestehen dagegen vor allem in den weniger bedeutenden Bereichen Chemie und Kunststoffe sowie Texilien und Leder. Unter den französischen Beteiligungen ragt der Anteil von fast zwei Dritteln im Metallgewerbe heraus, was vor allem auf das Engagement in der Aluminiumindustrie zurückzuführen ist. Andere ausländische Investoren sind überdurchschnittlich mit einem Anteil von jeweils fast einem Drittel in der Holz- und Papierindustrie sowie im Textil- und Ledergewerbe vertreten.[36] Das Engagement privater deutscher Investoren in Kamerun ist eher bescheiden: Ihr Anteil am gesamten Auslandskapital sank sogar von 1980 bis 1984 von 4,5 auf 4,1 % (5,3 Mrd. FCFA). Auch 1988 betrugen die deutschen Privatinvestitionen nur 41 Mio. DM. Dennoch lagen sie damit aufgrund der dominanten Stellung Frankreichs (67,5 % des gesamten Auslandskapitals 1984) an vierter Stelle und im sekundären Sektor sogar an dritter Stelle (STBA, 1993, S. 163f/167). Insbesondere in der letzten Zeit schienen die deutschen Direktinvestitionen in Kamerun allerdings unter keinem guten Stern zu stehen - der

[36] Eine ausführliche Darstellung der regionalen Herkunft der ausländischen Direktinvestitionen in Kamerun kann in STBA (1993, S. 162ff) nachgelesen werden.

Fall SITABAC und Reemtsma wurde bereits erwähnt (vgl. 2.4.3.2 - Getränke- und Tabakindustrie). Für die drei größten deutschen Investoren brachten die letzten Jahre „Hinauswurf, Rückzug, Schrumpfung“ (BfAI, NfA 24.8.1994; vgl. dazu auch den Artikel „Mésaventures allemandes au Cameroun“ in JA 1708, Sept./Okt. 1993). Erst in jüngster Zeit scheint sich dieser Trend umzukehren, denn die Übernahme von SCDM durch die deutsche Hobum-Gruppe ist seit längerer Zeit die erste größere neue deutsche Direktinvestition in Kamerun. Das Ziel der Übernahme dieses verschuldeten Unternehmens ist der Aufbau eines eisenverarbeitenden Industriekomplexes, der auch die Nachbarmärkte (UDEAC und Nigeria) beliefert. Offenbar wird von der Abwertung wieder eine höhere Konkurrenzfähigkeit der kamerunischen Industrie erwartet und „(w)ie es heißt, hat die Regierung jetzt sogar besondere Unterstützung gegenüber evtl. Behinderungen durch die Kameruner Verwaltung zugesagt“ (BfAI, NfA 24.8.1994).

Es gibt keine ausführlichen Statistiken über die Beteiligungen des Staates an privaten Unternehmen, was auch an den zahlreichen Verflechtungen liegt. So können die Regierung, einzelne Ministerien, einzelne Parastatals, das ONCPB, die SNH oder auch die SNI, die eigentliche „Holding-Gesellschaft“ des Staates, an privaten Unternehmen beteiligt sein. Daher kann im folgenden nur beispielhaft auf die Beteiligungen der SNI, über die ausführliche Informationen vorliegen, eingegangen werden.

Nach Tabelle 35 betrug das Kapital der Unternehmen, an denen die SNI beteiligt war, 1976 28,5 Mrd. FCFA. Die SNI hielt davon insgesamt 37,0 % (10,6 Mrd. FCFA). An den Unternehmen des tertiären Sektors war die SNI mit 48,7 (86,1 % allein im Hotelbereich) und an denen aus dem primären Sektors mit 46,7 % besonders stark beteiligt. Bis 1987 erhöhte sich das Kapital der Unternehmen mit SNI - Beteiligung auf 155,5 Mrd. FC FA. Der Kapitalanteil der SNI verringerte sich insgesamt auf 18,7 %, was ein Gesamtkapital von 29,1 Mrd. FCFA bedeutete. Dieses Kapital verteilte sich zu 29 % (1976: 58 %) auf den primären, zu 47 % (1976: 28 %) auf den sekundären und zu 24 % (1976: 15 %) auf den tertiären Sektor. Das Kapital, das die SNI im primären Sektor angelegt hatte, stieg im dargestellten Zeitraum nur um 38 %, während das im sekundären um 371 % und das im tertiären um 352 % zugenommen hat. Im primären Sektor fällt vor allem ins Gewicht, daß die SNI an den Entwicklungsgesellschaften, die enorm an Bedeutung gewannen, mit 9,2 % nur geringe Beteiligungen besitzt. Im sekundären Sektor hat die SNI ihr Engagement in der Nahrungsmittelver-

Tabelle 35

Beteiligungen der SNI nach Branchen
(in Mio. FCFA; in Klammern: Beteiligungen in Prozent)

	1976 Kapital*		1987 Kapital*	
Primärer Sektor	**13.048**	**(46,7)**	**50.171**	**(16,7)**
Agro-industrie	7.700	(58,0)	8.381	(28,1)
Entwicklungsgesellschaften	2.112	(18,2)	36.028	(9,2)
Viehzucht u. Fischerei	0.671	(45,9)	0.965	(52,6)
Holz u. Papierfaserstoffe	2.565	(36,5)	4.797	(45,0)
Sekundärer Sektor	**12.271**	**(23,7)**	**79.593**	**(17,2)**
Nahrungsmittelverarb.	3.259	(11,9)	19.564	(19,8)
Textil- u. Bekleidungsgew.	2.081	(22,7)	8.012	(19,6)
Chemie u. Energie	1.638	(22,7)	4.000	(17,0)
Metallerzeugung u. -verarb., elektrische Haushaltsgeräte	2.670	(30,1)	41.112	(9,5)
H.v.Lederwaren	1.605	(23,5)	1.305	(13,1)
H.v.Baumaterialien	1.018	(48,5)	5.600	(63,1)
Tertiärer Sektor	**3.202**	**(48,7)**	**25.706**	**(27,4)**
Gaststättengewerbe	1.122	(86,1)	6.367	(62,0)
Transportunternehmen	0.945	(37,1)	9.552	(21,1)
Finanzinstitute	0.705	(27,7)	8.455	(9,7)
Handel	0.430	(11,2)	1.332	(20,5)
Insgesamt	**28.521**	**(37,0)**	**155.470**	**(18,7)**

* gesamtes Kapital der Unternehmen mit SNI - Beteiligung

Quelle: WAUTELET, 1990, S. 83.

arbeitung und in der H.v. Baumaterialien sogar relativ verstärkt. Im tertiären Sektor geschah das nur im Handel. Obwohl das Kapital der Gesellschaften, an denen die SNI beteiligt war, von 1976 bis 1987 erheblich schneller gestiegen ist (+445 %) als die Beteiligungen der SNI (+176 %), läßt sich dennoch eine Verschiebung des Engagements besonders zum sekundären Sektor hin ausmachen. Darin spiegelt sich das Bestreben der Kameruner Regierung - vor allem zu Beginn der 80er Jahre - wider, die industrielle Entwicklung durch direkte Beteiligungen des Staates an privaten Unternehmen zu fördern.

2.4.4 Der Kreditsektor

Normalerweise müßte nach der bisherigen Struktur dieses Kapitels an dieser Stelle der private Dienstleistungssektor folgen. Da über diesen jedoch nur wenige Informationen erhältlich sind, wird trotz dessen Bedeutung, die auf fast 30 % des realen BIP 1990/91 geschätzt wird (vgl. Tab. 17), nur der Kreditsektor, über den relativ umfangreiche Informationen vorliegen, dargestellt. Der Begriff „Kreditgewerbe" wurde in der Überschrift bewußt vermieden, da an dieser Stelle auch die nicht-kommerziellen Spargemeinschaften behandelt werden sollen.

Der private Bankensektor war bis 1980 eine Domäne der französischen Banken.[37] Anfang der 80er Jahre engagierten sich - angelockt vom Ölboom - auch drei amerikanische Banken in Kamerun. Bis Ende der 80er Jahre waren diese aber wieder verschwunden (EIU, 1995, S. 31). Seit 1973 besaß der Staat Kapitalbeteiligungen von in der Regel etwa einem Drittel an den kommerziellen Banken (NGOGANG, 1982, S. 38/43). Insgesamt muß das kommerzielle Kreditgewerbe in Kamerun als schwach entwickelt bezeichnet werden, obwohl das Land (relativ) „... über eines der am besten entwickelten Banksysteme im frankophonen Afrika ..." verfügt (STBA, 1993, S. 110). 1989 gab es in Kamerun 180 Schalter, die sich auf 13 Banken aufteilten. Darunter waren eine Entwicklungsbank (BCD) und vier große Banken: BICIC (die größte), SCB, SGBC und BIAOC, auf die 80 % des Kreditvolumens entfielen (MTM, 1992, S. 3321). Von den 13 Banken haben 11 ausländische Partner, die vier größten sind mit französischen Banken verbunden.[38] Die Kreditinstitute sind zudem regional konzentriert: In Douala und Yaoundé befinden sich 38 % der Bankfilialen - der Rest liegt in den anderen *dichter* besiedelten Gebieten (TCHATCHOUANG, 1991, S. 261). Besonders die Versorgung der ländlichen Gebiete mit Bankdienstleistungen können die privaten Kreditinstitute hingegen kaum leisten.
Angesichts der Bedeutung des Kreditgewerbes für die volkswirtschaftliche Entwicklung und der Tatsache, daß die Banken von der Wirtschaftskrise in der Mitte der 80er Jahre schwer getroffen wurden, lag ein Schwerpunkt der Strukturanpassungsprogramme sowohl der Kameruner Regierung als auch von Weltbank und IWF von Anfang an auf der Reform dieses Sektors (STBA, 1993, S. 111). Die kommerziellen Banken waren nach dem Urteil der Weltbank allerdings schon auf dem Höhepunkt des Ölbooms in hohem Maße insolvent „... as a result of several ill-considered loans that led to nonperforming assets some six times greater than the bank's bad debt reserves, representing as much as four times the bank's current capitalization" (BLANDFORD et al., 1994, S. 147). Zu dieser schlechten

[37] Das Bankensystem, wie es sich zu Beginn der 80er Jahre darstellte, ist ausführlich bei NGOGANG (1982, S. 37ff) erläutert.
[38] Eine komplette Liste der in Kamerun 1991 ansässigen Finanzinstitute und -institutionen findet sich in BEAC 187 (Dezember 1991, S. 529).

Ausgangsposition kam, daß das kommerzielle Bankensystem in den 80er Jahren „highly concentrated and fragile“ (BLANDFORD et al., 1994, S. 146) war. Die Banken wurden von der Insolvenz und der mangelnden Zahlungsmoral des Staates und der Parastatals besonders hart getroffen, weil von diesen 1986 etwa 50 % der Einlagen stammten (MTM, 1992, S. 3321). 1987 ging eine 15 Jahre lange Ära zu Ende, in der der Staat ein *Nettokreditgeber* der privaten Wirtschaft war (BEKOLO-EBE, 1992, S. 104/108). Von August 1986 bis August 1990 verringerten sich die Einlagen des Staates von 418 Mrd. FCFA auf 218 Mrd. FCFA, wobei die der öffentlichen Unternehmen sogar auf ein Viertel ihres Niveaus von 1986 gesunken waren (BEAC, 1991, S. 168). Nach einer Weltbankstudie belief sich das gesamte Defizit des Bankensektors bis 1989 auf 300 bis 375 Mrd. FCFA (JUA, 1993, S. 153f). Nach Angaben von MTM (1992, S. 3321) betrugen die „fragwürdigen“ Kredite im Mai 1989 403 Mrd. FCFA, was 41 % des gesamten Kreditvolumens entsprach. „On pouvait aussi constater que les années 1987-88-89-90 sont marquées par une détérioration sensible du systeme bancaire“ (MTM, 1992, S. 3287).

Das Kreditgewerbe war allerdings einer der wenigen Sektoren, in dem bereits ab 1989 energische Strukturanpassungsmaßnahmen ergriffen wurden (MTM, 1992, S. 3321ff und STBA, 1993, S. 111f): 1. Cambank, Paribas-Cameroun und BCD gingen 1989 in Liquidation. 2. Die SCB wurde aufgespalten: der „gesunde“ Teil wurde vom Crédit Lyonnais, der bis dahin eine Minderheitsbeteiligung besessen hatte, unter dem Namen Société commerciale de banque - Crédit Lyonnais (SCB-CL) und der „kranke“ vom Staat übernommen. 3. Die BIAOC fusionierte im Juni 1991 mit der lokalen Filiale der International Meridien Bank Limited Cameroun unter dem Namen Banque Meridien BIAO Cameroun (BMBC). 4. Die beiden anderen großen Banken BICIC und SGBC wurden dank der Unterstützung durch die CFD einem Sanierungsplan unterworfen, der Anfang 1992 beginnen sollte. 5. Eine regionale Bankenaufsicht und ein zentrales Schuldenregister (SRC) wurden ins Leben gerufen. 6. Die Zentralbank vereinfachte ihre Zinssteuerung und schaffte die Vorzugszinsen ab - darüber hinaus erhöhte sie den Kreditrahmen geringfügig. 7. FONADER wurde aufgelöst und durch den CAC (Crédit Agricole du Cameroun) ersetzt.
Nach diesen Reformen gab es in Kamerun 1992 noch 12 Banken mit 107 Schaltern (siehe Liste in MTM, 1992, S. 3327). Die BMBC wurde zur bedeutensten Geschäftsbank Kameruns (STBA, 1993, S. 112). Am 30.6.1992 war der Staat direkt und indirekt noch zu 33 % am Bankensektor beteiligt - 37 % befanden sich im ausländischen Besitz (MTM, 1992, S. 3327). Obwohl die Probleme der Kreditwirtschaft auch 1992 noch nicht vollständig gelöst waren - insbesondere stand die Reform des Crédit foncier, der SNI, des FOGAPE und der Versicherungen noch aus - und die Funktionsfähigkeit des Kreditgewerbes von der gesamtwirtschaftlichen Entwicklung und der Regelung der Staatsverschuldung im Inland abhing, kam MTM (1992, S. 3326) im Dezember 1992 zu dem Schluß: „Aujourd'hui, les principales banques du Cameroun ont donc une situation financière assaine. La liquidité du secteur s'est considérablement amèliorée“.
Da die allgemeine Wirtschaftslage sich aber *nicht* verbesserte und die öffentlichen und privaten Einlagen bis 1995 weiter abnahmen, hatte die Strukturanpassung der Jahre 1989 bis 1992 nicht den erhofften Erfolg und „... une seconde restructuration est devenue nécessaire“ (MTM, 1995, S. 2725). 1995 bezeichnete die COBAC (Commission Bancaire d'Afrique Centrale) nur zwei von insgesamt 8 Geschäftsbanken als „gesund“: die SCB-CLC (Crédit Lyonnais hält 65 % des Kapitals von 6 Mrd. FCFA) und die CCEI, bei der es sich um eine kleine Bank mit zu 85 % privatem Kameruner Kapital handelt (der Rest ist im Besitz eines

holländischen Investors). Zu den Banken mit Schwierigkeiten gehören auch die beiden größten BMBC und BICIC. Im Oktober 1994 verkaufte die BNP ihre Anteile an der BICIC an den Staat Kamerun, da ihr Umstrukturierungsplan, der auch die Entlassung von 200 bis 300 der 1.200 Beschäftigten beinhaltete, von der Regierung abgelehnt wurde (EIU, 1995, S. 32). Ins Auge gefaßt wird nicht nur die Fusion der beiden größten Banken BMBC und BICIC, sondern auch die der SCBC und des CAC. Von den Banken mit Problemen war bis Dezember 1995 nur die Zukunft der SGBC geregelt, da die Société Générale sich zu Investitionen in die Umstrukturierung der Kameruner Filiale entschloß (MTM, 1995, S. 2727).[39] Ende 1995 führte die Regierung mit der Weltbank Gespräche über die Reform des Kreditsektors. Inhalt waren u.a. die Umstrukturierung der SRC sowie eine Verstärkung der Autorität der COBAC (MTM, 1995, S. 2723). In einem Interview nennt der kamerunische „Superminister" (Wirtschaft und Finanzen) Justin Ndioro als Voraussetzungen für die erfolgreiche Reform des Kreditgewerbes darüber hinaus noch die Rückzahlung der Schulden des Staates und der parastaatlichen Organisationen sowie die Verbesserung der Effizienz der Justiz bezüglich der Einhaltung von Verträgen und der Eintreibung von Schulden (MTM, 1995, S. 2713).

Der Staat ist aber nicht nur an einigen der kommerziellen Banken beteiligt, sondern versucht auch, mit eigenen Kreditinstituten bestimmte Entwicklungsziele zu erreichen. Die 1961 gegründete BCD war bis zu ihrer Auflösung das älteste staatliche Kreditinstitut und die einzige „echte" Entwicklungsbank Kameruns (YONDO, 1986, S. 162). Die Regierung hielt 82 % ihres Kapitals, die französische Entwicklungsbehörde CCCE 10 % und die BEAC 8 %. Ihre Aufgabe war, Mittel für die in den Entwicklungsplänen bestimmten Ziele bereitzustellen. Es gibt jedoch kaum *genaue* Informationen über ihre Tätigkeiten (UNIDO, 1990, S. 40). Bei ihrer Liquidation betrugen ihre Schulden fast 130 Mrd. FCFA (JUA, 1993, S. 153). Im Bereich der Agrarkredite waren zum einen die verschiedenen Parastatals und zum anderen der bereits erwähnte FONADER (vgl. 2.4.2.2) tätig. Auf den FOGAPE, der zur Garantie von Krediten an PME dienen sollte, wird später näher eingegangen (vgl. 2.4.5).
Zudem wurde 1990 eine Kreditanstalt mit der Hauptaufgabe der Vergabe von Agrarkrediten gegründet, die Crédit Agricole du Cameroun (CAC). Allerdings sollte lediglich der *Schwerpunkt* ihrer Aktivitäten auf Agrarkredite gelegt werden. Deutschland lieferte technische Hilfe, die sich auch in einer Beteiligung von 17,5 % der DEG aus Köln ausdrückte, weshalb einige führende Positionen, u.a. die des Generaldirektors, mit Deutschen besetzt wurden. Neben der DEG ist der Staat direkt mit 41,5 % beteiligt. ONCC, SNH, SNI, CDC, SODECAO und UCCAO halten die restlichen Anteile. Die Struktur sollte dezentral sein, wobei die „Caisses provinciales" mit einer weitgehenden Unabhängigkeit ausgestattet werden. Zudem soll die Bank durch „Caisses locales de crédit agricole" in den Dörfern präsent sein. Diese lokalen Kassen sollen aus Zusammenschlüssen von Bauern bestehen, die die Sammlung der Ersparnisse und die Vergabe der Kredite organisieren. Die Bauern selbst sollen diese Mini-Banken leiten, wobei die CAC lediglich beratend und unterstützend zur Seite steht. Die CAC berät mit der Weltbank und der BAD (Banque africaine de développement) über Finanzhilfen bei der Ausweitung ihrer Tätigkeit auf andere landwirtschaftliche Bereiche (MTM, 1992, S. 3325). 1995 hatte sie ein Kapital von 4,9 Mrd. FCFA. Die Einlagen betrugen beachtliche 35,6 und die Kredite 24,8 Mrd. FCFA (MTM, 1995, S. 2727).

[39] Weitere Details zur Situation der einzelnen Banken Ende 1995 können in MTM (1995, S. 2725f) nachgelesen werden.

Hinter der CAC steht der genossenschaftliche Grundgedanke. Genossenschaftliche Spar- und Kreditkassen spielten bisher - auch in den regionalen urbanen Gebieten - nur eine kleine Rolle. Die bedeutenste war die in den vier westlichen Provinzen tätige CAMCUL mit 250 Ortskassen und 59.000 Mitgliedern (1985).[40] Sie war relativ erfolgreich: Die Rückzahlungsquote bei CAMCUL war höher als beim FONADER, der „,... has had a harrowing experience in the realm of loan recoveries“ (JUA, 1988, S. 22), und sie kommt ohne staatliche Unterstützung aus. Insgesamt läßt sich sagen: „Das genossenschaftliche Kreditkassensystem hat sich sehr gut bewährt ...“ (JAKOBEIT, 1988, S. 287).

Die CAC ist dazu gedacht, das Sparpotential im ländlichen Raum besser zu nutzen und Kredite effizienter zu verteilen. Es gibt nämlich Untersuchungen, nach denen die Sparquote im ländlichen Raum relativ hoch ist - etwa 20 % im Landesdurchschnitt (JAKOBEIT, 1988, S. 321). Diese Ersparnis wurde (und wird) ebenso wie in den Städten bisher zum größten Teil in Spargemeinschaften (Tontines oder Njangis) verteilt, deren Tradition bis in die vorkoloniale Zeit zurückreicht. Nach Schätzungen sind 45 % der aktiven Bevölkerung in Tontines engagiert (JA 1468, Feb. 1989, S. 68). Es handelt sich hierbei um Kreditvereinigungen auf Gegenseitigkeit, deren Mitgliederzahl *in der Regel* mehrere Dutzend beträgt, jedoch zwischen einigen wenigen und hundert schwanken kann. „Moreover, *njangis* are ranked as village, town, regional or national in the importance of the contributors and size and velocity of their contributions“ (ROWLANDS, 1993, S. 88). Bei regelmäßigen Treffen werden Beiträge eingesammelt, die dann nacheinander einzelnen Mitgliedern übergeben werden. Die Kredite haben in der Regel eine Laufzeit von einem Jahr (ROWLANDS, 1993, S. 88). Es gibt *keine* einheitlichen Regeln über die Vergabe der Kredite, die durch Abstimmung, Los, Versteigerung oder in fester Reihenfolge erfolgen kann (TCHATCHOUANG, 1991, S. 263). Unter den vielen Arten von Tontines lassen sich zwei grundsätzlich verschiedene Ausprägungen feststellen: Die Tontines de solidarité und die Tontines d'affaires (MIAFFO / WARNIER, 1993, S. 56).
Erstere repräsentieren die *traditionellen* Spargemeinschaften, deren Mitglieder eine persönliche Beziehung verbindet, da sie einem Dorf, einem Viertel, einer Ethnie angehören oder ähnliche Gemeinsamkeiten haben: „Au cours de la constitution de la tontine, les membres se connaissent toujours à l'avance. Souvent ils appartiennent au même millieu ou ont entre eux un certain lien d'affinité: amitié, famille, clan, quartier, village, profession“ (TCHATCHOUANG, 1991, S. 263). Homogenität und Solidarität sind also Charakeristika dieser Tontines. Es handelt sich um *persönliche Tauschbeziehungen*, die den einzelnen Mitgliedern den Ausstieg aus dem Vertrag erschweren, wenn sie bereits einen Kredit erhalten, bevor sie die entsprechende Summe selbst eingezahlt haben. Das Volumen der Kredite übersteigt selten 50.000 FCFA. Nachteil ist die sehr kurze Laufzeit, die die Verwendungmöglichkeit für investive Zwecke einschränkt. Statt dessen werden die Kredite eher für soziale Zwecke vergeben (JAKOBEIT, 1988, S. 287), wodurch die Tontines teilweise also auch die Funktionen von Versicherungen (z.B. Krankenhauskosten o.ä.) übernehmen. Ansonsten dienen die Kredite vorwiegend zum Kauf dauerhafter Konsumgüter.
Bei den Tontines d'affaires spielen die persönlichen Beziehungen der Mitglieder eine geringere Rolle. „Mais, dans cette catégorie, on trouve également des tontines à recrutement trans-ethnique, dans la plupart des grandes villes du Cameroun“ (MIAFFO / WARNIER,

[40] Genauere Informationen über die in den Provinzen North West und South West tätigen Credit unions sind bei ROWLANDS (1993, S. 85ff) zu finden.

1993, S. 56; vgl. auch ROWLANDS, 1993, S. 88). Statt dessen bestehen sie aus Geschäftsleuten mit vergleichbarem Einkommen und haben regionalen oder sogar *nationalen* Rang. Die Kredite werden versteigert, wobei das Höchstgebot als Zins an die übrigen Mitglieder verteilt wird. Ihr Volumen reicht von monatlich 200.000 bis eine Mio. FCFA. Es gibt auch Beispiele dafür, daß Investitionen von mehreren Millionen FCFA durch Tontines getätigt wurden, wobei viele Geschäftsleute an mehreren Spargemeinschaften beteiligt sind (WARNIER, 1993, S. 80ff).
Die Effizienz der Tontines ist jedoch aufgrund ihrer Isoliertheit begrenzt: „There is practically no contact between the commercial banks and the tontines or among the tontines themselves" (BLANDFORD et al., 1994, S. 146). Zwar bestehen Kontakte zwischen den Tontines, aber die Funktionen von Banken, nämlich Kreditangebot und Kreditnachfrage hinsichtlich Laufzeit und Zins zusammenzubringen, erfüllen die Tontines dennoch nur eingeschränkt. Das zeigt sich vor allem an den im allgemeinen *hohen Zinsen* (TCHATCHOUANG, 1991, S. 263).
Bei den traditionellen Spargemeinschaften kommt noch das geringe Kreditvolumen als Hindernis hinzu. So eröffnet sich gerade für genossenschaftliche Sparkassen im ländlichen Raum ein großes Potential, da diese zum einen durch ihre Verbindungen untereinander und zu anderen Banken eine höhere Effizienz und damit niedrigere Zinsen bieten können und zum anderen im Gegensatz zu den übrigen Geschäftsbanken ähnlich wie die Tontines auf die Solidarität und damit die Zahlungsmoral ihrer Mitglieder setzen. Letzteres spielt vor allem dann eine um so größere Rolle, je ungenügender bzw. kostspieliger die rechtliche Durchsetzung von Verträgen ist.

2.4.5 Kleingewerbe und informeller Sektor

Die Grenzen zwischen formellem und informellem Kleingewerbe sind fließend. Über den informellen Sektor gibt es naturgemäß nur Schätzungen, die zum größten Teil auf Umfragen beruhen. So arbeiten in SSA insgesamt schätzungsweise 60 % der Erwerbstätigen im informellen Sektor, der für etwa 20 % des BIP verantwortlich ist (TCHATCHOUANG, 1991, S. 259). Vermutlich werden zwischen 40 und 60 % der Konsumnachfrage in Kamerun vom informellen Gewerbe bedient (MTM, 1992, S. 3330). Die Förderung des „registrierten" Kleingewerbes (PME), die die Regierung seit Beginn der 70er Jahre auf ihre wirtschaftspolitischen Fahnen geschrieben hat, diente auch dazu, den informellen Sektor formell (und damit besteuerbar) zu machen.
Die Kameruner Regierung hat aber auch erkannt, daß die Unterrepräsentierung des Mittelstandes eines der *strukturellen* Probleme der kamerunischen Wirtschaft ist. Eine Vielzahl von kleinen Unternehmen verringert nämlich die Abhängigkeit der gesamten Volkswirtschaft von einigen wenigen Unternehmen, weshalb „strukturelle Schocks" besser absorbiert werden können. Außerdem steigt mit der *Zahl* der Unternehmen die Wahrscheinlichkeit, daß Lösungen für bestimmte Probleme gefunden werden. Als ein Grund dafür, daß es nur relativ wenige (nicht im *afrikanischen* Vergleich) PME in Kamerun gibt, wurde die Zurückhaltung der Geschäftsbanken bei der Kreditvergabe in diesem Bereich angesehen. Eine Umfrage unter 3.610 Personen, die im Kleingewerbe tätig sind, ergab, daß 59,2 % ihr Geschäft durch eigene Ersparnis, 26,5 % durch die Hilfe von Familienangehörigen, 7,5 % durch beides, 6,7 % durch Tontines oder andere traditionelle Banken und nur 0,1 % durch einen Bankkredit finanzierten (TCHATCHOUANG, 1991, S. 260). Nach einer anderen Umfrage unter 360 PME 1984 griffen 30 % der Befragten bei der Finanzierung ihrer Unternehmen

auf Tontines zurück (COURLET / TIBERGHIEN, 1986, S. 615). Ein wichtiger Grund für die Zurückhaltung der offiziellen Banken ist, daß die Risikoabschätzung wegen schlechter oder nicht vorhandener Gutachten über die geplanten Unternehmen kaum möglich ist (MTM, 1992, S. 3330). Andere Autoren sehen auch die traditionelle Ausrichtung auf den Handel mit Europa und seit der Unabhängigkeit die Fixierung auf den modernen Sektor und die Staatsangestellten (Konsumentenkredite) als wichtige Ursachen des geringen Engagements (TCHATCHOUANG, 1991, S. 261). Schwierigkeiten bei der Risikoabschätzung und bei Sicherheiten sowie das bereits erwähnte niedrige Zinsniveau (vgl. 2.4.1.3) scheinen als Ursachen aber näher zu liegen.

Einer Förderung der PME muß eine Definition vorangehen, von denen es allerdings mehrere gibt: Nach dem Investitionsgesetz von 1984 sind förderungswürdige PME Unternehmen, die sich zu 65 % in kamerunischem Besitz befinden, die mit geringen Investitionen für einen Arbeitsplatz auskommen (*arbeitsintensive* Produktion), die eine kontinuierliche Aus- und Weiterbildung garantieren und deren Investitionsvolumen weniger als 500 Mill. FCFA beträgt. Die von FOGAPE gebrauchte Definition weicht von dieser ab, wobei vor allem das Unternehmen nur zu 51 % in kamerunischem Besitz sein muß. Die Kriterien der arbeitsintensiven Produktion und der garantierten Weiterbildung sind nicht genau spezifiziert und dementsprechend weich (YONDO, 1986, S. 170).[41]
Nachdem das Investitionsgesetz von 1960 noch keine spezielle Förderung der PME vorsah, wurde es 1968 diesbezüglich ergänzt, indem die Gebühren und Steuern auf importierte Produktionsmittel auf 5 % verringert wurden. Der Import von Rohstoffen war für diese Betriebe steuerfrei (ATANGANA ONANA, 1986, S. 7f). Die Förderung durch das Investitionsgesetz erwies sich aber als wenig erfolgreich. Nur etwa 35 % der bis 1983 gestellten Anträge auf bevorzugte Behandlung als PME wurden genehmigt - eine absolute Zahl von lediglich 412 (TCHALA ABINA, 1988, S. 612)! Auch die Aufnahme der Vorschrift, daß die Kreditinstitute 20 % ihrer Kredite an PME vergeben müssen, in das Bankengesetz von 1973 hatte kaum Wirkungen, da sie mangels Sanktionen nicht eingehalten wurde. Mehr Wirkung erhoffte man sich von der Gründung von CAPME (1970) zur Unterstützung von PME bei Marktstudien, Erstellung von Gutachten, Ausbildung von Mitarbeitern etc. und der des FOGAPE (1975) (TCHATCHOUANG, 1991, S. 262). Während FOGAPE sozusagen als Zweig der BCD zur Garantie von Krediten an PME gegründet wurde, sollte CAPME den PME vor allem den Zugang zu Krediten *kommerzieller* Banken erleichtern. „Möglichkeitsstudien", technische Hilfe und Hilfe bei der Aufstellung der Jahresbilanzen sollten dazu dienen, die Kreditwürdigkeit der PME zu erhöhen (NDONGKO, 1989, S. 16). Sein Ziel war also die Information und die Ausbildung der Klein-Unternehmer (ATANGANA ONANA, 1986, S. 8). Während diese Organisation noch 1973/74 nur 39 PME betreute, waren es 1978/79 schon 253 (NDONGKO, 1989, S. 16). Daran zeigt sich auch, daß im Laufe der 70er Jahre der Förderung der PME größere Bedeutung beigemessen wurde. FOGAPE sollte v.a. für die Rückzahlung von Bankkrediten der PME bürgen und damit das Problem der fehlenden Sicherheiten beseitigen (ATANGANA ONANA, 1986, S. 8). Der Staat wollte damit das Kreditausfallrisiko der Banken verringern. Von 1975 bis 1979 garantierte FOGAPE 119 Kredite mit einem Volumen von 2,5 Mrd. FCFA (NDONGKO, 1989, S. 16f).

[41] Eine genaue Erörterung der Unterschiede zwischen den beiden Definitionen und auch einige Beispiele für PME in Kamerun gibt es bei ATANGANA ONANA (1986, S. 12).

Beide Organisationen (CAPME und FOGAPE) waren jedoch nur mäßig erfolgreich. Die Zunahme von PME in den 80er Jahren war nur zum kleinen Teil ihnen zuzuschreiben: „... the recent strong growth of SME seems largely the consequence of private initiative which continues to rely on informal financing“ (HESP, 1988, S. 12). So war CAPME „... loin de faire une véritable évaluation de projets, ce qui a pour conséquence la réticence de la BCD et des banques commerciales“ (ATANGANA ONANA, 1986, S. 9). UNIDO (1990, S. 40) urteilt über ihre Aktivitäten: „In achieving its modest objectives it is generally considered to be reasonably successful, but if is to become a strong supporting force to the present trend towards private smaller-scale enterprise, it will both need more qualified manpower and a less bureaucratic approach to its customers“.
Auch die Wirkung von FOGAPE blieb sehr bescheiden: Die bereits erwähnte Umfrage unter 360 PME im Jahre 1984 ergab, daß nur etwa 15 % die Hilfe der BCD oder von FOGAPE in Anspruch nahmen (COURLET / TIBERGHIEN, 1986, S. 613). FOGAPE wurde vor allem vorgeworfen, tatsächlich *keine* Garantien zu übernehmen: „Les entrepreneurs lui reprochent sa lenteur dans le traitement des dossiers et, surtout, de ne garantir que des garanties“ (COURLET / TIBERGHIEN, 1986, S. 612). Aus diesem Grund hätte man ihn auch FOGAGA (Fond de Garanties de Garanties) nennen können. Ein Versagen, das sicher auch mit den nicht nur finanziell, sondern auch personell begrenzten Mitteln zusammenhing. Die Banken warfen ihm zudem vor, kaum und nur nach langem Zögern fällige Garantien einzulösen (YONDO, 1986, S. 165 und ATANGANA ONANA, 1986, S. 9). Wenn sich aber die kreditgebenden Banken nicht auf die gegebenen Garantien verlassen können, werden sie die Bürgschaften von FOGAPE nicht als Sicherheiten - oder nur mit Zinsaufschlägen - akzeptieren. Insgesamt blieben die Versuche zur Förderung der PME halbherzig: „Ces mesures pour appréciables qu'elles furent, montrèrent leur limites car elles ne répondaient pas à une politique intégrée et globale visant la promotion des PME“ (ATANGANA ONANA, 1986, S. 8). Aus diesem Grund wurde 1984 versucht, die Förderung der PME effizienter zu gestalten und zwar zum einen im Zuge eines neuen Investitionsgesetzes und zum anderen durch eine Reform von FOGAPE.
Das Investitionsgesetz von 1984 enthielt ebenso wie das bereits genauer erläuterte Gesetz von 1991 (vgl. 2.3.4.2.1) eine Ausnahmeregelung (régime C) zugunsten der PME. FOGAPE wurde durch die Reform rechtlich selbständig und finanziell unabhängig (ATANGANA ONANA, 1986, S. 8f). Sein Rahmen für die Kreditgarantien wurde auf 300 Mill FCFA erhöht und die Handlungsmöglichkeiten wurden erweitert, indem auch *direkte* Kredite und Beteiligungen an PME ermöglicht wurden. Das neue FOGAPE-Dekret enthielt allerdings auch die Vorschrift, daß 20 % der Garantien vom Antragsteller übernommen werden müssen (ausführlich bei YONDO, 1986, S. 166ff). Trotz dieser Reform machte FOGAPE durch die Beteiligung an nicht überlebensfähigen Projekten Bankrott. Aus diesem Grund riet eine Kommission 1992 dazu, die Organisation mit ihren 120 Beschäftigten aufzulösen. Die CFD schlug statt dessen als Ersatz einen Inter-Banken Garantie-Fonds für Kredite an PME vor (MTM, 1992, S. 3326ff).

2.4.6 Die Außenwirtschaft

Bisher wurden die gesamtwirtschaftliche Entwicklung und einzelne Wirtschaftssektoren (nach der Entstehung des BIP) dargestellt. Dieser Gliederungspunkt beschäftigt sich dagegen mit Transaktionen, und zwar den Transaktionen der Kameruner Volkswirtschaft mit dem Ausland. Dazu sollen einige der wirtschaftspolitischen Maßnahmen, die diese Transaktionen beeinflussen, erläutert werden. Nach der Untersuchung von Entwicklung und Struktur der Zahlungsbilanz zu Beginn, wird das besondere Augenmerk auf die Analyse des Warenhandels gelegt.

2.4.6.1 Die Zahlungsbilanz

Auch in diesem Fall muß teilweise auf die Statistiken internationaler Organisationen (v.a. Weltbank) zurückgegriffen werden. Die Zahlungsbilanz liegt in FCFA (IWF/BEAC - Statistik) und in Dollar (Weltbank - Statistik) gemessen vor. Wie im folgenden noch gezeigt wird, weichen z.B. die auf Zoll-Angaben beruhenden Außenhandelsstatistiken (aus welchen Gründen auch immer) erheblich von denen aus der Zahlungsbilanz ab.
Die auf Erhebungen der BEAC zurückgehende Statistik aus Tabelle 36, die vom IWF für seine Publikation „Balance of Payments“ verwendet wird, zeigt, daß der Saldo der Leistungsbilanz durchgehend von 1977 bis 1993 negativ war. Dies war vor allem auf Defizite in der Dienstleistungsbilanz sowie der Übertragungsbilanz (ab Mitte der 80er Jahre) zurückzuführen. Die Handelsbilanz, die im folgenden noch genauer beschrieben wird, war im gesamten Zeitraum positiv, wobei der Positiv-Saldo in der Mitte der 80er Jahre erheblich gestiegen und anschließend auf konstant hohem Niveau geblieben ist. Während der Handelsbilanzsaldo insgesamt relativ starken Schwankungen unterworfen war, was auch durch die Veränderungen der Rohstoffpreise auf den Weltmärkten und des Wechselkurses zum Dollar zu erklären ist, hat sich der Saldo der Dienstleistungsbilanz relativ gleichmäßig entwickelt. Einem starken kontinuierlichen Anstieg (im negativen Sinne) in der ersten Hälfte der 80er Jahre folgte ein Rückgang bis 1988 und anschließend das Verharren auf etwa gleichem Niveau. Die wichtigste Ursache für die negative Dienstleistungsbilanz sind die Zins- und Dividendenzahlungen (netto) ans Ausland, deren Beitrag zum Negativ-Saldo von etwa 30 % Ende der 70er bis auf 57 % 1985 (absolut: 265 Mrd. FCFA) stieg.
Bei diesem Posten ist nicht nur an die Zinszahlungen für *öffentliche* Schulden, deren Bedeutung in der zweiten Hälfte der 80er Jahre zunahm, zu denken, sondern auch an die Überweisungen von *Gewinnen* der in Kamerun operierenden ausländischen Unternehmen. Der Rückgang des Negativ-Saldos der Zins- und Dividendenzahlungen bereits 1986, als Kamerun noch in der Lage war, seine Schulden zu bedienen, erklärt sich folglich u.a. daraus, daß die Kapitaleinkommen aufgrund der Wirtschaftskrise gesunken sind.
Während die Bilanz des kurzfristigen Kapitalverkehrs üblicherweise erheblichen Schwankungen unterworfen ist, war die des langfristigen Kapitalverkehrs von 1977 bis 1987 konstant positiv, und zwar besonders in der ersten Hälfte der 80er Jahre. 1985 floß langfristiges Kapital in Höhe von netto 210 Mrd. FCFA nach Kamerun (von 1980 bis 1985 waren es insgesamt fast 900 Mrd. FCFA). In den Jahren von 1989 bis 1992 war diese Bilanz dann negativ oder ungefähr ausgeglichen, um dann 1993 wieder einen erheblichen positiven Saldo aufzuweisen. Während besonders von 1980 bis 1985 der größte Teil dieser Kapitalzuflüsse privaten Quellen entstammte (über 650 der genannten 900 Mrd. FCFA), änderte sich dies in der Folgezeit. Der Saldo der langfristigen Kredite aus *öffentlichen* Quellen erhöhte sich aufgrund der genannten Maßnahmen zur Strukturanpassung und der aus *privaten* Quellen wies von 1986 bis 1992 einen negativen oder nur leicht positiven Saldo auf, was sich mit der Zurückhaltung ausländischer Investoren aufgrund der Wirtschaftskrise und Kapitalflucht erklären läßt. Auch der Rückgang der ausländischen Direktinvestitionen (ADI), auf die im folgenden noch näher eingegangen wird, trug dazu bei.

Tabelle 36

Zahlungsbilanz in FCFA
(in Millionen FCFA) (1989 - 1993: Schätzungen)

	Leistungsbilanz	*dar.:* Waren	*dar.:* Dienstleist. (a)	*dar.: dar.:* Zinsen, Dividenden (b)	(b/a) (in %)	*dar.:* Übertragungen	langfristiges Kapital	*dar.:* privater Sektor	*dar.: dar.:* Direktinvest.***	*dar.:* öffentl. Sektor	kurzfr. Kapital	außergew. Zahlungen*	Devisen	Erreurs et Omissions**
1977	*-22.479*	3.638	-33.870	*-9.982*	(29,5)	7.753	**28.298**	9.125	*3.057*	19.173	**-4.900**	**172**	*889*	**-1.980**
1978	*-42.060*	11.189	-54.917	*-16.737*	(30,5)	1.668	**27.651**	15.174	*9.154*	12.477	**-11.138**	**169**	*2.769*	**6.209**
1979	*-27.214*	17.350	-46.141	*-20.384*	(44,2)	1.577	**60.431**	34.917	*13.219*	25.514	**-20.662**	**165**	*-12.534*	**-186**
1980	*-94.248*	7.858	-103.970	*-36.793*	(35,4)	1.864	**112.378**	74.791	*27.429*	37.587	**-0.578**		*-17.573*	**21**
1981	*-130.992*	11.341	-140.531	*-50.761*	(36,1)	-1.802	**123.096**	73.332	*36.790*	50.764	**-9.610**		*17.005*	**501**
1982	*-26.805*	46.113	-170.522	*-62.559*	(36,7)	-2.396	**76.615**	52.132	*36.615*	24.483	**-45.377**		*6.084*	**-1.271**
1983	*-156.980*	53.906	-211.770	*-105.178*	(49,7)	0.884	**204.636**	173.541	*81.480*	31.095	**-5.088**		*-43.690*	**1.092**
1984	*-73.822*	229.061	-292.166	*-141.907*	(48,6)	-10.717	**165.417**	111.818	*7.712*	53.599	**-76.229**		*39.780*	**-55.146**
1985	*-252.247*	220.326	-464.238	*-264.643*	(57,0)	-8.335	**210.389**	168.223	*141.971*	42.165	**19.344**		*-27.375*	**49.889**
1986	*-190.841*	153.227	-311.973	*-144.034*	(46,2)	-32.095	**31.304**	-15.760	*6.582*	47.064	**138.776**		*28.658*	**-7.897**
1987	*-268.317*	76.299	-314.843	*-120.545*	(38,3)	-29.768	**129.215**	8.491	*3.596*	120.724	**-29.094**		*140.933*	**27.084**
1988	*-85.776*	191.436	-257.449	*-146.035*	(56,7)	-19.763	**75.895**	3.870	*20.045*	72.026	**-110.899**	**93.700**	*-29.093*	**56.173**
1989	*-110.200*	147.400	-237.600	*n.a.*		-20.000	**84.500**	-68.500	*n.a.*	153.000	**15.700**		*10.000*	
1990	*-91.200*	180.600	-251.000	*n.a.*		-20.800	**-13.700**	-73.700	*n.a.*	60.000	**76.700**		*34.600*	**-6.400**
1991	*-16.700*	231.400	-235.100	*n.a.*		-13.000	**3.700**	-15.000	*n.a.*	18.700	**-91.800**	**177.500**	*16.800*	**-89.500**
1992	*-114.200*	134.900	-223.300	*n.a.*		-19.800	**-5.500**	0.000	*n.a.*	-5.500	**-73.199**	**161.700**	*31.199*	**-92.601**
1993	*-292.400*	153.700	-434.500	*-236.700*	(54,5)	-11.700	**89.700**	49.900	*n.a.*	39.800	**-64.100**	**143.600**	*7.500*	

* vor allem Umschuldungen ** ungeklärte Beträge *** von Ausländern im Inland

Quelle: BEAC, Etudes et Statistiques, verschiedene Ausgaben.

Die Devisenbilanz ist für die Zahlungsbilanz der Ausgleichsposten, was bedeutet, daß ein positiver Saldo Devisenabflüssen entspricht. Von 1977 bis 1985 erhöhten sich - unter einigen Schwankungen - die Devisenbestände um 35 Mrd. FCFA. Dieser Zugewinn wurde jedoch bereits im folgenden Jahr fast vollständig wieder aufgebraucht, der Negativsaldo des Jahres 1987 in Höhe von 141 Mrd. FCFA konnte bereits nicht mehr durch die Devisenreserven beglichen werden, sondern bedeutete eine Verschuldung gegenüber der BEAC. Bemerkenswert an dieser Zahlungsbilanz sind noch die hohen außergewöhnlichen Zahlungen an Kamerun in der ersten Hälfte der 90er Jahre, was vor allem auf die Umschuldungsmaßnahmen zurückzuführen ist, sowie die ungeklärten Beträge in teilweise erheblichem Umfang.

Tabelle 37

Zahlungsbilanz in US-Dollar

(in Millionen US-Dollar; in Klammern: Veränderung gegen Vorjahr in Prozent)

	Exporte*	Importe*	darunter: FEai	FEia	Saldo der lfd. Übertr.	Saldo der Leistungsb.	langfr. Kapitalbilanz	Veränd. der Reserven
1975	**672,3**	**848,4**	12,4	58,8	23,7	**-152,4**	59,4	59,5
1976	**721,2** (7,3)	**851,2** (0,3)	3,3	44,4	38,0	**-92,0**	112,9	7,5
1977	**979,0** (35,7)	**1.103,6** (29,7)	8,1	49,3	32,2	**-92,4**	111,2	2,1
1978	**1.318,6** (34,7)	**1.506,0** (36,5)	16,3	90,4	1,1	**-186,3**	121,6	-5,6
1979	**1.718,0** (30,3)	**1.843,8** (22,4)	12,4	108,3	0,0	**-125,8**	279,7	-74,0
1980	**1.827,7** (6,4)	**2.226,2** (20,7)	21,0	184,5	3,4	**-395,1**	615,2	-145,2
1981	**2.218,3** (21,4)	**2.676,5** (20,2)	24,7	288,6	10,6	**-447,6**	441,0	101,3
1982	**2.032,6** -(8,4)	**2.368,6** -(11,5)	13,1	329,6	-15,8	**-351,8**	262,9	51,2
1983	**2.259,6** (11,2)	**2.311,2** -(2,4)	12,7	407,4	-3,4	**-55,0**	297,7	-207,3
1984	**2.588,3** (14,5)	**2.380,0** (3,0)	46,9	466,4	-7,2	**201,1**	73,9	216,5
1985	**2.819,0** (8,9)	**2.458,0** (3,3)	21,0	560,0	-33,0	**328,0**	-157,8	-38,6
1986	**2.897,1** (2,8)	**3.441,1** (40,0)	52,8	679,4	-66,4	**-610,4**	84,5	201,9
1987	**2.136,2** -(26,3)	**3.155,7** -(8,3)	43,9	511,3	-125,4	**-1.144,9**	298,9	516,5
1988	**2.114,8** -(1,0)	**2.958,0** -(6,3)	61,7	534,7	-143,9	**-987,1**	527,8	75,4
1989	**2.182,1** (3,2)	**2.774,9** -(6,2)	51,4	447,7	-85,7	**-678,5**	622,4	126,8
1990	**2.308,3** (5,8)	**3.080,0** (11,0)	66,5	582,1	-53,2	**-824,9**	535,6	136,0
1991	**2.461,0** (6,6)	**3.064,1** -(0,5)	78,2	703,7	-67,0	**-670,1**	289,5	-0,5
1992	**2.157,6** -(12,3)	**2.916,3** -(4,8)	74,9	751,6	-74,9	**-833,6**	179,4	57,1

* von Waren u. Dienstleistungen (inkl. Faktorleistungen) FEai (FEia): Export (Import) von Faktorleistungen

Quelle: WORLD BANK, 1994d, S. 182f.

Die Entwicklung der Zahlungsbilanzgrößen - gemessen in Dollar -, wie in Tabelle 37 dargestellt, verlief dagegen anders. Zum einen ist das natürlich auf die Wechselkursschwankungen zurückzuführen. Zum anderen stützen sich die Zahlen der Weltbank ab 1980 nicht mehr allein auf die Angaben der BEAC (die vom IWF übernommen werden), sondern auch auf *eigene* Schätzungen. Dieser Schritt wurde nötig, da in den offiziellen Statistiken nicht alle Ölexporte und damit verbundenen Transfers enthalten sind, wie auch der IWF in einer Fußnote (IMF, 1996, S. 142) anmerkt. Bis 1980 stimmten die Angaben von BEAC, IWF und Weltbank weitgehend überein. Beim Vergleich der Leistungsbilanzsalden der beiden Tabellen fällt vor allem auf, daß sich nach Angaben der Weltbank in den Jahren 1984 und 1985 positive Salden ergaben. Das, wie auch die „Verbesserung" der Leistungsbilanz - gemessen in Dollar - in der ersten Hälfte der 80er Jahre, ist teilweise auf die Abwertung gegenüber dem Dollar in dieser Zeit zurückzuführen. Genau umgekehrt verhält es sich in der zweiten

Hälfte: Durch die Aufwertung gegenüber dem Dollar fällt die Verschlechterung der Leistungsbilanz - gemessen in Dollar - stärker aus.
Die *Exporte* von Waren und Dienstleistungen erhöhten sich von 1975 bis 1986 (mit einer Unterbrechung 1982) ständig, wobei die höchsten Zuwachsraten mit jeweils über 30 % von 1977 bis 1979 verzeichnet wurden. 1987 gab es einen Einbruch um 26 %, der bis 1991 etwa zur Hälfte wiedergutgemacht werden konnte. 1992 fielen die Exporte jedoch fast wieder auf das Niveau von 1987 zurück. Die *Importe* stiegen von 1975 bis 1981, wodurch sich der Leistungsbilanzsaldo zwar absolut erhöhte, in Relation zu den Exporten aber leicht zurückging. Während die Exporte von 1981 bis 1985 um 27 % zunahmen, verringerten sich die Importe im gleichen Zeitraum um 8 %, was zu der bereits erwähnten „Positivierung" des Leistungsbilanzsaldos führte. Obwohl in dieser Zeit der FCFA abwertete, erhöhten sich die Exporterlöse - gemessen in Dollar - kräftig, da die Preise der wichtigsten kamerunischen Exportgüter gestiegen sind. Genau umgekehrt verhielt es sich in der zweiten Hälfte der 80er Jahre. Von 1985 bis 1987 ist der Leistungsbilanzsaldo aufgrund einer Aufwertung des FCFA und einem Sinken der Preise der wichtigsten kamerunischen Exportgüter von +328 Mio. auf ein Rekorddefizit von -1.145 Mio. Dollar gefallen.

Tabelle 38

Bilanz der Direktinvestitionen
(in Millionen US-Dollar)

	Weltbank	IWF	von Ausl. im Inland (IWF)	von Inl. im Ausland (IWF)
1970	16,0	16,0		
1971	1,7	1,7		
1972	3,3	3,3		
1973	-0,7	-0,7		
1974	13,5	29,8		
1975	25,3	25,3		
1976	8,2	8,2		
1977	4,3	4,3	8,7	-4,4
1978	33,7	33,7	40,5	-6,9
1979	59,9	64,3	62,1	2,2
1980	105,2	138,1	129,8	8,2
1981	30,5	135,8	135,4	0,4
1982	27,6	107,1	111,4	-4,3
1983	57,8	208,6	213,8	-5,2
1984	92,1	7,6	17,7	-10,1
1985	21,0	305,7	316,2	-10,6
1986	0,0	-106,4	-90,7	-15,7
1987	104,0	0,5	12,0	-11,5
1988	120,0	63,8	92,4	-28,6
1989	22,2	-111,8	-85,7	-26,1
1990	13,0	-127,9	-112,8	-15,1
1991	11,0	-36,0	-14,5	-21,5
1992	79,0	-3,9	29,2	-33,1
1993		-17,0	5,1	-22,1

Quelle: WORLD BANK, 1991, S. 162f und 1994d, S. 182f; IMF, 1992, S. 254f und 1995d, S. 268f.

Eine Betrachtung der Entwicklung der Transfers von *Faktoreinkommen* zeigt zum einen, daß der Wert der von Kamerun von 1975 bis 1992 *importierten* Faktorleistungen den der *exportierten* um mehr als das Zehnfache überschritten hat. Zum anderen sind darüber hinaus die Importe von Faktorleistungen sehr viel schneller gestiegen als die Importe insgesamt: Ihr Anteil nahm von 7 % 1975 über 23 % 1985 auf 26 % 1992 zu. Die Bilanz des langfristigen Kapitalverkehrs in Tabelle 37 weicht ebenfalls deutlich von der in Tabelle 36 ab. Nach Angaben der Weltbank gab es - gemessen in Dollar - 1985 (als einzigem Jahr zwischen 1975 und 1992) netto einen Kapitalexport. Zudem läßt sich - gemessen in Dollar - eine Wellenbewegung im Saldo der langfristigen Kapitalbilanz feststellen: Einen Anstieg der langfristigen Netto-Kapitalimporte von 1975 bis 1980, einen Rückgang bis 1985, einen Wiederanstieg bis 1989 etwa auf das Niveau von 1980 und anschließend wieder ein Sinken bis 1992. Die Devisenreserven nahmen hingegen auch in Dollar gemessen von 1975 bis 1985 insgesamt zu. Anschließend gab es bis 1992 einen Abfluß (bzw. ein Defizit) von insgesamt mehr als 1,1 Mrd. Dollar. Eine nähere Betrachtung der ausländischen Direktinvestitionen kann einen Eindruck von der Wettbewerbsfähigkeit Kameruns als Investitionsstandort bzw. deren Einschätzung durch die Ausländer geben. Allerdings stimmen, wie Tabelle 38 zeigt, auch hier die Angaben von IWF[43] und Welt-

[43] Der IWF definiert Direktinvestitionen als Transfers von Unternehmensbeteiligungen zwischen Inländern und Ausländern sowie reinvestierte Gewinne ausländischer Unternehmen und andere Kapitaltransfers zwischen verbundenen inländischen und ausländischen Unternehmen (IMF, 1995d, S. XIX).

bank[44] ab 1979 nicht mehr überein. Von 1979 bis 1983 und 1985 liegen die Zahlen des IWF über den Saldo der Direktinvestitionsströme erheblich höher; 1984 und von 1986 bis 1992 ist es genau umgekehrt. Gemäß IWF/BEAC - Statistik sind von 1979 bis 1985 netto über 950 Mio. Dollar an Direktinvestitionen nach Kamerun geflossen und von 1986 bis 1992 über 320 Mio. Dollar abgeflossen. Die Zahlen der Weltbank weisen in der ersten Periode nur einen Zufluß von knapp 400 Mio und in der zweiten Periode ebenfalls eine Zunahme in Höhe von 350 Mio. Dollar aus. Die Summen der Salden von 1979 bis 1992 insgesamt unterscheiden sich aber „nur“ um etwa 100 Mio. Dollar und ergeben immerhin noch einen *Nettozufluß* von 646 (IWF) bzw. 743 Mio. Dollar (Weltbank). Dieser Unterschied liegt vermutlich daran, daß im Gegensatz zur IWF-Statistik in den Angaben der Weltbank eine Schätzung der im Ausland angelegten Gelder aus dem geheimen CHB enthalten ist. Diese vermindern durch ihre Abflüsse in der ersten Hälfte der 80er Jahre den Saldo der Direktinvestitionen, erhöhen ihn aber in der zweiten Hälfte wieder, nachdem aufgrund der Wirtschaftskrise die Beteiligungen im Ausland wieder aufgelöst wurden. Tabelle 38 zeigt weiterhin, daß die Direktinvestitionen von Inländern im Ausland im Vergleich zu denen von Ausländern im Inland eine geringe Rolle spielen (IWF/BEAC-Statistik). Die Abflüsse bei den Direktinvestitionen von Ausländern im Inland in den Jahren 1986 und 1989 bis 1991 sind ein Indiz für die Kapitalflucht, die im Zuge der Wirtschaftskrise (und Abwertungsgerüchten) stattfand.

2.4.6.2 Die Handelspolitik

Die Kameruner Regierung versuchte bereits in den 60er und besonders in den 70er Jahren, eine Importsubstitutionspolitik zu betreiben, um Devisen einzusparen. Das betraf z.B. die Weiterverarbeitung von Nahrungsmitteln und die Versuche, die inländische Nachfrage nach Reis und Weizen durch eigenen Anbau zu befriedigen. Besonders nach Beginn des Ölbooms kam die Förderung auch anderer Industriezweige hinzu. Diese Importsubstitutionspolitik beinhaltete auch protektionistische Maßnahmen gegenüber den Importen der entsprechenden Produkte. Als Mittel wurden dabei Zölle und auch quantitative Restriktionen eingesetzt. Vor der Reform von 1994 wurden manche Importe mit 80 % besteuert (EIU, 1995, S. 38). Allerdings kann man nicht von einer durchdachten und überschaubaren Handelspolitik sprechen, denn vor 1990 hatte Kamerun „... an extremely complex import régime ... to the detriment of the efficient use of ressources and at high costs to taxpayers. It also lend to abuse and fraud“ (WTO, 1995, S. 9). Die Vielzahl der Ausnahmen, die Praxis der Importlizensierung und die mangelnde Konsequenz in der Durchsetzung der Regeln boten eine offenen Flanke gegenüber Betrug, Schmuggel und Korruption.

Insgesamt gab es vier Kategorien von Importgütern:[45] 1. Produkte, die keinen Kontrollen unterliegen; 2. Produkte, deren Import einer speziellen Genehmigung bedarf; 3. Produkte, bei denen die Importgenehmigung den gleichzeitigen Kauf lokaler Produkte voraussetzt (Jumelage- oder Twinning-System) und 4. Produkte, bei denen die Importgenehmigung von der Situation auf dem Inlandsmarkt abhängt (CAMEROON, 1984, S. 7f). Zur zweiten Kategorie gehörten z.B. Weizenmehl, Zucker, Zement und einige Baumwollprodukte. Zur

---

[44] Die Weltbank verwendet die gleiche Definition wie der IWF, wobei bei den Kapitaltransfers ein dauerhaftes Interesse an dem ausländischen Unternehmen bestehen muß und eine Mitsprache im Management angestrebt wird (WORLD BANK, 1994d).

[45] In der General Trade Schedule von 1984 (CAMEROON, 1984) kann im Detail nachvollzogen werden, welche Produkte und Produktgruppen beim Import wie behandelt wurden.

dritten Kategorie zählte z.B. Reis. Auch der Import von Tafelölen war reguliert. Frei importiert werden konnten dagegen Güter, die nicht in Kamerun produziert wurden. Allerdings sollten diese Maßnahmen unter der Einschränkung gesehen werden, daß die Kameruner Regierung selbst schätzt, *daß 60 % der importierten Güter vom Zoll nicht erfaßt werden* (BLANDFORD et al., 1994, S. 157). Besonders in der zweiten Hälfte der 80er Jahre nahmen infolge der Aufwertung des FCFA und der gleichzeitigen Abwertung des nigerianischen Naira die illegalen Importe über die schwer kontrollierbare Grenze zu Nigeria noch erheblich zu. Was die Exportpolitik betrifft, so wurde bis zur Verabschiedung des Exportfreizonengesetzes keine spezielle Exportförderung betrieben. Allerdings wurde natürlich ein Teil der Güter, deren Produktion subventioniert wurde, wie z.B. Aluminium (durch billigen Strom) oder Reis (v.a. nach Nigeria und in den Tschad), auch exportiert. Die traditionell wichtigsten Exportgüter Kakao und Kaffee werden dagegen hoch besteuert, und zwar zum einen durch „echte" Steuern und zum anderen durch die Abschöpfung der Differenz zwischen Weltmarktpreis und Produzentenpreis inklusive Vermarktungskosten. Es wurde bereits erläutert, daß diese Abschöpfungen offensichtlich zum größten Teil zur Subventionierung anderer Wirtschaftsbereiche benutzt wurden (vgl. 2.4.2.4 - ONCPB / ONCC). Darüber hinaus ist es der Regierung durch entsprechende Verträge mit den Förderfirmen auch gelungen, einen großen Teil der Gewinne aus dem Erdölexport abzuschöpfen. Von einer Exportförderungspolitik konnte also insgesamt keine Rede sein.

In jüngerer Zeit kam es im Zuge der Strukturanpassungsmaßnahmen, also zum großen Teil auf Druck der Geber, allerdings zu gravierenden Veränderungen in der Handelspolitik. Dazu gehört die im Januar 1990 beschlossene Exportfreizonenregelung, die bereits in der Erläuterung der Investitionsbedingungen (vgl. 2.2.4.2.1) dargestellt wurde. Es handelt sich bei dieser Maßnahme nämlich nicht nur um Handelspolitik, sondern auch um Industriepolitik. 1990 wurden zudem liberalere Handelsgesetze erlassen, wobei die Liberalisierung bei den Importen besonders den stufenweisen Abbau von Quotenrestriktionen bedeutete, während Importbeschränkungen preispolitischer Art nach wie vor für notwendig erachtet wurden. Es wurden die Importlizensierung für die meisten Güter und die quantitativen Importrestriktionen für insgesamt 105 Güterkategorien aufgehoben (EIU, 1995, S. 37). Nach der Neufassung der Zollvorschriften gab es 4 Kategorien von Importgütern:

- Güter ohne quantitative Importvorschriften;
- Güter, die quantitativen Restriktionen unterliegen (einschl. der sogenannten Ausgleichsgüter - Péréquation) und die einer Importgenehmigung bedürfen;
- Güter, die aus Sicherheits-, Gesundheits- und Umweltschutzgründen einer Sondergenehmigung bedürfen und
- Güter, deren Import verboten ist (BfAI, NfA 9.7.1990).

Zu den nunmehr von Importbeschränkungen befreiten Gütern gehörte u.a. Weizenmehl, einige Papierprodukte, einige Eisen-, Stahl- und Aluminiumprodukte, Zement sowie Baumwolle. Nicht liberalisiert wurde aber der Import von Reis, Speiseölen, Zucker und einigen Baumwollprodukten (BfAI, 1989).

Im Export wurden drei Kategorien von Gütern festgelegt:

- kontrollfreie Güter;
- regulierte Güter, für die eine ministerielle Genehmigung eingeholt werden muß (im wesentlichen sämtliche Produkte des primären Sektors) und
- verbotene Güter (gesundheits- und umweltgefährdende Produkte) (BfAI, NfA 9.7.1990).

Im Zuge der Harmonisierung in der UDEAC (vgl. 2.2.3) wurde mit Wirkung vom 1.1.1994 das Zoll- und Steuersystem abermals geändert. Für die Behandlung durch den Zoll gibt es (in allen UDEAC-Staaten) nunmehr 4 neue Klassen von Importgütern:

1. Biens de première nécessité (u.a. landwirtschaftliche Erzeugnisse, Arzneimittel, Druckerzeugnisse und medizinische Apparate und Geräte); Zollsatz: 5 %.
2. Biens d'équipement et matières premières (u.a. Rohstoffe und Hilfsstoffe, Maschinen, Apparate und Geräte für den Einsatz in gewerblichen Unternehmen sowie Lastwagen); Zollsatz: 10 %.
3. Produits intermédiaires et divers (u.a. Fische, Gewebe zur Weiterverarbeitung, Teile und Zubehör für Werkzeugmaschinen); Zollsatz: 20 %.
4. Biens de consommation courante (Waren, die in einheimischer Produktion hergestellt werden können und nicht lebensnotwendige Waren - u.a. Textilien, Kleidung und Grundstoffe aus Metall); Zollsatz: 30 % (WTO, 1995, S. 9).

Neu ist ebenfalls die Surtaxe - eine Abgabe, die zusätzlich zum Zoll erhoben werden kann, um die heimische Wirtschaft zu schützen. Prinzipiell darf sie nur auf Güter der 4. Klasse, aber ausnahmsweise auch auf Güter der 2. Klasse angewendet werden. Die Dauer der Surtaxe ist auf drei Jahre beschränkt (BfAI, NfA 5. Mai 1994). Zu Beginn der neuen Regelung gab es einige temporäre Ausnahmen, die aber bis September 1994 zum größten Teil wieder aufgehoben wurden (EIU, 1995, S. 38). Die Importe unterliegen darüber hinaus noch der Umsatzsteuer. Für Importe aus anderen UDEAC-Ländern ist ein Präferenz-Tarif geplant (WTO, 1995, S. 14). Es scheint sich bei dieser Reform um eine wesentliche Vereinfachung des Zoll- und Steuersystems zu handeln. „As a result, quantitative restrictions, tariff exemptions and special customs and fiscal régimes have now been eliminated or drastically reduced" (WTO, 1995, S. 7). Das Secretariat der WTO ist allerdings, was die Zukunft betrifft, auch skeptisch: „The low level of multilateral commitments is of particular concern because there appear to be few institutional constraints to prevent protectionist measures creeping back into Cameroon's trading system" (WTO, 1995, S. 7).

Es gibt neben den Vorteilen der Exportfreizonen keine Exportsubventionen oder Exportquoten: „Exports are largely uncontrolled" (WTO, 1995, S. 10). Zwar ist Kamerun einigen Restriktionen durch internationale Vereinbarungen (z.B. Bananenquoten der EU) unterworfen, ist aber andererseits als Unterzeichner der Lomé - Konvention in seinem Handel mit Europa auch Nutznießer der in diesen genannten Präferenzregelungen (WTO, 1995, S. 9). Seit Januar 1995 gibt es dagegen die Exportsteuern auf bestimmte Produkte: 15 % für Kakao, Baumwolle, Zucker, Kautschuk und Heilkräuter, 25 % für Kaffee, 30 % für Palmöl und 6.500 FCFA pro Tonne für Bananen (WTO, 1995, S. 12). Im Juli 1995 wurde diese Regelung wieder geändert, indem die genannten Agrarerzeugnisse einheitlich mit 15 % besteuert werden. Lediglich die Steuer auf Holzexporte kann - abhängig vom Verarbeitungsgrad - bis zu 25 % betragen (MTM, 1995, S. 2715f). Allerdings fielen durch die bereits erfolgte Liberalisierung die Abschöpfungen weg. Zudem wurde die Kameruner Regierung zwar vor allem aus fiskalischen Gründen von IWF und Weltbank zur Einführung der Exportsteuern gedrängt, sie sind aber als temporäre Maßnahme gedacht und sollen nach dem Willen der internationalen Organisationen wieder abgeschafft werden, wenn andere Einnahmemöglichkeiten bestehen.

Neben der Zoll- und Steuerharmonisierung in der UDEAC sind noch weitere Maßnahmen zur Intensivierung des Handels innerhalb dieser Region geplant. So sollen an den Grenzen Märkte eingerichtet werden. Von geplanten fünf war nach Angaben der Regierung Kameruns bis Anfang 1995 aber erst einer an der Grenze zu Gabun aktiv. Darüber hinaus wird beabsichtigt, den Handel in der UDEAC in 5 Jahren vollständig zu liberalisieren (WTO, 1995, S. 12ff).

Es wurde bereits mehrfach erwähnt, daß der illegale Handel bedeutende Ausmaße erreicht. Dabei handelt es sich nur teilweise um *Schmuggel*, der besonders durch die Überbewertung des FCFA und die Abwertung des Naira in der zweiten Hälfte der 80er Jahre von Nigeria nach Kamerun stark zugenommen hat. Auch die *Korruption* der Zollbeamten spielt eine große Rolle: „... la corruption aux portes d'entrée du Cameroun, malgré l'existence d'un programme général de vérification des importations (PGVI) et de la Société générale de surveillance (SGS), favorise la fraude et introduit des dysfonctionnements sérieux dans la circulation des marchandises" (MTM, 1992, S. 3330). Es wurden zwar Maßnahmen wie eine Umstrukturierung des Zolldienstes, neue Steueraufsichtsbehörden, mehr Patroullienboote und Straßensperren sowie die teilweise Übertragung der Zollkontrollen auf die schweizerische Gesellschaft SGS ergriffen, aber dadurch wird der illegale Handel wohl weniger reduziert als durch die Abwertung des FCFA. Gerade die jüngste Zeit hat wieder gezeigt, daß die kamerunische Regierung ohne eine wirksame Kontrolle ihrer Grenzen zur Unterbindung von Schmuggel in ihrer Handlungsfähigkeit eingeschränkt ist. So hat nämlich die Exportsteuer in Höhe von 25 % auf Kaffee dazu geführt, daß die illegale Ausfuhr nach Nigeria erheblich zugenommen hat. Die Erhöhung der Mineralölsteuer hat im Gegenzug den illegalen Import aus Nigeria anschwellen lassen, so daß der Verkauf versteuerten Benzins um 20 bis 40 % zurückgegangen ist (EIU 4. Quartal 1995, S. 15f). Es wird geschätzt, daß 15 % des Benzinmarktes durch Schmuggelware bedient werden (MTM, 1995, S. 2743). Sogar nach staatlichen Angaben wurden allein 1992 160.000 m^3 Ölprodukte illegal - vor allem aus Nigeria - importiert. Der allein dadurch entstandene Schaden wird auf 31 Mrd. FCFA (20 Mrd. für den Staatshaushalt) geschätzt (MTM 17.9.1993, S. 2330). Bei der Interpretation der folgenden Handelsstatistiken darf somit nicht vergessen werden, daß sie *nur einen Teil* des Güteraustausches, nämlich den registrierten, erfassen.

2.4.6.3 Die Entwicklung des Außenhandels

Die Zahlen der kamerunischen Handelsstatistik (nach Zollangaben) und der Zahlungsbilanz (IWF/BEAC) über die Warenexporte und -importe weichen erheblich voneinander ab. In Tabelle 39 werden die Salden der beiden Statistiken gegenübergestellt, wobei auffällt, daß die Handelsbilanz nach der Außenhandelsstatistik von 1978 bis 1988 ein Defizit aufwies. Nach der Zahlungsbilanzstatistik gab es aber von 1970 bis 1993 insgesamt nur in zwei Jahren, nämlich 1972 und 1975, Handelsbilanzdefizite (auch 1993/94 und 1994/95 war jeweils ein positiver Handelsbilanzsaldo - in FCFA gemessen - zu verzeichnen). Vor allem die Unterschiede bei den Exportstatistiken sind enorm: Von 1971 bis 1991 lagen die Warenexporte nach der Zahlungsbilanzstatistik stets über denen der Kameruner Außenhandelsstatistik. Ab Ende der 70er Jahre stieg diese Differenz jedoch auch in Relation zu den Angaben des IWF deutlich an, wobei der Höhepunkt 1986 mit 448 Mrd. FCFA und 62 % erreicht wurde. Danach verringerte sich die Differenz wieder. Die Abweichungen bei den Importen waren weniger deutlich, aber es fällt auf, daß von 1977 bis 1986 - im Gegensatz zu den meisten Jahren davor und danach - die Kameruner Handelsstatistik auch niedrigere Warenimporte angab als die Zahlungsbilanz. Die Differenz zwischen den beiden Handelsbilanzsalden erreichte vor allem von 1983 bis 1989 mit jeweils mindestens 100 Mrd. FCFA enorme Höhen, wobei sie 1986, als die Zahlungsbilanzstatistik einen Überschuß von 153 Mrd. FCFA und die kamerunische Handelsstatistik ein Defizit von 265 Mrd. FCFA auswies, besonders kraß war.

Im dargestellten Zeitraum wurden (außer 1994/95) 1985 die höchsten Exporterlöse erzielt. Sie überstiegen in diesem Jahr nominal die des Jahres 1978 - vor Beginn des Ölbooms - um fast das Dreifache. Die höchsten jährlichen Zuwachsraten gab es - unterstützt von den hohen Rohstoffpreisen - allerdings in der zweiten Hälfte der 70er Jahre: Während die Exporte von 1970 bis 1975 nominal um gut 80 % zulegten, waren es von 1975 bis 1980 fast 220 % (real: 112 %).

Tabelle 39

Handelsbilanz in FCFA

(jeweils fob; in Mio. FCFA; in Klammern: Veränderung gegenüber Vorjahr in Prozent)

	Exporte (X)		real***	Importe		real***	Saldo (S)	(S/X) in %	nachr.: Saldo**	Abweichung* Exp.	Imp.
1970	60.361			52.661			**7.700**	(12,8)	*-141*	-6,6	-22,5
1971	65.053	(7,8)		61.576	(16,9)		**3.478**	(5,3)	*-7.757*	11,9	-5,6
1972	60.304	-(7,3)		64.915	(5,4)		**-4.612**	-(7,6)	*-13.991*	7,6	-7,4
1973	91.319	(51,4)	**(42,1)**	69.242	(6,7)	**(0,1)**	**22.077**	(24,2)	*8.031*	14,2	-1,5
1974	118.861	(30,2)	**(17,9)**	93.966	(35,7)	**(23,0)**	**24.895**	(20,9)	*18.095*	3,4	-2,9
1975	109.568	-(7,8)	**-(22,6)**	115.624	(23,0)	**(3,3)**	**-6.056**	-(5,5)	*-22.880*	12,3	-2,9
1976	139.624	(27,4)	**(17,6)**	132.621	(14,7)	**(5,8)**	**7.003**	(5,0)	*-15.052*	12,6	-3,4
1977	198.657	(42,3)	**(28,3)**	195.019	(47,0)	**(32,6)**	**3.638**	(1,8)	*9.271*	13,0	16,1
1978	247.281	(24,5)	**(13,1)**	236.092	(21,1)	**(10,0)**	**11.189**	(4,5)	*-34.013*	26,5	8,6
1979	287.612	(16,3)	**(10,2)**	270.262	(14,5)	**(8,4)**	**17.350**	(6,0)	*-7.810*	17,0	8,8
1980	350.191	(21,8)	**(13,0)**	342.333	(26,7)	**(17,5)**	**7.858**	(2,2)	*-16.305*	17,0	10,3
1981	383.299	(9,5)	**-(2,1)**	371.958	(8,7)	**-(2,8)**	**11.341**	(3,0)	*-47.683*	20,9	5,6
1982	446.214	(16,4)	**(2,6)**	400.101	(7,6)	**-(5,2)**	**46.113**	(10,3)	*-31.819*	26,7	10,3
1983	520.804	(16,7)	**(5,3)**	466.898	(16,7)	**(5,3)**	**53.906**	(10,4)	*-65.649*	31,1	9,1
1984	694.301	(33,3)	**(18,7)**	465.240	-(0,4)	**-(11,3)**	**229.061**	(33,0)	*-59.056*	45,1	5,3
1985	730.649	(5,2)	**-(3,4)**	510.323	(9,7)	**(0,7)**	**220.326**	(30,2)	*-140.779*	56,0	9,4
1986	719.256	-(1,6)	**-(2,0)**	566.029	(10,9)	**(10,4)**	**153.227**	(21,3)	*-265.121*	62,2	5,2
1987	507.465	-(29,4)	**-(25,5)**	431.165	-(23,8)	**-(19,6)**	**76.299**	(15,0)	*-229.577*	51,0	-10,9
1988	528.182	(4,1)	**(8,2)**	336.746	-(21,9)	**-(18,8)**	**191.436**	(36,2)	*-69.172*	47,9	-2,2
1989	562.400	(6,5)	**(8,1)**	415.000	(23,2)	**(25,1)**	**147.400**	(26,2)	*40.320*	27,8	11,9
1990	583.700	(3,8)	**-(2,1)**	403.100	-(2,9)	**-(8,4)**	**180.600**	(30,9)	*141.526*	5,8	-1,3
1991	552.400	-(5,4)	**-(6,8)**	321.000	-(20,4)	**-(21,5)**	**231.400**	(41,9)	*244.001*	1,3	6,2
1992	439.900	-(20,4)	**-(19,3)**	305.000	-(5,0)	**-(3,7)**	**134.900**	(30,7)	*169.295*	-9,2	-2,0
1993	624.100	(41,9)		470.400	(54,2)		**153.700**	(24,6)			
1993/94	603.590	-(3,3)		312.265	-(33,6)		**291.325**	(48,3)			
1994/95	811.017	(34,4)		454.730	(45,6)		**356.287**	(43,9)			

* Differenz zw. IWF-Zahlungsbilanz und Kameruner Handelsstatistik in Prozent der Angaben des IWF

** Kameruner Handelsstatistik (ab 1991 Importe CIF) *** bereinigt um BIP-Deflator aus Tabelle 19

Quelle: IMF, 1992, S. 254f; BEAC, Etudes et Statist., versch. Ausg.; UN, 1995, S. 131; MTM, 1995, S. 2705

Von 1980 bis 1985 flachte die Zunahme wieder auf nominal 109 und real 21 % ab. Die jährlichen Wachstumsraten in Tabelle 39 bestätigen dieses Bild, wobei es aber 1984 einen nochmaligen Exportschub mit einer nominalen Zunahme um ein Drittel und einer realen um fast 19 % gab. Bereits 1987 lag das Exportvolumen nach einem nominalen Einbruch um fast 30 % und einem realen um mehr als ein Viertel allerdings wieder unter dem Niveau von 1983. In den folgenden Jahren stiegen die Exporte zwar wieder, erlebten aber 1992 einen erneuten drastischen Rückgang um nominal wie real etwa ein Fünftel. Damit wurde 1992

nominal weniger exportiert als in jedem der zehn Jahre zuvor und *real sogar weniger als in den Jahren seit 1978*. 1993 stiegen aber im Zuge der Erhöhung der Rohstoffpreise auf den Weltmärkten die Exporterlöse nominal wieder um etwa 40 %. Infolge der Abwertung des FCFA und der weiter steigenden Rohstoffpreise - die Ausfuhr von Rohstoffen ist nach dem Volumen um 3,7 % gesunken, aber nach dem Wert um 27,2 % gestiegen - kam es 1994/95 zu einer nochmaligen Zunahme um mehr als ein Drittel, so daß nominal das bisherige Rekordjahr 1985 sogar übertroffen werden konnte (vgl. auch MTM, 1995, S. 2705).
Die Importe erhöhten sich in der ersten Hälfte der 70er Jahre etwas langsamer und in der zweiten Hälfte etwas schneller als die Exporte, was dazu führte, daß der Handelsbilanzsaldo in Relation zu den Exporterlösen in den 70ern und zu Beginn der 80er Jahre nur moderate Höhen erreichte (mit Ausnahme der Jahre 1973 und 1974 mit jeweils über +20 %). Ab 1984, als die Exporte nominal um ein Drittel stiegen, die Importe aber stagnierten, änderte sich dies. In den folgenden 10 Jahren (von 1984 bis 1993) erreichte der Handelsbilanzsaldo jeweils mindestens (mit der Ausnahme 1987) eine Höhe von 20 % der Exporterlöse, im Durchschnitt lag diese Relation sogar bei 29 %. Besonders stark gingen die Importe 1987, 1988 und 1991 um nominal jeweils mehr als 20 % zurück. Die realen Rückgänge erreichten ähnliche Größenordnungen. 1992 wurde *nominal der niedrigste Importwert seit 1980* registriert. Bereits 1993 erhöhten sich die Einfuhren aber wieder um mehr als 50 %. Nach der Abwertung 1994 kam es zwar zu einem Rückgang, der aber durch die erhöhte Importnachfrage bereits 1994/95 wieder wettgemacht wurde.

Die auf Angaben der Weltbank beruhende Tabelle 40 gibt die Handelsbilanz - gemessen in Dollar - wieder. Wie bereits erwähnt, verläßt sich die Weltbank ab 1980 auch auf eigene Schätzungen, was dazu führt, daß sie die Warenexporte von 1981 bis 1986 um insgesamt fast 2,5 Mrd Dollar höher angibt als der IWF (BEAC). 1985 allein betrug die Abweichung ungefähr 711 Mio. Dollar, was 30 % in Relation zu den gesamten Exporten nach Weltbankangaben entsprach. *Systematische* Abweichungen zeigen sich bei den Importen nur von 1987 bis 1992, als die Weltbank die Importe um insgesamt 2,5 Mrd. Dollar ebenfalls erheblich höher einschätzte. Von 1980 bis 1992 nimmt die Weltbank also insgesamt ein erheblich höheres Handelsvolumen an, nämlich auf Exportseite um 1,5 und auf Importseite um 2,5 Mrd. Dollar. Daher verwundert es nicht, daß die Weltbankstatistik auch bei den Handelsbilanzsalden andere Ergebnisse aufweist, z.B. geringe Defizite in den Jahren 1980 und 1987. Insgesamt sind die Handelsbilanzüberschüsse nach Weltbank-Angaben in der ersten Hälfte der 80er Jahre erheblich höher und in der zweiten Hälfte nicht so hoch wie gemäß IWF/BEAC. So betrug der Überschuß allein 1985 1,25 Mrd. Dollar (nach IWF/BEAC: 490 Mio.). Von 1981 bis 1986 überstiegen die Warenexporte gemäß Weltbank die Importe um mehr als 4 Mrd. Dollar.
Da sich der FCFA gegenüber dem Dollar von 1975 bis 1985 insgesamt um 50 % abwertete, fallen die Zunahmen der Handelsströme - gemessen in Dollar - erheblich geringer aus als in FCFA. Exporte und Importe legten aber auch in Dollar besonders stark Ende der 70er Jahre zu. Bemerkenswert ist der kräftige Einbruch der Exporte 1982 um real 19 und der Importe um 30 %. Die Abwertung des FCFA gegenüber dem Dollar in der ersten Hälfte der 80er Jahre führte dazu, daß die Importe nach der Umrechnung in Dollar von 1981 bis 1985 real kontinuierlich sanken. 1985 betrugen die realen Importe weniger als die Hälfte von 1980, auch nominal lag der Importwert des Jahres 1985 um mehr als 30 % unter dem des Jahres 1981. Die Exporte erhöhten sich zwar vor allem aufgrund der gestiegenen Weltmarktpreise für Rohstoffe nominal im gleichen Zeitraum, gingen aber real ebenfalls um etwa 14 % zu-

Tabelle 40

Handelsbilanz in US-Dollar

(jeweils fob; in Mio. US-Dollar; in Klammern: Veränd. gegen Vorjahr in Prozent)

	Exporte		real*	Importe		real*	Saldo	Differenz zw. Weltbank- u. IWF-Angaben	
								Exp.	Imp.
1970	218,7			190,8			**27,9**		
1971	235,7	(7,8)		223,1	(16,9)		**12,6**	0,0	0,0
1972	239,3	(1,5)		257,6	(15,5)		**-18,3**	0,0	0,0
1973	409,5	(71,1)	**(60,6)**	310,6	(20,6)	**(13,2)**	**98,9**	0,0	0,1
1974	493,2	(20,4)	**(9,1)**	389,9	(25,5)	**(13,8)**	**103,3**	0,0	0,0
1975	512,0	(3,8)	**-(12,8)**	540,3	(38,6)	**(16,4)**	**-28,3**	0,0	0,0
1976	584,2	(14,1)	**(5,3)**	554,9	(2,7)	**-(5,2)**	**29,3**	0,0	0,0
1977	809,1	(38,5)	**(24,9)**	719,2	(29,6)	**(16,9)**	**89,9**	0,0	0,0
1978	1095,8	(35,4)	**(23,1)**	951,5	(32,3)	**(20,2)**	**144,3**	0,0	0,0
1979	1354,1	(23,6)	**(17,0)**	1270,8	(33,6)	**(26,5)**	**83,3**	0,0	0,0
1980	1418,1	(4,7)	**-(2,8)**	1452,3	(14,3)	**(6,1)**	**-34,2**	-239,4	-168,0
1981	1763,1	(24,3)	**(11,2)**	1611,4	(11,0)	**-(0,7)**	**151,7**	352,5	243,9
1982	1617,1	-(8,3)	**-(19,2)**	1285,4	-(20,2)	**-(29,7)**	**331,7**	259,2	69,3
1983	1829,6	(13,1)	**(2,1)**	1166,2	-(9,3)	**-(18,1)**	**663,4**	462,7	-59,3
1984	2080,2	(13,7)	**(1,2)**	1194,7	(2,4)	**-(8,8)**	**885,5**	491,4	130,1
1985	2337,0	(12,3)	**(3,2)**	1088,0	-(8,9)	**-(16,4)**	**1249,0**	710,7	-48,6
1986	2292,8	-(1,9)	**-(2,4)**	1477,0	(35,8)	**(35,1)**	**815,8**	215,8	-158,9
1987	1728,4	-(24,6)	**-(20,4)**	1784,9	(20,8)	**(27,6)**	**-56,5**	39,7	350,1
1988	1676,1	-(3,0)	**(0,8)**	1624,7	-(9,0)	**-(5,4)**	**51,4**	-165,1	403,9
1989	1759,7	(5,0)	**(6,5)**	1648,7	(1,5)	**(3,0)**	**111,0**	-94,1	511,9
1990	1839,3	(4,5)	**-(1,4)**	1759,5	(6,7)	**(0,7)**	**79,8**	-286,1	412,3
1991	1950,9	(6,1)	**(4,5)**	1567,4	-(10,9)	**-(12,2)**	**383,5**	-6,6	394,3
1992	1672,6	-(14,3)	**-(13,1)**	1437,2	-(8,3)	**-(7,0)**	**235,4**	-261,5	453,9

* bereinigt um BIP-Deflator aus Tabelle 19

Quelle: WORLD BANK, 1991, S. 162 und 1994d, S. 182f; IMF, 1992, S. 254f und 1995d, S. 268f.

rück. Von 1985 bis 1992 verringerten sie sich dann auch nominal um etwa 28 %. Die Entwicklung der Importe, die sich nach der IWF/BEAC - Statistik auch gemessen in Dollar von 1986 bis 1992 kräftig verringerten, wurde von der Weltbank in diesem Zeitraum nach einem zwischenzeitlichen Anstieg als etwa konstant geschätzt.
Trotz ihrer Unterschiede zeigen aber beide Handelsbilanzstatistiken, daß Kamerun in den meisten Jahren mehr Waren exportierte als importierte. Das ermöglichte es dem Land, Faktorleistungen und Kapital zu importieren.

2.4.6.4 Sektorale Handelsstruktur

Ein Blick auf die Importstruktur beweist, daß Kamerun bei Nahrungsmitteln - im Gegensatz zu manchen anderen afrikanischen Ländern - weitgehend Selbstversorger ist. Allerdings sind die Getreideimporte von 1980 bis 1990 mit einigen Schwankungen von 140.000 t auf 398.000 t gestiegen (WORLD BANK, 1992, S. 232), nachdem sich die Weizen- und Reisimporte schon in den 70er Jahren verdoppelt hatten (WAUTELET, 1990, S. 78). Das hat auch dazu beigetragen, daß der Anteil der Gütergruppe Nahrungsmittel/Getränke von 1980 knapp 8 % auf 1990 über 14 % gestiegen ist. Auch der Import von Konsumgütern hat in den 80er Jahren vorübergehend an Bedeutung gewonnen. Dafür war zum einen die Aufwertung des FCFA, die die preisliche Wettbewerbsfähigkeit importierter Güter verbesserte, und zum anderen der Rückgang der Nachfrage nach Vorprodukten und Maschinen infolge der

Krise der Industrie in der zweiten Hälfte der 80er Jahre verantwortlich. Dennoch machten Vorprodukte, Maschinen und Transportausrüstungen in allen dargestellten Jahren mindestens 70 % der Importe aus.

Tabelle 41

Güterstruktur der Importe
(Spezialhandel in US-Dollar; Angaben in Prozent)

	1976	1978	1980	1982	1987	1989	1991
Nahrungsmittel / Getränke	8,8	8,7	7,8	8,6	12,5	14,6	14,5
Vorprodukte	33,3	33,8	35,3	40,3	33,5	36,3	44,1
Maschinen	21,3	23,5	20,9	22,0	22,3	21,6	20,7
Transportausrüstungen	17,0	16,7	14,5	14,8	15,2	12,3	7,5
Konsumgüter	10,6	10,4	10,4	12,4	14,9	13,4	10,6
Brennstoffe	7,8	6,5	10,9	1,9	0,9	0,8	1,9

Quelle: UN, 1984, S. 194 und 1995, S. 131.

Während fast nur verarbeitete Güter importiert werden, dominieren bei den Ausfuhren Kameruns die nicht-verarbeiteten landwirtschaftlichen Produkte (inkl. Hölzer) und Rohöl. Dabei zählen einfache erste Bearbeitungsschritte bei landwirtschaftlichen Produkten noch nicht zum verarbeitenden Gewerbe. Tabelle 42 gibt die Exportstruktur Kameruns seit Mitte der 70er Jahre wieder, wobei sich die Prozentzahlen aufgrund der Schwankungen der Ölexporterlöse nur auf die *Nicht-Ölexporte* beziehen. Demzufolge lag der Anteil der Landwirtschaft bis 1982 zum Teil deutlich über 70 %. Bis 1987 gab es dann aber einen starken Strukturwandel: Die Bedeutung landwirtschaftlicher Erzeugnisse ist um 20 Prozentpunkte gesunken und der Anteil verarbeiteter Produkte ist auf 44,5 und bis 1991 sogar auf 48,3 % gestiegen.

Tabelle 42

Güterstruktur der Exporte (ohne Erdöl)
(Spezialhandel in US-Dollar; in Prozent der Exporte ohne Erdöl)

	1976	1978	1980	1982	1987	1989	1991	1993/94	1994/95
Landwirtschaft	**71,9**	**75,5**	**77,5**	**71,8**	**55,5**	**57,0**	**51,7**	**66,9**	**59,1**
(Bergbau, v.a. Erdöl)	**(0,0)**	**(3,2)**	**(30,7)**	**(46,9)**	**(17,3)**	**(17,9)**	**(47,4)**	**(42,0)**	**(37,8)**
Verarbeit. Gewerbe	**28,1**	**24,5**	**22,5**	**28,2**	**44,5**	**42,9**	**48,3**	**26,1**	**35,0**
Nahrungsmittel / Getränke / Tabak	9,8	15,2	10,7	7,7	9,7	6,1	10,3	5,2	3,4
Textilien	3,7	0,8	1,4	4,5	2,8	2,8	1,7	0,8	0,9
Holz und Holzprodukte	4,2	3,8	6,1	6,0	3,7	5,4	6,8	7,7	12,3
Papier und Papierprodukte	0,1	0,0	0,1	0,2	0,2	0,2	0,2	1,9	2,2
Chemie	1,7	0,3	0,4	3,2	3,9	2,4	2,3	1,2	2,0
Nicht-metallische Mineral.	0,2	0,6	0,0	0,0	0,7	3,8	2,1	0,9	1,5
Metalle (Grundstoffe)*	5,9	2,5	2,6	3,2	10,3	13,9	7,6	7,6	10,7
Verarbeitete Metalle	2,5	1,1	1,4	3,0	13,1	7,2	16,9	0,8	1,9
übriges verarb. Gewerbe	0,0	0,0	0,0	0,4	0,1	1,1	0,0	0,0	0,0

* fast ausschließlich Aluminium

Quelle: UN, 1984, S. 194 und 1995, S. 131; MTM, 1995, S. 2705/2753.

Diese Entwicklung war aber nicht nur auf die gestiegenen Exporte verarbeiteter Produkte, sondern auch auf die in der zweiten Hälfte der 80er Jahre deutlich gesunkenen Weltmarktpreise für agrarische Rohstoffe zurückzuführen. 1993/94 und 1994/95 hat sich der Anteil der Landwirtschaft an den Exporten im Zuge der gestiegenen Exportpreise wieder erhöht.

Die Zunahme des Anteils des verarbeitenden Gewerbes von 1976 bis 1987 (+16,4 Prozentpunkte) ging vor allem auf das Konto von metallischen Grundstoffen und verarbeiteten Metallen (+15 Prozentpunkte), die 1987 über 23 % der Nicht-Ölexporte ausmachten. Dabei nahm die Bedeutung der verarbeiteten Metalle besonders stark zu und stieg bis 1991 auf allein knapp 17 % (1976: 2,5 %). Während der Anteil der Textilien bis 1991 auf weniger als die Hälfte seiner Bedeutung des Jahres 1976 sank, gewannen die verarbeiteten Hölzer deutlich an Bedeutung. Die Angaben in Tabelle 42 für 1993/94 und 1994/95 beruhen auf einer anderen Quelle (MTM, 1995) und sind daher nicht ohne Vorbehalt mit den vorherigen Zahlen zu vergleichen. Anscheinend haben sich aber der positive Trend bei verarbeiteten Hölzern und der negative bei Textilien fortgesetzt. Bemerkenswert ist zudem der Bedeutungsverlust von Metallen sowie von Nahrungsmitteln, Getränken und Tabak. 1994/95 hat sich die Konzentration der Exporte verarbeiteter Güter sogar eher noch verstärkt: Holzprodukte und Metalle machten jeweils etwa ein Drittel aus, der Rest verteilte sich auf die übrigen Gütergruppen. Insgesamt hat die Abwertung des FCFA 1994/95 zu einer Zunahme der Exporte von Industrieprodukten um 93,1 % geführt (MTM, 1995, S. 2705).

Tabelle 43

Die fünf wichtigsten Exportprodukte (außer Erdöl)
(Anteile an den gesamten Nicht-Ölexporten in Prozent)

	1960	1965	1970	1975	1980	1985	1988	1991	1994/95
Kakao	36,6	25,4	31,3	32,6	28,9	28,4	20,5	13,0	13,3
dar.:Kakaoprodukte	*2,8*	*4,3*	*7,6*	*8,7*	*8,0*	*3,3*	*3,0*	*2,3*	*2,4*
Kaffee	19,3	23,4	22,9	22,7	29,8	29,8	18,1	11,9	11,7
Baumwolle*	4,4	6,5	7,6	2,8	6,0	4,6	3,9	7,4	7,0
dar.:Baumwollprodukte	*0,0*	*0,0*	*0,0*	*1,2*	*1,8*	*2,2*	*n.b.*	*n.b.*	*0,9*
Aluminium*	18,4	14,4	9,6	7,3	3,4	9,1	11,1	10,8	12,7
dar.:Aluminiumprodukte	*0,0*	*0,0*	*1,1*	*3,5*	*2,6*	*1,2*	*n.b.*	*n.b.*	*1,9*
Holz	5,6	7,9	9,3	10,0	16,3	9,7	11,3	19,7	32,0
dar.: Holzprodukte			*2,7*	*3,4*	*5,3*	*3,0*	*2,5*	*6,2*	*14,2*
insgesamt	**84,3**	**77,6**	**80,7**	**75,4**	**84,4**	**81,6**	**64,9**	**62,8**	**76,7**

* 1988 und 1991 nur Rohaluminium bzw. Rohbaumwolle

Quelle: NIDA, 1986, S. 64; CAMEROON, 1989a; MTM, 1992, S. 3298 und 1995, S. 2705/2747/2753.

Die Ausfuhren Kameruns sind stark auf wenige Güter konzentriert. Auf die fünf wichtigsten (außer Erdöl) Kaffee, Kakao, Baumwolle, Aluminium und Holz entfielen 1960 über 84 % der Exporte und bis 1985 (82 %) hat sich daran wenig geändert, wenn man die Erdölexporte nicht berücksichtigt. Erst in der zweiten Hälfte der 80er Jahre diversifizierte sich die Exportstruktur und der Anteil dieser fünf Güter ist auf unter zwei Drittel gesunken. Die Ursache dafür war vor allem der Bedeutungsverlust von Kakao und Kaffee: Beide Produkte zusammen machten von 1960 (56 %) bis 1985 (58 %) in fast jedem Jahr mindestens die Hälfte der kamerunischen Exporte aus, zeichneten jedoch in den 90er Jahren nur noch für *ein Viertel* der Ausfuhrerlöse verantwortlich. Während der Kakao schon in den 60er und 70er Jahren tendenziell an Bedeutung verloren, nahmen die Kaffeeexporte von etwa 20 % 1960 auf 30 % in der ersten Hälfte der 80er Jahre zu. Der Anteil der Aluminiumexporte war in den 60er und 70er Jahren rückläufig, konnte sich aber ab der zweiten Hälfte der 80er Jahre bei ungefähr 10 % etablieren. Besonders stark gewannen die Holzexporte in der zweiten Hälfte der 80er Jahre an Bedeutung, so daß Holz von den genannten fünf Gütern in den 90er Jahren zum wichtigsten Ausfuhrgut wurde. 1994/95 wurde fast ein Drittel der Erlöse

aus den Nicht-Ölexporten durch die Holzausfuhren erwirtschaftet, wobei auffällt, daß der Anteil der verarbeiteten Hölzer von etwa einem Drittel auf fast die Hälfte stieg.
Besonders in der zweiten Hälfte der 80er Jahre wurden die *Nachteile* einer Konzentration der Ausfuhren auf wenige Güter offensichtlich. Während die gesunkenen Rohstoffpreise von 1985 bis 1987 zu einem Einbruch der gesamten Exporterlöse führten, fielen z.B. die Einnahmen aus der Ausfuhr von Aluminium und Kakao-*Zwischenprodukten* nur leicht (UNIDO, 1990, S. 17). Auch der insgesamt gestiegene Anteil der Exporte verarbeiteter Güter in dieser Phase zeigt, wie wichtig eine größere Exportdiversifizierung für die Neutralisierung struktureller Nachfrageschocks wäre.

2.4.6.5 Regionale Handelsstruktur

Der Handel Kameruns wird dominiert vom interindustriellen Austausch mit den Industrieländern. Von 1975 bis 1991 kamen etwa 80 % der Importe aus und gingen etwa 85 % der Exporte in Industrieländer. Der bei weitem größte Teil dieses Handels entfällt dabei auf die EU. Der Güteraustausch mit Frankreich, der in den 60er Jahren noch den Kameruner Außenhandel dominierte - 1961 gingen 59 % der Exporte nach und 55 % der Importe kamen aus Frankreich (DELANCEY, M., 1986, S. 198) - verlor aber mit der Zeit an Bedeutung. Dennoch blieb Frankreich auch in den 90er Jahren mit einem Anteil von 35 % an den Importen und 19 % an den Exporten der wichtigste Handelspartner. Die Schwankungen in der Exportstruktur in den 80er Jahren sind zum Teil aber auch darauf zurückzuführen, daß das Gros der Ölexporte wechselnd in einzelne Länder ging; das ist z.B. die Ursache für den 29 % - Anteil der USA 1980.
Eine Ausnahme von der Regel, daß Kamerun vor allem Rohstoffe in die Industrieländer exportiert, ist wiederum Frankreich, das als einziges Industrieland Kamerun in nennenswertem Umfang verarbeitete Produkte abnimmt, nämlich Rohaluminium und Kakao-Zwischenprodukte (UNIDO, 1990, S. 18). Das liegt in erster Linie daran, daß die kakaoverarbeitenden Betriebe in Kamerun Tochterfirmen französischer Unternehmen sind. Die Exporte von *Kakaobohnen* gehen dagegen zu über 80 % in die Niederlande (JAKOBEIT, 1988, S. 331 /336). In den 90er Jahren konnte die Regionalstruktur der Ausfuhren in Industrieländer diversifiziert werden: Besonders Italien und Spanien haben als Abnehmerländer an Bedeutung gewonnen, während in die USA und die Niederlande aufgrund der sinkenden Öl- und Kakaoexporte relativ weniger exportiert wurde.
Der Handel mit anderen afrikanischen Ländern, also auch mit seinen direkten Nachbarn, spielt für Kamerun zwar nur eine relativ geringe Rolle, dennoch gab es in den 90er Jahren eine bemerkenswerte Verschiebung zugunsten des *regionalen* Handels. Der Anteil der afrikanischen Länder an den Ein- und Ausfuhren verdoppelte sich etwa Mitte der 90er Jahre im Vergleich zu den 20 Jahren zuvor. 1994 stammten 17 % der Kameruner Importe aus afrikanischen Ländern, wobei der Senegal, Guinea und die Côte d'Ivoire die wichtigsten Herkunftsländer waren. Guinea, von dem Kamerun den Rohstoff für seine Aluminiumverhüttung bezieht (UNIDO, 1990, S. 18), war schon in den 80er Jahren der wichtigste afrikanische Lieferant. Der erstaunlich geringe Anteil des großen Nachbarn Nigeria hängt auch mit dem - natürlich nicht statistisch erfaßten - illegalen Handel zusammen.

Tabelle 44

Regionalstruktur des Außenhandels

(Spezialhandel in US-Dollar, Angaben in Prozent)

Importe:

	1975	**1980**	**1985**	**1988**	**1991**	**1994**
Industrieländer	84,9	77,7	82,7	79,7	81,8	74,6
EU	71,2	67,3	69,2	62,5	64,4	60,9
Afrika	8,0	10,4	7,3	7,3	7,4	16,8
dar.: UdEAC*	**5,7**	**4,5**	**0,5**	**0,6**	**0,1**	**0,1**
Amerika	8,5	8,2	7,2	8,2	10,1	9,0
Asien	5,9	10,0	10,6	12,8	10,6	9,0
Frankreich	46,3	38,4	42,1	35,2	35,5	35,4
Deutschland	8,4	12,8	7,5	10,0	9,4	5,6
Japan	3,9	5,3	4,9	7,1	5,4	4,0
USA	6,6	3,8	4,7	4,5	5,9	6,2
Gabun	5,4	3,6	0,1	0,3	0,1	0,1
Guinea	0,6	1,3	2,1	2,0	2,4	3,3
Nigeria	0,1	0,3	0,1	0,8	0,5	1,2
Senegal	0,4	0,1	0,1	1,3	1,3	5,6
Côte d'Ivoire	0,5	0,3	1,1	0,4	0,8	2,3

Exporte:

	1975	**1980**	**1985**	**1988**	**1991**	**1994**
Industrieländer	84,9	90,1	91,8	85,0	85,3	69,8
Afrika	13,8	7,0	6,2	11,4	10,8	23,9
dar.: UdEAC*	**8,4**	**5,3**	**1,4**	**7,9**	**5,7**	**6,6**
Amerika	3,1	28,9	13,0	15,7	3,2	6,4
EU	64,1	59,2	76,0	68,6	80,9	64,8
Asien	2,6	2,9	1,1	1,7	3,2	3,8
Frankreich	26,7	19,1	31,7	29,3	42,8	18,6
Deutschland	7,4	7,5	8,7	4,1	2,4	5,1
Niederlande	21,6	18,3	10,2	20,9	16,3	5,8
Italien	3,9	7,8	6,1	6,3	9,1	13,9
Spanien	4,0	2,0	10,8	4,1	6,9	13,8
USA	2,7	28,8	12,9	15,2	2,3	2,7
Gabun	4,8	1,9	0,3	2,5	1,8	2,0
Nigeria	1,7	0,3	0,7	2,1	1,8	3,6
Senegal	0,1	0,0	0,0	0,3	0,2	9,5
Côte d'Ivoire	1,5	1,0	1,8	0,5	0,1	0,1

* RCA, Tschad, Congo, Gabun, Äquatorialguinea

Quelle: IMF, Direction of Trade Statistics Yearbook, verschiedene Jahrgänge.

1994 gingen fast ein Viertel der Ausfuhren Kameruns in afrikanische Länder. Wichtigste Handelspartner waren wiederum - mit Abstand - der Senegal, Nigeria und Gabun. Während das Nachbarland Gabun traditionell einer der wichtigsten Abnehmer kamerunischer Waren in Afrika ist, nahm der Handel mit dem Senegal erst in jüngster Zeit stark zu. Auch die Exporte in die anderen UDEAC-Staaten, die bei den Importen kaum ins Gewicht fallen, legten bereits Ende der 80er Jahre wieder zu. Die zunehmende Bedeutung der afrikanischen Abnehmerländer Mitte der 90er Jahre geht einher mit der Hausse bei den Industriegüterexporten, denn diese werden zu einem großen Teil an andere afrikanische Länder geliefert. Es handelt sich dabei hauptsächlich um unbearbeitetes Aluminium und um Aluminium-Zwischenprodukte. Auch Trockenbatterien, Textilien und Kleidung sowie Getränke gehören zu den traditionellen Exportprodukten (UNIDO, 1990, S. 17f). Die Abwertung des FCFA ermöglichte bzw. begünstigte also offenbar eine sektorale und regionale Diversifizierung der Kameruner Exporte.

Zwar besteht für den Handel innerhalb der UDEAC einiges Potential, das durch die Zoll- und Steuervereinheitlichungen in jüngster Zeit möglicherweise besser ausgeschöpft werden kann, das ist aber nicht mit den Möglichkeiten, die der vergleichsweise riesige nigerianische Markt bietet, vergleichbar. Zu Beginn der 70er Jahre konnte Kamerun noch von den nigerianischen Öleinnahmen durch den Export von Nahrungsmitteln und verarbeiteten Produkten profitieren. Aber schon von 1975 bis 1980 gingen die Ausfuhren nicht nur relativ von 1,7 auf 0,3 %, sondern auch absolut von 7,5 auf 4,8 Mio. Dollar zurück (IMF, 1982, S. 106). Dafür war in erster Linie der im Vergleich zum FCFA schwache Naira verantwortlich: „... l'industrie nigeriane, portée par la dévaluation du naira, entreprenait de conquérir les marchés de ses voisins“ (MTM, 1992, S. 3311). Die (auch illegalen) Handelsströme kehrten sich um und besonders der Norden litt unter dem Wegfall des Absatzmarktes für seine Nahrungsmittelproduktion (WAUTELET, 1990, S. 81; VAN BEEK, 1988, S. 13). Die Beziehungen zwischen Nigeria und Kamerun hatten von Beginn der Existenz beider Staaten an „a strong negative feature" (DELANCEY, M., 1986, S. 213). Diese negative Grundeinstellung Kameruns zu Nigeria entsprach auch den Interessen Frankreichs, das die ehemalige britische Kolonie Nigeria immer als Hindernis für den französischen Einfluß in West- und Zentralafrika betrachtete. Die jüngeren Ereignisse, wie die wieder aufgeflammten Grenzstreitigkeiten und der Kampf gegen den Schmuggel nigerianischer Waren nach Kamerun bestätigen dies. Die politischen Spannungen und die Furcht vor verstärkter Konkurrenz durch nigerianische Industriewaren sind die Gründe, warum Kamerun die miserablen Verkehrsverbindungen zwischen beiden Staaten nicht verbessert, was die Ausweitung des Handels zwischen beiden Ländern stark behindert (DELANCEY, M., 1986, S. 214). Dennoch nahmen bereits Ende der 80er Jahre, als Nigeria sich von seiner Abwertungspolitik abkehrte, die kamerunischen Exporte wieder zu; die FCFA-Abwertung 1994 führte zu einer nochmaligen Verdoppelung des Ausfuhranteils gegenüber 1991 auf 3,6 % (75 Mio. Dollar).

Der Umfang des offiziellen Handels zwischen diesen beiden Ländern mutet relativ bescheiden an, wenn man bedenkt, daß die Grenze fast 1.700 km lang ist und teilweise durch dicht besiedeltes Gebiet verläuft. Der Grund dafür ist, daß nur ein kleiner Teil des Güteraustausches offiziell erfaßt wird - der größere Teil ist *Schmuggel*. FODOUOP (1988, S. 5), der die Ergebnisse einer Befragung von mehr als 800 Schmugglern wiedergibt, veranlaßt dies zu der Aussage: „C'est dire que les échanges commerciaux entre le Cameroun et son voisin de l'ouest sont largement développés. Toutefois, ils ne respectent pas toujours la règlementation douanière en vigueur". Es gibt natürlich keine Statistiken über den Umfang dieses Handels, aber er ist enorm. So sind z.B. schätzungsweise allein 1985 1.150 Tonnen SEMRY-Reis über einen einzigen Grenzübergang nach Nigeria gebracht worden (FODOUOP, 1988, S. 16). Es gibt vier Gründe für diesen florierenden illegalen Handel: 1. die lange und kaum kontrollierbare Grenze; 2. die geringe Anzahl der Zöllner (etwa 5 auf 100 km Grenze); 3. die besonders in Kamerun hohen Importzölle zwischen 40 und 90 % (zumindest bis Anfang der 90er Jahre); 4. der schwache Naira (FODOUOP, 1988, S. 7ff). Die letzten beiden Punkte begünstigen allerdings nur den Export *nach* Kamerun. Es gibt sogar noch einen fünften Grund für die geringen Erfolge bei der Bekämpfung des Schmuggels: „... la contrebande jouit de protections officielles" (FODOUOP, 1988, S. 8).

Der illegale Handel ist ein bedeutender Wirtschaftsfaktor, denn immerhin dürften etwa 30.000 Menschen direkt von ihm leben. Die Schmuggler Kameruner Nationalität, von denen etwa 50 % zum Volk der Bamiléké zu zählen sind, erzielen dabei ein Einkommen, das deutlich über dem Kameruner Durchschnitt liegt (FODOUOP, 1988, S. 13ff). Von Kamerun aus werden vor allem landwirtschaftliche Erzeugnisse und einige wenige in Kamerun produzierte verarbeitete Güter exportiert und in Nigeria überwiegend in Grenznähe verkauft. Aus Nigeria werden dagegen in erster Linie verarbeitete Produkte, die zum Teil bereits aus Übersee legal und illegal nach Nigeria importiert worden waren, eingeführt und „(l)es objets manufacturés d'origine nigériane sond vendues sur l'ensemble du territoire camerounais ..." (FODOUOP, 1988, S. 17). FODOUOP (1988, S. 17f) stellte in seiner Erhebung fest, daß 187 verschiedene verarbeitete Produkte von Nigeria nach Kamerun, aber nur 5 verschiedene in umgekehrter Richtung geschmuggelt wurden.[46] Von geschätzten 721.000 Tonnen verarbeiteter Erzeugnisse, die 1986 illegal über die Grenze geschafft wurden, gingen 94 % nach

[46] Bei FODOUOP (1988, S. 16f) ist eine lange Liste der wichtigsten geschmuggelten Waren zu finden.

Kamerun (FODOUOP, 1988, S. 18). Erstaunlich ist, daß die geschmuggelten Waren nicht nur billiger als die in Kamerun produzierten oder die legal importierten sind, sie werden auch *besser vertrieben* (FODOUOP, 1988, S. 24). Obwohl der illegale Handel in der zweiten Hälfte der 80er Jahre für den Kameruner Staat jährliche Einnahmeausfälle von etwa 50 Mrd. FCFA oder mehr bedeutete, konnten keine wirksamen Maßnahmen zu seiner Kontrolle ergriffen werden: „Les décisions politiques sont une chose et la réalité du terrain est une autre“ (FODOUOP, 1988, S. 25).

3 Entwicklung und ökonomische Theorie

„Certainly one of the failures of the social sciences in the post-World War II era has been its inability to develop useful models that would account for the poor performance of Third World economies and in consequence provide a policy guide to deal with economic development. Neoclassical economic theory was not intended to account for such poor performance and it does not. It simply assumes away all relevant issues" (NORTH, 1993b, S. 260).

Im folgenden sollen einige dieser „relevant issues" aufgegriffen, strukturiert und deren Fruchtbarkeit für eine entwicklungspolitische Diskussion bewertet werden. Inwieweit dazu die neoklassische Theorie verlassen oder modifiziert werden muß, wird im Laufe dieses Kapitels deutlich werden.
Der erste Schritt wird sein, mit Hilfe einer Definition von Entwicklung festzustellen, welche die „relevant issues" sind. Es gibt keineswegs einen Konsens darüber, was unter Entwicklung zu verstehen ist, und dieser Umstand hat nicht eben zum Entstehen einer konsistenten Theorie beigetragen. Häufig werden z.B. die Begriffe Wachstum und wirtschaftliche oder ökonomische Entwicklung synonym verwendet. Für das theoretische Defizit sind aber nicht nur unterschiedliche Entwicklungsdefinitionen und damit Werturteile der Entwicklungstheoretiker verantwortlich, sondern auch die Komplexität des Untersuchungsgegenstandes: „Die Endogenisierung auch nur der wichtigsten Einflußgrößen führt bereits zu einer Komplexität, die unser theoretisches Denkvermögen im allgemeinen übersteigt; das ist ja letztlich auch der Grund dafür, daß eine - befriedigende - Entwicklungstheorie nicht existiert, obgleich über ihre Notwendigkeit allgemeiner Konsens besteht" (WALTER, 1983, S. 133).
Es ist nicht das Ziel dieser Arbeit, eine dogmenhistorische Beschreibung aller theoretischen Ansätze zur Erklärung von Entwicklung bzw. Unterentwicklung zu geben.[47] Da es sich aber (vermeintlich) um das genuine Themengebiet der Wachstumstheorie handelt, wird ein kurzer Überblick über deren Beitrag zur Erklärung von Entwicklungsunterschieden oder, exakter ausgedrückt, der unterschiedlichen wirtschaftlichen Leistungsfähigkeit verschiedener Länder gegeben. Das soll auch dazu dienen, die Schwächen und Grenzen der bisherigen Ansätze aufzuzeigen. „Leider hat die (notwendige) Reduktion von realer Komplexität qua Vernachlässigung von qualitativen (d.h. nicht unmittelbar quantifizierbaren Einflüssen der institutionellen und gesellschaftlichen Struktur, d.Verf.) Einflußgrößen auch eine bedauerliche, nachhaltige Reduktion der Ansprüche auf Erklärung der wirtschaftlichen Realität im Gefolge gehabt: Die Wachstumstheorie beschäftigt sich fast ausschließlich mit `Gleichnissen´, `Fabeln´, `stories´, mit `Steady-states´ und `Goldenen Zeitaltern´ aber nicht mit den Wachstumsprozessen, wie sie wirklich sind" (WALTER, 1983, S. 3f). Ein Grund dafür ist sicher auch der Dornröschenschlaf, in den die Wachstumstheorie von Ende der 60er bis Mitte der 80er Jahre gefallen ist. Es soll schließlich gezeigt werden, daß eine bessere Erklärung von wirtschaftlicher Veränderung durch das Einbeziehen von Institutionen und deren Wandel erreicht werden kann. Vor allem ist herauszustreichen, daß besonders das Defizit der neoklassischen Wachstumstheorie darin besteht, daß sie bestimmte institutionelle Rahmenbedingungen voraussetzt, die als Abstraktion für die tatsächlichen Institutionen in den entwickelten (vergleichsweise wirtschaftlich leistungsfähigen) Ländern kaum und in den weniger entwickelten Ländern nicht taugen.

---

[47] Ein Überblick dazu ist z.B. bei HEMMER (1990) zu finden.

Die Einbeziehung von Institutionen in Entwicklungstheorien ist nichts Neues. Die vorhandenen Ansätze greifen jedoch entweder nur bestimmte Aspekte der institutionellen Ordnung heraus oder beschäftigen sich nur mit einzelnen Institutionen. So z.B. die Dependenztheorie, die weniger die Institutionen in den Entwicklungsländern selbst in den Mittelpunkt ihrer Analysen stellt als vielmehr den Weltmarkt sowie internationale Institutionen und Organisationen. Obwohl sie ökonomisch-theoretische Defizite aufweist, soll der wichtige und fruchtbare Beitrag dieses Ansatzes zur entwicklungstheoretischen Diskussion jedoch nicht bestritten werden (RIESE, 1986, S. 159). Dabei ist besonders die umfassende Sichtweise von Entwicklung zu nennen, die der zeitweisen Verengung des ökonomischen Entwicklungsbegriffs auf den des wirtschaftlichen Wachstums gegenüberstand. Die Notwendigkeit, gegen die Thesen der Dependenztheorie Stellung beziehen zu müssen, hat ihre Gegner dazu gezwungen, die selbstauferlegte Beschränkung im Untersuchungsgegenstand zu beenden: „Die Chancen des `konkret-allgemeinen´ (...) Paradigmas der Abhängigkeit liegen in der (Wieder-) Verknüpfung getrennt operierender Disziplinen wie Soziologie, Politologie und Ökonomie ..." (OEFNER, 1990, S. 60). In der dieser Arbeit zugrundeliegenden Definition von Entwicklung wird der Versuch unternommen, einer solch umfassenden Sichtweise Rechnung zu tragen, denn nur so können Antworten auf die wichtigen Fragen der Entwicklung gefunden werden:
Wie ist der Entwicklungsstand eines Landes im Vergleich zu anderen zu beurteilen? Wann ist eine Ökonomie unterentwickelt oder entwickelt? Welche Veränderungen in einer Volkswirtschaft sind als Entwicklung zu bezeichnen? Was sind die Ziele einer Entwicklungspolitik? Alle Fragen, die sich mit Entwicklung beschäftigen, sind normativ, denn der Begriff selbst stellt ein Werturteil dar. Unter Entwicklung versteht man im allgemeinen, falls kein negativ wertendes Adjektiv hinzugefügt wird, Veränderungen zum Besseren. Das heißt, es ist nötig, ein Zielsystem zu definieren, um Veränderungen bewertbar zu machen.

3.1 Das Ziel Entwicklung

„Ultimately, the process of economic development has to be concerned with what people can or cannot do, e.g. wether they can live long, escape avoidable morbidity, be well nourished, be able to read and write and communicate, take part in literary and scientific pursuits, and so forth. It has to do, in Marx's Words, with `replacing the domination of circumstances and chance over individuals by the domination of individuals over chance and circumstances'" (SEN, 1983, S. 754).

Entwicklung muß als den einzelnen Menschen betreffend, als umfassend und als Prozeß verstanden werden. Mit der Bezeichnung von Entwicklung als Veränderung, d.h. als Prozeß, wird eine Absage an eine primär zielorientierte Sicht von Entwicklung erteilt. Damit ist gemeint, daß nicht eine bestimmte politische, gesellschaftliche oder wirtschaftliche Struktur wie z.B. die der heute am weitesten entwickelten Volkswirtschaften als Ziel von Entwicklung definiert werden kann, sondern daß Entwicklung ein evolutorischer Prozeß mit offenem Ausgang ist, den auch die sogenannten entwickelten Länder durchlaufen. Versteht man Entwicklung so, ist eine ökonomische Theorie, die sich nur mit dem Phänomen der „Unterentwicklung" beschäftigt und ausschließlich auf Entwicklungsländer anwendbar ist, nicht sinnvoll. Ausgangspunkt müßte eine *allgemeine* Theorie der Entwicklung sein, von der aus auf die besonderen Probleme eines bestimmten Landes eingegangen werden kann.

Aufgrund dieser Argumente erscheint es angebracht, Kritik zu üben an Länder-Querschnittsanalysen, mit denen die relevanten „Entwicklungsfaktoren" identifiziert werden sollen, die aber eine Vorauswahl bezüglich der untersuchten Länder treffen. Es ist wissenschaftlich fragwürdig, solche Querschnittsanalysen auf Ländergruppen zu beschränken, die auf die letztlich willkürliche (zumindest bezüglich der Kriterien) Einteilung der Weltbank in Entwicklungs- und Industrieländer zurückgehen oder die sich an geographischen Kriterien orientieren. Gerade die Nicht-Berücksichtigung der „erfolgreichen" Industrieländer birgt die Gefahr, die entscheidenden Determinanten der Entwicklung systematisch zu unterschätzen.

Die bisherigen Ausführungen rechtfertigen es, nicht näher auf die vielfältigen Ansätze der Modernisierungs- und Industrialisierungstheorien einzugehen, die Entwicklung in erster Linie als das Erreichen neuer Stadien oder Stufen sehen, und zwar nach dem Vorbild der (zur Zeit) wirtschaftlich erfolgreichen Länder. Diese Entscheidung wird unterstützt durch das Ergebnis einer empirischen Studie von MORRIS / ADELMAN (1989, S. 1419) über die Entwicklung von 23 Ländern in der Zeit von 1850 bis 1914: „Our findings contradict the proposition that all countries underwent similar progressions of economic and institutional change". Noch problematischer ist es, wenn nicht rückblickend die Entwicklungswege verschiedener Länder in derselben Periode verglichen, sondern daraus Schlüsse auf die zukünftige Entwicklung der heutigen Entwicklungsländer gezogen werden. Eine solche induktive Vorgehensweise ist ebenfalls wissenschaftlich bedenklich. Abgesehen von der spezifischen Situation der einzelnen Länder ändern sich auch die weltwirtschaftlichen Rahmenbedingungen. Eine Entwicklungsstrategie, die z.B. auf der massiven Förderung von Exporten basiert wie teilweise in den NIC's (Newly Industrializing Countries) in Ostasien und Südostasien, hatte und hat nur dann Aussicht auf Erfolg, wenn die Handelspartner keine protektionistische Politik betreiben.
Läßt auch die spezifische Situation eines jeden Landes unterschiedliche Entwicklungsstrategien erfolgversprechend erscheinen, so gibt es doch ein Oberziel, das durch einen Prozeß der kontinuierlichen Verbesserung angestrebt werden sollte. Im folgenden wird begründet, daß dieses Oberziel eine möglichst große Handlungsfreiheit für den einzelnen sein muß.

3.1.1 Ein umfassender Prozeß

Die Komplexität des Phänomens Entwicklung macht es unumgänglich, das Ziel einer Politik, die zur Entwicklung eines Landes oder einer Gesellschaft führen soll, sehr allgemein zu fassen. In diesem Zusammenhang wird bewußt nicht von wirtschaftlicher Entwicklung gesprochen, da sich die *Entwicklung* von Gesellschaften, sogar nicht einmal das *Wachstum* von Volkswirtschaften, auf diesen Bereich beschränken läßt. „Economic growth, being a summary measure of all of the activities of an entire society, necessarily depends, in some way, on everything that goes on in a society" (LUCAS, 1988, S. 13).

Es genügt also nicht, das Überschreiten einer bestimmten Investitionsquote und eine Erhöhung der Bildung von Sparkapital zu fordern. Auch das langsame Tempo des technischen Fortschritts als Ursache einer wirtschaftlichen Unterentwicklung auszumachen und dessen Beschleunigung zu fordern, führt entwicklungspolitisch nicht weiter. Das ist zwar alles notwendig, um ein bestimmtes Wirtschaftswachstum und einen bestimmten Entwicklungsstand zu ermöglichen, aber die relevanten Fragen sind: Warum besteht in den Entwicklungslän dern eine so geringe Präferenz für Zukunftskonsum und demzufolge eine geringe Sparquote, warum kommt es nicht zu technischem Fortschritt zum Beispiel durch Technologietransfer oder „why doesn't capital flow from rich to poor countries" (LUCAS, 1990)? Für viele Ökonomen ist hier der Punkt erreicht, an dem sie „politische Ursachen" ausmachen und ihre Analyse mit der Forderung nach der Schaffung von Rechtssicherheit und ähnlichem beenden (RODRIK, 1993, S. 356). Wenn man allerdings so verfährt und nicht in die Untersuchung mit einbezieht, was, wie LUCAS (1988) es nennt, sonst noch vorgeht in der Gesellschaft, wird man als Ökonom wirtschaftliches Wachstum oder gar Entwicklung nicht erklären können.

Das heißt auch, daß die Ziele von Entwicklung umfassender als lediglich ein höheres verfügbares Einkommen sein müssen. Dem wurde auch durch die Aufstellung eines Human Development Indicator (HDI) Rechnung getragen, nach dem die Länder nicht länger ausschließlich nach ihrer Wirtschaftsleistung, sondern darüber hinaus nach Einkommensverteilung, Bildungsstand, Gesundheitsversorgung etc. klassifiziert werden.[48]

Trotz aller Anstrengungen möglichst objektiv die Entwicklungsprobleme zu analysieren und die Engpässe herauszufinden, durch deren Beseitigung sich die größten Wirkungen erzielen lassen, ist die Definition von Zielen, die einer solchen Analyse vorausgehen muß, immer subjektiv und abhängig von den eigenen Wertvorstellungen. Man kann nur versuchen, die Ziele so zu definieren, daß sie von möglichst vielen verstanden und akzeptiert werden. Nach einer solchen Definition ergibt sich als nächstes das Problem der Aufstellung von Indikatoren, die Aussagen darüber ermöglichen, ob irgendeine Veränderung eine Verbesserung und damit Entwicklung im definierten Sinne darstellt. Noch schwieriger wird das Problem, wenn der „Entwicklungsstand" verschiedener Länder miteinander verglichen werden soll, was jedoch nicht Gegenstand dieser Arbeit ist. Im folgenden werden lediglich die Kriterien dafür festgelegt, ob eine Veränderung z.B. in Kamerun als positiv oder negativ im Sinne der noch zu definierenden Entwicklungsziele zu beurteilen ist. Dies bleibt schwierig genug - vor allem unter dem Aspekt, daß viele Veränderungen nicht zu quantifizieren und noch weniger zu gewichten sind.

3.1.2 Definition von Entwicklung

Außerhalb jeder Diskussion dürfte es stehen, eine größere Sicherheit der menschlichen Existenz als Entwicklung zu sehen. Das betrifft zum Beispiel die Verbesserung der Gesundheitsversorgung oder Maßnahmen zur Verhinderung von Hunger, aber auch die Organisation einer Gesellschaft in dem Sinne, daß Konflikte gewaltfrei gelöst werden. Die Wahrscheinlichkeit einer existenziellen Bedrohung zu verringern, ist Entwicklung. Diese Definition ist zwar konsensfähig, aber nicht ausreichend. Um die Veränderungen in einer Gesellschaft bewerten zu können, ist daher eine weiter gehende Definition nötig.

Zu diesem Zweck wird im folgenden zuerst Entwicklung abstrakt als Handlungsspielraum des einzelnen definiert, um anschließend mit den Begriffen Wohlstand und Demokratie eine Konkretisierung zu versuchen.

---

[48] Zur Entwicklung und Aufstellung des „Human Development Indicator" (HDI) vergleiche WORLD BANK (1989a, S. 63f) und WORLD BANK (1994c, S. 105f).

3.1.2.1 Individueller Handlungsspielraum

Entwicklung betrifft Individuen und soll deswegen auch am Zustand des einzelnen „gemessen" werden können. Der Entwicklungsstand wird daher als das Maß an Freiheit, das ein Individuum besitzt, definiert. SEN (1988, S. 17) spricht in diesem Zusammenhang von „Capabilities", worunter die Möglichkeiten zu verstehen sind, die ein Individuum zur Auswahl hat. In der Sprache der Spieltheorie wird das als die Menge der Entscheidungsalternativen (choice set) bezeichnet. Eine Vergrößerung des Choice set bedeutet damit eine Zunahme an (Entscheidungs-) Freiheit und folglich Entwicklung.

Freiheit in diesem Sinne ist nicht negativ als Abwesenheit *von* Zwang, sondern positiv als Möglichkeit *zu* wählen definiert. Freiheit ist damit nicht mehr Wert und Ziel an sich, sondern wird zum Mittel. Für diese Sichtweise ist es nötig, „... die Freiheit nicht als Zweck, sondern als zweckmäßig, nicht als höchsten Wert, sondern als Quelle aller Werte zu betrachten, weil erst sie es dem einzelnen ermöglicht, seinen eigenen Wertvorstellungen gemäß zu leben" (PIES, 1993, S. 305). Durch diesen Kunstgriff läßt es sich vermeiden, den Individuen anmaßend vorzuschreiben, was sie als (persönliche) Entwicklung zu sehen haben. Die Entscheidung darüber bleibt dem einzelnen selbst überlassen. Entwicklungspolitik soll lediglich dafür sorgen, *daß* überhaupt Entscheidungs*alternativen* vorhanden sind.

In diesem Begriff von Entwicklung sind die beiden Grundgedanken vorhanden, daß Entwicklung den einzelnen Menschen betreffend und umfassend sein muß, denn „People are both the ends and the means of development" (WORLD BANK, 1989, S. 63). Hinter einer solchen Sichtweise steht eine „people-centered development ethic" und das Konzept des „human development" (INGHAM, 1993, S.1804).

Dennoch liegt verständlicherweise auch dieser Zieldefinition ein Werturteil zugrunde, nämlich das des *selbstbestimmten Individualismus*: Jeder weiß selbst am besten, was gut für ihn ist (BUCHANAN, 1987, S. 244). Dies gilt trotz unvollkommener Informationen der Individuen über ihre Umwelt und trotz unterschiedlicher Realitätsnähe der Modelle, mit denen sie diese Informationen verarbeiten. Die Probleme der unvollkommenen Informationen und der Art und Weise der Informationsverarbeitung werden später noch ausführlich behandelt. Davon unberührt bleibt aber das Werturteil des selbstbestimmten Individualismus, denn die einzige Alternative wäre das unrealistische Bild des besser informierten und wohlwollenden Diktators.

Der Begriff der Freiheit bedarf aber noch der Präzisierung. Dadurch, daß Freiheit nicht als Wert an sich betrachtet wird, wird es möglich, Freiheit und ihr *scheinbares* Gegenteil Zwang werturteilsfrei und und damit nicht länger als unvereinbar anzusehen. Es geht nämlich nicht um Freiheit *von* Zwang, denn dann wäre sie mit dem Leben in einer Gemeinschaft, bei dem die individuellen Handlungsspielräume gegeneinander abgegrenzt werden müssen, nicht in Einklang zu bringen. Das Ziel muß Freiheit *innerhalb* einer Gemeinschaft sein, das bedeutet Freiheit *durch* Zwang, durch Beschränkung der eigenen Handlungsalternativen. Dieser Gedanke ist aber gewiß nicht neu, wie folgendes Zitat von Cicero beweist: Legum servi sumus ut liberi esse posimus (Wir sind Sklaven der Gesetze, um frei sein zu können) (zitiert von STREIT, 1988, S. 38).

Die positive Begründung dafür, daß Tauschökonomien, besonders die moderne arbeitsteilige Volkswirtschaft, nur möglich sind durch Regeln, liefert die Ökonomie der Institutionen. Aus ihren Analysen folgt, daß die Wahlmöglichkeiten und die Handlungsfreiheit der Indivi-

duen durch den Zwang, der von Beschränkungen wie Regeln, Normen, Konventionen u.ä. (Institutionen) ausgeht, erweitert werden, ja sogar menschliche Interaktionen überhaupt erst möglich werden. Denn eine Einschränkung der individuellen Handlungsmöglichkeiten in der Gegenwart erhöht die „längerfristigen Handlungsdispositionen“ (PRIDDAT, 1995, S. 215). Zwang, der nach wie vor dazu benutzt werden kann, die Freiheitsspielräume des einzelnen dauerhaft einzuschränken, *kann* zur Investition werden, falls der Verzicht auf bestimmte Handlungsoptionen heute den Handlungsspielraum in der Zukunft vergrößert. „Der Wert des Zwangs resultiert aus Sicht des einzelnen nicht daraus, daß er selbst gezwungen wird. Betrachtet man nur diesen Effekt, so verursacht Zwang nur Kosten. Diese Kosten erweisen ihren Investitionscharakter erst dann, wenn man berücksichtigt, daß ein Individuum für seinen Verzicht auf bestimmte Handlungsfreiheiten eine Gegenleistung erhält, die darin besteht, daß auch andere Individuen auf Handlungsfreiheiten verzichten. *Deren* Verzicht ist es, der für die einzelnen durchaus einen Wert besitzen kann“ (PIES, 1993, S. 301). Zwang wird also für den einzelnen akzeptabel und bringt ihm Nutzen, wenn ihm alle Mitglieder einer Gesellschaft unterliegen. „Daraus folgt, daß ein System `relativer´ Freiheit durch in etwa gleiche Handlungsspielräume und Wahlmöglichkeiten für alle gekennzeichnet ist“ (HERDZINA, 1991, S. 14).
Offen bleibt vorerst die Frage, wie die Institutionen gestaltet sein müssen, damit der Zwang, der von ihnen ausgeht, zur Vergrößerung der individuellen Handlungsspielräume in der Zukunft und damit zu Entwicklung führt.

Die Definition von Entwicklung als Zunahme individueller Freiheit entspricht auch der eigentlichen Bedeutung des Wortes. Um etwas zu „entwickeln“, muß es vorher „verwickelt“ gewesen sein, oder anders ausgedrückt, etwas latent vorhandenes wird zum Vorschein gebracht. Auch das englische Wort development kann als „Enthüllung“ übersetzt werden. Enthüllt werden sollen die Möglichkeiten und Fähigkeiten jedes Individuums, indem die dazu nötigen Entscheidungsspielräume geschaffen oder erweitert werden. Unter persönlicher Handlungsfreiheit „... soll verstanden werden, daß sie (die Individuen, d. Verf.) die Möglichkeiten haben, nach ihren besonderen Kenntnissen zu handeln, die immer einzigartig sind, was die besonderen Umstände betrifft, und daß sie innerhalb der ihnen bekannten Grenzen ihre persönlichen Fertigkeiten und Gelegenheiten für ihre persönlichen Zwecke verwenden können“ (HOPPMANN, 1988, S. 388).
Entwicklung kann somit auch als Allokationsproblem verstanden werden. Betrachtet man nämlich die individuellen Fähigkeiten als knappe Ressourcen, dann geht es beim Entwicklungsprozeß darum, durch geeignete Institutionen die Individuen anzureizen, ihre Fähigkeiten effizienter einzusetzen, damit sich nicht nur die eigenen, sondern durch externe Effekte auch die Handlungsspielräume der anderen erweitern. Nicht jeder besitzt nämlich unternehmerische *Fähigkeiten*, aber jeder kann von unternehmerischem Verhalten der anderen profitieren. Um das aber möglich zu machen, muß jeder die *Möglichkeit* zu unternehmerischem Handeln haben.

Was ist nun aber etwas konkreter unter dem Handlungsspielraum des einzelnen zu verstehen? Wie läßt sich dieser mikroökonomische, individuelle Ansatz in meßbare Größen übertragen?
Dazu werden zwei Aspekte menschlichen Handelns hervorgehoben: Zum einen der Versuch, knappe Ressourcen so einzusetzen, daß möglichst viele Güter konsumiert werden *können* - wirtschaften im eigentlichen Sinne. Das schließt auch die Möglichkeit ein, auf den

Konsum zu verzichten. Der „feine" Unterschied zwischen freiwilligem und erzwungenem Verzicht läßt sich an der Situation zweier Menschen verdeutlichen, von denen der eine fastet und der andere hungert. Die physische Situation beider ist gleich, aber der Nutzen, den beide aus ihrer Situation ziehen, könnte nicht unterschiedlicher sein.
Eine Zunahme der *Möglichkeit*, Güter zu konsumieren, bedeutet folglich mehr Wohlstand und damit Entwicklung.
Der andere Aspekt ist die Möglichkeit des einzelnen, am politischen Prozeß zu partizipieren, denn in ihm werden Entscheidungen getroffen, die seine Handlungsfreiheit direkt betreffen. Das Gewaltmonopol des Staates ist in modernen Gesellschaften zwar nicht die einzige, aber die wichtigste und effizienteste Möglichkeit, die Einhaltung von Regeln zu erzwingen. Die institutionelle Ordnung einer Volkswirtschaft wird nicht allein, aber zu einem wesentlichen Teil davon bestimmt, welche Gesetze und Regeln die Politiker (Legislative) beschließen und wie die Bürokraten (Exekutive, Judikative) diese durchsetzen.

3.1.2.2 Wohlstand

Über die Möglichkeit des einzelnen, Eigentum an Gütern zu erwerben und sie konsumieren zu können, entscheidet vor allem das Einkommen, das folglich in irgendeiner Weise gemessen werden muß.
Das BSP pro Kopf oder das Durchschnittseinkommen sind jedoch schon wegen statistischer Erhebungsprobleme nicht ausreichend, um Wohlstand zu messen. So werden nur die Güter erfaßt, die auf offiziellen Märkten gehandelt werden. Der besonders in Entwicklungsländern bedeutende Bereich der in Subsistenzproduktion hergestellten Güter sowie der informelle Sektor werden nicht erfaßt bzw. müssen geschätzt werden. An dieser Stelle soll auch am oft üblichen internationalen Vergleich des BSP pro Kopf Kritik geübt werden. Die Umrechnung erfolgt mit Hilfe von Wechselkursen, die, wenn sie sich überhaupt auf Märkten bilden, kaum die Kaufkraftverhältnisse der jeweiligen Währungen widerspiegeln. Darüber hinaus beruhen sie allein auf dem Austausch von international handelbaren Gütern und schließen daher nicht unbedingt die Preisverhältnisse bei nicht-handelbaren Gütern mit ein (INGHAM, 1993, S. 1819).

Die Formulierung „die Möglichkeit des einzelnen, Güter zu konsumieren" ist zudem weiter zu verstehen als das bloße Einkommen pro Kopf. Es muß die Verteilung des Wohlstands bedacht werden. Es reicht nicht aus, obwohl es im Rahmen der dazugehörigen Annahmen zweifellos richtig ist, einen Zustand nach der Definition von Pareto als besser zu bezeichnen, bei dem sich einer oder eine Gruppe besser stellt, während sich alle anderen nicht schlechter stellen. Diese Definition unterstellt nämlich, daß Marktergebnisse leistungsgerecht sind. Das gilt allerdings nur unter den Annahmen der vollkommenen Konkurrenz. Existieren Transaktionskosten und damit unvollständig spezifizierte Eigentumsrechte, so treten externe Effekte auf und „unmoralisches Verhalten", Opportunismus, wird lohnend. Sind Marktergebnisse aber nicht leistungsgerecht, dann muß die Möglichkeit bestehen, eine Einkommens- oder Vermögensverteilung zu ändern.
Das Pareto-Kriterium läßt aber auch die Ausgangsverteilung außer acht. Die Anfangsausstattung: Einer besitzt alles und alle anderen nichts ist bereits effizient im Sinne von Pareto. Es muß also ebenfalls möglich sein, eine Ausgangsverteilung, die nicht das Ergebnis von Wettbewerb auf Märkten, sondern z.B. das Resultat einer Sklavenhaltergesellschaft oder einer (rassistischen) kolonialen Ordnung ist, zu ändern. Wie sollte eine „gerechte" Vertei-

lungspolitik aber aussehen? Aus dem Pareto-Kriterium läßt sich zum einen schließen, daß die Ergebnisse von Tausch um so leistungsgerechter sind, je vollkommener der Wettbewerb ist. Dies wird später noch genauer zu erläutern sein (vgl. 3.3.3). Zum anderen müssen möglichst gleiche Startbedingungen für alle bestehen. Die beste Verteilungspolitik ist in diesem Sinne eine Bildungspolitik, die allen die gleichen Bildungschancen bietet, und die Sicherstellung gesellschaftlicher Freiheiten.
Beschränkt man sich auf wirtschaftlich unmittelbar relevante Freiheiten, kann man zum Beispiel an freie Berufs- oder Arbeitsplatzwahl denken, aber auch an freien Marktzutritt und an Vertragsfreiheit. Da es aber nicht um *Freiheit von* Regeln und Beschränkungen, sondern um *Freiheit durch* Regeln geht, ist unter dem Gerechtigkeitsaspekt vor allem entscheidend, daß es keine diskriminierenden Regeln gibt. Die genannten Freiheiten sind dabei die Elemente einer Wettbewerbsordnung, die unter Einbeziehung von Regeln, die der Aufrechterhaltung der Wettbewerbsordnung selbst dienen, dafür sorgen, daß eine Wirtschaft leistungsfähig ist. Zur Verwirklichung einer gerechten Verteilung gehört zudem, daß jeder gemäß seinen Fähigkeiten dieselben Möglichkeiten zur Bildung von Humankapital besitzt. Die genannten Punkte dienen der Verwirklichung einer leistungsgerechten Primärverteilung. Über die Sekundärverteilung wird im politischen Prozeß entschieden.

Die Möglichkeit, Güter zu erwerben, sollte aber nicht nur materiell, sondern muß auch physisch gesehen werden. Bietet der Staat die öffentlichen Güter, die nachgefragt werden, auch an? Oder liegt Politikversagen vor, sind also die politischen Märkte so unvollkommen, daß öffentliche Güter wie Infrastruktur oder innere Sicherheit nicht in dem Maße angeboten, wie sie nachgefragt werden? Da sich hier die Schwierigkeit des „demand revealing“ ergibt, kann auch dieses Problem nur über Partizipation des einzelnen am politischen Entscheidungsprozeß, sozusagen als Second-best-Lösung, gelöst werden. Eine andere Frage ist, ob der Staat den Zugang des einzelnen zu Gütern nicht sogar einschränkt, statt ihn zu verbessern. Dabei kann man z.B. an die Außenhandelspolitik mit Kontigentierung, Besteuerung oder als schwerstem handelspolitischen Geschütz dem Importverbot bestimmter Güter denken.
Der Staat benutzt hier analog der Erhebung von Steuern seine Zwangsgewalt, um die wirtschaftliche Freiheit des einzelnen einzuschränken. Die Legitimation und die Kontrolle dieser Macht sind in diesem Fall wie bei der Problematik der Sekundärverteilung die entscheidenden Fragen.

3.1.2.3 Demokratie

Stellt man gemäß der Tradition des Liberalismus das Individuum und seine Freiheit in den Mittelpunkt und akzeptiert gleichzeitig, daß diese Freiheit nur in der Gemeinschaft mit anderen zu erreichen ist, dann ergibt sich ein Dilemma: Die individuellen Freiheiten geraten in Konflikt und es werden Regeln nötig, um diese Konflikte zu lösen. „Aus gesellschaftlicher Sicht verlangt Freiheit daher eine Qualifikation“ (STREIT, 1988, S. 35). Es besteht ein Spannungsfeld zwischen der Freiheit des Individuums und der Einschränkung dieser Freiheit durch die Regeln der Gesellschaft. Die entscheidende Frage lautet demnach: Wie werden diese Regeln bestimmt?
Konsequent wäre es, darüber nach dem Einstimmigkeitsprinzip zu entscheiden. Zweckmäßigkeitsüberlegungen machen aber ein Abrücken von „individuellen Vetorechten“ und damit ein Mehrheitswahlrecht erforderlich (PIES, 1993, S. 288). Die nicht zu unterschätzende Gefahr nachteiliger Folgen für überstimmte Minderheiten läßt sich nur durch die Garantie

der Menschen- und Bürgerrechte erreichen, quasi einer Schutzvorkehrung für den einzelnen vor der Gemeinschaft. „Es geht also darum, den Staat als Herrschaftsorganisation im Dienste der Freiheit zu nutzen und ihn zugleich zum Schutze der Freiheit zu zähmen" (STREIT, 1988, S. 38).
Individuelle Rechte werden in diesem Sinne nicht aus der Natur des Menschen begründet, sondern aus den Institutionen der Gesellschaft. PIES (1993, S. 276) bezeichnet den ersten Ansatz als Konversions- und den zweiten als Inversionsparadigma. Folgt man dem Inversionsparadigma, dann kann nicht mehr die Freiheit des einzelnen als oberstes Ziel angesehen, sondern es muß eine *soziale* Norm aufgestellt werden. „Da das Inversionsparadigma nicht beim Individuum, sondern bei der Gesellschaft ansetzt, um von dort aus eine liberale Ausgestaltung des Institutionensystems, insbesondere der individuellen Freiheitsrechte, zu begründen, bedarf es eines normativen Referenzkonzepts, das schon vom Ansatz her auf den gesellschaftlichen Funktionszusammenhang und mithin auf die Festlegung *sozialer* Ziele berechnet ist. Als ein solches Konzept bietet sich die Demokratie an, allerdings nur dann, wenn man sie nicht als Organisationsprinzip, sondern als Konsensnorm interpretiert. Durch eine solche Interpretation werden die weit verbreiteten legitimatorischen Vorbehalte gegenüber der Demokratie obsolet" (PIES, 1993, S. 286).
Damit steht neben dem Werturteil des selbstbestimmten Individualismus die zweite Norm fest, auf der die folgenden Ausführungen beruhen: Das Mehrheitsprinzip für politische Entscheidungen, Demokratie als „Legitimationsideal kollektiven Handelns" (PIES, 1993, S. 286). Das bedeutet aber nicht die demokratische Organisation der gesamten Gesellschaft, wie es das Ideal des Sozialismus ist.
Wie ist diese Norm aber zu operationalisieren? Entscheidend ist die gleiche Möglichkeit jedes einzelnen, politische Entscheidungen, die sein Leben betreffen, zu beeinflussen. Der eine Aspekt dieser Definition ist unter den Schlagworten Demokratisierung, aber auch Dezentralisierung und Partizipation zusammenzufassen. Der andere Aspekt ist die Fähigkeit, eine beschlossene Politik auch durchzuführen, denn nur so kann der „Wählerwille" tatsächlich erfüllt werden. Vorauszuschicken ist folglich, daß mit Demokratisierung eben nicht nur „One man one vote", sondern auch die Funktionsfähigkeit der politischen Märkte gemeint ist. Die relevante Frage lautet demnach: Führen die Politiker den Willen der Wähler aus oder ist die Information der Wähler so mangelhaft und die Transparenz der Politik so gering, daß von den politischen Entscheidungen nur bestimmte Gruppen profitieren? Dezentralisierung der Entscheidungsorgane und Partizipation möglichst vieler an der Entscheidungsfindung sind Mittel, um die Kontrolle politischer Macht und damit die Funktionsfähigkeit der politischen Märkte zu erhöhen. Zur Effizienz der Bürokratie ist zu bemerken, daß gerade hier eines der großen Probleme der Entwicklungsländer liegt. Demzufolge wird dieser Aspekt noch ausführlich behandelt werden. Vorerst ist hervorzuheben, daß Demokratisierung nicht nur in der Verbesserung der Kontrolle politischer Macht, sondern auch in der Verbesserung der Effizienz der Organisation Staat besteht.

3.1.2.4 Kritik

Nicht selten ist der Einwand zu hören, daß die Idee der individuellen Freiheit der westlichen Ideologie entspringt und nicht unbedingt auf andere Kulturen anwendbar ist. So steht in ostasiatischen Kulturen, zum Beispiel in Japan oder Südkorea, mehr die Gemeinschaft im Mittelpunkt. Einzelinteressen werden dem Wohlergehen der Gemeinschaft untergeordnet. Ähnliches wird auch von afrikanischen Kulturen behauptet, wobei hier der „Clientelism" als der Idee des selbstbestimmten Individualismus entgegenstehend bezeichnet wird. Nach BAYART (1993, S. 266) sind afrikanische Gesellschaften aber nicht weniger individualistisch als andere: „Contrary to widely held opinion, African societies are not `holistic´ and nor are they societies in which individualism is particularly `underdeveloped´". Gemäß der hier erläuterten Definition von Entwicklung bleibt es jedem selbst überlassen, welchen Stellenwert das Wohl der Gemeinschaft in seiner Nutzenfunktion einnimmt. Entscheidend ist, daß ihm die Gesellschaft durch die Gewährung von Freiheitsrechten eine Wahlmöglichkeit läßt.

Darüber hinaus sollte man sich davor hüten, kulturelle Regeln als unveränderbar anzusehen. Sie sind unter bestimmten „Umweltbedingungen" entstanden und ändern sich, wenn auch langsam, bei geänderten Rahmenbedingungen. In der Sprache der Institutionenökonomik sind kulturelle Regeln Institutionen, in diesem Fall nicht-formale Beschränkungen, die sich bei Änderungen der relativen Preise, z.B. durch Bevölkerungswachstum, wandeln können. Als Beispiel läßt sich die abnehmende Bedeutung der Großfamilie vor allem als Ort der Produktion und der sozialen Sicherheit während der Industrialisierung in vielen europäischen Ländern anführen. Das Aufkommen staatlicher sozialer Sicherungssysteme als Ersatz für die Funktionen der Familie in diesem Bereich hat ihre Bedeutung schließlich noch weiter abnehmen lassen.
Zudem dürfte ein höherer Stellenwert des Wohlergehens der Gemeinschaft, ob Familie, Stamm oder Volk, in der Nutzenfunktion des einzelnen nicht dem Ziel der Maximierung des eigenen Nutzens, das aus dem Postulat des selbstbestimmten Individualismus folgt, widersprechen. Ein Nicht-Wirken von Marktanreizen kann gewiß *nicht* die Erklärung für Unterentwicklung sein: „The propensity to trade, and to seek an advantageous bargain when doing so, seems to be more striking in Middle Eastern bazaars than in American supermarkets" (OLSON, 1987, S. 80f).

3.1.3 Die Kosten von Entwicklung

Entwicklung heißt Veränderung; im wirtschaftlichen Bereich bedeutet das Strukturwandel. Der Übergang von einer traditionell wirtschaftenden Ökonomie zu einem Industrieland ist jedoch mit viel größeren Problemen verbunden als der Strukturwandel in einem Industrieland. Die Städte wachsen rasend schnell und die Landwirtschaft verliert an Bedeutung. Arbeitslosigkeit in den Städten, Verarmung der ländlichen Gebiete und Umweltzerstörung durch neu entstandene Industrien scheinen nicht nur die Folge falscher Wirtschaftspolitik, sondern mit jeder „Modernisierung" einer Wirtschaft verbunden zu sein. Geschieht die Entwicklung unter Einbindung in den Weltmarkt und ist das Land relativ klein, so kann es auch zu internationaler Abhängigkeit kommen. Die Importe, auf die die heimische Industrie angewiesen ist, kommen fast ausschließlich aus Industrieländern. Die Exporte der Entwicklungsländer machen dagegen nur einen geringen Teil der Importe der Industrieländer aus. Das ist vor allem deswegen problematisch, weil die Exporte der Entwicklungsländer oftmals nur in wenige Industrieländer gehen und wenige Gütergruppen umfassen. Dadurch ergibt sich eine relativ größere Anfälligkeit gegenüber protektionistischen Maßnahmen der Industrieländer.
Wenn sich die Situation in vielen Entwicklungsländern auch in dieser Weise darstellt, so sind die angesprochenen Probleme aber dennoch nicht die zwangsläufigen Folgen des Entwicklungsprozesses. Die Wirtschaftspolitik trägt in vielen Fällen nicht zur Bekämpfung dieser Probleme bei, sondern verschärft sie sogar noch. Die Landflucht wird zum Beispiel

durch eine Vernachlässigung der ländlichen Regionen beim Ausbau der Infrastruktur oder durch eine Belastung der Landwirtschaft zugunsten anderer Sektoren gefördert. Höchstpreise für Nahrungsmittel, die der Stadtbevölkerung zugute kommen, und die Besteuerung von Agrarexporten sind dafür Beispiele. Die Umweltauflagen für neue Industrien sind nur teilweise deswegen so gering, weil das „Gut Umwelt“ relativ reichlich vorhanden ist. Die Ursachen liegen zum großen Teil auch in der mangelhaften Information der Mehrheit der Bevölkerung und deren oftmals geringen Einfluß auf den Erlaß von Gesetzen und Verordnungen. Auch die häufig wegen opportunistischen Verhaltens der Bürokraten leicht mögliche Umgehung vorhandener Umwelt- oder Arbeitsschutzauflagen spielt eine Rolle. Die in vielen Entwicklungsländern hohe Arbeitslosigkeit ist zum größten Teil ebenfalls die Folge falscher Wirtschaftspolitik. Die Erschwerung von Privatinitiative durch Willkür bei administrativen Entscheidungen oder die Verhinderung ausländischer Direktinvestitionen durch vielerlei Auflagen oder durch politische Instabilität sind dabei nur zwei Beispiele. Wird also die Frage gestellt, ob Entwicklung bei den in den Entwicklungsländern zu beobachtenden massiven negativen Folgen überhaupt wünschenswert ist, so muß erst analysiert werden, welche Ursachen diese Probleme haben.

Allerdings ist nicht von der Hand zu weisen, daß es im Entwicklungsprozeß wie bei jedem Strukturwandel Gewinner und Verlierer gibt. Dies ist dann weniger ein Problem, wenn sich langfristig alle verbessern können. Stellt sich jedoch auf Dauer nur eine relativ kleine Gruppe besser, in Afrika häufig die sogenannte Staatselite, so ist das ein Hinweis auf nicht funktionierende politische Märkte.

Eine häufig geäußerte Kritik ist, daß mit der Industrialisierung ein Verlust der Werteordnung verbunden sei. Dabei steht der Übergang von einer traditionellen Wirtschaft, in den meisten Fällen einer Agrarwirtschaft, in eine moderne Industrie- und Dienstleistungswirtschaft im Mittelpunkt des Interesses. Die traditionelle Gesellschaft ist durch personalisierte Tauschbeziehungen gekennzeichnet. Die Regeln für die Beziehungen der Menschen untereinander, die „Werteordnung“, wird mit Hilfe sozialer Kontrolle durchgesetzt. Der Wandel zu einer modernen Gesellschaft bedeutet aber den Übergang zu unpersönlichem Tausch. „The movement from personal exchange to impersonal exchange poses fundamental dilemmas with respect to societal cooperation. The breakdown of personal exchange is the breakdown not just of a dense communication network, but of communities of common ideological perception and of common set of rules that all believe in“ (NORTH, 1988, S. 18). Es müssen *neue* Regeln und deren Durchsetzungsmechanismen entwickelt werden, die in unpersönlichen Tauschbeziehungen die Einhaltung von Verträgen garantieren. Die Werteordnung wird also nicht verloren, sondern durch eine andere ersetzt. Akzeptiert man Wohlstand in der hier definierten Form als Ziel, dann ist eine Zunahme der Arbeitsteilung, der Übergang von persönlichem zu unpersönlichem Tausch und damit die Ersetzung „alter“ Regeln und Normen durch „neue“ notwendig.

Entwicklung bedeutet demnach nicht nur wirtschaftlichen Strukturwandel, sondern auch institutionellen Wandel, wobei später noch genauer erläutert wird, daß dieser institutionelle Wandel ebensowenig wie der Strukturwandel friktionslos vor sich geht (vgl. 3.3.4). Das heißt, daß sich im Prozeß der Veränderung einer Gesellschaft nicht automatisch effiziente Institutionen ausbilden, sondern auch Regeln entstehen können, die den Entwicklungsprozeß mehr oder weniger begünstigen oder ihn gar verhindern.

Aus diesen Ausführungen ist folgende Schlußfolgerung zu ziehen: Stellt man die Zunahme der Freiheit des einzelnen in den Mittelpunkt der Entwicklung und definiert man diese Zu-

nahme als Vergrößerung des Wahlbereiches, so muß man sich zwangsläufig damit beschäftigen, was diesen Wahlbereich definiert und limitiert, nämlich den Institutionen. Sie bestimmen folglich den „Entwicklungsstand“ einer Volkswirtschaft.
Zuvor wird allerdings der Beitrag der Wachstumstheorie im engeren Sinne zur Erklärung des Phänomens Entwicklung kurz erläutert, um von den diesbezüglichen Defiziten der wachstumstheoretischen Ansätze ausgehend zu zeigen, daß eine Theorie des institutionellen Wandels das Verständnis von Entwicklung erweitern kann.

3.2 Die Wachstumstheorie als Entwicklungstheorie

„The purpose of a theory of economic growth is to show the nature of the non-economic variables which ultimately determine the rate at which the general level of production of an economy is growing, and thereby contribute to an unterstanding of the question of why some societies grow so much faster than others“ (KALDOR, 1957, S. 591).

Im folgenden soll anhand einiger wichtiger Ansätze der Wachstumstheorie erläutert werden, ob diese dem von KALDOR definierten Ziel näher gekommen ist. Mit anderen Worten: Es soll zu der Frage Stellung genommen werden, ob wachstumstheoretische Ansätze einen wirklichen Beitrag zur Erklärung der immensen Unterschiede in den Wachstumsraten *und* der wirtschaftlichen Leistungsfähigkeit verschiedener Ökonomien geliefert haben.
Gegen dieses Ansinnen kann der Einwand angeführt werden, daß die Wachstumstheorien in der Regel institutionelle Rahmenbedingungen voraussetzen, wie sie in den „entwickelten“ Ländern zumindest ansatzweise vorzufinden sind. Wachstum und Entwicklung scheinen damit verschiedene Phänomene zu sein. „In more recent decades, growth and development economics have been treated largely as separate subjects of study - the first seemingly applicable to advanced market economies and the second stressing the role of noneconomic factors and market failures in less developed countries - rather than as part of a unified theory that could explain the diversity of the growth experience in all countries without resorting to ad hoc assumptions concerning intrinsic national differences in technical parameters, time preferences, or basic motivation“ (EHRLICH, 1990, S. S1). Diese Vorgehensweise kam einer Selbstbeschränkung der Ökonomen gleich. Die außerordentlich wichtige Frage nach den Determinanten von Entwicklung wurde Wissenschaftlern anderer Fachrichtungen wie Politologen, Soziologen und Anthropologen oder Ökonomen, die sich außerhalb der „mainstream-economics“ bewegen, überlassen.
Die Ökonomen können hier nur Kompetenz zurückgewinnen, wenn sie, wie es für die Klassiker selbstverständlich war, zu einer umfassenden Sichtweise zurückfinden. Das widerspricht nicht der Zweckmäßigkeit einer wissenschaftlichen Arbeitsteilung, denn von einer solchen könnte man nur sprechen, wenn die Wissenschaftler der jeweiligen Fachrichtung die Erkenntnisse anderer Fachrichtungen in ihre Untersuchungen miteinbezögen. Das geschieht aber wohl recht selten. Eine umfassendere Sichtweise würde also mehr fächerübergreifenden Dialog und in diesem Sinne gerade eine Zunahme der Arbeitsteilung ermöglichen. Es soll aber nicht unterschlagen werden, daß das mit großen Schwierigkeiten z.B. aufgrund wesentlicher Unterschiede in den wissenschaftlichen Methoden verbunden ist.

Was ist nun aber der Beitrag der Wachstumstheorie zur Lösung der Wirtschaftsprobleme von Entwicklungsländern?

Im Zentrum der Wachstumstheorie stehen nicht die einmaligen Erhöhungen der *Produktionsmöglichkeiten*, die durch die Verbesserung der Effizienz einer Volkswirtschaft entstehen, sondern vielmehr die Determinanten, die die Höhe der *Wachstumsrate* bestimmen. Die Erklärung von Niveauunterschieden in den Produktionskapazitäten ist also nicht ihr primäres Ziel. „Inefficiences are important and their removal certainly desirable, but the familiar ones are level effects, not growth effects. (This is exactly why it is not paradoxical that centrally planned economies, with allocative inefficiences of legendary proportions, grow about as fast as market economies.)“ (LUCAS, 1988, S.12). Diese Aussage ist vor dem Hintergrund der neoklassischen Theorie zu sehen. Wie aus der Geschichte bekannt ist, konnten Zentralverwaltungswirtschaften über gewisse Zeiträume erstaunliche wirtschaftliche Erfolge erzielen (z.B. die rasche Industrialisierung Rußlands in den 30er Jahren), nicht jedoch über eine so lange Spanne wie marktwirtschaftlich organisierte Volkswirtschaften. Eine Verbindung von allokativen Ineffizienzen zu einem zumindest langfristig geringeren Wachstum ist indirekt, allerdings unter Abweichung von der neoklassischen Theorie, in der Beeinträchtigung des Wettbewerbs zu sehen. Dabei spielt besonders der Zusammenhang von Wettbewerbsintensität und Innovationstätigkeit eine wichtige Rolle. Die Erhöhung des Wettbewerbs und die damit einhergehende Zunahme von Innovationen könnte ein Erklärungsansatz für die Frage sein, warum die Beseitigung von Handelsbarrieren nicht nur zu einem „level effect“, wie es uns die neoklassische Theorie lehrt, sondern zu einer langfristigen Stimulierung des Wachstums führt, wie es empirische Studien belegen (LUCAS, 1988, S. 12f).

Die Beschäftigung der Ökonomen mit den Ländern, die heute zu den Entwicklungsländern gezählt werden, begann intensiv erst in den 50er und 60er Jahren. Das war die Zeit, in der sich der Status der meisten dieser Länder von denen abhängiger Kolonien zu (mehr oder weniger) souveränen Staaten wandelte. Das Gefälle der Pro-Kopf Einkommen dieser Länder zu denen der Industrieländer Nordamerikas und Europas war frappant und so lag der Schluß nahe, die Entwicklungsländer müßten Wachstumsraten erzielen, die höher als die der Industrieländer sind und es ihnen erlauben, das Einkommensgefälle abzubauen. Obwohl sich manche Prognosen, daß sich dieses Einkommensgefälle noch vergrößern würde (These des „widening gap“), in den seitdem vergangenen 40 Jahren insgesamt nicht bestätigten, haben nur wenige Länder den Anschluß geschafft (HEMMER, 1990, S. 515). Die Forderung nach relativ höheren Wachstumsraten für die Entwicklungsländer ist also nach wie vor ebenso trivial wie richtig.
Damit greift die Wachstumstheorie aber nur einen kleinen Teil dessen heraus, was hier als Entwicklung definiert wurde. Eine existenzielle Grundsicherung, die Verteilung des Wohlstandes, die Demokratisierung politischer Entscheidungen oder gar die Freiheit des einzelnen werden nicht problematisiert.

3.2.1 Das Problem der unzureichenden Kapitalakkumulation

Damit sich die Pro-Kopf-Einkommen in den Entwicklungsländern denen in den Industrieländern annähern, sind steigende Arbeitsproduktivität und Kapitalakkumulation notwendig. Bleibt eine solche Einkommens-Angleichung aus, so liegt es nahe, von einer *unzureichenden* Kapitalakkumulation zu sprechen. Die Wirtschaft wächst nicht mit der „gewünschten“ Rate. Aus bestimmten Gründen, die die Entwicklungstheorie herauszufinden versucht, stimmt die tatsächliche Wachstumsrate des Kapitalstocks und folglich des Outputs nicht mit der optimalen oder gewünschten überein.

Die neoklassische Theorie und die auf ihr fußende Wachstumstheorie kann ein solches Auseinanderklaffen von gewünschten und tatsächlichen Größen nicht erklären. Bei ihr stimmen per definitionem geplante und tatsächliche Größen überein. Nur über die Annahme der Existenz von externen Effekten und damit von Marktversagen läßt sich eine Differenz zwischen optimalem und tatsächlichem Wachstum - z.B. aufgrund unzureichender (Human) - Kapitalakkumulation - begründen. Darauf wird später zurückgekommen (vgl. 3.2.4).
Die postkeynesianische Wachstumstheorie, wie sie sich in den Modellen von Harrod und Domar[49] widerspiegelt, beinhaltet die Möglichkeit von Ungleichgewichten. Erreicht wird das durch die Annahme, daß die Unternehmer keine vollkommene Voraussicht besitzen. Das heißt, sie orientieren sich in ihren Entscheidungen nicht an zukünftigen Größen, sondern an Vergangenheitswerten (WALTER, 1983, S. 24). Bei Harrod ergibt sich die „befriedigende" Wachstumsrate als Quotient aus gewünschtem Sparen und erforderlichem Kapitalkoeffizienten, während sich die tatsächliche Wachstumsrate aus den entsprechenden Ex-post-Größen berechnet. Zusätzlich wird noch eine natürliche Wachstumsrate eingeführt, die die Zunahme des Arbeitspotentials sowie den exogenen technischen Fortschritt enthält. Diese natürliche Wachstumsrate ist die auf lange Sicht maximale Wachtumsrate.
Unter den in diesem Modell möglichen Ungleichgewichtssituationen scheint im Hinblick auf unsere Fragestellung besonders die Möglichkeit, daß die tatsächliche und die befriedigende Wachstumsrate kleiner sind als die natürliche, interessant zu sein. Das würde bedeuten, daß die Kapitalakkumulation unzureichend ist, also das maximal mögliche Wachstum nicht erreicht wird und Arbeitslosigkeit vorliegt. Erklärungen dafür sind zu geringes freiwilliges Sparen oder ein Mangel an profitablen Investitionsmöglichkeiten. Dies sind Situationen, wie man sie im allgemeinen für Entwicklungsländer annehmen würde. Allerdings besitzt die Theorie gerade für diese Fälle Erklärungsdefizite. „Dies konstatiert auch Harrod selbst, wenn er zugesteht, daß alle Fälle, in denen Gn > Gw (d.h. die natürliche Wachstumsrate größer ist als die befriedigende, d.Verf.) von der herkömmlichen Theorie eigentlich nicht recht erklärt werden könnten" (WALTER, 1983, S. 30). Im übrigen muß der Einwand gemacht werden, daß die postkeynesianische Wachstumstheorie - wie die keynesianische Theorie überhaupt - erklärtermaßen für „entwickelte" Volkswirtschaften und deren institutionelle Rahmenbedingungen erdacht wurde und die Stagnation solcher Ökonomien erklären sollte. Die Anwendbarkeit auf Entwicklungsländer muß folglich in Frage gestellt werden.

Da der Erklärungsgehalt der postkeynesianischen Theorie für unseren Untersuchungsgegenstand sehr gering ist, bleibt der Weg, die unzureichende Kapitalakkumulation durch eine Aufzählung von Szenarien zu erklären, die letztlich begründen, wieso Ersparnis oder Investition geringer sind als „gewünscht". Dabei wird einfach angenommen, daß das Wachstum des Sozialprodukts in den Entwicklungsländern zu gering ist. Da Pro-Kopf Wachstum durch Kapitalakkumulation erreicht wird, scheint folglich diese unzureichend zu sein. Für Kapitalakkumulation sind Investitionen nötig und für Investitionen muß auf Gegenwartskonsum verzichtet, also gespart werden. Damit ergibt sich die Schlußfolgerung, daß entweder das Sparen oder die Investitionen aus irgendwelchen Gründen zu gering sind und ein höheres Wachstum dadurch erreicht werden kann, daß diese Gründe durch wirtschaftspolitische Maßnahmen beseitigt werden. Unter der Annahme, daß das Wachstum in den Entwicklungsländern suboptimal ist, ist diese Aussage wiederum ebenso trivial wie richtig. Ent-

[49] Die „klassischen" Aufsätze von HARROD und DOMAR sowie von SOLOW und anderen sind in deutscher Übersetzung bei KÖNIG (1968) zu finden.

scheidend ist, welche Ursachen für das ungenügende Wachstum ausgemacht werden, da daraus die notwendige Entwicklungspolitik folgt.

In den 50er und 60er Jahren glaubte man, einige „Teufelskreise“ gefunden zu haben, die ein höheres Wachstum in den Entwicklungsländern verhindern (vgl. dazu ausführlich HEMMER, 1988, S. 150ff.). Ein Beispiel für einen solchen Teufelskreis war, daß in den Entwicklungsländern nur Subsistenzproduktion betrieben wird und daher kein oder zu wenig Sparvermögen gebildet wird. Das hat zur Folge, daß die Investitionen gering bleiben und somit weder Produktivität noch Einkommen steigen können. Ein Ausweg aus der Subsistenzproduktion und eine Zunahme der Arbeitsteilung scheinen aus eigener Kraft nicht möglich zu sein.
Die Schlußfolgerung aus diesem und aus anderen Szenarien ist, daß die Entwicklungsländer im „Teufelskreis“ der Unterentwicklung gefangen sind. Der Abstand zwischen Industrieländern und Entwicklungsländern vergrößert sich also zwangsläufig. Neben den konzeptionellen Defiziten dieser Ansätze (es ist z.B. sehr unwahrscheinlich, daß die gesamte Bevölkerung eines Landes am Existenzminimum lebt) sprachen auch die entwicklungspolitischen Erfahrungen gegen die Existenz solcher „Teufelskreise“ (HEMMER, 1990, S. 518). Pointiert ausgedrückt: „Nicht Unterentwicklung dreht sich im Kreis, sondern dieser Versuch zu ihrer Erklärung“ (OEFNER, 1990, S. 27).

Unzureichende Kapitalakkumulation ist nicht auf fehlende Spar- oder Investitions*fähigkeit*, sondern vielmehr auf die fehlenden Anreize zu einer höheren Spar- oder Investitions*bereitschaft* zurückzuführen.
Sparen ist Verzicht auf Gegenwartskonsum und da dieser u.a. wegen der Unsicherheit bei der Realisierung von Zukunftskonsum oder eines begrenzten Zeithorizontes höher bewertet wird als Zukunftskonsum, muß für diesen Verzicht ein positiver Preis gezahlt werden - der Realzins. Die Zielgröße, die nun eingeführt wird, ist die soziale Zeitpräferenzrate „... als Ausdruck der gesellschaftlich relevanten Wertbeziehungen zwischen Gegenwarts- und Zukunftskonsum“ (HEMMER, 1988, S. 159). Es wird solange gespart, bis die private Zeitpräferenzrate den Realzins übersteigt. Dann würde die Präferenz für Gegenwartskonsum den Preis für den Verzicht auf diesen übersteigen. Unzureichende Kapitalakkumulation würde demnach heißen, daß die private Zeitpräferenzrate und damit der Realzins höher sind als die soziale Zeitpräferenzrate. Der Preis für den Verzicht auf Gegenwartskonsum wird individuell höher gesetzt als es gesellschaftlich oder anders ausgedrückt als es im Hinblick auf das Entwicklungsziel im Sinne eines höheren Wachstums in zukünftigen Perioden wünschenswert wäre. Zweifellos ist dies eine sehr vage Aussage, zumal die soziale Zeitpräferenzrate nur ein theoretisches Konstrukt ist und sich nicht empirisch ermitteln läßt.
Dennoch lassen sich eine Reihe von Gründen denken, warum die Wirtschaftssubjekte den Gegenwartskonsum höher bewerten als es gesamtgesellschaftlich im Hinblick auf die zukünftige Entwicklung wünschenswert wäre (vgl. dazu ausführlich HEMMER, 1988, S. 159ff). Unter anderem wird als mögliche Erklärung genannt, daß in den Entwicklungsländern die Einkommensverteilung ungleicher ist als in den Industrieländern. Unter der Annahme, daß die Sparquote um so *kleiner* ist, je *geringer* das Einkommen, sparen also Haushalte mit geringerem Einkommen relativ weniger als Haushalte mit höherem Einkommen. Als Grund, warum dieses Spardefizit nicht durch einen entsprechenden Anstieg der Sparquote bei den Haushalten mit hohem Einkommen ausgeglichen wird, wird der internationale Demonstrationseffekt genannt. Darunter ist zu verstehen, daß die Konsumgüternachfrage

nicht nur vom eigenen Einkommen abhängt, sondern auch von Höhe und Struktur des Konsums anderer. Auf Entwicklungsländer übertragen bedeutet das, daß die Oberschicht in diesen Ländern ihre Konsumgewohnheiten nach denen der hochentwickelten Länder richtet. Da das Einkommen aber ungleich geringer ist, führt das zu einer niedrigeren Ersparnis. Eine so begründete zu geringe Ersparnis reicht für sich genommen aber noch nicht aus, um auch zu niedrige Investitionen zu erklären. Ist die Kapitalnachfrage höher als das inländische Kapitalangebot, so steigt der Zins und es kommt im Falle von freiem Kapitalverkehr zu Kapitalimporten, die das Defizit bei den inländischen Ersparnissen ausgleichen. Existieren aber wirksame Kapitalverkehrsbeschränkungen, dann sind diese und nicht ein „Spardefizit" das Hindernis für ein höheres Wachstum.

Wie bezieht die neoklassische Theorie zum Thema „unzureichende Kapialakkumulation" Stellung? Nach ihr müßte es bei vollständiger Kapitalmobilität zu einer Angleichung von Realzinsen und Reallöhnen kommen. Unter der Voraussetzung, daß in zwei Ländern dasselbe Gut mit derselben Produktionstechnik hergestellt wird, müßte gemäß dem Gesetz der abnehmenden Grenzerträge der Produktionsfaktor, der relativ knapp ist, höhere Grenzerträge erzielen (LUCAS, 1990, S. 92). Da die Produktionsfaktoren unter den Annahmen der neoklassischen Theorie nach ihrer Grenzproduktivität entlohnt werden, müßten die Realzinsen also in den relativ kapitalarmen Entwicklungsländern höher als in den Industrieländern sein.
Die Kapitalnachfrage würde demnach dafür sorgen, daß das Kapitalangebot entweder aus inländischen Quellen oder durch Kapitalimporte steigt. Langfristig käme es zu einer Angleichung der Realzinsen. Das geschieht nicht, da die neoklassischen Annahmen in den Entwicklungsökonomien nicht einmal *annähernd* erfüllt sind. In diesem Sinne ist der Realzins in den Entwicklungsländern „zu niedrig" - zu niedrig im Vergleich zum Realzins in den Industrieländern und zu niedrig in bezug auf die tatsächliche Knappheit des Faktors Kapital. Dieser zu niedrige Realzins wird auf Ursachen wie unvollkommene Kapitalmärkte, fehlende finanzielle Infrastruktur und politische Unsicherheit, die z.B. einen kürzeren Zeithorizont bei den Unternehmern bewirkt, zurückgeführt. Das bedeutet mit anderen Worten, daß die *Kapitalnachfrage* und damit die Investitionstätigkeit zu gering sind. Analog zum Auseinanderklaffen von privater und sozialer Zeitpräferenzrate wird hier davon gesprochen, daß die soziale interne Verzinsung von Investitionen höher ist als die private, so daß das tatsächliche Investitionsvolumen geringer ist als gesellschaftlich gewünscht (vgl. dazu ausführlich HEMMER, 1988, S. 165ff).

Somit ist der *Grund* für das unzureichende Wirtschaftswachstum in den Entwicklungsländern sicher die unzureichende Kapitalakkumulation, wobei mit Kapital sowohl Sach- als auch Humankapital gemeint ist, aber die *Ursachen* sind - z.B. durch politische Unsicherheiten - ineffiziente Märkte. Allerdings führt eine Beseitigung von Ineffizienzen nach der neoklassischen Theorie nur zu einem Wachstumsschub, nicht zu dauerhaft höherem Wachstum.
Im Laufe dieses Kapitels soll deutlich gemacht werden, daß die Trennung von Effizienzverbesserungen und Wachstum durch Kapitalakkumulation sowie technischen Fortschritt nicht sinnvoll ist. Der Ansatz, daß es einen bestimmten Wachstumspfad unter den Annahmen der vollkommenen Konkurrenz gibt, verstellt den Blick darauf, daß bei Gültigkeit dieser Annahmen Wachstum gar nicht erklärbar ist. Dies wird genauer bei der Diskussion der neoklassischen Wachstumstheorie erläutert.

3.2.2 Entwicklung als Wachstum und Strukturwandel

Den Begriff Entwicklung verbindet man in der Regel primär weniger mit Wachstum, als vielmehr mit Strukturwandel und speziell mit Industrialisierung. Dies dürfte auch eine Folge der Popularität der Stufen- und Stadientheorien sein. „Jedenfalls bedeutet wirtschaftliche Entwicklung dann nicht nur eine quantitative Zunahme des Sozialprodukts und seiner Komponenten (`growth´), sondern auch deren strukturelle Veränderung und Wandel (`change´)" (WALTER, 1983, S. 1). Wachstum ist demnach eine Zunahme (von was auch immer) ohne Wandel. Das Konstrukt des gleichschrittigen Wirtschaftswachstums (steady state growth), bei dem alle Sektoren mit derselben Rate wachsen, ist jedoch rein theoretischer Natur, denn tatsächlich gibt es weder wirtschaftliche Entwicklung noch Wachstum ohne Strukturwandel.

Wird in den Wachstumstheorien trotz dieser Erkenntnis der Strukturwandel nicht diskutiert, erfolgt dies in der Regel nicht, weil er ausgeschlossen ist, sondern weil er nicht problematisiert wird. Für seine Problematisierung in der *Entwicklungstheorie* sind zwei Gründe denkbar: Erstens, man verläßt die Annahme der neoklassischen oder der postkeynesianischen Wachstumstheorien, daß Strukturwandel friktionslos vor sich geht; zweitens, man zählt zu den Zielen wirtschaftlicher Entwicklung nicht nur ein möglichst hohes Wirtschaftswachstum, sondern z.B. auch eine gerechtere - was auch immer das heißen mag - Verteilung von Einkommen und Vermögen oder eine Befriedigung der Grundbedürfnisse aller. Beides führt dazu, Entwicklungsstrategien mit einer strukturellen Komponente zu versehen. Die Ziele der aus diesen Überlegungen hervorgegangenen Entwicklungstheorien waren aber *sektoral* definiert und entsprangen *nicht* dem individualistischen Entwicklungsbegriff. Lehnt man aber teleologische Entwicklungs- und Strukturtheorien aus den genannten Gründen ab (vgl. 3.1), dann bleibt als Rechtfertigung nur Marktversagen. Ziel ist damit letztlich die Internalisierung externer Effekte. Es geht daher nicht um Theorie, sondern um Politik, genauer gesagt um Strukturpolitik. Behauptet wird ein Auseinanderklaffen der Höhe der tatsächlich getätigten Investitionen und der gesamtwirtschaftlich „wünschenswerten" Investitionen in bestimmten Branchen. Die Begründung dafür wird in der Existenz positiver externer Effekte gesehen. Von dieser Idee ausgehend wurden verschiedene Entwicklungsstrategien entwikkelt, je nachdem wo der entwicklungspolitische Engpaß gesehen wurde (vgl. ausführlich HEMMER, 1988, S. 437 - 462):
Die Annahme einer unzureichenden Investitions*bereitschaft* der Unternehmer wegen pessimistischer Absatzerwartungen führte zur „balanced growth" - Strategie. Nach ihr sollen alle Sektoren ausgewogen, d.h. gemäß den Einkommenselastizitäten der von diesen Sektoren produzierten Güter, wachsen. Um die Märkte zu erweitern, wird als Entwicklungsstrategie die Stimulierung der *allgemeinen* Nachfrage durch öffentliche Ausgaben gefordert. Die positiven externen Effekte bestehen dabei in der Beseitigung der pessimistischen Erwartungen, damit langfristig die private Nachfrage allein zu Wachstum führt.
Engpaß kann aber auch eine zu geringe Investitions*fähigkeit* wegen mangelnder Fähigkeiten der Unternehmer selbst sein. Daraus folgte die „unbalanced growth" - Strategie, bei der durch die Schaffung von Ungleichgewichten die Gewinnchancen, die sich durch unternehmerisches Verhalten ergeben, künstlich vergrößert werden. Dadurch soll gewissermaßen der Anreiz zu unternehmerischem Verhalten verstärkt werden, wobei dann durch Learning by doing das „Unternehmerpotential" erhöht wird. Strategie ist in diesem Fall die Schaffung von Nachfrage nach *bestimmten* Gütern. Positive externe Effekte entstehen dabei aufgrund der Bildung von Humankapital durch Learning by doing.

Diese beiden Erklärungen für eine unzureichende Kapitalakkumulation und die daraus folgenden Entwicklungsstrategien sind vor allem wegen ihres monokausalen Erklärungsansatzes starker Kritik ausgesetzt. Gemeint ist damit der keynesianische Gedanke, daß durch eine Nachfragebelebung das Wachstum erhöht werden kann. Engpässe, die die Angebotsseite betreffen, werden außer acht gelassen. Zu denken ist z.B. an Finanzierungsengpässe wegen fehlender finanzieller Infrastruktur und Beschränkungen der Kapitalmärkte.
Ein anderer strukturpolitischer Ansatzpunkt ist die Förderung von Industrien, die mit der restlichen Ökonomie stark vernetzt sind. Man spricht hier von „backward" und „forward linkages". Industrien mit relativ starken Vernetzungen sollen also das Entstehen von Zulieferindustrien und Abnehmern fördern. Somit sind mit den Investitionen in solchen Branchen positive externe Effekte verbunden. Als Kritik soll hier genügen, daß sich die Produktionsstruktur nach der Nachfrage und nach den relativen Faktorpreisen richtet. Das trifft auf eine geschlossene Volkswirtschaft ebenso zu wie auf eine offene. Entstehen nun vornehmlich Industrien, die wenig miteinander vernetzt sind, so müssen die *Ursachen* dafür beseitigt werden. Das kann eine mangelhafte Infrastruktur sein oder administrative Hemmnisse wie Rechtsunsicherheit, die die Unternehmen davon abhält, Verträge mit anderen Unternehmen zu schließen.

Der Versuch der Wirtschaftslenkung durch Strukturpolitik kann durch die Existenz externer Effekte zwar theoretisch gerechfertigt werden, die praktischen Erfahrungen sind aber eindeutig. Denn Strukturpolitik - sei ihr Ziel nun die Erhaltung von vom Strukturwandel bedrohter Branchen oder die Förderung bestimmter sogenannter „Zukunftsbranchen" - ist auch in den Industrieländern mit ihren ausgereifteren Instrumenten der Wirtschaftsdiagnose und -prognose zum Mißerfolg verdammt. Sie geht nämlich von der irrigen Annahme aus, daß Politiker strukturelle Entwicklungen, die sich erst in einem Trial and error - Prozeß ergeben, vorhersehen können.[50] Wie sollen unter diesen Umständen die Regierung oder die Behörden in einem Entwicklungsland „Zukunftsbranchen" ausmachen, sie adäquat fördern und vor allem diese Förderung zum richtigen Zeitpunkt wieder einstellen? Welche Strukturen sich entwickeln, muß den relativen Preisen überlassen werden. Es gibt eine Vielzahl anderer Möglichkeiten der Wirtschaftsförderung. Einige wie z.B. die Schaffung von Rechtssicherheit wurden bereits angesprochen.

Daß die Förderung bestimmter Sektoren zwangsläufig auf Kosten der anderen Sektoren erfolgt und gesamtwirtschaftlich sehr negative Folgen haben kann, zeigt sich an der sogenannten dualistischen Wirtschaftsstruktur, die besonders ausgeprägt auch in afrikanischen Ländern vorzufinden ist. Darunter ist die parallele Existenz eines nach traditionellen Methoden produzierenden Sektors neben einem westlichen Modernisierungsidealen nacheifernden Sektor zu verstehen. Der in den großen Städten vorzufindende moderne Sektor besitzt dabei häufig intensivere kulturelle und wirtschaftliche Verbindungen zu den westlichen Industrieländern, besonders den ehemaligen Kolonialmächten, als zum traditionellen Sektor des eigenen Landes. Dieser wirtschaftliche, kulturelle und regionale Dualismus begünstigt eine Landflucht, die zur Verarmung der ländlichen Regionen und zu Slums in den Großstädten führt. Die Wirtschaftspolitik hat durch allokative Verzerrungen dieses Problem *zumindest* verstärkt: „Die einseitige Förderung städtischer Entwicklungszentren ... gehört ebenso dazu

[50] Eine kritische Analyse der Strukturpolitik in der Bundesrepublik Deutschland ist bei PETERS (1988, S. 159 - 165) zu finden.

wie die Vernachlässigung der Landwirtschaft als dem für ländliche Regionen wichtigsten Wirtschaftszweig ... sowie die Vernachlässigung nicht-landwirtschaftlicher ländlicher Produktionszweige" (HEMMER, 1990, S. 528).
Es dürfte Einigkeit darüber bestehen, daß die Landwirtschaft nie zum „führenden Sektor" wirtschaftlicher Entwicklung werden kann, da dafür eine Einkommenselastizität der Nachfrage >1 nötig wäre. Dennoch besitzt der Agrarsektor Funktionen, die der gesamtwirtschaftlichen Entwicklung zugute kommen und die er durch seine Vernachlässigung besonders in vielen afrikanischen Ländern nicht mehr erfüllen kann. „Most notably it provides a marketable surplus over and above the subsistence income of the agricultural population. In the later stages of growth, the agricultural sector also becomes important as market for consumer goods and as a source of labor for industry" (INGHAM, 1993, S. 1804). Aufgrund der Reduktion von Entwicklung auf Industrialisierung wurde eine Strukturpolitik betrieben, die das Problem der Landflucht verschlimmert hat (HEMMER, 1988, S. 627ff).
Auch die Existenz des informellen Sektors, der vielen Menschen vor allem in den Städten das Überleben sichert, ist ein weiterer Beweis dafür, daß nicht die Suche nach bestimmten Branchen, die gefördert werden sollen, die Aufgabe der Wirtschaftspolitik ist. Statt dessen müssen administrative Hemmnisse beseitigt und die Infrastruktur verbessert werden, damit sich Privatinitiative überhaupt legal entfalten kann.

3.2.3 Die neoklassische Wachstumstheorie

Während die postkeynesianische Wachstumstheorie auf der Einkommens- und Beschäftigungstheorie, also einer Kreislauftheorie, aufbaut und diese um eine Akkumulationstheorie ergänzt (WALTER, 1983, S. 11f.), stützt sich die neoklassische Wachstumstheorie außer auf die Annahme vollkommener Konkurrenz auch auf Annahmen über die Produktionsfunktion. Dabei kommt zur Gültigkeit des Ertragsgesetzes, der Grenzproduktivitätsentlohnung und der Substituierbarkeit von Arbeit und Kapital noch die wichtige Annahme der linearen Homogenität hinzu. Von diesen ausgehend läßt sich mit wenigen Umformungen ableiten, daß die Wachstumsrate des Sozialprodukts gleich der Summe der mit ihren Einkommensanteilen gewichteten Faktorwachstumsraten ist (WALTER, 1983, S.34f). Nimmt man nun noch an, daß die Sparquote aufgrund gegebener Präferenzen bezüglich Gegenwarts- und Zukunftskonsums konstant ist, dann stehen auch Ersparnis und damit Investitionen in einem konstanten Verhältnis zum Einkommen und wachsen folglich mit derselben Rate wie dieses. Mit anderen Worten: Kapitalstock und Sozialprodukt nehmen im gleichen Tempo zu. Soll die oben beschriebene Gleichung für die Wachstumsrate des Sozialprodukts erfüllt sein, muß auch der Arbeitseinsatz mit derselben Rate wachsen. Das bedeutet: alle drei Größen wachsen mit derselben Rate, ändern also ihr Verhältnis zueinander nicht (Faktorintensitäten sind konstant); es liegt das sogenannte „steady state growth" vor.

Da die Wachstumsrate des Arbeitspotentials die einzige exogene Größe ist und es für die anderen Größen keine Anpassungsrestriktionen gibt, mutet das Ergebnis tautologisch an. Denn die Annahme einer linear homogenen Produktionsfunktion besagt, daß es zu jedem Outputniveau nur eine Faktoreinsatzmengenkombination gibt, die die Kosten minimiert. Wird nun die Veränderungsrate des einen Produktionsfaktors (Arbeit) als exogen angenommen, so sorgt das Gewinnmaximierungsstreben der Unternehmer dafür, daß sich die Wachstumsrate des anderen Produktionsfaktors (Kapital) anpaßt. Nicht während eines Anpassungsprozesses, aber auf dem gleichgewichtigen Wachstumspfad sind die relativen Faktorpreise und die Faktorintensitäten konstant. Im Gegensatz zur postkeynesianischen Wachstumstheorie ist der „Steady state"-Wachstumspfad ein stabiles Gleichgewicht, das heißt, das System bewegt sich langfristig zum Gleichgewicht hin (vgl. ausführlich: WAGNER, 1993, S. 69ff und WALTER, 1983, S. 36ff). Nur das Wachstum des Arbeitspotentials bestimmt langfristig die Wachstumsrate des Outputs. Eine Erhöhung der Sparquote z.B. führt nur zu einem kurzfristigen Wachstumsschub, nach dem das System wieder auf den langfristigen Wachstumspfad einschwenkt. LUCAS (1988, S. 10) nennt daher die Wirkung einer Erhöhung der Sparquote einen „level effect", der zwar den Wohlstand einer Gesellschaft erhöht, aber nicht die langfristige Wachstumsrate beeinflußt.

Die Schlußfolgerung aus diesem Modell lautet: langfristig gibt es kein Outputwachstum pro Kopf. Dies deckt sich jedoch nicht mit der Realität, da in der Vergangenheit nicht eine konstante, sondern eine steigende Kapitalintensität zu beobachten war. Der Kapitalstock wächst tatsächlich schneller als das Arbeitspotential. Um das Modell der Realität anzunähern, muß eine weitere das Pro-Kopf-Wachstum erklärende Größe eingeführt werden. Diese mit dem Grundmodell nicht erklärbare exogene Residualgröße wird als Steigerung der totalen Faktorproduktivität oder auch als technischer Fortschritt bezeichnet. Will man das „schöne" Phänomen des gleichgewichtigen Wachstums weiter erhalten, muß man davon ausgehen, daß dieser technische Fortschritt arbeitsvermehrend wirkt, was auch als Harrod-neutral bezeichnet wird. „Es ist nämlich nur erforderlich, den Arbeitsinput nicht mehr mengenmäßig, also in physischen Einheiten, sondern in sog. *Effizienzeinheiten* auszudrücken" (WALTER, 1983, S. 115). Der exogene oder auch faktorungebundene (disembodied) technische Fortschritt sorgt sozusagen für einen *qualitativ* höheren Arbeitseinsatz. Um dennoch das Faktoreinsatzverhältnis von qualitativem Arbeitseinsatz und Kapital konstant zu halten, ist eine Steigerung des Kapitaleinsatzes nötig. Kapitalintensität und Pro-Kopf-Sozialprodukt nehmen folglich auf dem gleichgewichtigen Wachstumspfad mit der Rate des technischen Fortschritts zu.

Für die neoklassische Wachstumstheorie, die sich auf die Arbeiten von Solow und Denison stützt, gibt es anscheinend kein Problem der unzureichenden Kapitalakkumulation. Flexible Faktorpreise sorgen dafür, daß der Kapitalstock mit derselben Rate zunimmt wie Arbeitskräftepotential und technischer Fortschritt zusammen. Es gibt weder die Möglichkeit noch besteht die Notwendigkeit, über die politische Beeinflussung der Wachstumsrate des Kapitalstocks hinaus die Wachstumsrate des Outputs zu erhöhen. Der gesamtwirtschaftlich optimale Wachstumspfad wird automatisch - unabhängig von den Anfangsbedingungen - erreicht. Die Schlußfolgerungen aus dem Modell beinhalten darüber hinaus, daß bei freiem Kapitalverkehr die (kapital-)armen Länder schneller wachsen als die reichen und es auf lange Sicht zu einer Konvergenz der Pro-Kopf-Einkommen kommt (SOLOW, 1991, S.4f / LUCAS, 1990, S. 92). Eine solche Konvergenz ist aber tatsächlich nur in wenigen Ländern zu beobachten.

Entscheidet ausschließlich die Rate des technischen Fortschritts über die Höhe der Wachstumsrate des Pro-Kopf-Einkommens, müssen die Differenzen zwischen den Wachstumsraten verschiedener Länder auch auf unterschiedliche Geschwindigkeiten beim technischen Fortschritt zurückzuführen sein. „Consider, then, variations across countries in `technology´ - its level and rate of change. This seems to me to be the one factor isolated by the neoclassical model that has the potential to account for wide differences in income levels and growth rates" (LUCAS, 1988, S. 15). Dafür liefert die neoklassische Wachstumstheorie aber keine Erklärung, denn sie bietet in der bisher erläuterten Form keinen Ansatzpunkt dafür, warum der Produktionsfaktor „Wissen" in verschiedenen Ländern in unterschiedlicher Menge vorhanden ist bzw. warum dieses Wissen mit unterschiedlichem Erfolg in technischen Fortschritt umgewandelt wird. „'Human knowledge' is just human, not Japanese or Chinese or Korean" (LUCAS, 1988, S.15). Es kann daher nicht befriedigen und die Realität anscheinend nicht erklären, das Pro-Kopf-Wachstum von einer exogenen Größe abhängen zu lassen.

3.2.4 Endogener technischer Fortschritt

Die Schlußfolgerung von ROMER (1990) und LUCAS (1988), den „Pionieren" der Neuen Wachstumstheorie, aus diesem Erklärungsdefizit ist, daß technischer Fortschritt und damit die Pro-Kopf-Wachstumsrate endogen erklärt werden müssen. Er muß durch Parameter, die in verschiedenen Ländern unterschiedlich sind, beeinflußbar sein. Im folgenden wird lediglich die Grundidee der unter dem Begriff „Neue Wachstumstheorie" zusammengefaßten Ansätze dargestellt.[51]
Um dem Steady-state-Wachstum zu entkommen, ist es nötig, die Annahme gesamtwirtschaftlich konstanter Skalenerträge aufzuheben. Dies bedeutet, daß die Annahme sinkender Grenzerträge zumindest für einen Produktionsfaktor nicht gilt. „All these variations on the neo-classical model work by limiting the effects of diminishing returns in one way or another. That is what frees them from the straitjacket of convergence to a given steady-state growth rate. Of course any model that endogenizes the rate of technological progress will have these effect" (SOLOW, 1991, S. 11). Da steigende Skalenerträge im Wettbewerbsmodell ein Problem darstellen, ist die Annahme positiver externer Effekte beim Einsatz von Humankapital eine „elegante" Lösung. Das einzelne Unternehmen produziert mit konstanten Skalenerträgen, der notwendige Input an Humankapital kann jedoch auch von anderen Unternehmen genutzt werden und geht demnach ebenfalls als Input in deren Produktionsfunktion ein. Die sozialen (gesamtwirtschaftlichen) Skalenerträge sind also steigend. Nun lassen sich unterschiedliche Wachstumsraten mit unterschiedlichen Präferenzen für die Bildung von Humankapital oder mit unterschiedlichen die Kosten der Humankapitalbildung beeinflussenden Politiken begründen (SOLOW, 1991, S. 8). Der Beitrag der Neuen Wachstumstheorie kann somit scheinbar auf einen technischen Trick reduziert werden. Mit dieser Beurteilung wird man jedoch ihrer Bedeutung für die Klärung von Wachstumsprozessen nicht gerecht.

LUCAS (1988) und ROMER (1990) entwickelten Modelle, in denen der technische Fortschritt in einem Bildungs- bzw. Forschungssektor produziert wird. Da eine vollständige Aneignung des dabei entstehenden Wissens nicht möglich ist, entstehen positive externe Effekte (ROMER, 1990, S. S89; KÖSTERS, 1994, S. 118). „The crucial endogenous variable is then the amount of resources which are allocated to that sector" (STERN, 1991, S. 127). Das Wachstum wird von der Produktivität des Forschungs- oder des Bildungssektors getragen, denn diese bestimmt, wieviel Humankapital geschaffen wird.

---

[51] Ein Überblick ist z.B. bei RAMSER (1993), eine kritische Beurteilung hinsichtlich ihrer Anwendbarkeit auf Entwicklungsländer bei PIO (1994) und eine Analyse der Technik der Modellbildung mit Kritik an den Annahmen und Schlußfolgerungen bei WAGNER (1993, S. 80ff) zu finden.

Eine einleuchtende Interpretation dieser Ansätze besteht darin, daß weiterhin eine höhere Wachstumsrate nur durch Konsumverzicht erreicht werden kann. In diesem Fall allerdings nicht durch Sparen, sondern durch den Einsatz des Faktors Arbeit zur Erhöhung des Wissens statt in der laufenden Produktion (RAMSER, 1993, S. 122). „The opportunity cost of human capital is the wage income that can be earned instantaneously in the manufacturing sector" (ROMER, 1990, S. S93). Die individuelle Entscheidung zur Bildung von Humankapital erfolgt in einer Kosten-Nutzen-Analyse. Sowohl Unterschiede auf der Kosten- als auch auf der Nutzenseite können verschiedene Raten der Humankapitalbildung und damit letztlich verschiedene Wachstumsraten und Wohlstandsniveaus erklären.
LUCAS (1988) nimmt an, daß der durchschnittliche Ausbildungsstand bzw. die durchschnittliche Ausstattung der Arbeiter in einer Volkswirtschaft mit Humankapital die Produktivität aller Produktionsfaktoren beeinflußt. Eignet sich ein Individuum Wissen an, hat das nicht nur einen internen Effekt durch die Erhöhung der eigenen Produktivität, sondern auch einen positiven externen Effekt durch die Erhöhung der Produktivität aller Produktionsfaktoren zur Folge. Je besser eine Volkswirtschaft also mit Humankapital ausgestattet ist, desto größer ist die Produktivität des einzelnen Arbeitsinputs. Dies ist letztlich eine Folge der Arbeitsteilung, denn technisches Wissen kann z.B. nur dann in am Markt erfolgreiche Güter umgesetzt werden, wenn das entsprechende betriebswirtschaftliche Wissen zur Organisation des Produktionsprozesses vorhanden ist.
Bei einer dynamischen Betrachtung ergibt sich daraus schließlich die Schlußfolgerung: „Under these dynamics, then, an economy beginning with low levels of human and physical capital will remain *permanently* below an initially better endowed economy" (LUCAS, 1988, S. 25). Eben diese Erklärung der Möglichkeit der Nicht-Konvergenz von Industrie- und Entwicklungsländern ist das wichtigste Ergebnis dieser Ansätze.

Im Gegensatz zum neoklassischen Grundmodell ergeben sich hier Ansatzpunkte für eine Wachstumspolitik, denn wegen der Existenz externer Effekte ist die tatsächliche Wachstumsrate kleiner als die sozial optimale (LUCAS, 1988, S. 20). Die wachstumspolitische Schlußfolgerung lautet: „In the absence of feasible policies that can remove the divergence between the social and private returns to research, a second-best policy would be to subsidize the accumulation of total human capital" (ROMER, 1990, S. S99). Dies kann erreicht werden, indem Anreize zur Bildung von Humankapital gegeben oder verstärkt werden wie z.B. die Förderung von Forschung und Entwicklung oder von internationalem Wissenstransfer (RAMSER, 1993, S. 122). Allerdings besteht auch die Gefahr, daß mit diesen Modellen, die positive Externalitäten in der Produktion annehmen, wozu auch das Learning by doing gehört (ARROW, 1962 und STOCKEY, 1988), den Freunden von staatlicher Industriepolitik Argumente an die Hand gegeben werden. Auch gegen eine mit diesem Marktversagen begründete Strukturpolitik lassen sich jedoch die bereits angesprochenen Einwände ins Feld führen (KÖSTERS, 1994).

Ein gewichtiger Kritikpunkt an den sogenannten Humankapital- oder Innovationsmodellen ist die Gleichsetzung von Input und Output: „Decision-making is about inputs, while growth theory is about the outputs of education, training, research and development. There the reality seems very complicated" (SOLOW, 1991, S. 15). Gegen die Gleichsetzung von Input und Output spricht in diesem Fall, daß manche Aneignung von Wissen auch aus konsumtiven Gründen geschieht, also nicht zu einer Erhöhung des „verwertbaren" - in der Produktion einsetzbaren - Wissens führt. Darüber hinaus impliziert der lange Zeithorizont bei

Ausbildungsinvestitionen auch ein hohes Maß an Unsicherheit über die zu erwartenden Erträge. D.h., die Unsicherheit über die Rückflüsse aus einer Humankapitalinvestition erschwert die Beurteilung zu Inputkosten.
Es spielt neben der Quantität auch die Qualität von Wissen eine Rolle, da sich die Anforderungen an das Humankapital nicht immer kontinuierlich, sondern oftmals sprunghaft verändern. „Damit nimmt die Notwendigkeit zu, obsolet gewordenes Wissen (individuell und gesamtwirtschaftlich) durch steigende Investitionen in Humankapital zu ersetzen und nach Möglichkeit gleichzeitig einen höheren Grad von Transferierbarkeit von Wissen durch eine entsprechende qualitative Umorientierung der Ausbildungsinvestitionen zu erreichen" (WALTER, 1983, S. 127). Die genannten Einwände lassen es angeraten erscheinen, als einzige Schlußfolgerung für die Bildungspolitik die Empfehlung zur *allgemeinen* Förderung von Humankapitalinvestitionen zu ziehen. Den Individuen muß durch eine Grundausbildung und durch das Angebot von Weiterbildungs- und Umschulungsmaßnahmen die Möglichkeit zur flexiblen Reaktion auf neue Anforderungen gegeben werden. Dahinter steht allerdings ein anderes Verständnis von Wachstum als noch im neoklassischen Modell.

In den Modellen von ROMER (1990) und LUCAS (1988) ist Wissen ein Produktionsfaktor, mit dessen Hilfe es zu Innovationen und technischem Fortschritt kommt. Die Individuen agieren und verändern ihre Umwelt. Zur Schlußfolgerung, die aus der Kritik an diesen Modellen, besonders dem Einwand der unvollkommenen Voraussicht, gezogen werden kann, gehört auch, daß die durch Ausbildung erreichte individuelle Flexibilität quasi selbst zum Produktionsfaktor wird. Die Individuen reagieren auf die sich durch ihre eigenen Aktionen ständig ändernden Umweltbedingungen oder anders ausgedrückt auf Veränderungen der relativen Preise. Technischer Fortschritt ist nicht mehr als durch einmalige Erfindungen und Innovationen angetrieben, sondern vielmehr als kontinuierlicher Prozeß zu sehen. „This means that a large part of so-called innovative activity is better characterized as `everyday rationalizations´ than revolutionary new production techniques" (MYHRMAN, 1989, S. 53). Unterstützt wird diese Sicht dadurch, daß die Trennung von Innovation und Investition künstlich ist. Denn was unterscheidet eine Innovation von einer lediglich imitierenden Investition? Lokal gesehen kann ein neuer Produktionsprozeß eine Innovation, global gesehen eine Imitation sein. Dies stellt überhaupt die Vorgehensweise in Frage, technischen Fortschritt unabhängig vom Produktionsprozeß und z.B. in Abhängigkeit vom durchschnittlichen Ausbildungsstand der Arbeitskräfte oder der Effizienz eines Forschungssektors zu sehen. Ist technischer Fortschritt nicht ungebunden, sondern gebunden an Investitionen, werden diese selbst zum Auslöser des Fortschritts.

Die nach wie vor notwendige Begründung für die Existenz steigender Skalenerträge in der Produktion ist die Tatsache, daß das bei der Produktion entstehende Wissen auch allen anderen Investoren zur Verfügung steht, also öffentliches Gut ist, und zur Produktion anderer Güter verwendet werden kann. Das bedeutet auch, daß die Effizienz einer Wirtschaft um so höher ist, je mehr Sach- und Humankapital sie in der Vergangenheit akkumuliert hat. Da das Wissen, das in verschiedenen Branchen bei der Produktion entsteht, in unterschiedlichem Maße in der Produktion anderer Güter verwendet werden kann, wäre Wachstumspolitik durch Umlenken der Produktion in „lernintensive" Bereiche möglich. Bei dieser Argumentation wird folgendes unterstellt: „Learning can only take place through the attempt to solve a problem and therefore only takes place during activity" (ARROW, 1962, S. 155). Aktivitäten mit dem Ziel der Lösung von Problemen finden in erster Linie bei der Produktion statt.

Der Beitrag von reinen Forschungseinrichtungen, die nicht das direkte Ziel der Umsetzung von Wissen in der Produktion haben, wird hier vernachlässigt.
Eine interessante Weiterentwicklung dieses Ansatzes stellt die explizite Einbeziehung von Produktinnovationen dar. Dieser zentrale Aspekt zur Erklärung von Wachstum wurde bisher weitgehend vernachlässigt. „The introduction of new goods is notably by its absence. Technical change, when it appears at all, takes the form of process rather than product innovation, so that 'growth' means producing more of the same good(s)" (STOKEY, 1988, S. 702). Im Modell von STOKEY kann das in der Produktion entstandene Wissen nicht nur von anderen Investoren, sondern auch für die Produktion neuer Güter verwendet werden. Produktinnovationen sind nicht mehr zufällig, durch die Akkumulation von Wissen im Zeitverlauf ist es statt dessen möglich, in einem Kontinuum von Gütern immer qualitativ höherwertigere zu produzieren. „The links between periods come from the fact that production is subject to economywide learning by doing: the unit labor requirement for production of *any* good by *any* firm in any period depends on the *entire economy's* cumulative experience in production of *all* goods in all previous periods" (STOKEY, 1988, S. 705). Dadurch wird Strukturwandel, ein zentrales Element der Entwicklung, in das Modell eingebaut, anders würde Learning by doing einmal vorhandene Strukturen nur konservieren. Die Einführung neuer Produkte wird zum Bestandteil des Wachstums.
Die Annahme, daß Wissen, das bei der Produktion „alter" Güter entsteht, „economywide" in der Produktion „neuer" Güter verwendet werden kann, ist zu kritisieren. Das Verbreitungsgebiet von bestimmtem Wissen muß nicht unbedingt die Volkswirtschaft sein. Es kann auch nur einer bestimmten Gruppe oder einem bestimmten Unternehmen zugänglich oder, eine offene Volkswirtschaft vorausgesetzt, weltweit verfügbar sein. Bei Annahme eines weltweiten Wissenstransfers kann durch das Modell zwar die Veränderung der internationalen Arbeitsteilung erklärt werden, denn durch die Einführung neuer Produkte ändern sich die Produktionsstrukturen, es bleibt jedoch offen, warum manche Länder offensichtlich vom internationalen Wissenstransfer stärker profitieren können als andere, also besser in der Lage sind, von den Erfahrungen anderer zu lernen.
Die naheliegende Begründung, es hänge von der Offenheit der Volkswirtschaft ab, greift zu kurz. Das erklärt zum einen nicht, warum manche Länder eine Politik der Integration in die internationale Arbeitsteilung wählen, andere hingegen eine Abschottung. Zum anderen ist eine kausale Verbindung zwischen Offenheit und wirtschaftlichem Erfolg empirisch nicht haltbar, da der Grad der Offenheit z.B. auch von der Größe des jeweiligen Landes abhängt. Integration in die Weltwirtschaft allein garantiert Entwicklung nicht. Letztlich läßt auch der Ansatz des Learning by doing in Verbindung mit intersektoralem Wissenstransfer die Frage offen, welche Determinanten die Intensität des Informationsflusses bestimmen.

Alles in allem ist deutlich geworden, daß in den neuen Wachstumstheorien Institutionen eine Rolle spielen, denn der Grad der Offenheit einer Volkswirtschaft wird z.B. ebenso von den Institutionen bestimmt wie eine die Bildung von Humankapital fördernde Wirtschaftspolitik. Mit der Einbeziehung von Institutionen in ihre Modelle setzen die neuen Wachstumstheorien am grundsätzlichen Dilemma an, das bis jetzt die Aufstellung einer konsistenten Entwicklungstheorie verhindert hat: „Es handelt sich fast ausschließlich um *qualitative*, in ihrer Existenz zwar mehr oder weniger gut nachweisbare, aber nicht unmittelbar quantifizierbare Einflüsse der institutionellen und gesellschaftlichen Struktur, die in der ökonomischen Theorie vorzugsweise in den sog. Datenkranz verwiesen werden. Auch das ist ein ganz normales und legitimes Vorgehen der Theorie bei ihrem Versuch, Komplexität zu reduzieren. Es bietet sich um so eher an, je kurzfristiger die Analyse ist, da jene qualitativen Einflüsse, was immer ihre Bedeutung auch sein mag, sich kurzfristig kaum verändern. Wachstums- und Entwicklungstheorie sind aber eindeutig der langfristigen Analyse zuzurechnen; und hier dürfte die Annahme eines gegebenen Datenkranzes sehr viel problematischer sein" (WALTER, 1983, S. 3f).

3.2.5 Eine andere Sicht - Wachstum und Institutionen

Obwohl sich institutionelle Rahmenbedingungen schwer messen und vergleichen lassen, ist ihr Einfluß auf die wirtschaftliche Leistungsfähigkeit der Entwicklungsländer vor allem in jüngerer Zeit zum Gegenstand zahlreicher Untersuchungen geworden. Nach ALESINA / PEROTTI (1994) und BRUNETTI / WEDER (1995), die die wesentlichen Ergebnisse der Studien zu diesem Themenkomplex zusammengefaßt haben, lassen sich folgende Übereinstimmungen erkennen: Der negative Einfluß institutioneller Instabilität auf die wirtschaftliche Entwicklung ist statistisch nachgewiesen. Bezüglich des Einflusses des politischen Systems, Demokratie oder Diktatur, sind die Ergebnisse jedoch nicht eindeutig oder sogar widersprüchlich. (vgl. auch ABRAMS / LEWIS, 1995, S. 273) Nach ALESINA / PEROTTI (1994, S. 359) ist aber zumindest erkennbar, daß der Übergang von einer Diktatur zu einer Demokratie in der Regel negativen Einfluß auf das Wachstum hat. Bei aller Kritik, die man an die Methodik von statistischen Querschnittsanalysen richten kann oder wie BRUNETTI / WEDER (1995, S. 131) an die Auswahl der getesteten Größen, bleiben jedoch keine Zweifel an der Bedeutung der Institutionen für die wirtschaftliche Entwicklung von Volkswirtschaften. „It was found that the choice of the institutional framework has profound consequences on the efficiency and growth of economies" (SCULLY, 1988, S. 661). Die nächste Frage, die sich aufdrängt, ist: *Wie* beeinflussen *welche* Institutionen die wirtschaftliche Leistungsfähigkeit von Ländern oder - was in dieser Arbeit mehr interessiert - die Entwicklung des einzelnen Menschen?

Die neuen Wachstumstheorien, die für sich in Anspruch nehmen, auch Entwicklungstheorien zu sein[52], versuchen in vielfältiger Weise den institutionellen Rahmen in dynamische Modelle der Humankapitalbildung einzubauen. Bei ROMER (1990) z.B. werden F&E-Investitionen zum „... Element des strategischen Firmenverhaltens" (BORNER, 1991, S. 191). Damit wird die Institution Patentschutzrecht in das Modell eingebaut. Der Einfluß der Wirtschaftspolitik und speziell der Steuerpolitik auf wirtschaftliches Wachstum wurde z.B. von KING / REBELO (1990) untersucht, die dabei - wenig überraschend - je nach Art der Besteuerung unterschiedliche Wirkungen feststellten. KLUMP (1995, S. 7) gibt einen Überblick über die „... schumpeterianisch inspirierten Ansätze der 'neuen' Wachstumstheorie ...", in denen u.a. der Bankensektor, die Kommunikationsinfrastruktur zwischen Unternehmen und Branchen, das Entstehen von Städten, die Einführung der Institution Geld oder die Einkommensverteilung in den Mittelpunkt der Erklärung von Entwicklung rücken. Die zentralen Fragen der Wachstumspolitik sind nach ROMER (1994, S. 21): „In a developing country like the Philippines, what are the best institutional arrangements for gaining access to the knowledge that already exists in the rest of the world? In a country like the United States, what are the best institutional arrangements for encouraging the production and use of new

[52] Gerade die "Stammväter" der Neuen Wachstumstheorie, ROMER und LUCAS, hatten von Anfang an das Ziel im Auge, Entwicklung oder deren Ausbleiben zu erklären (KLUMP, 1995, S. 5).

knowledge"? Ergänzend wird hinzugefügt, daß diesem Zitat die bereits kritisierte Unterteilung in Innovationen und Imitationen zugrunde liegt. Hier bleibt z.B. die Frage offen, wann ein Land den Schritt vom Einsatz bereits vorhandenen Wissens zur Entwicklung neuen Wissens macht.

Trotz der großen Bedeutung der Neuen Wachstumstheorie, die vor allem in der Verknüpfung der (eigentlich statischen) neoklassischen Wachstumstheorie mit „schumpeterianischen" dynamischen Elementen zu bestehen scheint (KLUMP, 1995, S. 7), drängen sich jedoch drei Kritikpunkte auf:
Erstens, die jeweiligen Ansätze picken sich nur einen kleinen Teil der entwicklungsrelevanten Institutionen heraus. Das liegt sicher auch am hohen formalen Anspruch der neuen Wachstumstheorien, der eine Reduktion der Einflußgrößen und Interdependenzen notwendig macht. Nimmt man viele Größen als exogen an und betrachtet nur die Veränderung *weniger* endogener Größen, erhält man konsistente, logische und überschaubare Modelle. Um diese Ansicht von wissenschaftlichem Arbeiten zu unterstreichen, hat LUCAS seinen bekannten Aufsatz aus dem Jahr 1988 „On the *Mechanics* of Economic Development" genannt. Die schon zu Beginn dieser Arbeit gestellte Frage, wieso solche riesigen Unterschiede in der wirtschaftlichen Leistungsfähigkeit bestehen, läßt sich aber nicht ohne eine *umfassende* Betrachtung der Institutionen beantworten. Eine Behauptung, die im Gliederungspunkt 3.3 näher begründet wird.
Zweitens, neben dieser modellbedingten Beschränkung des Untersuchungsgegenstandes gibt es auch eine systematische, nämlich die Fokussierung auf Wissen als Produktionsfaktor, sei es in Form einer Innovation oder von Wissenstransfer. Damit wird zwar die neoklassische Annahme aufgegeben, daß die Akteure vollkommen informiert sind, aber dieser Ansatz wird nicht konsequent weiter geführt. Aus der Annahme unvollkommener Information der Akteure *muß* die Annahme positiver Transaktionskosten folgen und da diese ein Teil der Produktionskosten sind, hat ihre Höhe auch Auswirkungen auf Wohlstand und Wachstum. Die Konsequenzen der Annahme unvollkommener Information der Akteure für das Verständnis von Entwicklung muß zu Ende gedacht werden.
Drittens - und diese Kritik erscheint dem Verfasser im Hinblick auf das Erklärungsziel „Entwicklung" am gewichtigsten - werden zwar institutionelle Determinanten der Entwicklung offengelegt, aber ihr Vorhandensein oder Nicht-Vorhandensein wird nicht erklärt. Mit anderen Worten: *Entstehung und Wandel von Institutionen werden nicht analysiert.* Die Frage also, *wieso* diese oder jene Institutionen in einem bestimmten Land existieren oder nicht, bleibt unbeantwortet. Aus obigem Zitat von ROMER (1994, S.21) ist zu entnehmen, daß der Untersuchungsgegenstand der Neuen Wachstumstheorie (so wie er sie versteht) lediglich die Frage ist, welche politischen Maßnahmen das Wachstum erhöhen, aber nicht, warum z.B. manche Regierungen (Politiker und/oder Bürokraten) trotz der Kenntnis wachstumsfördernder Politikinstrumente diese nicht einsetzen.

Trotz dieser Kritik ist es unbestreitbar, daß aus den neuen Wachstumstheorien bereits realitätsnähere und damit auch erklärungsfähigere Vorstellungen von Wachstum und auch Entwicklung folgen als aus den zuvor erwähnten Ansätzen. Will man die Entwicklung eines Landes, z.B. das Auftreten sogenannter Wirtschaftswunder, erklären, so kommt man demnach nicht umhin, eine Fülle von Institutionen dafür verantwortlich zu machen. KLUMP (1995, S. 17) spricht in diesem Zusammenhang von einer „Entwicklungskultur". Die institutionellen Rahmenbedingungen werden dann zur „Entwicklungskultur", wenn sie den Trans-

fer von Wissen ermöglichen. Die Bereitschaft und die Möglichkeit des einzelnen, Informationen zu suchen und seine Handlungen nach ihnen auszurichten, also im weitesten Sinne unternehmerisch zu handeln, ist demnach das zentrale Element bei der Entwicklung von Volkswirtschaften.
Welche Einflußgrößen bestimmen aber die Verbreitung und Adaption von Wissen? Die Übertragbarkeit von Wissen wird auch von der Art der Ausbildung beeinflußt, denn „`Ausbildung´ ist im weitesten Sinne nichts anderes als die Anpassung des Menschen an die sich ständig (durch seine eigenen Aktivitäten) ändernden Erfordernisse der technischen Umwelt, die er zu `bedienen´ und zu bewältigen hat" (WALTER, 1983, S. 128). Wissen ist nicht etwas, das gestaltlos in Zeit und Raum schwebt und auf das jeder zugreifen kann, sondern die Informationsbeschaffung verursacht Kosten und hängt damit vom Willen und der Fähigkeit des einzelnen ab, diese Kosten zu tragen. Philosophisch gesprochen „.. wird deutlich, daß die wesentliche Voraussetzung für Entwicklung eine `Kultur´ ist, in der sich einzelne Individuen prinzipielle Offenheit gegenüber den Ideen anderer bewahren" (KLUMP, 1995, S. 21).

Solche prinzipiellen Einsichten über die Dynamik des Wirtschaftens sind allerdings schon in früheren Arbeiten zu finden. Diese Erklärung von Wachstum und Entwicklung geht nämlich in die Richtung dessen, was KALDOR (1957) als „technical dynamism" einer Volkswirtschaft bezeichnet hat und was sich nur schlecht mit Fortschrittlichkeit übersetzen läßt. Gemeint ist damit Flexibilität im Sinne der Fähigkeit, Veränderungen zuzulassen und zu bewirken, mit anderen Worten, neues Wissen zu erzeugen oder zu übernehmen. „It is evident from the foregoing that the prime mover in the process of economic growth is the readiness to absorb technical change combined with the willingness to invest capital in business ventures" (KALDOR, 1957, S. 599). Der „technical dynamism" bestimmt die Lage und Steigung einer Fortschrittsfunktion, die der geometrische Ausdruck des Zusammenhangs zwischen Pro-Kopf-Investitionsrate und Pro-Kopf-Sozialproduktsrate ist. Wachstum wird also unter Umgehung der Produktionsfunktion beschrieben, denn *Bewegungen auf* der Produktionsfunktion, die durch irgendwie verursachten erhöhten Einsatz von Produktionsfaktoren hervorgerufen werden, lassen sich nicht von *Verschiebungen der* Produktionsfunktion durch technischen Fortschritt trennen (KALDOR, 1957, S. 596). Der „technical dynamism" einer Volkswirtschaft entscheidet also über das Pro-Kopf-Einkommen ihrer Mitglieder.
Obwohl KALDOR (1957, S. 591) es für die Aufgabe der Wachstumstheorie hält, „the nature of the non-economic variable" zu zeigen, bleibt er etwas im Nebulösen. Die Fortschrittlichkeit einer Gesellschaft scheint sich letztlich darin zu zeigen, wie sehr sie über ein dynamisches Unternehmertum im Schumpeter'schen Sinne verfügt (WALTER, 1983, S. 122). Die Frage, warum diese Variable in verschiedenen Ländern einen unterschiedlichen Wert besitzt, oder wie sie beeinflußt werden kann, wird nicht beantwortet. Auch die Unterscheidung des technischen Fortschritts in einen investitions-induzierten, der für den „normalen" Verlauf der Fortschrittsfunktion verantwortlich ist und für den eine Konstanz unterstellt wird, und „... major innovations due to the discovery of basic new principles ..." (KALDOR, 1957, S. 623), die die Fortschrittsfunktion langanhaltend verschieben können, scheint nicht eindeutig möglich zu sein. Es erfordert auch ex post kaum mögliche Entscheidungen darüber, wie „bahnbrechend" eine Erfindung oder Neuerung ist und ob sie z.B. nur eine Branche oder die gesamte Volkswirtschaft betrifft.

Dieser Ansatz ist auch eine Kritik an der neoklassischen und den auf ihr aufbauenden Wachstumstheorien. Demnach ist es ein „Denkfehler", mit Hilfe der Produktionsfunktion

eine Wachstumstheorie aufstellen zu wollen, da dadurch Wachstum von Effizienzverbesserungen getrennt wird. Ebenso wie KALDOR (1956) zieht SCOTT (1989, 1993) daraus den Schluß, Wachstum ohne Umweg über die Produktionsfunktion zu erklären. „The rate of growth, at this first level of explanation, then depends on the volume of investment, its efficiency, and the accompanying growth of employment" (SCOTT, 1993, S. 425). Investitionen sind demnach die Träger (embodied technical progress) und die Ursache von Fortschritt. Ein solches Modell, das einen *direkten* Zusammenhang zwischen Investitionen und dauerhaftem Wirtschaftswachstum herstellen will, kann aber nur dann taugen, wenn es abnehmende Grenzerträge des Investitionsvolumens ausschließt. SCOTT (1993, S. 425) meint dazu etwas lapidar: „...changing the world reveals fresh opportunities". Damit werden Investitionen, und zwar nicht Investitionen in Forschung und Entwicklung oder in Humankapital sondern Sachinvestitionen, zur Ursache für technischen Fortschritt.
Eine wichtige und von der Neoklassik abweichende Annahme eines solchen Modells ist die der unvollkommenen Voraussicht. Bei vollkommener Information wäre es nicht erklärbar, daß Investitionen in einer *unvorhergesehenen* Weise die „Umwelt" und damit die Bedingungen für weitere Investitionen verändern. Wäre es möglich, die Investitionsentscheidungen nach der Höhe des Gegenwartswertes der Investitionen zu ordnen, dann würden die Wachstumsraten (exogenen technischen Fortschritt gibt es nicht) stetig abnehmen und die Wirtschaft liefe langfristig auf ein Gleichgewicht mit Null-Wachstum zu. Unvollkommene Information sorgt aber dafür, daß technischer Fortschritt durch Trial and error entsteht. Damit fördern die Faktoren Wachstum, die diesen Trial and error Prozeß ermöglichen und erleichtern.
Bei KALDOR (1956) ist das zum einen die *Fähigkeit*, technischen Fortschritt in der Produktion umzusetzen, und zum anderen die *Bereitschaft*, überhaupt zu investieren. Während die Fähigkeit von Wissen und Können bestimmt wird, ist die Bereitschaft das Ergebnis einer freien Entscheidung zwischen Handlungsalternativen. Die neuen Wachstumstheorien haben gezeigt, daß Wissen und Können - der Informationsfluß etc. - von den Institutionen beeinflußt werden. Aber auch die Bereitschaft wird von den Institutionen bestimmt, da diese das individuelle Verhalten lenken. Aufgrund unvollkommener Informationen können Investitionsentscheidungen eben nicht nur infolge einer Kosten-Nutzen-Analyse getroffen werden. So kann z.B. institutionelle Unsicherheit durch wirtschaftspolitische Inkompetenz den Zeithorizont von Investitionen verkürzen (RAMSER, 1993, S. 122).
Aus diesen Ausführungen kann nach Ansicht des Verfassers nur die Schlußfolgerung gezogen werden, daß die institutionellen Rahmenbedingungen einer Volkswirtschaft deren wirtschaftliche Leistungsfähigkeit bestimmen. Allerdings in einem weiteren Sinne als nur durch die Festlegung von Regeln, die das Ausmaß des Einsatzes von Wissen als Produktionsfaktor beeinflussen, wie es die Neue Wachstumstheorie sieht. Um diese Zusammenhänge genauer zu erläutern und diese Meinung zu begründen, werden im folgenden die Grundlagen der Institutionenökonomik, die entwicklungsfördernden Institutionen und die Determinanten institutionellen Wandels dargestellt.

Vorgreifend wird bemerkt, daß sich die Institutionenökonomik zwar durch einen größeren Realitätsgehalt in den Annahmen auszeichnet als die bisher umrissenen wachstumstheoretischen Ansätze, daß dies aber, zumindest derzeit noch, auf Kosten der theoretischen Konsistenz geht. Von einer *Modellierung* der Zusammenhänge von institutionellem Wandel und wirtschaftlicher Entwicklung ist die Institutionenökonomik noch weit entfernt. Viele Aussagen beruhen auf Plausibilitätsüberlegungen, was sicher ein Ansatzpunkt für Kritik ist. Daher bleibt es abzuwarten, ob in der Zukunft aus der Institutionenökonomik, die aus vielen Teilbereichen besteht, eine geschlossene Theorie werden kann. Nach Ansicht des Verfassers ist aber nur ein umfassender institutioneller Ansatz, der auch institutionellen Wandel mit einbezieht, in der Lage, aus der Wachstumstheorie eine Entwicklungstheorie zu machen.

3.3 Die Ökonomie der Institutionen

„Modern institutional economics should study man as he is, acting within the constraints imposed by real institutions. Modern institutional economics is economics as it ought to be" (COASE, 1984, S. 231).

Es ist entweder heroisch oder naiv zu behaupten, die Ökonomie müsse den Menschen studieren „wie er ist". Daher ist es auch nicht richtig, von einem „Menschenbild" der Ökonomie zu sprechen. Es geht nicht um Menschenbilder, sondern um mehr oder weniger realistische Verhaltensannahmen. Dabei ist es nicht entscheidend, ob die Entscheidungsprozesse in der modellierten Art und Weise tatsächlich ablaufen, wichtig ist nur, ob sich beobachtetes Verhalten mit dem gewählten Modell beschreiben und erklären läßt und sich vielleicht sogar Reaktionen vorhersagen lassen. „Menschliches Verhalten wird analysiert, *als ob* dieses auf Präferenzen und Restriktionen zurüchzuführen wäre" (MUMMERT, 1995, S. 3). Im Sinne realitätsnäherer Verhaltensannahmen ist wohl auch obiges Zitat von COASE zu verstehen.
Die Wahl des Modells hängt dabei nicht nur davon ab, wie realistisch die Annahmen sind, sondern auch vom Erklärungsgegenstand. In der Entwicklungstheorie ist die zentrale Frage, wieso nützen die meisten Länder die Tauschvorteile, die sich ihnen bieten, nicht aus, sind in diesem Sinne also unterentwickelt, und wieso ist es anderen, den sogenannten entwickelten, Ländern gelungen, die Spezialisierungsvorteile besser zu nutzen? Die Antwort der Institutionenökonomen darauf ist: „Institutions matter". Sie gehen damit sozusagen einen Schritt weiter als die Neue Wachstumstheorie. Diese endogenisiert zwar den technischen Fortschritt, der zu steigenden Skalenerträgen führt, durch die Annahme irgendwelcher positiver externer Effekte. Unterschiedliche Produktivitätsfortschritte und damit Pro-Kopf-Wachstum werden jedoch letztlich auf nicht weiter erklärte „politische Gründe" zurückgeführt. Die Fragen, wieso investieren manche Volkswirtschaften mehr in Humankapital als andere, wieso ist der Forschungssektor in den verschiedenen Ländern unterschiedlich produktiv oder wieso gibt es in einigen Ländern ein effektiveres Patentrecht als in anderen usw., werden nicht beantwortet. Für die „Institutionalisten" beginnt es an dieser Stelle erst, interessant zu werden.

Der Einbau von Institutionen in eine Theorie der Entwicklung erscheint aber nicht nur wegen der Erklärungsdefizite anderer Ansätze geboten, sondern ergibt sich aus dem in dieser Arbeit verwendeten Entwicklungsziel. Entwicklung ist demnach eine Zunahme der individuellen Freiheit durch die Vergrößerung der Handlungsspielräume und „... institutions define and limit the set of choices of individuals" (NORTH, 1990, S. 4). Nur unter der Einbeziehung von Institutionen erscheint daher eine Diskussion von Entwicklung möglich und sinnvoll. Entwicklung und Entwicklungsunterschiede sollen durch die Anreize erklärt werden, die den Individuen durch die Institutionen in einer Welt der Unsicherheit bei unvollkommener Information und positiven Transaktionskosten gegeben werden.

Wodurch wird der angesprochene größere Realitätsgehalt der Institutionenökonomik, wie sie im folgenden beschrieben werden soll, erreicht? Nicht nur durch die Annahme positiver Transaktionskosten, sondern auch durch die Annahme einer begrenzten Kapazität des menschlichen Verstandes. Reale Entscheidungssituationen sind zu komplex, um über alle relevanten Fakten informiert zu sein. Es ist z.B. nicht möglich bzw. zu teuer, in Vertragsverhandlungen ex ante alle Möglichkeiten zu erfassen. Menschen sind aber auch in einer solchen Welt der Unsicherheit in der Lage, Entscheidungen zu treffen. Es sind subjektive Denkmodelle, die, wenn sie von mehreren oder vielen geteilt werden, auch als Weltanschauungen und Ideologien bezeichnet werden können, mit deren Hilfe Unsicherheit beseitigt wird. Das heißt, „Ideas matter“ (DENZAU / NORTH, 1994, S. 3).

Da in dieser Arbeit nicht nur ein theoretisches, sondern auch ein „pragmatisches Erkenntnisziel“ (TIETZEL, 1990, S. 6) angestrebt wird, ist es sinnvoll, den Beitrag zur Erklärung der - im Gegensatz zur Institutionenökonomik (zumindest so wie sie sich bis jetzt darstellt) - eher normativen Ordnungstheorie zu untersuchen. Obwohl sie mit der Behandlung der Frage, wie ein effizientes Institutionensystem aussehen *soll*, ein Defizit der Institutionenökonomik beleuchtet, ist die Aussagekraft der Ordnungstheorie in bezug auf die Probleme von Entwicklungsländern wegen ihres statischen und auf entwickelte Marktwirtschaften konzentrierten Ansatzes begrenzt.

Eine dynamische Betrachtungsweise und damit die Erklärung institutionellen Wandels ist notwendig. Wieso ist aber institutioneller Wandel überhaupt etwas, mit dem es sich zu beschäftigen lohnt? Bilden sich nicht durch Wettbewerb „automatisch“ effiziente Institutionen heraus? Zum einen sind annahmegemäß die Transaktionskosten stets größer Null, so daß sich tautologisch ergibt, daß Institutionen allenfalls *relativ* effizient aber niemals *absolut* effizient sein können. Zum anderen kann das noch ausführlich zu beschreibende Phänomen der Verlaufsabhängigkeit (vgl. 3.3.4.2) die Persistenz ineffizienter Institutionen bewirken. Kurz gesagt bedeutet Verlaufsabhängigkeit, daß der Wandel von Institutionen aufgrund steigender Skalenerträge um so höhere Kosten verursacht, je länger sie bestehen. Das heißt, „History matters“ (NORTH, 1990, S. VII).

Märkte und Organisationen sind die zwei grundsätzlichen Möglichkeiten, menschliche Interaktionen zu ordnen und Tausch durchzuführen. Daher entscheidet die Effizienz der Märkte *und* der Organisationen einer Volkswirtschaft über deren Leistungsfähigkeit. Organisationen werden aber zur Erreichung eines bestimmten Zieles, zur Erfüllung einer Aufgabe, gegründet. Ihre Effizienz läßt sich folglich daran messen, wie gut sie diese Aufgabe erfüllen. Für die Effizienz der Märkte dagegen ist die Wettbewerbsintensität verantwortlich, denn diese bestimmt, wie gut die Preise die tatsächlichen Knappheitsverhältnisse widerspiegeln. Die Begriffe Institutionen und Organisationen werden gelegentlich nicht genau getrennt. Beide geben einen Rahmen für menschliches Verhalten ab. Der Unterschied ist, daß Institutionen Regeln sind und Organisationen eine Gruppe von Individuen mit einem gemeinsamen Ziel. Auf den Sport übertragen sind die Spielregeln die Institutionen und die Mannschaften die Organisationen. Die Spielregeln und deren Durchsetzung stecken den Rahmen der möglichen Handlungen ab, aber die Effizienz der Mannschaften entscheidet darüber, wer das Spiel gewinnt.
Organisatorische Effizienz und intensiver Wettbewerb reichen für sich genommen jedoch für eine erfolgreiche Entwicklung nicht aus. Die Institutionen sind nämlich der Rahmen, in dem

die Organisationen ihre Ziele definieren und verfolgen. Sie bestimmen durch die von ihnen ausgehenden Anreize u.a., wo Unternehmer eine Rente suchen. Eine effiziente Finanzverwaltung z.B. kann sich sogar entwicklungshemmend auswirken, wenn die Steuergesetze, die sie durchsetzt, nur fiskalisch orientiert und ihre verhaltenssteuernden Wirkungen nicht bedacht worden sind. In der Forderung nach Wettbewerbsintensität ist schon eine institutionelle Dimension enthalten, denn sie beinhaltet die Notwendigkeit einer Wettbewerbsordnung. Darüber hinaus sind u.a. möglichst genau spezifizierte Eigentumsrechte nötig. Innovationen würden z.B. zum großen Teil unterbleiben, wenn geistiges Eigentum nicht durch ein Patentschutzrecht gesichert würde.

Am Ende des Gliederungspunktes 3.3 wird der Versuch unternommen, aus den theoretischen Erkenntnissen Schlußfolgerungen für die empirische Untersuchung zu ziehen. Zunächst wird jedoch in einem kurzen historischen Abriß beispielhaft demonstriert, wie sich Entwicklung durch institutionellen Wandel erklären läßt.

3.3.1 Historische Beispiele

Die Institutionenökonomie, in der Art wie sie vor allem von Douglass C. NORTH vertreten wird, versucht durch die Analyse historischer Abläufe, die Zusammenhänge von Institutionen, besonders von institutionellem Wandel, und wirtschaftlicher Entwicklung aufzudecken. Wieso konnte Europa im Spätmittelalter und zum Beginn der Neuzeit bezüglich der wirtschaftlichen Entwicklung Länder überholen, die zu früheren Zeitpunkten weiter entwickelt waren, wie z.B. China oder das osmanische Reich? Eine häufig genannte Erklärung hierfür ist der größere - vor allem militärische - Wettbewerb, der zwischen den vergleichsweise kleinen Ländern in Europa herrschte. Es war tatsächlich in erster Linie die Waffentechnik und die Art der Kriegsführung, die Europa zu dieser Zeit dem Rest der Welt überlegen machte. Das zeigt sich an den teilweise leicht errungenen Erfolgen der kolonialen Eroberungszüge. Die Anstrengungen, die die Länder für Innovationen in der Rüstung unternahmen, „zahlten" sich nicht nur dadurch aus, daß ein gewaltsamer Ressourcentransfer aus anderen Teilen der Welt vorgenommen werden konnte, sondern dienten auch dem technischen Fortschritt in anderen Bereichen.
Das Argument des Wettbewerbs zwischen Nationen als Triebfeder wirtschaftlicher Entwicklung erklärt aber nicht die unterschiedliche Entwicklung der europäischen Länder selbst, wie beispielsweise den Aufstieg Englands im 18. Jahrhundert zur größten Weltmacht und den gleichzeitigen Abstieg Spaniens zu einer relativ unbedeutenden Mittelmacht. NORTH (1990, S. 113ff.) begründet dies folgendermaßen: Beide Entwicklungen vollzogen sich nicht plötzlich durch einen verlorenen oder gewonnenen Krieg, sondern zeichneten sich schon in den vorangegangenen Jahrhunderten ab. In England begann schon 1215 mit der Magna Charta eine Beschränkung der Macht des Monarchen und eine Ausweitung der Mitspracherechte der - freilich adligen oder reichen - Untertanen. Dies leitete eine Dezentralisierung des Staates ein, die auch in den folgenden Jahrhunderten andauerte. Wenn die Könige Geld brauchten, wie zum Beispiel im Hundertjährigen Krieg, mußten sie sich die Zustimmung des Parlaments bei der Bewilligung dieser Geldsummen durch die Abgabe gesetzgeberischer und politischer Kompetenzen \`erkaufen´. Das führte zu einer erhöhten Sicherheit der Eigentumsrechte, da die Zugriffsmöglichkeiten der Krone auf das Privateigentum eingeschränkt wurden. Darüber hinaus begünstigte der zunehmende Einfluß des Parlaments auch die Ent-

stehung einer leistungsfähigen und unparteiischen Rechtsprechung. Privateigentum wurde also sicherer und Privatinitiative damit lohnender.
Die Magna Charta konnte dem englischen König von seinen Untertanen infolge einer Krise der Staatsfinanzen abgerungen werden. Auch in Spanien führten ähnliche Krisen zu einer Repräsentation der adligen und reichen Untertanen in den sogenannten Cortes. In Kastilien aber, das ständig Krieg führte, hatten die Cortes nur wenig Einfluß. Hier entstand ein zentralistischer Staat, der schließlich bestimmend wurde für die institutionelle Entwicklung in ganz Spanien. Die Krone konnte weitgehend ungestört von Vertretern des Adels oder der Kaufleute auf das Privateigentum durch Steuererhöhungen und selbst durch Beschlagnahmungen zugreifen. Institutionelle Unsicherheit war die Folge.

Wieso wurde aber die institutionelle Ordnung in Spanien nicht geändert, um der Entwicklung eine andere Richtung zu geben? Aufzeichnungen belegen, daß die Probleme durchaus erkannt wurden. Das führt uns zum Phänomen der Verlaufsabhängigkeit (Path-dependence) institutionellen Wandels, die erklärt, wieso sich nicht zwangsläufig die effizientere Lösung durchsetzen muß. Institutionen sind nicht das Ergebnis von Angebot und Nachfrage auf kompetitiven Märkten, sondern die Folge des Wirkens von Interessengruppen. Zudem verursacht das Ändern von Institutionen Kosten, die von den Wohlfahrtsgewinnen, die der Wandel bringt, abzuziehen sind. Die unterschiedlichen Institutionensysteme, für die schon früh die Weichen gestellt wurden, liefern gute Ansatzpunkte für Antworten auf die Fragen, warum Spanien und Portugal zu zweitrangigen Mächten wurden und warum in England die industrielle Revolution beginnen konnte.

Ähnlich lassen sich die unterschiedlichen Wege, die Lateinamerika und Nordamerika genommen haben, erklären. Beide Regionen entwickelten sich aus ungefähr vergleichbaren historischen Startbedingungen heraus zu heute völlig unterschiedlichen Ökonomien. Eine Andeutung der Gründe soll im Rahmen dieser Arbeit genügen. Lateinamerika übernahm die Institutionen seiner iberischen „Mutterländer“ und damit also deren um die Regelung jeder Einzelheit bemühte zentralistische Bürokratie und Verwaltung. Dem Einfluß des bürokratischen Apparates standen jedoch Probleme bei dessen Leitung und Kontrolle gegenüber. Das behinderte zum Beispiel den Handel innerhalb Lateinamerikas (NORTH, 1990, S. 102).
In Nordamerika verlief die Entwicklung dagegen dezentral. Es gab Rechtsnormen, wie die Northwest Ordinance, die die Verwaltung und Besiedlung der Landstriche im Westen regelten, innerhalb derer die Territorien jedoch ihren eigenen Weg gehen konnten. Geregelt waren die Struktur der Eigentumsrechte, das Erbrecht und die politischen Entscheidungsregeln in den Territorien. Diese Verordnung war zudem nicht starr, sondern ließ marginale Veränderungen zu. In diesem Rahmen konnten die neu besiedelten Territorien im Westen bei einem hohen Maß an Selbständigkeit relativ problemlos in den Bundesstaat eingegliedert werden. Privateigentum war weitgehend sicher vor Zugriffen des Staates und Privatinitiative lohnte sich.

Die zugegebenermaßen sehr kurzen Abrisse der Einflüsse von Institutionensystemen auf die Entwicklung Englands und Spaniens sowie der USA und Lateinamerikas dienten nur zur Einführung in eine genauere Untersuchung der Zusammenhänge von institutionellem Wandel und Entwicklung.[53] Es sollte gewissermaßen das Interesse an diesem Ansatz zur Erklä-

[53] Eine detailliertere historische Analyse ist nachzulesen bei NORTH (1989 und 1990).

rung von Entwicklung geweckt werden. Um jedoch nicht einen falschen Eindruck zu erwecken, soll schon vorab bemerkt werden, daß die Erklärung von Entwicklung auf diese Weise der Gefahr einer Ex-post-Rationalisation unterliegt (NABLI / NUGENT, 1989d, S. 447). Kurz gesagt: Nachträglich läßt sich alles erklären. Entscheidend ist daher, welche Aussagen man durch solche Analysen über zukünftige Entwicklungen treffen kann.

3.3.2 Grundlagen und Einordnung

„The new institutional economics is `new´ because it starts from puzzles which the Arrow-Debreu theory cannot solve. It is `institutional´ because it comprehends other types of institutions than Arrow-Debreu markets. It is `economic´ because - unlike earlier attempts at `institutionalism´ - it remains many of the axioms and assumptions of the tradition which Arrow-Debreu completed, most notably methodological individualism" (TOYE, 1993, S. 35).

Unter der „Arrow-Debreu theory" versteht TOYE (1993, S. 35) die „mathematisch wasserdichte" Vervollkommnung der neoklassischen Theorie. Nach Meinung der Institutionenökonomen ist die Theorie des allgemeinen Gleichgewichts damit an ihre Grenzen gestoßen und bedarf einer Modifizierung. Diese Schlußfolgerung wurde wegen der Existenz vieler „Rätsel" gezogen, auf die die Neoklassik keine Antwort weiß. Eines wurde bereits von COASE (1937, S. 390) explizit genannt: „Our task is to attempt to discover why a firm emerges at all in a specialised exchange economy". Die Neoklassik hat keine Erklärung für die Existenz von Organisationen, geschweige denn, daß sie die Vorgänge *innerhalb* einer Organisation erklären könnte. Unternehmen treten nur in der Form von Produktionsfunktionen auf.

Der Grund für die Existenz hierarchischer Organisationen sind die in der Neoklassik nicht berücksichtigten Transaktionskosten. Darunter werden Informations-, Verhandlungs- und Überwachungskosten verstanden, die beim Tausch anfallen. Das Modell des Walrasianischen Auktionators erlaubt auch keine Erklärung solcher Institutionen wie Geld, einem Patentschutzrecht, Märkten für Optionsscheine oder ähnlichem. Die Neigung, die institutionelle Bedingtheit menschlichen Verhaltens auszuklammern, „... hat schließlich zu jener methodischen Fehlorientierung im ökonomischen Denken geführt, die einen stärkeren Bezug seiner Modellkonstruktionen und Verhaltenshypothesen zur Erfahrungswirklichkeit zugunsten der Axiologisierung und mathematischen Verfeinerung des Gleichgewichtsprinzipes zurückstellte" (HARTWIG, 1988, S. 35).
Die Unzufriedenheit mit dem Erklärungsvermögen der allgemeinen Gleichgewichtstheorie scheint die einzige Gemeinsamkeit aller „Institutionalisten" zu sein: „At best they share a conviction that economic theory must be reformulated to take account of the social and legal structures amidst which market transactions are carried out" (SIMON, 1979, S. 499). Der Ausgangspunkt der Institutionenökonomik ist damit die Kritik an der „herrschenden" Lehre, der Neoklassik. Jedoch „... nicht das Verwerfen, sondern die Verbesserung und, vor allem, Verallgemeinerung der Neoklassik wurden angestrebt" (TIETZEL, 1990, S. 8). NORTH (1990, S. 11) beschreibt diese konstruktive Kritik, indem er sagt, daß die Harmonie der Neoklassik durch einen „frictionless exchange process" erreicht wird, daß sich aber die Annahme von Transaktions- und Informationskosten von Null in der Realität nicht annähernd so robust erwies wie die Grundannahmen der Knappheit und des Wettbewerbs.

Das ist der entscheidende Unterschied der Institutionenökonomik, auch Neue institutionelle Ökonomie[54] genannt, zum sogenannten amerikanischen Institutionalismus, wie er von Thorsten B. Veblen, Wesley C. Mitchell und John R. Commons vertreten wurde. Obwohl der Name „Neue institutionelle Ökonomie" vermutlich in Abgrenzung zum amerikanischen oder „alten" Institutionalismus entstanden ist, kann die Institutionenökonomik kaum als Fortsetzung dieser Schule gesehen werden. Das methodische Vorgehen unterscheidet sich stark und im übrigen wehren sich die heutigen Vertreter des amerikanischen Institutionalismus auch gegen ein solches Ansinnen, da ihnen die Kritik der Neuen Institutionellen Ökonomie an der Neoklassik nicht weit genug geht.[55]
Abschließend bleibt zu bemerken, daß die Institutionenökonomik, zumindest was die Komplexität des Untersuchungsgegenstandes betrifft, wieder an die Arbeiten der klassischen politischen Ökonomen anschließt und der Zusatz „neu" - im Sinne von schon einmal dagewesen - eher in diesem Zusammenhang passen würde.

Die Frage ist aber, brauchen wir diese institutionelle Ökonomie überhaupt? Das wäre nach TIETZEL (1990, S. 26f) dann der Fall, wenn ihr Informationsgehalt höher ist als der der neoklassischen Theorie. Dazu müßte ihr Anwendungsbereich größer sein und/oder ihr logischer Spielraum kleiner. Beides trifft auf die Institutionenökonomik zu, denn sie stellt einerseits eine Verallgemeinerung der neoklassischen Theorie in bezug auf die untersuchten Akteure und deren Nutzenfunktionen dar und ist andererseits durch die Einführung zusätzlicher Restriktionen wie eben Institutionen und positiver Transaktionskosten präziser.
Die institutionelle Ökonomie ist aber noch keine „reife" Theorie, die sich durch einen axiomatisierten Aufbau auszeichnet (TIETZEL, 1990, S. 9). Statt dessen gibt es verschiedene Ansätze, die mehr oder weniger verknüpft sind. „At present, the analysis does not run in the direction of a compact, all-inclusive theory. Many questions are yet to be answered, and it looks as though we shall have to live for a while longer with the existing fragmented state of the field" (FURUBOTN / RICHTER, 1991, S. 28). Zu diesen „Fragmenten" gehören z.B. die Transaktionskostenökonomik, die Theorie der Property-rights, die Agency Theorie, aber auch die politische Ökonomie und die Theorie der Collective action (TIETZEL, 1990, S. 9f).[56] Im Vordergrund der folgenden Ausführungen stehen jedoch nicht einzelne Ansätze, sondern welchen Beitrag die Institutionenökonomik insgesamt zu einer Theorie der Entwicklung liefern kann.

3.3.2.1 Das Kooperationsproblem

„The whole apparatus (das neoklassische Gleichgewichtsmodell, d.Verf.) has considerable elegance, rigor and generality; all virtues in scientific work. However, these heavily stylized assumptions about human and organizational behavior give a strange picture of the human being, the firm and the workings of the marketplace" (MYHRMAN, 1989, S. 40f).

---

[54] Die Begriffe Institutionenökonomik, institutionelle Ökonomie, Neue institutionelle Ökonomie (NIE) und Ökonomie der Institutionen werden in dieser Arbeit synonym verwendet.
[55] Für eine dogmengeschichtliche Einordnung sei hier auf REUTER (1994) verwiesen. Eine Darstellung auch anderer kritischer Strömungen findet sich bei HARTWIG (1988, S. 35ff).
[56] Ein Überblick über die Vielfalt institutionenökonomischer Ansätze ist bei RICHTER / BINDSEIL (1995) zu finden.

Dieses „strange picture" entsteht dadurch, daß es definitionsgemäß kein Kooperationsproblem gibt. Daher fehlt im neoklassischen Modell „... the noise and fight that we know from real life" (MYHRMAN, 1989, S. 41). Die Tauschpartner besitzen alle relevanten Informationen, was dazu führt, daß Angebot und Nachfrage *ohne „Reibungsverluste"* zum Ausgleich gebracht werden. Der Walrasianische Auktionator sorgt sowohl für individuell als auch sozial optimale Ergebnisse. Daß dieses Bild des Tauschvorgangs wenig realitätsnah ist und allenfalls ein auf ganz wenige Märkte anwendbares Modell darstellt, ist keine neue Erkenntnis. Spieltheoretiker beschäftigen sich schon lange mit Spielen, bei denen die Spieler die Reaktionen ihrer Mitspieler nicht kennen, also unvollständig informiert sind, und Entscheidungen unter Unsicherheit treffen müssen. Wie später noch gezeigt wird, hat diese Annahme unvollständiger Informiertheit weitreichende Konsequenzen für den Verlauf institutionellen Wandels und damit auch für Entwicklung.

„Wo Menschen in echten Interaktionsbeziehungen stehen, wo das Verhalten der jeweils anderen ein Bestandteil der Entscheidungssituation eines jeden ist und auf das Entscheidungsresultat Einfluß hat, da können Dilemmasituationen auftreten" (TIETZEL, 1990, S. 25). Diese Situationen werden mit dem Begriff Gefangenendilemma umschrieben. Es besteht letztlich darin, daß die Spieler die Entscheidungen der Mitspieler nicht vorhersehen können und daher die nicht-kooperative Strategie wählen (KREPS, 1990, S. 503ff und HOLLER / ILLING, 1993, S. 1ff). Das Gleichgewicht des nicht-kooperativen Spiels ist zwar individuell rational, aber nicht effizient, denn durch Kooperation könnten sich beide verbessern. Die nicht-kooperative Strategie wird vor allem bei einmaligen Spielen gewählt. Aber auch bei wiederholtem Spiel wird Kooperation nur dann zur dominanten Strategie, wenn das Spiel unendlich oder das Ende nicht bekannt ist. Ist die Zahl der Wiederholungen nämlich begrenzt, dann besteht ein Anreiz, die „take the money and run"-Strategie zu wählen. Eine weitere Bedingung ist auch, daß die Individuen ihre Spielpartner wiedererkennen und sich an deren Strategie erinnern. Unter diesen Voraussetzungen bildet sich Kooperation spontan heraus.

Diese Verhaltensänderung im Vergleich zum einmaligen Spiel tritt deswegen ein, weil für den Spieler (Akteur) zur kurzfristigen eine langfristige Perspektive hinzutritt. Die langfristigen individuellen Gewinne durch die Wiederholung des Spiels überwiegen den kurzfristigen Gewinn durch nicht-kooperatives Verhalten. Die Tatsache, daß es im Interesse des jeweiligen Spielers liegt, sich kooperativ zu verhalten, falls das Ende des Spiels nicht bekannt ist und sich die Spielpartner wiedererkennen, wirkt als Credible commitment für die anderen Spieler.

Freiwillige Kooperation ist aber um so unwahrscheinlicher, je größer die Anzahl der Spielpartner und je weniger kontinuierlich die Tauschbeziehungen sind (LEIPOLD, 1989a, S. 132). Gerade *die* Bedingungen also, unter denen in modernen arbeitsteiligen Volkswirtschaften Tausch stattfindet. „In fact the pure essence of impersonal exchange is the antithesis of the conditions for game theoretic cooperation" (NORTH, 1993, S. 245). Die praktische Anwendbarkeit dieser theoretischen Erkenntnisse ist kaum zu überschätzen: „Das Gefangenendilemma beschreibt das klassische soziale Ordnungsproblem. Es ist überall dort relevant, wo manche Personen oder Gruppen durch egoistisches Verhalten Vorteile zu Lasten anderer und damit letztlich zu Lasten kollektiver Interessen erzielen können. Mögliche Formen sind Vertrags- oder Vertrauensbruch, Diebstahl, Lüge, Täuschung, Arbeitsscheu, weiches Leistungsverhalten, Versicherungsbetrug und viele andere Formen opportunistischen Sozialverhaltens" (LEIPOLD, 1989a, S. 132/133).

Was sind die Bedingungen, die den Spielern auch bei einmaligem Spiel und bei unvollkommenen Informationen kooperatives Handeln rational erscheinen lassen? „Können die Spieler **bindende Abmachungen** treffen, so liegt ein **kooperatives Spiel** vor. Dies setzt voraus, daß nicht nur *Kommunikation* möglich ist, sondern daß die *Abmachung exogen durchgesetzt* werden kann (etwa durch eine dritte Partei)" (HOLLER / ILLING, 1993, S. 6). Die Ermöglichung kooperativen Verhaltens ist die Aufgabe von Institutionen. Dazu gehören die Sicherung der Einhaltung von Verträgen durch die „dritte Partei" Staat oder der gute Ruf eines Händlers, den er nicht für einen einmaligen Betrug aufs Spiel setzt, und ähnliches. Institutionen sind, um in der Sprache der Spieltheorie zu bleiben, die Spielregeln.
Da in arbeitsteiligen Gesellschaften das Entstehen einer spontanen Ordnung aufgrund des Gefangenendilemmas unwahrscheinlich ist, ist an diesem Punkt auch eine ökonomische Begründung für staatliche Autorität gegeben. Das Gewaltmonopol des Staates ermöglicht Kooperation erst, aber mit ihm können auch negative Folgen für die Entwicklung einer Volkswirtschaft verbunden sein. Das wird uns bei der Diskussion der Bedeutung von Organisationen für den institutionellen Wandel noch beschäftigen (vgl. 3.3.4.1).

Aus den bisherigen Ausführungen folgt, daß das Phänomen Entwicklung nicht allein wegen dem in dieser Arbeit verwendeten individualistischen Entwicklungsziel nur unter Einbeziehung einer Institutionenanalyse zu fassen ist. Institutionen definieren den Möglichkeitsbereich von Handlungen und: „Gleichzeitig induzieren sie stabile Erwartungen über das Verhalten anderer sowie über die Konsequenzen eigener Handlungen, wodurch Komplexität und Unsicherheit reduziert und ein geordnetes menschliches Zusammenleben erst möglich wird" (HARTWIG, 1988, S. 31). Die Institutionen entscheiden also darüber, *wie* menschliche Interaktionen ablaufen.

3.3.2.2 Definition der Institutionen

„By institutions, I mean the humanly devised constraints on repeated human interaction, that is, the rules of the game - both formal rules and informal norms of behavior and the way they are enforced" (NORTH, 1988, S. 15). „Hence they limit and define the choice set of neoclassical theory" (NORTH, 1989, S. 1321).

Grund für die Existenz von Institutionen ist die „konstitutionelle Unwissenheit der einzelnen ökonomischen Entscheidungsträger" (SCHMIDTCHEN, 1989, S. 162). Diese Unwissenheit bringt Unsicherheit in die menschlichen Interaktionen. Institutionen verringern nun diese Unsicherheit, indem sie für ein *regelmäßiges* Verhalten der Akteure sorgen. „That is, institutions are regularities in the interaction between agents that arise because of uncertainty in deciphering the complex interdependencies created by these interactions" (HEINER, 1983, S. 573). Es müssen Erwartungen über das Handeln der Tauschpartner gebildet werden und die Kenntnis der Institutionen liefert dafür die erwartungsstabilisierenden Informationen. Institutionen, die aufgrund von Unsicherheiten entstehen, ermöglichen es damit paradoxerweise gerade, Verhalten vorhersehbar zu machen, werden also zum „Origin of Predictable Behavior" (HEINER, 1983).

Institutionen wirken aber nicht nur handlungsbeschränkend, sie bestimmen auch die Anreizstruktur, geben die „Incentives", nach denen die Wirtschaftssubjekte ihr Handeln richten. Aus diesem Grunde erscheint eine ausfürlichere Definition von Institutionen als die, daß es sich um *von Menschen geschaffene Beschränkungen menschlicher Interaktionen* handelt, angebracht. Für eine Definition ist eine Strukturierung hilfreich, wobei aber im voraus schon darauf hingewiesen wird, daß die einzelnen Teile nicht unabhängig voneinander zu sehen sind, sondern eine zusammenhängende, sich gegenseitig beeinflussende Ordnung (System von Normen und deren Garantieinstrumenten; RICHTER, 1990, S. 572) ausmachen. Geht es um die Gesamtheit der Institutionen in einer Volkswirtschaft, so sollen im folgenden die Begriffe institutionelle Ordnung oder institutionelle Rahmenbedingungen verwendet werden, ist von Institutionen die Rede, so sind Teile dieses Systems gemeint. Nach den Garantieinstrumenten, also der Art und Weise der Durchsetzung von Beschränkungen soll eine Einteilung der Institutionen erfolgen.[57]

Diagramm 4

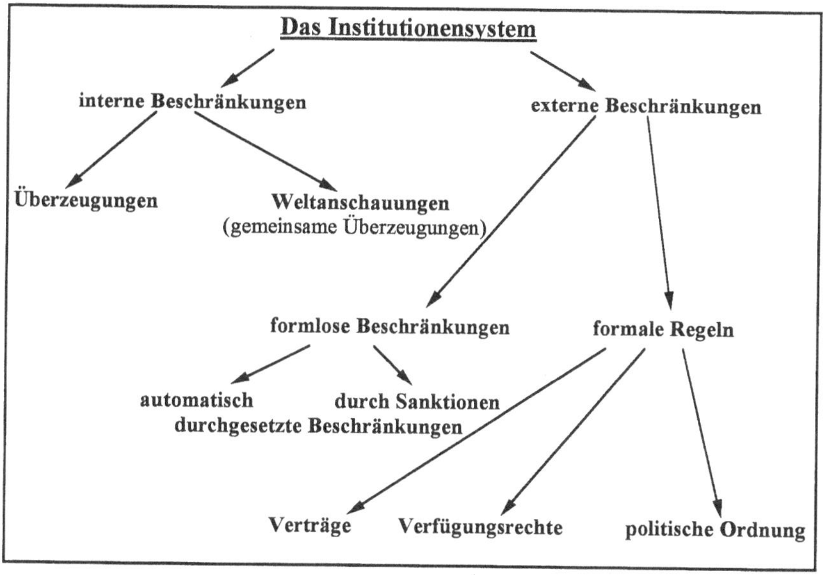

Die Durchsetzung kann in erster Linie innerlich oder äußerlich geschehen (RICHTER, 1990, S. 572 / KIRCHGÄSSNER, 1993, S. 183). Unter innerlich oder intern durchgesetzten Beschränkungen menschlichen Verhaltens sind Vorstellungen, Weltanschauungen und Überzeugungen zu verstehen (NORTH, 1990, S. 40). Diese Einordnung wird zwar hier vertreten, aber es ist umstritten, ob diese internen Beschränkungen überhaupt zu den Institutionen zu zählen sind. „The mental models are the internal representations that individual cognitive systems create to interpret the environment; the institutions are the external (to the mind) mechanisms individuals create to structure and order the environment" (DENZAU / NORTH, 1994, S. 4). Stellt man bei Institutionen aber das Charakteristikum der Beschränkung menschlichen Verhaltens in den Vordergrund (LIN, 1989, S. 4), dann erscheint es logisch, sowohl die von einer Gemeinschaft dem einzelnen auferlegten Beschränkungen als auch die, die das Individuum sich selbst setzt, zu den Institutionen zu

---

[57] Eine ähnliche Gliederung ist (in tabellarischer Form) bei KIWIT / VOIGT (1995, S. 8) zu finden.

zählen. Sieht man bei Institutionen vor allem den Regelcharakter als wesentlich an, dann wären interne Beschränkungen allenfalls dann als Institutionen zu bezeichnen, wenn sie gemeinhin bekannt sind, also auch von den anderen Mitgliedern der Gesellschaft oder bestimmten Gruppen einer Gesellschaft geteilt werden (KIWIT / VOIGT, 1995, S. 3). Um Verwirrungen zu vermeiden, soll im folgenden aber dennoch der Begriff Institutionen den externen Regeln vorbehalten bleiben. Die „internen Institutionen“ werden der Definition von DENZAU / NORTH (1994) folgend als Denkmodelle (mental models) bezeichnet.
Der Grund dafür, daß diese „Mental models“ menschliches Verhalten beeinflussen, ist die Notwendigkeit, Entscheidungen unter Unsicherheit treffen zu müssen. Fehlende Informationen werden durch eigene Erfahrungen aus anderen Bereichen oder durch mit anderen geteilte Denkmodelle, die von einer Generation an die nächste weitergegeben werden, ersetzt. Diese Art von Institutionen waren im Gegensatz zu den formalen bisher kaum Gegenstand des Interesses von Ökonomen. Dies widerspricht aber der Bedeutung, die den internen und auch den nicht-formalen Institutionen z.B. bei der Transformation der osteuropäischen Ökonomien in Marktwirtschaften in zunehmendem Maße auch von Ökonomen beigemessen wird. „Es scheint somit eine Lücke zwischen wissenschaftlicher Analyse und wissenschaftlichem Erkenntnisbedarf zu bestehen“ (MUMMERT, 1995, S. 1). Dadurch wird nämlich ein sehr wesentlicher Antrieb menschlichen Verhaltens vernachlässigt, denn „... experimental economics provides evidence that individuals do not always free-ride ...“ (NORTH, 1990, S. 42). Die Tatsache allein, daß keine Institutionen vorhanden sind oder nicht glaubwürdig durchgesetzt werden, führt nicht unbedingt zu Trittbrettfahrer-Verhalten. Wenn man erklären will, warum „persons do not behave opportunistically whenever the occasion permits“ (BUCHANAN, 1994, S. 123), muß man die Theorie erweitern. Interne Beschränkungen durch Denkmodelle dienen dazu, moralisches oder allgemein regelnbefolgendes Verhalten, daß zumindest kurzfristig nicht zur Maximierung des individuellen Nutzens führt, zu erklären.

Menschliches Verhalten kann also, wenn man es unter dem Aspekt der Regeln betrachtet, einfach in der unreflektierten Befolgung von Regeln, in der Verfolgung des Eigeninteresses unter der Beachtung der existierenden Regeln oder in der Verfolgung von Eigeninteresse unter Mißachtung der existierenden Regeln bestehen. Die letzte Möglichkeit nennt WILLIAMSON (1985, S. 47) Opportunismus: „By opportunism I mean self-interest seeking with guile. This includes but is scarcely limited to more blatant forms, such as lying, stealing, and cheating. Opportunism more often involves subtle forms of deceit“. Welche der drei genannten Verhaltensmöglichkeiten gewählt wird, hängt sowohl vom Individuum als auch von der Situation ab. Die individuelle Einschätzung einer Entscheidungssituation gibt den Ausschlag. Das Individuum kann zu dem Schluß kommen, daß sich die Abwägung von Nutzen und Kosten einer Entscheidung nicht lohnt - im Vergleich zur Bedeutung des Problems also zu teuer ist - und sich einfach regelnbefolgend verhalten. Es kann aber auch der Meinung sein, daß es sich lohnt, Informationskosten in Kauf zu nehmen, Nutzen und Kosten unter der Restriktion dieser - dennoch *immer* unvollkommenen - Informationen abzuwägen und den eigenen Nutzen innerhalb oder auch unter Umgehung der Regeln zu suchen.
Die Entscheidung zu opportunistischem Verhalten hängt dabei nicht nur von der Beschaffenheit und der Durchsetzung der externen Institutionen ab, sondern auch von den Denkmodellen. Diese Größe nicht als exogen zu betrachten, ist dann gerechtfertigt, wenn sich *systematische* Wirkungen auf das Verhalten der Akteure ergeben. Wenn die Denkmodelle von vielen Mitgliedern einer Gesellschaft geteilt und auch - als Kultur - von einer Generati-

on an die nächste weitergegeben werden, besitzen sie die Qualität von Institutionen, nämlich Regelcharakter. Die Bedeutung der von einer Gemeinschaft geteilten Denkmodelle - Weltanschauungen - für den institutionellen Wandel und für den wirtschaftlichen Erfolg wird später noch ausführlich diskutiert (vgl. 3.3.4.2.2).

Da die durch die Möglichkeit äußerer Folgen durchgesetzten Institutionen bisher besser analysiert sind als die internen Beschränkungen, verfügen wir hier über eine genauere Untergliederung.
Eine Einteilung ist die in automatisch wirksame (self-enforcing) Beschränkungen und in Institutionen, die durch irgendwelche Instrumente durchgesetzt werden. Automatisch wirksame Beschränkungen sind z.B. Konventionen, deren Einhaltung im Interesse aller Beteiligten liegt. Das Brechen dieser Konventionen bringt dem Individuum keine Vorteile, sondern bewirkt lediglich, daß die Transaktionskosten für alle Akteure steigen. In diesem Fall sind die Institutionen am glaubwürdigsten, da ihre Einhaltung in der Motivation der Spieler liegt. Ansonsten müssen Instrumente vorhanden sein, um ihre Einhaltung erzwingen zu können.
Interessanter, da politisch leichter beeinflußbar, sind die nicht-automatischen Institutionen. Dazu gehören zum einen formgebundene Beschränkungen, wie eine Verfassung, Gesetze und Verträge und zum anderen formlose Beschränkungen. NORTH (1990, S. 41) unterteilt letztere in solche, die die Meßkosten senken wie z.B. Standardisierungen und in solche, die die Sicherung der Vertragserfüllung durch spezifische Sanktionen oder durch die Bereitstellung von Informationen (z.B. credit ratings) effektiv machen. Solche Institutionen tragen dazu bei, daß die Messungs- und Erfüllungskosten unter ein Maß gedrückt werden, das Tausch überhaupt erst ermöglicht. In der Spieltheorie ist das modellierbar als Erhöhung der Gewinne aus kooperativer Tätigkeit.
Formgebundene Beschränkungen standen von den genannten Institutionen bis jetzt am häufigsten im Mittelpunkt ökonomischer Analysen. Damit drückt sich in der gewählten Reihenfolge der Aufzählung nicht nur eine immer größere „Faßbarkeit" dessen aus, was unter Institutionen zu verstehen ist, sondern in ihr nimmt auch das Wissen zu, das wir über die jeweiligen Institutionen und ihre Wirkungen besitzen. Zu den formalen Regeln gehören die politische Ordnung, Verfügungsrechte und Verträge. Dabei ist die Hierarchie so, daß individuelle Verträge innerhalb des Anreizsystems geschlossen werden, das durch die Verfügungsrechte bestimmt wird und die Verfügungsrechte innerhalb des politischen Entscheidungsprozesses festgelegt werden.
Die Verträge sind wegen der unvollkommenen Informationen der Akteure notwendigerweise unvollständig. Auch die Eigentumsordnung ist nicht vollkommen, sondern es gibt schwächere und stärkere Verfügungsrechte - je nachdem, wie genau sie spezifiziert sind. Es lassen sich vier Einzelrechte finden, die die Stärke des Eigentums an einer Sache ausmachen: Eine Sache zu nutzen, ihre Erträge einzubehalten, ihre Form und Substanz zu verändern und das Recht, sie anderen ganz oder teilweise zu überlassen (RICHTER, 1990, S. 574f; vgl. auch SCHÜLLER, 1988, S. 168ff). Es ist der „Grad der Exklusivität", der die Stärke der Eigentumsrechte bestimmt. Der Wert den ein Gut für ein bestimmtes Individuum besitzt, hängt also nicht nur von dessen physikalischen Eigenschaften ab. „It follows from what has been said that an asset or commodity can be defined not only by its technical properties but also by the particular set of legal restrictions governing the use and exchange of the item" (FURUBOTN / RICHTER, 1991, S. 5).

Von den genannten drei Teilen aus denen die formalen Regeln bestehen, erscheint die Analyse der politischen Regeln aber am interessantesten, da sie den Rahmen für die anderen beiden Bereiche abgeben. Die politische Ordnung legt fest, nach welchen Regeln politische Entscheidungen getroffen *und* durchgesetzt werden.
Von den möglichen politischen Ordnungen scheint eine Diktatur sogar einfacher analysierbar zu sein als eine Demokratie. Der Diktator verhält sich als diskriminierender Monopolist, indem er Leistungen, wie öffentliche Güter oder Umverteilung, anbietet und dafür Steuereinnahmen verlangt (NORTH, 1990, S. 48). Die Untertanen (es handelt sich hier im engeren Sinne nicht um Wähler) organisieren sich in Gruppen, deren relative Verhandlungsstärke die Verhandlungsergebnisse beeinflußt. Die in einer Diktatur bestehende Eigentumsordnung ist also das Ergebnis von Verhandlungen und da diese mit Kosten verbunden sind, kann sie allein aus diesem Grund nicht ökonomisch effizient sein. Dasselbe gilt aber auch für Demokratien. Wenn nämlich Gütermärkte nicht effizient sind, dann gibt es auch keinen Grund anzunehmen, daß politische Märkte vollkommen sind. Nicht nur in Diktaturen, sondern auch in Demokratien tauschen die „Ruled" Unterstützung (Stimmen) gegen Versprechungen (politische Programme) der „Ruler".
Die Neigung der Regierten, Anstrengungen auf diese Verhandlungen zu verwenden, richtet sich nach ihren Opportunitätskosten. Wie hoch ist das Einkommen, das innerhalb des bestehenden Institutionensystems erzielt werden kann, und wieviel hat der Regierende anzubieten? Er kann um so mehr anbieten, je größer sein Handlungsspielraum ist - je weniger er also an Regeln gebunden ist. Demokratien schränken durch die Formalisierung der Entscheidungsprozesse diesen Handlungsspielraum stärker ein als Diktaturen. Die Repräsentierung von Untertanen in Versammlungen, Parlamenten oder ähnlichem formalisiert nach NORTH (1990, S. 51) den beschriebenen Tausch und erhöht somit die politische Effizienz: „In the sense that democratic government gives a greater and greater percentage of the populace access to the political decision-making process, eliminates the capricious capacity of a ruler to confiscate wealth, and develops third-party enforcement of contracts with an independent judiciary, the result is indeed a move toward greater political efficiency". Politische Ordnungen können folglich nicht streng in Demokratien und Diktaturen eingeteilt, sondern müssen in einem Kontinuum mehr oder wenig effizienter politischer Märkte gesehen werden. Die Art und Weise, wie der Staat seine Zwangsgewalt einsetzt, ist tatsächlich der wichtigste Grund für die hohe wirtschaftliche Leistungsfähigkeit mancher und für die Stagnation vieler Ökonomien. Diese These wird später noch ausführlicher begründet (vgl. 3.3.3).

Am Ende dieser Definition von Institutionen soll noch einmal darauf hingewiesen werden, daß trotz der Betonung der Funktion von Institutionen als *Beschränkungen menschlichen Verhaltens in der Gegenwart* diese Beschränkungen aus einer normativen Sicht zu einer *Ausweitung der Handlungsfreiheiten*, also zu einer Verringerung der Beschränkungen *in der Zukunft* führen sollen.

3.3.2.3 Transaktionskosten und die Durchsetzung von Regeln

„Für den Institutionenökonomen ist das (eine Welt ohne Transaktionskosten, d.Verf.) ein so wenig überzeugender Idealtypus wie es für den herkömmlichen Neoklassiker die absurde Annahme kostenloser Produktion wäre" (RICHTER, 1990, S. 579).

Bis jetzt wurde die Existenz und Notwendigkeit von Institutionen auf menschliches Verhalten zurückgeführt. Die aus unvollständigen Informationen folgende Unsicherheit führt dazu, daß kooperatives Verhalten (Tausch) nicht zustande kommt. In kleinen überschaubaren Gesellschaften ist der Tausch personalisiert. Durch die engen sozialen Beziehungen ist Opportunismus, die Verfolgung von Eigeninteresse unter Zuhilfenahme von List, kaum lohnend und die Transaktonskosten sind relativ gering. Andererseits sind die Produktionskosten wegen der kleinen Märkte und der daraus folgenden geringen Spezialisierung hoch. In arbeitsteiligen, spezialisierten Ökonomien dagegen sind die Produktionskosten geringer und die Transaktionskosten höher, da der Tausch unpersönlich ist und damit die automatische gesellschaftliche Kontrolle fehlt. Ohne Institutionen, die diese automatische Kontrolle ersetzen, sind die Transaktionskosten aufgrund der bestehenden Unsicherheiten höher als die Vorteile aus dem Tausch.
Die Notwendigkeit, sich mit Institutionen zu beschäftigen, folgt demnach auch aus der immensen Bedeutung, die die Transaktionskosten in der arbeitsteiligen Welt besitzen. „Between 1870 and 1970, the resources devoted to the transaction sector grew from 25 percent of GNP to more than 45 percent of GNP" (NORTH, 1988, S. 22). Diese Zahl bezieht sich aber nur auf Transaktionen, die über Märkte laufen. „However, costs of transacting arising from queuing, waiting, rationing, bribery, etc., which are substantial in all economies but particularly in Third World and socialist economies, are unmeasured" (NORTH, 1989, S. 1324). Wenn man solche Messungen des Transaktionssektors anzweifelt, dann ist es vielleicht hilfreich, sich eine Welt ohne Transaktionskosten vorzustellen, um einen Eindruck von deren Bedeutung zu bekommen, denn Institutionen und Organisationen wie Geld, Unternehmen, öffentliche Körperschaften usw. gäbe es nicht (RICHTER, 1990, S. 578f).

Da aber der Begriff der Transaktionskosten mindestens genauso umstritten ist wie der der Institutionen, ist es erst einmal angebracht, ihn für diese Arbeit zu klären. Definitionen sind aber etwas relatives und nichts absolutes, weshalb Abweichungen von anderen Begriffsabgrenzungen auch kein Problem sind. „Der Inhalt eines Begriffs erschließt sich erst im Rahmen der theoretischen Kontexte, innerhalb derer er Verwendung findet. Insofern sind Definitionen allein eine Frage der Zweckmäßigkeit" (LÖCHEL, 1995, S. 24). Für diese Arbeit bietet sich eine weite Definition von Transaktionskosten als „the costs of operating the economic system" (GRABOWSKI, 1988, S. 386) an. Diese unpräzise Aussage kann man dadurch etwas konkretisieren, indem man Transaktionskosten negativ definiert als alle Kosten, die nicht durch den Prozeß der Transformation entstehen oder Transportkosten sind. Das heißt, die Transaktionskosten sind vom Bruttogewinn, der sich berechnet aus den Erlösen abzüglich der Transformations- und der Transportkosten, abzuziehen. Die Transaktionskosten sind ein Teil der Produktionskosten.

Aus diesen Überlegungen heraus scheint die umfassende Definition von RICHTER (1990, S. 576ff), daß Transaktionskosten alle Kosten sind, die bei der *Bereitstellung*, *Änderung* und *Nutzung* einer Institution anfallen, logisch zu sein. Wir können also nach der in dieser Arbeit verwendeten Struktur der Institutionen in einer Volkswirtschaft auch die Transaktionskosten unterteilen. Demnach sind Transaktionskosten Kosten, die mit der Bereitstellung, Änderung und Nutzung

1. der politischen Ordnung,
2. der Verfügungsrechte,
3. von Verträgen

a) auf Märkten und
b) in Organisationen,
4. der formlosen Beschränkungen und
5. der internen Beschränkungen verbunden sind.

zu 1.: Hierzu zählen die Kosten, die durch den politischen Verhandlungsprozeß entstehen wie z.B. die Wahl von Volksvertretern, die Unterhaltung von Parlamenten und auch die Bildung von Lobbys durch Interessengruppen. Aber auch die Kosten der Durchsetzung politischer Entscheidungen müssen hier hinzugerechnet werden.

zu 2.: Hierzu zählen die Kosten der Rechtsordnung, Rechtsprechung und Rechtsdurchsetzung.

zu 3.: Hierzu zählen *Informationskosten*, die bei der Anbahnung, *Verhandlungskosten*, die beim Abschluß und *Durchsetzungskosten*, die bei der Überwachung von Verträgen entstehen.
Im Gegensatz zu RICHTER (1990, S. 577), der diese Unterteilung nur für die Kosten der Marktbenutzung trifft, wird hier die Position vertreten, daß diese Unterteilung auch für Verträge innerhalb einer Organisation verwendet werden kann. RICHTER (1990, S. 578) bezeichnet die Transaktionskosten, die innerhalb einer Unternehmung anfallen, dagegen als Kosten der Dispositionsnutzung. Es sind die Kosten, die durch die Notwendigkeit der Überwachung von Dienstverträgen entstehen. Während die Kosten der Marktbenutzung als Kosten der *externen* Koordination bezeichnet werden können, sind es Kosten der *internen* Koordination, die in allen Organisationen (Peronenverbänden) entstehen, also nicht nur in Unternehmen, sondern auch in Haushalten, Behörden oder Interessenverbänden. Die Abgrenzung der Kosten der Dispositionsnutzung von denen der Marktbenutzung betrifft nur die Art und Weise der Durchsetzung von Verträgen ex post, nämlich im einen Fall durch einen Dritten und im anderen Fall durch eine hierarchische Struktur. Ex ante werden die Arbeits- oder Gesellschaftsverträge ebenfalls auf Märkten geschlossen, daher sind nach SCHMIDTCHEN (1989, S. 168) „... die Kosten der Dispositionsnutzung nichts anderes als ein Unterfall der Transaktionskosten im engeren Sinne, also der Kosten der Marktbenutzung".

zu 4.: Hierzu zählen die Bereitstellung, Änderung und Nutzung von „... features that make the exchange viable by reducing measurement and enforcement costs" (NORTH, 1990, S. 41). Einige Beispiele für solche „features" wurden bereits genannt. Z.B. Marktbeobachtungen und Messungen der Eigenschaften von Gütern durch unabhängige Dritte zur Senkung der Informationskosten für die Käufer von Endprodukten („Stiftung Warentest").

zu 5.: Welche Transaktionskosten unter diesem Punkt zusammenzufassen sind, ist schwer zu definieren, da ihre Messung kaum möglich ist. Zu denken ist an die Kosten, die Organisationen darauf verwenden, die Denkmodelle ihrer Mitglieder oder auch die Außenstehender im Sinne ihrer Ziele durch „moral suasion" zu beeinflussen. Die Kosten der Durchsetzung gemeinsamer Denkmodelle sind zwar nicht meßbar, sie beeinflussen aber die Höhe der meßbaren Transaktionskosten. Anders formuliert: „... morale building is a substitute at the margin for investing in more monitoring" (NORTH, 1990, S. 66). Die Neigung zu „moralischem Verhalten" wirkt sich also auch auf die Effizienz der Märkte aus: „The powers of public persuasion may at least be marginally effective in transmitting a sense of values that include adherence to the generalized morality of the marketplace“ (BUCHANAN, 1994, S. 126). Das wird im folgenden noch genauer erläutert. Vorab soll bemerkt werden, daß z.B. das Ausmaß der Steuer- oder der Arbeitsmoral davon abhängt, für wie *gerecht* die jeweilige Institution (Steuergesetz, Arbeitsvertrag etc.) *empfunden* wird (vgl. BUCHANAN, 1994, S. 130f).

Die Kosten der Regelbefolgung sind gesamtwirtschaftlich gesehen die Kosten der Durchsetzung der Institutionen, individuell gesehen handelt es sich um Opportunitätskosten, die dem Nutzen entsprechen, der sich aus der alternativen Entscheidung, nämlich der Nicht-Befolgung der Regeln, ziehen lassen würde. Je größer die Wahrscheinlichkeit der Sanktionierung von Regelverstößen und je schwerer die Strafe ist, um so geringer ist der Nutzen (Gewinn), der durch die Nicht-Befolgung von Regeln erzielt werden könnte. Es gibt allerdings nicht nur externe Sanktionen. Interne Beschränkungen, sei es, daß es sich um individuelle und nicht von anderen geteilte Denkmodelle handelt oder um von anderen geteilte Weltanschauungen, die auch äußeren sozialen Sanktionen unterliegen können, werden durch „intrinsische“ Sanktionen durchgesetzt. „Internalisierte Institutionen belegen die von ihnen abweichenden Handlungen somit mit psychischen Kosten“ (MUMMERT, 1995, S. 12). Man kann auch positiv formulieren, daß die Entscheidung gemäß der eigenen Denkmodelle einen persönlichen Nutzen bringt.
Spätestens bei der Durchsetzung der internen Beschränkungen wurde das Feld der volkswirtschaftlich meßbaren Transaktionskosten verlassen. Gesamtwirtschaftlich sind diese Kosten nur interessant, wenn die Beschränkungen Regelcharakter besitzen, also von allen bzw. der Mehrheit geteilt werden. Nur in diesem Fall ist den anderen Gesellschaftsmitgliedern das Denkmodell bekannt, nach dem der jeweilige Akteur handeln *müßte*, nur dann kann das Verhalten mit der Regel verglichen werden und vor allem haben die anderen Gesellschaftsmitglieder überhaupt nur dann ein Interesse daran, daß der einzelne nach seinen Denkmodellen handelt. Stimmen die Denkmodelle mit den externen Institutionen überein, sind sie also ein Teil der Regeln der Gesellschaft - was nicht unbedingt der Fall sein muß, dann wird durch die „psychischen Kosten“ die Neigung zu opportunistischem Verhalten verringert.

Die hier vertretene Definition meßbarer Transaktionskosten ist relativ umfassend. Häufig werden unter Transaktionskosten nur die Kosten der Marktbenutzung verstanden (z.B. BROMLEY, 1993, S. 135). Die Transaktionskostenökonomik ist zudem bereits relativ weit entwickelt und umfaßt vielerlei Einzeltheorien wie die Theorie des Rent-Seeking, die Agency Theorie, die Theorie der Unternehmung etc.[58]
Betrachtet man nur die Transaktionskosten, die mit der Nutzung von Institutionen auf der Ebene der Verträge verbunden sind, so ist eine Zweiteilung in die Kosten der Messung der Attribute der Tauschobjekte und der Überwachung und Durchsetzung von Verträgen sinnvoll. Diese Kostenarten entstehen durch opportunistisches Verhalten, genauer gesagt durch Informationsasymmetrien, die von den Tauschpartnern zu ihrem Vorteil genutzt werden. So besitzt z.B. der Verkäufer bessere Informationen über die Eigenschaften des Gutes, das er verkaufen will, als der Käufer. Geht es um die Erfüllung von Verträgen, ist es von Belang,

[58] Für eine Systematisierung nach Aktoren und Transaktionskostenarten sei auf TIETZEL (1990, S. 21) verwiesen.

daß der Agent eine eigene Nutzenfunktion besitzt und daher die besseren Informationen, die er im Vergleich zum Prinzipal besitzt, zu seinem eigenen Vorteil auszunutzen versucht. Gerade mit dem Principal-agent-Ansatz lassen sich viele Institutionen der Vergangenheit erklären. Beispielsweise die Geiselnahme, um die Erfüllung von Verträgen durchzusetzen oder der große Stellenwert von Gefolgstreue und Verwandtschaftsbanden (Napoleon z.B. hat die Throne des von ihm eroberten Europas mit Verwandten besetzt) u.ä. Es ist klar, daß diese Arten von Institutionen nicht ausreichen, um die Vielzahl von Transaktionen in arbeitsteiligen, modernen Wirtschaften zu ermöglichen. Der Übergang von Gesellschaften, in denen der Tausch personalisiert ist und mit Hilfe sozialer Sanktionen durchgesetzt wird, zu hochspezialisierten Ökonomien, in denen Produktivitätsgewinne zu steigendem Pro-Kopf-Einkommen führen, ist nur dann möglich, wenn das Kooperations-Problem annähernd gelöst wird. Die Entstehung effizienter(er) Institutionen ist deswegen entscheidend, weil mit der Zunahme der Arbeitsteilung die Transaktionskosten steigen und die Transformationskosten wegen steigender Skalenerträge relativ an Bedeutung verlieren.[59]
Die Schaffung und vor allem die Durchsetzung von Institutionen, die für alle Akteure in einer Volkswirtschaft gelten, ist letztlich nur durch eine *dritte Partei*, die mit einem Zwangsmonopol ausgestattet ist, möglich bzw. bei weitem am effizientesten. Das Dilemma besteht nun darin, daß einerseits der Staat nötig ist, um Entwicklung zu ermöglichen, andererseits die Staatsgewalt häufig dazu mißbraucht wird, Eigentumsrechte unsicher zu machen.
Die Bedeutung der Effizienz der Überwachung und Durchsetzung von Verträgen ist gar nicht zu überschätzen. NORTH (1990, S. 54) unterstreicht dies: „... the inability of societies to develop effective low-cost enforcement of contracts is the most important source of both historical stagnation and contemporary underdevelopment in the third world"

3.3.2.4 Verhaltensannahmen

„Although an individual is rational, his rationality is limited by his neurophysical ability to receive, store, retrieve, and process information, and by his linguistic ability to make knowledge or feelings understood by others" (LIN, 1989, S. 6).

Es mag auf den ersten Blick nicht logisch erscheinen, die Diskussion der Verhaltensannahmen der institutionellen Ökonomie nicht der Definition von Institutionen und Transaktionskosten voranzustellen, da doch die von der Neoklassik abweichenden Annahmen über das menschliche Verhalten der Grund für die Existenz und Notwendigkeit von Institutionen sind. Für die Entwicklung der Gedanken bis zu diesem Punkt genügte es aber zu begründen, *warum* die Annahme vollkommener Informiertheit der Akteure aufgegeben werden muß. Aus der Annahme der begrenzten Rationalität sind jedoch, wie im folgenden dargestellt werden soll, noch weitgehendere Schlußfolgerungen zu ziehen, die bereits den institutionellen Wandel betreffen, ja sogar ein wesentlicher Erklärungsbestandteil für dessen Verlauf sind.

Zuerst wird noch einmal betont, daß das Verfahren des methodologischen Individualismus angewendet wird. D.h., wirtschaftliche Vorgänge und Zusammenhänge sollen durch das

---

[59] MATTHEWS (1986, S. 906f) erläutert dies am Beispiel der abnehmenden Bedeutung der Familie als "productive unit".

Verhalten der Individuen erklärt werden. „The central idea is that `society´, `the state´, `the people´, `the firm´, or `parties´ are *not* to be understood as collective entities that behave as though they were individual actors“ (FURUBOTN / RICHTER, 1991, S. 4). Dies ist bereits ein Unterschied zur Neoklassik, die das Verhalten von Haushalten und Unternehmen untersucht. Die einzelnen Mitglieder einer Unternehmung z.B. verfolgen aber nicht unbedingt das Ziel der Gewinnmaximierung dieser Unternehmung, sondern sie maximieren ihren eigenen Nutzen. Für den oder die Eigentümer des Unternehmens sind die Ziele Nutzen- und Gewinnmaximierung zumindest langfristig dieselben. Die Effizienz des Unternehmens hängt dann davon ab, inwieweit es dem Prinzipal gelingt, für die Agenten ebenfalls die Maximierung des Gewinns der Unternehmung mit der Maximierung ihres eigenen Nutzens übereinstimmen zu lassen. Dazu ist es nötig, opportunistisches Verhalten der Agenten zu verhindern oder einzuschränken, wobei es von den Institutionen (z.B. Verträgen und deren Durchsetzung) abhängt, inwieweit das dem Prinzipal gelingt. Die Möglichkeit der „Verfolgung von Eigeninteresse mit List“ ist ein weiterer Unterschied zur Neoklassik.

Unsicherheiten sind der Grund für die Existenz von Institutionen. Sie resultieren zum einen aus der Komplexität der Probleme und zum anderen aus der im Eingangszitat beschriebenen begrenzten Verarbeitungskapazität der menschlichen „Software“ (LIN, 1989, S. 5 und NORTH, 1990, S. 25). HEINER (1983, S. 562) spricht in diesem Zusammenhang von einem „competence-difficulty (C-D) gap“.
Institutionen sorgen dafür, daß wir bei den meisten Transaktionen in unserem Leben Entscheidungen treffen, ohne die damit verbundenen Probleme vollständig durchdenken zu müssen (BUCHANAN, 1994, S. 133). Damit ist aber noch nichts darüber ausgesagt, wie effizient die jeweiligen Institutionen die Tauschprobleme lösen.
Die automatischen oder durch die Erwartung externer Sanktionen durchgesetzten Institutionen können die Unsicherheit bei Entscheidungen aber nur teilweise verringern. Es ist z.B. nicht möglich bzw. zu teuer, in einem Vertrag *alle* Möglichkeiten ex ante zu entscheiden. Auch bei Gesetzen besteht ein Interpretationsspielraum, der es dem Richter nicht erlaubt, *automatisch* Urteile zu fällen, sondern der spezifische Fall muß verhandelt werden. Aus der Annahme, daß Transaktionen stets Kosten größer Null verursachen, folgt, daß es keine effizienten Institutionen gibt, denn effizient wären sie dann, wenn die Transaktionskosten Null wären. Das bedeutet, daß äußere Institutionen Unsicherheiten zwar verringern, aber nicht beseitigen können. Die Individuen wie die Vertragspartner oder der Richter müssen also *immer* Entscheidungen unter Unsicherheit treffen.

Die Annahme der rationalen Wahlhandlung trifft folglich nicht zu, aber ist es auch sinnvoll, sie für die Modellbildung zu verwerfen? Wenn Annahmen nicht realistisch sind, dann müssen sie zumindest geeignet sein, die interessierenden Sachverhalte zu erklären. Die Rationalitätsannahme läßt sich um so weniger aufrecht erhalten, je komplexer Situationen sind, d.h., je mehr Wahlmöglichkeiten und Mitspieler es gibt, je schlechter die Informationen über die möglichen Handlungsergebnisse sind, je einmaliger die Entscheidungen sind und je weniger sich damit auf Erfahrungen zurückgreifen läßt und schließlich je schlechter die Individuen motiviert sind, d.h., je weniger sie glauben, daß die Entscheidung für sie selbst wichtig ist oder daß sie tatsächliche Auswirkungen hat.
Die meisten Entscheidungen in der „realen Welt“ werden sogar unter *strenger* Unsicherheit getroffen, bei denen die Individuen nicht einmal über subjektive Wahrscheinlichkeitsverteilungen der möglichen Ergebnisse verfügen. Für eine solche Wahrscheinlichkeitsverteilung

wäre es nämlich nötig, die Menge der möglichen Ergebnisse zu kennen (DENZAU / NORTH, 1994, S. 7ff). Es ist folglich eine Theorie darüber notwendig, wie der menschliche Geist trotzdem Entscheidungen treffen kann. Mit Hilfe dieser Theorie sollte es dann auch möglich sein, durch die Rationalitätsannahme nicht erklärbare Verhaltensweisen zu erklären. „The broad range of human actions characterized by such activities as the anonymous free donation of blood, the dedication to ideological causes such as communism, the deep commitment to religious precepts, or even the sacrificing of one's life for abstract causes could all be dismissed (as many neoclassical economists dismiss them) if they were isolated events. But obviously they are not and they must be taken into account if we are to advance our understanding of human behavior" (NORTH, 1990, S. 25f).
Akzeptiert man, daß das Wissen und die Verarbeitungskapazität von Informationen jedes Individuums beschränkt sind, dann muß man zwischen der realen Welt und den subjektiven Vorstellungen von ihr unterscheiden: „All our perception of the world is, according to Hayek, theory-guided or conjectural in the sense that it is always based on preexisting systems of classification in the light of which objects and invents are `interpreted´" (VANBERG, 1993, S. 106). Menschen können also nicht Entscheidungen treffen, die die Bedingungen der Realität tatsächlich widerspiegeln. „Instead people act in part upon the basis of myths, dogmas, ideologies and `half baked´ theories" (DENZAU / NORTH, 1994, S. 3). All dies sind Denkmodelle, die von LIN (1989, S. 10) als „shortcut of the reality" bezeichnet werden.
Statt als Teil der Restriktionen kann man Denkmodelle aber auch als Teil der Präferenzen verstehen: Zu den Eigenschaften, nach denen Güter bewertet werden, tritt dann die Art und Weise der Aneignung hinzu. Das Gut bekommt „moralische Attribute" (BUCHANAN, 1994, S. 134). Dieser Gedanke sollte, obwohl er hier nicht weiterverfolgt wird, nicht unerwähnt bleiben.[60]

Die Aufgabe der Rationalitätsannahme beinhaltet auch, daß menschliche Entscheidungen nicht vorhersehbar sind: „... we must accept the ultimate unpredictability of human action if we accept that it is informed by theories and beliefs, and if we acknowledge the role of human creativity in the ways in which these theories and beliefs are developed and applied" (VANBERG, 1993, S. 99). Unvorhersehbar in diesem Sinne bedeutet, daß das Verhalten in bestimmten Entscheidungssituationen nicht durch die Informationen und den Vergleich der Wahlmöglichkeiten, sondern nur durch eine Untersuchung der Regeln, denen das Individuum folgt, erklärt werden kann. Dies ist die logische Konsequenz daraus, daß in der Realität eben nicht unter bestimmbaren und begrenzten Möglichkeiten gewählt wird (VANBERG, 1993, S. 98f).
Erkenntnisse darüber, wie Denkmodelle entstehen und wie sie verändert werden, führen zu einem besseren Verständnis von Entscheidungen unter strenger Unsicherheit und damit auch von Entscheidungen über die Institutionen einer Gesellschaft. Da die Institutionen, wie später noch zu zeigen sein wird (vgl. 3.3.3), die Wirtschaftsleistung bestimmen, ist die Kenntnis von Denkmodellen und Ideologien wichtig für das Verständnis der Entwicklung einer Gesellschaft. „Ideas matter and the way by which ideas evolve and are communicated is the key to developing useful theory which will expand our understanding of the performance of societies both at a moment of time and over time" (DENZAU / NORTH, 1994, S. 27).

---

[60] Eine ausführliche Erläuterung zu der Frage, warum es sinnvoller ist, interne Beschränkungen zu den Restriktionen zu zählen, ist bei MUMMERT (1995, S. 3ff) zu finden.

Entscheidungen werden also *immer* nach Regeln (im weitesten Sinne) getroffen. „This is true for unreflected routine behavior that is guided by implicit theories, and it is no less true for our `conscious choices´ that rely on reflected expectations `what works´" (VANBERG, 1993, S. 107). Denoch ist menschliches Verhalten natürlich nicht determiniert durch die bestehenden Regeln. Zum einen engen Regeln zwar den Handlungsspielraum ein, aber sie schaffen ihn nicht ab; zum anderen sind die Menschen in der Lage, durch eine Beobachtung der Folgen von Handlungen ihr Verhalten zu überprüfen und gegebenenfalls in der Zukunft zu ändern. Das bedeutet, sie versuchen die zugrundeliegenden Regeln zu ändern. Dieser Vorgang der Anpassung von Denkmodellen durch Erfahrungen soll als Lernen bezeichnet werden.

Alle Denkmodelle entstehen also aus Erfahrungen früherer Situationen. Dabei handelt es sich aber nicht unbedingt um Entscheidungssituationen, die mit der aktuellen vergleichbar sind. Menschen sind in der Lage, induktive Schlüsse zu ziehen und Wissen und Erfahrungen aus spezifischen Situationen zu verallgemeinern und zu übertragen, zu abstrahieren.

Die Denkmodelle wurden in dieser Arbeit auch schon als interne Beschränkungen bezeichnet. Sie ermöglichen Individuen nicht nur, überhaupt Entscheidungen zu treffen, sondern sie besitzen auch die Funktion von Institutionen. Kennt ein Spieler die Überzeugungen, nach denen sich sein Mitspieler - unter Einbeziehung der Informationen, die ihm zur Verfügung stehen, - entscheidet, dann verringert das die Unsicherheit über dessen Reaktionen. Die Transaktionskosten sinken und die Wahrscheinlichkeit für Kooperation erhöht sich. Unter welchen Bedingungen besitzen die Akteure aber solche Informationen?

Erfahrungen sind ein Produkt der individuell unterschiedlichen Umwelt. Kommunikation durch eine gemeinsame Kultur ist daher nötig, um gemeinsame Denkmodelle entstehen zu lassen. Als Kultur sollen hier erlernte Denkweisen und Handlungen bezeichnet werden, die von einer Generation an die nächste nicht-genetisch weitergegeben werden.[61] Kultur wird demnach nicht als Verhalten, sondern als Information definiert. „The cultural heritage provides a means of reducing the divergence in the mental models that people in a society have and also constitutes a means for the intergenerational transfer of unifying perceptions" (DENZAU / NORTH, 1994, S. 15). Bräuche, Traditionen und Kultur sind Bezeichnungen für die Weitergabe von Denkmodellen und Verhaltensweisen, durch die die Kommunikation innerhalb der Gruppe, die diese Denkmodelle teilt, erleichtert wird, wodurch die Transaktionskosten gesenkt werden. Durch die Weitergabe von Denkmodellen von einer Generation an die nächste werden die Kosten des Lernens verringert und Lernvorgänge beschleunigt, denn individuelles Lernen kann durch „kulturelles Lernen" ersetzt werden. Die äußeren Institutionen, die für alle Mitglieder der Gesellschaft gelten, werden durch gemeinsam geteilte interne Beschränkungen ergänzt und in ihrer Wirkung verbessert.

Im Zuge institutionellen Wandels kann es aber auch zu Inkompatibilitäten der verschiedenen Institutionen kommen, die dann Spannungen hervorrufen. Da äußere Institutionen von Menschen geschaffen werden, die ebenfalls eingeschränkt rational handeln, ist zu vermuten - der Beweis ist allenfalls historisch zu führen -, daß fundamentale Änderungen der relativen Preise sich zuerst in veränderten Denkmodellen niederschlagen, die dann nicht mehr mit bestehenden Regeln, Gesetzen oder der Verfassung übereinstimmen. Dies alles sind Aspekte des institutionellen Wandels.

---

[61] RUTTAN (1988, S. S265f) bietet außer dieser noch acht weitere Definitionen von Kultur an.

Die Kultur einer Gesellschaft beeinflußt also die institutionellen Rahmenbedingungen und deren Veränderung, was Folgen für die wirtschaftliche Leistungsfähigkeit einer Volkswirtschaft hat. Damit löst sich der Widerspruch auf, der sich aus empirischen Beobachtungen der Bedeutung von kulturellen Unterschieden und deren Nicht-Widerspiegelung in der Entwicklungstheorie ergibt. Nach RUTTAN (1988, S. S265) ist es die Aufgabe von Anthropologen und Ökonomen „... to collaborate in incorporating the role of cultural endowments into economic development analysis and into institutional design and reform"

Vorstellungen, Überzeugungen und Weltanschauungen sind aber nicht nur Krücken, um fehlendes Wissen zu ersetzen und Entscheidungen unter Unsicherheit zu ermöglichen, sondern es gibt auch ein Bedürfnis, nach den eigenen Überzeugungen zu handeln. „Internalisierte Institutionen werden somit nicht allein aufgrund externer Sanktionsmechanismen befolgt, sondern ihre Beachtung an sich stiftet dem Individuum einen Nutzen" (MUMMERT, 1995, S. 5). Es wurde bereits erläutert, daß das Nicht-Befolgen interner Beschränkungen mit „psychischen Kosten" verbunden ist (vgl. 3.3.2.3). Dieser Aspekt geht über die rein instrumentale Sicht von Denkmodellen zur Verringerung von Unsicherheit und zur Ermöglichung von Entscheidungen hinaus. NORTH (1990, S. 26) nennt, wie bereits zitiert, als Beispiele die anonyme Spende von Blut, das Handeln nach religiösen Überzeugungen, die Aufopferung für eine abstrakte Idee u.ä. Auch die Teilnahme an einer Wahl ist die Folge des Bedürfnisses, seine Überzeugungen auszudrücken. Eine andere - rationale - Erklärung läßt sich nicht finden, da die einzelne Stimme auf das Wahlergebnis keinen Einfluß hat. Allerdings läßt sich an diesem Beispiel auch demonstrieren, daß die Individuen nur einen bestimmten, individuell verschiedenen, Preis für das Handeln nach ihren Überzeugungen zu zahlen bereit sind. Nur so läßt sich erklären, daß bei schlechtem (oder allzu gutem) Wetter die Wahlbeteiligung sinkt. Zur weiteren Illustration kann die Vorstellung dienen, wie hoch die Wahlbeteiligung wohl wäre, wenn man die Wahlurnen z.B. nur in den Kreisstädten aufstellen würde.
Das heißt, die externen Institutionen - wie in diesem Beispiel die Wahlmodalitäten - beeinflussen die Opportunitätskosten des Handelns nach den eigenen Überzeugungen und damit deren Bedeutung für das Verhalten der Akteure. Je größer der Handlungsspielraum ist, den die externen Institutionen lassen, um so mehr Einfluß haben die Überzeugungen auf das individuelle Verhalten. So bewirkt z.B. eine durch die Verfassung garantierte Unabhängigkeit der Rechtsprechung bei entsprechender Alimentierung der Richter, daß für diese das Handeln nach ihren Überzeugungen - Unparteilichkeit - mit geringeren Kosten verbunden ist, als bei anderen institutionellen Regelungen. Die Politik kann demnach nur schwer die internen Institutionen verändern, sie kann aber durch die Gestaltung der externen Institutionen deren Bedeutung für das Verhalten beeinflussen.

Aussagen darüber, in welchem Ausmaß die Überzeugungen das Handeln der Akteure bestimmen, sind aber kaum möglich. Eine Untersuchung beispielsweise der „reinen" Lehren von Religionen und Ideologien (z.B. die „protestantische Ethik" etc.) bezüglich ihrer Einstellung zum Wirtschaften des Menschen genügt dafür nicht. Weiterhelfen könnte nur Wissen darüber, nach welchen Überzeugungen der *einzelne* handelt, und die Aggregation dieser Überzeugungen. „Empirical evidence suggests the price we are willing to pay for our convictions is a negatively sloped function, so that ideological attitudes are less important as the price increases; but both the slope of the function and shifts in the function are subjects about which we know very little" (NORTH, 1989, S. 1322). Dies gilt für das Individuum und noch mehr für eine ganze Gesellschaft. Um abzuschätzen, wie sehr sich eine Gesellschaft insgesamt von „ideologischem“ und nicht von individuell nutzenmaximierendem Verhalten lenken läßt, müßte man die individuellen Funktionen aggregieren. In der Sozialpsychologie wurden statistische Methoden entwickelt, um mit Hilfe von Befragungen zu messen, wie sehr sich die Menschen bei ihren Entscheidungen von ihren „sozialen Einstellungen“ (vergleichbar dem hier verwendeten Begriff Überzeugungen) leiten lassen (MUMMERT, 1995, S. 18ff). Eine stärkere Zusammenarbeit mit bestimmten (methodologisch verwandten) Zweigen der Psychologie würde es den Ökonomen ermöglichen, ökonomisch relevantes Verhalten besser zu erklären und die Wirkungen wirtschaftspolitischer Maßnahmen genauer vorhersagen zu können.

Die Aufstellung einer „gesellschaftlichen Überzeugungsfunktion“ wäre aber allenfalls anwendbar auf Entscheidungen *innerhalb* der bestehenden Institutionen. Geht es um die Schaffung oder Änderung von Institutionen, dann ist die Überzeugung derer relevant, die sich in den entsprechenden Verhandlungsprozessen durchsetzen und die muß nicht unbedingt mit den Überzeugungen der Mehrheit übereinstimmen. Die empirische Abschätzung des Einflusses von Ideologien auf das Verhalten der Akteure und damit letztlich auf die Leistungsfähigkeit einer Wirtschaft stößt damit aus einsichtigen Gründen sehr schnell an ihre Grenzen. Dennoch ist es wichtig, Versuche zu unternehmen, empirisches Wissen über die Überzeugungen in einer Gesellschaft zu erlangen, ansonsten kann durch die Einführung dieses Parameters in ökonomische Verhaltensmodelle jedes Verhalten erklärt werden. Er würde dann die Funktion einer Residualgröße übernehmen.

Mit all dem ist noch nichts darüber ausgesagt, ob das Handeln nach Überzeugungen die Entwicklung positiv oder negativ beeinflußt. Beides ist möglich. Wenn also vom „Moralkapital“ einer Gesellschaft als einem Inputfaktor der gesamtwirtschaftlichen Produktionsfunktion die Rede ist, dann ist damit nicht das Handeln nach Überzeugungen überhaupt gemeint, sondern nur die Moral der Kooperation. Das heißt die Bereitschaft der Tauschpartner, ihnen allein zugängliche Informationen nicht zum eigenen Nutzen zu verwenden. Bei Abwesenheit von negativen direkten oder indirekten Folgen opportunistischen Verhaltens stünde ansonsten moralisches Verhalten rationaler Akteure im Widerspruch zur individuellen Nutzenmaximierung. Dadurch werden die Kosten, die nötig sind, um Opportunismus zu verhindern oder einzuschränken, gesenkt, so daß letztlich ein sozialer Nutzen aus dem individuellen moralischen Verhalten resultiert.

Entscheidend für die Menge an Moralkapital, über die eine Gesellschaft verfügt, ist die Meinung über Fairneß und Gerechtigkeit des Systems. „Ideology can be defined as a set of beliefs about the world, including beliefs about the morality of the division of labour, income distribution, and the existing institutional structure of a society“ (LIN, 1989, S. 9).

Je ungerechter die Institutionen *empfunden* werden und je unmoralischer die anderen Akteure handeln, desto größer ist die Wahrscheinlichkeit, daß sich der einzelne opportunistisch verhält. „Subjective perceptions would make no difference were individuals perfectly constrained by rules, but in fact both institutions and the costliness of measuring performance permit subjective perceptions of fairness and justice to matter“ (NORTH, 1988, S. 15).

Am Ende dieser Erläuterungen soll noch einmal betont werden, daß Kultur, Bräuche und Traditionen einer Gesellschaft zwar die Transaktionskosten beeinflussen, aber keineswegs den Entwicklungsverlauf determinieren. „When institutional disequilibrium gives rise to large enough expected benefits to cover the potential costs, individuals will make the effort to adopt new values, mores, and customs no matter how deeply rooted these rules seem to be" (LIN, 1989, S. 22). LIN (1989, S. 28) liefert als Bekräftigung dieser Aussage den Bericht eines zu Beginn diesen Jahrhunderts nach Japan gereisten Australiers, der die dort herrschende lasche Arbeitsmoral beklagt. Es hat offenbar nur eine kurze Zeitspanne gedauert, um die japanischen „Traditionen" diesbezüglich zu ändern.

3.3.2.5 Ordnungstheorie und Institutionenökonomik

„Die Ordnungstheorie gleicht einem Kochbuch mit bewährten Rezepten für ganz bestimmte Gerichte; der Neue Institutionalismus einer Versuchsküche, in der mit herkömmlichen und ganz neuen Zutaten neuartige Gerichte für eine wachsende Gemeinde von Gourmets zubereitet werden" (TIETZEL, 1990, S. 36).

Die Ordnungstheorie hat die institutionellen Rahmenbedingungen einer Volkswirtschaft als Untersuchungsgegenstand, insbesondere deren Wirkungen auf die wirtschaftspolitischen Oberziele Effizienz, Freiheit und soziale Gerechtigkeit (TIETZEL, 1990, S. 32). Sie entstand in der Nachkriegszeit und konzentrierte sich daher auf den Vergleich der Institutionensysteme Marktwirtschaft und Zentralverwaltungswirtschaft. Ihre Fragestellung ist normativ: Wie sollte eine Wettbewerbsordnung aussehen, um die oben genannten Ziele zu erreichen?

Im folgenden werden Institutionenökonomik und Ordnungstheorie verglichen, um festzustellen, ob die Ordnungstheorie Ansätze bezüglich der Analyse und Lösung der Probleme von Entwicklungsländern liefert, die die institutionelle Ökonomie in ihrer heutigen Form vernachlässigt. Es interessiert also vor allem, inwieweit die Ordnungstheorie eine Erweiterung gegenüber der Institutionenökonomik darstellt. Besonders fruchtbar dürfte der *normative Ansatz* sein, da die Ökonomie der Institutionen in erster Linie erklärt und als Beratung für die Wirtschaftspolitik daher nur begrenzt tauglich ist.
An der Bedeutung der institutionellen Rahmenbedingungen für entwicklungspolitische Fragestellungen kann kaum gezweifelt werden. „Die ordnungspolitische Dimension wird ... zum kritischen Engpaß von notwendigen wirtschaftspolitischen Reformen in vielen Entwicklungsländern" (SCHLARB, 1990, S. 20). Mit Ordnungspolitik wird die Bereitstellung, Veränderung und Durchsetzung von Institutionen durch den Staat bezeichnet. Eine „gute" Wirtschaftspolitik müßte Institutionen hervorbringen, die Unsicherheiten verringern und sie müßte sich durch Konstanz, Glaubwürdigkeit und Konsistenz auszeichnen, um nicht selbst Unsicherheit zu produzieren (SCHLARB, 1990, S. 21). Interventionismus - definiert als isolierte Eingriffe des Staates in die Verfügungsrechte der Individuen - ist das genaue Gegenteil einer solchen Politik. „Staatlicher Interventionismus behindert die ökonomische Entwicklung, indem er dazu beiträgt, daß ein zu geringer Teil der verfügbaren Ressourcen für investive und innovative Zwecke verwendet wird" (KLUMP / REICHEL, 1994, S. 444).
Die Untersuchung von KLUMP / REICHEL (1994) zeigt anhand einer Querschnittsanalyse schwarzafrikanischer Länder, daß wirtschaftliche Entwicklung und Entwicklungsstand negativ mit institutioneller Unsicherheit korreliert sind. Diese Unsicherheit verkleinert die Bereitschaft der Unternehmer, die zu einem dynamischen Wettbewerb gehörenden Marktrisiken zu tragen. Schlußfolgerung dieser empirischen Untersuchung ist die Betonung der Bedeutung eines wirtschaftspolitischen Gesamtkonzeptes, das zu einer konsistenten und konstanten Politik führt und damit Unsicherheit verringert sowie Erwartungen stabilisiert

(KLUMP / REICHEL, 1994, S. 447). Damit wird die Wichtigkeit der „ordnungspolitischen Dimension" für die Entwicklungspolitik unterstrichen.
Die Kritik an der Meßbarkeit von Interventionismus und damit an einer Einteilung von Volkswirtschaften nach dem Grad des Interventionismus kann durch eine Einteilung der schwarzafrikanischen Länder in vier Gruppen und dem Vergleich lediglich der Gruppenmittelwerte entkräftet, aber nicht beseitigt werden. Ein ungutes Gefühl bezüglich der Subjektivität der Einteilung der Länder, in diesem Fall nach dem Grad des Interventionismus, bleibt bei Querschnittsanalysen jedoch immer zurück.[62]

Ein Vergleich von Ordnungstheorie und Institutionenökonomik ergibt, daß „... die ordnungstheoretischen Erkenntnisse von *Eucken* durch den neuen Institutionalismus teilweise wiederentdeckt und insofern auch theoretisch bestätigt, zugleich aber auch erweitert werden. Bestätigt werden sie unter anderem durch das gemeinsame Erkenntnisinteresse, die von den institutionellen und rechtlichen Regelungen ausgehenden Wirkungen auf die Wirtschaftsprozesse zu erklären. Erweitert werden sie, indem zusätzliche und von Eucken dem Datenkranz zugerechnete Aspekte des Ordnungsproblems untersucht werden" (LEIPOLD, 1989a, S. 129).
Beide Ansätze beschäftigen sich mit den Verfügungsrechten und streichen die Bedeutung deren exakter Zuordnung und Sicherung heraus. Sowohl institutionelle Ökonomie wie auch Ordnungsthorie schenken dem Machtproblem besondere Aufmerksamkeit. Macht ist dabei zu definieren als „... übermäßige Ausdehnung dieser Handlungsspielräume (privater Wirtschaftssubjekte und des Staates, d. Verf.) auf Kosten des Handlungsspielraumes anderer Aktoren" (TIETZEL, 1990, S. 32). Die Ordnungstheorie problematisiert dabei in erster Linie die Macht von Firmen, Konzernen, Kartellen, zentralen Planstellen oder anderen Organisationen, die durch Wettbewerbspolitik eingeschränkt werden soll, während die Institutionenökonomik - in der hier beschriebenen Ausprägung - das Problem des Mißbrauchs der Zwangsgewalt des Staates in den Vordergrund rückt. Für eine Kontrolle der Macht des Staates ist eine möglichst gute Lösung des Principal-agent-Problems zwischen Wählern (Regierten) und Politikern (Regierenden) nötig. Der Politiker muß dazu gebracht werden, eine Politik zugunsten der Mehrheit zu betreiben und nicht Gruppeninteressen (Minderheiteninteressen) nachzugeben.

Der angesprochene Unterschied ergibt sich daraus, daß in der Ordnungstheorie - im Gegensatz zur Institutionenökonomik - die soziale (Weltanschauungen etc.) und politische Ordnung als Datum angesehen werden. Ebensowenig wie die Entscheidungsprozesse innerhalb der Organisation Staat werden die Innenverhältnisse der Organisation Unternehmen analysiert. Offenbar ist „... im Forschungsprogramm der Ordnungstheorie eine gewisse Blindheit für einen *allgemeinen* institutionalistischen Ansatz angelegt ..." (TIETZEL, 1990, S. 13). Daneben besitzt die Ordnungstheorie eine gewisse Mißachtung der nicht-marktlichen Koordination von Märkten. Diese Mißachtung teilt die Institutionenökonomik nicht, die die Vor- und Nachteile marktlicher Koordination und interner Organisation *vorurteilslos* darstellen möchte (TIETZEL, 1990, S. 35).
Neben der Erweiterung des Institutionenbegriffs hebt auch die entscheidungstheoretische Grundlage die Institutionenökonomik von der Ordnungstheorie ab. Darüber hinaus ist erst

---

[62] Die Aufsätze von BRUNETTI / WEDER (1995) und ALESINA / PEROTTI (1994) geben einen Überblick über weitere Untersuchungen dieser Art.

durch die Ausdehnung des Untersuchungsgegenstandes eine Dynamisierung der Analyse von Institutionen und damit deren Einbau in eine Wachstums- oder Entwicklungstheorie möglich.[63] Allerdings sind in dieser Hinsicht auch in der Institutionenökonomik bisher nur Ansätze vorhanden. Trotz dieser Unterschiede sieht TIETZEL (1990, S. 28) Institutionalismus und Ordnungstheorie eng verknüpft: „Denn die wesentlichen Instrumente der Ordnungspolitik, Euckens `konstituierende Prinzipien´, würden nach meiner Ansicht auch aus einer technologischen Anwendung des neuen Institutionalismus folgen".[64]

Wenn auch die Schlußfolgerungen ähnlich sein können, so unterscheiden sich doch die Ziele der Verfechter der jeweiligen Theorie. Während die Ordnungstheorie, wie sie als Ordoliberalismus vor allem von Eucken vertreten wurde, die *Anwendung* der Theorie auf praktische Probleme mit dem Ziel einer „... menschenwürdigen Gestaltung der Wirtschaft ..." (TIETZEL, 1990, S. 7) im Auge hatte und hat, will die Institutionenökonomik die herrschende Theorie *verändern*.

3.3.3 Institutionen und Entwicklung

„Societies differ greatly in their economic and social institutions. Some societies have well functioning institutions that channel individuals' energies into socially productive activities leading to economic and social progress, while in other societies the poor quality of the institutional infrastructure frustrates attemptes at reforms and perpetuates stagnation" (CLAGUE, 1993, S. 393).

Zu Beginn dieses Abschnitts soll noch einmal kurz zusammengefaßt werden, was in dieser Arbeit unter Entwicklung verstanden wird, um anschließend zu untersuchen, mit welchen Institutionen diesem Ziel näher gekommen werden kann. Entwicklung ist die Vergrößerung des Wahlbereichs des einzelnen, also die Zunahme der Möglichkeit, sich zwischen Alternativen entscheiden zu können. Die *individuelle Handlungsfreiheit* ist das Maß für den Entwicklungsstand. Die Schwierigkeiten, einen solchen auf den Menschen bezogenen Entwicklungsbegriff auf eine Volkswirtschaft zu übertragen, sind offenkundig. Eine sinnvolle Operationalisierung dieses Zieles scheint nur durch die Bestimmung von Institutionen, die ein „möglichst hohes Maß" an Handlungsfreiheit erlauben und daher Entwicklung fördern, möglich zu sein.
Die individuellen Wahlbereiche oder Freiheitsspielräume werden durch die institutionellen Rahmenbedingungen gegeneinander abgegrenzt *und* gleichzeitig erweitert. Die Institutionen stellen das Anreizsystem dar, innerhalb dessen die Akteure Entscheidungen treffen. Wegen der realistischen Annahme, daß Transaktionskosten existieren und immer größer Null sind, gibt es keine vollkommenen Güter-, Faktor- oder gar politischen Märkte. „Es sieht so aus, als könnten wir gegenwärtig allenfalls von einer `effizienteren´ oder `besseren´ Institution sprechen, worunter wir dann eine Institution verstehen, die bei gleichem technischen Wissen und Ausbildungsstand der Bevölkerung z.B. das größere Pro-Kopf-Sozialprodukt liefert" (RICHTER, 1990, S. 580).

---

[63] Erläuterungen zur Fundierung, Dynamisierung und Erweiterung der Ordnungstheorie können bei LEIPOLD (1989b) nachgelesen werden.
[64] Eine prägnante Erläuterung von EUCKENS Prinzipien der Wirtschaftspolitik ist bei OBERENDER (1989) zu finden.

Die Institutionen befinden sich dabei in einem „Spannungsfeld zwischen Stabilität und Flexibilität" (KIWIT / VOIGT, 1995, S. 4). Einerseits ist Stabilität notwendig, damit sie ihre eigentliche Funktion der Erwartungsstabilisierung erfüllen können, andererseits dürfen sie die Handlungsspielräume nicht zu stark einschränken, damit die dezentrale, kreative Suche nach neuen Problemlösungen, also Wettbewerb, und damit Entwicklung möglich ist. Lassen sie aber den Individuen diesen Handlungsspielraum, dann beinhaltet das auch die Möglichkeit ihrer eigenen Änderung. Wäre die Stabilität und Flexibilität von Institutionen meßbar, dann könnte man alle Volkswirtschaften in einem Kontinuum zwischen absoluter Stabilität und absoluter Flexibilität einordnen. Der für die Entwicklung optimale institutionelle Rahmen würde dann in diesem Kontinuum da liegen, wo ein zusätzlicher Nutzen aus einer weiteren Flexibilisierung der Institutionen gerade durch die mit dem Verlust an Stabilität einhergehenden zusätzlichen Kosten egalisiert wird und umgekehrt. Nutzen und Kosten eines institutionellen Wandels lassen sich aber nicht feststellen, geschweige denn quantifizieren, da man dafür die Fähigkeit besitzen müßte, in die Zukunft blicken zu können. Der optimale institutionelle Rahmen ist also nicht bestimmbar, man kann nur ein bestimmtes Zielsystem festlegen und Veränderungen der Institutionen im Sinne der Erreichung dieser Ziele als mehr oder weniger effizient beurteilen.
Diese Sichtweise institutionellen Wandels korrespondiert mit der Definition von Entwicklung als Veränderungsprozeß und nicht als Ziel. Es gibt nämlich keine *absolute* Effizienz, keine paretooptimalen Zustände, sondern nur *relative* Effizienz. Es sind nur Aussagen in dem Sinne möglich, daß ein Zustand, eine Institution oder die gesamte institutionelle Ordnung besser oder effizienter ist als eine andere. Effizienter bedeutet dabei allgemein, daß bei gegebenen Zielen und Restriktionen ein höherer Zielerreichungsgrad verwirklicht wird (RIBHEGGE, 1991, S. 40). Wenn im folgenden also von besseren oder effizienteren Institutionen die Rede ist, so erfolgt die Beurteilung anhand der in dieser Arbeit verwendeten Definition von Entwicklung. Eine Institution ist dann besser, wenn sie zu einer entwickelteren Volkswirtschaft führt. Der Vergleich zweier Institutionen oder die Beurteilung von institutionellem Wandel wäre aber nur dann einigermaßen unproblematisch, wenn die Ceteris paribus Annahme gelten würde. Verändern sich mehrere Institutionen gleichzeitig, so ist ein schwieriges Abwägen möglicherweise gegenläufiger Veränderungen notwendig.

3.3.3.1 Entwicklung durch Wettbewerb

„However, for the development of an economy, it is necessary, at the risk of overgeneralization, to have a system that encourages individuals to actively seek and adopt *new profitable productive income streams*. Moreover, it is necessary that the system allows individuals who invest their time, effort, and money in these activities to reap the profits for themselves" (LIN, 1989, S. 29).

Vergleicht man die Ökonomie mit der Physik, dann könnte man die Transaktionskosten als die Reibungsverluste menschlicher Interaktionen bezeichnen. Das würde bedeuten, daß die Neoklassik eine Idealwelt ohne Reibung betrachtet. Ähnlich wie viele physikalische Probleme aber auf die Existenz von Reibung zurückzuführen sind, ist auch eine Betrachtung einer Ökonomie ohne Transaktionskosten bei vielen Fragestellungen nicht adäquat.
Bestehen die Produktionskosten aber neben den Transformationskosten (und den hier nicht untersuchten Transportkosten) auch aus den Transaktionskosten, dann läßt sich Wachstum nicht nur durch einen die Transformationskosten senkenden technischen Fortschritt errei-

chen, sondern auch durch einen die Transaktionskosten senkenden institutionellen Wandel. Dabei darf nicht vergessen werden, daß die Institutionen nicht nur die Höhe der Transaktionskosten, sondern indirekt auch die der Transformationskosten beeinflussen. Eine analytische Trennung von Effizienzverbesserungen durch institutionellen Wandel, die nach neoklassischer Vorstellung zu *Wachstumsschüben* führen, und *dauerhaftem* Wachstum durch technischen Fortschritt ist daher nicht sinnvoll. Die institutionellen Rahmenbedingungen bestimmen nicht nur die Geschwindigkeit, mit der sich eine Volkswirtschaft an Änderungen der relativen Preise anpaßt, sondern auch die Rate des technischen Fortschritts, wie im folgenden noch zu erläutern sein wird.

Es soll gezeigt werden, daß wirtschaftliche Leistungsfähigkeit am besten durch Wettbewerb erreicht werden kann. Da die Freiheit des einzelnen eine Voraussetzung für Wettbewerb ist, wird damit die Begründung für folgendes Ergebnis der empirischen Länder-Querschnittsanalyse von ABRAMS / LEWIS (1995, S. 279) geliefert: „Liberty has a positive and significant impact on economic growth“

Durch die der Neoklassik zugrundeliegende Annahme der Allwissenheit wird die Frage, wie Wissen angeeignet und weitergegeben wird, einfach ausgeklammert. Das hat zur Folge, daß „... economics loses sight of the problem that should be its major concern ...“ (VANBERG, 1993, S. 106). Unter der Annahme der vollkommenen Information gibt es z.B. keine Erklärung für die Überlegenheit der Markt- gegenüber der Zentralverwaltungswirtschaft. Erst wenn diese Annahme aufgegeben wird und die Art und Weise der Suche nach neuen Lösungen eine Rolle spielt, ist es einleuchtend, daß unter den Bedingungen von Trial and error eine dezentrale Koordination einer zentralen überlegen ist. Die Zahl der Versuche erhöht die Wahrscheinlichkeit, daß bessere Lösungen gefunden werden. Die Ökonomie lehnt sich damit weniger an die Physik als an die Evolutionstheorie und die Biologie an (ARROW, 1986, S. S392).

Individuen treffen Entscheidungen unter strenger Unsicherheit, d.h. die Ergebnisse von Entscheidungen oder auch nur deren Eintrittswahrscheinlichkeit sind nicht bekannt. Es können lediglich *Hypothesen* über mögliche Ergebnisse aufgestellt werden. Unter diesen Bedingungen können bessere Lösungen, Innovationen welcher Art auch immer, nur experimentell durch Trial and error ermittelt werden. Dies folgt zwingend, wenn die Annahme der Allwissenheit aufgegeben wird. „Hence, a theory of bounded rationality must incorporate a theory of search“ (SIMON, 1979, S. 502). Je größer die Anzahl der Versuche und je intensiver damit die Suche ist, um so besser sind die Akteure informiert und um so realitätsnäher sind die externen und internen Institutionen. Denn die Akteure überprüfen ihr Verhalten rückblickend ständig an den Ergebnissen ihrer Aktionen. Da jede Entscheidung mit Hilfe von „Theorien“ getroffen wird, kann dieser Vorgang des Lernens auch zu einer Anpassung der Theorien bzw. der internen und externen Institutionen führen (VANBERG, 1993, S. 106). Die Institutionen einer Wettbewerbsordnung bieten einen starken Anreiz zur Suche nach besseren Lösungen. Sie sorgen zum einen dafür, daß die Preise den Knappheitsverhältnissen entsprechen, die Akteure also in diesem Sinne richtig informiert sind. Zum anderen geben sie durch die Belohnung „richtigen“, d.h. an den relativen Preisen orientierten, Verhaltens oder der Bestrafung „falscher“ Entscheidungen einen „... starken Anreiz, nach der objektiv besten Handlungsweise zu suchen“ (KIRCHGÄSSNER, 1993, S. 189). Wettbewerb erhöht aber nicht nur die Anpassungsfähigkeit des einzelnen und damit des Systems im ganzen. Auch das innovatorische Potential wird durch Konkurrenz besser ausgeschöpft: „Aus diesen Überlegungen ergibt sich folgerichtig die Grundposition der neueren Wettbewerbstheorie in

ihrer analogen Anwendung auf das Problem wirtschaftlicher Entwicklung: Die *Zunahme* und handlungsmäßige Umsetzung von *Eigenvarietät durch Entfaltung innovatorischer Kompetenz* erhöht die Problemlösungsfähigkeit des Akteurs (als eines Systemelements) und damit des Systems der Wirtschaftsgesellschaft als Ganzes; sie ist insoweit *entwicklungsfördernd*" (WALTER, 1983, S. 175).
Im folgenden soll näher erläutert werden, inwiefern eine Wettbewerbsordnung anderen Institutionensystemen in bezug auf die Entwicklung des einzelnen Menschen überlegen ist. Unter diesem Aspekt wird auf die vier zentralen Funktionen des Wettbewerbs eingegangen: Die Anpassungs-, die Fortschritts-, die Verteilungs- und über diesen dreien stehend die Freiheitsfunktion (vgl. dazu HERDZINA, 1991, S. 7 - 49).

3.3.3.1.1 Anpassungsflexibilität

Das Niveau der Transaktionskosten und die Intensität der Arbeitsteilung sind negativ korreliert. Diese Aussage bezieht sich nicht auf die Gesamtheit der Transaktionskosten in einer Volkswirtschaft, sondern auf die Kosten der einzelnen Transaktion. Die Zunahme der Arbeitsteilung erhöht die Menge der Transaktionen, wobei die *Voraussetzung* für diese Zunahme sinkende Kosten der einzelnen Transaktion sind. Institutioneller Wandel, der die Transaktionskosten senkt, ermöglicht folglich eine intensivere Arbeitsteilung.
Arbeitsteilung ist aber die Voraussetzung für Produktivitätsfortschritte und steigende Pro-Kopf-Einkommen, denn sie führt zu sinkenden Durchschnittskosten durch Massenproduktion und Lerneffekte, wobei der *mögliche* Spezialisierungsgrad durch die Marktgröße begrenzt wird. Je größer die Märkte sind, um so geringer ist aber die Wahrscheinlichkeit, daß sich die Tauschpartner kennen und um so häufiger liegen einmalige Transaktionen vor. In vielen Fällen unterbleiben Transaktionen, weil der Nutzen aus einem Vertragsschluß geringer ist als die mit ihm verbundenen Kosten. Die Menge menschlicher Interaktionen - und damit auch das Niveau der Arbeitsteilung - steigt daher, wenn der Nutzen aus einem Vertragsabschluß zunimmt, indem die Transaktionskosten signifikant sinken. Je größer die Differenz zwischen Nutzen und Kosten ist, um so größer ist der Anreiz, die jeweilige Transaktion vorzunehmen.

Die Institution der Vertragsfreiheit, wozu man z.B. auch die Berufs- und Gewerbefreiheit zählen kann, ermöglicht den Individuen allerdings erst, auf diese Anreize zu reagieren. Neben dieser *Möglichkeit* muß aber auch die *Motivation* zu Transaktionen vorhanden sein. Die wirkungsvollste, aber nicht die einzig denkbare Motivation zu tauschen ist, wenn durch die Transaktion der persönliche Nutzen durch eine Erhöhung der individuell verfügbaren Gütermenge bzw. deren Bewertung steigt. Die Individuen müssen in der Lage sein, wie eingangs zitiert, „to reap the profits for themselves". Dafür sind Eigentumsrechte nötig, denn „... ihnen werden überragende Anreizwirkungen auf das Verhalten der Menschen bei ihren Bemühungen um Knappheitsminderung, um wirtschaftlichen und sozialen Fortschritt beigemessen" (SCHÜLLER, 1988, S. 157).
Da die Vertragsfreiheit nur mehr oder weniger eingeschränkt, aber nicht vollkommen und da die Eigentumsordnung nur mehr oder weniger effizient, aber nicht vollständig sein kann, hängen die Höhe des Nutzens aus einer Transaktion und deren Kosten von den Institutionen ab. Die institutionellen Rahmenbedingungen bestimmen also das *mögliche* Niveau der Arbeitsteilung.

Vertragsfreiheit und Privateigentum sorgen demnach dafür, daß Einkommensströme - Renten, welcher Art auch immer -, die aus einer Veränderung der relativen Preise resultieren, im doppelten Sinne *wahrgenommen* werden können. Erst durch diese beiden Institutionen wird den Individuen die Möglichkeit und der Anreiz gegeben, auf Veränderungen der relativen Preise *flexibel* zu reagieren. Der Stärke der privaten Verfügungsrechte kommt dabei eine zentrale Rolle zu: „Die Kernhypothese zu den Anreiz- und Kontrollwirkungen von Property rights lautet: Je mehr Verfügungs- und Nutzungsbefugnisse ein Eigentumsrecht vermittelt, je genauer es spezifiziert und je exklusiver es einer Person zugeordnet ist, je freizügiger diese darüber nach dem Grundsatz der Einheit von Verfügung und Haftung disponieren kann, desto stärker ist der Anreiz, mehr Wissen über nutzenstiftende Verwendungsmöglichkeiten zu erwerben und auf dieser Grundlage das in die Produktion und Nutzung von knappen Gütern zu investieren, was gute Aussichten hat, sich nach dem Opportunitätskalkül als bestmögliche Entscheidung zu erweisen" (SCHÜLLER, 1988, S. 169). Die beiden genannten Institutionen sind also die Grundvoraussetzung für Wettbewerb und Anpassungsflexibilität und damit dafür, daß die Preise ihre Lenkungsfunktion erfüllen können.[65] Da Institutionen die Transaktionskosten nicht beseitigen, sondern nur verringern können, gibt es aber keine Null-Transaktionskosten Welt. Der Wettbewerb kann daher niemals vollkommen sein und somit ist es wichtig, die Bestimmungsfaktoren der Wettbewerbsintensität zu beleuchten. Die Effizienz der Rechtsordnung, der Rechtsprechung und der Rechtsdurchsetzung entscheidet darüber, wie gut die Verfügungsrechte zugeordnet werden können und wie sicher sie vor dem Zugriff anderer privater Akteure sind. Die Ordnung des politischen Systems bestimmt die Ausgestaltung und die Stabilität der Rechtsordnung sowie die Unabhängigkeit der Rechtsprechung und damit, wie sicher das Privateigentum vor der Zwangsgewalt des Staates ist. Sowohl die politische als auch die Rechtsordnung beeinflussen die Höhe der Transaktionskosten.

Da jede Transaktion als Übertragung von Verfügungsrechten mit einem schriftlichen, mündlichen oder stillschweigenden Vertrag verbunden ist, soll im folgenden anhand der Kosten, die bei einem Vertragsschluß entstehen, erklärt werden, wie die genannten Institutionen transaktionskostensenkend und damit wachstumsfördernd wirken.

Die Transaktionskosten, die bei einem Tausch entstehen, sind die Informationskosten bei der Anbahnung, die Verhandlungskosten beim Abschluß und die Durchsetzungskosten bei der Überwachung von Verträgen. Die Senkung dieser Kosten erhöht die Mobilität von Gütern und Produktionsfaktoren und damit den Wettbewerb. Geringere Informationskosten erlauben beispielsweise dem Nachfrager, mehr Angebote miteinander zu vergleichen. Geringere Kosten beim Abschluß von Verträgen erleichtern den Ausstieg aus bestehenden Verträgen und den Abschluß neuer zu verbesserten Konditionen. Höhere Effizienz bei der Überwachung von Verträgen vergrößert die Möglichkeit, ohne persönliche Informationen über den Vertragspartner Tausch vorzunehmen (Räumliche Mobilität und damit die Senkung von Transportkosten soll nicht unerwähnt bleiben, ist aber nicht Gegenstand dieser Arbeit).

Informationen sind ein knappes Gut und wie bei allen knappen Gütern bewirkt die Nachfrage ein entsprechendes Angebot. Die Vielzahl der Dienstleistungsunternehmen, die in Marktwirtschaften mit Informationen handeln, beweisen das. Die Kosten der Informationssuche müssen dadurch nicht von jedem einzelnen getragen werden, sondern sie werden von einem

---

[65] Zu den Funktionsprinzipien eines Marktsystems siehe HOPPMANN (1988, S. 119 - 138).

Anbieter vielen Nachfragern zur Verfügung gestellt. Der Handel mit Informationen wird ebenfalls durch die Institutionen der Vertragsfreiheit und des Privateigentums erst ermöglicht. Privates Eigentum an Informationen, Wissen und Ideen muß geschützt sein, damit es zu diesem Handel kommt. Da aber Eigentum an immateriellen Gütern schwerer zu definieren und zu schützen ist als an materiellen, ist der Handel mit Informationen geringer als gesamtwirtschaftlich erwünscht. Staatliches Eingreifen wird durch nicht oder nur zu hohen Kosten internalisierbare positive externe Effekte gerechtfertigt. Dabei sind eine Vielzahl von Maßnahmen denkbar, um die Verbreitung von Wissen zu fördern: Die Bereitstellung von Informationen für Konsumenten über Produktqualitäten, Anbieter etc. und die Förderung des Informationsflusses zwischen Unternehmen z.B. durch die zwangsweise Organisation (inkl. Beitragszahlung) in Unternehmensverbänden (IHK, Handwerkskammern), die Informationen für alle Mitglieder bereitstellen, oder die finanzielle Förderung der Ausrichtung von Messen u.ä. Die Sammlung und (nicht immer kostenlose) Bereitstellung von Informationen durch staatliche Organisationen selbst darf natürlich nicht vergessen werden. Die wichtigste wirtschaftspolitische Maßnahme zur Förderung des Wissenstransfers bleiben aber Institutionen, die das private Eigentum an Wissen sichern.

Die Kosten des Vertragsabschlusses werden ebenfalls durch die Senkung der Informationskosten verringert, denn je besser die Vertragspartner übereinander und über das gehandelte Gut informiert sind, um so weniger Fragen müssen bei der Verhandlung geklärt werden. Als Beispiel mag der Vergleich von einem Einkauf in einem Supermarkt mit dem in einem Bazar dienen: Der Käufer in einem Supermarkt kennt die genormte und überprüfte Qualität der Produkte, während dies in einem Bazar nicht der Fall ist. Im Supermarkt entstehen beim Kauf nur die Kosten des Zeitaufwands beim Tausch Ware gegen Geld, im Bazar kommt in der Regel der Zeitaufwand für Verhandlungen über die Qualität der Ware und ihren Preis hinzu.

Die Kosten des Vertragsabschlusses werden aber auch von der Art und Weise der Durchsetzung der Verträge beeinflußt. Je geringer die Kosten der Durchsetzung von Verträgen sind, d.h., je effizienter die Überwachung von Verträgen und die Sanktionierung von Vertragsverletzungen in nachhinein ist, um so eher können die Vertragspartner davon ausgehen, daß sich ihr Gegenüber nicht opportunistisch verhält und um so weniger Aufwand müssen sie bei der Überprüfung von gehandeltem Gut und Vertragspartner vor und bei Vertragsschluß treiben. Je besser also die Überwachung und Durchsetzung von Verträgen ist, um so geringer sind auch die Kosten vor und während des Vertragsschlusses. Da durch Tausch nicht Güter, sondern eigentlich die *Verfügungsrechte* an Gütern gehandelt werden, ist die Effizienz der Rechtsordnung ebenfalls für die Qualität der Durchsetzung von Verträgen verantwortlich. Die Kosten der Rechtsdurchsetzung müssen für den einzelnen gering sein, um die Wahrscheinlichkeit der Sanktionierung opportunistischen Verhaltens und damit der Durchsetzung von Verträgen zu erhöhen. Bei Kosten ist in diesem Zusammenhang nicht nur an die Verfahrenskosten, sondern auch an den Zeitaufwand zu denken. Da aber die Rechtsdurchsetzung nicht nur den beschriebenen Nutzen bringt, sondern auch Kosten verursacht, stellt sich hier wie bei jeder Institution ein Effizienzproblem.

Die Höhe der Transaktionskosten wird aber nicht nur durch die formalen Institutionen der politischen und der Rechtsordnung beeinflußt, sondern auch durch die nicht-formalen Institutionen und die Denkmodelle der Akteure. Z.B. stellt der Verlust des guten Rufes, was nicht nur zukünftige Transaktionen mit dem Betrogenen, sondern auch mit anderen Tauschpartnern erschwert oder ausschließt, eine wirksame Sanktion gegen opportunistisches Ver-

halten dar. Das setzt aber die entsprechende Information der anderen Geschäftspartner voraus. Die nicht-formalen Institutionen wirken ersetzend oder ergänzend zu den formalen Institutionen. Ihr Vorzug besteht häufig in den geringeren Kosten, die mit ihrer Nutzung verbunden sind. Ähnliches gilt für die Denkmodelle der Akteure: Beinhalten diese z.B. moralische Bedenken gegen opportunistisches Verhalten, dann wirkt das transaktionskostensenkend, da weniger Aufwand auf die Überwachung von Verträgen und die eventuelle Sanktionierung von Opportunismus verwendet werden muß. Die Denkmodelle beeinflussen aber nicht nur durch ihre Wirkung auf die *Transaktionskosten* die Menge der Transaktionen und damit die Anpassungsflexibilität der Akteure in einer Volkswirtschaft, sondern auch durch ihre Wirkung auf die *Einstellung* der Akteure zum unternehmerischen Handeln.
Der methodologische Individualismus gebietet es nämlich, das Phänomen Wettbewerb nicht abstrakt zu behandeln, sondern auf individuelle Handlungen zurückzuführen. Damit rückt das Individuum als Unternehmer in den Mittelpunkt: „Während die allgemeine Gleichgewichtstheorie in einem außerhalb des Austauschprozesses angesiedelten Auktionator die Kraft sieht, die Koordinationslücken beseitigt, endogenisiert der Koordinationsansatz das Verfahren der Entdeckung und Beseitigung von Koordinationslücken. Das Unternehmertum - eine freilich exogen determinierte und jedermann zugeschriebene Fähigkeit - übernimmt hier die Aufgabe, Entscheidungsirrtümer zu entdecken und zu korrigieren" (SCHMIDTCHEN, 1989, S. 170). Mit der Annahme, daß unternehmerische Fähigkeit exogen determiniert ist, kann man sich aber nicht zufrieden geben. Weiterführende Fragen müssen sein: Gibt es außer der Möglichkeit und den beschriebenen Anreizen noch andere Einflüsse auf das unternehmerische Verhalten? Wird die *Bereitschaft* zu unternehmerischem Handeln durch die Denkmodelle der Akteure beeinflußt? Gibt es eine „Unternehmenskultur"?

„Ein konsequentes subjektivistisches Vorgehen erfordert es, verfügbare Marktinformationen als interpretationsbedürftig zu betrachten. Aus dieser Sicht müssen Informationen erst durch eine subjektive und möglicherweise schöpferische Erkenntnisleistung verarbeitet werden" (STREIT / WEGNER, 1989, S. 186). Entscheidungen werden unter Unsicherheit getroffen, was von STREIT / WEGNER (1989, S. 186) als „konstitutionelles Wissensproblem" bezeichnet wird. Unsicherheit und damit das mit einer Transaktion verbundene Risiko ist keine objektiv feststellbare Größe, sondern wird subjektiv wahrgenommen. Bei dieser Wahrnehmung erscheinen zwei Punkte entscheidend:
Zum einen wird die Fähigkeit, die zur Verfügung stehenden Informationen zu verarbeiten, von der entsprechenden Kapazität des Verstandes bestimmt. „The computational limitations of the individual are determined by the capacity of the mind to process, organize, and utilize information" (NORTH, 1990, S. 25). Je größer diese Kapazität ist, um so mehr Informationen kann das Individuum verarbeiten, um so realitätsnäher ist sein Denkmodell und um so geringer ist die Unsicherheit bei einer Entscheidung. Je geringer aber die Unsicherheit bei Entscheidungen ist, um so größer ist die Bereitschaft zu unternehmerischem Handeln.
Der andere Punkt ist die individuelle Risikobereitschaft. Da unternehmerisches Handeln trotz möglicherweise guter Informationen und realitätsnaher Institutionen mehr als andere Tätigkeiten mit Unsicherheit verbunden ist, spielt die individuelle Risikobereitschaft eine Rolle.
Die beiden genannten Punkte beeinflussen aber die *individuelle* Bereitschaft zu unternehmerischem Handeln. Von einer „Unternehmenskultur" in bestimmten Gesellschaften könnte man nur dann sprechen, wenn die *durchschnittliche* Fähigkeit der Akteure, Informationen zu verarbeiten und/oder wenn die *durchschnittliche* Risikobereitschaft signifikant höher

wären. Unternehmertum ist eine „exogen determinierte" Fähigkeit und daher gibt es keinen Grund anzunehmen, sie wäre ungleich über die Welt verteilt. Genauso verhält es sich mit der Risikobereitschaft. Unterschiede bestehen aber in der *subjektiven Bewertung* des Risikos bei Entscheidungen. Diese Bewertung wird durch die Institutionen beeinflußt.

Die Individuen entwickeln durch persönliches und kulturelles Lernen gemeinsame Denkmodelle, die ihnen Entscheidungen unter Unsicherheit ermöglichen. Entstehen durch kulturelles Lernen, was nicht zwangsläufig der Fall sein muß, realitätsnahe Denkmodelle, dann werden die Anreize der relativen Preise richtig interpretiert und die Bereitschaft, unternehmerisch tätig zu werden, steigt. Da die Denkmodelle (und damit auch die Kultur) ein Teil der Institutionen sind, entwickeln sie sich nicht unabhängig von den anderen formalen und nichtformalen Institutionen. Die institutionellen Rahmenbedingungen insgesamt geben folglich die Anreize, welches Wissen sich die Individuen aneignen (was sie lernen) und welche Denkmodelle entstehen. Eine unterschiedliche Intensität des unternehmerischen Handelns in verschiedenen Gesellschaften ist also nicht auf eine andere „Unternehmenskultur", sondern auf unterschiedliche institutionelle Rahmenbedingungen zurückzuführen. Die Handlungsalternativen und die individuellen Informationen über diese entscheiden über die Bereitschaft, unternehmerisch tätig zu werden - *nicht* aber über die individuelle Risikobereitschaft.
Es besteht kein Zweifel daran, daß eine „Unternehmenskultur" notwendig ist, um wirtschaftlichen Erfolg zu haben, aber sie ist ein Ergebnis der institutionellen Rahmenbedingungen und nicht Teil einer unveränderlichen Kultur.

Zusammenfassend läßt sich sagen, daß der Wettbewerb um so intensiver und die Anpassungseffizienz um so größer ist,
- je uneingeschränkter die Vertragsfreiheit,
- je sicherer und effizienter die Eigentumsordnung,
- je uneingeschränkter die Mobilität von Gütern und Produktionsfaktoren,
- je geringer die Informationskosten,
- je geringer die Kosten der Durchsetzung von Verträgen und
- je realitätsnäher die Denkmodelle der Akteure sind.

Dazu gehört auch eine Wettbewerbspolitik, die verhindert, daß Vertragsfreiheit oder Eigentum wettbewerbsbeschränkend eingesetzt werden. HOPPMANN (1988, S. 340f) bezeichnet dies als restriktive Macht im Gegensatz zur für den Wettbewerb konstitutiven kompetitiven Macht, die für die Erzielung von Pioniergewinnen nötig ist.

3.3.3.1.2 Technischer Fortschritt und organisatorische Effizienz

Bisher wurde der Wettbewerb nur in seiner Funktion der Verbesserung der Effizienz in der marktlichen Koordination betrachtet. Dieselben Institutionen, die die Anpassungseffizienz erhöhen, vergrößern aber auch die Effizienz der Organisationen und erhöhen die Rate des technischen Fortschritts. Damit Unternehmen Risiken auf sich nehmen und innovativ tätig werden, sind bestimmte Institutionen nötig oder zumindest förderlich, die diese Risiken verringern und berechenbar machen. „The development of an incentive structure through patent laws, trade secret laws, and other laws raised the rate of return on innovation and also led to the development of the invention industry and its integration into the way economies evolved in the Western world in modern times, which in turn underlay the Second Economic Revolution" (NORTH, 1990, S. 75).

Organisationen werden, worauf im Zusammenhang mit dem Wandel von Institutionen noch näher eingegangen wird, mit einem *bestimmten Ziel* gegründet. Dieses Ziel wird beeinflußt durch die Anreize, die von den institutionellen Rahmenbedingungen ausgehen. Der Prinzipal (einer oder mehrere Akteure), der die Organisation zu einem bestimmten Zweck gründet, ist an deren Effizienz interessiert. Die Mitglieder der Organisation haben aber ihre eigene Nutzenfunktionen und verfolgen daher möglicherweise andere Ziele als der Prinzipal. Daher - z.B. zur Lösung des Free-rider-Problems - versucht er auf irgendeine Art und Weise, Druck auf die Mitglieder der Organisation auszuüben, um die Effizienz der Organisation bei der Verfolgung ihrer Ziele zu erhöhen. Für den Prinzipal stellt sich bei der Überwachung und Durchsetzung von Verträgen (z.B. Arbeitsverträgen) ein doppeltes Optimierungsproblem: Eine möglichst gute Kontrolle zu möglichst geringen Kosten.
Je größer die Wahrscheinlichkeit ist, erwischt zu werden, und je stärker die möglichen Sanktionen für opportunistische Agenten oder Free-rider sind, um so größer ist der Druck, den der Prinzipal ausüben kann. Der stärkste Antrieb für diesen internen Effizienzdruck ist eine permanente Überprüfung der Leistungen der Organisation von außen. Besonders der Wettbewerb übt durch seine Auslesefunktion, die zur Eliminierung der gesamten Organisation führen kann, einen starken Druck zur Verbesserung der organisatorischen Effizienz sowohl direkt auf den Prinzipal als auch indirekt auf die Agenten aus. Das betrifft alle Arten von Organisationen. „It is essential to have rules that eliminate not only failed economic organization but failed political organization as well" (NORTH, 1990, S.81).
Die Effizienz von Organisationen wird aber nicht nur von Kontrolle und Sanktionen bestimmt, sondern auch davon, inwieweit die Agenten, die Mitglieder der Organisation, deren Ziele zu ihren eigenen machen. CLAGUE (1993, S. 393) nennt dies „goal internalization". Der Grad der Regelbefolgung bzw. der Neigung zu nicht-opportunistischem Verhalten ist abhängig vom Ausmaß, in dem die Agenten davon *überzeugt* sind, daß solches Verhalten (zumindest langfristig) für sie von Vorteil ist. CLAGUE (1993) stellt als These auf, daß die individuelle Bereitschaft zu regelbefolgendem Verhalten vom Grad der Regelbefolgung insgesamt in der Gesellschaft und vom früheren Verhalten des Individuums selbst beeinflußt wird. Das wäre eine Erklärung dafür, daß sich Gesellschaften dauerhaft bezüglich der Bereitschaft zur Regelbefolgung unterscheiden. Darauf wird später noch zurückgekommen (vgl. 3.3.4).

Da Organisationen in Reaktion auf die Anreize, die von den Institutionen ausgehen, gegründet werden, ist die Wahrscheinlichkeit, daß Organisationen mit dem Zweck der Teilnahme am Wettbewerbsprozeß entstehen, um so größer, je stabiler und wettbewerbsförderlicher die Institutionen sind. Welche Institutionen den Wettbewerb fördern, wurde bereits im vorangegangenen Abschnitt erläutert.
Der Wettbewerbsdruck führt aber auch dazu, daß Individuen oder Organisationen nach Möglichkeiten suchen, ihn zu verringern, um ihre Tauschgewinne zu erhöhen. Anbietern von Gütern kann das durch die Senkung ihrer Produktionskosten gelingen. Dabei ist aber nicht nur an die Senkung der Transformationskosten durch Prozeßinnovationen zu denken, sondern auch an eine Senkung der Transaktionskosten durch die Erhöhung der organisatorischen Effizienz oder durch das Aushandeln günstigerer Verträge mit den Zulieferern oder den Abnehmern. Eine weitere Möglichkeit ist die Einführung von Produkten, für die die Nachfrager zumindest zeitweilig keine oder nur geringe Substitutionsmöglichkeiten haben. Anbieter sind also daran interessiert, Güter anzubieten, für die die Preiselastizität der Nachfrage gering ist, da sie dadurch mehr Konsumentenrente abschöpfen können.

Die angesprochenen Anstrengungen zur Kostensenkung und die Suche nach neuen Produkten führen zu technischem Fortschritt und damit nach unserer Definition auch zu Entwicklung, denn die in einer Volkswirtschaft verfügbare Gütermenge wird quantitativ und qualitativ (neue Güter) erweitert. Wettbewerb erhöht damit nicht nur die Markteffizienz, sondern sorgt auch für eine Erhöhung des Produktionspotentials durch technischen Fortschritt. Der Versuch, Innovationen, welcher Art auch immer, einzuführen, ist dabei als Entdeckungsverfahren zu verstehen, hat also einen offenen Ausgang. Dieser dynamische Prozeß, der auf Trial and error beruht, ist überhaupt erst durch den *Wissensmangel* der Akteure denkbar. Unvollkommene Informationen, soweit sie zukünftige Situationen betreffen, sind also die Voraussetzung bzw. die Erklärung für Wettbewerb. Das neoklassische Modell kann daher nicht als Wettbewerbstheorie dienen. „Da die Kenntnisstände beider Marktseiten vorab fixiert werden (müssen), können bestenfalls Anpassungs- aber nicht Entwicklungsvorgänge modelliert werden. Entwicklung ist nur in der Form zugänglich, daß sie außerhalb des Modells gedacht und als exogene Veränderung in die Preisbildung einbezogen wird. (...) Aus einer wettbewerbsorientierten Sicht bedeutet das, daß eine Wettbewerbshandlung, der ein Wissenserwerb vorausgeht, zur Erklärung der Marktdynamik herangezogen wird, obgleich sie selbst Ausdruck dieser Dynamik und deshalb erklärungsbedürftig ist“ (STREIT / WEGNER, 1989, S. 198).

Wie bereits im vorherigen Abschnitt bei der Erläuterung der Anpassungsprozesse geschehen, muß also Unsicherheit in die Wettbewerbstheorie eingebaut werden, um diese Entwicklungsvorgänge zu erklären. Unsicherheit ist aber nur insoweit die Voraussetzung für Wettbewerb, wie sie die zukünftigen Marktgegebenheiten betrifft. Besteht die Unsicherheit darin, daß die institutionellen Rahmenbedingungen instabil sind und daß sie z.B. zu unsicheren Verfügungsrechten führen, dann wird wegen unkalkulierbarer Risiken Wettbewerb verhindert. Denn im Fall unsicherer Eigentumsrechte sind die Transaktionskosten hoch und das Niveau der Arbeitsteilung ist folglich gering. In dieser Situation werden Aktivitäten, die als Ziel die Umverteilung von Ressourcen haben, sogenanntes Rent-seeking, relativ lohnender als unternehmerische Aktivitäten, die im Rahmen des Wettbewerbs zu effizienteren Märkten oder zu höherer Produktivität führen. Wenn im folgenden von Rent-seeking die Rede ist, so sind also nur Renten gemeint, die durch die Umverteilung von Ressourcen entstehen und nicht Einkommensströme, die auf produktiven Tätigkeiten - was hier bisher ebenfalls als (produktives) Rent-seeking bezeichnet wurde - beruhen. Rent-seeking in diesem negativen Sinn bedeutet die Ausnutzung institutioneller Unsicherheit zum persönlichen Vorteil.
MURPHY et al. (1993) stellen fest, daß sich Rent-seeking außer durch die Fehlallokation von Ressourcen noch aus anderen Gründen besonders negativ auf das Wirtschaftswachstum auswirkt: „... an increase in rent-seeking activity may make rent-seeking more (rather than less) attractive relative to productive activity“ (MURPHY et al., 1993, S. 409). Die Installation eines „Rent-seeking Systems“ kann Fixkosten verursachen, die, einmal aufgebracht, den Rent-seekern innerhalb dieses Systems steigende Skalenerträge ermöglichen. Weitere Gründe sind, daß eine Anstrengung zur Umverteilung eine Anstrengung zu deren Verhinderung nach sich zieht - „... offense creates a demand for defense“ (MURPHY et al., 1993, S. 409) - und daß bei gleichbleibenden Kontroll- und Überwachungsaufwendungen eine größere Zahl von Rent-seekern für den einzelnen ein geringeres Risiko, „erwischt“ zu werden, bedeutet. Selbst aber wenn Produktion *und* Rent-seeking sinkende Skalenerträge aufweisen, kann die relative Attraktivität von Rent-seeking steigen, falls die Skalenerträge der Produk-

tion relativ schneller fallen. Unter welchen Bedingungen es dazu kommt, zeigen MURPHY et al. (1993) anhand eines Modells.
Während sich privates Rent-seeking vor allem auf bereits vorhandenen Wohlstand richtet, wirkt Rent-seeking im staatlichen Sektor noch direkter innovationshemmend. „In contrast, public rent-seeking attacks innovation, since innovators need government-supplied goods, such as permits, licenses, import quotas, and so on, much more than established producers" (MURPHY et al., 1993, S 412). Dazu kommt, daß innovative Unternehmer Neueinsteiger sind und daher keine Lobby besitzen. Der lange Zeithorizont und das ohnehin hohe Risiko innovativer Tätigkeiten machen diese anfälliger als etablierte Unternehmen für zum Zeitpunkt der Einführung der Innovation noch nicht abschätzbares Rent-seeking. Das heißt, das Risiko wird unkalkulierbar.

Die Ausführungen zu Rent-seeking sollten zeigen, daß durch Institutionen, die Rent-seeking begünstigen (v.a. unsichere Eigentumsrechte), stabile Ordnungen begründet werden können, die unter Umständen dauerhaft wirtschaftliche Entwicklung verhindern. KIMENYI / MBAKU (1993) haben den Einfluß verschiedener Größen auf die Wahrscheinlichkeit für Rent-seeking Gleichgewichte getestet. Dadurch sollte erklärt werden, warum trotz sehr ineffizienter Politik die Regierungen vieler afrikanischer Länder eine bemerkenswerte Stabilität an den Tag legen. Ihrer Ansicht nach handelt es sich dabei um Rent-seeking-Gleichgewichte, die ihre Stabilität aus der Fähigkeit der Regierung ziehen, den konstanten Fluß von Renten zu bestimmten Interessengruppen zu lenken. Die empirischen Tests haben ergeben, daß die Stabilität um so größer ist, je größer die religiöse Homogenität der Bevölkerung ist, je mehr Renten verteilt werden können, je stärker das Militär bedacht wird und je höher der Anteil der Stadtbevölkerung an der gesamten Bevölkerung ist. Letzteres erklärt sich möglicherweise dadurch, daß große Städte ein Hindernis bei einem Militärputsch darstellen (KIMENYI / MBAKU, 1993, S. 395). Auch die Dauer eines Regimes vergrößert seine Stabilität. Politische Stabilität ist also möglich - trotz in hohem Maße ineffizienter Institutionen und ohne irgendeine Ordnungspolitik, denn „(t)here is no constitutional basis for such stability" (KIMENYI / MBAKU, 1993, S. 399).

Das beschriebene Rent-seeking Verhalten fällt auch unter die im vorigen Abschnitt beschriebene Anpassung an die relativen Preise. Die Individuen *reagieren* auf die von den Institutionen und den relativen Preisen ausgehenden Anreize. Anpassungsflexibilität wirkt also nur dann wachstumserhöhend, wenn die Institutionen zur Suche nach produktiven Einkommensströmen veranlassen. Diese Suche führt auch zu Innovationen und der Erhöhung der organisatorischen Effizienz. Die Institutionen, die diese ermöglichen, sind wie bei der Anpassungsflexibilität die der Wettbewerbsordnung und darunter vor allem sichere Verfügungsrechte. Dabei spielt das Eigentum an *neuem Wissen* eine große Rolle. Damit überhaupt ein Anreiz besteht, in die Suche nach neuem Wissen zu investieren, muß es auch möglich sein, eventuelle Gewinne abzuschöpfen. Dafür ist u.a. eine Patentgesetzgebung nötig, die die Grenze zwischen Wissen als Privateigentum und als Gemeineigentum so zieht, daß *Pioniergewinne auf Zeit* möglich werden. Damit wird einerseits der Anreiz zur Innovation gegeben und andererseits nach einer bestimmten Zeit die Diffusion dieser Neuerung über die gesamte Volkswirtschaft (oder die Welt) ermöglicht.

Die Institutionen der Vertrags-, Berufs- und Gewerbefreiheit sowie die Abwesenheit von Beschränkungen der räumlichen oder sozialen Mobilität, die natürlich nur *relativ* meßbar

sind, sind Voraussetzungen für Wettbewerb und erhöhen den Handlungsspielraum und damit die Freiheit des einzelnen. Die Institutionen, die dem einzelnen einen möglichst großen Handlungsspielraum und damit nach der hier verwendeten Definition einen relativ hohen Entwicklungsstand ermöglichen, führen in Verbindung mit (möglichst) sicheren Verfügungsrechten nach den bisherigen Ausführungen also auch zu Wachstum durch Anpassungsflexibilität und die Suche nach neuen Lösungen im Zuge eines produktiven Rent-seeking. Durch Wettbewerb kommt es zu Wachstum und damit zu einem Anstieg der insgesamt verfügbaren Gütermenge. Da es aber um den individuellen und nicht den gesamtwirtschaftlichen Wohlstand geht, ist auch die *Verteilung* des Wohlstands wichtig.
Ein funktionsfähiger Wettbewerb bewirkt ein hohes Maß an *Leistungsgerechtigkeit*, d.h. die Erzielung von Einkommen aufgrund monopolistischer Machtpositionen wird eingeschränkt. „Freier" Wettbewerb verhindert, „... daß der frei vereinbarte Vertrag zum Diktat des Stärkeren wird ..." (RICHTER / BINDSEIL, 1995, S. 138). Da aber der Wettbewerb nicht vollkommen sein kann, besteht auch nicht vollständige Leistungsgerechtigkeit. Die Institutionen, die zu Wettbewerb führen wie Vertrags-, Berufs- und Gewerbefreiheit sowie die Abwesenheit von Mobilitätshemmnissen, bedeuten aber das Nicht-Vorhandensein diskriminierender Regeln und ermöglichen damit gleiche Startbedingungen für alle. Ein hohes Maß an Sicherheit der privaten Verfügungsrechte verringert darüber hinaus die Wahrscheinlichkeit von redistributivem Rent-seeking sowohl durch private Akteure als auch von Seiten des Staates. Dadurch werden die Möglichkeiten zur Veränderung des leistungsgerechten Marktergebnisses durch asymmetrische Machtverteilung eingeschränkt. Die individuellen Bedürfnisse nach Sicherheit und Gerechtigkeit werden befriedigt.[66]

Durch den Wettbewerbsdruck entsteht zudem für die Organisationen ein Interesse an einer Erhöhung des Wissens und der Fähigkeiten ihrer Mitglieder, um sich gegen die Konkurrenz behaupten zu können. Je intensiver der Wettbewerb ist, um so mehr wird in technisches und organisatorisches Wissen investiert. Die Verbesserung der Ausbildung der Akteure erhöht aber nicht nur die Effizienz der Organisationen, sondern auch die individuelle Produktivität und Mobilität und damit die Möglichkeiten des einzelnen, sich zwischen Handlungsalternativen entscheiden zu können. Der Begriff Ausbildung umschreibt bereits die Entfaltung der individuellen Möglichkeiten und damit die Erhöhung der Handlungsfreiheit.
Die Gewährung von Handlungsfreiheiten im Zuge einer Wettbewerbsordnung sorgt also dafür, daß die individuellen Wahlmöglichkeiten durch zunehmenden Wohlstand entsprechend der Leistung und durch verbesserte Ausbildung ansteigen. Wie bereits mehrfach bekräftigt, ist eine Wettbewerbsordnung aber niemals vollkommen, sondern sorgt nur für einen mehr oder weniger intensiven Wettbewerb. Neben der Bereitstellung von formalen Institutionen und vor allem deren Durchsetzung bietet sich in der Korrektur der (daher nicht unbedingt leistungsgerechten) Primärverteilung ein weiteres Betätigungsfeld für eine Zentralgewalt. Im folgenden wird aber nicht diskutiert, welche Aufgaben der Staat zu übernehmen hat und welche nicht, sondern nur wie der einzelne am besten seine Interessen in der Politik umsetzen kann.

---

[66] Eine ausführlichere Diskussion der heftig umstrittenen Norm *Gerechtigkeit* kann bei STREIT (1988) nachgelesen werden. Konsens scheint lediglich bei der Forderung nach "Gleichheit vor dem Gesetz", nicht aber über die Inhalte der Gesetze zu bestehen (STREIT, 1988, S. 42).

3.3.3.2 Entwicklung durch Demokratie

„But therein lies the fundamental dilemma of economic development. If we cannot do without the state, we cannot do with it either. How does one get the state to behave like an impartial third party“ (NORTH, 1990, S. 58)?

Der Nutzen einer mit dem Zwangsmonopol ausgestatteten Organisation in arbeitsteiligen Volkswirtschaften ist offensichtlich. Zwar kann auch komplexer Tausch mit Hilfe freiwilliger Institutionen ermöglicht werden, aber „... viable impersonal exchange that would realize the gains from trade inherent in the technologies of modern interdependent economies requires institutions that can enforce agreements by the threat of coercion“ (NORTH, 1990, S. 58). Die Rolle des Staates ist allerdings ambivalent zu sehen. Durch die Bereitstellung der formalen Regeln und deren Durchsetzung senkt er zwar die Transaktionskosten und macht eine arbeitsteilige Wirtschaft erst möglich, aber die ungleiche Verteilung von Macht kann auch entwicklungshemmend wirken. „The rise of impersonal rules and contracts means the rise of the state and with it an unequal distribution of coercive power. Such distribution provides the opportunity for individuals with superior coercive power to enforce rules to their own advantage, regardless of their effect on efficiency“ (NORTH, 1988, S. 18). Es bietet sich geradezu an, die Zwangsgewalt des Staates für Rent-seeking und unfreiwillige Umverteilungen zu benutzen. Die Frage ist also, wie sollte die politische Ordnung aussehen, damit die Organisation Staat Entwicklung fördert und nicht verhindert?

Es wurde bereits erläutert, daß das Ziel der Freiheit, definiert als Freiheit in der Gemeinschaft mit anderen, die „*Demokratie als normatives Referenzkonzept*“ (PIES, 1993, S. 310) beinhaltet (vgl. 3.1.2.3). Gleiches passives und aktives Wahlrecht für alle und die Entscheidung nach dem Mehrheitsprinzip sind dabei nur Voraussetzungen. Die Effizienz der politischen Märkte und der staatlichen Organisationen entscheidet über die „Qualität“, den Entwicklungsstand, der Demokratie. Mit Qualität ist hier das Maß gemeint, indem für den einzelnen gleiche Chancen bestehen, die Politik zu beeinflussen. *Eine demokratische politische Ordnung führt aber nur dann auch zu Wohlstand, wenn die Wirtschaftsordnung Wettbewerb beinhaltet.*

Grundsätzlich gibt es dafür zwei Voraussetzungen: Zum einen müssen die Politiker, die die formalen Regeln schaffen und ändern können, eine *Wettbewerbsordnung als Ziel* haben. Zum anderen muß die *Organisation Staat effizient* sein, was auch bedeutet, daß die Bürokraten die Durchsetzung der Politik und nicht ihre eigenen Interessen zum Ziel haben. Einer Erläuterung dieser Voraussetzungen ist vorauszuschicken, daß natürlich sowohl Politiker als auch Bürokraten eine eigene Nutzenfunktion haben und in ihrer Erfassungsmöglichkeit der Umwelt beschränkt sind und daher mit Hilfe von Denkmodellen entscheiden. „The ruler, like any individual with bounded rationality, is concerned with his own survival, prestige, power, wealth, and position in history“ (LIN, 1989, S. 24).

Die erste Bedingung kann dann erfüllt sein, wenn das Denkmodell bzw. die Überzeugungen der Politiker die Notwendigkeit einer Wettbewerbsordnung beinhalten und das politische System ihnen die Möglichkeit läßt, nach diesen Überzeugungen zu handeln. In diesem Fall hätten wir es mit dem sogenannten wohlwollenden Diktator zu tun. Diese Möglichkeit ist aber praktisch auszuschließen, da ein Diktator, der seinen Untertanen weitgehende Handlungsfreiheiten gewährt, bald mit den Forderungen nach Partizipation an den politischen

Entscheidungen konfrontiert sein wird. Gibt er diesen Forderungen nach, dann ist er kein Diktator mehr, unterdrückt er sie, dann ist er nicht mehr wohlwollend. Eine Diktatur ist zudem mit der hier verwendeten Definition von Entwicklung nicht vereinbar.
In einer repräsentativen Demokratie ist der Wähler der Prinzipal und der Politiker der Agent. Damit der Wähler dem Politiker den Auftrag gibt, Privateigentum zu sichern und gesellschaftliche Freiheiten und Wettbewerb zu ermöglichen, muß er Informationen über diese Institutionen haben und auch von ihnen überzeugt sein.
Individuen haben das Bedürfnis, nach ihren Überzeugungen zu handeln, allerdings sind sie nur bereit einen *bestimmten Preis* dafür zu bezahlen. Wenn die Wähler also die Möglichkeit sehen, sich einer Organisation anzuschließen, die durch Einflußnahme auf politische Entscheidungen ihren Mitgliedern größere Handlungsspielräume - z.B. durch Umverteilung oder durch Einschränkung des Wettbewerbs - ermöglicht als den Nicht-Mitgliedern, werden sie das tun. In welchem Maße hängt davon ab, wie hoch die Kosten der Mitgliedschaft sind - wozu auch der Preis für die Aufgabe des Handelns nach den eigenen Überzeugungen gehören kann - und wie hoch die Wahrscheinlichkeit ist, daß die Organisation ihr Ziel erreicht. Je geringer die Möglichkeit ist, die eigenen Interessen in einer Minderheit (Gruppe) gegen die Mehrheit durchzusetzen, um so größer ist der Anreiz, die Politik dahingehend zu beeinflussen, daß sie allen die Möglichkeit gibt, sich besser zu stellen.
Das Ausmaß des Einflusses von Gruppeninteressen, die Umverteilung und nicht produktives Rent-seeking zum Ziel haben, wird dadurch bestimmt, wie gut das Prinzipal-Agent Problem zwischen Wählern und Politikern gelöst ist. Da die Transaktionskosten höher sind als auf Gütermärkten, sind aber gerade die politischen Märkte sehr unvollkommen, denn:
- es ist schwer zu messen, was getauscht wird (Versprechen gegen Stimmen), da politische Programme die Eigenschaft haben sehr komplex zu sein;
- die Wähler haben nur geringe Anreize, sich zu informieren, da die Möglichkeiten des einzelnen, Entscheidungen zu beeinflussen, sehr gering sind;
- es gibt keine direkten „enforcement mechanisms" und der Wettbewerb durch sporadische Wahlen übt verglichen mit ökonomischen Märkten wenig Druck aus (NORTH, 1993a, S. 18).

Die Ineffizienz der politischen Märkte ist also die Folge eingeschränkter Kontroll- und Sanktionsmöglichkeiten der Wähler.
In vielen Entwicklungsländern gibt es darüber hinaus keine demokratischen Systeme, so daß man von sehr ineffizienten politischen Märkten sprechen kann. Dennoch handelt es sich um politische Märkte, da sich selbst Alleinherrscher zur Erhaltung ihrer Position der Unterstützung irgendwelcher Gruppen versichern müssen und dafür Gegenleistungen anbieten.

Die zweite Grundvoraussetzung dafür, daß die Organisation Staat insgesamt das Ziel Entwicklung verfolgt, ist die Lösung des Prinzipal-Agent-Problems zwischen Politikern und Bürokraten. Es nützt nichts, wenn die Politiker Entwicklung zum Ziel haben, aber die dazu notwendigen Teil-Organisationen (Justiz, Polizei, Steuerverwaltung etc.) nicht zur Durchsetzung dieses Ziels veranlassen können. Handeln Bürokraten nach eigenen Interessen, so führt das wegen der dann unvorhersehbaren Entscheidungen zu institutioneller Unsicherheit. Opportunismus von Bürokraten wirkt sich damit auf jeden Fall negativ auf wirtschaftliches Wachstum und andere Entwicklungsziele wie Sicherheit und Gerechtigkeit aus, selbst wenn die formalen institutionellen Rahmenbedingungen, die sie eigentlich durchsetzen sollen, sowieso schon nicht wachstumsfördernd wären. Die organisatorische Ineffizienz - z.B. durch weiches Leistungsverhalten oder Bestechlichkeit - erscheint in der Verwaltung oder in staat-

lichen Betrieben in vielen Entwicklungsländern (und nicht nur da) aus zwei Gründen besonders groß zu sein:
Zum einen fehlt in der Regel der Wettbewerbsdruck und er wird auch nicht durch einen von den Politikern ausgehenden Druck zur Effizienzsteigerung ersetzt - entweder weil die Politiker nicht im Wettbewerb stehen und die Existenz ineffizienter staatlicher Organisationen und die damit einhergehende Verschwendung von Steuergeldern nicht rechtfertigen müssen - die politischen Märkte also selbst ineffizient sind - oder weil den Politikern die Überwachungs- und Sanktionsmöglichkeiten fehlen. Gerade in vielen afrikanischen Ländern sind die Sanktionsmöglichkeiten eingeschränkt, da politische Ämter, Verwaltungsposten oder Stellungen in den staatlichen Betrieben zur Alimentierung treuer Gefolgsleute oder mit dem Ziel, der bestehenden Regierung die Unterstützung bestimmter Gruppen zu versichern, vergeben werden. Die Anstellung im Staatsdienst selbst wird zur Verteilungsmasse. Die Entlassung oder Versetzung von Staatsangestellten würde folglich die Position dessen, der sie vornehmen soll, destabilisieren und wäre damit nicht rational. Die Überwachungsmöglichkeiten sind zudem deswegen eingeschränkt, weil aus den genannten Gründen Organisationen aufgeblasen werden oder gar erst entstehen, ohne genau spezifizierte Aufgaben zu haben. Somit läßt sich natürlich auch nicht der *Grad der Aufgabenerfüllung* messen. Kompetenzüberschneidungen z.B. von Ministerien und geringe Kommunikation zwischen den staatlichen Organisationen tun ein übriges.
Mit den unzureichenden Überwachungsmöglichkeiten kommen wir zum *zweiten Grund* für die Ineffizienz staatlicher, aber auch nicht-staatlicher Organisationen in den Entwicklungsländern: Es fehlt das Wissen darüber, wie Organisationen effizient aufzubauen sind. Wissen entsteht durch Lernen und zwar zu einem großen Teil durch Learning by doing. Dazu hatten viele Entwicklungsländer in ihrer kurzen Zeit der Selbstverwaltung bis jetzt aber kaum Gelegenheit. Organisationen investieren um so weniger in die Fähigkeiten und das Wissen ihrer Mitglieder, je geringer der Wettbewerbsdruck ist. Der aus den erläuterten Gründen geringe Wettbewerbsdruck auf die staatlichen Organisationen sorgt folglich dafür, daß Effizienzverbesserungen hier langsamer (wenn überhaupt) vorgenommen werden als bei den dem Wettbewerb ausgesetzten privaten Unternehmen. Gerade im Bereich der öffentlichen Verwaltung in den Entwicklungsländern wird zudem die Bereitschaft, Wissen zu importieren, noch dadurch eingeschränkt, daß der Einfluß fremder Regierungen oder auch nur ausländischer Experten aufgrund der kolonialen Vergangenheit möglichst verhindert werden soll (OLSON, 1987, S. 82).

Die Bedeutung der Effizienz der politischen Ordnung und der staatlichen Organisationen für die Entwicklung kann gar nicht überschätzt werden. Kontrolle von Politikern und Bürokraten durch Demokratie und die Partizipation möglichst vieler am politischen Prozeß sind die einzigen Möglichkeiten, so etwas wie Wettbewerb auf den politischen Märkten zu erzeugen. Das für die Entwicklung entscheidende Problem sind dabei die hohen Transaktionskosten dieser Märkte. Unter der Demokratisierung der Gesellschaft in Entwicklungsländern ist aber nicht gleich die Einführung einer repräsentativen Parteiendemokratie westlicher Prägung zu verstehen. Erstens können andere Gesellschaften andere Formen finden; zweitens ist es sinnvoll, das Ziel Demokratisierung (auch) kurzfristig zu formulieren. In diesem Sinne bedeutet Demokratisierung lediglich *effizientere politsche Märkte* durch mehr Wettbewerb, d.h. mehr Kontroll- und Sanktionsmöglichkeiten gegenüber den Politikern und Bürokraten.
Mehr Kontrolle kann erreicht werden durch bessere Informationen, welche Entscheidungen von wem wie getroffen werden. Um politische Entscheidungsprozesse transparenter zu ma-

chen, ist eine organisierte Opposition nötig, sei es innerhalb einer Einheitspartei, außerparlamentarisch oder innerhalb des Parlaments. Für die Transparenz spielt auch eine unabhängige Presse eine bedeutende Rolle.
Mögliche Sanktionen sorgen nur dann für Leistungsdruck, wenn Individuen oder Gruppen von Individuen bei eventuellen Fehlentscheidungen mit *persönlichen* Nachteilen zu rechnen haben. Um das zu ermöglichen, müssen politische Entscheidungen auch persönlich (evtl. auch einer Gruppe) zugeordnet werden können, d.h., die Kompetenzen politischer Ämter und Positionen müssen genau festgelegt sein. Zu einer besseren Überschaubarkeit der Aufgabenbereiche von Politikern würde z.B. auch eine Regionalisierung und Dezentralisierung der Politik beitragen, wo dies möglich ist. Gerade in Ländern mit schlechter Infrastruktur werden Entscheidungen, die in der Hauptstadt getroffen werden, von abgelegenen Teilen des Landes nicht wahrgenommen oder nicht verstanden.
Auch eine höhere Effizienz der staatlichen Organisationen gehört zur Demokratisierung. Da der Wähler (Bürger) *direkt* nur die Politiker kontrollieren und sanktionieren kann, muß die Möglichkeit eingeschränkt werden, daß Bürokraten eigene Ziele verfolgen, indem die Politiker auch für das Verhalten der Bürokraten verantwortlich gemacht werden. Dabei gilt für die Prinzipal-Agent Beziehung Politiker - Bürokrat änliches wie für die Beziehung Wähler - Politiker. Auch in der Bürokratie müssen Kompetenzen genau zugeordnet werden können und persönliche Sanktionen möglich sein. Verhalten sich Bürokraten nämlich opportunistisch, dann führt das zu institutioneller Unsicherheit, die sich negativ auf die Ziele Wohlstand (die Planungssicherheit geht verloren), Sicherheit (z.B. von Eigentum) und „gerechte" Verteilung (die Zwangsgewalt des Staates wird zur willkürlichen Umverteilung benutzt) aus.

Neben der Möglichkeit des einzelnen, am politischen Prozeß zu partizipieren und Politik zu beeinflussen, gehört aber natürlich auch die Garantie der Menschenrechte zur Demokratisierung. Wie schon bei der Definition von Entwicklung erläutert wurde, ist die Garantie von Menschen- und Bürgerrechten nötig, um den einzelnen (oder eine Minderheit) vor der Zwangsgewalt des Staates (oder der Mehrheit) zu schützen. Dazu gehören die entspechenden Gesetze und eine von Legislative und Exekutive unabhängige Justiz. Die Bedeutung der unabhängigen Justiz ist aber auch für die wirtschaftliche Entwicklung nicht zu unterschätzen, da sie für den Schutz des Privateigentums vor der Zwangsgewalt des Staates, bzw. der Individuen, die diese Zwangsgewalt ausüben können, notwendig ist.
Die drei Punkte *effiziente politische Märkte*, *effiziente staatliche Organisationen* und eine *unabhängige Justiz* scheinen es zu sein, die den Staat dazu bringen, „to behave like an impartial third party" (NORTH, 1990, S. 58) und damit seiner entscheidenden Bedeutung im Entwicklungsprozeß gerecht zu werden.

3.3.4 Institutioneller Wandel

„Yet among the main features of institutional change are its complexity and the unforeseeable nature of its consequences, setting us off on random walks to goodness knows what destination" (MATTHEWS, 1986, S. 917).

Institutionen sind der Rahmen, in dem Individuen Entscheidungen treffen. Sie bilden das Anreizsystem und bestimmen damit die langfristige Entwicklung einer Volkswirtschaft. Durch ihre Stabilität verringern sie die Unsicherheit bei Entscheidungen und machen Tausch

erst möglich. Wenn Stabilität aber ein Hauptcharakteristikum von Institutionen ist, wieso soll man sich dann mit institutionellem Wandel beschäftigen?
Einerseits ist Stabilität keine hinreichende Bedingung für Effizienz. Aus der Annahme, daß die Transaktionskosten in einer Wirtschaft stets größer Null sind, ergibt sich tautologisch, daß es keine optimalen Institutionen gibt. Es ist also immer möglich, durch eine Änderung der institutionellen Rahmenbedingungen die Tauscheffizienz zu erhöhen.
Andererseits muß die Ökonomie der Institutionen, wenn sie für eine Entwicklungstheorie brauchbar sein soll, dynamisch sein. Das kam im vorangegangenen Abschnitt bei der Herausstellung der Bedeutung des Wettbewerbs auf Gütermärkten und in der Politik schon zum Ausdruck. Rationale Individuen versuchen *entweder* die gegebenen Institutionen für sich zu nutzen, also unter deren Restriktion zu maximieren, *oder* die Institutionen zu ihren Gunsten zu ändern. Es ist das Ergebnis einer Kosten-Nutzen Analyse, welche Entscheidung sie treffen. Dabei verdient Erwähnung, daß diese Entscheidung ebenfalls unter begrenzter Rationalität gefällt wird (vgl. PRIDDAT, 1995, S. 219).

Letztlich sind Änderungen der relativen Preise die Ursache für institutionellen Wandel. Je fundamentaler diese Änderungen sind, um so lohnender wird es für die Akteure, Anstrengungen auf eine Änderung der Institutionen zu richten. Diese wie auch andere Anstrengungen unternehmen die Akteure innerhalb und mit Hilfe von Organisationen, wobei durch deren Optimierungsversuche selbst die relativen Preise kontinuierlich geändert werden und institutioneller Wandel somit endogen wird. Neben einer Erläuterung dieser Zusammenhänge wird im folgenden besonderes Augenmerk auf die Verlaufsabhängigkeit institutionellen Wandels gerichtet, um die Stabilität teilweise in hohem Maße ineffizienter Ordnungen zu erklären.

3.3.4.1 Institutionen, Organisationen und Wissenserwerb

„Changes in relative prices may at most change the costs and benefits of collective action for different classes (creating new opportunities for political entrepreneurs) but cannot predetermine the balance of class forces or the outcome of social conflicts“ (BARDHAN, 1989a, S. 1391).

Der Verlauf institutionellen Wandels wird bestimmt durch Änderungen der relativen Preise und durch die Verhandlungsmacht der Organisationen, die das Resultat ihrer von unterschiedlichem Erfolg gekrönten Bemühungen, ihre Effizienz zu verbessern, ist. Da institutioneller Wandel das Ergebnis von Verhandlungen ist, ist sein Verlauf auch bei Kenntnis der Änderungen in den relativen Preisen nicht vorhersagbar. Allerdings ist es nicht nötig, in diesem Zusammenhang gleich an „social conflicts“ zu denken. Institutioneller Wandel geschieht z.B. auch durch das Schließen neuer oder die Neuverhandlung bestehender Verträge. So verstanden ist er kontinuierlich und unspektakulär.
Verschiebungen der relativen Güterpreise sind auf veränderte Produktionskosten und auf Präferenzänderungen zurückzuführen. Ursachen für die Änderung der Produktionskosten sind Veränderungen der relativen Faktorpreise, z.B. durch demographischen Wandel oder durch technischen Fortschritt, aber auch Verschiebungen in der Relation von Transformations- zu Transaktionskosten z.B. durch gesunkene Informationskosten (NORTH, 1990, S.84; BARDHAN, 1989b, S. 6). Die meisten solcher Änderungen sind das Resultat der Bemühungen von Individuen und Organisationen, ihre Ziele zu erreichen, und damit endogen.

Auch Präferenzänderungen führen zu Verschiebungen der relativen Preise. Präferenzen sind auch das Ergebnis von Überzeugungen, Ideen und Weltanschauungen. Wenn sich entweder Überzeugungen ändern oder wenn sich der Preis ändert, nach diesen zu handeln, dann können veränderte Präferenzen zu institutionellem Wandel führen. NORTH (1990, S.84) nennt als Beispiel für einen solchen Wandel den Erfolg der Anti-Sklaverei Bewegung im letzten Jahrhundert in den USA, der das Ergebnis einer „... growing abhorrence on the part of civilized human beings of one person owning another" und der geringen Kosten, die mit der Äußerung dieser Überzeugung durch die Wahl für die Nicht-Sklavenhalter verbunden waren, war.

Diagramm 5

Der Wirtschaftsprozeß aus institutionenökonomischer Sicht

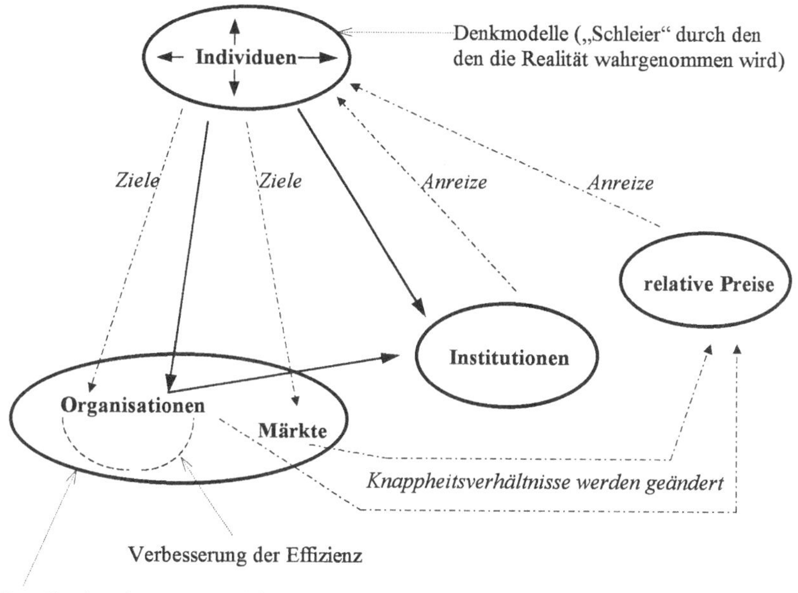

Koordinationsformen menschlicher Interaktionen
(Möglichkeiten, wirtschaftliche Ziele gegenüber oder gemeinsam mit anderen zu verfolgen)

⟵ Versuche, die institutionellen Rahmenbedingungen zu ändern, falls die relativen Preise und die Institutionen (einschl. Denkmodelle) unterschiedliche Anreize geben.

Durch die Veränderung der relativen Preise werden neue Gewinnmöglichkeiten geschaffen, die die Akteure für sich zu nutzen versuchen. Das kann z.B. durch den Abschluß neuer Verträge geschehen oder durch den Versuch, bestehende Verträge nachzuverhandeln. Ermöglichen die bestehenden formalen Regeln durch eine weitgehende Vertragsfreiheit solche Nachverhandlungen, dann ist institutioneller Wandel auf dieser „niedrigsten" Stufe der Verträge und damit eine relativ „reibungslose" Anpassung an die Änderung der relativen Preise möglich. Verträge können dann als die niedrigste Stufe der formalen Institutionen bezeichnet werden, wenn man diese nach der Schwierigkeit (den Kosten), sie zu ändern, ordnet. Ist eine Änderung der Verträge nur eingeschränkt möglich, kann es bei entsprechend deutlichen Änderungen der relativen Preise für die Akteure lohnend werden, Anstrengungen auf den Wandel von Institutionen übergeordneter Stufe zu verwenden. Es werden also die *Rahmenbedingungen* für den Abschluß von Verträgen geändert. Je leichter es möglich ist, Institutionen auf den niedrigeren Stufen zu ändern, um so mehr entsprechen die von den Institutionen ausgehenden Anreize denen der relativen Preise und um so größer ist die Anpassungseffizienz des institutionellen Rahmens. Dennoch besteht durch den Stabilitätscharakter der Institutionen ein ständiges Spannungsverhältnis zum Erfordernis der Flexibilität. Diese Spannung kann sich kontinuierlich z.B. - wie beschrieben - durch neue Verträge oder im Extremfall abrupt durch eine Revolution, das Ausbrechen von „social conflicts", entladen.

Für den Verlauf institutionellen Wandels spielen Organisationen eine große Rolle. Sie werden zur Erreichung eines bestimmten Ziels gegründet, das sich nach den institutionellen Rahmenbedingungen richtet. Welche Institutionen nötig sind, damit die Anstrengungen der Organisationen zu Entwicklung führen, wurde bereits erläutert (vgl. 3.3.3).
Die Ziele der Organisationen bestimmen darüber hinaus, in welches Wissen und welche Fähigkeiten ihrer Mitglieder sie investieren. Die Organisationen fragen dieses Wissen und diese Fähigkeiten aber auch nach, so daß damit für die Gesellschaft *insgesamt* ein Anreiz besteht, in das entsprechende Wissen zu investieren. Die Bemühungen der Organisationen, ihre Ziele bestmöglichst zu erreichen, bestimmen damit, in welche Richtung sich die Volkswirtschaft entwickelt. „If the firm or other economic organization invests in knowledge that increases the productivity of the physical or human capital inputs or improves the tacit knowledge of the entrepreneurs, then the resultant productivity increase is also consistent with the growth of the economy" (NORTH, 1990, S. 78).
Das Streben der Organisationen ist einerseits eine Antwort auf die von den institutionellen Rahmenbedingungen ausgehenden Anreize, ändert andererseits aber die relativen Preise und übt damit Druck auf eine Änderung der Institutionen dadurch aus, daß die *möglichen Gewinne* durch institutionellen Wandel steigen. Die Differenz zwischen Nutzen und Kosten einer Änderung der Institutionen wird größer als die Differenz zwischen Nutzen und Kosten einer Optimierung innerhalb der bestehenden Institutionen. Allerdings ist auch diese Entscheidungssituation der *subjektiven* Beurteilung unter unvollkommenen Informationen unterworfen. Die Realisierung institutionellen Wandels kann nicht nur die Gründung von Interessenverbänden zur Beeinflussung politischer Entscheidungen erfordern, sondern auch den Versuch beinhalten, die Überzeugungen oder die Ideologie der Akteure zu verändern.

Die Determinanten institutionellen Wandels sind folglich - neben den relativen Preisen - die Anreize der bestehenden Institutionen, die subjektiven Denkmodelle der Akteure, besonders der Unternehmer, bei der Wahrnehmung dieser Anreize und die Effizienz der Organisationen bei der Erreichung ihrer Ziele, die in einer Anpassung *an die* Institutionen und in einer Anpassung *der* Institutionen bestehen können. Obwohl institutioneller Wandel hier endogen erklärt wird, läßt er sich, wie im Eingangszitat erwähnt, nicht vorhersagen. Das könnte nur ein *außerhalb* des Systems stehender Beobachter, der über alle Entscheidungssituationen vollkommen informiert ist, was gemäß der Annahme der begrenzten Rationalität jedoch ausgeschlossen ist.

Aussagen können aber darüber getroffen werden, wie er verlaufen *müßte*, wenn sich die Gesellschaft (in dem hier definierten Sinn) entwickeln soll. Für Entwicklung ist eine Zunahme der Arbeitsteilung und damit der Übergang von persönlichem zu unpersönlichem Tausch nötig. Daher steigt die Notwendigkeit, menschliche Interaktionen durch formale Institutionen und zentrale Durchsetzungsmechanismen zu regeln. Nicht-formale Institutionen verlieren ebenso an Bedeutung wie interne Beschränkungen durch gemeinsame Weltanschauungen. Denkmodelle sind das Ergebnis von Erfahrungen und je unterschiedlicher die Erfahrungen der Mitglieder einer Gesellschaft sind, was mit der Zunahme der Arbeitsteilung um so wahrscheinlicher wird, um so weniger entstehen gleiche Denkmodelle, gemeinsame Ideologien. Denn mit der Zunahme unpersönlichen Tausches nimmt das *Wissen* der Akteure über die Denkmodelle und nicht-formalen Beschränkungen, nach denen ihre Tauschpartner handeln, ab. Formale Regeln mit glaubwürdigen Durchsetzungsmechanismen, denen alle Akteure unterliegen, werden nötig, um die für Tausch nötige Sicherheit zu erzeugen. Die Richtung des institutionellen Wandels geht also weg von internen und nicht-formalen Beschränkungen hin zu formalen Regeln.
Wettbewerb führt dabei aus den genannten Gründen nicht nur zur Annäherung an die Entwicklungsziele, sondern bestimmt auch die Geschwindigkeit des institutionellen Wandels: „The greater the competition amongst organizations (wether internal to a given economy or external to it) the greater is the incentive to invest in skills and knowledge to enhance the organization's survival opportunities and hence the greater the rate of institutional change" (NORTH, 1993a, S. 20).

An dieser Stelle soll auch ein anderer Ansatz zur Erklärung institutionellen Wandels erwähnt werden. RUTTAN / HAYAMI (1984, S. 205) vertreten folgende Ansicht: „There is a supply dimension as well as a demand dimension in institutional change". Die Nachfrage nach institutionellen Innovationen wird dabei durch Änderungen der relativen Preise hervorgerufen, das Angebot an institutionellen Innovationen ändert sich durch Fortschritte in den Sozialwissenschaften und wird darüber hinaus bestimmt von den „cultural endowments". Dabei ist es der sogenannte politische Unternehmer, der als Anbieter von institutionellen Innovationen auftritt. Durch die Sicht von institutionellem Wandel als Ergebnis von Angebot und Nachfrage wird es zwar möglich, diesen in eine Theorie der Entwicklung einzubauen, dennoch erscheint dieser Ansatz aus mehreren Gründen nicht plausibel.
Zum einen ist es schwierig festzustellen, ob institutioneller Wandel im oben genannten Sinn von der Nachfrage- oder von der Angebotsseite ausging (BARDHAN, 1989a, S. 1393). Zum anderen ist die genannte Aufteilung etwas künstlich, denn Fortschritte in den Sozialwissenschaften bewirken ja auch Änderungen der relativen Preise, indem z.B. die Informationskosten oder die Kosten der Überwachung und Durchsetzung von Verträgen gesenkt werden. Der Grund für diesen anderen Ansatz der Endogenisierung institutioneller Innovationen mag in der Fokussierung auf die Institution der formalen Eigentumsrechte liegen. Nur so ist es zu erklären, daß nur der „politische Unternehmer" Anbieter von institutionellen Innovationen ist. Die Veränderung nicht-formaler Beschränkungen, die ohne das Eingreifen einer übergeordneten Instanz in Form der „dritten Partei Staat" vor sich gehen kann, wird dabei vernachlässigt (NORTH, 1993b, S. 247).

3.3.4.2 Die Verlaufsabhängigkeit institutionellen Wandels

„Path dependence is a way to narrow conceptually the choice set and link decision making through time. It is not a story of inevitability in which the past neatly predicts the future" (NORTH, 1990, S.98f). „History matters" (NORTH, 1990, S. VII).

Unternehmertum, die Wahrnehmung von Gewinnmöglichkeiten, ist die treibende Kraft für technischen ebenso wie für institutionellen Wandel, den beiden entscheidenden Faktoren für Entwicklung. Der bestehende institutionelle Rahmen legt durch die von ihm ausgehenden Anreize fest, ob dieses Gewinnstreben z.B. zur Einführung eines neuen Produktes oder aber zur Gründung einer Interessenvertretung zur Beeinflussung politischer Entscheidungen führt. In jedem Fall werden Organisationen gegründet, die durch ihre Optimierungsversuche in der beschriebenen Art und Weise die relativen Preise verändern und damit selbst Anreize schaffen, Anstrengungen auf die Änderung der Institutionen zu verwenden.

Was macht dann aber institutionellen Wandel zu einem Problem? Wieso entstehen durch den beschriebenen Prozeß nicht effiziente Institutionen? Der Grund ist letztlich der Zwiespalt zwischen Stabilität und Flexibilität, in dem sich die Institutionen befinden. Die Anpassung der institutionellen Rahmenbedingungen an eine Änderung der relativen Preise verursacht genauso wie z.B. struktureller wirtschaftlicher Wandel Kosten und ist langwierig. Die dabei entstehenden „Reibungsverluste" erklären zwar verzögerten Wandel, aber nicht das langandauernde Fortbestehen ineffizienter Institutionen oder gar die „Verschlechterung" der bestehenden institutionellen Rahmenbedingungen, die dann zu einer geringeren wirtschaftlichen Leistungsfähigkeit führt. Historische Beispiele gibt es für beide Fälle genug. „However, after ten thousand years of civilization, despite the immense decline in information costs and despite the implications of neoclassical international trade models that would suggest convergence, there is enormous contrast between economies" (NORTH, 1990, S. 92).

„Schuld" ist die Verlaufsabhängigkeit (Path dependence) institutionellen Wandels, die im folgenden auf zwei - nicht streng voneinander trennbare - Ursachen zurückgeführt wird: Steigende Skalenerträge von Institutionen und die subjektiven Denkmodelle der Akteure. Anders ausgedrückt: Die Tatsache, daß sich Menschen gemäß externer und interner Institutionen entscheiden und diese Institutionen ein gewisses Maß an Stabilität besitzen, bewirkt Verlaufsabhängigkeit. „Die Existenz von Institutionen auf ein individuelles Rationalkalkül zurückzuführen, stößt zunächst auf die Schwierigkeit, daß Rationalität ihrerseits nur vor dem Hintergrund eines institutionellen Umfeldes denkbar ist, weil Rationalität einen Zweck-Mittel-Rahmen voraussetzt, innerhalb dessen die subjektiv beste Möglichkeit gewählt wird" (KIWIT / VOIGT, 1995, S. 10). Nicht nur die Entscheidungen *innerhalb* bestehender Institutionen werden also von diesen beeinflußt, sondern auch die Entscheidungen *über deren Änderung*, denn „Anfang wie Ende (von Institutionen, d. Verf.) sind geschichtliche Ereignisse, keine rationalen Entscheidungen" (PRIDDAT, 1995, S. 229).
Die Verlaufsabhängigkeit institutionellen Wandels folgt demnach allein schon aus der Definition und der Begründung von Institutionen. Zum einen geben sie die Rahmenbedingungen für die Entscheidungen der Akteure ab, wozu auch die Entscheidungen über die Institutionen selbst gehören. Zum anderen ist die Begründung für die Existenz von Institutionen die unvollkommene Information der Akteure - eben auch über die Effizienz der Institutionen selbst - aufgrund der begrenzten Verarbeitungskapazität des menschlichen Verstandes.

3.3.4.2.1 Steigende Skalenerträge von Institutionen

Die ersten Untersuchungen zum Phänomen der Verlaufsabhängigkeit aufgrund steigender Skalenerträge stammen aus dem Bereich des technischen Fortschritts. „A *path-dependent* sequence of economic changes is one of which important influences about the eventual outcome can be exerted by temporally remote events, including happenings dominated by chance elements rather than systematic forces“ (DAVID, 1985, S. 332). Diese Verlaufsabhängigkeit kann dazu führen, daß einmal eingeführte Technologien nicht geändert werden, obwohl überlegene, d.h. effizientere Lösungen bekannt sind. Bestimmte Ereignisse in der Einführungsphase einer technischen Neuerung bewirken, daß sich eine Lösung durchsetzt, die sich im nachhinein nicht unbedingt als die überlegene erweisen muß.
Als Beispiel sei hier auf die Darstellung von DAVID (1985) bezüglich der historischen Abläufe, die zur Anordnung der Buchstaben auf den heute verwendeten Keyboards geführt haben, verwiesen. Diese geht zurück auf die Anfänge der Entwicklung von Schreibmaschinen und konnte sich durchsetzen und behaupten, obwohl spätestens seit 1932 die patentierte Version einer anerkannt überlegenen Buchstabenanordnung vorlag (DAVID, 1985, S. 332ff). DAVID (1985) nennt als historisches Ereignis, das zur Durchsetzung der sogenannten QWERTY-Tastatur geführt hat, die Einführung einer überlegenen Schreibtechnik, die von Anfang an auf dieser Tastatur gelehrt wurde. Er findet drei Gründe dafür, daß dieses Ereignis zur Verdrängung der anderen Tastaturen führen konnte und definiert sie als Bausteine seiner QWERTY-Nomics (DAVID, 1985, S. 334ff):
Erstens, technische Wechselbeziehungen - Netzwerkexternalitäten -, die in unserem konkreten Beispiel bewirkten, daß ausgehend von der überwiegenden Ausbildung der Maschinenschreiber auf der QWERTY-Tastatur für die Käufer von Schreibmaschinen ein Anreiz bestand, Maschinen mit dieser Tastatur zu kaufen. Die „Software“ wirkte also zurück auf die „Hardware“.
Zweitens, steigende Skalenerträge, die im Beispiel darin bestehen, daß sowohl die Maschinenschreiber als auch die Käufer von Schreibmaschinen bei sonstiger Indifferenz gegenüber den verschiedenen Schreibmaschinenarten ihre Entscheidungen danach richten, welcher Typ auf dem Markt überwiegt und sich ihrer Erwartung nach durchsetzen wird. Jede Entscheidung, auf der QWERTY-Tastatur zu lernen oder eine solche Maschine zu kaufen, erhöhte also die Wahrscheinlichkeit dafür, daß die nächste Entscheidung ebenfalls zugunsten dieser Tastatur ausfiel.
Drittens, die Quasi-Irreversibilität von Investitionen. In diesem Fall waren es die Investitionen in das Humankapital der auf der QWERTY-Tastatur ausgebildeten Maschinenschreiber. Man kann also sagen, daß die Kosten der Umschulung der Maschinenschreiber den möglichen Nutzen durch die höhere Tipp-Geschwindigkeit auf der besseren Tastatur überwogen.
„Despite the presence of the sort of externalities that standard static analysis tells us would interfere with the achievement of the socially optimal degree of system compatibility, competition in the absence of perfect future markets drove the industry prematurely into standardization on the wrong system - where decentralized decision making subsequently has sufficed to hold it“ (DAVID, 1985, S. 336). Aber nicht nur unvollständiges Wissen über *zukünftige* Entwicklungen kann zur Etablierung relativ ineffizienter technischer Neuerungen führen, sondern auch *von Anfang an* technisch unterlegene Lösungen können sich durchsetzen, wenn die Organisation, die die „schlechtere“ Lösung vertritt, sich z.B. in bezug auf Produktion oder Vertrieb als effizienter erweist. Dieser Aspekt fehlt bei DAVID (1985), der

nicht berücksichtigt, daß nicht die Techniken selbst, sondern die sie vertretenden Organisationen miteinander im Wettbewerb stehen.

Noch mehr als technischer Fortschritt ist institutioneller Wandel verlaufsabhängig. Dadurch daß Institutionen immer Teil eines institutionellen Rahmens sind, besitzen vor allem Netzwerkexternalitäten aber auch steigende Skalenerträge und die Quasi-Irreversibilität von Investitionen eine große Bedeutung. Daher gilt noch mehr für Institutionen das, was ARTHUR (1989, S. 117) für Technologien konstatiert: „... *inflexibility* in that once an outcome ... begins to emerge it becomes progressively more `locked in´; and *non-ergodicity* in that historical `small events´ are not averaged away and `forgotten´ by the dynamics - they may decide the outcome".
Um nichts anderes als Verlaufsabhängigkeit handelt es sich, wenn KRUEGER (1993) von „Virtuous and Vicious Circles in Economic Development" spricht. Sie geht davon aus, daß eine einmal gewählte Entwicklungsstrategie, die auch durch eine Krise erzwungen worden sein kann, um so schwerer wieder zu ändern ist, je länger sie besteht, da die Gewinner dieser Politik mit der Zeit immer mehr an Einfluß gewinnen. Nach der Argumentation von KRUEGER (1993), die sich mit Handelspolitik beschäftigt, wirkt sich dabei eine Importsubstitutionsstrategie *dauerhaft* negativ auf Wohlstand und Wachstumsraten aus („vicious circle"), während eine Strategie der Förderung von Exporten die wirtschaftliche Leistungsfähigkeit anhaltend erhöht („virtuous circle").
Als ein weiteres Beispiel für eine Institution, die durch zufällige historische Ereignisse entstanden ist, mag im folgenden die zentrale Verwaltung vieler afrikanischer Länder - als Art und Weise der Durchsetzung formaler Regeln - dienen. Die Kolonialmächte haben in mehr oder weniger willkürlich festgelegten Territorien zentrale Verwaltungen errichtet, da es einerseits wie im Falle Frankreichs ihrer Tradition entsprach und andererseits für die Kontrolle großer Gebiete mit wenig Verwaltungspersonal zweckmäßig war. Zwar haben die Kolonialmächte auch lokale Machtstrukturen benutzt, aber die Kolonialverwaltung selbst war in der Regel zentral. Diese zentralen Strukturen wurden in den meisten Fällen auch nach der Unabhängigkeit beibehalten, obwohl die z.B. im Vergleich zu den meisten europäischen Ländern viel größere ethnische, kulturelle und religiöse Heterogenität dezentrale oder föderalistische Strukturen nahe gelegt hätte.
Gründe dafür sind auch die hohen Kosten, die mit einer Änderung dieser Durchsetzungsstruktur verbunden wären. Dabei ist nicht nur an die Fixkosten der Einführung einer neuen Institution, also z.B. die Aushandlung von Gesetzen und Verträgen, zu denken, sondern auch an die Kosten, die mit der Aufgabe der geltenden Institution verbunden sind. Im gewählten Beispiel heißt das, daß das Wissen der im bestehenden Verwaltungssystem ausgebildeten Bürokraten teilweise obsolet wird, daß z.B. in- und ausländische Unternehmen, Entwicklungshilfeorganisationen u.a. neue Verträge mit der Verwaltung aushandeln müssen, da die Kompetenzen sich geändert haben usw.
Steigende Skalenerträge z.B. durch Lerneffekte und Netzwerkexternalitäten sorgen demnach dafür, daß die Kosten, eine einmal eingeführte Institution - mag sie zu diesem Zeitpunkt effizient gewesen sein oder nicht - zu ändern, um so höher werden, je länger sie existiert. Investitionen in das bestehende Institutionensystem werden also zu Sunk costs und erhöhen damit die Fixkosten der Errichtung neuer Institutionen.
Obwohl die Effizienz zentraler Verwaltungen in heterogenen Staaten etwas pauschal angezweifelt wurde, sollte mit dem gewählten Beispiel keine Wertung vorgenommen, sondern in erster Linie gezeigt werden, wie historische Ereignisse die institutionelle Ordnung beeinflus-

sen können. Verlaufsabhängigkeit ist nur einer Ex post Analyse zugänglich, denn das Phänomen „institutioneller Wandel“ ist zu komplex und unsere Informationen sind auch nicht annähernd ausreichend, um ihn vorhersagen zu können. Entscheidungen besitzen unerwartete Folgen, die auch die Rahmenbedingungen für weitere Entscheidungen verändern.
Eine Untersuchung der Kosten und Nutzen ist für eine Analyse des institutionellen Wandels jedoch nicht ausreichend. Wichtig ist auch die *Motivation* der Akteure, die die Möglichkeit haben, institutionelle Innovationen durchzusetzen. Bezogen auf das Beispiel ist ein weiterer Grund für die teilweise Beibehaltung der kolonialen Verwaltungsstrukturen das mangelnde Interesse der in der Regel nicht demokratisch legitimierten Politiker, diese zu ändern, da dies mit einem persönlichen Machtverlust verbunden wäre.

3.3.4.2.2 Weltanschauung und Kultur

Wie schon erläutert, treffen Menschen aufgrund ihrer beschränkten Rationalität Entscheidungen mit Hilfe von Denkmodellen (vgl. 3.3.2.4). Wieso aber trägt das zur Verlaufsabhängigkeit institutionellen Wandels bei und kann zum dauerhaften Fortbestehen ineffizienter Institutionen führen? Vier mögliche Gründe sollen dafür genannt werden:

Erstens die Tatsache, daß die Individuen ihre Denkmodelle nicht nur durch persönliche Erfahrungen und *individuelles* Lernen, sondern auch durch die Übernahme der Denkmodelle anderer, „*kulturelles* Lernen“, entwickeln. Dies führt zu gemeinsamen Weltanschauungen, die die Funktion von Institutionen erfüllen und Unsicherheiten über das Verhalten der Mitspieler verringern. „People acquire beliefs, attitudes, and values both by teaching and by observing the behavior of others. Culture is not behavior; culture is information stored in human brains that, together with individuals' genes and their environments, determines their behavior“ (BOYD / RICHERSON, 1994, S. 74). Kultur ist also Information, die von anderen geteilt und auch von einer Generation an die nächste weitergegeben wird. Kulturelles Lernen ist billiger und einfacher als individuelles Lernen. Je mehr Einfluß die Kultur auf das Verhalten der Akteure hat, um so stabiler ist die Weltanschauung der Akteure und um so schwieriger ist institutioneller Wandel.
Interessante weiterführende Fragen sind dann: „How and from whom do people acquire beliefs? And, what processes may cause some beliefs to increase while others to decline“ (BOYD / RICHERSON, 1994, S. 78)? Diese Fragen sind bis jetzt nur teilweise beantwortet. Kultur scheint aber auf das Verhalten um so mehr Einfluß zu haben, je mehr Kosten *individuelles* Lernen mit sich bringt und je weniger variabel die Umwelt ist (BOYD / RICHERSON, 1994, S. 84). Je weniger nämlich die Entscheidungssituationen der Vergangenheit mit denen der Gegenwart vergleichbar sind, um so weniger brauchbar sind kulturelle Informationen.

Zweitens geschieht die Übernahme der Überzeugungen oder Präferenzen anderer - z.B. der Eltern - nicht nur als Information, die dazu dient, Entscheidungen zu erleichtern und lernen zu „verbilligen“, sondern auch als *Ersatz* für eigene Überzeugungen. Der Grund dafür ist, daß *geäußerte* - aufgedeckte - Präferenzen begründet werden müssen und „... the greater the number of people who appear to hold a given opinion, the more validity it will assume“ (KURAN, 1987, S. 655). Es dient also der eigenen Reputation und Glaubwürdigkeit, eine Mehrheitsmeinung oder zumindest eine Überzeugung, die von mehreren vertreten wird, zu übernehmen. Die Psychologie hat sich eingehend mit diesem Thema beschäftigt (KURAN,

1987, S. 654ff). Öffentlich geäußerte individuelle Präferenzen und Überzeugungen, die aufgrund des „Rechtfertigungsdrucks" nicht unbedingt mit den privaten, tatsächlichen übereinstimmen müssen, hängen demnach auch davon ab, welchen Stellenwert sie in der Gesellschaft insgesamt besitzen. Ein Wandel der Weltanschauung, dem zuerst die Veränderung der Denkmodelle einiger weniger vorausgeht, wird also dadurch erschwert, daß das Vertreten einer Minderheiten-Meinung mit Kosten verbunden ist, nämlich dem Verlust der Akzeptanz durch die anderen Mitglieder der Gesellschaft.

Drittens wirken das eigene Verhalten und die getroffenen Entscheidungen sozusagen Expost auf die Wertvorstellungen und Überzeugungen zurück (CLAGUE, 1993, S. 401). Die Überzeugungen und die Präferenzen der Individuen bestimmen also nicht nur ihr Verhalten, sondern auch *umgekehrt*: Das eigene Verhalten wirkt zurück auf Denkmodelle und Präferenzen. Treffen die Menschen Entscheidungen, die nicht ihren eigenen Überzeugungen entsprechen, dann tendieren sie dazu, diese Entscheidungen nachträglich durch eine Änderung ihrer Wertvorstellungen (vor sich selbst) zu rechtfertigen. Der Wunsch, nach den eigenen Überzeugungen zu handeln, führt dazu, daß bei einem Zwiespalt zwischen Verhalten und Überzeugung nicht immer das Verhalten entsprechend ausgerichtet wird, sondern manchmal auch die Überzeugungen angepaßt werden (MUMMERT, 1995, S. 11). Psychologische Studien und Experimente unterstützen diese These (CLAGUE, 1993, S. 401f). Wann es zu einer Änderung der Überzeugungen kommt, hängt davon ab, wie hoch der Nutzen des abweichenden Verhaltens und wie hoch die Kosten der Änderung der Überzeugung *individuell eingeschätzt* werden. Der Drang, Handlungen zu rechtfertigen, kann auch dazu führen, daß die (persönliche) Entscheidungsgrundlage unbewußt oder vielleicht sogar bewußt manipuliert wird. „Menschen versuchen also die eigenverantwortlich gewählte Entscheidungsalternative durch die selektive Auswahl von Informationen abzusichern" (MUMMERT, 1995, S. 10).
Da die Institutionen Verhalten durch Anreize lenken, beeinflussen die bestehenden Regeln die Denkmodelle der Akteure. Es liegt somit ein sich selbst verstärkender Mechanismus vor, der zur Verlaufsabhängigkeit institutionellen Wandels beiträgt: „... incentives and attitudes reinforce one another in a cumulative fashion ..." (CLAGUE, 1993, 412). Sind die bestehenden externen Institutionen ineffizient, begünstigen sie z.B. opportunistisches Verhalten, dann werden auch die internen Beschränkungen diesen Anreizen angepaßt. Institutionelle Ineffizienz kann dauerhaft fortbestehen. Das gleiche gilt aber im Falle effizienter Institutionen. Auch diese werden durch die Anpassung der Überzeugungen verstärkt.

Viertens führt Risikoaversion zu „Konservativismus". Institutionen dienen zur Reduzierung von Unsicherheit und aufgrund unvollkommener Informationen ist *gerade* institutioneller Wandel wieder mit Unsicherheit verbunden (PRIDDAT, 1995, S. 231). Da sich Nutzen und Kosten von institutionellem Wandel nicht bestimmen lassen, spielt die individuelle Einschätzung des Risikos, die auch von den Denkmodellen beeinflußt wird, eine große Rolle. Eine Präferenz für etablierte Institutionen, deren Nutzen und Kosten besser bestimmbar sind, zuungunsten möglicher neuer Institutionen, über deren Nutzen und Kosten größere Unsicherheit besteht, ließe sich als Konservativismus bezeichnen. Unterstellt man, daß die Mehrheit der Akteure risikoavers ist, dann muß die potentielle Differenz zwischen Nutzen und Kosten des institutionellen Wandels mindestens die Höhe dieser Risikoaversion betragen, damit ein institutioneller Wandel überhaupt angestrebt wird.

Allerdings ist der Grad der Risikoaversion, die „Stärke" des Konservativismus, auch von der Einstellung gegenüber Neuem abhängig. Je länger Institutionen bestehen, um so kalkulierbarer sind sie und um so größer wird das Risiko - relativ - bei institutionellem Wandel *eingeschätzt.*

Außer diesen vier Gründen lassen sich möglicherweise noch andere finden, aufgrund derer die Entscheidung mit Hilfe von Denkmodellen dazu führt, daß institutioneller Wandel verlaufsabhängig ist. Unter welchen Umständen reagieren die Denkmodelle der Akteure aber flexibel auf Änderungen der relativen Preise, sind also *realitätsnah*?
Das ist um so stärker der Fall, *je weniger* die Weitergabe von Informationen durch Kultur individuelles Lernen ersetzt, *je weniger* die öffentliche Äußerung der eigenen Präferenzen und Überzeugungen (und auch das Handeln nach diesen) mit Nachteilen verbunden ist, *je stärker* die externen Institutionen, die ja auf die Denkmodelle zurückwirken, dieselben Anreize geben wie die relativen Preise - also effizient sind und *je größer* die Geschwindigkeit des institutionellen Wandels bereits ist, da dadurch die Bedeutung des Konservativismus abnimmt. Eine Politik, die das Fortbestehen ineffizienter Institutionen und Denkmodelle beenden will, könnte also folgendermaßen erreicht werden: *Erstens* durch die Senkung der individuellen Informationskosten - z.B. durch Bildungspolitik; *zweitens* durch die Senkung der Kosten des Handelns nach den eigenen Überzeugungen - z.B. durch die Sicherung der Menschen- und Bürgerrechte sowie andere Institutionen, die die freie Entfaltung der Persönlichkeit ermöglichen; *drittens* durch Wettbewerb auf den Güter- und den politischen Märkten, der dafür sorgt, daß die Institutionen mit den relativen Preisen übereinstimmen und daß die Rate des institutionellen Wandels zunimmt.

NORTH (1994, S. 27) betont die Bedeutung gemeinsamer Denkmodelle und stellt deren Veränderung gar in den Mittelpunkt langfristigen institutionellen Wandels: „The performance of economies is a consequence of the incentive structures put into place; that is, the institutional framework of the polity and economy. These are in turn a function of the shared mental models and ideologies of the actors". Da zum Prozeß der Entwicklung institutioneller Wandel gehört, ist also die Veränderung der gemeinsamen Denkmodelle eine Voraussetzung für Entwicklung. Diese Veränderung wird z.B. durch neue Ideen und Entdeckungen bewirkt oder durch mehr Wissen aufgrund gesunkener Informationskosten. Die neuen Ideen oder Informationen verändern zuerst die Anschauungen einiger weniger und langsam „... become important parts of the climate of opinion" (DENZAU / NORTH, 1994, S. 25). Als Beispiel läßt sich an die Verknappung des Gutes Umwelt in den letzten Jahrzehnten denken. Diese Verknappung wurde zuerst von einigen wenigen wahrgenommen und in entsprechende Ideen und Überzeugungen umgesetzt. Politische Unternehmer verbreiteten diese Ideen und sorgten dafür, daß die Informationskosten des einzelnen über diese Veränderung der relativen Preise sanken. Schließlich wurden die Überzeugungen einiger weniger zum Teil der gemeinsamen Weltanschauung.
An dieser Stelle soll eingeschoben werden, daß es auch so etwas wie Wettbewerb unter Institutionensystemen gibt. Informationen über „erfolgreiche" Institutionen sind, wie das Beispiel Osteuropas zeigt, zumindest langfristig ein machtvoller Anreiz für institutionellen Wandel. Auch die Demokratiewelle in Afrika im Gefolge der Veränderungen in Osteuropa kann so interpretiert werden.

Es gibt prinzipiell zwei Möglichkeiten, wie ein verändertes „Meinungsklima“ die gemeinsame Weltanschauung verändern kann. Entweder gibt es starke konservative (fundamentalistische) Kräfte, die die Änderung der Ideologie hinauszögern und damit eine Krise verursachen, die schließlich zu einem abrupten Bruch in der Ideologie - den Grundwerten - einer Gesellschaft führen kann oder der Wandel geschieht langsam und kontinuierlich. Allerdings kann auch diese Situation zu einer Krise führen. „The basis for this crisis would be the discovery of a lack of logical consistency in the ideology, ...“ (DENZAU / NORTH, 1994, S. 25). Diese Krise gibt einem „ideological entrepreneur“ die Chance, die Inkonsistenzen der herrschenden Weltanschauung in einer für ihn vorteilhaften Weise durch das Angebot einer anderen, geschlosseneren Ideologie zu nutzen. Sind die Weltanschauungen der Akteure relativ flexibel in der Reaktion auf geänderte Umweltbedingungen, dann sind sie zwar realitätsnah, aber das geht auf Kosten der Homogenität der Denkmodelle der Mitglieder einer Gesellschaft. Die Unsicherheit in den menschlichen Interaktionen wird vergrößert und die Transaktionskosten werden damit erhöht. Ein größeres Maß an Homogenität ist nur durch mehr Stabilität in den Weltanschauungen zu erreichen, was aber die Gefahr der Entfernung von der Realität bedeutet.
Mit anderen Worten: Die Anreize, die von den relativen Preisen und die, die von den Institutionen, in diesem Fall den internen Beschränkungen, ausgehen, fallen auseinander. Gewinnmöglichkeiten werden nicht genutzt und es besteht die Gefahr der wirtschaftlichen Stagnation. Auch Weltanschauungen befinden sich im Zwiespalt zwischen Stabilität und Flexibilität. Konstanz in den gemeinsamen Weltanschauungen ist also ein wesentliches Element der Stabilität der institutionellen Rahmenbedingungen. Sie kann aber ebenso zum lang andauernden Fortbestehen ineffizienter Institutionen führen.

Da Denkmodelle auch zwischen den Generationen kulturell weitergegeben werden, wird die Ideologie einer Gesellschaft durch die geschichtliche Entwicklung beeinflußt. Das schließt Änderungen dieser gemeinsamen Denkmodelle, ob abrupt oder kontinuierlich, natürlich nicht aus. Um aber die jetzigen Denkmodelle und damit die Entscheidungen der Individuen verstehen zu können, ist Wissen über die geschichtliche Entwicklung einer Gesellschaft und ihrer Ideen von Nutzen. Es gibt also im Bereich der Weltanschauungen einer Gesellschaft eine Verlaufsabhängigkeit, die auch dazu führt, daß Denkmodelle sich nur langsam ändern und dadurch möglicherweise den aufgrund geänderter relativer Preise nötigen Wandel der Institutionen hinauszögern. „Wird von einem hohen Beharrungsvermögen interner Institutionen ausgegangen, dann ist weiter zu vermuten, daß dadurch die Steuerbarkeit sozialer Prozesse einer strengen Nebenbedingung unterworfen wird“ (KIWIT / VOIGT, 1995, S. 2). Kulturelle Traditionen, Denkmodelle, die „Bilder“ der Akteure von der Umwelt beeinflussen den Verlauf von Entwicklung: „Long-run economic change is the cumulative consequence of innumerable short-run decisions by political and economic entrepreneurs that both directly and indirectly (via external effects) shape performance. The choices made reflect the entrepreneurs' subjective modeling of the environment. Therefore, the degree to which outcomes are consistent with intentions will reflect the degree to which the entrepreneur's models are *true* models“ (NORTH, 1990, S. 104).

3.4 Zusammenfassung

1. Die grundsätzlichen Fragen der Entwicklungstheorie lauten: Wieso geht es den Menschen in manchen Ländern so viel besser als in anderen? Wieso verringern sich die Unterschiede in den erreichten Wohlstandsniveaus zwischen manchen Ländern, während sie sich zwischen anderen vergrößern? Einer Beantwortung dieser Fragen *muß* eine Zieldiskussion vorausgehen, um die Situation verschiedener Länder oder die Veränderungen in einem Land bewerten und damit vergleichen zu können.

2. Das Paradigma, das dieser Arbeit zugrundeliegt, ist das des *selbstbestimmten Individualismus* (BUCHANAN, 1987), woraus auch die entsprechende methodologische Vorgehensweise folgt. Entwicklung betrifft folglich den einzelnen Menschen (INGHAM, 1993; WORLD BANK, 1994c). Sie zeigt sich in den Entscheidungssituationen, denen er sich gegenüber sieht. Das Maß an *Handlungsfreiheit*, die Menge der Wahlmöglichkeiten bestimmen den „Entwicklungsstand" (SEN, 1988; PIES, 1993). Entwicklung bedeutet demnach eine Ausweitung des Handlungsspielraums der Individuen, so daß sie ihre - latent vorhandenen - Fähigkeiten *entwickeln können*. In diesem Sinne ist Entwicklungspolitik „Hilfe zur Selbsthilfe".
Eine so grundsätzliche Definition von Entwicklung erscheint gewagt, vor allem wenn es an die Konkretisierung und Operationalisierung dieses Zieles geht. Aber nur so läßt es sich vermeiden, den Begriff Entwicklung nur auf einen kleinen Ausschnitt zu verengen und den Blick fürs Ganze zu verlieren oder sich in Aufzählungen zu ergehen.

3. Handlungsfreiheit als Ziel ist jedoch problematisch, wenn man sie als Freiheit *von* Zwang versteht. In diesem Fall ist sie mit einem Leben in der Gemeinschaft nicht vereinbar. Dieses *Dilemma* kann man nur lösen, wenn man die Einschränkungen der Handlungsfreiheit durch die Institutionen einer Gemeinschaft ebenso als „natürliche Grenzen" individuellen Handelns versteht wie objektiv Unmögliches und die individuellen Fähigkeiten (STREIT, 1988). Im Gegensatz zu den beiden letztgenannten definieren die Institutionen aber den Teil des Entscheidungsspielraumes, der veränderbar ist. Wer entscheidet über die Institutionen, denen eine Gemeinschaft unterliegt? Die wichtigste aber nicht einzige denkbare Gemeinschaft mit gleichen Regeln und deren Durchsetzung ist die staatliche. Aus der Norm der Freiheit des Individuums folgt daher die zweite wesentliche Norm dieser Arbeit, nämlich die der *Demokratie* - in welcher Form auch immer - als Koordinationsform zur Herbeiführung eines Konsenses über politische Entscheidungen. Nur so wird Freiheit *durch* Zwang möglich. Demokratie ist die beste (wenn nicht die einzige) Möglichkeit, den einzelnen an den Entscheidungen über einen wichtigen Teil der Institutionen zu beteiligen (PIES, 1993).

4. Die Wachstumstheorie kann nach Ansicht des Verfassers selbst da, wo sie ausdrücklich auch Entwicklungstheorie sein möchte, keine Antworten auf deren Fragen geben. Entweder erklären ihre Modelle, warum die Pro-Kopf-Einkommen konvergieren (SOLOW, 1991) oder warum sie das nicht tun (LUCAS, 1988; ROMER, 1990). Liefert sie Begründungen dafür, daß beides möglich ist, so sieht sie die Ursachen in nicht näher begründeten Unterschieden in den *institutionellen Rahmenbedingungen* (KALDOR, 1957). Besonders in den letzten Jahren wurden zahlreiche empirische Studien durchgeführt, die den Einfluß der institutionellen Rahmenbedingungen auf die wirtschaftliche Entwicklung der Volkswirtschaften belegen (z.B. KLUMP / REICHEL, 1994). Entwicklung, eine Ausweitung der Handlungsfreiheit, erfordert folglich institutionellen Wandel. Das ist der Punkt, an dem die Institutionenökonomik ihre Analyse erst ansetzt.

5. Zur Erklärung von Institutionen und deren Wandel ist es nötig, bestimmte Annahmen zu treffen. Von der Neoklassik wird übernommen, daß Güter knapp sind und Wettbewerb am geeignetsten ist, diese Knappheit zu verringern. Abweichend wird jedoch angenommen, daß *Tausch nicht „reibungslos"* vor sich geht und die Transaktionskosten daher immer größer Null sind (RICHTER, 1990; NORTH, 1990). Ursache für die Feststellung positiver Transaktionskosten sind die unvollkommenen Informationen der Akteure, die aufgrund der Komplexität der Entscheidungssituationen und der Beschränktheit des menschlichen Verstandes bestehen (HEINER, 1983; LIN, 1989). Daher werden Entscheidungen *immer* unter mehr oder weniger großer Unsicherheit getroffen. Erst diese Annahmen begründen die Existenz von Institutionen, deren Sinn in der Verringerung dieser Unsicherheit und der Stabilisierung von Erwartungen besteht (HARTWIG, 1988). Institutionen können dann zu *Investitionen* werden, wenn sie durch die Einschränkung der Handlungsalternativen in der Gegenwart das Choice set in der Zukunft erhöhen (PRIDDAT, 1995; PIES, 1993). Als „Entscheidungshilfen" verwenden die Individuen aber nicht nur externe, sondern auch interne Institutionen, Denkmodelle, die die Realität mehr oder weniger gut widerspiegeln (DENZAU / NORTH, 1994).

6. Die Ökonomie der Institutionen besitzt ihre Stärken jedoch überwiegend bei der Erklärung von Wirtschaftsabläufen und nicht bei der Formulierung einer normativen Theorie. Zum Abbau der in diesem Bereich noch vorhandenen Defizite würde eine Synthese mit der Ordnungstheorie beitragen (LEIPOLD, 1989a; TIETZEL, 1990).
Zu Entwicklung führen die Institutionen, die dem einzelnen unter Berücksichtigung der Freiheit der anderen einen möglichst großen Handlungsspielraum ermöglichen. Dazu gehören die Institutionen der Wettbewerbsordnung und der individuellen Partizipation an politischen Entscheidungen. Wettbewerb als Prozeß wird aber erst durch die Aufgabe der Annahme vollkommener Informationen möglich. Wissensmangel wird damit zur - für den Wettbewerb - *„konstitutionellen Unwissenheit"* der Akteure (SCHMIDTCHEN, 1989; STREIT / WEGNER, 1989). Ein funktionsfähiger Wettbewerb auf den Güter- und den politischen Märkten fördert Wohlstand, Gerechtigkeit und Sicherheit, die Teile des Oberzieles Freiheit sind (SIMON, 1979; HERDZINA, 1991). Die *politische Ordnung* wird zum entscheidenden Teil der Institutionen, da sie nicht nur festlegt, wie der einzelne an politischen Entscheidungen partizipieren kann, sondern auch, ob die Politiker und Bürokraten eine Wettbewerbsordnung beschließen und durchsetzen (NORTH, 1990).

7. Institutionen sind aber nicht nur nötig, um Kooperation zu ermöglichen, sondern sie *lenken* ebenso wie die relativen Preise das individuelle Verhalten. Stimmen die Anreize, die von den relativen Preisen und den Institutionen ausgehen, nicht überein, dann kann es sich für die Akteure lohnen, Anstrengungen auf den Wandel der Institutionen zu verwenden. Änderungen der relativen Preise sind aber in erster Linie nicht exogen, sondern *endogen* durch das Streben der Organisationen, ihre Effizienz in bezug auf welches Ziel auch immer zu verbessern, zu erklären. Dadurch ändern diese nicht nur die Knappheitsverhältnisse, sondern auch das Wissen der Akteure und damit deren Denkmodelle und Präferenzen. Gelten die Institutionen der Wettbewerbsordnung, dann ändern sich - durch die dezentrale Suche nach neuen Lösungen - die relativen Preise schnell und der institutionelle Wandel wird beschleunigt (NORTH, 1990).

8. Damit ist noch nicht erklärt, warum sich in einem „Wettbewerb der Institutionen" die in bezug auf das Ziel Entwicklung optimale institutionelle Ordnung nicht automatisch herausbildet. Die Fragen der Entwicklungstheorie sind noch nicht beantwortet.
Es ist die für Institutionen konstitutive Eigenschaft Stabilität, die unter bestimmten Umständen auch dauerhaft institutionellen Wandel verhindern kann, denn sie ist verantwortlich dafür, daß auch institutionelle Innovationen *im Rahmen* der bestehenden Institutionen stattfinden (NORTH, 1990; CLAGUE, 1993). Die Ursachen dieser Stabilität und der daraus folgenden *Verlaufsabhängigkeit* institutionellen Wandels sind steigende Skalenerträge einmal eingeführter Institutionen und die Trägheit der Denkmodelle, die als Kultur weiter gegeben werden und ein Teil der Institutionen sind (NORTH, 1994; KIWIT / VOIGT, 1995). Verlaufsabhängigkeit bedeutet aber nicht, daß die institutionelle Entwicklung vorhersagbar ist, denn die Institutionen geben nur die *Anreize* für Verhalten - die *Entscheidungen* treffen die Individuen selbst. Zudem *kann* der institutionelle Wandel durch singuläre historische Ereignisse[67] beeinflußt oder sogar durchbrochen werden (MATTHEWS, 1986; NORTH, 1990).

Die Anreize der institutionellen Rahmenbedingungen, die Effizienz der Organisationen und damit deren Verhandlungsmacht sowie die Denkmodelle der Akteure beeinflussen - neben den relativen Preisen - den institutionellen Wandel und sind damit bestimmend für den „Entwicklungsstand".

3.5 Folgerungen für die empirische Untersuchung

„We cannot see, feel, touch, or even measure institutions; they are constructs of the human mind" (NORTH, 1990, S. 107). „The institutional factors in economic development are hard to operationalise and quantify" (GOLDSMITH, 1995, S. 163).

Institutionen, die nur in den Köpfen der Menschen existieren, Organisationen, die durch ihr Streben nach Effizienz und durch ihre Verhandlungsmacht die Richtung der Entwicklung einer Gesellschaft bestimmen sowie Zufall in Form kleiner Ereignisse, die aufgrund von Verlaufsabhängigkeit den institutionellen Wandel beeinflussen können, lassen die Aufstellung einer Entwicklungstheorie, mit deren Hilfe die Wirtschaftspolitik beraten werden kann, anscheinend kaum erwarten. „Die NIE ist also in der Lage, wirtschaftliche Entwicklung zu erklären und zu beschreiben, sie kann aber kaum wirtschaftspolitisch genutzt werden" (LACHMANN, 1991, S. 19). Ihre größere Realitätsnähe scheint der Institutionenökonomik zum Verhängnis zu werden. „A theory in which anything is possible is a theory in which outcomes can't be predicted" (HERRICK, 1989, S. 435). Selbst die Erklärungsfähigkeit wird jedoch von manchen bestritten, denn „... transactions costs ends up as an all-purpose tool of explanation, pressed into service to `solve´ any and every puzzle - but in fact empty of explanatory power" (TOYE, 1993, S. 49).
Es trifft zu, daß sich die institutionelle Ökonomie mit „*qualitativen*" Einflüssen auf das Wirtschaften der Menschen beschäftigt. Die Gesamtheit der institutionellen Ordnung ist

---

[67] Gemeint sind damit Kriege, Revolutionen, Entdeckungen, die Stiftung von Religionen etc. Dabei ist klar, daß Geschichte nicht nur ein Zufallsprodukt ist. Die französische Revolution ist nicht „vom Himmel gefallen", sondern war die Folge gesellschaftlicher Entwicklungen. Ohne einen Mann wie Napoleon hätte sie aber nicht in dieser Geschwindigkeit ganz Europa verändert. Amerika wäre aufgrund der Fortschritte in der Seefahrt früher oder später von den Europäern entdeckt und die Kulturen der Amerikaner zerstört worden. Es bedurfte aber eines Kolumbus, der Risikobereitschaft der Geldgeber und auch nur günstiger Winde, daß sie 1492 stattfand.

überhaupt nicht zu erfassen und die Wirkungen einzelner Institutionen lassen sich kaum quantifizieren, da Experimente unter Ceteris paribus Bedingungen - wie zum Teil in den Naturwissenschaften - nicht möglich sind. Die Institutionenökonomik kann gewiß keine Theorie aufstellen, mit der die Zukunft vorhergesagt werden kann - welche Theorie könnte das schon -, aber sie kann *bedingte* Aussagen treffen und sie ist ganz bestimmt nicht „empty of explanatory power".

Der institutionelle Ansatz kann im ganzen oder teilweise in Frage gestellt werden, aber er ist in der hier dargestellten Form tatsächlich keine Theorie, die widerlegt werden könnte. Da auch der Zufall eingebaut ist, läßt sich natürlich ex post alles erklären. Auch die Verhaltensannahmen sind so, daß jedes Verhalten im nachhinein begründet, aber nicht vorhergesagt werden kann. Dieser Ansatz besitzt damit nicht die für Theorien eigentlich wichtige Eigenschaft der Falsifizierbarkeit. Das liegt wohl daran, daß Douglass C. NORTH, auf dessen Arbeiten sich dieser Ansatz in weiten Teilen stützt, Historiker ist und nach einer Theorie sucht, mit der *alle* historischen Abläufe erklärt werden können. Während die neoklassische oder auch andere ökonomische Theorien eher eine Affinität zur Physik mit ihren Gesetzen und eindeutigen Ergebnissen besitzen, ist die institutionelle Ökonomie in der hier präsentierten evolutorischen Ausprägung der Biologie näher. Auch diese kann zwar erklären, welche Bedingungen die Entstehung von Leben begünstigen und welche nicht oder warum Lebewesen (als Art) im Laufe ihrer Entwicklung auf welche Umweltbedingungen wie reagiert haben, aber sie kann nicht vorhersagen, welche Ergebnisse die Evolution in der Zukunft haben wird, welche Lösungen sich in der Anpassung an die Umweltbedingungen als überlegen erweisen werden. Der Zufall in Form von Wahrscheinlichkeiten verhindert dies. Es gibt aber keine andere Möglichkeit, die Entstehung und die Entwicklung des Lebens befriedigend zu erklären - ähnliches gilt für die Erklärung wirtschaftlicher Veränderungen.
Durch die Verbindung dieses „all-purpose tool of explanation" mit der normativen Frage nach den Bedingungen für Entwicklung kann die Institutionenökonomik wirtschaftspolitisch nutzbar gemacht werden. Es läßt sich zwar auch dann nicht vorhersagen, *ob* sich eine Volkswirtschaft entwickelt, aber es können die *Voraussetzungen* dafür bestimmt werden, *daß* sie sich entwickeln *kann*.

Die Vorteile des hier präsentierten Ansatzes liegen nach Ansicht des Verfassers daher in drei Aspekten:
Erstens, er *erweitert* den Untersuchungsgegenstand gegenüber anderen ökonomischen Theorien um Bereiche, die bei der Erklärung von Entwicklung nicht vernachlässigt werden dürfen.
Zweitens, er ist in hervorragender Art dazu geeignet, unsere Vorstellungen von den dynamischen Abläufen in einer Volkswirtschaft und von Entwicklung zu *strukturieren*.
Drittens, aufgrund der ersten zwei Punkte besitzt er *gerade* in der Beratung der Wirtschaftspolitik Vorteile gegenüber anderen Theorien.

In den Mittelpunkt der Erklärung von Entwicklung und der wirtschaftspolitischen Beratung rücken v.a. folgende Aussagen:
- Die Institutionen (Regeln *und* deren Durchsetzung) bestimmen den „Entwicklungsstand";
- Die politische Ordnung ist der *zentrale* Teil der formalen Institutionen;
- Denkmodelle und Weltanschauungen sind ein wichtiger Grund für die *Verlaufsabhängigkeit* institutionellen Wandels;

- Organisationen sind eine gegenüber den Märkten *„gleichberechtigte“* Möglichkeit, Transaktionen zu koordinieren. („Economists with strong pro-market commitments find this parity of position uncomfortable“ (TOYE, 1993, S. 37).);
- Institutionen, die *Wettbewerb* auf den Güter- und den politischen Märkten zulassen und fördern, sind die Voraussetzung für Entwicklung.

In der folgenden Analyse der Wirtschaftsprobleme Kameruns werden auf diesen Aussagen aufbauend daher diese zentral erscheinenden Aspekte herausgegriffen:

Erstens, es soll *versucht* werden zu klären, ob es in Kamerun bestimmte *Überzeugungen* und *Weltanschauungen* gibt, die sich auf die Transaktionen auf den politischen und ökonomischen Märkten auswirken.

Dabei wäre es natürlich ein unmögliches und auch unsinniges Unterfangen, alle Überzeugungen erfassen zu wollen. Entscheidend sind die Weltanschauungen, die von einer Mehrzahl der Akteure geteilt werden und die sich auf die Effizienz der Märkte und Organisationen auswirken können. So haben z.B. die Auffassungen der Individuen darüber, ob die bestehenden Institutionen gerecht sind oder nicht, entscheidenden Einfluß auf die Höhe der Durchsetzungskosten dieser Regeln. Halten die Individuen die bestehenden Institutionen für gerecht, so führt das zu einer höheren Wahrscheinlichkeit für moralisches Verhalten. Dies senkt die Transaktionskosten immens und ist entscheidend für die Effizienz von Organisationen und den wirtschaftlichen Erfolg von Volkswirtschaften.
Die wirtschaftspolitischen Einflußmöglichkeiten liegen hier im Bereich der Informationen, einer durch Konstanz und Konsistenz Vertrauen schaffenden Politik und der Verwirklichung von Gerechtigkeit durch „Gleichheit vor dem Gesetz“. „Gerade vor dem Hintergrund der mit dem Gefangenendilemma verbundenen Versuchungen entspricht der Katalog der ordnungs- und wettbewerbspolitischen Aufgaben des Staates der Forderung nach allgemeinen und verläßlichen Regelungen, die ein Klima des gegenseitigen Vertrauens, der Kontinuität sowie der Fairneß von Tauschbeziehungen und des sozialen Ausgleichs schaffen“ (LEIPOLD, 1989a, S. 142). NORTH (1990, S. 60) betont aber, wie langwierig es ist, moralisches (und damit „soziales“) Verhalten zu etablieren: „How does one create such self-enforcing constraints? Part of the answer is that creating a system of effective enforcement and of moral constraints on behavior is a long, slow process that requires time to develop if it is to evolve - a condition markedly absent in the rapid transformation of Africa from tribal societies to market economies“.

Zweitens, die Funktionsfähigkeit der politischen Märkte wird untersucht, wodurch festgestellt werden soll, inwieweit der einzelne an politischen Entscheidungen *partizipieren kann.*

Zum einen ist Demokratisierung, worunter hier effizientere politische Märkte verstanden werden, als wesentlicher Teil von Entwicklung ein *Ziel an sich*; zum anderen ist sie langfristig die einzige Möglichkeit, den Staat dazu zu bringen, sich als unparteiischer Dritter zu verhalten und damit seine entscheidende Rolle bei der Durchsetzung der formalen Institutionen zu erfüllen (STREIT, 1988, S. 38). „Die hier vertretene Position läuft somit nicht auf die Forderung nach dem Minimalstaat hinaus (Weniger Staat...), als vielmehr auf eine `Kontestabilität´ des Staates durch möglichst großen Wettbewerb außerhalb und innerhalb des Staates, um dessen diskretionäre Macht - und damit die dadurch induzierte institutionelle Unsicherheit zu limitieren“ (BORNER, 1991, S. 195).

Die Messung der Effizienz politischer Märkte ist aber weit schwieriger als die von Gütermärkten. „An indirect evaluation may be based on some measure of the degree to which the political process facilitates the translation of expressed individual preferences into observed outcomes“ (BUCHANAN, 1987, S. 347). Die politischen Prozesse sind zudem in Diktaturen noch undurchsichtiger als in Demokratien, da in ersteren die Einflußnahme nicht öffentlich oder mit Hilfe verfassungsmäßig etablierter Organisationen nach formal festgelegten Verfahrensregeln geschieht.

Drittens, eine Analyse der Rahmenbedingungen für das Wirtschaften soll Aufschluß darüber geben, welche *Verhaltensanreize* die *Rechtsordnung* und auch die *Wirtschaftspolitik* aussenden.

Dafür ist es vor allem notwendig zu beleuchten, welche Handlungsalternativen überhaupt möglich sind und wie die Entscheidungen der Politiker und Bürokraten diese beeinflussen. Die Verfügungsrechte spielen dabei eine wichtige Rolle. „With insecure property rights, poorly enforced laws, barriers to entry, and monopolistic restictions, the profit-maximizing firms will tend to have short time horizons and little fixed capital, and will tend to be small scale. The most profitable businesses may be in trade, redistributive activities, or the black market. Large firms with substantial fixed capital will exist only under the umbrella of government protection with subsidies, tariff protection, and payoffs to the polity - a mixture hardly conducive to productive efficiency“ (NORTH, 1990, S. 67). Mehr als z.B. der *Wortlaut* von Gesetzen interessiert, wie die formalen Regeln des Wirtschaftens *durchgesetzt* werden, da darin besonders in Entwicklungsländern - aber nicht nur da - aufgrund sehr ineffizienter politischer Märkte ein großer Unterschied besteht. Auch in der Analyse der Wirtschaftspolitik sind die Ankündigungen weniger relevant als die tatsächlichen Maßnahmen.

Viertens, die *Ziele* der Organisationen, die durch die institutionellen Rahmenbedingungen und die relativen Preise festgelegt werden, sowie deren *Effizienz* bestimmen, wie sich die Wirtschaft entwickelt.

Die Ziele der Organisationen und ihre Effizienz bei der Verfolgung dieser Ziele sind entscheidende Faktoren für die wirtschaftliche Leistungsfähigkeit einer Volkswirtschaft. Die Institutionen bestimmen die Ziele der Organisationen. Die Ausgestaltung der Beziehungen zwischen Prinzipal und Agent, wozu auch die Denkmodelle der Agenten gehören, ist verantwortlich für deren Effizienz. Der Prinzipal muß das Interesse und die Möglichkeit haben zu kontrollieren und gegebenenfalls zu sanktionieren. Der dafür notwendige Druck kann viele Erscheinungsformen besitzen: „These are seen as including market pressure but also encompassing pressure from clients, beneficiaries, or suppliers, from the political and bureaucratic establishment, and from internal managerial measures to stimulate a competitive atmosphere within an organization“ (ARKADIE, 1990, S. 168).
Erfolgreiche Organisationen bedürfen aber eben nicht nur effizienter Kontroll- und Sanktionsmaßnahmen, auch ein gewisses Maß an *„Korpsgeist“* ist notwendig. „Rule obedience is by no means sufficient for economic progress, but a certain level of it seems to be necessary. Where the level of rule obedience is satisfactory and the content of the rules is favorable, a society will tend to develop business and governmental organizations that instill organizational loyalty and esprit de corps“ (CLAGUE, 1993, S. 412). Einschränkungen internen opportunistischen Verhaltens senken die Transaktionskosten signifikant und erhöhen damit die organisatorische Effizienz.

4 Entwicklungshindernisse in Kamerun und die Rolle der Institutionen

In diesem Kapitel werden die Ergebnisse von Kapitel 2 und 3 zusammengeführt. Welche Erklärungen liefert die Institutionenökonomie, wie sie hier dargestellt wurde, für die Wirtschaftsprobleme Kameruns? Die ausführliche Definition von Entwicklung liefert dabei den Leitfaden, in welcher Beziehung Kamerun (wie alle Länder auf dieser Welt) unterentwickelt ist und welche Veränderungen als entwicklungsförderlich anzusehen sind. Es dürfte klar sein, daß weniger Repressionen durch den Staat, eine bessere Garantie von Menschen- und Bürgerrechten sowie eine bessere Gesundheit und Ausbildung der Menschen usw. Entwicklung bedeuten. Da es in dieser Arbeit aber um die Wirtschaftsprobleme Kameruns geht, sollen diese Entwicklungsaspekte im wesentlichen nur Beachtung finden, wenn sie die wirtschaftliche Entwicklung beeinflussen. Diese Beschränkung sagt aber nichts über die Bedeutung der jeweiligen Bereiche aus.
Aus Kapitel 2 ergeben sich einige Fragen zu den Entwicklungshindernissen in Kamerun: Warum hat sich nach der Unabhängigkeit ein zentralistisches politisches System herausgebildet, das dem einzelnen wenig Partizipationsmöglichkeiten an den politischen Entscheidungen ließ und durch Repression und Willkür teilweise die Menschenrechte verletzte? Wieso wurde die Organisation Staat aufgebläht und erwies sich dennoch als ineffizient in der Erfüllung ihrer Verwaltungsaufgaben, wobei Korruption und anderes opportunististisches Verhalten keine Seltenheit sind? Weshalb hat sich die Regierung trotz ihres teilweisen Bekenntnisses zur Marktwirtschaft durch viele parastaatliche Gesellschaften und durch direkte Beteiligungen an Unternehmen (mit wenig Erfolg) direkt in Landwirtschaft und Industrie engagiert? Warum hat die Regierung auf die Wirtschaftskrise Mitte der 80er Jahre so langsam und falsch reagiert? Wieso hat Kamerun nicht früher auf eine Abwertung des FCFA gedrängt und statt dessen dem Verlust der Wettbewerbsfähigkeit vieler Industrieunternehmen weitgehend tatenlos zugesehen? Weshalb gibt es so wenige (vor allem große) private Industriebetriebe? Warum sind die wenigen Unternehmer vor allem im Handel und im Kleingewerbe zu finden? Wieso haben sich Produktion und Produktivität in der Landwirtschaft angesichts der reichen Ressourcen Kameruns nicht besser entwickelt? Diese Fragenliste könnte noch weiter fortgeführt werden. Anhand der in 3.3.6 genannten vier Punkte - nämlich Weltanschauungen der Akteure, politische Ordnung, rechtliche und politische Rahmenbedingungen des Wirtschaftens sowie Ziele und Effizienz der Organisationen - wird in diesem Kapitel versucht, Antworten auf diese Fragen zu finden.
Da Weltanschauung und Kultur große Bedeutung für die Verlaufsabhängigkeit institutionellen Wandels und damit möglicherweise auch für die Dauerhaftigkeit ineffizienter Institutionen in Kamerun haben, werden im folgenden der Klientelismus als Weltanschauung über die Legitimation politischer Macht und der allgemeine „Unternehmergeist“ untersucht. Damit soll auch zu der weit verbreiteten Meinung, daß die Unterentwicklung Afrikas kulturelle Gründe hat, Stellung genommen werden. Die Untersuchung kann aber hier - wie in vielen anderen Bereichen auch - aufgrund der Komplexität der Fragestellung nur einige wesentlich erscheinende Aspekte herausgreifen. So wird z.B. die Geschichte und Kultur der Bamiléké, die eine dominierende Rolle in vielen Bereichen der Kameruner Wirtschaft spielen, relativ ausführlich dargestellt, um deren Entscheidungssituation und den Einfluß von Kultur, externen Institutionen und relativen Preisen zu analysieren.
Die politische Ordnung wird als zentraler Teil der externen Institutionen ebenfalls eingehend untersucht. Dabei interessiert - wie bei allen Institutionen - weniger der Wortlaut von Regeln als deren Durchsetzung. Es geht demnach z.B. nicht darum, wie gemäß der Verfassung Ent-

scheidungsprozesse ablaufen *sollten*, sondern wie sie tatsächlich ablaufen. Die demokratische Legitimierung der Politiker hat dabei erst in jüngerer Zeit an Bedeutung gewonnen. Im wesentlichen ist Kamerun immer noch eine Autokratie, in der der Präsident mit Hilfe einer „ruling coalition“ herrscht. Die Effizienz der politischen Märkte wird aber nicht nur im Prozeß der Entscheidungsfindung, sondern auch in der Art und Weise der Entscheidungsdurchsetzung festgelegt. Entscheidend dafür ist die Effizienz der „Organisation Staat“.
Schließlich wird erläutert, welchen rechtlichen Rahmenbedingungen sich die wirtschaftenden Akteure gegenübersehen. Diese Rahmenbedingungen sind ebenso wie die Wirtschaftspolitik eine Konsequenz der politischen Ordnung, der Art und Weise der Entscheidungsfindung und der -durchsetzung. Damit soll die Entscheidungssituation, der sich die privaten Akteure und Organisationen gegenübersehen, offengelegt werden. Aus der Kombination der Anreize, die von Institutionen und relativen Preisen ausgesandt werden, ergeben sich Ziele und Effizienz der privaten, teilweise privaten und parastaatlichen Organisationen. Besonders wirken sich hier die allgemeine institutionelle Unsicherheit durch staatliche Willkür und eine interventionistische Wirtschaftspolitik aus. Die Folgen sind eine duale Struktur der kamerunischen Wirtschaft und deren Unterentwicklung.

4.1 Die politische Ordnung

Der hier verwendete Terminus „politische Ordnung“ entspricht exakt der Definition des Begriffes Staat nach ILLY (1987, S. 11), nämlich „die Strukturen der Entscheidungsfindung und die Strukturen der Entscheidungsdurchsetzung“. Es handelt sich dabei um die (nicht unbedingt formalen) Regeln, nach denen politische Entscheidungen getroffen werden und die Organisationen, die diese Entscheidungen durchsetzen. In Kapitel 3 wurde bereits mehrfach betont, welche Bedeutung gerade dieser Teil der Institutionen für die Höhe der Transaktionskosten und für die wirtschaftliche Leistungsfähigkeit hat. Moderne arbeitsteilige Volkswirtschaften sind nicht nur erheblich effizienter, sondern überhaupt nur denkbar mit einer zentralen Organisation, die für alle gültige Regeln mit einem Zwangsmonopol durchsetzt. Die politische Ordnung legt fest, wer die politischen Entscheidungen über die formalen Regeln der Wirtschaft beeinflussen kann und wie diese Regeln durchgesetzt werden.

Einerseits bedeutet nach der hier verwendeten Definition von Entwicklung bereits eine Zunahme der Möglichkeit für den einzelnen, politische Entscheidungen zu beeinflussen, Entwicklung. Andererseits kommt es dauerhaft nur zu wirtschaftlicher Entwicklung, wenn diese politischen Entscheidungen die Institutionen einer Wettbewerbsordnung beinhalten. Die Intensität des Wettbewerbs hängt dann von der genauen Ausgestaltung dieser Institutionen und vor allem von deren Durchsetzung ab.
Gerade daran und nicht am formellen Bekenntnis zur Marktwirtschaft entscheidet sich, ob eine Wirtschaft wächst oder stagniert. Die mangelhafte Durchsetzung der für eine funktionsfähige Marktwirtschaft notwendigen Institutionen wie Privateigentum und Vertragsfreiheit ist der Grund für die Stagnation vieler Ökonomien. Dabei ist besonders die Sicherheit vor dem Zugriff des Staates selbst, dessen Repräsentanten (Politiker und Bürokraten) sein Zwangsmonopol zur Verfolgung eigener Interessen und letztlich für Umverteilung nutzen können, entscheidend (vgl. 3.3.3.2). Dieser Opportunismus von Politikern und Bürokraten kann nur vermieden werden, wenn die Wähler die Politiker und die Politiker die Bürokraten kontrollieren und Fehlverhalten sanktionieren können.

Die (im Sinne von möglichst hohem Wachstum) effiziente politische Ordnung wäre demzufolge gegeben, wenn die Bürokraten die Ziele, die die Politiker und die Politiker die Ziele, die die Wähler ihnen vorgeben, verfolgen. Die Ziele der Wähler müssen dabei die Durchsetzung der Institutionen einer Wettbewerbsordnung einschließen.
Aus Kapitel 2 wurde deutlich, daß der einzelne in Kamerun kaum Möglichkeiten zur Partizipation am politischen Entscheidungsprozeß besitzt und daß der Staat bzw. diejenigen, die das Zwangsmonopol des Staates ausüben können, selbst durch Willkür für institutionelle Unsicherheit sorgen, geschweige denn die Institutionen der Wettbewerbsordnung durchsetzen.
Im folgenden wird daher die Effizienz der politischen Märkte und der Organisationen zur Durchsetzung politischer Entscheidungen in Kamerun untersucht. Da das individuelle Verhalten nicht nur durch externe Institutionen, sondern auch durch interne Beschränkungen gelenkt wird, soll zuerst der Einfluß der Patronage als Weltanschauung auf die Ausübung politischer Macht analysiert werden. Danach wird erläutert, wie politische Macht in Kamerun legitimiert ist. Wahlen spielen dafür in den letzten Jahren zwar eine größere, aber angesichts von Manipulationen immer noch eine zweitrangige Rolle. Persönliche Verpflichtungen und Beziehungen sind entscheidend. Als letztes wird untersucht, wie die Zwangsgewalt des Staates durch die Mitglieder der „Organisation Staat" ausgeübt wird.

Da institutioneller Wandel verlaufsabhängig ist, muß zudem erwähnt werden, auf welchen Traditionen die politische Ordnung in Kamerun fußt. Angesichts der ethnischen Vielfalt und da traditionelle afrikanische Entscheidungsstrukturen für den modernen Zentralstaat (zumindest bis jetzt) nur eine untergeordnete Rolle spielen, wird von der vielfältigen Kameruner Kultur nur auf den Klientelismus näher eingegangen. Die Institutionen des modernen Kameruner Staates, wie auch der meisten anderen afrikanischen Länder, folgen dagegen zumindest vordergründig mehr den europäischen Traditionen der ehemaligen Kolonialmächte. Allerdings durften Afrikaner unter deren Herrschaft nur untergeordnete Verwaltungsposten bekleiden; die Entscheidungen wurden von Europäern getroffen (vgl. ILLY, 1976, S. 182ff). Zwar wurden kurz vor der Unabhängigkeit vielerorts - auch in Kamerun - noch Parlamente eingerichtet und Verfassungen erlassen, aber eine echte Vorbereitung der afrikanischen Länder auf die Unabhängigkeit gab es nicht: „Colonies were ill-equipped politically and administratively when independence arrived" (GULHATI, 1990, S. 1148). Afrikaner hatten also kaum Gelegenheit, Erfahrungen in leitenden Positionen in Politik und Verwaltung zu sammeln.
Auch ein Verständnis für die Notwendigkeit und den Sinn zentraler Institutionen mußte und muß sich erst bilden, denn die zentrale Verwaltung hatte zuvor vor allem im Interesse der Kolonisten gehandelt. Das gemeinsame „Staatsbewußtsein" wurde von den Kolonialmächten sogar gezielt unterdrückt, um den Widerstand gegen ihre Herrschaft zu schwächen. Das war angesichts der sprachlichen, religiösen und ethnischen Vielfalt in Kamerun, dessen Grenzen mehr oder weniger willkürlich auf igendwelchen Kartentischen in Europa gezogen worden waren, nicht sehr schwierig. Nach der Meinung von BANOCK (1993, S. 83ff) hat die Politik des „divide et impera" durch gezielte Betonung ethnischer Unterschiede die Konflikte mit ethnischem Hintergrund verstärkt. Man kann sogar sagen, daß sich durch diese Politik, die auch von den unabhängigen afrikanischen Staaten weiter betrieben wurde, ethnische Gruppen erst definierten bzw. sich erst ein „ethnisches Bewußtsein" bildete (vgl. dazu ausführlich BAYART, 1993, S. 42ff). „Thus contemporary ethnic groups, far from being the links between the post-colonial Cameroonian State (for example) and ist historical background, are often of recent creation, and do not seem to have existed for much longer than the state itself" (BAYART, 1993, S. 47). Alles in allem war der Akt der Staatswerdung zum Zeitpunkt der Unabhängigkeit

also ein rein juristischer, der sich in einer Mitgliedschaft bei der UNO ausdrückte. Die afrikanischen Staaten „... required juridical rather than functional statehood" (GULHATI, 1990, S. 1149).
Die politischen Institutionen und die Verfassungen, die von den Kolonialmächten hinterlassen wurden, waren nicht in der Tradition der afrikanischen Länder verankert (JACKSON / ROSBERG, 1982, S. 21f).[68] Anders ausgedrückt: Die Überzeugungen der Akteure schlossen nicht die formalen Institutionen wie z.B. Verfassung, Parlament oder unabhängige Rechtsprechung ein. „Der staatliche Sektor wird noch allzu oft mit der Kolonialherrschaft assoziiert, als etwas Fremdes, das man für sich nutzen kann und für das die Werte und Normen des familiär-ethnischen Bereiches (noch) nicht gelten" (ILLY, 1987, S. 17).
Dazu kommt, daß das von den Kolonialmächten eingeführte Erziehungssystem vor allem den Zweck hatte, Afrikaner zu unteren und mittleren Hilfskräften der Verwaltung auszubilden. Diese Zielrichtung des Bildungswesens wurde auch nach der Unabhängigkeit nicht in Frage gestellt. „Die Fortschrittserwartungen ... konzentrierten sich in der Tat auf eine Expansion des Erziehungswesens und eine stärkere Teilhabe an Positionen im staatlichen Sektor" (ILLY, 1987, S. 19).

4.1.1 Klientelismus als Weltanschauung

Klientelismus bzw. „Patron-client relationship" steht als Begriff für ein Denkmodell, das in der Kameruner Gesellschaft weit verbreitet ist, und somit als Weltanschauung bezeichnet werden kann. Es beschreibt die Beziehungen zwischen Akteuren in ungleichen Positionen: „... `clientelism´ - a system of patron-client ties that bind leaders and followers in relationships not only of mutual assistance and support, but also of recognized and accepted inequality between big men and lesser men" (JACKSON / ROSBERG, 1982, S. 39). Klientelismus ist also eine im Prinzip freiwillige Beziehung zwischen zwei Individuen in ungleicher Position, deren Zweck im Tausch qualitativ unterschiedlicher Leistungen besteht (MEHLER, 1993a, S. 126f). Der Patron befindet sich in einer Stellung, die ihn in die Lage versetzt, etwas zu verteilen, um sich die Unterstützung möglichst vieler Klienten zu verschaffen. Während für den Klienten die Motivation für das Eingehen einer solchen Beziehung in persönlichen monetären Vorteilen liegt, ist es für den Patron die Erreichung von Macht und gesellschaftlichem Ansehen. „In Gesellschaften, die Reichtum und Macht weder monetär noch territorial definieren, sondern über die Zahl von Abhängigen, kann man vom Klientelismus als `kulturellem Ethos´ sprechen" (MEHLER, 1993a, S. 127). Der Grund für diese Definition von Reichtum mag in der bis in die jüngere Zeit überwiegend dünnen Besiedlung Afrikas zu suchen sein (BAYART, 1993, S. 263f.).

Der Patron benötigt irgendwelche Ressourcen, über die er allein verfügen und die er daher zur Schaffung von Klientelbeziehungen verwenden kann. Solange diese Ressourcen auf Märkten erwirtschaftet werden, beeinflußt die „Weltanschauung Klientelismus" lediglich die Verwendung der erzielten Einkommen, ist also Teil der Präferenzen. Zum Hindernis für die wirtschaftliche Entwicklung könnte sie erst werden, wenn Machtpositionen, die durch das Zwangsmonopol des Staates geschaffen werden, als Ressourcen zur Schaffung von Klientelbeziehungen benutzt werden. Dabei ist es im Hinblick auf die wirtschaftliche Entwicklung ebenfalls irrelevant, aufgrund welcher Motivation sich ein Staatsvertreter opportunistisch verhält und seine Macht-

---

[68] Eine Analyse der Auswirkungen der kolonialen Vergangenheit kann bei SANDBROOK / BARKER (1985, S. 42ff) nachgelesen werden.

position zum persönlichen Vorteil nutzt. Entscheidend ist, daß Kontrolle und Sanktionen nicht ausreichen, ihn davon abzuhalten. Allerdings legitimiert Klientelismus solches Verhalten und schränkt damit das entsprechende Unrechtsbewußtsein ein. Das bedeutet, daß weder derjenige, der sich opportunistisch verhält, noch diejenigen, die davon wissen, dieses Verhalten verurteilen. Zum entscheidenden Hindernis für die wirtschaftliche Entwicklung kann das System der Patronage werden, wenn es als Legitimation politischer Macht dient. „As have all ideological concepts, the notions of lineage and family legitimized political rule, justified inequality and exploitation, and generally provided any given society with a moral charter" (SCHATZBERG, 1986, S. 10). Da es kaum Kontroll- und Sanktionsmöglichkeiten der Regierten in bezug auf die Regierenden z.B. durch Wahlen gibt, müssen Politiker nicht im Interesse der Mehrheit handeln und können sich durch die Verteilung der Staatsressourcen der Unterstützung einer Minderheit bei gleichzeitig repressiver Kontrolle der Mehrheit versichern. Der Klientelismus erleichtert dabei als Weltanschauung die Kontrolle der Mehrheit, da durch ihn die Verteilung der Staatsressourcen legitimiert bzw. der Versuch zu einer solchen Legitimation unternommen wird.

Wie in vielen afrikanischen Staaten sind es auch in Kamerun vor allem die Präsidenten (Paul Biya und vor ihm Ahmadou Ahidjo), die die ursprünglich aus Familienstrukturen stammenden Begriffe des Klientelismus verwenden: „The metaphors of father and family are widespread in more than a few african countries, and state-controlled media oftentimes present, deliberately and explicitly, the president as the father of the nation" (SCHATZBERG, 1986, S. 2). Ein solch kulturell verankertes Bild läßt sich trefflich für Propagandazwecke ausnutzen. Werden politische Entscheidungen getroffen, handelt der Präsident als Landesvater zum Wohl des ganzen Volkes, wenn es auch nicht unbedingt allen dadurch besser geht. Protestieren nun manche gegen diese Politik, so lassen sie sich wie „ungehorsame Kinder" zur Räson bringen. Diese Metaphern „... fulfill a universal psychological need for an assurance of security ..." und „... create an intimacy between rulers and ruled and thus succeed in representing complex political realities in a simplified form" (SCHATZBERG, 1986, S. 15). Durch die Reduktion komplizierter politischer Entscheidungssituationen auf das simple „Erkaufen" von Gefolgschaft erfüllt die Patronage die Definition einer Institution. An diese sind bestimmte Verhaltenserwartungen geknüpft, nämlich daß sich der Patron gegenüber seinen Klienten wie ein Vater gegnüber seinen Kindern verhält, sich also um deren Wohl und Sicherheit kümmert, und daß die Klienten wie Kinder gehorchen (SCHATZBERG, 1986, S. 3). Allein die Verwendung dieser Metaphern heißt aber nicht, daß sie von allen akzeptiert werden. So schreibt Celestin Monga in seinem offenen Brief an den Präsidenten, daß die Zeit der „Väter der Nation" vorbei ist und die Kameruner sich nicht wie Kinder behandeln lassen (vgl. Der Spiegel, 3. Feb. 1992).
Die Patronage als Legitimation politischer Macht baut aber nicht allein auf der Verteilung von Ressourcen auf, auch Loyalität kommt hinzu (JACKSON / ROSBERG, 1982, S. 39). Diese Loyalität wurde und wird in den kleinen und überschaubaren Gemeinschaften durch Überwachung und Sanktionierung erzwungen und ist zur Tradition geworden. Aus dieser Kultur kommt aber auch die Verbindung von der Verantwortung des Patrons mit der Loyalität des Klienten (JACKSON / ROSBERG, 1982, S. 42). Das heißt aber nicht, daß das System der Patronage ohne eine entsprechende Verteilungsmasse existieren könnte.

Von den Präsidenten wurden und werden aber nicht nur gegenüber den Regierten die Metaphern des Klientelismus verwendet, Patronage bestimmt auch die Beziehungen zwischen Politikern und Bürokraten. Die Interaktionen von Regierten und Politikern sowie von Politikern und Bürokraten sind also nicht durch formale Regeln, sondern durch persönliche Beziehungen strukturiert. Der Präsident, der bei der Vergabe von Ämtern in der Politik und der Verwaltung frei von formal-institutionellen Beschränkungen ist, steht dabei im Mittelpunkt des Systems der Patronage. „He (Ahidjo, d. Verf.) was the big patron with a set of clients, each of whom was in turn a patron to another set of clients" (DELANCEY, 1989, S. 59). Das ganze Land ist sozusagen überzogen mit einem Netzwerk persönlicher Beziehungen: „Patron-client relationships may interlink, with patrons at one level becoming the clients of those higher up. In this case, these informal networks of personal alliances may stretch from the capital city to the most distant regions" (SANDBROOK, 1986, S. 324). Die Patron-Klient Beziehungen verlaufen dabei häufig entlang ethnischer und regionaler Herkunft. DELANCEY (1989, S. 59) nennt als Beispiel das Postministerium, das jahrelang in der Hand eines Anglophonen war, was dazu führte, daß nicht nur die höheren Positionen ebenfalls mit Anglophonen, speziell aus der Heimatregion des Ministers, sondern auch kleine Postämter im frankophonen Osten mit Personen aus dem Westen Kameruns besetzt waren. Auch die „Metaphors of father and family" verbreiten sich vom Präsidenten als Zentrum dieses Systems persönlicher Beziehungen bis in abgelegene Regionen: „... the image of the father is replicated to lower levels of the social and political hierarchy by bureaucrats in various positions of authority. Taking the president as a model, they, too, are little `fathers´ in their administrative circumscriptions" (SCHATZBERG, 1986, S. 9). Klientelismus als Weltanschauung begünstigt oder rechtfertigt eine politische Ordnung, in der politische Macht - angefangen beim Präsidenten - durch persönliche Beziehungen legitimiert wird. Der Präsident erkauft sich durch die Verteilung der Staatsressourcen die Unterstützung einer ausgesuchten Klientel.

4.1.2 Die Legitimation politischer Macht

In Kapitel 3 wurde die Bedeutung des Staates als unparteiischer Dritter bei der Durchsetzung der formalen Institutionen betont. Da diese Rolle des Staates mit einem Zwangsmonopol verbunden ist, muß politische Macht auf irgendeine Weise begründet sein, „... wobei die Durchsetzung von Entscheidungen auf Legitimität und/oder Gewalt beruhen kann" (ILLY, 1987, S. 11). Im ersten Fall ist politische Macht durch die Zustimmung zumindest der Mehrheit legitimiert (Demokratie als Legitimationsideal; vgl. 3.1.2.3), im zweiten Fall werden politische Entscheidungen von einer Minderheit auch gegen den Willen der Mehrheit durchgesetzt.
Wieso gibt es aber in Kamerun keine Demokratie? Die Gründe dafür sind zum einen in der kolonialen Vergangenheit zu suchen, in der die Kameruner keine demokratischen Erfahrungen sammeln konnten. Die von Frankreich dann doch hinterlassenen demokratischen Institutionen bestanden erst kurze Zeit und waren nicht in den Überzeugungen der Akteure verankert. Zum anderen liegt die Ursache auch in der Geschichte des unabhängigen Kameruner Staates selbst. Ahidjo nutzte den Kampf gegen die UPC, um seine eigene persönliche Machtstellung auszubauen und das politische System Kameruns auf das Amt des Präsidenten als Zentrum der Macht auszurichten. Frankreich, das seine Interessen durch Ahidjo gewahrt sah, unterstützte ihn dabei militärisch und finanziell. Ahidjo entmachtete das Parlament, errichtete ein Einparteiensystem durch Integration oder Verbot der anderen Parteien und bekämpfte alle Organisationen zur Vertretung von Gruppeninteressen wie z.B. unabhängige Gewerkschaften. Die Kameruner Gesellschaft wurde also gezielt entpolitisiert und demokratische Ansätze wurden unterbunden (vgl. 2.3.1.2).
Da aber Repression sehr teuer ist, versucht selbst jeder Diktator, seiner Herrschaft eine gewisse Legitimation zu geben, denn die freiwillige Akzeptanz seiner Regierung senkt die Kosten des Regierens. „Although there is much personal power in these regimes (in SSA, d.Verf.),

there is also some legitimacy in all but the most tyrannical" (JACKSON / ROSBERG, 1982, S. 38). Für den Diktator, dessen Ziel der persönliche Machterhalt ist, scheiden Wahlen zur Legitimation aus. Daher bleiben drei Möglichkeiten, eine Akzeptanz der eigenen Politik zu erreichen und die politischen Partizipationsbestrebungen zu unterdrücken: erstens, Repression; zweitens, eine Politik, die den Wohlstand der Mehrheit erhöht; drittens, die Verteilung von Renten an Minderheiten, um mit deren Hilfe eine „ruling coalition" zu bilden (FREY / EICHENBERGER, 1993, S. 175). Alle drei Methoden wurden von den Kameruner Präsidenten angewendet: Das Ahidjo-Regime war eines der repressivsten in SSA und auch Biya versuchte und versucht, die Demokratiebewegung durch Repression zu bekämpfen (vgl. 2.3.1.2 und 2.3.1.3). Beide Präsidenten sahen darüber hinaus offenbar die Notwendigkeit, zumindest in der Propaganda ihre Politik als zum Wohle aller Kameruner darzustellen. Dies zeigt sich z.B. an der Verwendung der Metapher vom „Vater der Nation". Aber auch die wirtschaftspolitischen Leitmotive und die Fünf-Jahrespläne spiegeln dies wider. Obwohl diese beiden Möglichkeiten zum Machterhalt von den Kameruner Präsidenten also angewendet wurden, stellt die dritte Möglichkeit, die Schaffung einer Koalition, ihre entscheidende Methode dar. Der Autokrat benötigt die Hilfe dieser Minderheit, um die Mehrheit unterdrücken zu können. Dazu ist es aber einerseits nötig, daß er ein Netz persönlicher Verpflichtungen schafft mit sich selbst im Mittelpunkt, und andererseits über die Staatsressourcen frei verfügen kann.

4.1.2.1 Personal Rule

Es ist keineswegs so, daß Autokraten unbestrittene Alleinherrscher sind. „Rulers have a measure of autonomy in the policy sphere; but their room for maneuver depends on the nature of group interests and the political salience of these groups" (GULHATI, 1990, S. 1148). Repression allein genügt nicht, Diktatoren müssen über die Verteilung von Renten erhebliche Ressourcen für den Machterhalt einsetzen. Durch ein Netzwerk persönlicher Loyalitäten und die Korrumpierung der Opposition sicherte Ahidjo seine Machtposition. „What is important to recall is that, despite the central position Ahidjo occupied in the country's structure of power, his own power was never absolute but rested largely on his ability to create supportive networks and coalitions that included, in varying combinations, major anglophone politicians, former opponents, leaders of critical southern and western ethnic groups, his own northern allies, businessmen, traditional chiefs and magnates, and members of the country's intelligentsia" (LE VINE, 1986, S. 23).
Biya brauchte bis 1988, um nach dem Machtwechsel von 1982 seine Herrschaft zu festigen, denn das Netzwerk persönlicher Loyalitäten war noch auf Ahidjo zugeschnitten (MEHLER, 1993a, S. 154). Er besetzte nahezu alle wichtigen Positionen in Politik und Wirtschaft neu mit ihm *persönlich* verpflichteten Personen (vgl. LE VINE, 1986, S. 35ff). Das ist nach JACKSON / ROSBERG (1982, S. 40) typisch für Machtwechsel in politischen Systemen des Personal Rule. Das Versprechen Biyas bei der Amtsübernahme, mehr Demokratie zuzulassen, kann durchaus als Versuch verstanden werden, in der unsicheren Übergangsphase seine Regierung zusätzlich zu legitimieren. Das heißt, die angekündigte „Demokratisierung" war für Biya nur eine von verschiedenen Methoden zum Machterhalt (MEHLER, 1992, S. 231).

Ahidjo und nach Ihm Biya bauten also Patronagesysteme auf und errichteten jeweils ein Netz persönlicher Verbindlichkeiten („patron-client network" - JUA, 1991, S. 164). Der Klientelismus lieferte die kulturelle Rechtfertigung für dieses System des Personal rule. „Personal rule is a system of relations linking rulers not with the `public´ or even with the ruled (at least not directly), but with patrons, associates, clients, supporters, and rivals, who constitute the `system'" (JACKSON / ROSBERG, 1982, S. 19). Die Autokraten werden nur durch ihre eigene Autorität und Macht sowie durch die ihrer „Unterstützer" und nicht durch Regeln eingeschränkt. Dies gilt nicht nur für Kamerun, sondern für viele afrikanische Staaten: „... afrikanische Politik ist in erster Linie eine personalistische, die sich nicht den Institutionen (auch nicht dem Recht) unterordnet ..." (ILLY, 1987, S. 14). Das System wird nicht durch Regeln, sondern durch Personen strukturiert (JACKSON / ROSBERG, 1982, S. 19).

Oftmals wird unterstellt (manchmal zutreffend), daß afrikanische Regierungschefs sich nur auf ihre eigene Ethnie stützen und daher besonders das Wohl ihrer Heimatregion im Auge haben. Wäre das der Fall, dann müßte die Ruling coalition überwiegend aus den ethnischen Landleuten des Präsidenten bestehen und die tatsächliche Politik müßte zugunsten dieser Landsleute und auf Kosten der anderen Völker betrieben werden. Auf Kamerun bezogen würde das bedeuten, daß unter Ahidjo besonders die Region um seine Heimatstadt Garoua im Norden (bzw. die Fulbe insgesamt) und unter Biya besonders die Region um Sangmelima in den Beti-Gebieten des Südens (bzw. die Beti insgesamt) begünstigt worden wären. Dies ist jedoch kaum geschehen. Zwar kam unter Ahidjo die Förderung rückständiger Regionen bei der Besetzung von Staatsämtern, der Vergabe von Stipendien und zinsgünstigen Krediten vor allem den Nordisten zugute, dennoch konnte die relative ökonomische und politische Schwäche des Nordens nicht annähernd ausgeglichen werden. Aus der immerhin 23-jährigen Regentschaft Ahidjos blieben letztlich nur einige Prestigeobjekte in Garoua übrig, während sich die Einkommensdifferenz zum Süden nicht wesentlich verringert hatte (Van De WALLE, 1990, S. 257).[69]
Die „Bevorzugung" des Nordens ist also allenfalls als Versuch zum Abbau von Benachteiligung zu interpretieren. Zwar gibt es Gerüchte, daß die „innere Clique" um Ahidjo, die tatsächlich über die Politik entschied, ausschließlich aus Moslems und hauptsächlich aus Fulbe bestand (KOFELE-KALE, 1986, S. 56f). Es ist im System des Personal rule, in dem Machtpositionen durch persönliche Beziehungen garantiert werden, aber auch nicht verwunderlich, wenn der Präsident Menschen besonders vertraut, die die gleiche Kultur haben oder sogar aus derselben Region stammen wie er selbst. In weitgehender Abwesenheit von formalen Institutionen spielen die gemeinsamen Überzeugungen eine große Rolle für die Verringerung von Unsicherheit. Vertrauen wird geschaffen durch gemeinsame Denkmodelle, die aus den gleichen Erfahrungen entstanden sind, also eine gemeinsame Kultur. Auch wenn die engsten Vertrauten Ahidjos Fulani waren, so war die gesamte Ruling coalition dennoch sehr heterogen, denn Ahidjo „... did not rule with and for the northern Fulani" (Van De WALLE, 1990, S. 131). Die Zusammensetzung der Kabinette und Parteigremien seit der Unabhängigkeit war ethnisch weitgehend ausgewogen (KOFELE-KALE, 1986, S. 57f). Es scheint eine Strategie von Ahidjo gewesen zu sein, sein eigenes Schicksal nicht an eine Volksgruppe oder Region zu binden (Van De WALLE, 1990, S. 311). Diese „Weisheit" hat Biya übernommen: „Die ethnischen Landsleute Biyas profitierten in ihrer Gesamtheit von dessen Regierung aber nicht" (MEHLER, 1993a, S. 80; vgl. auch BAYART, 1993, S. 44f).
Beide Präsidenten erkannten die Bedeutung ethnischer Solidaritäten, sahen darin aber weniger eine Basis für ihre Herrschaft als eine Bedrohung. Ahidjo verbot sogar Verbindungen, die einen ausschließlichen Stammes- oder Clancharakter haben (JACKSON / ROSBERG, 1982, S. 155). Um keinem Volk und keiner Region ein Gefühl der Benachteiligung zu geben, gab es einen

---

[69] BAYART (1993, S. 46) spricht allerdings davon, daß Garoua besonders gegenüber Maroua und Ngaoundéré „systematically preferred" wurde.

stillschweigenden ethnischen Proporz bei Ernennungen auf höchster Ebene (Minister, Staatssekretäre, Generaldirektoren). „Darunter gilt für die Aufnahme in den Staatsdienst ein Quotensystem nach Herkunftsprovinz der Eltern der Kanditaten“ (MEHLER, 1992, S. 248).

Im System des Personal rule spielt also die ethnische Zugehörigkeit zwar eine Rolle, aber das betrifft vor allem die Eliten und weniger die gesamten Völker. „Die Rationalität ethnischer Identifikation konnte auf individueller Ebene bis zu einer gewissen Grenze nachgewiesen werden, auf der Ebene des ethnischen Kollektivs bereitet dies Schwierigkeiten“ (MEHLER, 1993a, S. 95). Das bedeutet, bei der Verteilung besonders der hochrangigen politischen Ämter und der Verwaltungsposten wurde der ethnische Proporz zwar weitgehend gewahrt, aber diese Gleichbehandlung wurde den Völkern oder Regionen im ganzen nicht zuteil. „However, ordinarily it is the elite representatives and fiduciaries of ethnic groups, more than the general members, who gain privileges or suffer punishments under systems of personal rule“ (JACKSON / ROSBERG, 1982, S. 47). Vielmehr wurden die Eliten der einzelnen Gruppen an der Regierung beteiligt oder mit anderen Privilegien bedacht, damit sie ihr jeweiliges Gefolge unter Kontrolle hielten. „The ethnic barons were also required to maintain peace and order in their respective fiefdoms, and, whenever their `natives´ got restless, it was the ethnic barons who were usually send out to whip them back into line“ (KOFELE-KALE, 1986, S. 77). Allerdings entstanden durch dieses System auch „ethnische Seilschaften“ (MEHLER, 1992, S. 248) in den Verantwortungsbereichen der jeweiligen „Ethnic barons“. „In each ministry, preferential treatment in hiring and promotion is usually given to members of the minister's ethnic group“ (KOFELE-KALE, 1986, S. 77).
Ethnische Zugehörigkeiten spielten und spielen demnach zwar eine Rolle, aber nur insoweit als sie Teil der persönlichen Beziehungen sind. „Ahidjo's coalition, thus, was made up of political elites from throughout Cameroon. Membership in the group was not determined necessarily by one's ethnic origin, but by the individual's potential contribution to the stability of Ahidjo's regime“ (MBAKU / KAMERSCHEN, 1993, S. 45f). Ahidjo und Biya wie auch die Mitglieder der Ruling coalition richteten ihr Handeln nicht an den ethnischen Solidaritäten aus, sondern instrumentalisierten sie lediglich: „While no doubt salient, ethnicity based solidarity has become secondary to strategies of individual enrichment“ (Van De WALLE, 1990, S. 144).

4.1.2.2 Verteilung der Staatsressourcen

Ahidjo und später Biya schufen Netzwerke persönlicher Beziehungen, die ihnen als Machtbasis dienten. Diese Netzwerke konnten sie nur durch die Belohnung ihrer Gefolgleute mittels der Verteilung der Staatsressourcen aufbauen, was die freie Verfügung des Präsidenten über diese Ressourcen erfordert. Das ist um so eher der Fall, je weniger die privaten Akteure vor dem Zugriff des Staates ausweichen können und je weniger ihre Macht kontrolliert wird. FREY / EICHENBERGER (1993, S. 181) geben einige Beispiele, wann dies zutrifft: Besonders leicht ist die Kontrolle der Ressourcen durch die Regierenden bei Bodenschätzen und bei direkter Kontrolle der Wirtschaft durch den Staat. Es wurde bereits erläutert, daß der Kameruner Staat besonders ab Ende der 70er Jahre einen großen Teil seiner Einnahmen durch die Ausbeutung von Ölvorkommen erzielt hat (vgl. 2.4.3.3). Auch das direkte Engagement in der Wirtschaft wurde in dieser Zeit forciert (vgl. 2.3.4.2.2). Eine weitere auch von der Regierung Kameruns praktizierte Möglichkeit des Zugriffs auf Ressourcen und der Erzielung von Einnahmen stellt die Ausnutzung von Preisunterschieden bei Cash crops im In- und Ausland durch Marketing

Boards dar (vgl. 2.4.2.2). Dazu ist aber eine effektive Kontrolle der Grenzen notwendig (BATES, 1983, S. 112).

Der Präsident muß über Ressourcen verfügen können und in deren Verteilung frei, d.h. unkontrolliert sein, um ein System der Patronage aufrecht erhalten zu können. Es wurde bereits erläutert, daß Ahidjo zu Beginn seiner Regentschaft alle demokratischen Kontrollen abgeschüttelt hat (vgl. 2.3.1.2). Dazu kommt, daß der Präsident nicht nur unabhängig von demokratischer Kontrolle, sondern in seinen Entscheidungen auch weitgehend frei von irgendwelchen Regeln ist. Der Präsident hat das Recht, jeden für ein Amt zu ernennen, zu entlassen oder zu versetzen (JACKSON / ROSBERG, 1982, S. 155). Eine *diskretionäre Politik*, die auch unabhängig von der Kontrolle durch die Justiz ist, ist also konstitutiv für das System des Personal Rule. „Rule by decree, by general ban, and by specific permit is a bench mark of autocracy and authoritarianism" (JACKSON / ROSBERG, 1982, S. 155).
Für die Funktionsfähigkeit dieses Systems ist es demnach entscheidend, daß auf die Staatsressourcen diskretionär zugegriffen werden kann. Die Verteilung von „Wohltaten" ist so besser zuordenbar und kann als Belohnung für politische Unterstützung oder bei Entzug als Strafe für mißliebiges Verhalten eingesetzt werden. Dadurch läßt sich z.B. auch erklären, daß afrikanische Regierungen tendenziell eher dazu neigen, die Produktion von Nahrungsmitteln durch „food-production projects" oder durch die Subventionierung von Inputs als durch die Abschaffung der Höchstpreise zu erhöhen. Auch die Präferierung der Rationierung vor der Preiserhöhung im Fall von Knappheiten spricht dafür (BATES, 1983, S. 119f). Preisliberalisierung ist daher ein von afrikanischen (und auch anderen) Politikern selten gewähltes Politikinstrument. „The benefits cannot be restricted exclusively to the faithful and withheld from the politically disloyal" (BATES, 1983, S. 126).
Dadurch daß dieses System auf der Verteilung von Renten aufgebaut ist, kann es allerdings durch Wirtschaftskrisen leicht in Frage gestellt werden. „Yet, the greater a regime's dependence upon mercennary support, the greater is its vulnerability to disaffection in the event of an economic downturn" (SANDBROOK / BARKER, 1985, S. 83). Autokraten wie Ahidjo und Biya besitzen also keine absolute Macht. Ihre Handlungsmöglichkeiten werden bestimmt durch ihre Fähigkeiten und Möglichkeiten, die Partizipationsbestrebungen anderer Individuen und Gruppen zu bekämpfen. Das hängt ab von der Menge an Ressourcen, über die sie verfügen und die sie verteilen können. Da dies aber eine Umverteilung bedeutet, gibt es auch Verlierer, die durch Zwang unterdrückt werden müssen. Fähigkeiten und Möglichkeiten des Autokraten zur Korruption und Repression entscheiden demnach über seinen Handlungsspielraum.

Daher hat Ahidjo, um willkürlich über die Staatsressourcen verfügen zu können und um Opposition oder potentielle Opposition auszuschalten, die Regierung des Kameruner Staates zentralisiert, und zwar auf seine Person hin (MBAKU / KAMERSCHEN, 1993, S. 32). Dazu gehörte die Einführung eines Einparteiensystems, die schließlich auch formale Abschaffung des Föderalismus 1972 und die Kontrolle der gesellschaftlichen Organisationen wie z.B. der Gewerkschaften (vgl. 2.3.1.2). So liegt die bekannte Schwäche der afrikanischen Gesellchaften, der geringe Organisationsgrad („There are fewer independent civic organizations in SSA than anywhere else in the developing world" - Van De WALLE, 1990, S. 335), zum großen Teil an der gezielten Unterdrückung solcher Organisationen - zumindest in Kamerun.
Ein Beispiel dafür stellt die Gewerkschaft der Arbeiter der CDC dar. Bereits 1947 wurde mit Erlaubnis der Briten die allerdings nur mit beschränkten Handlungsmöglichkeiten ausgestattete CDCWU (Cameroon Development Corporation Worker Union), die die Interessen der Arbei-

ter in den Plantagen der CDC vertreten sollte, gegründet. Der mit der Unabhängigkeit entstandene größere Bewegungsspielraum wurde in der Mitte der 60er Jahre durch die Eingliederung in die Partei und den Federal Labour Code von 1967 wieder verringert (KONINGS, 1988, S. 10), vor allem indem Streiks verboten wurden (KONINGS, 1995, S. 529). Die unabhängige CDCWU wurde 1972 aufgelöst bzw. der Kontrolle der Einheitspartei unterstellt, wobei die gewerkschaftliche Organisation zwar fortbesteht, aber die Entscheidungen nun national getroffen werden. Durch Fragmentierung, Beschneidung der Finanzierungsmöglichkeiten und Ent-Demokratisierung der Entscheidungsprozesse in der CDCWU wurde ihr Einfluß immer weiter verringert. „Trade unionism became virtually a one man affair, in the person of the president of the divisional union: he owed his position more to the party's selection than to the workers' vote and could hardly be removed from office as long as he enjoyed the party's support" (KONINGS, 1995, S. 530). Die Löhne werden nicht mehr ausgehandelt, sondern zentral festgelegt. Mehr und mehr wird die Gewerkschaft von einer Interessenvertretung der Arbeiter zum Mittel, diese zu kontrollieren (KONINGS, 1988, S. 19). Nach der Lockerung der repressiven Kontrolle und der Einführung des Mehr-Parteiensystems 1990 haben die Arbeiter der CDC jedoch versucht, den Einfluß der Gewerkschaft wieder zu erhöhen (KONINGS 1995, S. 531).

Ahidjo brachte nicht nur die unabhängigen gesellschaftlichen Organisationen unter seine Kontrolle, er konzentrierte auch innerhalb der Regierung die Entscheidungsgewalt auf seine Person. „„... the office of the president ... became the key factor in the distribution of these scarce resources to individuals" (DELANCEY, 1989, S. 59). Der Aufbau des Staates auf persönlichen Beziehungen ermöglichte dabei diese Zentralisierung der Macht: „It (the state, d. Verf.) functions as a rhizome of personal networks and assures the centralization of power through the agencies of family, alliance and friendship ..." (BAYART, 1993, S. 261). Alle Staatsrepräsentanten angefangen von den Ministern bis zu den kleinen Provinzfürsten besitzen kaum eigene Entscheidungsbefugnis, sondern sind auf Weisungen angewiesen. Alle wichtigen Entscheidungen werden im Amt des Präsidenten getroffen (Van De WALLE, 1990, S. 145ff). Das bedeutet: „no autonomy for the local units" (MBAKU / KAMERSCHEN, 1993, S. 35). Auch den traditionellen Eliten wurde Einfluß genommen, indem der Staat Rechtssprechung und Polizeigewalt an sich zog. Zudem müssen sie von der Verwaltung bestätigt werden, d.h. sie wurden zu Handlangern der zentralen Verwaltung degradiert - eine Entwicklung, die bereits auf die Kolonialzeit zurückgeht (ILLY, 1976, S. 192).[70] Zwar können die traditionellen Eliten noch Recht sprechen, es besteht aber auch die Möglichkeit zur Anrufung eines „ordentlichen Gerichtes", das praktisch als Berufungsinstanz dienen kann. Das offizielle Recht „„... gilt ja im juristischen Sinne, auch wo es im Regelfall ignoriert wird, und kann daher in Konfliktfällen auch ins Spiel gebracht werden" (BRYDE, 1987, S. 39).
Zur Zentralisierung unter Ahidjo gehörte auch, daß die in das Patronagesystem eingeschlossenen Personen auf die Bildung einer eigenen unabhängigen Machtbasis verzichten mußten (Van De WALLE, 1990, S. 135). „Attempts by any of them to build a power base were (mis)construed as betrayal that sanctioned removal from office" (JUA, 1991, S. 163). Die regionalen Führer, die an der Regierung beteiligt waren oder andere einflußreiche Posten hatten, gebärdeten (und gebärden) sich daher nicht als Lobbyisten ihrer Heimatregion, indem sie sich z.B. bemühen, öffentliche Investitionen in diese zu lenken (Van De WALLE, 1990, S. 139).

---

[70] Van BEEK (1988, S. 15) erläutert dies am Beispiel der Kapsiki, eines Volkes in der Provinz Adamaoua an der Grenze zu Nigeria.

Sie versuchen vielmehr in der Tradition des Klientelismus, einzelnen Personen aus ihrer Heimatregion wiederum Posten zu verschaffen.
Am Ende des Zentralisierungsprozesses war Kamerun eine Autokratie, wie sie im Buche steht: „Der Präsident ist zugleich Staatsoberhaupt, Regierungschef, Oberkommandierender der Armee und Präsident der Einheitspartei. Weder Legislative noch Exekutive können substantiell in die präsidiale Allmacht eingreifen. Damit verfügt er vor allem über eine entscheidende Kapazität: Der Präsident ist für die Ernennungen in allen wichtigen Bereichen des Staates und der vom Staat kontrollierten Bereiche der Wirtschaft und sogar der traditionellen Bereiche der Gesellschaft zuständig" (JAKOBEIT, 1988, S. 236f).
Es sollte deutlich werden, daß das System des Personal Rule in Verbindung mit Klientelismus von der Verteilung der Staatsressourcen lebt - „... Big Men can provide their followers with access to the state's resources" (SANDBROOK, 1986, S. 324) - und daß die Zentralisierung des Staates den Zugriff des Präsidenten auf diese Ressourcen erleichterte. Verteilt werden Positionen in Politik und Verwaltung sowie in den staatlichen oder parastaatlichen Unternehmen. Die Personen, deren Unterstützung sich der Präsident versichern will, erhalten Führungsposten in den genannten Bereichen. Dadurch entstand die sogenannte Staats-Elite: „... members of government, hauts fonctionnaires, la haute magistrature, top officials (civilian and uniformed) responsible for security and military, members of the intelligentsia directly involved with the government, members of parliament, businessmen directly involved with the government and the leaders of parapublic institutions, and apparatchiks ..." (JUA, 1988, S. 2f). Diese nach JUA (1991, S. 163) aus etwa 1.000 Personen bestehende Führungsklasse benutzt den Staat als „resource in itself" und „its most prominent feature is its parasitic nature". So wird offen davon gesprochen, daß z.B. Manager von Parastatals „Titres fonciers" über ihre Organisationen besitzen (JUA, 1988, S. 6). Sie bekommen die Parastatals quasi als Lehnsgüter, die sie zu ihrem eigenen Nutzen ausbeuten dürfen. Diese Ausbeutung besteht dann auch darin, daß sie sich korrumpieren lassen. Da das System der Patronage es mit sich bringt, daß nicht nur die Eliten, sondern auch deren Gefolge mit „hand-outs and rewards" (JUA, 1991, S. 162) bedacht werden müssen, ist die übermäßige Zunahme der Zahl von Staatsangestellten und Angestellten im parastaatlichen Sektor in den 80er Jahren vor diesem Hintergrund zu sehen (vgl. 2.3.5.3).

Teilweise werden die Staatsressourcen aber auch direkt verteilt. Dies geschieht häufig in Form von Bankkrediten. „Yet, I should caution that this class has obtained most of its capital in form of bank loans" (JUA, 1988, S. 8). Der FONADER gab kaum Kredite an „echte Farmer", statt dessen bestand die Zielgruppe aus Staatsangestellten und Lohnempfängern, die sich in der Landwirtschaft engagieren wollten (JUA, 1988, S. 15). So waren unter den vorgesehenen Empfängern von Krediten im Rahmen des EAMI-Programms 1987/88 fünf Minister, drei Generaldirektoren von Parastatals, einige Parlamentsmitglieder und viele öffentliche Angestellte, aber kein Kleinbauer. Auch wenn es im Ergebnis so kam, war es möglicherweise nicht einmal das beabsichtigte Ziel dieses Programmes, eine Klasse von „städtischen Landherren" hervorzubringen. „However, by some perverted logic, bureaucratic politics and the pervasive nature of prebends in the state rendered this outcome inevitable. Consequently, there has been a failure of will rather than of vision" (JUA, 1988, S. 17).
Als „Benefits" dienen aber nicht nur Jobs beim Staat, Kredite und Staatsaufträge, auch die Nicht-Verfolgung von Amtsmißbrauch kann dazu gezählt werden. Darüber hinaus werden Ressourcen verteilt, die nicht direkt dem Staat zuzurechnen sind, aber auf die die Regierung durch Regulierungen Einfluß nehmen kann wie z.B. alle Arten von Lizensen oder staatlichen Dienstleistungen (SANDBROOK / BARKER, 1985, S. 94).

Besonders die Vorgänge nach dem Machtwechsel machten deutlich, wodurch sich der Präsident zu legitimieren versuchte. Die Vollalimentierung der Studenten wurde angestrebt, die Beamtengehälter wurden im Jahr nach der Machtübernahme generell um 11 bis 17 % angehoben, es gab Einstellungsschübe im öffentlichen Dienst und es wurden weitere Parastatals gegründet (MEHLER, 1995b, S. 297). Dabei war es klar, daß die neuen Parastatals in erster Linie den Zweck der Entstehung neuer Verteilungsmasse hatten (MEHLER, 1995b, S. 300). Es liegt der Verdacht nahe, daß auch die Schaffung von 11 neuen Departements durch Biya kurz vor der Präsidentschaftswahl von 1992 dem Zweck der Verteilung von Wahlgeschenken in Form von Posten diente (MEHLER, 1993b, S. 180).

4.1.3 Ineffizienz der staatlichen Organisationen

Die Konsequenzen für den Staat als Organisation insgesamt bzw. für die einzelnen staatlichen Organisationen und auch für die parastaatlichen Unternehmen und Gesellschaften, falls sie in das System der Patronage integriert sind, lassen sich in vier Punkten zusammenfassen:

Erstens, das wichtigste Kriterium für die Berufung auf einen bestimmten Posten ist nicht die Qualifikation, sondern der mögliche Beitrag der jeweiligen Person zur Stützung des Patrons, also des Präsidenten oder eines seiner Gefolgsleute.
Das bringt dieses System zwangsläufig mit sich. „As patrons manoeuvered, ethnic and/or factional affiliation tended to replace technical competence in hiring and promotion, and nepotism and corruption to replace impartiality in the exercise of authority“ (SANDBROOK, 1986, S. 325). In Kamerun waren auch die zahlreichen Parastatals davon betroffen: „The litmus test for getting a job in a parastatal was the patronage network rather than qualifications or any considerations of efficiency“ (JUA, 1991, S. 166). Daraus ergibt sich, daß die jeweiligen Positionen nicht mit den qualifiziertesten Personen besetzt werden, worunter natürlich die Effizienz der jeweiligen Organisation zu leiden hat (vgl. ILLY, 1987, S. 20). Das Fehlen eines Zwangs zu höherer Effizienz, z.B. durch den Druck des Wettbewerbs, verhindert, daß diese Einstell-Kriterien geändert werden (vgl. TABI ABODO, 1986, S. 214).

Zweitens, das System der Patronage bringt die Notwendigkeit mit sich, den Staat ständig weiter aufzublähen, um Ressourcen zur Verfügung zu haben.
Die zahlreichen neu geschaffenen Stellen sind also in der Regel nicht die Folge von Aufgaben, die der Staat übernehmen muß. „The overriding necessity of rewarding clients in a ethno-client network has contributed (beyond all mesure) to an over-expansion of the public sector in some areas as well as to its mediocrity“ (JUA, 1991, S. 164). Immerhin hatte das Kabinett 1994 die stattliche Mitgliederzahl von 48 Personen (MEHLER, 1995a, S. 183). Kamerun besitzt aber auch gemessen an der gesamten Zahl der Staatsangestellten im Vergleich zu seiner Bevölkerungsgröße einen der größten öffentlichen Sektoren in SSA. Ende der 80er Jahre war ihre Zahl auf etwa 200.000 angestiegen. Sie sind nach Van De WALLE (1990, S.124) „the regime's most obvious and perhaps only social base“. Daher blieben trotz der schweren Krise der Staatsfinanzen die Personalausgaben lange Zeit weitgehend unangetastet, während die Regierung keine Schwierigkeiten damit hatte, die Kapitalausgaben zu kürzen. Bis 1989 wurde die Zahl der Staatsangestellten sogar noch erhöht. Erst als die Regierung keinen anderen Ausweg mehr hatte, als auf die Forderungen der Geber einzugehen, mutete sie dieser Gruppe Belastungen zu (Van De WALLE, 1990, S. 121ff). Diese Belastungen bestanden zuerst in Verzögerungen der Gehaltszahlungen, dann in Kürzungen und schließlich in Entlassungen (vgl. 2.3.5.2 / 2.3.5.3).

Welche Aufgaben die neu eingestellten Beschäftigten im öffentlichen Dienst oder die eigens geschaffenen Parastatals haben sollten, war im Patronagesystem zweitrangig. „... il n'est pas exagéré de dire qu'ill y a eu au niveau national, une tendance à créer autant de sociétés qu'ill y avait de `hauts fonctionnaires´ à `récompenser´ ou à `récupérer politiquement´, sans plus réellement tenir compte de la viabilité technique et économique des sociétés concernées" (TCHA-LA ABINA, 1988, S. 21).

Drittens, die Posten in Verwaltung und parastaatlichen Unternehmen werden wie „Geschenke" vergeben und von den Empfängern daher auch als Möglichkeit zur persönlichen Bereicherung betrachtet.
Die im afrikanischen Vergleich sehr hohen Gehälter im öffentlichen Dienst Kameruns waren dabei nur ein Teil der Ressourcen, die die Regierung zu verteilen hatte. So wurden für die Unterbringung von 5,6 % der 180.000 Staatsangestellten 1985/86 10 Mrd. FCFA (1982/83: 5,6 Mrd. FCFA) ausgegeben. Auch Dienstwagen sowie die Übernahme von Telefonkosten und anderen Ausgaben kamen einem kleinen Teil der Staatsangestellten zugute (JUA, 1991, S. 164). Wo aber die wirklichen Einkommen zu erzielen sind, zeigt sich an dem nur auf den ersten Blick erstaunlichen Phänomen, daß öffentliche Bedienstete höherer Besoldungsstufen versuchen, in den Zolldienst niedrigerer Besoldungsstufen zu gelangen. Dort hat man als direkter Anbieter einer öffentlichen Dienstleistung leichter die Möglichkeit, sich korrumpieren zu lassen. So hat Kamerun z.B. 1987 nur Champagner im Wert von 164 Mio. FCFA aus Frankreich importiert, während Frankreich nach Kamerun im Wert von 776 Mio. FCFA exportiert hat (JUA, 1991, S. 165). Drei Viertel der französischen Exporte scheinen in einem Bermuda-Dreieck verschwunden zu sein. Auch in den Ministerien verschwinden die Gelder: „In 1988, for instance, the Ministry of Agriculture disbursed one third of its stationary budget for stationary that was never delivered" (JUA, 1993, S. 148).[71]
Der Präsident selbst betrachtet den Staat ebenfalls als Selbstbedienungsladen. Ein Interview, das viel Staub aufgewirbelt hat, mit Robert Messi Messi, dem Leiter der 1989 zusammengebrochenen SCB und dem damit ehemals wichtigsten Banker Kameruns gibt einen Eindruck davon. Darin ist die Rede von Krediten an den Präsidenten, dessen Verwandte oder Freunde, die nie zurück gezahlt wurden. Von diesen Geldern wurde der Bau eines Palastes im Geburtsort des Präsidenten (1,75 Mrd. FCFA, etwa 6 Mio. US-$), von Privathäusern, einer Kaserne, eines Flugplatzes, eines Hotels usw. finanziert. Für diese Transaktionen wurden Konten im Ausland, anonyme Konten und Konten auf Phantasienamen verwendet. Das Volumen dieser Transaktionen hat angeblich einen Großteil der Schaltergeschäfte der SCB in Anspruch genommen (vgl. die tageszeitung vom 13.5.1992 und IA 3, 1992, S. 233).

Viertens, die Regierung beraubt sich selbst der Möglichkeit, opportunistisches Verhalten von Bürokraten zu sanktionieren, denn diese haben nicht nur die Funktion der Durchsetzung der Politik, sondern sind zugleich auch die Stützen der Regierung.
Unter diesem Aspekt sind auch die Anti-Korruptionskampagnen der Regierung zu beurteilen, denen nur kleinere Angestellte zum Opfer fallen. Das Verhalten „... of some members of the ruling class is still taboo" (JUA, 1991, S. 166). Als z.B. 9 Mrd. FCFA, die aus dem STABEX-Fond stammten und zur Preisstabilisierung gedacht waren, schlicht und einfach von den Konten des ONCPB verschwanden, war die einzige Konsequenz: „... Roger Melingui, Director-General of the ONCPB, had got away with mere dismissal, no more, ..." (JUA, 1991, S. 167).

---

[71] JUA (1991, S. 163f) liefert noch einige andere Beispiele dafür, wie und in welchem Maße durch opportunistisches Verhalten Ressourcen verschwendet wurden.

1994 wurde der als korrupt geltende Ex-Generalsekretär des ONCPB wieder mit einem Posten im Kabinett bedacht (MEHLER, 1995a, S. 183). Während der „Operation Antilope" Ende der 80er Jahre wurde aufgedeckt, daß 20.000 Angestellte des öffentlichen Dienstes, die auf der Pay-roll standen, schlicht und einfach nicht existierten. Erstaunlicherweise begnügte sich die Regierung damit, diese von der Lohnliste zu streichen, unternahm aber keine Anstrengungen, die an Unberechtigte ausgezahlten Gehälter wieder zurückzufordern (JUA, 1991, S. 164). Versuche, Korruption und Veruntreuung zu bekämpfen, verlaufen im Sand. So trat der wegen seiner Antikorruptionskampagne aufgefallene Minister für den öffentlichen Dienst im August 1992 von seinem Posten zurück, weil erforderliche Sanktionen gegen überführte Bürokraten nicht zur Ausführung kamen (MEHLER, 1993b, S. 179). Auch die Justiz zeigt sich hilflos: „... even the Chief Justice of the Supreme Court of the land has stigmatized these practices while lamenting the inability of the courts to pre-empt or deter them" (JUA, 1988, S. 7). Es fehlt aus den genannten Gründen am politischen Willen, den Amtsmißbrauch zu bekämpfen.

Die inadäquate Qualifikation, die mangelnde Kontrolle und der Opportunismus der Angestellten der staatlichen und parastaatlichen Organisationen sowie deren Aufblähung ohne genau definierte Ziele haben zur Folge, daß diese sehr ineffizient in der Erfüllung ihrer Aufgaben sind. In Kapitel 2 wurde eine Fülle von Beispielen dafür genannt: die Kontrolle des Außenhandels ist nicht nur aufgrund von Schmuggel, sondern auch wegen der Korruption der Zollbeamten kaum möglich, die Steuereintreibung ist sehr ineffizient (eine Studie der Weltbank geht davon aus, daß 75 % des besteuerbaren Einkommens nicht erfaßt werden - Van De WALLE, 1990, S. 149), bei der Vergabe öffentlicher Aufträge herrscht Korruption, Preiskontrollen oder andere Auflagen wie z.B. im Jumelage-System für den Reismarkt können nicht durchgesetzt werden, die Kredite von FONADER zur ländlichen Entwicklung gehen zum größten Teil an andere Personen usw. Die Liste läßt sich nahezu beliebig fortsetzen. Das erklärt auch die Schwierigkeiten der Kameruner Regierung bei der Durchsetzung der mit den SAP verbundenen Reformen: „... not only because of political weakness, but also because monitoring mechanisms are weak, coordination between agencies nonexistent, the analytical capacity of the Presidency is limited and the commitment at the top is not shared by subordinates throughout the administration" (Van De WALLE, 1990, S. 322).
Die Dimensionen der Verluste durch Unterschlagung und Korruption sind kaum zu schätzen: „The regime itself today estimates that fraud involving the state apparatus cost some 1500 billion CFA between 1981 and 1986" (Van De WALLE, 1990, S. 164). Auch von den landwirtschaftlichen Entwicklungsgesellschaften, die als Organisationen mit dem Ziel der Erhöhung der landwirtschaftlichen Produktion und der Einkommen der Landbevölkerung (wenn schon nicht als Selbstzweck, dann zur Eindämmung der Landflucht) gegründet worden sind, haben in erster Linie die Funktionäre und weniger die Bauern profitiert (vgl. 2.4.2.4). Hier ist es interessant zu erwähnen, daß SODECOTON eine der wenigen erfolgreicheren Gesellschaften war. Allerdings stand diese Gesellschaft hauptsächlich unter französischem Einfluß. Das machte SODECOTON zu „a kind of state within the state in the north" (Van De WALLE, 1990, S. 253). Die Gesellschaft spielte daher aufgrund der geringen Möglichkeiten zur Einflußnahme durch die Regierung für das System der Patronage kaum eine Rolle. Die genannten Ursachen für organisatorische Ineffizienz wirkten sich daher nur teilweise auf SODECOTON aus.

Aber nicht nur der Opportunismus der Staatsangestellten, sondern allein schon die Notwendigkeit, immer neue Positionen schaffen zu müssen, um sie als Pfründe verteilen zu können, verhinderte das Entstehen eines effizienten Staatsapparates. So führte die Vielzahl der Organisa-

tionen, die die Aufgabe der landwirtschaftlichen Entwicklung hatten, zu Überschneidungen der Aufgabenbereiche - z.B. des MINAGRI und der landwirtschaftlichen Gesellschaften oder der verschiedenen Société de Développement untereinander. Dadurch wurde die Möglichkeit, den Grad der Aufgabenerfüllung zu kontrollieren, weiter verringert und die Ineffizienz verstärkt (vgl. 2.4.2.4). Der Zwang, die Zahl der Angestellten der staatlichen und parastaatlichen Organisationen - besonders auch in den 80er Jahren - ständig erhöhen zu müssen (vgl. 2.3.5.3), ließ die jeweiligen Organisationen eher zum Selbstzweck werden. So verwendete z.B. der FONADER ein Drittel seiner Ausgaben für die eigene Verwaltung, aber nur 10-20 % für die Vergabe von Krediten, eine seiner Hauptaufgaben (vgl. 2.4.2.2). Diese Kredite gingen zudem nicht an die eigentliche Zielgruppe, die Bauern, sondern vor allem an „urban bureaucrats and provincial officials" (Van De WALLE, 1990, S. 92) und dienten dadurch ebenfalls als Verteilungsmasse im Patronage-System. „Some observers believe that FONADER, an agency founded by government decree in Cameroon to benefit the small farmer and the population in general, has instead benefited wealthy bureaucrats and foreign businesses, most of whom had the resources to devote to the process of qualifying for FONADER grants" (DELORME et al., 1986, S. 421).
Auch die CNPS, die dank der günstigen Altersstruktur der Bevölkerung seit Anfang der 80er Jahre zwar ihre Ausgaben selbst tragen konnte (SOOTH, 1992, S. 115), verwendete aber z.B. 1985 30 % ihrer Gesamteinnahmen für die eigene Verwaltung (1.800 Angestellte). Dies ist auch eine Folge der Verschwendung von Mitteln durch Unterschlagung, Korruption und Ineffizienz. So deckte eine offizielle Kommission 1990 den „Skandal des Jahres" auf, der in einer Verschwendung von Mitteln aus dem Rentenfonds durch Korruption und Unterschlagung in Höhe von 13 Mrd. FCFA bestand (SOOTH, 1992, S. 152ff). Die Ineffizienz der Organisation selbst zeigt sich auch im Personalmanagement. Einstellungsvoraussetzung sind nur offiziell Prüfungen, tatsächlich verhält es sich anders: „Regel bei der Personalrekrutierung jedoch ist das Ernennen von Kanditaten ..."(SOOTH, 1992, S. 125). Korruption und Vetternwirtschaft sind daher bei der Einstellung keine Ausnahme. Zudem gibt es keine hausinterne Fortbildung, obwohl 75 % der Beschäftigten keine Ausbildung besitzen. Statt dessen wird Learning by doing praktiziert (SOOTH, 1992, S. 125f). Der FONADER und die CNPS sollen als Beispiele für die Ineffizienz der staatlichen Organisationen und die Auswirkungen des Patrimonialismus genügen. Am Ende dieses Kapitels wird nochmals auf die Performance der parastaatlichen Organisationen und des vom Staat kontrollierten Sektors der Wirtschaft zurückzukommen sein.

Der Opportunismus im öffentlichen Dienst und in den Parastatals hat sich in jüngster Zeit sogar verstärkt. Marchés Tropicaux bringt am 20.5.1994 (S. 1017) folgende Meldung, bei der sie sich auf Agence France Presse beruft: „Agents totalement désabusés par des baisses de salaires massives et des perspectives de suppression d'emploi, corruption à grande échelle: l'administration camerounaise sombre peu à peu dans le chaos, favorisant l'émergence d'une forme d'`Etat informel´, rapporte l'AFP". Die Gehaltskürzungen und die bevorstehenden Entlassungen haben die Bereitschaft zur Korruption beträchtlich verstärkt. Dazu kommt noch das zeitweilige, unangekündigte Aussetzen der Gehaltszahlungen: „A quoi bon aller au bureau lorsqu'on n'est plus payé" (Croissance 370, April 1994, S. 16)? Wirtschaftspolitische Maßnahmen sind dadurch immer schlechter durchzusetzen. So gibt es bereits kurz nach der Einführung der neuen Umsatzsteuer Berichte darüber, daß die Finanzbeamten sich bestechen lassen und auf die Eintreibung der Steuer verzichten (IPS 33, 13.8.1994, S. 14). Statt die Gehaltszahlungen zu kürzen oder auszusetzen, hätte es der Motivation im öffentlichen Dienst besser ge-

tan, wenn man frühzeitig Entlassungen vorgenommen und dafür die Verbleibenden weiterhin gut bezahlt hätte.
Alles in allem sind die Wirkungen des Patronage-Systems verheerend: „Symptomatic of this tendency is the pervasiveness of systemic corruption and the expansion of the parastatal sector primarily to provide hand-outs and rewards" (JUA, 1991, S. 162). Die Ineffizienz der staatlichen und parastaatlichen Organisationen ergibt sich daraus zwangsläufig. Als nächstes soll unter anderem die Frage erörtert werden, welchen Einfluß diese politische Ordnung, wenn man von einer solchen sprechen kann, auf die Entscheidungsspielräume der privaten Akteure hat.

4.2 Märkte und Organisationen

Die wichtigsten Gründe für die Ineffizienz der staatlichen und parastaatlichen Organisationen wurden genannt. Welche Ursachen hat aber die *Unterentwicklung* des privaten Wirtschaftssektors? In der Einleitung des Kapitels 4 wurden einige Defizite genannt; darunter vor allem das weitgehende Fehlen großer und mittlerer Industriebetriebe im privaten Besitz von Kamerunern. Gibt es Institutionen, die die Entwicklung des privaten Wirtschaftssektors behindern? Im folgenden wird daher ein Überblick darüber gegeben, welchen Institutionen sich die auf privaten Märkten und in privaten Organisationen wirtschaftenden Akteure gegenüber sehen und welche Anreize von diesen ausgehen. Da für die wirtschaftliche Entwicklung unternehmerisches Handeln eine große Bedeutung hat, wird zuerst diskutiert, ob es so etwas wie eine Unternehmenskultur gibt, ob also die kulturellen Regeln die Bereitschaft zu unternehmerischem Handeln erhöhen oder behindern (vgl. 3.3.3.1.1). Dabei wird ausführlich auf das Phänomen eingegangen, daß mit den Bamiléké ein (wenn auch das größte) Volk Kameruns viele Bereiche der Wirtschaft dominiert. Haben die Bamiléké kulturell bedingte Vorteile gegenüber anderen Kamerunern?
Anschließend wird untersucht, welche Anreize von den Handlungen der Politiker und Bürokraten auf die Privatwirtschaft ausgehen. Es geht um die Entscheidungen der Politiker und deren Durchsetzung durch die Bürokraten, also die Frage, wie die Zwangsgewalt des Staates eingesetzt wird. Dabei interessieren alle politischen Entscheidungen, durch die die relativen Preise verändert und damit das Verhalten der privaten Akteure gelenkt wird. Das schließt sowohl die formalen Regeln des Wirtschaftens wie z.B. die Zuordnung der Verfügungsrechte als auch diskretionäre wirtschaftspolitische Maßnahmen wie Preispolitik, staatliche Investitionen etc. ein. Weniger als die politischen Zielvorgaben ist aber jeweils die tatsächliche Durchsetzung der Entscheidungen relevant.
Die Analyse der institutionellen Rahmenbedingungen des Wirtschaftens wird zeigen, daß die von ihnen ausgehenden Anreize das Entstehen einer dualen Ökonomie, die ihr Entwicklungspotential nicht ausschöpfen kann, begünstigen. Dabei steht ein Teil der Wirtschaft unter dem Einfluß des Staates, während sich der andere ihm weitgehend entzieht.

4.2.1 Unternehmenskultur

Vielfach wird das Fehlen einer „Unternehmerklasse" in Entwicklungsländern beklagt. Auch für Kamerun zählt die UNIDO (1990, S. 38) diesen Punkt bzw. die „... insufficient awareness of the possibilities for investment in industry" zu den Hindernissen für die industrielle Entwicklung, die überwunden werden müssen. NDONGKO (1989, S. 18) führt z.B. die enttäuschenden Resultate bei der Förderung der PME's nicht nur auf zu wenige Mittel und einen Mangel

an Zielstrebigkeit bei der Förderung zurück, sondern auch auf zu geringe unternehmerische Fähigkeiten und einen „... low entrepreneurial spirit“. Diese Aussagen unterstellen, daß die Schwäche der privaten Wirtschaft und der Mangel an Unternehmern zumindest teilweise ihre Ursachen in der Einstellung der Akteure selbst haben. Renten, vor allem wenn sie in industriellen Tätigkeiten zu erzielen sind, werden nicht *wahrgenommen*. Dabei wird unterstellt, daß solche Renten vorhanden sind und nicht durch zu hohe Transaktionskosten aufgezehrt werden.
Defizite in der Wahrnehmung von Renten müßten gemäß dem doppelten Sinn des Wortes im Erkennen oder im Ausnutzen von Renten bestehen. Ersteres ließe sich durch ungenügende Information über die relativen Preise oder dadurch, daß die vorhandenen Informationen aufgrund zu geringer individueller Kapazität zur Informationsverarbeitung nicht erkannt werden, erklären. Wenn die Renten zwar erkannt, aber nicht genutzt werden, dann fehlt es entweder an der Fähigkeit oder an der Bereitschaft zu unternehmerischem Handeln.
Von einem „low entrepreneurial spirit“ könnte man aber nur dann sprechen, wenn es an der *Bereitschaft*, unternehmerisch tätig zu werden, fehlt. Gibt es einen solchen Mangel an Unternehmergeist in Kamerun und welche Ursachen könnte er haben? Behindern kulturelle Regeln bzw. Informationen die Wahrnehmung von Renten?

4.2.1.1 Mangel an Unternehmergeist?

An der allgemeinen Fähigkeit und Bereitschaft zur Wahrnehmung von Renten scheint es in Kamerun nicht zu fehlen. Dies trifft z.B. auf Renten zu, die durch Opportunismus im Staatsdienst, im informellen Gewerbe oder durch Schmuggel zu erzielen sind. „Die schwierigen Überlebensprobleme bei anhaltend hohem Zuwanderungstempo von potentiellen Konkurrenten verlangen den Slumbewohnern Höchstleistungen an Flexibilität, an Anpassungsfähigkeit und an Kreativität in der Aufspürung neuer Marktnischen und Einkommenspotentiale ab, also innovatorisches Potential im weitesten Sinne. Die dynamischen Unternehmer der 90er Jahre sind eher hier zu suchen als in den bürokratisierten Staatsbetrieben“ (WEISS, 1987, S. 102). Größe und Bedeutung des informellen Gewerbes beweisen, daß die Fähigkeiten zum allgemeinen unternehmerischen Handeln, nämlich Anpassungsflexibilität und Lernfähigkeit, vorhanden sind (vgl. 2.4.5). Die entsprechende Kapazität des menschlichen Verstandes ist im übrigen exogen vorgegeben und es gibt keinen Grund anzunehmen, sie wäre ungleich über die Welt verteilt (vgl. 3.3.3.1.1). Es mangelt auch nicht an allgemeiner Risikobereitschaft, denn die in Handel, Dienstleistung oder im informellen Gewerbe Tätigen nehmen ebenfalls ein persönliches Risiko auf sich.
Es könnte allerdings das spezifische technische und organisatorische Wissen zum Führen größerer produzierender Betriebe und damit die Fähigkeit zu unternehmerischem Handeln in diesem Bereich fehlen. Natürlich muß Wissen - vor allem durch Learning by doing - erworben werden, was zwar Zeit erfordert, aber kein unüberwindliches Hindernis darstellt. Falls die entsprechenden Anreize vorhanden sind, verwenden die Organisationen Anstrengungen darauf, das Wissen ihrer Mitglieder entsprechend ihren Zielen zu erhöhen (vgl. 3.3.4.1). Dennoch ist aber der Faktor Zeit bei der Aneignung technischen und organisatorischen Wissens nicht zu unterschätzen, da Lernen zu einem großen Teil aus dem Sammeln von Erfahrungen besteht. Während der Kolonialzeit waren den Kamerunern in ihrer unternehmerischen Betätigung institutionelle Grenzen gesetzt. Das betrifft z.B. Landbesitz, den Erwerb einer entsprechenden Ausbildung, den Zugang zu Krediten, der Bevorzugung von Europäern bei der Vergabe von Handelslizensen und ähnliches. So eröffnete z.B. erst die Liberalisierung des Einzelhandels in den Westprovinzen in den 50er Jahren den afrikanischen Händlern mehr Betätigungsfelder

(ROWLANDS, 1993, S. 81). Auch die Möglichkeit zum Erwerb von verwaltungstechnischem Wissen war eingeschränkt: „Les Camerounais étaient maintenues dans des postes subalternes et confinés à des tâches d'exécutions sans aucune perspective de promotion véritable" (ATANGANA ONANA, 1986, S. 5). Die koloniale Vergangenheit war für Kamerun also durchaus ein Nachteil, da sie den Betätigungen und damit dem Wissenserwerb der Afrikaner institutionelle Grenzen setzte. Darüber hinaus gab es während der Kolonialzeit kaum Industriebetriebe; außerdem stellen produzierende Tätigkeiten höhere Anforderungen an technisches und organisatorisches Können als z.B. Handel oder Transport. Fehlendes Wissen ist allerdings kein dauerhaftes Entwicklungshindernis, sondern nur eine schlechte Startbedingung. Know how sowie Humankapital können importiert werden und Erfahrungen können langsam durch Learning by doing erworben werden. Falls die Bereitschaft dazu besteht, produktive Renten wahrzunehmen, dann verwenden die Individuen und die Organisationen Anstrengungen auf die Aneignung des entsprechenden Wissens. Auch wenn die Ausgangsbasis für die afrikanischen Ökonomien schlecht war, läßt sich durch die koloniale Geschichte nicht dauerhafte Unterentwicklung oder Stagnation erklären. Schon das Beispiel der erfolgreichen asiatischen Entwicklungsländer beweist dies.

Allerdings werden aufgrund unvollkommener Informationen Entscheidungssituationen subjektiv bewertet. Für diese Bewertung spielen sowohl das individuelle Wissen als auch die Institutionen eine Rolle. Durch die Zunahme von Wissen steigt zwar nicht die Risikobereitschaft, aber es verändert sich die Bewertung von Handlungsalternativen. Je besser die Informationen sind, um so realistischer werden Situationen eingeschätzt und um so größer ist die Bereitschaft, Gewinnmöglichkeiten wahrzunehmen.

Die Fähigkeit zum Erkennen und Nutzen von Renten ist ebenso vorhanden wie eine allgemeine Risikobereitschaft. Ein Mangel an spezifischem technischen und organisatorischen Wissen behindert zunächst bestimmtes unternehmerisches Handeln, da dadurch die Beurteilung des Risikos von Handlungsalternativen beeinflußt wird und Lernen einfach Zeit braucht. Dauerhaft kann bei den entsprechenden Anreizen durch relative Preise und Institutionen dieser Mangel aber kein Hindernis für Unternehmertum sein. Genau ein solches dauerhaftes Hindernis scheint aber angesichts der zumindest relativen Stagnation vieler afrikanischer Länder und auch Kameruns - über den gesamten Zeitraum seit der Unabhängigkeit gesehen - zu bestehen. Besonders seit den 70er Jahren gab es in vielen Ländern - in Kamerun seit Mitte der 80er Jahre - sogar Rückschritte in der wirtschaftlichen Entwicklung. Damit bleibt als Erklärung nur übrig, daß die Anreize der Institutionen nicht mit denen der relativen Preise übereinstimmen und es damit an der Bereitschaft zu unternehmerischem Handeln fehlt.

Die These des „low entrepreneurial spirit" unterstellt nun, daß die Weltanschauung der Akteure, als *Teil* der institutionellen Rahmenbedingungen, die Ablehnung unternehmerischen Handelns oder von Wettbewerb überhaupt einschließt. Renten bzw. bestimmte Renten werden daher nicht realistisch erfaßt. In diesem Fall kann man vom Fehlen von Unternehmergeist sprechen. Eine solche Weltanschauung könnte aber auf Dauer nur existieren, wenn die Gewinne, die durch Teilnahme am Wettbewerb zu erzielen sind, nicht hoch genug sind, um die Akteure dazu anzuregen, Anstrengungen auf die Änderung dieser internen Institutionen zu verwenden. Nur in nicht-arbeitsteiligen traditionellen Volkswirtschaften, in denen sich die relativen Preise langsam ändern, könnte daher eine solche Weltanschauung langfristig bestehen (vgl. 3.3.4.2.2). Ändern sich nun die relativen Preise schneller, wie es im modernen Afrika der Fall ist, dann wandeln sich auch externe *und* interne Institutionen schneller.

Da aber institutioneller Wandel dennoch Zeit braucht, hätte die Gesellschaft, die eine negative Einstellung zum Wettbewerb hat, tatsächlich Nachteile. Andererseits hätten die Gesellschaften

Vorteile, die sich früher einer Änderung der relativen Preise gegenüber sahen oder deren Institutionen sich schneller änderten. Da institutioneller Wandel verlaufsabhängig ist und durch zufällige Ereignisse beeinflußt werden kann, ist es auch denkbar, daß eine Gesellschaft aufgrund bestimmter historischer Ereignisse eine Kultur entwickelte, die z.B. durch vertikale soziale Mobilität Wettbewerb um Ansehen und Einfluß in der Gemeinschaft zuläßt oder begünstigt. Allerdings können durch eine positive Einstellung zum Wettbewerb nur vorübergehende, aber *nicht dauerhafte* Vorteile entstehen. Man könnte also davon sprechen, daß solche Gesellschaften bessere Startbedingungen im Wettbewerb haben. Im folgenden soll untersucht werden, ob in Kamerun das Volk der Bamiléké, dem eine „... traditionell angelegte(n) ökonomische(n) Dynamik ..." (ILLY, 1976, S. 83) unterstellt wird, solche Vorteile besitzt.

4.2.1.2 Le dynamisme Bamiléké

Die Heimat der Bamiléké liegt in der Provinz Ouest. Sie stellen mit etwa 1,5 bis 2 Millionen Menschen möglicherweise die größte ethnische Gruppe (falls man sie als solche bezeichnen kann) in Kamerun (Van De WALLE, 1990, S. 57). Schon in der ersten Hälfte dieses Jahrhunderts sind zahlreiche Bamiléké vor allem in die großen Städte im Süden ausgewandert, so daß z.B. ihr Anteil an der Bevölkerung von Douala bereits von 1947 bis 1955/56 von 16 auf 30 % gestiegen ist (BANOCK, 1993, S. 85). Nach der Volkszählung von 1976 waren 22 % (189.000) der Bevölkerung der Provinz Littoral und 24 % (96.000) der Bevölkerung von Douala in der Provinz Ouest geboren. Diese Anteile erfassen also nur die Einwanderer der ersten Generation. Inzwischen stellen die Bamiléké in der Wirtschaftsmetropole des Landes die Bevölkerungsmehrheit. Aber nicht nur in Kamerun, auch in Gabun sind zahlreiche Bamiléké als Geschäftsleute tätig (WARNIER, 1993, S. 55).
Wieso haben sich aber - gerade auch in jüngerer Zeit - zahlreiche Autoren mit den Bamiléké beschäftigt bzw. damit „... what is called `*le dynamisme Bamiléké*', their struggle for achievement and aggressive competition ..." (Den OUDEN, 1987, S. 3)? Der Grund liegt darin, daß die Bamiléké zwar nur etwa 15 % der gesamten Kameruner Bevölkerung stellen, aber 58 % der Importeure Kameruner Herkunft, 75 % der Aufkäufer von Kakao, 80 % der Taxifahrer in Yaoundé und Douala usw (WARNIER, 1993, S. 19). „La plupart des chefs d'entreprises rencontrés sont bamilékés. Selon plusieurs indications, 80 % environ des PME appartiendraient à des promoteurs originaires de cette ethnie; 80 % des étudiants de l'ESSEC de Douala sont bamilékés. Les grands hommes d'affaires camerounais sont également bamilékés" (COURLET / TIBERGHIEN, 1986, S. 615f). Von 4.135 im Jahr 1991 befragten Personen, die in den Straßen von Yaoundé Kleingewerbe betreiben (insgesamt wird deren Zahl auf mehr als 43.000 geschätzt), waren 56 % Bamiléké (WARNIER, 1993, S. 20). Sie dominieren besonders Handel und Transportwesen und sind darin mit den Ibo in Nigeria vergleichbar (Den OUDEN, 1987, S. 3).
Als Ursache für diese herausragende Stellung der Bamiléké werden nicht nur äußere Einflüsse, sondern auch deren Kultur verantwortlich gemacht. „The famous economic `dynamism' of the Bamileke outside their `homelands', the stiff and determined striving after economic improvement by individuals in cooperation with other Bamileke, is both imposed and sought for, both by culture and by specific structural developments" (Den OUDEN, 1987, S. 18). Sind also die Bamiléké ein Beispiel für eine leistungs- und wettbewerbsorientierte Gesellschaft, deren Weltanschauung dem nahe kommt, was Max Weber als „protestantische Ethik" bezeichnet hat? Im folgenden soll untersucht werden, welche Erklärung für das Phänomen Bamiléké, falls es ein

solches überhaupt gibt, am plausibelsten ist: Die Überbevölkerung in der Provinz Ouest, die spezifische Geschichte der Bamiléké oder ihre Kultur.

4.2.1.2.1 Bevölkerungsdruck und Leistungsorientierung

Nach Tabelle 1 hatte die Provinz Ouest auch 1987 die höchste Bevölkerungsdichte aller Provinzen und nach einer Untersuchung von 1984 nach der Provinz Extrême Nord die niedrigsten Einkommen je Farm. Allein daraus ergibt sich ein Druck zur Emigration.[72]

Dazu kommen Veränderungen in den traditionellen Gesellschaften der Bamiléké, die zum Teil auch auf die Kolonialherrschaft zurückzuführen sind: Die Unterbindung offener Konflikte durch den Staat; die Zunahme des Handels; das Wachsen der Städte und die Erschließung neuen Landes; die Kommerzialisierung bei Food crops sowie die Einführung von Kaffee als Cash crop und Einnahmequelle für die Männer (Den OUDEN, 1987, S. 13). Der Kaffee hat dazu geführt, daß die Bedeutung des Eigentums an Land zugenommen hat, also der Preis des Produktionsfaktors Boden relativ gestiegen ist. Die Männer versuchten, die bisherigen Nutzungsrechte am Land (nur die Pflanzen waren persönliches Eigentum) in Eigentumsrechte umzuwandeln. Auch die Familienoberhäupter, die das Recht zur Verteilung des Bodens, der der Familiengemeinschaft gemeinsam gehört, haben, änderten ihr Verhalten: „They started to consider themselves less as guardians of the family property and more as owners, and they often only gave tiny plots of land to their dependants to build a house“ (Den OUDEN, 1987, S. 14). Das heißt, „,... ils maximalisaient leurs propres plantations de café“ (Den OUDEN, 1988, S. 3). Das wurde dadurch begünstigt, daß nach dem neuen Landrecht derjenige, der das Land bebaut, einen Besitztitel eintragen lassen kann (Den OUDEN, 1988, S. 3).

Neben diesen Verschiebungen in der Zuordnung der Nutzungsrechte sorgte auch die veränderte Stellung bzw. Funktion der Chefs für Veränderungen. Bereits in der deutschen Kolonialzeit wurden die Chefs einem „doppelten Loyalitätskonflikt“ ausgesetzt. Sie traten gegenüber den Bewohnern der Chefferie nicht nur als Patron, sondern auch als Handlanger der Kolonialherren auf, besonders durch die Eintreibung von Steuern und die Arbeitskräfterekrutierung. Beides verschaffte ihnen Einkommensmöglichkeiten und ersetzte die Einbußen, die sie beim Verfügungsrecht über den Boden hinnehmen mußten. Durch die koloniale Gerichtsbarkeit waren sie in der Rechtssprechung nicht mehr die letzte Instanz, was ihren traditionellen Einfluß ebenfalls verringerte (ROHDE, 1990, S. 134ff). Diese Entwicklung setzte sich in der französischen Kolonialzeit im Prinzip fort (ROHDE, 1990, S. 196ff). „Durch die einseitige Funktionalisierung der Chefs zu \`administrativen Hilfskräften´ setzten zunächst die deutschen, später die französischen Kolonialherren die internen Mechanismen politischer Willensbildung ausser Kraft und zerstörten das empfindliche Gleichgewicht innerhalb der Chefferie“ (ROHDE, 1990, S. 229). Nach der Unabhängigkeit werden die traditionellen Chefs als „Bindeglied zwischen Zentrum und Peripherie“ (ROHDE, 1990, S. 232) noch stärker in das staatliche Verwaltungssystem eingebunden. Ein Dekret von 1977 schreibt dies fest. Die Chefs unterstehen den staatlichen Behörden und haben die Aufgaben, für Ruhe und Ordnung zu sorgen, Steuern einzuziehen und Streitfälle soweit möglich nach traditionellem Recht zu schlichten. Dafür erhalten sie ein festes Gehalt. Sie werden von der Zentrale formal eingesetzt und sind sanktionierbar (ROHDE, 1990, S. 234f). Die Frage, ob die Zentraladministration oder der Chef die größere Akzeptanz in der

---

[72] Vgl. hierzu die Auswertung der Volkszählung von 1976 durch WARNIER (1993, S. 42ff).

Gemeinschaft besitzt, läßt sich nicht eindeutig beantworten und ist auch von Chefferie zu Chefferie verschieden (vgl. dazu zwei Interviews mit Chefs bei ROHDE, 1990, S. 236ff).
Die genannten Verschiebungen in den Verfügungsrechten und die veränderte Legitimationsbasis der traditionellen Chefs führte bereits kurz nach der Unabhängigkeit zu offenen Unruhen. Während des Bamiléké-Maquis, der sich keineswegs nur gegen die Regierung wandte, sondern das „vehemente Ausbrechen eines innergesellschaftlichen Konfliktpotentials" (ROHDE, 1990, S. 231) war, wurde das soziale System erschüttert.[73] „Les cibles privilégiées par les révoltes sont les chefs, leurs proches, les collaborateurs de l'administration, les missionnaires étrangers, les prêtres camerounais, le personnel de santé, les Européens quels qu'ils soient, les récoltes, les infrastructures" (WARNIER, 1993, S. 215). Die Revolte innerhalb der Bamiléké-Gesellschaft richtete sich aber nicht gegen das Prinzip der hierarchischen Struktur, sondern gegen die Hierarchie selbst. Das Ergebnis war: „... les hiérarchies sont à l'agonie alors que le principe hiérarchique reste intact" (WARNIER, 1993, S. 217). Die Veränderungen durch die Kolonialzeit und die Revolte zu Beginn der 60er Jahre führten demnach zur Zerstörung der alten Strukturen und zur Entmachtung der alten Notablen, ließen aber das hierarchische Prinzip intakt, so daß es von „Rückkehren" aus der Emigration (Unternehmern, Funktionären etc.), die zu Geld gekommen waren, übernommen werden konnte (WARNIER, 1993, S. 220ff).
Eine wichtige Ursache der Konflikte war die Verteilung der Land-Nutzungsrechte (Den OUDEN, 1987, S. 13). Die durch die Kommerzialisierung der Landwirtschaft gestiegene Nachfrage der Männer nach Land und die angesprochene restriktivere Handhabung der Verteilung durch die Familienoberhäupter führten gemeinsam mit der hohen Bevölkerungsdichte und den relativ niedrigen Durchschnittseinkommen zur Auswanderung vieler Bamiléké. Dabei spielte auch eine Rolle, daß die Männer einige ihrer traditionellen Aufgaben (Verteidigung und Angriff sowie Kultivierung neuen Landes) verloren hatten, aber auch keine von den Frauen (Nahrungsmittelproduktion, -verarbeitung und -vermarktung) übernahmen (Den OUDEN, 1987, S. 14). Für die Männer stand und steht die Landwirtschaft nicht im Mittelpunkt ihrer Tätigkeiten (Den OUDEN, 1988, S. 13).
Die Emigration setzte bereits nach dem Ersten Weltkrieg ein. Anfangs gingen Bamiléké als Arbeiter in die Plantagen der Europäer. In den 20er und 30er Jahren profitierten sie vom kolonialen Bodenrecht, das der immigrierten Bevölkerung den Landkauf erleichterte, erwarben Land und wurden selbst zu Pflanzern. In den 50er Jahren diversifizierten sie die Produktion auf Kaffee, Kakao, Bananen etc. Nach der Unabhängigkeit kauften sie den Weißen noch mehr Land ab und anschließend wurde in Fabriken zur Kaffee-Verarbeitung, Transportmittel usw. investiert (MIAFFO / WARNIER, 1993, S. 45). Besonders in den Bereichen Handel und Transport traten sie dabei in Konkurrenz zu den Europäern (BANOCK, 1993, S. 93).
Zwar waren nicht alle Emigranten wirtschaftlich erfolgreich: „We should not only look at the relatively few Bamileke who have really succeeded outside the region; there are many thousands of them who can still be considered as poor by Cameroon standards" (Den OUDEN, 1987, S. 22). Dennoch ist es fraglich, ob der Auswanderungsdruck allein erklären kann, daß die Bamiléké viele Bereiche der Wirtschaft dominieren. So ist zwar ihr Bevölkerungsanteil z.B. in Douala wahrscheinlich größer als 50 %, sie stellen aber, wie eingangs erwähnt, weit mehr als die Hälfte der Geschäftsleute.
Für MIAFFO / WARNIER (1993, S. 46) gibt es neben der genannten soziologischen Erklärung (Auswanderungsdruck) für den Erfolg der Bamiléké noch eine kulturelle: „Le second type

[73] WARNIER (1993, S. 197ff) bietet eine ausführliche Erläuterung der Hintergründe, Ursachen und Konsequenzen dieses Aufstandes.

d'explication (culturaliste) serait fondé sur les traditions mercantiles bamiléké et le clivage socio-culturel entre notables et cadets: les hommes d'affaires transposeraient un ethos de la notabilité dans les affaires, les petits travailleurs transposant un ethos de cadets dans leur négoce". In der Sprache der Institutionenökonomie würde das bedeuten, daß die Denkmodelle der Geschäftsleute wie auch der Arbeiter opportunistisches Verhalten ausschließen bzw. die Wahrscheinlichkeit für solches verringern. Dazu kommt, daß sie nicht nach dem „ethos de la munificence" (WARNIER, 1993, S. 11) handeln. Dieses „ethos" bezeichnet die traditionelle Freigebigkeit, die der Patron in vielen Kameruner Gesellschaften üben muß, um sich - wie unter Punkt 4.1.1 beschrieben - gesellschaftlichen Einfluß und Macht zu verschaffen. ROWLANDS (1993, S. 82) spricht dagegen bei den Bamiléké (und auch bei den Unternehmern aus der benachbarten North West Provinz) von einem „ascetic lifestyle" und einer „underconsumptionist ethic". Allerdings gibt es keine Konsumstatistiken, die diese Aussage belegen, sondern nur Befragungen, Beobachtungen und die Tatsache, daß die Bamiléké für ihre Sparsamkeit allgemein bekannt sind.

WARNIER (1993, S. 89ff) versucht, eine kulturelle Erklärung für diese Konsumzurückhaltung zu geben. Eine pragmatische (kalkulierte) Begründung der hohen Sparquote ist, daß mit diesem Argument der Verpflichtung zur Freigebigkeit (munificence) widerstanden werden kann: „Il (der Unternehmer, d. Verf.) accumule doublement: aux dépens de son propre train de vie et de la satisfaction des demands de ses parents" (WARNIER, 1993, S. 76). Es wird aber nicht nur gespart: „Les hommes d'affaires bamiléké ne se contentent pas d'accumuler des profits. Ils les investissent dans des entreprises agricoles, industrielles et de service qui étoffent l'économie camerounaise" (MIAFFO / WARNIER, 1993, S. 45). Nicht alle akkumulieren aber ihr Kapital, denn tatsächlich gelingt es nur einem kleinen Teil der Bamiléké, Vermögen zu bilden. „Mais alors, comment expliquer que la grande majorité des migrants bamiléké échouent en affaires, et qu'ils fournissent les gros contingents paupérisés qui peuplent les bas quartiers de Douala et Yaoundé" (WARNIER, 1993, S. 38)?

Neben der „Moral der Kooperation" und den „valeurs d'austerité" (WARNIER, 1993, S. 11), die die Bamiléké auszeichnen, ist für den Dynamisme bamiléké nach der Meinung einiger Autoren vor allem deren Leistungsorientierung verantwortlich. „L'émigration est stimulée en plus par une haute orientaion vers le succès" (Den OUDEN, 1988, S. 3). Diese erklärt sich durch den inegalitären Charakter dieser Gesellschaften, der aber dem einzelnen auch die Möglichkeit zum sozialen Aufstieg gibt. Zwar wird nur einer der Brüder, Söhne und Cousins des Chefs dessen Nachfolger (heir), aber es steht nicht von Anfang an fest, wer das ist und wenn es feststeht, ist seine Position dennoch angreifbar.

Insgesamt gibt es nach Den OUDEN (1987, S. 5ff) fünf Aspekte in der Kultur der Bamiléké, die für die Leistungsorientierung eine Rolle spielen:

- Die sozialen Positionen sind nicht festgeschrieben. Die Vererbung *und* die Usurpation von Macht „... were good and accepted at the various levels at which struggles took place". Der Inhaber oder der designierte Nachfolger einer sozialen Stellung muß in der Lage sein, diese gegen Konkurrenten zu verteidigen.
- Individuelle Anstrengung (achievement) wird durch die Geheimgesellschaften angereizt. Diese haben sogar die Aufgabe, den Chef zu kontrollieren. Allerdings ist die Aufnahme teuer und potentielle Bewerber müssen reich sein. „Vertical mobility on the prestige scales is possible, but a man has to fight hard for it, especially if he is not an heir" (Den OUDEN, 1987, S. 6).

- Jeder Nicht-Nachfolger (Non-heir: Brüder, Söhne, Cousins) gründet theoretisch eine neue „lineage", wobei aber die Abhängigkeit vom „heir" groß bleibt.
- Ein „starker Mann" zeichnet sich dadurch aus, daß er seinen Wohlstand gegen andere verteidigen kann; er versucht sich von den übrigen abzuheben, indem er eine einflußreichere Position in den Geheimgesellschaften anstrebt.
- „The political, economic and social worlds of men and women are markedly separated in Bamileke society" (Den OUDEN, 1987, S. 6). Die Frauen besitzen ihre eigene soziale Hierarchie. Sie kontrollieren die Landwirtschaft (nicht das Land). Ihre wirtschaftliche Unabhängigkeit ist in den letzten Jahrzehnten durch die Kommerzialisierung der Food crops, die nachlassende Kontrolle des Landes durch die Männer und den Bedeutungsverlust der Familienverbände gestiegen.

Hinzu kommt, daß die Jugendlichen weitgehend auf sich allein gestellt sind, da die Väter die Erziehung als Aufgabe der Frauen betrachten und diesen durch ihre Arbeit in der Landwirtschaft kaum Zeit dafür bleibt. „Youngsters must really struggle, not merely for relative success but even for physical survival" (Den OUDEN, 1987, S. 16).
Insgesamt läßt sich von den Gesellschaften der Grassfields, wie die Hochplateaus im Westen (Provinzen Ouest und North West) bezeichnet werden, sagen, daß sie „... considère comme légitimes les inégalités sociales, la hiérarchie, et, partant, l'accumulation" (WARNIER, 1993, S. 68).

4.2.1.2.2 Emigration und Akkumulation als Ausweg

Aus den bisherigen Ausführungen ergibt sich, daß die Gesellschaften der Bamiléké hierarchisch und inegalitär sind. Eine Minderheit der Männer lebt auf Kosten der Nicht-Erben und der in der Landwirtschaft arbeitenden Frauen (MIAFFO / WARNIER, 1993, S. 47). Allerdings ist das Sozialsystem der Bamiléké auch vertikal durchlässig. „A very strong man had some freedom of choice" (Den OUDEN, 1987, S. 11). Dies wird dadurch begünstigt, daß die Herrschaftsausübung im Gegensatz z.B. zum benachbarten Bamoum ein teilweise dezentraler Prozeß ist (ROHDE, 1990, S. 83). Besonders durch die Geheimgesellschaften gibt es Partizipationsmöglichkeiten für alle männlichen Angehörigen der Chefferien (MEHLER, 1993a, S. 115). Die „normalen" Männer, die den sozialen Aufstieg nicht schaffen, sind aber in hohem Maße abhängig vom Chef des Familienverbandes, des Viertels, der Chefferie und von den Notablen im allgemeinen. Diese Abhängigkeit äußert sich auch materiell, da der Chef des patrilinearen Familienverbandes an die anderen männlichen Mitglieder Land nur verleiht und einen Teil des Ertrags für sich beansprucht (Den OUDEN, 1987, S. 10). Den Nicht-Erben bleiben als Möglichkeiten, sich von dieser Abhängigkeit zu befreien, der Versuch zur Usurpation der Macht, der „Kauf" von gesellschaftlichem Ansehen oder die „Exit-Option" (WARNIER, 1993, S. 70).

Die Unterbindung offener Konflikte durch den Staat hat vor allem die Akkumulation, die Bildung von Vermögen, zum Erkaufen von gesellschaftlichem Ansehen, in Form eines Titels der Notabilité oder eines Geschenkes an die Gemeinschaft (Bau von Schulen, Krankenhäusern, Straßen etc.) als Handlungsmöglichkeit in den Mittelpunkt gerückt (MIAFFO / WARNIER, 1993, S. 51f). Die Akkumulation wird dadurch erleichtert, daß die Bamiléké nicht dazu gezwungen sind, ihren Wohlstand zu verteilen. Sie können ihn dazu benutzen, um sich einen gesellschaftlichen Rang zu erkaufen. Wohlstand kann durch die Schaffung einer Klientel in Macht und durch die Geheimgesellschaften in Status umgesetzt werden (Den OUDEN, 1987, S. 10). Nach der Hypothese von MIAFFO / WARNIER (1993, S. 50) bringt die hierarchische und

inegalitäre Gesellschaft der Bamiléké „cadets" hervor, die nicht gegen das Prinzip der „Notabilité", sondern gegen ihren Ausschluß davon rebellieren. Mehr und mehr wird die Akkumulation zu einem Weg, Zugang zur „Notabilité" zu erhalten. Dies steht im Gegensatz zu den Gesellschaften des Südens (WARNIER, 1993, S. 78). Damit entsteht zusätzlich ein starker Antrieb zur Emigration, da durch die hohe Bevölkerungsdichte in der Provinz Ouest und die angesprochenen gesellschaftlichen Strukturen die Erzielung von Einkommen für die Non-heirs dort kaum möglich ist.
Die Auswanderung wird aber nicht nur als Möglichkeit zur Akkumulation und zum gesellschaftlichen Aufstieg, sondern auch als Befreiung von der Familie bzw. den familiären Verpflichtungen verstanden: „... pour obtenir plus de possibilités de s'enrichir sans être empêché par la famille" (Den OUDEN, 1988, S. 30). Auch der Erwerb von Land außerhalb der Chefferie dient teilweise diesem Zweck (Den OUDEN, 1988, S. 22f). Schon die angesprochene Kommerzialisierung des Landes und die veränderte Stellung der traditionellen Autoritäten als Handlanger des Staates haben zur Aufweichung der Familienstrukturen geführt: „Incorporation into the state and market has meant the liberation of non-heirs" (Den OUDEN, 1987, S. 20). Die traditionellen Autoritäten verloren langsam (in unterschiedlichem Maße) ihre Bedeutung. „Cette érosion produisait une situation dans laquelle les vieux pouvaient de moins mobiliser et manipuler le travail des jeunes hommes" (Den OUDEN, 1988, S. 11f). ROWLANDS (1993, S. 94) stellt in seiner Untersuchung über die Geschäftsleute aus Bamenda (North West Provinz) fest, daß diese ebenfalls ihren Erfolg u.a. auf die „avoidance of kinship obligations" zurückführen, obwohl sie in ihrem Haushalt und Geschäft immer noch die traditionellen „idioms of title and kinship" benutzen.

Die familiären Verpflichtungen werden also durchaus auch als Belastung empfunden. „En même temps, si on est arrivé à une position économique un peu élevée, on craint la famille et on fait des efforts de minimaliser les contacts qui pourraient écrémer des surplus" (Den OUDEN, 1988, S. 30). Die Ausgewanderten sind anscheinend weitgehend unabhängig von den traditionellen Solidaritäten. Allerdings spricht gegen die „Unabhängigkeitshypothese", daß sie teilweise die Verbindungen zur Heimat-Chefferie aufrechterhalten und „Dörfer" in der Stadt aufbauen (WARNIER, 1993, S. 71). Wo sich viele Emigranten einer Chefferie finden, bilden sie Assoziationen. In ihnen entstehen Tontines, es werden „Notfonds" gebildet zur Rückführung kranker oder toter Mitglieder und es wird bei der Arbeitssuche Hilfe geleistet. Allerdings gelten in diesen Assoziationen nicht mehr die Familienstrukturen und die Mitgliedschaft ist freiwillig (Den OUDEN, 1987, S. 15). Die Verbindungen in die Heimat haben verschiedene Ausprägungen: Den Vätern und Alten in der Heimat wird finanziell (z.B. Schulgeld für die Kinder) geholfen; Jugendliche, die ihre Ausbildung fortsetzen wollen, werden aufgenommen und (gegen Arbeitsleistung) unterstützt; es besteht eine intensive Verbindung zwischen den Emigranten und den Frauen, die deren Land in der Heimat bebauen; es wird Hilfe geleistet bei Konflikten mit Staatsfunktionären und Nachbarn (Den OUDEN, 1988, S. 19f).
Zudem kehren viele Emigranten nach einiger Zeit in ihre Chefferie zurück, kaufen Land und Titel und bauen sich eine Residenz. Viele Chefs haben inzwischen eine höhere Bildung, sind (oder waren) Geschäftsleute, Staatsangestellte oder Freiberufler (WARNIER, 1993, S. 71ff). Offensichtlich ist hier ein Beispiel dafür gegeben, daß die Akteure die familiären Bindungen und auch die persönliche Stellung innerhalb der Familie als wichtig erachten und diese Bedeutung in ihren Überzeugungen enthalten ist, aber daß sie sich davon nur bis zu einem gewissen Grad in ihrem individuellen Gewinnstreben behindern lassen. „... l'ethos de la notabilité s'impose à l'individu en lui assignant des objectifs valorisants et un code comportemental"

(MIAFFO / WARNIER, 1993, S. 67). Eine weitere Motivation für den Erwerb traditioneller Titel ist aber auch die politische Ordnung, in der traditionelle Autoritäten als Vertreter ihrer Ethnien in das Patronage-System einbezogen werden. Traditionelle Titel dienen also der Legitimation einer „Empfänger-Position“ im nationalen Patronage-System (WARNIER, 1993, S. 221f).

Für die Emigranten gelten also die Beschränkungen der Familienstruktur nur noch teilweise, aber die Solidarität wird in Anspruch genommen und ausgeübt, wenn sie dem persönlichen Erfolg nutzt (Den OUDEN, 1987, S. 18). Die Emigration kann also auch in dem Sinne als Befreiung verstanden werden, als erst sie den meisten die Bildung von Vermögen und damit den sozialen Aufstieg ermöglicht. „La hiérarchie, à laquelle on accède normalement par succession positionelle, s'ouvre de nos jours du fait de l'existence d'un marché foncier qui se développe depuis la colonisation, et par la possibilité offerte à tous d'aquérir des titres de notabilité moyennant finance“ (WARNIER, 1993, S. 72). Dadurch ist eine Klasse entstanden, die WARNIER (1993, S. 198) „néo-notables“ nennt und die eine immer größere Rolle spielt. Die erwähnte Zerstörung der alten Hierarchien im Zuge der Unruhen zu Beginn der Unabhängigkeit eröffnete neue Chancen zum sozialen Aufstieg für Personen, die zuvor kaum die Möglichkeit dazu hatten. Die Auswanderung vieler Bamiléké „... a été motivé plus par la perspective du retour et par accumulation d'une compensation matrimoniale que par le désir de fuite; ...“ (WARNIER, 1993, S. 219).

Dieses Verhalten wird davon begünstigt, daß in den Gesellschaften der Bamiléké die Familiensolidarität nicht über allem steht, sondern in bestimmten Fällen versagt werden kann. Dies bezeichnen MIAFFO / WARNIER (1993, S. 51f) als „solidarité au merité“: „Elle procède du principe suivant: ne participent aux réseaux de solidarité que les parents qui ont fourni les preuves de leurs mérites“ (MIAFFO / WARNIER, 1993, S. 51). Die Bamiléké können die Familiensolidarität aufkündigen, wenn z.B. andere ihr eigenes Vermögen leichtsinnig verschwendet haben (MIAFFO / WARNIER, 1993, S. 41). Dies gilt ebenfalls nicht für die Völker des Südens (u.a. die Beti), die ihren Wohlstand mit ihren Verwandten in jedem Fall teilen müssen. „... aujourd'hui plus encore que par le passé, le Bamiléké a la possibilité de choisir ses solidarités et de s'en défendre avec efficacité. En d'autres termes, sa solidarité est une solidarité élective, or sur critères qui pondèrent la relation de parenté“ (WARNIER, 1993, S. 78). Das bedeutet, daß die Verpflichtung zur Solidarität von den Unternehmern zum eigenen materiellen Nutzen eingesetzt werden kann, indem z.B. „Cadets“ unterbezahlt werden (MEHLER, 1993a, S. 128). Die „Gabe“ der Arbeit wird von diesen durch Solidarität und Lohnverzicht honoriert. Die Bamiléké-Unternehmer können sich aussuchen, ob sie in ihrem Unternehmen nur Familienangehörige anstellen, ob sie nur die Schlüsselpositionen mit Verwandten besetzen oder ob sie ihre Angestellten auf dem normalen Arbeitsmarkt rekrutieren (MIAFFO / WARNIER, 1993, S. 54). Diese Möglichkeit der Unternehmer, traditionelle Solidaritäten zu benutzen, ist nach WARNIER (1993, S. 76) „littéralement la plus payante“. Die Unterschiede zwischen den erfolgreichen und den nicht-erfolgreichen Bamiléké sind daher groß: „... l'accumulation, considérée comme légitime, pratiquée par une minorité, se fait aux dépens d'une majorité de cadets, mis hors circuit lorsqu'ils ne se prêtent pas au jeu“ (WARNIER, 1993, S. 77). Damit erklärt sich auch, daß die Bamiléké nicht nur die erfolgreichsten Geschäftsleute stellen, sondern auch die Armenviertel von Douala und Yaoundé bevölkern (WARNIER, 1993, S. 38).

Zusammengefaßt gibt es für Den OUDEN (1987, S. 20f) vier Ursachen für den Dynamisme Bamiléké: den Bevölkerungsdruck; die „achievement orientation“ durch den Kauf von Positionen in der sozialen Hierarchie und deren vertikale Durchlässigkeit; der Verlust traditioneller Aufgaben für die Männer; das „Alleinlassen“ der Jugendlichen. Im Gegensatz dazu haben die Nicht-Bamiléké den Nachteil, daß sie sich der „pression de la parèntele“ und der „obligation de consommation ostentaire“ weniger widersetzen können (WARNIER, 1993, S. 78). Gibt es aber außer diesen soziologischen und kulturellen Erklärungen nicht noch andere Gründe für den Dynamisme Bamiléké, bzw. spielen die kulturellen Ausgangsbedingungen wirklich eine entscheidende Rolle?

4.2.1.2.3 Die gesamte Entscheidungssituation

Anfang der 80er Jahre gab es einige Befragungen von Unternehmern (insgesamt 76) aus der Provinz Ouest, die in Städten außerhalb ihrer Heimatprovinz Unternehmen betreiben, und zwar PME von wenigen bis etwa hundert Beschäftigten. Obwohl diese Zahl für eine statistische Stichprobe zu klein ist, stützt sich die Arbeit von WARNIER (1993; vgl auch MIAFFO / WARNIER, 1993), die dem Phänomen des Dynamisme Bamiléké auf den Grund zu gehen versucht, teilweise darauf.
Die Ergebnisse lassen sich folgendermaßen zusammenfassen (WARNIER, 1993, S. 20ff):

- Das Niveau der Ausbildung ist sehr gering (nur 4 der 76 Unternehmer haben Abitur - nach der bereits erwähnten Umfrage unter 4.135 Personen, die in Yaoundé ein Kleingewerbe betreiben, haben nur 3,7 % Abitur oder einen höheren Schulabschluß);
- Die Unternehmen sind meistens mit dem Haushalt des Leiters eng verknüpft und auch von dessen persönlichem Schicksal abhängig;
- Die Finanzierung erfolgt durch eigene Ersparnis und die Hilfe der Familie;
- Das offizielle Kreditgewerbe spielt so gut wie keine Rolle, Kreditaufnahme wird durch die Teilnahme an Tontines ermöglicht;
- Obwohl besonders für die Teilnahme an Tontines ein regelmäßiges Einkommen notwendig ist, gilt für die Bamiléké: „... s'accommodent mal d'un emploi salarié et préfèrent la condition plus prècaire, mais plus indépendante, offerte par les petits métiers ...“ (WARNIER, 1993, S. 25). Dies steht im Gegensatz z.B. zu den Bassa, die ein bedeutendes Kontingent unter den Angestellten der Unternehmen in Douala, Edéa und Yaoundé stellen;
- Während in vielen anderen afrikanischen Ländern (Nigeria, Kenia etc.) die Unternehmer eine enge Verbindung zum Staat suchen - bis hin zur parallelen festen Anstellung im Staatsdienst und gleichzeitigem Betreiben eines Geschäftes -, gilt für die Bamiléké: „La distance par rapport à l'État et à ses répresentants est de règle jusqu'à un stade relativement avancé du succès ...“ (WARNIER, 1993, S. 25);
- Kapital, das erstaunlich schnell akkumuliert wurde, wird reinvestiert und nicht, wie sonst aufgrund der traditionellen Freigebigkeit üblich, ausgegeben;
- Investiert wird zum einen in Geschäfte mit hohem Risiko und zum anderen in den Bau von Häusern, die vorzugsweise an den Staat vermietet werden - gewohnt wird satt dessen weiterhin in bescheideneren Verhältnissen. Die Mieteinnahmen stellen eine sichere stetige Einnahme dar, mit denen die Tontines bedient werden können;
- Die „grands commerçants“ schicken genauso wie die politisch-administrative Elite ihre Kinder auf die höhere Schule - allerdings bevorzugen sie eine berufsbezogene Ausbildung, während die Kinder der politisch-administrativen Elite den normalen Bildungsweg gehen (Gymnasium, Literatur- oder Jurastudium).

Die Ergebnisse der Befragungen bestätigen, daß die Bamiléké-Unternehmer sparsam sind und ihre Gewinne lieber reinvestieren als konsumieren sowie daß sie nicht dem „ethos de la munificence“ verpflichtet sind. Weiterhin ist besonders bemerkenswert, daß die Unternehmen kaum Verbindungen zum sogenannten modernen Sektor der Wirtschaft - auch nicht zum offiziellen Kreditgewerbe - haben.

Nach WARNIER (1994, S. 190ff) gibt es in Kamerun drei Generationen von Unternehmern: erstens, die Self-made men mit geringer Ausbildung, aber mit starker Verwurzelung in ihrer sozialen Herkunft; zweitens, die „Überläufer“, die zuvor im modernen Sektor (private Unternehmen, Verwaltung, Schulen etc.) angestellt waren, mit einem höheren Bildungsniveau als die erste Generation, aber ebenfalls einer starken Verwurzelung in ihrer sozialen Herkunft; drittens, die Technokraten mit Abitur und einer technischen oder anderen Spezialausbildung (auf die ihre Eltern aus der ersten oder zweiten Generation gedrängt haben), deren Unternehmen nach den formalen Normen des Gesellschaftsrechts aufgebaut sind. Während die Unternehmer der ersten Kategorie überwiegend Bamiléké sind, sind die anderen beiden Gruppen ethnisch viel heterogener (WARNIER, 1993, S. 282).
Die oben genannten Charakteristika der befragten Unternehmer gelten vor allem für die der ersten Generation. Ihre Nachfolger sind dagegen sehr viel besser ausgebildet und weniger ihrer ländlichen Herkunft verhaftet (MIAFFO / WARNIER, 1993, S. 63). Die Zahl der Unternehmer der dritten Kategorie nimmt zu. So hat die BCD registriert, daß 65 % der von ihr 1984 finanzierten Projekte (116 insgesamt) von sogenannten „jeunes diplômés“ in Angriff genommen wurden (COURLET / TIBERGHIEN, 1986, S. 609). Unter diesen ist die Zusammenarbeit mit ausländischen Unternehmen und auch eine Ausbildung im Ausland weit verbreitet (COURLET / TIBERGHIEN, 1986, S. 613f). Dennoch gründet ein großer Teil der Nachkommen von Unternehmern der ersten und zweiten Generation keine Unternehmen und beteiligt sich auch nicht am elterlichen, sondern sucht abhängige Beschäftigung, ist arbeitslos oder wandert aus (MIAFFO / WARNIER, 1993, S. 67). Besonders der Staatsdienst übt eine große Anziehungskraft aus: „Les diplômés trouvaient un débouché dans la fonction publique dont l’attrait est resté considerable jusqu’à une période récente“ (WARNIER, 1994, S. 191).

Hier wird sozusagen der „Dynamisme“ einer sichereren Anstellung beim Staat geopfert. Die Entscheidung, ein Unternehmen zu gründen, hängt also, wie jede andere Entscheidung auch, von den Handlungsalternativen ab. Das System der Patronage macht den öffentlichen Dienst besonders erstrebenswert: „The public sector became an increasingly attractive place to work, with benefit packages, including low-cost housing loans, the free use of government vehicles, and free public utilities“ (BLANDFORD et al., 1994, S. 142f). Seine rasche quantitative Expansion, die das Anstreben einer Anstellung im Staatssektor auch erfolgversprechend machte, erklärt sich daraus, „... daß die Regierung im Interesse einer Stabilisierung der politischen Verhältnisse dem Druck der einseitig motivierten diplomierten jungen Bevölkerung nicht widerstehen konnte. Wer immer einen Schulabschluß erwarb, glaubte sich ein Anrecht auf eine Lebensstellung in der Verwaltung gesichert zu haben ...“ (ILLY, 1987, S. 20). Und so war es auch, denn mit einem abgeschlossenen Studium konnte man die Aufnahme in den Staatsdienst praktisch als sicher einplanen (MEHLER, 1993a, S. 296). Welche Attraktivität der Staatsdienst ausüben muß, läßt sich z.B. durch die unterschiedliche Stellung der Funktionäre in den landwirtschaftlichen Entwicklungsgesellschaften und der Kleinbauern erahnen. Die Gehälter der Funktionäre steigen „automatisch“ jedes Jahr, während die Einkommenshöhe der Bauern von den festgelegten Preisen (und der Ernte) abhängig ist (TCHALA ABINA, 1988, S. 16). Es ist nicht verwunderlich, daß dieser Unterschied in der sozialen und ökonomischen Stellung zu

Unzufriedenheit bei den Bauern und zu Versuchen, diesem System zu entkommen bzw. auf die „andere Seite“ zu gelangen, führt.
Wieso trägt aber diese allgemeine Attraktivität des Staatsdienstes zur Erklärung des Dynamisme Bamiléké bzw. deren herausragender Stellung in der privaten Wirtschaft bei? Aufgrund des Bamiléké-Maquis wurden diese weitgehend von Positionen in Politik und Verwaltung ausgeschlossen (ROWLANDS, 1993, S. 75). Trotz der brutalen Unterdrückung der UPC verfolgte Ahidjo aber gleichzeitig eine Politik der Beschwichtigung der Bamiléké, indem er ihnen weitgehende geschäftliche Freiheiten ließ. Dieser „Kurs der Begünstigung“ gegenüber den Geschäftsleuten umfaßte die Vergabe von Importlizensen, den Verzicht auf Strafverfolgung bei Steuervergehen etc (MEHLER, 1993a, S. 77). So gab Ahidjo nur der Provinz Ouest und damit den Bamiléké-Eliten die Möglichkeit, sich durch die eigene Vermarktung des Kaffees mittels der UCCAO Ressourcen anzueignen. Auch lange nach dem Bamiléké-Maquis änderte sich diese Politik nicht. „Wichtig ist, daß sich mit der ökonomischen Vorherrschaft der Bamiléké im Handel keine politische Profilierung verband ...“ (ROHDE, 1990, S. 199). Das heißt aber nicht, daß in Verwaltung, Armee, Polizei, Zolldienst etc. überhaupt keine Bamiléké zu finden wären. So waren Mitte der 80er Jahre von 59 Generaldirektoren öffentlicher Unternehmen 13 Bamiléké (WARNIER, 1993, S. 275f). Ahidjo band die Bamiléké also zum einen in sein Patronage-System ein, indem er vor allem ihre wirtschaftlichen Tätigkeiten nicht offen behinderte, er versuchte aber gleichzeitig, ihre ökonomische Macht nicht zu groß und damit für sich zur Bedrohung werden zu lassen. „Thus, in order to temper the development of Bamiléké business power specifically and the power of the south more generally, Ahidjo always refused to pave the road between Yaoundé and Douala, the two biggest cities in the country, or the one between Yaoundé and Bafoussam in the heart of the Bamiléké region of the western Highlands“ (Van De WALLE, 1990, S. 118). Diese Annahme mag zwar etwas weit hergeholt klingen, es mutet aber schon seltsam an, daß die Straße zwischen den beiden größten Städten des Landes mit dem zweifellos meisten Verkehr erst in den 80er Jahren asphaltiert wurde.
Eindeutig ist allerdings, daß Biya ein Gegengewicht zur Wirtschaftsmacht der Bamiléké aufzubauen versuchte (WARNIER, 1993, S. 80). So wurden z.B. Import-Export Lizensen bevorzugt an Personen aus dem Zentrum und dem Süden vergeben (JUA, 1993, S. 155). Auch bei der Kreditvergabe wurden Unternehmer anderer Herkunft begünstigt (MIAFFO / WARNIER, 1993, S. 55). Nach BANOCK (1993, S. 116) war sogar eine entscheidende Motivation für das direkte staatliche Engagement in der Wirtschaft der Wunsch, eine „Gegenmacht“ zu den Bamiléké-Geschäftsleuten aufzubauen. Da die Bamiléké also weitgehend nicht in den Genuß staatlicher Begünstigungen kamen und kommen, versuchen sie auch selbst, soweit wie möglich Distanz zum Staat und dessen Repräsentanten zu halten (WARNIER, 1993, S. 25). Allerdings wird diese Distanz zum Staat von den Bamiléké selbst mehr zur Schau getragen, als sie tatsächlich besteht. Wenn es nämlich zu ihrem Vorteil ist, pflegen auch sie Beziehungen zu Politikern oder Bürokraten (WARNIER, 1993, S. 276).
Das beweisen nicht zuletzt die Ergebnisse der oben erwähnten Befragungen von Unternehmern der ersten Generation. Erfüllen deren Nachkommen aber die Voraussetzung für eine Anstellung im staatlichen Sektor, nämlich den Besitz eines Diploms, dann besteht auch für sie ein großer Anreiz, an einen Posten beim Staat zu gelangen.

Es gibt noch einen weiteren wichtigen Grund für den wirtschaftlichen Erfolg der Bamiléké: die Tontines. Ohne diese Möglichkeit zur Kapitalbeschaffung wäre für viele Bamiléké keine unternehmerische Betätigung möglich, denn gemäß der Befragungen hat nur etwa ein Viertel der Unternehmer zu irgendeinem Zeitpunkt seiner Karriere die Hilfe des offiziellen Bankensystems

in Anspruch genommen (WARNIER, 1993, S. 80f). Die Tontines, die sich im Laufe der Zeit von reinen Spargemeinschaften zu Treffen von Unternehmern, die Kredite versteigern und gegenseitig Informationen austauschen, wandelten, dienten als Ersatz (vgl. 2.4.4). Nach WARNIER (1993, S. 82) legt in solchen Tontines, deren Mitglieder sich nur aus Bamiléké zusammensetzen, der Empfänger des Kredits sein Projekt dar. Es wird daraufhin nicht nur diskutiert, sondern es werden auch Hilfestellungen gegeben und Beteiligungen zugesagt.
Allerdings: „... à partir d'un certain niveau, il n'existe pas de «millieu d'affaires bamiléké»" (WARNIER, 1993, S. 82). Dies widerspricht der in Kamerun verbreiteten Meinung, daß die Bamiléké in den Tontines, die monatlich mehrere Millionen FCFA umsetzen, unter sich seien. Insgesamt ist nahezu jeder Zweite der aktiven Bevölkerung an Tontines beteiligt, also keineswegs nur die Bamiléké (vgl. 2.4.4). Es muß folglich noch andere Gründe geben, daß besonders die Bamiléké die Tontines zur Akkumulation von Kapital nutzen können. Laut WARNIER (1993, S. 85) sind das der - bereits erläuterte - „... contexte social qui valorise l'investissement et permettre de bloquer les causes de désaccumulation". Zu diesen kulturellen Gründen kommt aber sicher der Mangel an alternativen Möglichkeiten zur Einkommenserzielung hinzu, der unternehmerische Aktivitäten und Kapitalakkumulation für die Bamiléké attraktiver macht.

Wie ist also der Dynamisme Bamiléké zu erklären? Läßt ihre Kultur die Bamiléké wirtschaftlich erfolgreicher sein als andere Völker in Kamerun?[74] Gibt es eine Unternehmenskultur?
Zwei Aspekte gibt es in der Kultur der Bamiléké, die für diese Frage entscheidend sind: Die Sparsamkeit und die Nicht-Verpflichtung zur traditionellen Freigebigkeit sowie die Leistungsorientierung aufgrund der vertikalen Durchlässigkeit der Gesellschaft. Die Sparsamkeit beeinflußt die Präferenzen zugunsten des Zukunftskonsums und damit die Investitionsbereitschaft. Denkmodelle dienen zur Interpretation der Umwelt. Die traditionelle Leistungsorientierung erleichtert das Erkennen und damit auch das Wahrnehmen von Renten. Sie ist daher auch ein wichtiger Antrieb zur Emigration, die nicht allein durch den Bevölkerungsdruck verursacht wird, sondern auch eine hohe Risikobereitschaft erfordert.
Kultur - definiert als Teil der individuellen Überzeugungen, die von einer Generation an die nächste weitergegeben werden - spielt also durchaus eine Rolle für die Bereitschaft zu unternehmerischem Handeln und zur Akkumulation. Allerdings ersetzt kulturelles Lernen nur teilweise individuelles Lernen, denn Kultur ist nur Information und nicht Verhalten. Weichen die individuellen Erfahrungen zu stark von der kulturellen Interpretation der Umwelt ab, verliert die Kultur ihre Wirkung auf das Verhalten oder wird geändert. Je schneller sich die relativen Preise ändern, d.h. je größer die Arbeitsteilung und je unterschiedlicher die individuellen Erfahrungen sind, um so mehr verliert die Kultur an Bedeutung (vgl. 3.3.4.2.2).

Die Bamiléké sahen sich aufgrund der dichten Besiedlung der Provinz Ouest spätestens seit dem Beginn dieses Jahrhunderts einer Veränderung der relativen Preise gegenüber, die neue Interpretationen der Umwelt erforderte und zur In-Frage-Stellung ihrer Kultur führte.[75] Die gesellschaftlichen Konflikte brachen schließlich im Bamiléké-Maquis gewaltsam aus. Dieser beschleunigte den Bedeutungsverlust kulturell begründeter Verhaltensweisen, wenn sie dem individuellen Nutzen entgegenstehen. Die Bamiléké erhalten zwar nach der Emigration Verbindungen zur Heimat aufrecht, da die Familiensolidarität teilweise nützlich ist und es einen

---

[74] Vgl. dazu ausführlich das Buch von WARNIER (1993); eine Aufzählung der Ursachen für den Erfolg findet sich auf S. 260f.
[75] Zur allgemeinen Bedeutung des Bevölkerungsdrucks für die Entwicklung siehe BAYART (1993, S. 263f.).

„psychischen Nutzen“ gibt, nach den eigenen Überzeugungen und damit auch den kulturell vorgegebenen Werten zu handeln. Stehen die familiären Verbindungen aber der eigenen Nutzenmaximierung entgegen, dann wird nicht nach den kulturellen Regeln entschieden, sondern nach der individuellen Bewertung der Handlungsalternativen.
Dasselbe gilt aber auch für Kameruner, die aus anderen traditionellen Gesellschaften stammen, in denen vertikale Mobilität weniger möglich war und soziale Stellungen z.B. vererbt wurden. Auch sie werden unter veränderten Rahmenbedingungen (relativen Preisen), die Möglichkeit zur Erzielung von Renten und damit zur Verbesserung ihrer individuellen Situation wahrnehmen. Allerdings erfordert institutioneller Wandel aufgrund des Beharrungsvermögens z.B. kultureller Regeln Zeit. Die Bamiléké haben sozusagen einen Vorsprung in der Realitätsnähe ihrer Denkmodelle. Eine unterschiedliche Kultur kann aber keinen dauerhaften Vorteil gegenüber anderen Akteuren begründen.
Die Tatsache, daß die Bamiléké in der „Diaspora“ viele Wirtschaftsbereiche, die dem direkten Staatszugriff entzogen sind wie z.B. Handel, Transport und Kleingewerbe (v.a. den informellen Sektor), dominieren, erklärt sich aber neben diesem „kulturellen Anfangsvorteil“ und der Veränderung der relativen Preise auch durch andere Gründe:
Erstens, die *große Zahl* der Emigranten, die in der Regel vor allem die flexibleren und leistungsfähigeren Teile der Bevölkerung umfassen (vgl. auch WARNIER, 1993, S. 62); zweitens, der - zumindest teilweise - Ausschluß von anderen Handlungsalternativen wie z.B. Eintritt in den Staatsdienst; drittens, die Fähigkeit, neben dem ineffizienten offiziellen Kreditgewerbe aus den traditionellen Spargemeinschaften (Tontines) ein leistungsfähiges inoffizielles zu entwickeln (das aber teilweise auch von Kamerunern anderer Herkunft genutzt wird). Der zweite und dritte Grund sind Folgen des nationalen Patronage-Systems und damit der institutionellen Rahmenbedingungen. Gerade der erwähnte weitgehende Ausschluß von diesem System und der geringe Einfluß des Staates auf die Entscheidungen der Bamiléké-Geschäftsleute trugen zu deren Erfolg bei. Auch in anderen afrikanischen Ländern gibt es „... the tendency for entrepreneurial groups to withdraw from the state as a response to declining performance and use other idioms to organize their economic activities“ (ROWLANDS, 1993, S. 72). Auf die Bamiléké übte also der staatliche Sektor eine geringere Anziehungskraft aus als auf andere Kameruner. Damit stieg die relative Attraktivität der dem Einfluß des Staates entzogenen Aktivitäten.

Die institutionellen Rahmenbedingungen insgesamt, darunter Kultur und politische Ordnung, sowie die relativen Preise, z.B. die Bodenknappheit in der Provinz Ouest, beeinflußten die Entscheidungen der Bamiléké und führten zu ihrer herausragenden Stellung in manchen Bereichen der Wirtschaft. Damit ist eine vielschichtige Erklärung für die Bedeutung der Bamiléké in der privaten Wirtschaft gegeben. Noch nicht beantwortet ist die Frage, warum es an industriellen Groß- und Mittelbetrieben in kamerunischen Besitz fehlt. Im folgenden soll daher erläutert werden, welche Anreize von den rechtlichen Rahmenbedingungen und der tatsächlichen Wirtschaftspolitik auf die Entscheidungen der Akteure ausgehen.

4.2.2 Rechtliche und politische Rahmenbedingungen

Selbstverständlich können an dieser Stelle nicht die Wirkungen *aller* Handlungen von Politikern und Bürokraten auf die Entscheidungen *jedes* Individuums untersucht werden. Es geht vielmehr um die *allgemeinen Rahmenbedingungen*, die das individuelle Choice set bestimmen. Dabei wird nicht nur untersucht, welche rechtlichen Rahmenbedingungen durch die politische

Ordnung vorgegeben werden und wie diese die Transaktionskosten beeinflussen, sondern auch welche Wirkungen die wirtschaftspolitischen Maßnahmen auf die Handlungen der privaten Akteure haben. Wie in Kapitel 3 erläutert, ist es für den wirtschaftlichen Erfolg von Volkswirtschaften nicht nur nötig, daß ihre Institutionen die Transaktionskosten senken, sondern auch daß die Wirtschaftspolitik Wettbewerb zuläßt, garantiert und fördert: „However, for the development of an economy, it is necessary, at the risk of overgeneralization, to have a system that encourages individuals to actively seek and adopt *new profitable productive income streams*" (LIN, 1989, S. 29). Dies geschieht um so eher, je stärker die Verfügungsrechte, je uneingeschränkter die Vertragsfreiheit, je geringer die Kosten der Vertragsdurchsetzung, je größer die Mobilität von Gütern und Produktionsfaktoren, je geringer die Informationskosten und je realitätsnäher die Denkmodelle der Akteure sind. Der Staat muß zudem eine Wettbewerbspolitik betreiben, die verhindert, daß die Privaten ihre Vertragsfreiheit oder Verfügungsrechte zur Einschränkung des Wettbewerbs selbst einsetzen (vgl. 3.3.3.1).
Zu den Denkmodellen eines Teils der Akteure wurde bereits ausführlich Stellung genommen (vgl. 4.2.1.2). Die Überzeugungen der im weitgehend von staatlichen Eingriffen unabhängigen Kleingewerbe Tätigen schließen die „Richtigkeit" des Wettbewerbs auf Märkten ein: „Nous n'avons rencontré aucun entrepreneur qui remette en cause la règle du jeu du marché" (WARNIER, 1993, S. 228). In den übrigen Bereichen - auf die der Staat Einfluß nehmen kann - ist vor allem die Einstellung der Politiker zum Wettbewerb entscheidend. Schließen sie eine Wettbewerbsordnung in ihre politischen Ziele ein, dann müssen sie die Transaktionskosten senken, indem vor allem Eigentumsrechte und Vertragsfreiheit formal garantiert sowie die Kosten der Vertragsdurchsetzung gesenkt werden. Zudem sind Maßnahmen zur Verringerung der individuellen Informationskosten und zur Erhöhung der Mobilität von Gütern und Produktionsfaktoren sowie eine Wettbewerbspolitik im engeren Sinne (Kartellgesetz etc.) wettbewerbsfördernd.

Die Kameruner Regierung hat sich mit ihrem Oberziel des „libéralisme planifié" in ihrer Wirtschaftspolitik zur Institution des Privateigentums bekannt und die Bedeutung des Gewinns als Antriebskraft des Fortschritts anerkannt (vgl. 2.3.4.1.1). „Le libéralisme planifié marque notre conviction que, d'une part, l'initiative privée demeure le meilleur moteur du développement et, d'autre part, qu'il appartient à l'État, responsable de l'intérêt général, de mobiliser, de coordonner et d'orienter les efforts pour le progrès" (KUOH, 1991, S. 195). Daher wurde weitgehend eine liberale Politik gegenüber (auch ausländischen) Investitionen betrieben. Allerdings handelt es sich um ein Bekenntnis zur Marktwirtschaft, das auch den Glauben an die Fähigkeit des Staates zur Wirtschaftslenkung einschließt. Wie ausführlich in Kapitel 2 erläutert, bestehen die wirtschaftslenkenden Maßnahmen vor allem in direkten Investitionen des Staates in private Unternehmen und in Versuchen, Preise und Mengen - besonders auf den Agrarmärkten - zu lenken. Letzteres gelang aber lediglich bei den landwirtschaftlichen Exportprodukten einigermaßen zufriedenstellend. Die Steuerung von Preisen und Mengen bei den im Inland abgesetzten Gütern z.B. durch Importpolitik schlug aufgrund der Ineffizienz der entsprechenden staatlichen Organisationen überwiegend fehl.
Zwar gibt es keine wesentlichen direkten gesetzlichen Investitionshindernisse, aber die Vetragsfreiheit ist bzw. war beispielsweise durch staatliche Vermarktungsmonopole und durch die Vergabe von Lizensen (z.B. Import-Export) eingeschränkt. Dazu kommt der Versuch, die Investitionen durch Gesetze zu lenken, die eine unterschiedliche Besteuerung für verschiedene Investitionsvorhaben vorsehen. Gerade in diesem Bereich wie auch bei den Versuchen der Preiskontrolle z.B. bei Food crops zeigte sich, daß formale Regeln allein keine Institutionen

sind. Die Durchsetzung ist für die verhaltenslenkende Wirkung entscheidend. Je komplizierter aber die Regelungen sind, um so schwieriger wird die Kontrolle der Bürokratie bezüglich ihrer Durchsetzung und um so größer ist der individuelle Handlungsspielraum der Bürokraten. Die Wahrscheinlichkeit für opportunistisches Verhalten steigt.

Insgesamt sind also weniger die Verkündung politischer Ziele oder der Wortlaut von Gesetzen als vielmehr die Art und Weise der *Durchsetzung* der Gesetze und der sich daraus ergebenden *Wirkungen* der wirtschaftspolitischen Maßnahmen, die mit den Planungen nur noch wenig zu tun haben, relevant. „Les décisions politiques sont une chose et la réalité du terrain est une autre" (FODOUOP, 1988, S. 25). Dies gilt um so mehr, je mehr die beiden Bereiche voneinander abweichen. Die formalen Gesetze dienen nämlich auch dazu, das System nach innen und außen zu legitimieren (BRYDE, 1987, S. 31). Für Kamerun wie für andere afrikanische Staaten, denen eine „low implementation capacity" in der Wirtschaftspolitik zugeschrieben wird, rückt daher das Handeln der Bürokraten in den Mittelpunkt des Interesses: „Im Zentrum jeder realisitischen Beschäftigung mit dem Recht der Entwicklungsländer muß jedoch die Frage der Rechstdurchsetzung stehen" (BRYDE, 1987, S. 31). Was darunter konkret zu verstehen ist, soll im folgenden zuerst einmal am Beispiel des Bodenrechts erläutert werden. Hier zeigt sich insbesonders die Bedeutung der Stärke der Verfügungsrechte.

4.2.2.1 Das Bodenrecht als Beispiel

Der Produktionsfaktor Boden befindet sich überwiegend im Privatbesitz. Lediglich ein großer Teil der Plantagen (CDC, Hevecam etc.), deren Anteil an der gesamten genutzten Fläche jedoch relativ klein ist (vgl. 2.4.2.3), gehört ganz oder zum Teil dem Staat Kamerun. Allerdings sind auch in diesem Bereich die Privatisierungen im Zuge der SAP in vollem Gange. Weitere Ausnahmen sind SODECOTON und SEMRY, die auch Eigentümer des Landes sind, auf dem Kleinbauern Baumwolle und Reis anbauen (TCHALA ABINA, 1988, S. 10).
Individuelles Eigentum an Land spielt in den traditionellen Gesellschaften Kameruns jedoch eine geringe Rolle. Das Land gehört der Familie insgesamt und wird vom Oberhaupt (Patron) zur Nutzung an die Familienmitglieder verteilt. Nach dem Agrarzensus von 1984 besaßen nur 2,4 % der bäuerlichen Betriebe formale Besitztitel, während über 80 % ihr Land nach traditionellen dörflichen Vergabekriterien erhalten hatten (JAKOBEIT, 1988, S. 300). Die Verfügung über die Landnutzungsrechte stellt für die traditionellen Autoritäten eine wichtige Grundlage ihrer Macht dar. Das Familienoberhaupt hat daher kein Interesse an individuellem Eigentum: „If the family head partitioned the land for division, by that same act he would have been breaking down his own authority over the family" (FISIY, 1992, S. 125). Das Familienmitglied, das das zugeteilte Land nutzt, besitzt also nur schwache Verfügungsrechte. Von den in Gliederungspunkt 3.3.2.2 genannten Einzelrechten hat es nur die Möglichkeiten, das Land zu nutzen und die Erträge (teilweise) einzubehalten. Das stärkste Recht, es anderen ganz oder teilweise zu überlassen, liegt beim Familienoberhaupt.
Noch schwächer als die individuellen Verfügungsrechte der männlichen Bauern über das Land, sind die der Frauen, die mit der Nahrungsmittelproduktion einen großen Teil der landwirtschaftlichen Arbeit auf sich nehmen. Aufgrund der Patrilinearität der meisten afrikanischen Gesellschaften ziehen die Frauen in das Dorf ihres Mannes und können daher traditionell kein Bodeneigentum erwerben. Dazu kommt, daß das günstiger gelegene und fruchtbarere Land vom Mann beansprucht wird (HEIDHUES et al., 1995, S. 441). „Women, in southern Cameroon, are the major food farmers, but women do not have independent access to land and

therefore cannot farm to earn cash unless they are socially integrated (usually through marriage) into a landholding man's family" (KOOPMAN HENN, 1988, S. 4).
Die geringe Bedeutung individuellen Grundeigentums liegt auch daran, daß Land kein knapper Produktionsfaktor war und teilweise immer noch keiner ist.[76] Vielmehr stellen Arbeitseinsatz und auch Kapital Engpaßfaktoren dar. Für dieses Argument spricht auch, daß bereits durch die „Monetarisierung", die das Land z.B. bei den Bamiléké durch den Anbau von Cash crops erfahren hat, die Nachfrage gestiegen ist und sich Boden verknappt hat. Damit ist sein Wert gestiegen, was zur Individualisierung des Landbesitzes bei den Bamiléké beigetragen hat (Den OUDEN, 1987, S. 19).
Dem traditionellen Bodenrecht wurde bereits in der deutschen Kolonialzeit ein formales mit Möglichkeit der Eintragung in ein Grundbuch gegenübergestellt. Nur wenige Kameruner machten jedoch von dieser Möglichkeit Gebrauch, was sich auch in der folgenden Zeit kaum änderte.[77] Die Reform des Gesetzes über den Grundbesitz im Jahre 1974 (vgl. FISIY, 1992, S. 34ff) sollte diesbezüglich eine Änderung herbeiführen. Das Landgesetz ist allerdings durchaus kompliziert und hat seit Mitte der 70er Jahre einige Ergänzungen erfahren (FISIY, 1992, S. 35). Im Prinzip ging es bei der Reform darum, das Eigentumsrecht an Land zu formalisieren und allgemeingültige Rechtstitel durch Registrierung zu schaffen. Damit sollten Grundstückserwerb erleichtert und Rechtstitel sicher, allgemeingültig und unabhängig von lokalem Gewohnheitsrecht werden. „The new system introduced by the 1974 reform attempted to transform tenurial arrangements from community-based control of land to individual ownership through registration" (FISIY, 1992, S. 254). Das Ersetzen vieler verschiedener Regelungen durch eine einzige nationale, die zentral durchgesetzt werden kann, würde Unsicherheiten bei den Verfügungsrechten verringern und die Transaktionskosten bei der Übertragung von Land senken. Die Landwirtschaft sollte dadurch marktorientierter werden, d.h., es sollte ein nationaler Grundstücksmarkt entstehen. Fremden sollte Landerwerb erleichtert und die Gründung von mittelgroßen Agrarbetrieben gefördert werden (FISIY, 1992, S. 259). Die Institution eines einheitlichen Bodenrechtes scheint also durchaus eine Maßnahme zu sein, mit der die Transaktionskosten gesenkt werden können. Es stellt sich aber die Frage, wie dieses neue Gesetz durchgesetzt wird und welche Wirkungen sich für die bestehende Verteilung der Verfügungsrechte ergeben.

Gemäß dem neuen Gesetz wurde das gesamte Land in drei Kategorien eingeteilt: Privateigentum, Staatseigentum und die sogenannte „domaine nationale" (national lands), die vom Staat verwaltet wird. In die zuletzt genannte Kategorie fällt alles Land, das nicht in die ersten beiden eingeordnet werden kann, wobei als Privateigentum nur besetztes oder genutztes Land gilt. Für die Überführung alter Rechtstitel oder den Antrag auf Eintragung von besetztem und genutztem Land wurde eine Frist von 10 Jahren (Stadt) bzw. 15 Jahren (Land) gesetzt. In dieser Zeit nicht eingetragenes Land sollte als Domaine nationale angesehen werden (FISIY, 1992, S. 37f). Tatsächlich waren aber nach Ministeriums-Angaben von geschätzten 1,6 Mio. Ansprüchen auf Landtitel bis 1986 nur 100.000 registriert worden, davon allein 30.000 in Douala und Yaoundé (FISIY, 1992, S. 41). Das lag vor allem an der äußerst komplizierten und langwierigen Prozedur, die z.B. in der North West Provinz durchschnittlich 4 Jahre dauerte (FISIY, 1992, S. 39ff und S. 255).

---

[76] Van BEEK (1988, S. 18) zeigt dies am Beispiel der Kapsiki in der Provinz Adamaoua.
[77] Die Entwicklung des Bodenrechtes in Kamerun kann kurz bei ECKERT / ROHDE (1994, S. 285-289) und ausführlich bei FISIY (1992, S. 21-48) nachgelesen werden.

Als Domaine nationale klassifiziertes Land kann durch Konzession zu Privateigentum werden, und zwar müssen Interessenten einen Plan vorlegen, wie und in welchem Zeitraum sie ein bestimmtes Territorium erschließen wollen. Nach 5 Jahren wird das Projekt begutachtet und das Land kann im Erfolgsfall durch Verkauf zu permanentem Privateigentum werden (FISIY, 1992, S. 42). Der Staat beteiligt sich damit aktiv am Grundstücksmarkt: „By refusing to acknowledge the existence of local landlords (at least as owners of land), the 1974 Land Ordinances have elevated the State to the status of the paramount landlord, claiming, expropriating, and selling land as it seems appropriate“ (FISIY, 1992, S. 48).
Das Gesetz hat nach FISIY (1992, S. 43) vor allem zwei Konsequenzen: Erstens, Land, das bestimmten Gemeinden gewohnheitsrechtlich gehörte, wird einfach „nationalisiert“, wenn es nicht genutzt wird. Dadurch wird vor allem den lokalen Landherren Macht genommen. Zweitens, durch ungenaue Spezifizierungen, wieviel z.B. Konzessionen kosten sollen, ist das Gesetz der Interpretation der durchführenden Bürokraten überlassen. An den komplizierten Prozessen der Landregistrierung oder der Vergabe von Konzessionen sind eine Vielzahl von Beamten beteiligt, was die Angriffsfläche für behördliche Willkür erhöht (FISIY, 1992, S. 166f).

FISIY (1992) hat die in einigen Gegenden der Provinzen North West und South West registrierten Landtitel ausgewertet und untersucht, wer bis 1985/86 von der Landregistrierung Gebrauch gemacht hat. Es wurden - relativ betrachtet - erheblich mehr Grundstücke in den Städten als auf dem Land registriert (FISIY, 1992, S. 105), was ein Indiz dafür ist, daß die Knappheit des Bodens zu einem Nachfrageanstieg nach sicheren - formalen - Besitzrechten führt. Von den Städten aus breitet sich das formale Recht langsam auf das Land aus. Auch die Tatsache, daß es in der dichter besiedelten South West Provinz eine größere Nachfrage nach formalen Rechtstiteln gab, spricht für das Knappheitsargument. Allerdings kommt hinzu, daß dort der Anteil zugezogener Einwohner, deren Rechtsansprüche nicht von den traditionellen Autoritäten gesichert werden, größer ist (FISIY, 1992, S. 252f). Die sogenannte Staatselite hat die meisten Rechtstitel erworben und sogar auf dem Land wurden die großen Grundstücke in der Regel auf Geschäftsleute eingetragen (FISIY, 1992, S. 105f/133ff). Städtische Elite und Staatsklasse waren auch nach ECKERT / ROHDE (1994, S. 294) die Hauptnutznießer des Landgesetzes von 1974. Die Landtitel wurden von diesen häufig dazu benutzt, Kredite vom FONADER zu bekommen, die dann aber zur Finanzierung städtischer Unternehmen verwendet wurden (ECKERT / ROHDE, 1994, S. 295).
Die Bauern ließen als größte Landbesitzergruppe kaum Rechtstitel eintragen. Wenn die Landbevölkerung überhaupt von den Gesetzen erfahren hat, wurde sie durch die schwierige, langwierige und teure Prozedur abgeschreckt (JUA, 1988, S. 18). Nach FISIY (1992, S. 212) wurden von den in der Provinz North West ausgestellten Land-Zertifikaten nur 5,7 % auf Bauern eingetragen, obwohl diese 79 % der Bevölkerung stellen. Dabei spielt auch eine Rolle, daß es bei Streitfällen auf dem Land weniger um Eigentumsfragen als um Nutzungs- und Zugangsrechte geht, die durch das traditionelle Recht entschieden werden können (FISIY, 1992, S. 121ff). Das Recht, formale Landtitel eintragen zu lassen, besteht für Männer und Frauen gleichermaßen und könnte daher dazu beitragen, die traditionelle Benachteiligung der Frauen bezüglich der Verfügungsrechte über Land zu verringern. Allerdings waren z.B. in der North West Provinz bis 1985 nur 3,3 % der Landtitel auf Frauen eingetragen, bei denen es sich überwiegend auch nicht um Farmerinnen, sondern um Geschäftsfrauen und Mitglieder der sogenannten Staatselite handelt. Das Landgesetz von 1974 hat also auch in dieser Beziehung die Erwartungen nicht erfüllt.

Statt dessen wurde es für Politiker, Bürokraten und Geschäftsleute - kurz: die städtische Elite - leichter, Land zu erwerben. Die Geschäftsleute ließen Landtitel eintragen, nicht um „mittlere Agrarunternehmen“ zu etablieren, wie es eigentlich eine Zielsetzung des Gesetzes war, sondern um Sicherheiten für andere Geschäfte zu haben (FISIY, 1992, S. 186). Die Notwendigkeit, Hypotheken als Sicherheiten für Kredite aufzunehmen, hat den Wunsch dieser Gruppen nach der Registrierung von Land verstärkt (ECKERT / ROHDE, 1994, S. 292 und FISIY, 1992, S. 78). Der Staatselite kamen dabei ihr Wissen um die bürokratischen Prozesse und ihre Beziehungen innerhalb der Organisation Staat, ihre Bildung, das Wissen um die Bedeutung von Landtiteln zur Garantie von Krediten, die Verfügung über Bargeld und Beziehungen zur lokalen Elite zugute (FISIY, 1992, S. 145ff).
Das Landrecht wurde von der Staatselite zur Verfolgung ihrer eigenen Interessen mißbraucht. Pointiert ausgedrückt, eignete sich der Staat also Land an und wandelte es in Privateigentum für Mitglieder der Staatselite um (FISIY, 1992, S. 152). Letztlich wurde das Gesetz damit zu „another source of patronage“ (DELANCEY, 1989, S. 62), da es auch häufig gezielt dazu benutzt wurde, um Staatsangestellte - manchmal in Verbindung mit Krediten von FONADER - mit Land zu belohnen.[78] Das war möglich, weil die formale Rechtspechung einfach ignoriert wurde. „With such review functions ousted from the courts, law might become a resource for individuals and groups (as the examples in this section demonstrate), to wield power and shape class relations. This would only signal the triumph of the bureaucrats over the judiciary“ (FISIY, 1992, S. 164). Bürokraten und Politiker schreckten nicht davor zurück, ihre Interessen auch durch Drohungen und durch die willkürliche Anwendung der Staatsgewalt durchzusetzen (FISIY, 1992, S. 166f). „Power and privilege were concentrated in the hands of the State elite without providing control mechanisms to check any abuse“ (FISIY, 1992, S. 166).
FISIY (1992, S. 158ff) stellt als Beispiel u.a. den Verlauf eines Rechtsstreites um Eigentum an Land zwischen 46 Farmern und einem „elite son of the land, now a member of a national policy making body“ (Mr. A) dar. Trotz eindeutiger Rechtslage und Gerichtsentscheidungen zugunsten der Bauern, wurden diese auf Veranlassung von Mr. A mit Hilfe der Polizei gegängelt, eingeschüchtert und teilweise eingesperrt. Dies geschah, obwohl auch die Landkommission nicht offiziell zugunsten des „elite son of the land“ entschieden hatte. Der Rechtsanwalt der Bauern richtete schließlich eine Petition an den Minister, den Streit zu schlichten und dafür zu sorgen, daß seine Klienten in Ruhe leben können. Der Minister entschied kurzerhand, daß das Land-Zertifikat an Mr. A gegeben wird, „... despite the decisions of the courts and the history of the case“ (FISIY, 1992, S. 161).

Das Gesetz hat nach der Untersuchung von FISIY (1992, S. 264) also seine Ziele verfehlt: „It has not promoted national integration; it has not produced the anticipated class of an agricultural bourgeoisie; instead it did produce a class of urban real estate speculators“. Vor allem die Angehörigen der Staatselite konnten es opportunistisch für ihre eigenen Ziele mißbrauchen: „... the effects of this legislative reform highlight the `softness´ and plasticity of the State, in the sense that those who claim to talk and act on behalf of the State, in reality only implement their own hidden agendas“ (FISIY, 1992, S. 263). Nutznießer des Gesetzes waren diejenigen, die in das nationale Patronage-System eingebunden sind. Auch Geschäftsleute benutzten es zum Erwerb von Land unter Umgehung der traditionellen Autoritäten.
Diese verloren durch die neue Institution an Einfluß, obwohl das Landgesetz von 1974 nicht - wie beabsichtigt - das alleinige Bodenrecht wurde, sondern nur in Konkurrenz zu den traditio-

[78] FISIY (1992, S. 152ff) liefert ein Fallbeispiel für einen solchen Mißbrauch der Staatsgewalt.

nellen Institutionen trat (FISIY, 1992, S. 108/133). Es handelt sich aber nicht um einen echten Wettbewerb der Institutionen, da das formale Recht wie ein Ersatzrad dann benutzt werden kann, wenn Probleme auftreten. Das bedeutet, daß das formale Recht über dem traditionellen steht (FISIY, 1992, S. 257). Selbst wenn also die formale Registrierung von Landtiteln noch eine relativ geringe Rolle spielt, so kann allein die *Möglichkeit* dazu die Verhandlungspositionen der Akteure und damit die Verfügungsrechte zuungunsten der traditionellen Autoritäten ändern. Auch die Bauern profitieren in der Regel nicht von dem neuen Gesetz, da es ihre Verfügungsrechte eher unsicherer macht. Zum einen kann der Staat nicht genutztes Land dadurch praktisch enteignen und zum anderen sind die Bauern der Willkür von Politikern und Bürokraten noch stärker ausgesetzt als zuvor. Darüber hinaus verringert die offizielle Möglichkeit der Enteignung „im öffentlichen Interesse" die Rechtssicherheit bei Landeigentum. Es ist nämlich weder genau festgelegt, wann enteignet werden darf, noch welche Entschädigungen zu zahlen sind. Staatliche Stellen machen zudem gerne Gebrauch von dieser Möglichkeit, der „massive scale of land expropriation in Yaoundé" (FISIY, 1992, S. 46) zeugt davon.
Willkür von Politikern und Bürokraten und die Abhängigkeit der Justiz verhinderten also, daß das nationale Landgesetz zur Senkung der Transaktionskosten beitragen konnte. Statt dessen erhöhte sich die institutionelle Unsicherheit noch, da bestehende Rechte in Frage gestellt bzw. dem willkürlichen Zugriff der Staatsvertreter ausgesetzt wurden.

4.2.2.2 Willkür von Politikern und Bürokraten

Das Landgesetz von 1974 hatte also nicht die erwünschte Wirkung, weil sich die Bürokraten opportunistisch verhielten und die Politiker nicht ihre Kontrollaufgabe wahrnahmen, sondern im Gegenteil selbst das Gesetz zu ihrem persönlichen Vorteil nutzten und sich dabei über Gerichtsentscheide einfach hinwegsetzen konnten. Dies gilt nicht nur für den exemplarischen Fall des Landgesetzes von 1974: „Ähnlich wie die Legislative ist die Judikative aber auch willfähriges Instrument der Exekutive auf allen Ebenen des Kameruner Systems ..." (MEHLER, 1993a, S. 159).
Die Politiker sind keinen Regeln unterworfen, denn weder Präsident noch Minister müssen sich an Gesetze oder Verwaltungsvorschriften halten. Sie können in jede Einzelentscheidung der Verwaltung eingreifen, da ihre Handlungsmöglichkeiten institutionell nicht eingeschränkt sind. Das gilt auch für Beamte niedrigerer Hierarchiestufen. So hat der Sous-Préfet die Kompetenz, die Steuerpflichtigen und den Steuersatz für jeden einzelnen bei der Gemeindesteuer (impôt forfaitaire) zu bestimmen (BIWOLE, 1986, S. 225f). Die Regierten besitzen so gut wie keine Kontroll- und Sanktionsmöglichkeiten bei opportunistischem Verhalten der Regierenden. Die Bürokratie dient nicht nur zur Durchführung der von den Politikern beschlossenen Maßnahmen, sondern ist in das System der Patronage eingebunden, durch das sich die Politiker legitimieren. Da die jeweiligen Positionen in der Verwaltung als „Beute" zur persönlichen Bereicherung vergeben werden, haben die Politiker überhaupt kein Interesse daran, bei opportunistischem Verhalten ihre Kontroll- und Sanktionsmöglichkeiten wahrzunehmen. Eine ineffiziente Verwaltung ist die Folge (vgl. 4.1.3). So scheiterten nach Aussage der UNIDO (1990, S. 19) einige ausländische Investitionen wie eine Zementfabrik und eine Weizenmühle in Limbe an „administrative delays". Statt die politischen Entscheidungen durchzusetzen, verhalten sich die Bürokraten opportunistisch. Zwar gibt es überall auf der Welt Korruption, Unterschlagung und Amtsmißbrauch, entscheidend ist aber, ob solches Verhalten - wie im Falle Kameruns - offenbar die gesamte Wirtschaft lähmt. „Au cours de cette première décennie de l'après-Ahidjo, elle (la corruption, d. Verf.) devient un phénomène normal et atteint le niveau institutionnel"

(KUOH, 1992, S. 23).[79] Beispielhaft für behördliche Willkür ist die Geschichte eines Importeurs, der unter Beachtung aller Gesetze einen Kontainer mit verderblichen Waren eingeführt hatte. Dieser wurde vom Zollamt in Douala zwei Monate lang festgehalten, weil der Importeur Zölle, die doppelt so hoch waren, wie sie nach dem geltenden Recht hätten sein dürfen, nicht bezahlen wollte. Erst auf Intervention seiner Anwälte erreichte er die Freigabe seiner (inzwischen verdorbenen) Waren (MTM, 1992, S. 3330). Willkür auf der Verwaltungsebene ist also nicht die Ausnahme, sondern Teil des Systems. „Bien entendu, il ne revient pas au magistrat municipal de se substituer aux autres opérateurs. L'approche patrimoniale est ici la règle d'or. Tous les projets nécessitent en effet des aménagements au niveau de l'espace, des équipements ou des services collectifs qui ne peuvent se faire sans l'accord et l'appui des élus" (BIWOLE, 1986, S. 222).

Auch die Justiz kann nicht die Aufgabe der Kontrolle der Bürokraten oder gar der Politiker übernehmen. In Kamerun gibt es wie in den meisten afrikanischen Ländern keine funktionsfähige Verwaltungsgerichtsbarkeit (ILLY, 1987, S. 21). Die Bedrohung der Autorität der Regierung im ersten Jahrzehnt der Unabhängigkeit hat dazu beigetragen, das Entstehen einer solchen unabhängigen Rechtssprechung zu verhindern. „Es versteht sich von selbst, daß ein durch einen Verwaltungsakt Betroffener in einem solchen politischen Klima (mit permanentem Ausnahmezustand) sich gegen eine seiner Meinung nach ungerechte Behandlung nicht durch die Anstrengung eines Verwaltungsgerichtsverfahrens wehren kann (diese Jurisdiktion wird denn auch nur ad hoc konstitutiert), da dies einer Infragestellung des Regimes gleichkäme. ... Sein Abwehrmittel ist eher die gezielte Korruption ... eines Beamten; ..." (ILLY, 1976, S. 204). Zudem können sich die Politiker über Gerichtsurteile hinwegsetzen, wodurch die Judikative nicht die „unabhängige dritte Gewalt" ist, sondern nur Teil der Machtausübung der Politiker. In den 90er Jahren haben sich die rechtlichen Rahmenbedingungen für die Wirtschaft sogar noch verschlechtert. So stellt MTM (1992, S. 3329) „... une certain détérioration de l'etat de droit dans l'environnement des entreprises" fest. Es ist fraglich, ob die neue Verfassung, in der erstmals die Jurisdiktion als dritte Kraft bezeichnet wird, daran etwas ändert - mit Sicherheit nicht, solange die Richter persönlich von der Exekutive abhängig sind. So kann der Präsident selbst den Vorsitzenden des obersten Gerichtshofes ohne Begründung ernennen oder absetzen (MEHLER, 1993a, S. 159). Der 1972 gegründete Oberste Gerichtshof sollte zwar unter anderem auch politische Verbrechen verfolgen, aber Minister und Vize-Minister dürfen nur mit Erlaubnis des Präsidenten vor Gericht gestellt werden (JACKSON / ROSBERG, 1982, S. 156). Der Gang vor Gericht ist also keine Möglichkeit, sich gegen willkürliche Entscheidungen von Politikern und Bürokraten zur Wehr zu setzen.
Der Fall SITABAC hat gezeigt, daß die Gerichte aber auch bei Streitfällen zwischen Privaten nicht unabhängig entscheiden (vgl. 2.4.3.2). Der Geschäftsmann Onobiono konnte offensichtlich seine Verbindungen in der Politik nutzen, um das Gericht zu beeinflussen, und seine Interessen gegen seinen ausländischen Geschäftspartner Reemtsma durchsetzen. Dies blieb kein Einzelfall. Die Justiz in Kamerun „... a récemment été critiqué pour avoir rendu des jugements systématiquement défavorables aux investisseurs étrangers" (JA 1753/1754, Aug. 1994, S. 48). Allerdings waren französische Unternehmen von diesen Benachteiligungen kaum betroffen (JA 1708, Sept./Okt. 1993, S. 74f: „Mésaventures allemandes au Cameroun"). Die französische

[79] Korruption dürfte allerdings vor Biya auch keine Seltenheit gewesen sein. Die Aussage von KUOH ist unter der Einschränkung zu werten, daß er ein Schulfreund Ahidjos war und zu dessen Regierungszeit offizielle Positionen bekleidete (vgl. ILLY, 1976, S. 204).

Regierung vertritt deren Interessen gegenüber der Kameruner Regierung und kann dabei aufgrund ihres Einflusses (vgl. 2.3.2), Benachteiligungen französischer Unternehmen verhindern. Dadurch verringert sich für diese die institutionelle Unsicherheit, was möglicherweise neben der kolonialen Geschichte ein Grund für die dominierende Position französischer Investoren ist.

Insgesamt läßt sich sagen: „... dem Bürger standen Justiz und Bürokratie selten zu Diensten" (MEHLER, 1993a, S. 125). Der Staat erfüllt seine Aufgabe, für institutionelle Sicherheit zu sorgen, nicht. Die fehlende Kontrolle auf allen Ebenen der politischen Ordnung Kameruns führt zu einem willkürlichen Mißbrauch der Staatsgewalt, was unsichere Verfügungsrechte der Privaten, Einschränkungen der Vertragsfreiheit, hohe Kosten der Vertragsdurchsetzung und eine allgemeine institutionelle Unsicherheit zur Folge hat. Formale Regeln, sofern es sie gibt, können die Unsicherheit bei Entscheidungen kaum verringern, da Politiker und Bürokraten bei deren Durchsetzung kaum Beschränkungen in ihren Handlungsmöglichkeiten unterworfen sind.

4.2.2.3 Die Wirkungen der Wirtschaftspolitik

Unabhängig von den konkreten Maßnahmen muß sich die Wirtschaftspolitik zuerst einmal durch Konstanz und Konsistenz und damit durch Glaubwürdigkeit auszeichnen, wenn sie nicht selbst zu institutioneller Unsicherheit führen soll. Eine diskretionäre Wirtschaftspolitik, deren Interventionen nicht von den Akteuren vorausgesehen werden können, verringert die Planungssicherheit bei Investitionen und wirkt sich damit negativ auf das Wachstum aus. Eine wachstumsfördernde Wirtschaftspolitik ist dagegen eine Ordnungspolitik, die die beschriebenen Institutionen der Wettbewerbsordnung durchsetzt (vgl. 3.3.2.5).
Es kann kein Zweifel daran bestehen, daß unter den oben genannten Umständen eine solche Politik, selbst wenn sie politisch gewünscht wäre, nicht möglich ist. Opportunistisches Verhalten der Politiker und Bürokraten verhindert, daß sich die Akteure allgemeingültigen Regeln des Wirtschaftens, die auch durchgesetzt werden, gegenübersehen. Statt dessen hängen die Entscheidungsalternativen der privaten Akteure von den persönlichen Beziehungen zu einzelnen Vertretern der Staatsmacht ab. Die wirtschaftspolitischen Maßnahmen der Kameruner Regierung und deren Wirkungen sind daher immer unter dieser Einschränkung zu beurteilen.
Es ist aber nicht nur der Opportunismus der Politiker und Bürokraten, der eine konstante und konsistente Wirtschaftspolitik verhindert. Auch die Vielzahl der Überschneidungen der Aufgabenbereiche staatlicher und parastaatlicher Organisationen, wie sie z.B. zwischen dem MINAGRI und den landwirtschaftlichen Entwicklungsgesellschaften bestanden hat und teilweise noch besteht (vgl. 2.4.2.4 und Van De WALLE, 1990, S. 78ff), verhindert eine zusammenhängende Wirtschaftspolitik, die eindeutige Anreize für das Verhalten der Akteure gibt. Diese Überschneidungen sind zum einen auf die Funktion des Staates als Ressource im Kameruner politischen System zurückzuführen, die es mit sich bringt, daß staatliche Organisationen weniger deswegen gegründet oder vergrößert werden, um eine bestimmte Aufgabe zu erfüllen, als um eine Verteilungsmasse zur Verfügung zu haben. Zum anderen sind diese Überschneidungen aber auch das Resultat der mangelnden Koordination der Geber von Entwicklungshilfe. Kamerun, wie auch viele andere Entwicklungsländer, richtet seine wirtschaftspolitischen Maßnahmen weniger an einem einheitlichen Konzept aus als vielmehr daran, für welche Projekte ausländische Hilfen gegeben werden (GROS, 1994, S. 49; vgl. auch Van De WALLE, 1990, S. 194). Auch das Widerstreben der Geber, die Zentralregierung selbst zu unterstützen, spielt dabei eine Rolle: „De l'avis de certains responsables ayant participé à l'élaboration des IIe et IIIe Plans,

l'exigence des bailleurs des fonds à ne pas financer les structures de l'administration centrale aurait joué un rôle important dans l'érection des sociétés en organisme autonome dont la gestion devait se rapprocher de celle du secteur privé, jugée plus efficace" (TCHALA ABINA, 1988, S. 20).[80]

Noch Mitte der 80er Jahre wurde Kamerun dennoch zu den wenigen afrikanischen Staaten gezählt, die überhaupt in der Lage sind, eine aktive Wirtschaftspolitik zu betreiben (SANDBROOK, 1986, S. 327). Besonders hervorzuheben ist dabei die makroökonomische Stabilität, die ein wichtiger Grund für den Ruf Kameruns als wirtschaftliches Musterland Afrikas war. Wie in Kapitel 2 ausführlich dargestellt, waren bis Mitte der 80er Jahre fast immer ausgeglichene Staatshaushalte oder sogar Budgetüberschüsse, kaum Leistungsbilanzdefizite, im Vergleich zu anderen afrikanischen Ländern nur geringe Preissteigerungsraten, ein stabiler Außenwert des FCFA aufgrund der Anbindung an den FF und nur eine geringe Staatsverschuldung zu verzeichnen. Von der makroökonomischen Seite her gab die Politik der Wirtschaft also bis Mitte der 80er Jahre stabile Rahmenbedingungen vor.
Im Gegensatz zu dieser Politik, die für sich genommen wachstumsförderlich ist, steht aber das lange Festhalten der Kameruner Regierung an der Wechselkursparität zum FF trotz dessen Aufwertung gegenüber anderen Währungen nach 1985. Obwohl IWF und Weltbank schon lange auf eine Abwertung des FCFA gegenüber dem FF drängten, hielten nicht nur die französische, sondern auch die afrikanischen Regierungen, darunter auch die Kameruns, am bestehenden Wechselkurs fest (vgl. 2.3.3). Kamerun wurde sogar von der schließlich im Januar 1994 erfolgten Abwertung überrascht, was sich an seiner schlechten Vorbereitung zeigte (MTM, 1995, S. 2705). Die Haltung der Kameruner Regierung in dieser Frage ist erstaunlich, da besonders die schwere Krise des inländischen verarbeitenden Gewerbes zu einem großen Teil auf den preislichen Wettbewerbsnachteil durch die Überbewertung des FCFA zurückzuführen war. Der Beweis für diese Aussage wurde 1994 und 1995, nach der Abwertung, geliefert, als Produktion und Exporte der Kameruner Industrie erheblich zunahmen (vgl. 2.4.3). Aber nicht nur die Industrie, auch die Landwirtschaft war direkt von der Überbewertung des FCFA betroffen. Die Exporte von Cash crops hatten auf den Weltmärkten mit billigerer Konkurrenz aus dem Dollarraum zu kämpfen und im Inland sanken die Importpreise von Nahrungsmitteln (z.B. Reis und Weizen), was die Nachfrage nach inländischen Food crops verringerte.
Warum drängte die Kameruner Regierung angesichts dieser erheblichen negativen Wirkungen nicht auf eine Abwertung des FCFA? Eine Antwort auf diese Frage ist schwer zu finden. Entweder wurde nicht erkannt, daß die Wirtschaftskrise teilweise darauf zurückzuführen war, oder man erwartete negative Folgen durch die Abwertung. Das erste ist kaum wahrscheinlich, zumal ja IWF und Weltbank schon Ende der 80er Jahre auf die Notwendigkeit der Abwertung hinwiesen (UNIDO, 1990, S. 37). Also kann die Erklärung außer dem Einfluß Frankreichs, das nicht an einer Abwertung interessiert war, nur die Furcht vor einer Erhöhung der Importpreise gewesen sein. Die Politik der Überbewertung der eigenen Währung wurde und wird von vielen afrikanischen Staaten praktiziert, um vor allem die Importpreise für Nahrungsmittel niedrig zu halten (BATES, 1983, S. 110f). Zudem werden die gut verdienenden Stadtbewohner begünstigt, da bei diesen der Anteil importierter Produkte am Konsum relativ hoch ist. Angesichts der großen Bedeutung des Staates als Arbeitgeber im modernen Sektor betrifft dies zu einem

---

[80] TCHALA ABINA (1988, S. 19) faßt in einer Tabelle zusammen, welche externen Geldgeber welche von 1961 bis 1981 gegründeten Projekte unterstützt haben oder unterstützen.

großen Teil die Staatsangestellten und damit die Legitimations-Basis der Regierung. Der Widerstand gegenüber der Abwertung kann also auch als Folge des Patronage-Systems verstanden werden. Besonders erstaunlich ist, daß die Regierung damit ihre eigene aktive Industriepolitik untergraben hat. Hier ist also ein Widerspruch in der Wirtschaftspolitik festzustellen. Auch wenn die Regierung Kameruns den FCFA nicht alleine hätte abwerten können, ohne aus der UMAC auszutreten, hätte sie doch auf eine Veränderung der Wechselkursparität drängen können. Nicht nur, aber auch aus diesem Grund ging in der zweiten Hälfte der 80er Jahre die makroökonomische Stabilität, besonders was Staatsfinanzen und -verschuldung betrifft, verloren (vgl. 2.3.5.2). Die Zahlungsunfähigkeit des Staates und der parastaatlichen Organisationen lähmte zudem das ohnehin labile Kreditgewerbe vollends (vgl. 2.4.4). Dies trug zur Verschlechterung der Rahmenbedingungen des Wirtschaftens bei und ließ die Investitionsquote im Inland sowie die ausländischen Direktinvestitionen in Kamerun drastisch sinken (vgl. 2.4.1.1 und 2.4.6.1). Nur die Intervention von IWF und Weltbank (sowie die Hilfe Frankreichs) verhinderte den Staatsbankrott (vgl. 2.3.4.3.2 und 2.3.5.3).

Aber nicht nur die Überbewertung der Währung verringerte die Wettbewerbsfähigkeit der Exporte: es gab bis auf das Gesetz über die Exportfreizonen von 1990 auch keine gezielte Exportförderung. Ganz im Gegenteil stellen die Besteuerung bzw. die Abschöpfungen bei den Cash crops neben den Einnahmen aus der Erdölförderung die wichtigsten Einnahmequellen des Staates dar. Statt einer Exportförderungspolitik wurde bis in die 80er Jahre hinein eine Politik der Importsubstitution betrieben. „... as things stand, there is a strong anti-export, pro-capital-intensive (hence import-dependent) bias in the combined effects of tariffs, taxes and exemptions“ (RIDDELL, 1990, S. 138). Die Versuche, die heimischen Produzenten vor der ausländischen Konkurrenz zu schützen, führten zu einem sehr komplizierten Importregime, zu dem neben Zöllen in teilweise beträchtlicher Höhe auch Mengenbeschränkungen gehörten wie z.B. das Jumelage- (Twinning-) System bei Reis (vgl. 2.4.6.2 und 2.4.2.4). Die Importsubstitutionspolitik zeigte aber nicht die gewünschte Wirkung, da etwa 60 % der eingeführten Güter vom Zoll überhaupt nicht erfaßt werden (BLANDFORD et al., 1994, S. 157). Trotz - zumindest vordergründigen - politischen Willens waren die Kameruner Behörden nicht in der Lage, den immensen Umfang des Schmuggels einzuschränken (vgl. 2.4.6.5). „... enfin la lutte contre la contrebande est une tâche ardue dans une pays comme le Cameroun où la corruption est pratiquement entrée dans les moeurs ...“ (FODOUOP, 1988, S. 25).
Zum einen wurden durch die Überbewertung des FCFA und die Besteuerung von Ausfuhrgütern für die Exportwirtschaft negative Anreize ausgesendet, zum anderen konnte der Verlust der heimischen Wirtschaft an Wettbewerbsfähigkeit auf den inländischen Märkten durch eine restriktive Importpolitik auch nicht ausgeglichen werden. Die Währungspolitik wie auch die Außenhandelspolitik verringerten demnach die Wettbewerbsfähigkeit der Wirtschaftssektoren, die der internationalen Konkurrenz ausgesetzt sind. Dazu gehören neben der Industrie auch Teile der Landwirtschaft.

Die hohen Abschöpfungen des ONCPB bei Kaffee und Kakao, d.h. die niedrige Relation von Produzenten- zu Exportpreisen, besonders seit den 70er Jahren demotivierten trotz der offiziellen Pro-Landwirtschaftspolitik („Green revolution“) die Produzenten, wie sich z.B. am Unterlassen von Investitionen und damit an der Überalterung der Kakao- und Kaffeebäume sowie am steigenden Altersdurchschnitt der Bauern in diesem Bereich zeigt (vgl. 2.4.2.3). Die Erhöhung der Produzentenpreise zu Beginn der 80er Jahre konnte diesen Trend nicht umkehren, da die offiziellen Preise bereits ab Mitte der 80er Jahre nicht mehr voll ausgezahlt werden konnten

bzw. die Vermarktungsorganisationen ihre Leistungen an die Bauern auf anderen Wegen einschränkten, so daß deren Netto-Einkommen wieder sanken (vgl. 2.4.2.2). Die sinkenden Cash crop Preise hatten negative Mengenreaktionen zur Folge (HEIDHUES et al., 1995, S. 440). Im Westen Kameruns kam es nach ROWLANDS (1993, S. 78f) aus diesem Grund und wegen der wachsenden Nachfrage aus Nigeria zu einer Substitution durch verstärkte Nahrungsmittelproduktion. Die Agrarproduktion für die inländische Nachfrage (oder die illegale Ausfuhr nach Nigeria) ist dem staatlichen Einfluß und damit der Besteuerung weitgehend entzogen. Zwar gab es auch Versuche der Regierung, die Preisbildung bei Food crops durch die Vorgabe von Höchstpreisen zu kontrollieren, was aber so gut wie wirkungslos blieb (vgl. 2.4.2.2). Nach BATES (1983, S. 112) ist eine hohe Besteuerung der Agrarexporte bei gleichzeitig unreguliertem inländischen Agrarmarkt für afrikanische Staaten typisch und die Folge einer ineffizienten Verwaltung, die die Güterströme nur einigermaßen erfassen kann, wenn sie die Grenze überschreiten. Die Veränderung in der Produktionsstruktur der Kleinbauern - weg von Cash crops, hin zu Food crops - ist also nicht nur eine Folge der gesunkenen Weltmarktpreise, sondern auch der staatlichen Eingriffe.
Zwar wurde zu Beginn der 90er Jahre durch die Abschaffung des ONCPB die Preisbildung nach Marktkriterien auch bei Cash crops zugelassen, aber neu eingeführte Exportsteuern führen weiterhin zu einer Verschiebung der relativen Preise zuungunsten der Agrarproduktion für den Export. Die Wettbewerbsintensität auf diesen Märkten (v.a. Kaffee und Kakao) wird zudem nicht nur davon abhängen, ob die Regierung die allgemeinen Wettbewerbsvoraussetzungen schafft, nämlich Vertragsfreiheit, sichere Eigentumsrechte, Garantie der Vertragsdurchsetzung und Bereitstellung der Infrastruktur, sondern auch ob sie die zum Nachteil der Bauern bestehende Informationsasymmetrie verringert und wettbewerbsbeschränkende Absprachen der Aufkäufer verhindert (vgl. 2.4.2.4).
Da die Überschüsse des ONCPB ebenso wie die Einnahmen aus den Exportsteuern zu einem großen Teil zur Finanzierung von Projekten in anderen Sektoren bzw. als allgemeine Staatseinnahmen verwendet wurden und werden, ergibt sich eine Verschiebung der relativen Preise zum Nachteil landwirtschaftlicher Exportprodukte. Daran ändern auch die erheblichen Investitionen in landwirtschaftliche Entwicklungsgesellschaften vor allem seit Mitte der 70er wenig, denn diese Organisationen konnten ihre Ziele der Erhöhung von Produktion, Produktivität und Einkommen der Bauern nur selten erreichen (vgl. 2.4.2.4). Letztlich wurden die Einkommen der Bauern besonders in der Exportproduktion durch die staatlichen Eingriffe in Relation zu denen in anderen Sektoren verringert. Eine für afrikanische Länder typische Politik: „They (the post-independence states of Africa, d.Verf.) seek to promote increased agricultural production without strengthening economic incentives by offering higher farm prices. They introduce economic inefficiencies in the form of price distortions, non-competitive rents, and poorly designed development projects. And, above all, they violate the economic interests of most farmers“ (BATES, 1983, S. 107).[81]
Ein Teil der Abschöpfungen aus dem Export landwirtschaftlicher Produkte wurde auch für Beteiligungen an Industrieunternehmen verwendet. Diese überwiegend kapitalintensiven Betriebe waren aber auf den Märkten kaum erfolgreich und daher auf ständige Transfers oder Protektion angewiesen (z.B. ALUCAM, SONARA, CELLUCAM etc.) (vgl. 2.4.3.1). Neben dieser allokativen Verzerrung durch direktes staatliches Engagement, das sich nicht an den Marktpreisen orientierte, versuchte die Regierung darüber hinaus durch differenzierende In-

---

[81] GULHATI (1990, S. 1152) gibt einen Überblick über die in vielen afrikanischen Ländern üblichen Maßnahmen zur Benachteiligung des Agrarsektors und deren Wirkungen (vgl. dazu auch BATES, 1983, S. 107ff).

vestitionsgesetze die privaten Investitionen zu lenken. Insgesamt erwiesen sich die verschiedenen Investitionsgesetze als wenig erfolgreich im Anreizen und in der Lenkung der Investitionen. Dies gilt z.B. für die steuerliche Begünstigung von PME (vgl. 2.3.4.2.1 und 2.4.5). Ähnlich verhält es sich mit der Regelung zu den Exportfreizonen, die kaum zur Gründung neuer Unternehmen in solchen ausgewiesenen Zonen geführt hat. Statt dessen versuchen immer mehr bestehende Unternehmen, den Status des PFI (Point franc industriel) zu bekommen. Die Bedingungen, die an diesen Status gebunden sind, können durch Korruption der Bürokraten umgangen werden. Die Differenzierung in der Besteuerung von Exportunternehmen und Nicht-Exportunternehmen eröffnen ebenso wie die verschiedenen Regime des Investitionsgesetzes und z.B. auch die komplizierten Regelungen des Forstgesetzes (vgl. 2.4.2.3) den Bürokraten einen Handlungsspielraum, den sie bei mangelnder Kontrolle zu opportunistischem Verhalten nutzen können. Sie sind sozusagen in der Lage, Vergünstigungen an die Unternehmer zu verkaufen. Daher ist auch die Vergabe von Lizensen, z.B. für den Import bestimmter Güter etc., ein beliebtes Politik-Instrumentarium in afrikanischen Ländern (JACKSON / ROSBERG, 1982, S. 46). Im allgemeinen läßt sich sagen, daß mit der Zahl der Ausnahmen, die ein Gesetz läßt, der Handlungsspielraum der Bürokraten und damit die Angriffsfläche für Korruption zunimmt: „... corruption is easy when rules are incomprehensibly complex" (Van De WALLE, 1990, S. 150).

Die negativen Wirkungen auf die Wirtschaft, die aufgrund des Patronage-Systems und der mangelnden Kontrolle der Bürokraten bei der allgemeinen Durchsetzung der wirtschaftspolitischen Maßnahmen entstehen, werden noch durch komplizierte Gesetze und offensichtliche Widersprüche verstärkt. Die Versuche der Kameruner Regierung, die Entscheidungen der Akteure in bestimmte Richtungen zu lenken, bringen direkte staatliche Eingriffe und komplizierte Gesetze mit vielen Ausnahmen mit sich. Dadurch ergibt sich für den einzelnen Politiker oder Bürokraten ein großer Handlungsspielraum, den er zum eigenen Vorteil ausnutzen kann. Damit gilt für Kamerun das, was BATES (1983, S. 130) insgesamt für afrikanische Länder feststellt: „Regulated markets thus serves as political instruments". Die Wirtschaftspolitik gibt damit den wirtschaftenden Akteuren keine klaren und verbindlichen Regeln vor, die Planungssicherheit ermöglichen würden, sondern die Akteure sehen sich in jeder Entscheidungssituation neuen Alternativen gegenüber, die von ihren persönlichen Beziehungen zu Politikern oder Bürokraten abhängen. Dazu kommen noch die offensichtlichen Widersprüche in der Wirtschaftspolitik: die aktive Industriepolitik der Kameruner Regierung bei gleichzeitigem Widerstand (bzw. Passivität) gegen eine Abwertung; die Verkündung der Priorität der Landwirtschaft bei gleichzeitiger erheblicher Besteuerung der Cash crops und Versuchen, die Food crop Preise niedrig zu halten; die direkten staatlichen Beteiligungen an großen kapitalintensiven Unternehmen bei gleichzeitigen Versuchen, Investitionen in den PME und in arbeitsintensiven Unternehmen im allgemeinen anzuregen. Insgesamt war die Kameruner Wirtschaftspolitik besonders seit Ende der 70er Jahre weder konsistent noch konstant noch glaubwürdig. Im Gegenteil: sie war interventionistisch, dirigistisch und nicht transparent (vgl. RIDDELL, 1990, S. 137).

4.2.3 Eine duale Wirtschaftsstruktur

In Kapitel 3 wurde herausgearbeitet, daß die wirtschaftliche Entwicklung von Volkswirtschaften eine Intensivierung der Arbeitsteilung erfordert. Dafür ist aber eine Zunahme der Transaktionen und der Übergang von persönlichen zu unpersönlichen Tauschbeziehungen nötig. Dies ist nur möglich, wenn die Kosten der einzelnen Transaktion sinken. Entscheidend für das Sinken der Transaktionskosten sind aber institutionelle Sicherheit, geringe Kosten der Vertragsdurchsetzung und ein unparteiischer Dritter, der dies alles garantiert (vgl. 3.3.3). Je billiger die Überwachung und Durchsetzung von Verträgen, um so kleiner ist die Wahrscheinlichkeit, daß sich der Verhandlungspartner opportunistisch verhält, und um so geringer sind auch die Informations- und Verhandlungskosten ex ante.

Der Kameruner Staat stellt aber nicht nur keine effiziente Organisation zur Durchsetzung der Regeln bereit, er verhält sich auch nicht als unparteiischer Dritter. Politiker und Bürokraten nutzen das Zwangsmonopol des Staates zu ihrem persönlichen Vorteil, verhalten sich also parteiisch. Ihr willkürliches und nicht an Regeln gebundenes Verhalten erhöht die institutionelle Unsicherheit. Die Transaktionskosten steigen aufgrund des damit verbundenen hohen Risikos so stark an, daß die Unternehmer nicht mehr sicher sein können, „to reap the profits for themselves“. Bestimmte Transaktionen unterbleiben daher völlig.

Da der Staat (genauer: Politiker und Bürokraten) also selbst für institutionelle Unsicherheit sorgt und durch seine wirtschaftspolitischen Maßnahmen Fehlallokationen bewirkt, ist er nicht in der Lage, die Voraussetzungen für eine arbeitsteilige Wirtschaft mit hoher Wettbewerbsintensität zu schaffen. Dies hat neben der bereits beschriebenen Ineffizienz des Sektors Staat (vgl. 4.1.3) zwei Konsequenzen für die Wirtschaft: Zum einen das Entstehen eines Sektors, auf den Politiker und Bürokraten direkten Einfluß haben, der als Ressource für das System der Patronage dient und der nicht dem Wettbewerb ausgesetzt ist; zum anderen einen privaten Wirtschaftssektor, der nach Kräften versucht, sich dem Einfluß der „Staatsmacht“ zu entziehen. Den Akteuren bieten sich folglich prinzipiell zwei Handlungsalternativen, nämlich entweder selbst Teil des Patronage-Systems zu werden, indem sie in den Staatsdienst bzw. in den vom Staat kontrollierten Sektor der Wirtschaft eintreten, oder Anstrengungen zu unternehmen, dem staatlichen Zugriff auf ihre Verfügungsrechte soweit wie möglich auszuweichen.

4.2.3.1 Der nicht-kompetitive Sektor

Es wurde bereits erläutert, warum die staatlichen und parastaatlichen Organisationen ihre Ziele häufig nicht erreichten (vgl. 4.1.3). Die Organisationen, auf die der Staat Einfluß hatte, arbeiteten zu einem großen Teil schon vor der allgemeinen Wirtschaftskrise Mitte der 80er Jahre sehr ineffizient, schrieben - falls sie dem Markt ausgesetzt waren - rote Zahlen und waren auf ständige staatliche Subventionen angewiesen. Das betrifft Teilsysteme des Staatssektors wie z.B. das MINAGRI und die CNPS, einen großen Teil der landwirtschaftlichen Entwicklungsgesellschaften, die vom Staat vorangetriebenen Industrieprojekte sowie die privaten Kreditunternehmen, unter deren Anteilseignern in den meisten Fällen auch der Staat zu finden war (siehe Kapitel 2).

Diese Organisationen, an denen der Staat mehr oder weniger beteiligt war, waren teilweise überhaupt nicht dem Druck des Wettbewerbs ausgesetzt, wie beispielsweise die landwirtschaftlichen Entwicklungsorganisationen, die bestimmte Aufgaben zu erfüllen hatten und die dafür z.B. das Monopol für den Aufkauf von Produkten (z.B. ONCPB) oder die Verteilung von Inputs (z.B. FONADER: Düngemittel) bekamen. Das trifft auch auf andere Organisationen mit Entwicklungsaufgaben zu wie z.B. CAPME und FOGAPE. Das Fehlen der Kontroll- und Sanktionsfunktion des Wettbewerbs wurde aber auch nicht durch eine Kontrolle innerhalb der Verwaltung, durch die Politiker oder durch die Regierten bzw. Betroffenen ersetzt. Obwohl nämlich der Staat schon vor 1985 die ineffizienten Parastatals subventionieren mußte, wurde wenig unternommen, um deren Performance z.B. durch Rationalisierung zu verbessern. Statt dessen wurde auch noch nach dem Beginn der Wirtschaftskrise die Zahl der Angestellten erhöht (vgl. 2.3.4.2.2), obwohl die Staatsverschuldung rasch zugenommen hatte und das Versagen der meisten Parastatals inzwischen offen zutage getreten war. So konnte z.B. das ONCPB seine Aufgabe der Preisstabilisierung nicht erfüllen - nicht untypisch für Marketing boards in Afrika: „What was stabilized was the off-take of the marketing boards rather than the incomes of the farmers" (BATES, 1983, S. 110). Das Marketing Board wurde nur vom Ministerium und nicht von denen kontrolliert, in deren Interesse es eigentlich handeln sollte, den Bauern und den Kooperativen. Die Folge war, daß die immensen Überschüsse der zweiten Hälfte der 70er und der ersten Hälfte der 80er Jahre zur Subventionierung anderer Wirtschaftsbereiche verwendet wurden, in der eigenen Verwaltung versickerten oder veruntreut wurden (vgl. 2.4.2.4 - ONCPB/ONCC).

Das Ministerium und letztlich der Präsident hatten tatsächlich kein echtes Interesse daran, daß Organisationen wie das ONCPB ihre Ziele mit möglichst geringem Aufwand erreichen. Genauer gesagt, hatten sie keine Möglichkeit, durch Sanktionen eine solche Effizienz zu erzwingen, denn die Leitung dieser Organisationen wurde wie ein feudales Lehen vergeben: „L'analogie entre les sociétés de développement avec les entités féodales jadis utilisées par certains monarques pour récompenser leur vassaux devient dès lors plausible" (TCHALA ABINA, 1988, S. 23). Daher waren z.B. die in der zweiten Hälfte der 80er Jahre geschlossenen Contrats de performance nicht mit personellen Wechseln im Mangement verbunden (vgl. 2.3.4.3.3 und MTM, 1992, 3317). Während also Biya nach seiner Machtübernahme in der ersten Hälfte der 80er Jahre eine Vielzahl von Führungspositionen neu besetzte (vgl. 2.3.1.3), führte das offensichtliche Mißmanagement in vielen Organisationen und die Wirtschaftskrise der zweiten Hälfte der 80er Jahre kaum zu personellen Veränderungen.
Ein weiteres Indiz dafür, daß der Klientelismus der Hauptgrund für die Ineffizienz der im Einflußbereich des Staates stehenden Organisationen war, ist der Erfolg „importierter" Organisationen. So hatte SODECOTON zwar mit externen Problemen zu kämpfen, wie den niedrigen Weltmarktpreisen, den hohen Transportkosten und der allgemeinen Wirtschaftskrise, war aber bei seinen Entwicklungszielen und auch bei der Reduzierung der Kosten im Zuge der Strukturanpassung in der zweiten Hälfte der 80er Jahre recht erfolgreich (vgl. 2.4.2.4). SODECOTON war quasi ein französisches Entwicklungsprojekt (vgl. 2.4.2.4 - SODECOTON) und damit vom Patronage-System weitgehend ausgenommen: „... staff reductions have not appeared to pose political problems and have proceeded on schedule so far" (Van De WALLE, 1990, S. 269). Während also in den meisten anderen Parastatals der Klientelismus Kontrolle und Sanktionen verhinderte, stellten Entlassungen bei SODECOTON kein unüberwindliches Hindernis dar.
Die fehlende Kontrolle der meisten Parastatals ging sogar soweit, daß sie nicht einmal Bilanzen aufstellen mußten. Daher und wegen der selbst von der Regierung nicht mehr zu durchschauenden Verflechtung der Staatsbeteiligungen (vgl. 2.4.3.4) fehlte es nach 1985 nicht nur am politischen Willen zur Strukturanpassung, sondern auch an Informationen über das Ausmaß der Krise. „Mais la chute des entreprises n'est pas officiellement reconnue. Un ancien expert de la Caisse française de développement remarque que la procédure de dépôt le bilan, qui existe en droit camerounais, n'est jamais mise en oeuvre. Les entreprises ne connaissent pas la mort juridique" (WARNIER, 1994, S. 179). Ein 1995 erlassenes Gesetz soll überhaupt erst die Grundvoraussetzung für die Kontrolle der Parastatals schaffen, nämlich Transparenz durch verbindliche Vorschriften zum rechtlichen Status dieser Organisationen, dem internen Aufbau und der Bilanzierung. Im Gegenzug wird ihnen größere Autonomie gewährt wie z.B. die ei-

genverantwortliche Festlegung der Elektrizitäts- und Wasserpreise (vgl. 2.3.4.2.2). Es bleibt aber abzuwarten, ob der juristischen Autonomie auch die tatsächliche folgt.

Im Gegensatz zu den meisten Parastatals waren die vom Staat unterstützten und teilweise sogar initiierten Industriebetriebe zumindest dem internationalen Wettbewerb ausgesetzt, zumal auch eine eventuelle Protektion durch handelspolitische Maßnahmen aus den genannten Gründen nicht funktionierte. Die Regierung verhinderte aber, daß der Wettbewerb seine Kontroll- und Sanktionsfunktion ausüben konnte, indem sie die entsprechenden Unternehmen subventionierte. Einige Betriebe wurden so zu gigantischen Investitionsruinen (z.B. SOCAME, CELLUCAM) bzw. konnten nur durch dauerhafte Zuschüsse am Leben erhalten werden (z.B. SONARA, ALUCAM) (vgl. 2.4.3.2). Die Industriepolitik seit Ende der 70er Jahre ließ also kaum wettbewerbsfähige Unternehmen entstehen: „Industries were fostered whose survival depended on continuous government assistance and protection“ (WTO, 1995, S. 10). Auch hier wurde der Konkurrenzdruck ausgeschaltet und nicht durch andere funktionsfähige Kontroll- und Sanktionsmechanismen ersetzt.
Im kommerziellen Kreditgewerbe war der Wettbewerb besonders durch die administrative Festlegung der Zinsen eingeschränkt: „... BEAC makes loans based on administrative and policy criteria and does not attempt to set interest rates at market clearing levels“ (NJOMO, 1992, S. 16). Die Konstanz des Diskontsatzes trotz erheblich schwankender Inflationsraten z.B. in den 80er Jahren spricht für sich. Die Guthabenzinsen waren zu niedrig, um einen Anreiz zur Geldanlage zu bieten und daher reichte auch das Kreditvolumen nicht aus, um die Nachfrage zu bedienen (vgl. 2.4.1.3). Die Kredite waren sozusagen rationiert und wurden nach nicht-marktwirtschaftlichen Kriterien vergeben: „... la sélectivité des prêts qui, à en croire les entrepreneurs et de nombreux auteurs, se feraient souvent par relation personnelles ou pour des raisons d'équlilibre régional plutôt que sur des critères économiques et financiers“ (WARNIER, 1993, S. 80). Da der Staat an den meisten Banken beteiligt war und auf ihn bis Mitte der 80er Jahre etwa 50 % der Einlagen entfielen (vgl. 2.4.4), verwundert es nicht, daß die Vergabe von Krediten zu einem Teil des Patronage-Systems wurde (JUA, 1988, S. 8). Um einen Kredit des offiziellen Kreditgewerbes zu bekommen, ist in der Regel eine Anstellung beim Staat notwendig (ROWLANDS, 1993, S. 77).
Die Konzentration des Kreditgewerbes auf die Finanzierung von Staatsaktivitäten und die Vergabe von Krediten an Staatsangestellte oder zumindest Personen mit fester Anstellung und regelmäßigem Einkommen führte dazu, daß die Kreditnachfrage eines großen Teils der Akteure, inbesondere der Unternehmer, durch die offiziellen Banken nicht bedient werden konnte. Die Unternehmen wurden daher überwiegend durch eigene Ersparnis und die Hilfe von Verwanden (ROWLANDS, 1993, S. 77) oder durch die Teilnahme an Tontines finanziert. Die institutionell bedingte Beschränkung des offiziellen Kreditgewerbes ließ also einen „zweiten Kreditsektor“ entstehen, der die entsprechende Nachfrage befriedigt. Die hohen Zinsen, die in den Tontines gezahlt werden (vgl. 2.4.4), beweisen, daß der Grund für den weitgehenden Ausschluß der Unternehmer vom offiziellen Kreditgewerbe nicht in erster Linie in der schwierigen Risikoabschätzung, sondern in den niedrigen Kreditzinsen und der Rationierung zu suchen ist.

4.2.3.2 Die unabhängige Wirtschaft

Die große Bedeutung der Tontines ist also auf den Versuch zurückzuführen, unabhängig vom Einfluß des Staates an Kredite zu gelangen. Die administrative Festlegung der Zinsen und die - zumindest teilweise - Einbindung der Kreditwirtschaft in das Patronage-System zwingt die

Akteure, deren geplante Unternehmen mit einem hohen Risiko verbunden sind und die nicht zu den Unterstützern des Regimes zählen (und die daher auch nicht als Klienten in Frage kommen), Kreditnachfrage und -angebot auf andere Weise zusammenzubringen. Dabei handelt es sich, verglichen mit einem funktionierenden kommerziellen Bankensystem, um einen recht ineffizienten Markt, was sich vor allem in den hohen Zinsen und den kurzen Laufzeiten zeigt. Ein wichtiger Grund dafür ist, daß die Tontines untereinander oder mit dem offiziellen Bankensystem kaum verbunden sind, so daß dieser Kreditmarkt sehr fragmentiert ist (vgl. 2.4.4).
Dennoch sind die Tontines eine wichtige Voraussetzung dafür, daß ein privater Wirtschaftssektor weitgehend unabhängig von den Zugriffen durch Politiker und Bürokraten bestehen kann. Die Bedeutung der Tontines für die Unternehmer des informellen Gewerbes und des offiziellen Kleingewerbes wurde bereits in diesem Kapitel beschrieben (vgl. auch 2.4.5). Während also der Anteil privater Kameruner z.B. am gesamten Kapital des offiziellen verarbeitenden Gewerbes enttäuschend gering blieb (1984/85: 11 %; vgl. 2.4.3.4), florierte das informelle Gewerbe. Im urbanen informellen Sektor dürften in der zweiten Hälfte der 80er Jahre etwa 1,6 Mio. Menschen beschäftigt gewesen sein (vgl. 2.4.1.4). Auch die intensiven Versuche der Kameruner Regierung ab Anfang der 70er Jahre, durch Sonderregelungen im Investitionsgesetz und durch verschiedene Organisationen (FOGAPE, CAPME) die PME zu fördern, hatten nicht die gewünschten Erfolge. Es gelang nicht, im großen Umfang die Gründung offiziell registrierter PME's anzuregen bzw. Unternehmen aus dem informellen Sektor in den „formellen" zu bringen (vgl. 2.4.5).

Die vom Staat aufgrund des Opportunismus der Politiker und Bürokraten ausgehende institutionelle Unsicherheit läßt die Unternehmer versuchen, nach Möglichkeit keine Dienstleistungen des Staates in Anspruch nehmen zu müssen (vgl. ILLY, 1987, S. 15f). Jede Registrierung, jede Lizensierung, jede Steuer etc. wäre direkt oder durch Amtsmißbrauch mit der Möglichkeit des Zugriffs auf die privaten Verfügungsrechte verbunden. Der Staat „... rejette les entrepreneurs dans le maquis" (MTM, 1992, S. 3330). Daran konnten auch komplizierte Investitionsgesetze und ineffiziente Parastatals nichts ändern.
Die Merkmale, die die ILO für den informellen Sektor angibt, spiegeln genau dieses Bestreben, dem Einfluß des Staates auszuweichen, wider: leichter Zugang, kleinbetriebliche Strukturen, arbeitsintensive Technologien, unregulierte Märkte, zeitlich begrenzte Aktivität am mobilen Standort, Produktion kleiner Stückzahlen für begrenzte Absatzmärkte, Mangel an direktem Zugang zu etablierten Zuliefermärkten und überregionalen Absatzmärkten, keine amtliche Registrierung der Betriebe (WEISS, 1987, S. 100). Der Versuch, sich dem Staatseinfluß zu entziehen, verhindert also, daß aus den kleinen Unternehmen durch Kapitalakkumulation und die Produktion größerer Stückzahlen für größere Märkte große Betriebe werden, die durch die Ausnutzung steigender Skalenerträge eine höhere Produktivität erreichen könnten. So gibt es das Phänomen, daß die Unternehmen vor allem durch Diversifizierung wachsen, wobei jeweils kleine Einheiten derselben Branche oder auch anderer Branchen entstehen. WARNIER (1993, S. 86f) ist der Meinung, daß das auf die Schwierigkeiten und das mangelnde Wissen über das Führen großer Organisationen zurückzuführen ist. Hier soll jedoch der Standpunkt vertreten werden, daß die Gründe institutionelle Unsicherheit und das Bestreben zur Risikodiversifizierung sind. Sicher fehlt das Know how zum Führen großer Organisationen ebenso wie technisches Wissen. Würden die Institutionen aber Anreize zum Entstehen großer Unternehmen geben bzw. würde die institutionelle Unsicherheit nicht genau davon abschrecken, dann würde das entsprechende Wissen zwar nicht vom Himmel fallen, aber es wären die Voraussetzungen dafür gegeben, daß dieses Know how überhaupt nachgefragt wird und daß es durch learning by

doing erworben werden kann. Fehlendes spezifisches Wissen ist also nicht die Ursache für das Nicht-Entstehen großer Betriebe, sondern die Folge der von den institutionellen Rahmenbedingungen ausgehenden Anreize.
Auch die hohe Wettbewerbsintensität im informellen Sektor spricht dafür. Die institutionellen Rahmenbedingungen, vor allem das Fehlen alternativer Möglichkeiten zur Einkommenserzielung und die Abwesenheit von wettbewerbsbeschränkenden Eingriffen des Staates, führen dazu, daß in diesem die Voraussetzungen für eine hohe Wettbewerbsintensität gegeben sind: dezentrale Strukturen, Lernfähigkeit der Marktteilnehmer und Anpassungsflexibilität als Bereitschaft, Erlerntes anzuwenden (WEISS, 1987, S. 104). Das hat zur Folge: „... la pression de la concurrence est omniprésente ..." (WARNIER, 1993, S. 224). Es wird die Methode des Trial and Error praktiziert. Die meisten Unternehmen werden ohne ausgearbeitete Studien gestartet. Der Erschließung neuer Märkte folgt alsbald die Imitation, so daß kaum Konsumentenrenten abgeschöpft werden können und die Wettbewerbsintensität sowie die Zahl der fehlgeschlagenen Unternehmen hoch ist (WARNIER, 1993, S. 226f). Das hat bereits vielerorten zur Marktsättigung geführt. Statt der üblichen Betätigungsfelder Handel und Transport werden daher in letzter Zeit verstärkt produzierende Unternehmen betrieben. „Competition in mercantile accumulation is cited by businessmen as one of the main reasons why some have moved from exchange into production in recent years" (ROWLANDS, 1993, S. 78). Das ist auch ein Indiz dafür, daß es keine grundsätzlichen Hindernisse für produzierende Unternehmen gibt, sondern daß Tätigkeiten in Handel und Transport lediglich mit höheren Gewinnen und geringerem Risiko verbunden waren. So waren von den 2380 während des Booms 1979 bis 1986 neu gegründeten Unternehmen nur 219 (9,2 %) im Baugewerbe und 226 (9,5 %) im verarbeitenden Gewerbe tätig. Der Rest entfiel auf den weiten Bereich der Dienstleistungen (SCHAMP, 1988, S. 89). Sinken aber die Gewinne im Handel durch eine hohe Wettbewerbsintensität, dann steigt offensichtlich auch die relative Attraktivität produzierender Tätigkeiten.

Wie bereits erwähnt, haben sich in der zweiten Hälfte der 80er Jahre die institutionellen Rahmenbedingungen noch verschlechtert und die Anreize zum Ausweichen vor dem Staatszugriff weiter erhöht (vgl. 4.2.2.2): „... les opérateurs économique invoquent souvent une certaine détérioration de l'autorité publique et du respect du droit dans un certain nombre d'administration, les taux élevés de la fiscalité douanière et intérieure et leur complexité étant propice à inciter tout le monde, parallèlement, à les contourner" (MTM, 1992, S. 3330). Dies spiegelt sich z.B. im erheblichen Ausmaß des Schmuggels - besonders über die Grenze zu Nigeria wider (vgl. 2.4.6.5). Aber auch die Abkehr von der Cash crop Produktion zugunsten eines verstärkten Anbaus von Food crops, die nach ROWLANDS (1993, S. 78f) zumindest im Westen Kameruns festzustellen ist, kann so gedeutet werden. „Even men switched to food crop production for sale since the international market for cash crops collapsed in the mid 1980s" (FISIY, 1992, S. 217). Die niedrigen (effektiven) Preise für Cash crops ab der zweiten Hälfte der 80er Jahre sind nämlich nur zu einem Teil auf die gesunkenen Weltmarktpreise zurückzuführen. Das Versagen der Stabilisierungskasse ONCPB, die hohen Abschöpfungen und die ineffiziente Vermarktung spielen auch eine Rolle. Der Markt für Food crops ist dagegen weitgehend frei von staatlichen Eingriffen (vgl. 2.4.2).

Die beschriebene Zweiteilung der kamerunischen Wirtschaft ist aber nicht so zu verstehen, daß ein Teil der Wirtschaft völlig unabhängig vom Einfluß des Staates und seiner Repräsentanten existieren kann. Manchmal gelingt es den Unternehmern des informellen Sektors nicht, dem Zugriff der Bürokraten auszuweichen, manchmal ermöglicht ihnen erst Korruption das Betreiben ihres Unternehmens, für das z.B. Lizensen oder ähnliches notwendig sind. Dabei konnten die Unternehmer der ersten Generation ihre Geschäfte eher unabhängig vom Staat betreiben als ihre Nachfolger der zweiten und dritten Generation. Die Beziehungen zum Staat werden allerdings von den Unternehmern selbst, besonders wenn sie dadurch ihr Geschäft überhaupt erst betreiben können, als notwendig und nicht als nachteilig betrachtet (WARNIER, 1993, S. 274f). „Existe-t-il pour autant au Cameroun des secteurs réellement distincts: public et privé, formel et informel, fonctionnant chacun selon les règles propres? En fait, dans le cas des entreprises grassfields (Unternehmer aus den Provinzen Ouest und North-West; d.Verf.), ces secteurs vivent en symbiose" (WARNIER, 1993, S. 277). Was hier als Symbiose bezeichnet wird, ist aber wohl eher eine parasitäre Beziehung zu nennen. Es ist ja nicht so, daß der Staat die Rahmenbedingungen für die wirtschaftliche Betätigung setzt, sondern seine Repräsentanten nutzen ihre diskretionäre Macht zum eigenen Vorteil.

4.2.3.3 Unterentwicklung als Folge

Die Wirtschaftsstruktur Kameruns stimmt also mit den allgemeinen Schlußfolgerungen von NORTH (1990, S. 67) überein: „With insecure property rights, poorly enforced laws, barriers to entry, and monopolistic restrictions, the profit-maximizing firms will tend to have short time horizons and little fixed capital, and will tend to be small scale. The most profitable businesses may be in trade, redistributive activities, or the black market. Large firms with substantial fixed capital will exist only under the umbrella of government protection with subsidies, tariff protection, and payoffs to the polity - a mixture hardly conducive to productive efficiency".
Aus den in diesem Kapitel beschriebenen Institutionen ergeben sich also zwei Konsequenzen für die Kameruner Wirtschaft, die beide wesentliche Entwicklungshindernisse darstellen: Zum einen das Entstehen eines vom Staat kontrollierten und nicht dem Wettbewerb ausgesetzten Sektors der Wirtschaft. Für die in diesem Bereich Tätigen, speziell die Leiter der entsprechenden Organisationen, ist aufgrund des Patronage-Systems auch jede andere Kontrolle der Effizienz weitgehend außer Kraft gesetzt, so daß keine Einheit von Verfügung und Haftung besteht. Ineffizienz der staatlichen, parastaatlichen und vom Staat beeinflußten Organisationen ist die Folge.

Zum anderen ergibt sich als Konsequenz die Entstehung eines unabhängig vom direkten Einfluß des Staates existierenden Sektors. Dieser kann sich zwar teilweise den negativen Folgen entziehen, die sich aus der institutionellen Unsicherheit ergeben, die der Staat selbst verbreitet. Ihm sind für seine Entwicklung aber auch Grenzen gesetzt, denn, wie in Kapitel 3 dargelegt wurde, ist für die Entfaltung des Entwicklungspotentials durch eine Zunahme der Arbeitsteilung eine zentrale Organisation notwendig, die über das Zwangsmonopol verfügt und die sich als unparteiischer Dritter verhält. Andere Institutionen wie z.B. interne Beschränkungen können nicht die Sicherheit schaffen, die sich aus der effizienten zentralen Durchsetzung formaler Regeln ergibt. Nur formale Regeln können den Übergang von persönlichen zu unpersönlichen Tauschbeziehungen ermöglichen, die bis jetzt nur eingeschränkt möglich sind. „Pour mener à bien une affaire, il faut se déplacer personellement. Le face-à-face est un point de passage obligé de toute négociation" (WARNIER, 1993, S. 247). Allein schon die (billige) Möglichkeit, die Einhaltung von Verträgen mit Hilfe eines Dritten durchzusetzen, würde den allgemeinen „level of mistrust" verringern: „Bank managers claim that it is the level of mistrust between business partners which leads to frequent business failure in the first year and is used by them as a rationale for not giving support in setting up a business" (ROWLANDS, 1993, S. 84).

Nach dieser für Bamenda und die North West Provinz getroffenen Aussage scheitern also mehr Unternehmen durch Opportunismus als aus wirtschaftlichen Gründen. Es fehlt an einem „climat de confiance“ (MTM, 1992, S. 3330). „Il manque en effet au Cameroun le principal ingrédient de toute relance économique: la confiance. L'arbitraire handicape le bon fonctionnement de la justice, la corruption gangrène le monde des affaires et, surtout, le flou qui règne actuellement au sommet de l'Etat inquiète“ (JA 1752, Aug. 1994, S. 49).

Das wirtschaftliche Entwicklungspotential kann so aber nicht ausgeschöpft werden. Daher sind die Einkommen in diesem unabhängig vom Staat existierenden Sektor *in der Regel* gering und die Tätigkeiten sind mit einem hohen Risiko verbunden. Eine größere Attraktivität üben dagegen der Staat und der vom Staat kontrollierte Sektor aus. Die Einbindung in das Patronage-System ermöglicht höhere und sicherere Einkommen. Drastisch ausgedrückt: „State corruption renders unnecessary the creation of real income through productive activity“ (ROWLANDS, 1993, S. 73). Die Anstrengungen der Individuen richten sich nicht auf die Erzielung produktiver, sondern auf die redistributiver Renten. „Dynamische Unternehmer sind in der Regel zwar knapp - wie auch in den Industrieländern -, aber latent vorhanden. Der Mangel an unternehmerischen Kapazitäten ist nicht Ursache, sondern Folge dirigistischer Markteingriffe“ (FASBENDER, 1990, S. 99).
Da ein Diplom die Eintrittskarte für den Staatsdienst war, weitgehend unabhängig davon um welches Diplom es sich handelte (vgl. 4.2.1.2.3), ergibt sich in der Ausbildung eine Vernachlässigung von Fachbereichen, die man eigentlich als besonders wichtig für die wirtschaftliche Entwicklung ansehen würde: „Il y a ensuite, aux niveau secondaire et supérieure, le fait que l'enseignement technique et professionnel est très peu développé“ (TABI ABODO, 1986, S. 214). Die Ausbildung wird also nicht dem Arbeitsmarkt der „freien“ Wirtschaft gerecht, sondern erfüllt einen Selbstzweck. Es ergibt sich im Sinne des Entwicklungsziels eine Fehllenkung des Humankapitals.
Dieser Zustand führt zu dauerhafter Unterentwicklung. Die Organisationen fragen kaum technisches und organisatorisches Wissen nach, so daß zwangsläufig technischer Fortschritt und Verbesserungen der organisatorischen Effizienz ausbleiben. Bei den staatlichen und vom Staat kontrollierten Organisationen ist der fehlende Wettbewerbsdruck die Ursache und im unabhängig vom Staat existierenden Wirtschaftssektor sind es die institutionellen Rahmenbedingungen, die zu einer Konzentration auf nicht-produzierende Tätigkeiten und kleine Einheiten führen.
Ein Ausweg aus dem sich daraus ergebenden Zustand der wirtschaftlichen Stagnation ist schwierig. Opportunistisches Verhalten bei der Suche nach Renten ist nämlich - für die Gesellschaft, nicht für den einzelnen - mit steigenden Skalenerträgen verbunden (vgl. 3.3.3.1.2). Je mehr Akteure die Regeln nicht befolgen bzw. sich opportunistisch verhalten, um so geringer ist auch der Anreiz für den einzelnen, sich an die Regeln zu halten. Man kann auch sagen, daß die Opportunitätskosten regelnbefolgenden Verhaltens steigen, da nämlich in vielen Fällen nur die Regelbefolgung der anderen und nicht die eigene Nutzen bringt. Eigenes regelnbefolgendes Verhalten ist daher eher eine Investition. Allerdings kann die Regelbefolgung einen direkten psychischen Nutzen bringen, wenn die Institutionen für fair und gerecht gehalten werden. In diesem Fall sinken die Kosten der Durchsetzung (vgl. 3.3.2.4 und 3.3.3.1.2). Ein hohes Maß an opportunistischem Verhalten (die Selbstbedienung einer Elite) verhindert aber die Entstehung solcher internen Beschränkungen. Wenn der Zwang, der vom Staat ausgeübt wird, wie im Falle Kameruns nicht für alle gilt, wird er auch nicht akzeptiert und nur als Einschränkung der persönlichen Freiheiten verstanden. Das führt dazu, daß der zentrale Staat nicht als zur eigenen

Gesellschaft gehörig empfunden wird. „It is quite true that the national government is freely identified with an exogeneous sovereignty“ (BAYART, 1993, S. 265).[82]
Diese Weltanschauung, die den unabhängigen Kameruner Staat in der Tradition des kolonialen Staates sieht, hat ihre Begründung in den Erfahrungen der Individuen. Genau wie in der Kolonialzeit dient der unabhängige Staat der Selbstbereicherung einiger weniger, die allerdings nunmehr selbst Afrikaner sind. Eine Änderung der ablehnenden Einstellung zum Staat muß von neuen Erfahrungen ausgehen, d.h. das Verhalten der Repräsentanten des Staates müßte sich ändern. Nur eine Veränderung der externen Institutionen kann in diesem Fall einen Wandel der Denkmodelle bewirken. Es wurde aber bereits ausführlich erläutert, warum der Wandel von Weltanschauungen sehr schwierig und langwierig ist (vgl. 3.3.4.2.2).
Vertrauen in die Unparteilichkeit des Staates und seine Fähigkeit zur Schaffung institutioneller Sicherheit sind aber gerade essentiell für die Entwicklung einer Volkswirtschaft. Nur so können die moral constraints entstehen, die für self-enforcing institutions und damit niedrige Transaktionskosten notwendig sind (vgl. NORTH, 1990, S. 60). Genau dies ist die Ursache für den Vorsprung der weiter entwickelten Länder: „Living up to contracts has become routine in the advanced capitalist countries. Yet it is a routine gained from systematic enforcement by the state. Public pledges to punish broken contracts, to pursue and arrest swindlers and cheaters, are critical for sustaining business and consumer confidence“ (GOLDSMITH, 1995, S. 161).

4.3 Zusammenfassung

1. Die Kolonialmächte hinterließen mit der Unabhängigkeit einen Staat, der als solcher *keine Traditionen* besitzt. Daher ist unter den Kamerunern auch die Überzeugung, daß die Zwangsgewalt zentral durchgesetzter Institutionen für die wirtschaftliche Entwicklung notwendig ist, nicht weit verbreitet. Nach ihren Erfahrungen aus der Kolonialzeit wie auch aus der Geschichte des unabhängigen Kamerun ist der Staat nicht ein unparteiischer Dritter, sondern dient vor allem der Selbstbereicherung einiger weniger.

2. Nachdem einige zaghafte demokratische Ansätze kurz nach der Unabhängigkeit über Bord geworfen worden waren, hat Ahidjo seine Macht durch *Patronage und Repression* legitimiert. Den Partizipationsbestrebungen anderer Akteure wurde entweder mit Repression oder damit begegnet, daß diesen der Zugriff auf einen Teil der Staatsressourcen ermöglicht wurde. Mitsprache bei politischen Entscheidungen war allenfalls einem kleinen Zirkel um den Präsidenten erlaubt.

3. Ergebnis war das politische System des *Personal rule*. Dieses System kann aber nur funktionieren, wenn der Präsident unkontrolliert auf die Staatsressourcen zugreifen und sie nach eigenem Gutdünken verteilen kann. Daher hat Ahidjo Politik und Verwaltung zentralisiert mit dem Amt des Präsidenten im Mittelpunkt, wobei auch die Justiz nicht unabhängig von der Einflußnahme durch die Exekutive entscheiden kann. *Klientelismus* und die „Metaphors of father and family“ dienten als kulturell verankerte Bilder dazu, diese höchst ungleiche Verteilung der politischen Macht moralisch zu rechtfertigen.

---

[82] BAYART (1993, S. 265) führt als Beispiel für diese Aussage, die er auf das gesamte SSA bezieht, u.a. das Volk der Maka aus Kamerun an.

4. Die wichtigsten Ressourcen im Patronage-System sind Positionen in Politik, Verwaltung und in der von der Regierung kontrollierten Wirtschaft. Dies hat aus vier Gründen zwangsläufig eine *Ineffizienz des staatlichen Sektors* zur Folge: Die Positionen werden nicht nach Qualifikation vergeben; der staatliche Sektor muß ständig weiter aufgebläht werden, um zusätzliche Ressourcen zur Verfügung zu haben; die Posten im Staatssektor werden von den „Empfängern“ als Geschenke und Möglichkeit zur persönlichen Bereicherung empfunden; die Regierung hat kein Interesse daran, opportunistisches Verhalten zu sanktionieren. Es gibt einen Zusammenhang „... between the state's low implementation capacity and its foundations in patrimonial logic“ (Van De WALLE, 1990, S. 331).

5. Fehlende Kontrolle und Sanktionierung opportunistischen Verhaltens (z.B. durch Wettbewerb) ist folglich der Grund für die Ineffizienz der staatlichen und parastaatlichen Organisationen. Wieso gibt es aber relativ wenige private Unternehmen und warum sind diese in der Regel klein und in Handel, Dienstleistung und Transportgewerbe, aber nicht im produzierenden Gewerbe tätig? Ein Mangel an Unternehmern oder an unternehmerischen Fähigkeiten ist nicht die Ursache dafür, sondern lediglich die Folge der institutionellen Rahmenbedingungen. Kultur, als Teil der Institutionen, spielt zwar eine Rolle für die Interpretation von Entscheidungssituationen, sie kann auf Dauer aber nicht Anreize geben, die den relativen Preisen widersprechen. So besitzen z.B. die Bamiléké durch ihre Kultur und spezifische Geschichte nur *vorübergehende Vorteile* bei unternehmerischen Aktivitäten. Wenn bestimmte Tätigkeiten *dauerhaft* unterbleiben, dann sind die externen institutionellen Rahmenbedingungen und die relativen Preise dafür verantwortlich.

6. Die Ineffizienz der staatlichen Organisationen und die mangelnde Kontrolle von Politik und Verwaltung führen zu opportunistischem und damit willkürlichem Verhalten von Politikern und Bürokraten. Von diesem Verhalten geht *institutionelle Unsicherheit* aus, die noch durch eine dirigistische, inkonsistente und nicht transparente Wirtschaftspolitik verstärkt wird. Die relativen Preise wurden zudem von der Wirtschaftspolitik in eine nicht-entwicklungsförderliche Richtung verändert: Die Zinsen wurden unterhalb des Marktgleichgewichts festgelegt, der Aufwertung des FCFA in der zweiten Hälfte der 80er Jahre wurde nicht mit Gegenmaßnahmen begegnet, kapitalintensive Unternehmen wurden - häufig mit dem Ziel der Importsubstitution - subventioniert, Zoll- und Steuerpolitik benachteiligten die Export- und die Landwirtschaft.

7. Die Folge war neben den allokativen Verzerrungen durch die interventionistische Wirtschaftspolitik das Entstehen eines privaten Wirtschaftssektors, der sich dem Einfluß des Staates so weit wie möglich zu entziehen versucht. Statt für sichere Verfügungsrechte und eine billige Vertragsdurchsetzung zu sorgen, bewirken die Handlungen von Politikern, Bürokraten und Richtern genau das Gegenteil. Das Bestreben, dem Zugriff der Staatsvertreter auszuweichen, behindert daher das Entstehen großer Betriebe und langfristig angelegter produzierender und exportierender Unternehmen. Die vom Staat direkt ausgehende institutionelle Unsicherheit und sein Versagen in der zentralen Durchsetzung von Regeln lassen *keine self-enforcing constraints* entstehen, die für ein signifikantes Sinken der Transaktionskosten und für wirtschaftliche Entwicklung notwendig wären.

5 Entwicklungsmöglichkeiten durch institutionellen Wandel

Wie müßte der institutionelle Wandel in Kamerun aussehen, um von Entwicklung sprechen zu können? Er müßte auf jeden Fall den Individuen mehr Handlungsmöglichkeiten eröffnen. Institutionen, die zu einem intensiveren Wettbewerb auf den Gütermärkten führen, würden das bewirken, da durch Konkurrenz den Zielen Wohlstand, (Leistungs-)Gerechtigkeit und Sicherheit näher gekommen werden kann (vgl. 3.3.3.1.2). Auf Kamerun bezogen bedeutet das, daß der Teil der Wirtschaft, der unter dem Schutz des Staates (vor Wettbewerb) steht, dem Konkurrenzdruck ausgesetzt werden sollte. Im vollständig privaten Sektor herrscht zwar intensiver Wettbewerb, aber die Kosten sind bei bestimmten Transaktionen (v.a. langfristigen Investitionen, kapitalintensiver Produktion und Herstellung großer Stückzahlen) prohibitiv hoch. Die bestehenden Institutionen sind offenbar nicht in der Lage, das Risiko und die Unsicherheiten, die besonders mit diesen Transaktionen verbunden sind, entscheidend zu vermindern.
Im Fall des nicht-kompetitiven Sektors müssen also durch eine geeignete Änderung der Institutionen die internen[83], im Fall des privaten Sektors die externen Transaktionskosten gesenkt werden. Eine höhere Effizienz der staatlichen und vom Staat beeinflußten Organisationen erfordert Kontrolle und eventuell Sanktionen. Dies kann durch Privatisierung oder Liberalisierung der entsprechenden Märkte und damit durch Wettbewerb erreicht werden. Falls die jeweilige Organisation öffentliche Güter produziert oder die Regierung ein Monopol - aus welchen Gründen auch immer - aufrecht erhalten will, dann muß der für eine höhere Effizienz notwendige Druck anders erzeugt werden. Eine (bessere) Kontrolle durch die Politiker, die ja den staatlichen Organisationen ihre Ziele vorgeben, und/oder durch eine weitere unabhängige Organisation - z.B. ein Verwaltungsgericht, bei dem betroffene Bürger Leistungen einklagen oder Entscheidungen überprüfen lassen können - sind dafür Möglichkeiten. Bei einer Verwaltung, die in diesem Sinne auf Effizienz überprüft wird, bleibt auch weniger Raum für opportunistisches Verhalten. Damit würde ein wesentlicher Grund für die „Unterentwicklung" des privaten Sektors an Bedeutung verlieren.
Damit die Politiker überhaupt ein Interesse an einer effizienten Verwaltung haben, müssen sie selbst das Ziel Entwicklung verfolgen. Ein solches Interesse kann dadurch entstehen, daß sie selbst kontrolliert werden und ihr Erfolg auch an der Effizienz der Bürokratie gemessen wird (Eine weitere Möglichkeit wäre, daß die Überzeugungen der Politiker das Ziel Entwicklung beinhalten). Eine effiziente Durchsetzung der formalen Regeln genügt alleine aber nicht, genauso wichtig ist, *welche* Regeln durchgesetzt werden. Die Wirtschaftspolitik muß wettbewerbsförderlich sein, indem sie selbst konstant, konsistent sowie transparent ist und indem die Institutionen einer Wettbewerbsordnung als Ziel verfolgt werden. Auch hinsichtlich dieser Ziele müssen die Politiker kontrolliert werden, wenn es zu Entwicklung kommen soll.
Eine solche Kontrolle erfordert aber, daß die Regierten von diesen Zielen überzeugt sind. Kontrolliert jedoch nur ein Teil der Bevölkerung die Politiker, dann besteht die Gefahr, daß dieser Teil versucht, seine Partikularinteressen gegen den Rest durchzusetzen, also eine Umverteilung zu seinen Gunsten vorzunehmen. Nur wenn alle gleichermaßen über die Poli-

[83] RICHTER (1990, S. 578) bezeichnet die Transaktionskosten, die innerhalb einer Unternehmung anfallen als Kosten der Dispositionsnutzung (vgl. II.3.2.3).

tik entscheiden können, wird ausgeschlossen, daß eine Minderheit eine Politik zum Nachteil der Mehrheit durchsetzt. Sind die politischen Märkte effizient und sind die Wähler davon überzeugt, daß Wettbewerb für sie selbst zu mehr Wohlstand, Gerechtigkeit und Sicherheit führt, dann kommt es zu wirtschaftlicher Entwicklung. Demokratie ist aber nicht nur ein Weg, die Politiker zu kontrollieren - die Möglichkeit, politische Entscheidungen zu beeinflußen, ist auch ein Teil der Handlungsfreiheiten jedes einzelnen und damit Entwicklung per se. Allerdings ist auch eine Garantie der Menschen- und Bürgerrechte notwendig, um zu verhindern, daß die Mehrheit die Handlungsfreiheiten der Minderheit diskretionär einschränkt (vgl. 3.1).

Demokratie und Wohlstand sind aber nur Idealbilder, denen selbst die weiter entwickelten Länder in der Regel nachjagen. Institutioneller Wandel, der Kamerun diesen Zielen näher bringen würde, braucht Zeit, zumal es bei diesem Wandel auch Verlierer gibt, die sich ihm entgegenstellen werden. Darüber hinaus können Weltanschauungen nicht per Dekret geändert werden. Ein allgemeines und gleiches Wahlrecht für alle bedeutet z.B. noch nicht, daß die politischen Märkte effizient sind. Die Akteure müssen auch davon überzeugt sein, daß politische Handlungen durch die Mehrheit entschieden werden. Im folgenden wird daher der Versuch unternommen zu analysieren, welche Entwicklungsperspektiven Kamerun auf kurze und mittlere Sicht hat. Ist die gegenwärtige Richtung des institutionellen Wandels, wie er z.B. durch die Strukturanpassungsprogramme vor sich geht, entwicklungsförderlich? Es soll jedoch nicht die Frage beantwortet werden, welche Institutionen *allgemein* zu Entwicklung führen - das war Gegenstand des Kapitels 3 -, sondern welche institutionellen Veränderungen *kurzfristig möglich* erscheinen. Eines haben die Ausführungen des Kapitels 2 aber klar gemacht: Kamerun steht in der Mitte der 90er Jahre vor einem Neubeginn, der „... die Etablierung neuer Institutionen, die den sozialen Realitäten entsprechen und Sicherheiten schaffen“ (MEHLER, 1993a, S. 385) erfordert.

5.1 Die Strukturanpassung

Bereits ab Ende der 80er Jahre gab es vor allem aufgrund des Anpassungsdrucks durch die Wirtschaftskrise tiefgreifende institutionelle Veränderungen. Da die Regierung Kameruns spät bzw. nicht angemessen auf diese Krise reagierte, beraubte sie sich schließlich der eigenen Handlungsfreiheit. Ab 1989 wurde die Wirtschaftspolitik nur noch von Weltbank und IWF sowie von den anderen Kreditgebern, besonders Frankreich, bestimmt (vgl. 2.3.4.3).

Die beiden internationalen Organisationen vergeben an zahlungsunfähige Länder Kredite unter bestimmten Auflagen, den sogenannten Strukturanpassungsprogrammen. Die Anpassung besteht dabei darin, die Wirtschaft so umzustrukturieren, daß sie sich den veränderten Bedingungen (relativen Preisen) anpassen kann. „`Adjustement´ is used here to describe an interrelated set of macro- and microeconomic reforms“ (SUMMERS / PRITCHETT, 1993, S. 383). Im allgemeinen - so auch in Kamerun - ist das erste Ziel die Wiederherstellung der makroökonomischen Stabilität, d.h. Abbau des Haushaltsdefizits und Ausgleich der Leistungsbilanz. Ein Mittel dazu und zur Erreichung stabiler Wachstumsraten ist für die beiden internationalen Organisationen, „to get prices right“, denn durch den Abbau allokativer Verzerrungen sollen Effizienzgewinne erzielt werden. Konkret bedeutet dies vor allem einen Rückzug des Staates von den Versuchen der Wirtschaftslenkung, d.h. Privatisierung und

Liberalisierung.[84] Dennoch ist - auch bei den Privatisierungen - das strategische Ziel der SAP's die Haushaltskonsolidierung. Fragen wie die nach der Aufgabenstruktur des Staates und der Effizienz seiner Teilorganisationen bleiben auf der Strecke (ILLY, 1995, S. 165).

Wie in Kapitel 4 erläutert, ist jedoch der diskretionäre Zugriff auf die Staatsressourcen - z.B. über die Verstaatlichung der Wirtschaft oder Preiskontrollen, Lizensierungen usw. - notwendig, um das Patronage-System aufrecht erhalten zu können und politische Macht zu legitimieren. „Market intervention may create inefficiency ... but economic inefficiency may also create the resources by which to govern" (BATES, 1983, S. 131). Demnach macht man dadurch, daß die Regierung Kameruns selbst das SAP durchführen soll, den „Bock zum Gärtner" (MEHLER, 1995b, S. 297), denn die angestrebte Reduktion der Rolle des Staates durch Privatisierung und Liberalisierung bedeutet, daß sie sich selbst der Ressourcen berauben soll, die sie für ihr Patronage-System benötigt (vgl. ILLY, 1995, S. 160). „Um dies zuzuspitzen: die engere Staatsführung selbst war und ist wichtigster Gegner der Strukturanpassung und ausersehener Erfüllungsgehilfe zugleich" (MEHLER, 1995b, S. 295). Zwar hat sich allein schon durch die Wirtschaftskrise die zur Verfügung stehende Verteilungsmasse verringert, aber die von den Kreditgebern aufgezwungenen institutionellen Änderungen nehmen dem Präsidenten und den Angehörigen der Elite zusätzlich die Möglichkeiten, ihre politische Stellung zu legitimieren. Die Strukturanpassung erschüttert also die politische Ordnung und verringert den direkten Einfluß des Staates bzw. seiner Repräsentanten auf die Wirtschaft: „Es sind vor allem drei Entwicklungen, die durch SAP's initiiert bzw. verstärkt werden und langfristig zur Schwächung des afrikanischen Staates beitragen: die Beschränkung des Klientelismus, der Rückzug des Staates aus dem wirtschaftlichen und gesellschaftlichen Leben, die geringen Ressourcen, um Loyalität ethnischer Gruppen zu erkaufen" (SCHMIDT, 1995, S. 146).

Unter diesen Umständen verwundert die lasche und zögerliche Umsetzung der Strukturanpassungsmaßnahmen durch die Regierung Kameruns (vgl. 2.3.4.3.2) nicht, sondern ist im Gegenteil sogar rational. „Warum sollte ein Staatschef die von der Weltbank geforderte Sanierung des parastaatlichen Sektors betreiben, wenn er selbst an den Gesellschaften maßgeblich beteiligt ist und seine wichtigste private Einkommensquelle verlieren würde" (WALLER, 1991, S. 192)? Dabei richtet sich der Widerstand besonders gegen Privatisierungen und Entlassungen, da die Angestellten der staatlichen und parastaatlichen Organisationen „the regime's most obvious and perhaps only social base" (Van De WALLE, 1990, S. 124) sind, bedroht das die Legitimation der Regierung direkt. Es ist generell bei der Umsetzung der SAP's zu beobachten, daß die Erfolgsquote bei Reformen von Organisationen, speziell Veränderungen im öffentlichen Dienst, am niedrigsten liegt (ILLY, 1995, S. 162). Preiskontrollen, Zölle, Steuern, Lizensierungen usw. sind dagegen eher indirekte Möglichkeiten zur Verteilung von Renten. Die beabsichtigten wirtschaftspolitischen Ziele konnten damit aufgrund des ineffizienten staatlichen Sektors ohnehin nicht erreicht werden. Bei der von IWF und Weltbank angestrebten Liberalisierung konnten daher am ehesten Erfolge verzeichnet werden (vgl. 2.3.4.3.3). „Insofern handelt es sich bei Kamerun um eine typische Form des `schwachen Staates´, dessen `capacity´ und `commitement´, also Implementationsfähigkeit und Reformneigung, hinsichtlich des Strukturanpassungsprogramms gering sind" (MEHLER, 1995b, S. 304). Auch dem IWF blieb die unzureichende Umsetzung der SAP´s, die

[84] Vgl. besonders 2.2.4.3.3 zum Stand der Liberalisierung und Privatisierung in Kamerun bis 1995.

keineswegs nur in Kamerun zu beobachten war, nicht verborgen: „In many low growth countries, problems in implementing adjustement programs are due in large part to the lack of commitment on the part of governments, to pressures from interest groups, and to a widespread lack of accountability. These factors have undermined the quality of public-sector decision making" (IMF, 1994, S. 55).
Die Strategie der SAP's ist nach weitgehender Übereinstimmung wegen dieses Mangels an Reformwilligkeit und auch -fähigkeit bzw. wegen ungenügender Berücksichtigung der politischen Faktoren gescheitert (SCHMIDT, 1995, S. 125; vgl. ILLY, 1995). Trotzdem hat die Weltbank - gemäß ihren Satzungen - keine Möglichkeiten, ihre Hilfen an politische Reformen zu binden. Sie geht daher den indirekten Weg einer Ex-post-Konditionalität durch die Bindung an die erfolgreiche Durchführung früherer Anpassungsmaßnahmen (WALLER, 1991, S. 193). Dieses Konzept rückte ab Ende der 80er Jahre bei den Gebern zunehmend in den Vordergrund, womit die Praxis schließlich der Theorie folgte (SCHMIDT, 1995, S. 123; vgl. auch ILLY, 1995, S. 162). Aufgrund des Prinzips der nationalen Souveränität können die Geber jedoch nur teilweise den Druck ersetzen, der von funktionierenden politischen Märkten ausgehen würde.
Zumal auch ihre Maßnahmen nicht abgestimmt sind: „Hence the success of reform efforts in Africa will be affected not only by the way they are sequenced, but also by the ability of the lending community to agree on reforms and present an united front" (GROS, 1994, S. 49). Dies war aber in Kamerun nicht der Fall (vgl. 2.3.4). Dazu kommt, daß sich auch die wirtschaftspolitischen Empfehlungen an die verschiedenen Länder einer Region widersprechen. Hier ist besonders die von Weltbank und IWF empfohlene Abwertungspolitik Nigerias mit ihren negativen Folgen für die Wirtschaft Kameruns von großer Bedeutung. Die Unterbewertung einer Währung kann keine Lösung der Entwicklungsprobleme insgesamt sein, denn das würde in einen Abwertungswettlauf münden (PELTZER, 1994, S. 213). So „... ist es doch erstaunlich, welche untergeordnete Rolle solche Überlegungen (wirtschaftliche und monetäre Integration - in diesem Fall zwischen Nigeria und Kamerun, d. Verf.) im Kalkül der Bretton Woods Institutionen oder auch anderer multilateraler und bilateraler Geber spielen" (PELTZER, 1994, S. 214). Wenn schon nicht Integration, so muß doch zumindest auf eine gewisse Politikkoordination gedrängt werden.
Selbst wenn es aber den Gebern gelingt, die wirtschaftliche Leistungsfähigkeit und die makroökonomische Stabilität eines Landes soweit zu erhöhen, daß es auch für andere Geldgeber wieder kreditfähig ist, gibt es keine Garantie, daß die alten wirtschaftspolitischen Fehler nicht wiederholt werden. Nur Veränderungen der politischen Ordnung können das verhindern. Wenn dies nicht schon vorher bekannt war, hat es spätestens die Umsetzung der SAP's deutlich gemacht: „Die Wirtschaftskrise Schwarzafrikas basiert auf einer *politischen Krise*, die durch die sich verschlechternden weltwirtschaftlichen Rahmenbedingungen zu Beginn der 80er Jahre auf sehr drastische Weise aufgedeckt wurde. ... So setzte sich in den letzten Jahren immer stärker die Erkenntnis durch, daß wirtschaftliche Strukturanpassung auch eine politische Strukturanpassung erfordert" (WALLER, 1991, S. 192).
Hier stellt sich aber die Frage, ob die SAP nicht sogar „politische Strukturanpassungen" verhindern. Es ist offenkundig, daß die Geber Biya den Rücken gestärkt haben (MEHLER, 1995b, S. 298). Damit haben sie zwar offene politische Unruhen, aber auch die Sanktionierung falscher Politik verhindert. „Le marché colonise l'État beaucoup plus que l'inverse. C'est la raison pour laquelle les analyses de la Banque mondiale et la politique d'ajustement structurel risquent de tourner court: plutôt que de limiter les compétences de l'État et de miser sur la loi du marché, il conviendrait de protéger la puissance publique de la marchan-

disation qui la menace" (WARNIER, 1993, S. 275). Die Weltbank darf sich nach ihren Statuten nicht in interne politische Angelegenheiten einmischen, indem sie jedoch zahlungsunfähigen Staaten unter bestimmten Bedingungen Kredite gibt, tut sie genau das: sie erhält politische Regierungen und Systeme. Man kann also sagen, „... daß die SAP's kein geeignetes Instrument waren und sind, um institutionelle Reformen herbeizuführen" (ILLY, 1995, S. 169). ILLY (1995, S. 169ff) faßt die Gründe für dieses Scheitern zusammen: Unterschätzung des „politischen Faktors" und Überschätzung des Krisen-Drucks; Aufbau eigener Sonderverwaltung statt Unterstützung der nationalen Verwaltung; fehlende Kapazitäten bei der Weltbank; Haftung des Darlehensnehmers und nicht der Weltbank: „... auch ein nicht erfolgreicher Kredit muß zurückgezahlt werden ..." (ILLY, 1995, S. 170); die statutorische Verpflichtung zur Nicht-Einmischung, weshalb die Bank Demokratieförderung nur auf Umwegen betreiben kann; der Faktor Zeit bei der Erlangung von wirtschaftspolitischer Glaubwürdigkeit.

Alles in allem genügt es demnach nicht, den Einfluß des Staates auf die Wirtschaft zu verringern, auch eine Änderung der politischen Ordnung ist notwendig: „Die wichtigsten Ansätze zur Überwindung des patrimonialen Systems sind wirtschaftliche Reformen, die eine faktische Reduzierung von Renten und Patronage bewirken sowie politische Reformen, die über gesellschaftliche Kontrolle patrimonialistische Strukturen verhindern" (WALLER, 1991, S. 201). Man kann also sagen, daß den alten Spielregeln des Klientelismus der Boden entzogen wird, ohne neue Regeln, nach denen sich politische Macht legitimiert, zu schaffen. Für WARNIER (1993, S. 280) bedeutet das, den Staat ausbluten zu lassen und „somalische Zustände" zu riskieren.

Bevor zu der Frage Stellung genommen wird, welche Möglichkeiten der „gesellschaftlichen Kontrolle" es in Kamerun gibt, sollen zunächst die Perspektiven für mehr Wettbewerb auf den Gütermärkten diskutiert werden.

5.2 Wohlstand durch Wettbewerb

Wie können die Transaktionskosten gesenkt, die Arbeitsteilung intensiviert und der technische Fortschritt beschleunigt werden? Die Ziele der Organisationen müssen in der Teilnahme am Wettbewerb und damit in der Erzielung produktiver Renten bestehen. Genauer gesagt, muß die Attraktivität der Organisationen mit solchen Zielen gegenüber denen mit Umverteilungszielen gestärkt werden. Die Wahrscheinlichkeit der Erzielung hoher Einkommen durch produktives Rent-seeking muß höher sein als durch redistributives Rent-seeking (vgl. TETZLAFF, 1991, S. 37). Da in Kamerun vor allem der Staat und seine Teilorganisationen Umverteilung (v.a. zu Gunsten ihrer eigenen Mitglieder) betreiben, hat die Reduzierung der Staatsressourcen bereits die relative Attraktivität des privaten Wirtschaftssektors erhöht. Einstellungsstopp bzw. sogar Entlassungen, Privatisierungen und Liberalisierung verringern die Möglichkeit zur Teilnahme am Patronage-System. Damit der private Wirtschaftssektor aber nicht nur zu einer attraktiveren Alternative wird, sondern sein Entwicklungspotential auch ausgeschöpft werden kann, muß es zu weiteren institutionellen Änderungen kommen. Die erwähnten Umfragen unter Unternehmern bestätigen die Existenz solcher Hoffnungen: „Dans les entretiens que nous avons eus en 1989 et 1990, se manifeste l'espoir, sans doute illusoire, qu'avec la crise du secteur non concurrentiel s'ouvre une nouvelle ère de l'économie camerounaise qui, passées les difficultés conjoncturelles, verra le triomphe de la libre entreprise et justifiera leurs efforts" (WARNIER, 1993, S. 248).

An dieser Stelle soll auf eine nochmalige Erläuterung der Voraussetzungen und der Wirkungen der Wettbewerbs sowie seine Bedeutung für die Entwicklung verzichtet werden (vgl. dazu ausführlich 3.3.3.1). Entscheidend sind die dezentrale Suche nach Lösungen des Knappheitsproblems und der Effizienzdruck, der sich durch die Auslesefunktion des Wettbewerbs, also die Eliminierung nicht erfolgreicher Organisationen ergibt. Für die Organisationen besteht dann ein großes Interesse, ihre Ziele an den relativen Preisen auszurichten. Stimmen nun die Anreize, die von den Institutionen ausgehen, nicht mit denen der relativen Preise überein, dann lohnt es sich für sie, Anstrengungen auf die Veränderung der Institutionen zu verwenden. Daher ist die Rate des institutionellen Wandels um so höher, je intensiver der Wettbewerb ist. Wettbewerb sorgt damit für realitätsnahe, d.h. an den relativen Preisen orientierte Institutionen. Das betrifft nicht nur die externen, sondern auch die internen Institutionen. Der Wettbewerbsdruck bringt die Organisationen dazu, in das Wissen und Können ihrer Mitglieder zu investieren. Damit wird verstärkt kulturelles durch individuelles Lernen ersetzt (vgl. 3.3.4). „The greater the competition amongst organizations (wether internal to a given economy or external to it) the greater is the incentive to invest in skills and knowledge to enhance the organization's survival opportunities and hence the greater the rate of institutional change" (NORTH, 1993a, S. 20).

Wie ausführlich erläutert, fehlt es nicht an der Bereitschaft zu unternehmerischem Handeln, sondern an den Möglichkeiten (vgl. 4.2). Durch die Aufhebung von Beschränkungen der Vertragsfreiheit können sie verbessert werden. Liberalisierung und Privatisierung, d.h. die Aufhebung von Monopolen, sowie eine weniger dirigistische Wirtschaftspolitik dienen diesem Zweck. Die Strukturanpassungsmaßnahmen gehen damit prinzipiell in die richtige Richtung. Während das eine größere Passivität der Wirtschaftspolitik bedeutet, gibt es auf anderen Gebieten durchaus Möglichkeiten für eine aktive Wettbewerbsförderung. Sie kann in der Verringerung der Informationskosten, im Ausbau der Infrastruktur und in der Förderung der Bildung von Humankapital bestehen. In diesen Bereichen sind öffentliche Güter oder positive externe Effekte vorzufinden. Durch die veränderte Rolle der Wirtschaftspolitik wird auch die Möglichkeit der Politiker und Bürokraten, auf die Verfügungsrechte der Privaten zuzugreifen, verringert. Entscheidend werden die Transaktionskosten aber nur gesenkt und die institutionelle Sicherheit erhöht, wenn die privaten Verfügungsrechte durch formale Regeln - auch und vor allem gegenüber dem Zugriff des Staates - garantiert werden. Dies kann nur durch eine unabhängige Justiz und durch andere Kontrollen der Politiker und Bürokraten erreicht werden. Diesen Bereich, in dem die Voraussetzungen für wirtschaftliche Entwicklung gelegt werden, klammern die eher kurzfristig angelegten SAP - auch wegen der Verpflichtung zur Nicht-Einmischung in die Politik - weitgehend aus.
Im folgenden soll auf die bisherige Liberalisierung und Privatisierung, die Möglichkeiten einer wettbewerbsfördernden Politik sowie die Garantie der privaten Verfügungsrechte und die effiziente Durchsetzung der Verträge, eingegangen werden.

5.2.1 Liberalisierung und Privatisierung

Der direkte und interventionistische Einfluß der Politik auf die Wirtschaft muß also im Sinne eines intensiveren Wettbewerbs vermindert werden. Der Druck, den die internationalen Organisationen in bezug auf Liberalisierung und Privatisierung ausgeübt haben, hat trotz aller Verzögerungen zu bedeutenden institutionellen Änderungen geführt.

Die kamerunische Politik war tatsächlich kaum in der Lage, die Wirtschaft durch Preisfixierungen und Mengenkontingentierungen zu lenken. Die Verwaltung arbeitete dafür zu ineffizient. Allerdings konnten die diskretionären Regelungen - „... industrial licenses, import quotas, export licenses, credit controls, and price controls" (GULHATI, 1990, S. 1152) - von Politikern und Bürokraten dazu benutzt werden, Ressourcen der Privatwirtschaft an sich zu bringen: „... each extra regulatory layer adding another level of corruption" (Van De WALLE, 1990, S. 319). Die Aufhebung solcher Regulierungen bedeutete also weniger einen Verzicht auf tatsächliche Wirtschaftslenkung als eine Verringerung der Zugriffsmöglichkeiten des Staates auf die Verfügungsrechte der Privaten. Auch die Einführung einer neuen Umsatzsteuer bei Aufhebung einiger anderer Steuern 1994 kann unter diesem Aspekt gesehen werden (vgl. 2.3.5.3). Allerdings ist die Erhebung der neuen Steuer ineffizient und ungerecht, zumal sich Willkür und Korruption der Beamten infolge ihrer gesunkenen Einkommen noch verstärkt haben (MTM, 1995, S. 2755).
Nach HAGEL (1992, S. 66) ist z.B. der relative Erfolg der Liberalisierung und Privatisierung der Düngemittelvermarktung auch „... auf die Reduzierung der Möglichkeiten zurückzuführen, im Vermarktungsprozeß Renten abzuschöpfen". Die aufgehobenen Preisregulierungen bei Food crops können dafür ebenfalls als Beispiel herangezogen werden (vgl. 2.4.2.2). Wirkungsvoll waren die Preisfixierungen nur bei den Cash crops, da bei diesen auch die Vermarktung staatlichen Monopolen unterlag. Eine der wichtigsten Liberalisierungsmaßnahmen ist daher die Freigabe der Kaffee- und Kakaopreise und die Aufgabe des staatlichen Vermarktungsmonopols. Die Funktionsfähigkeit des Kaffee- und Kakaomarktes wird allerdings noch durch Probleme beim Informationsfluß über Preise und Qualitäten beeinträchtigt (vgl. 2.4.2.4 - ONCPB/ONCC).
Neben der Aufhebung von Preisfixierungen, Mengenkontingentierungen und Lizensierungen (vgl. 2.3.4.3.3) waren besonders die Verabschiedung eines neuen Investitionsgesetzes und die Außenhandelsliberalisierung von Bedeutung.

Das Investitionsgesetz von 1991 sah einige Steuerbefreiungen und Verwaltungsvereinfachungen vor. Auch die Unwiderruflichkeit der Vergünstigungen und der freie Transfer von Faktoreinkommen, um ausländische Direktinvestitionen nicht abzuschrecken, wurde gesetzlich festgeschrieben. Es wurde auch ein Büro (CGCI) gegründet, das alleine sämtliche staatlichen Dienstleistungen anbieten sollte, die von Investoren nachgefragt werden. Allerdings wurde weiterhin nicht auf den Versuch verzichtet, die Investitionen zu lenken. Dies sollte durch vier verschiedene Regime erreicht werden (vgl. 2.3.4.2.1). Wie die vorherigen Investitionsgesetze dürfte auch dieses keine wesentliche Stimulation der Investitionstätigkeit darstellen, denn die Hindernisse liegen nicht in einer zu hohen Besteuerung oder wesentlichen gesetzlichen Beschränkungen. Das Hauptproblem ist die „incapacité de rendre transparents les droits des contrats et de la proprieté" (MTM, 1992, S. 3290).
Die 1990 beschlossene Exportfreizonenregelung, an deren Entwicklung vor allem USAID beteiligt war, ist als weitere Ausnahme in der Investitionsbesteuerung zu sehen. Zielsetzung war die Exportförderung. Investoren wurden die dauerhafte Befreiung von administrativen Kontrollen (z.B. bei Preisen, Gewinnen, Kapitalverkehr etc.) und umfangreiche Steuerentlastungen zugesagt. Die Verwaltung der Exportfreizonen obliegt dem ONZFI, dessen Mitglieder allerdings vom Präsidenten, zu zwei Dritteln auf Vorschlag der Chambre de commerce, ernannt werden (vgl. 2.3.4.2.1). Die Freizonen-Regelung erwies sich - zumindest bis 1995 - als Fehlschlag. Nach dem aus politischen Gründen erfolgten Rückzug von USAID aus diesem Projekt krankt das System der Exportfreizonen an der mangelnden Überwa-

chung. So hatte das ONZFI auch noch 1995 statt der vorgesehenen 15 nur 2 Angestellte. Lediglich 25 Unternehmen nahmen bis 1995 die Regelung in Anspruch, wovon 18 holzverarbeitende Betriebe waren. Es handelt sich nur zu einem sehr geringen Teil um Neuinvestitionen und die meisten Betriebe sind nicht in den speziellen Exportfreizonen (ZFI) angesiedelt, sondern nehmen den Status des PFI in Anspruch. Sie sind also übers Land verstreut, was die Kontrolle zusätzlich erschwert (MTM, 1995, S. 2754). Die relativ komplizierten Bedingungen, die an den Status des PFI gebunden sind, sind auf diese Weise kaum zu kontrollieren. Dazu kommt, daß es mit der „Unwiderrufbarkeit" der Vergünstigungen auch nicht weit her ist, denn die Gültigkeit des PFI-Regimes wurde im nachhinein wieder eingeschränkt. So dürfen bei den holzverarbeitenden Betrieben nur die Weiterverarbeitung, nicht der Holzschlag unter das PFI-Regime fallen. Die Betriebe müssen diese beiden Bereiche voneinander trennen. Zudem wird diskutiert, die Lieferung von land- und forstwirtschaftlichen Rohstoffen in die Exportfreizonen auch den Exportsteuern zu unterwerfen (MTM, 1995, S. 2754).

Besonderes Augenmerk richteten IWF und Weltbank auf die Außenhandelsliberalisierung. Die Exporte wurden zwar in Kamerun kaum kontrolliert, aber es wurde versucht, eine restriktive Importpolitik zu betreiben. Bereits zu Beginn der 90er Jahre erfolgte die Aufhebung der quantitativen Importbeschränkungen, Importlizensierungen und tarifären Ausnahmen. 1994 wurden im Zuge der Zollharmonisierung in der UDEAC die Importregelungen noch weiter vereinfacht, indem vier Klassen mit unterschiedlichen Zollsätzen (bis zu 30 Prozent) geschaffen wurden (vgl. 2.4.6.2). Allerdings muß die Importliberalisierung auch differenziert gesehen werden. So beklagten sich 1994 die kamerunischen Mühlenbetriebe darüber, daß das aus Frankreich importierte Mehl wegen der Exportsubventionen der EG in Frankreich selbst 190.000 FCFA pro Tonne im Hafen von Douala aber 135.000 FCFA kostet (MTM 20.5.1994, S. 1017). Es ist inkonsequent, von Kamerun einen Abbau der Zölle zu verlangen, wenn die Industrieländer gleichzeitig ihre Exporte subventionieren.
Der internationale Wettbewerb trägt nicht nur durch den Druck, der von ihm ausgeht, zu einer höheren Effizienz der inländischen Unternehmen und damit zur Entwicklung bei.[85] Zur Außenhandelsliberalisierung gehört ebenfalls eine liberale Direktinvestitionspolitik. Durch ausländische Investitionen wird nicht nur die Kapitalknappheit verringert, auch Humankapital wird importiert: „MNC's constitute an excellent instrument to overcome many current shortages of human and institutional capital" (PACK, 1993, S. 11). In diesen multinationalen Unternehmen werden auch Inländer beschäftigt, die sich durch individuelles Lernen spezielles Wissen aneignen, das sie später möglicherweise auch in anderen Unternehmen einsetzen können. Ausbildung ist mit positiven externen Effekten verbunden (vgl. 3.2.4). Im Sinne des Humankapitalimports kann auch die befristete Anheuerung von ausländischen Experten zur Entwicklung beitragen (vgl. PACK, 1993, S. 9). Trotz der Kapitalknappheit blieben die Kapitalimporte Kameruns aber relativ bescheiden (vgl. 2.4.3.4). Da die Kapitalverkehrsregelungen liberal sind (vollständige Konvertibilität gegenüber dem FF), müssen die Gründe dafür eher bei den allgemeinen Investitionsbedingungen zu finden sein.

Staatliche Monopole und staatliche Beteiligung an Unternehmen, die in der Regel auch mit einer Subventionierung und damit einer Wettbewerbsverzerrung verbunden ist, verdrängen private Investitionen bzw. privates Angebot im allgemeinen. Privatisierung und die Auflö-

---

[85] LALL (1993, S. 50) faßt die positiven Wirkungen einer Außenhandelsliberalisierung zusammen.

sung von Monopolen sind daher als wettbewerbsfördernde Politik zu werten. Da in diesem Bereich die kamerunische Politik trotz jahrelanger Forderungen der Geber erst in jüngster Zeit in Bewegung gekommen ist (vgl. 2.3.4.3.3), können die Wirkungen noch kaum beurteilt werden. Die Privatisierung der Kaffee- und Kakaovermarktung, die mit einer Liberalisierung der Preise einherging, ist bisher die bedeutenste gewesen. In den ersten Jahren nach Auflösung des ONCPB sind zumindest keine negativen Wirkungen festzustellen, allerdings hat sich die Relation von Produzenten- zu Exportpreisen noch nicht wesentlich verbessert (vgl. 2.4.2.3 - Kaffee und Kakao). Die Liberalisierung der Düngemittelvermarktung, die bereits 1987 begonnen wurde, kann dagegen einige Erfolge aufweisen, darunter niedrigere Preise, eine bessere Versorgung und geringere staatliche Subventionen (vgl. 2.4.2.2). Die Auswirkungen der anderen beabsichtigten Privatisierungen, wie die der CDC, von SODECOTON, der staatlichen Transportgesellschaften usw., bleiben abzuwarten.
Es hat sich aber bisher gezeigt, daß die Privatisierung selbst als Ressource im Patronage-System benutzt wird. So wie die gesamte Strukturanpassung nie in der Öffentlichkeit diskutiert wurde und die einzelnen Maßnahmen „Herrschaftswissen" blieben (MEHLER, 1995b, S. 298), war auch der Privatisierungsprozeß nicht transparent. Der Skandal um die Privatisierung von SODECOTON ist dafür ein Beispiel (vgl. 2.4.2.4 - SODECOTON). Generell gilt, daß neben ausländischen Investoren fast nur die Angehörigen der Staatsklasse, also Personen mit Staats-, Partei- oder anderen Ämtern Nutznießer der Privatisierung sind (MEHLER, 1995b, S. 305). Dabei ist es nicht so, daß diese die einzigen wären, die über das entsprechende Kapital verfügen. Es gäbe genügend Geschäftsleute, die sich an der Privatisierung beteiligen könnten, aber diese verfügen nicht über die entsprechenden klientelistischen Verbindungen.

5.2.2 Eine aktive Wettbewerbspolitik

Allerdings hat sich schon bei den bisherigen Liberalisierungs- und Privatisierungsmaßnahmen gezeigt, daß es sich nur um einen Rückzug des Staates aus der direkten Marktintervention handelt. Durch diesen Rückzug neu entstandene Aufgaben werden nicht wahrgenommen: „Liberalisierung bedeutet ein Zurückdrängen des Staates, insbesondere aus wirtschaftlicher Aktivität. Andererseits erfordert Liberalisierung aber auch ein erweitertes Wahrnehmen von Aufgaben durch den Staat, insbesondere im Bereich des Aufbaus und der Durchsetzung eines rechtlichen und regulatorischen Rahmens, der für das Funktionieren von Märkten unbedingt erforderlich ist" (HEIDHUES et al., 1995, S. 446). Solche Maßnahmen sind entweder in den eher auf kurzfristige Ausgabenbegrenzung konzentrierten SAP nicht vorgesehen oder sie werden nicht konsequent verfolgt. Der Verzicht der Regierung auf direkte Marktintervention ist zwar eine notwendige Bedingung für eine bessere Funktionsfähigkeit der marktlichen Koordination, aber sie ist nicht hinreichend. Den Akteuren muß auch die Möglichkeit gegeben werden, auf die relativen Preise zu reagieren. Dafür ist eine Senkung der Transaktionskosten und damit die effiziente Durchsetzung von Verträgen und die Garantie der privaten Verfügungsrechte notwendig. Auch durch Infrastrukturausbau, Förderung der Humankapitalbildung und Verringerung der Informationskosten wird die Wettbewerbsintensität erhöht, denn in allen drei Bereichen kann man öffentliche Aufgaben sehen, die durch positive externe Effekte gerechtfertigt sind. „Growth prospects for many of the low-growth countries depend critically on how successfully they restructure the role of the state away from direct intervention in product and factor markets toward the provision of infrastructure, basic services, and investment in human capital" (IMF, 1994, S. 58).

Die Landwirtschaft ist ein Beispiel dafür, daß der Verzicht auf dirigistische Wirtschaftspolitik allein nicht zu Entwicklung führt. Die Veränderungen der Produzentenpreise für Kaffee und Kakao hatten in der Vergangenheit zwar Mengenreaktionen, aber nur in eingeschränktem Maße Änderungen der Produktionsstruktur zur Folge. So ist nach der drastischen Preissenkung Ende der 80er Jahre, die zu Einbußen bei den monetären Einkommen von 60 bis 70 % geführt hat, die Produktion einzelbetrieblich betrachtet um bis zu 30 % gesunken. Dies war vor allem die Folge der Reduzierung des Input-Einsatzes, was nicht nur Dünger, die von den Bauern selbst gekauft werden müssen, sondern auch den Produktionsfaktor Arbeit betrifft (HEIDHUES et al., 1995, S. 440). Die Männer, die für den Anbau von Cash crops zuständig sind, substitutieren den Kaffeeanbau durch außerlandwirtschaftliche Tätigkeiten oder Emigration (HEIDHUES et al., 1995, S. 442). HEIDHUES et al (1995, S. 440) konnten in ihrer Untersuchung der Reaktionen auf die Preisänderungen aber kaum Veränderungen der Anbaustruktur z.B. zugunsten von Nahrungsmitteln beobachten. Als Gründe ziehen sie die inflexible Arbeitsteilung zwischen Mann und Frau, die Erwartung zukünftig wieder steigender Kaffeepreise und das durch den Kaffeeanbau garantierte Nutzungsrecht heran. Daß die Arbeitsteilung zwischen Mann und Frau inflexibel sein kann und daß das Nutzungsrecht durch den Kaffeeanbau garantiert wird, hat seine Ursachen im bereits ausführlich erläuterten Bodenrecht (vgl. 4.2.2.2). Stärkere individuelle Verfügungsrechte über das Land würden also die Reaktionsfähigkeit auf Preisänderungen verbessern.
Für eine Substitution des Kaffee- und Kakaoanbaus durch andere landwirtschaftliche Produkte fehlen jedoch auch die infrastrukturellen Voraussetzungen. Für andere landwirtschaftliche Produkte gibt es nicht die Vermarktungsstrukturen wie bei Kaffee und Kakao. Angebot und Nachfrage können nicht oder nur zu hohen Transaktions- und Transportkosten zusammentreffen (vgl. HEIDHUES et al., 1995, S. 445). Die Feststellung von ROWLANDS (1993, S. 78f), daß aufgrund der Nachfrage aus Nigeria im Westen Kameruns verstärkt Cash crops durch Food crops substitutiert werden, ist ein Beweis dafür, daß flexibel auf Änderungen der relativen Preise reagiert wird, wenn die entsprechenden Vermarktungsmöglichkeiten bestehen. „Um die Wirkungsbereiche der Preispolitik zu erweitern und ihre Effektivität zu erhöhen, bedarf es der Unterstützung durch Infrastrukturpolitik und Institutionenausbau, insbesondere in den Bereichen landwirtschaftlicher Dienstleistungen" (HEIDHUES et al., 1995, S. 445). Zu diesen landwirtschaftlichen Dienstleistungen zählt auch die Information der Akteure in einem liberalisierten Kaffee- und Kakaomarkt, da Wissen eine wesentliche Voraussetzung für Anpassungsflexibilität und damit die Wettbewerbsintensität ist. Gerade in diesem landwirtschaftlichen Markt treten sehr viele kleine Anbieter einer kleinen Zahl von Nachfragern (Aufkäufern) gegenüber. Die Nachfrager tätigen also erheblich mehr Transaktionen auf diesem Markt als die Nachfrager, weshalb eine Informationsasymmetrie zu ihren Gunsten besteht. Um den Wettbewerb zu intensivieren, was auch zu größerer Leistungsgerechtigkeit führt, müssen die individuellen Informationskosten gesenkt werden. Damit die Bauern auf Preisänderungen reagieren können und ihre Verhandlungsposition gegenüber den Aufkäufern genauer kennen, sollte folglich - v.a. auf Drängen der Geber - ein öffentlich finanziertes Preis-Informationssystem aufgebaut werden. Das ONCC, die Nachfolgeorganisation des ONCPB, versagte darin aber bis dato ebenso wie in der Qualitätskontrolle (vgl. 2.4.2.4 - ONCPB/ONCC).

GROS (1994) zeigt anhand der von der Weltbank unterstützten Privatisierung der Veterinärdienstleistungen, daß ohne eine entsprechende Änderung der institutionellen Rahmenbedingungen die Marktliberalisierung nicht zu Entwicklung führt. Die Aufgaben des Veteri-

närs bestehen auch in der Begutachtung des Fleisches, also dem Verbraucherschutz, und der Verhinderung der Ausbreitung von Seuchen, also dem Schutz aller Produzenten. Die von ihm angebotenen Güter haben daher teilweise auch die Eigenschaften öffentlicher Güter. Es ist eben nicht unbedingt im Interesse des einzelnen Viehzüchters, wenn bei seinen Tieren Krankheiten festgestellt werden, aber es ist auf jeden Fall im Interesse der Verbraucher und der anderen Bauern. Eine vollständige Liberalisierung kann daher zur Unterversorgung führen, wenn nicht entsprechende Vorschriften unterstützt von teilweiser öffentlicher Alimentierung die Veterinäre zur Erfüllung ihrer Aufgaben im öffentlichen Interesse verpflichten und sie diesbezüglich kontrolliert werden. Der gesamte Privatisierungsprozeß war jedoch aus Sicht der Weltbank-Vertreter auf die Reduzierung der Staatsausgaben und der Zahl der Staatsangestellten fokussiert. Die Verbesserung der Versorgung mit Veterinärdienstleistungen „... did not receive as much attention" (GROS, 1994, S. 49). Darüber hinaus stand die kamerunische Regierung nicht hinter der Privatisierung stand und hat sie 1988 nur auf Druck der Geber beschlossen. Zwei Jahre lang wurde über die richtigen Maßnahmen diskutiert und nach vier Jahren hatten sich erst 12 von 112 Veterinären selbständig gemacht. Abgesehen davon, daß die Viehzüchter nicht zur neuen Politik befragt wurden, gab es auch sechs Jahre nach dem Entschluß zur Privatisierung keine Untersuchungen darüber, wie die ministerialen Entscheidungen auf lokaler Ebene umgesetzt wurden und welche Wirkungen sich auf die Nachfrage nach Veterinärdienstleistungen ergeben hatten (GROS, 1994, S. 46ff). „To this day, the Cameroon government has done little to help encourage the privatization process" (GROS, 1994, S. 47). Konzentration der Geber auf die Reduzierung der Staatsausgaben und mangelnder Reformwillen der Regierung führten dazu, daß die Privatisierung stockte und zu einer Unterversorgung bei den Gütern, die mit positiven externen Effekten verbunden sind, führt.
Ähnliches gilt für die Privatisierung und das Problem der Qualitätssicherung bei Dünge- und Pflanzenschutzmitteln. Während diese Aufgabe zu Zeiten der staatlichen Verteilung von einer parastaatlichen Organisation wahrgenommen wurde, ist bei einem liberalisierten Markt eine Rechtordnung nötig, die die Einhaltung von Verträgen und damit auch eines Qualitätsstandards sicherstellt (HEIDHUES et al., 1995, S. 446).

Die Beispiele zeigten, daß für eine Erhöhung der Wettbewerbsintensität der Information und dem Wissen der Akteure eine entscheidende Rolle zufällt. Informationen und Wissen sind mit positiven externen Effekten verbunden, so daß sich ein öffentliches Angebot wohlstandsfördernd auswirkt. Je geringer die Informationskosten, um so intensiver der Wettbewerb (vgl. 3.3.3.1.1). Der Staat kann dabei Informationen direkt anbieten, wie z.B. gesamtwirtschaftliche Statistiken. Erst verläßliche und möglichst aktuelle Statistiken über Produktion, Handel, Preise, Zinsen etc. versetzen die Unternehmer in die Lage, Marktentwicklungen, Marktlücken oder Renten erkennen zu können (RIDDELL, 1990, S. 142). So war z.B. im nicht mehr durchgeführten 6. FJP die Installation von Arbeitsämtern vorgesehen, um die Transparenz des Arbeitsmarktes zu erhöhen (TABI ABODO, 1986, S. 215). Die zentrale Bereitstellung von Informationen verursacht weniger Kosten als die individuelle Suche. Sie müßte aber nicht unbedingt vom Staat geleistet werden, wenn Informationen zum handelbaren Gut werden, indem die privaten Eigentumsrechte an Wissen effizient geschützt sind. So können z.B. in der Landwirtschaft neue Informationen über Anbaumethoden, Düngereinsatz, Produkte etc. entweder als Ergebnisse staatlicher Forschungen zu den Bauern gelangen (DELANCEY, V., 1986, S 150ff) oder sie werden als private Güter gehandelt, was die Durchsetzung des entsprechenden Urheber- oder auch Patentschutzes erfordert.

Aufgrund der beschriebenen Ineffizienz der staatlichen Organisationen gibt es keinen Grund anzunehmen, daß die Regierung in der Lage ist, Organisationen zu gründen, die ausgerechnet das Ziel der Informationsverbreitung effizient verfolgen. Auch äußerer Druck, solche staatlichen Dienstleistungen zu Verfügung zu stellen, wie im Fall des ONCC, ändert nichts am grundsätzlichen Problem der ineffizienten Bürokratie. Dazu wären Änderungen der politischen Ordnung notwendig, deren Perspektiven später noch untersucht werden. Kurzfristig erfolgversprechender erscheint ein privates Angebot an Informationen. Es ist auch eine Aufgabe der Interessengruppen, Informationssuche zu betreiben und die Ergebnisse ihren Mitgliedern zur Verfügung zu stellen. Das senkt die individuellen Informationskosten. Durch die gezielte Verhinderung des Aufbaus unabhängiger Organisationen hat die Regierung auch den Fluß gruppenspezifischer Informationen verhindert. So würden unabhängige landwirtschaftliche Kooperativen ihre Mitglieder auch mit Informationen (z.B. über Preisentwicklungen) versorgen. Dasselbe gilt für andere Interessengruppen, z.B. von Arbeitgebern, Arbeitnehmern, Konsumenten etc. Da Informationsvorsprünge ein Wettbewerbsvorteil sind, kommt es unter unabhängigen Interessengruppen sogar zu einem Wissens-Wettbewerb.

Die Dezentralisierung der kamerunischen Wirtschaft und Gesellschaft würde die Bildung von Interessengruppen erleichtern und damit Informationsfluß und Wettbewerb verstärken. Stärkere Verfügungsrechte an geistigem Eigentum und effiziente staatliche Organisationen zur Informationsverbreitung würden ebenfalls dazu beitragen, erfordern aber institutionelle Änderungen, weshalb sie im Gegensatz zur Dezentralisierung eher langfristige Strategien zur Verbesserung des Informationsflusses darstellen.

Während Informationspolitik die *Möglichkeit* des Zugangs zu Wissen verbessert, kann durch Bildungspolitik die *Fähigkeit* zur Informationsverarbeitung erhöht werden. Durch die Förderung der Bildung von Humankapital wird die Flexibilität des Produktionsfaktors Arbeit verstärkt. Zudem ist die individuelle Aneignung von Humankapital nicht nur mit einer Erhöhung der eigenen Produktivität verbunden, sondern führt über positive externe Effekte auch zu einer Verbesserung der Arbeitsproduktivität der anderen Akteure in einer Volkswirtschaft (vgl. 3.2.4). Das ist eine Rechtfertigung staatlicher Bildungspolitik neben der Tatsache, daß eine Verbesserung der Ausbildung zur individuellen Entwicklung beiträgt (vgl. 3.3.3.1.2).

Der Mangel an technischem und organisatorischem Wissen ist zwar vor allem auf die Nachfrage der privaten und staatlichen Organisationen bzw. die institutionellen Anreize zurückzuführen (vgl. 4.2.1.1). Eine flexible Reaktion auf eine veränderte Bildungs-Nachfrage ist aber von staatlichen Bildungseinrichtungen aufgrund des fehlenden Wettbewerbsdrucks nur eingeschränkt zu erwarten. In den Schulen und Hochschulen ist ein Umdenken in Richtung mehr spezifischer Berufsausbildung nötig (TABI ABODO, 1986, S. 214). Möglicherweise bewirkt der sinkende allgemeine Bedarf des Staates nach „Diplomierten" hier Veränderungen. Eine Liberalisierung des Bildungswesens besonders im Bereich der Berufsausbildung könnte nach Meinung von TABI ABODO (1986, S. 213) zu mehr Wettbewerb im Bildungssektor und damit zu mehr Flexibilität und Effizienz führen.

So wie Ausbildung die Flexibilität des Produktionsfaktors Arbeit erhöht, verbessert der Ausbau der Infrastruktur (Verkehr, Kommunikation etc.) die Mobilität von Gütern, Faktoren und Informationen. Für Infrastrukturinvestitionen gilt aber ebenso wie für Investitionen in Informationssysteme oder in Bildungseinrichtungen, daß eine solche wettbewerbsfördernde Wirtschaftspolitik in der gegenwärtigen, auf Klientel-Beziehungen aufbauenden,

politischen Ordnung nicht zu erwarten ist. Denn sie liefert keinen Beitrag zur Legitimation der Politiker. Lediglich Druck von außen, wie durch die SAP, oder projektgebundene Entwicklungshilfe veranlassen die Politiker zu solchen Investitionen. Die SAP mit ihrer eher kurzfristigen Zielsetzung, die auch darin besteht, sich selbst überflüssig zu machen, und die Entwicklungsprojekte mit ihrer mangelnden Koordination können aber eine konsistente und konstante Wirtschaftspolitik nicht ersetzen.
Eine erfolgreiche wettbewerbsfördernde Wirtschaftspolitik erfordert ebenso wie Dirigismus effiziente staatliche Organisationen und Politiker, die wirtschaftliche Entwicklung durch Wettbewerbsförderung als Ziel haben. Erst dann bestehen Bereitschaft und Fähigkeit, eine Wirtschaftspolitik zu betreiben, die nicht nur die individuellen Informationskosten senkt, die räumliche Mobilität von Gütern und Produktionsfaktoren erhöht und die individuelle Ausbildung verbessert, sondern auch für die effiziente Durchsetzung von Verträgen und sichere private Verfügungsrechte sorgt.

Die Verringerung der Möglichkeit zu opportunistischem Verhalten von Politikern und Bürokraten ist also auch für eine Ordnungspolitik notwendig. Mit einem Rückzug des Staates allein ist es nicht getan. Dies zeigten die mangelnde Transparenz bei den Privatisierungen, die Schwierigkeiten bei der Erhebung der neuen Umsatzsteuer, die Erfolglosigkeit bei der Bekämpfung von Schmuggel und Korruption etc. „Ohne Zweifel muß mit der Liberalisierung die Rolle des Staates neu definiert werden. Der Rückgang staatlicher Aktivität in Produktions- und Marktbereich bedeutet jedoch insgesamt nicht eine geringere Rolle für den Staat. Gerade wo der rechtliche und administrative Rahmen schwach und die Märkte fragmentiert und wenig entwickelt sind, ist der Staat gefordert, die rechtlichen Strukturen zu schaffen und Wettbewerb sicherzustellen, um ein Funktionieren der Märkte zu garantieren" (HEIDHUES et al., 1995, S. 446). Allerdings sorgt insbesondere die Liberalisierung des Außenhandels dafür, daß staatliche Wettbewerbsbeschränkungen auf den Gütermärkten kaum möglich sind. Ohne eine Veränderung der politischen Ordnung gibt es aber keine Garantie dafür, daß nicht zu einer dirigistischen Wirtschaftspolitik zurückgekehrt wird, wenn die makroökonomische Stabilität wiederhergestellt ist. Institutionelle Sicherheit erfordert eine glaubwürdige Wirtschaftspolitik, und das Vertrauen der Akteure kann nur durch langfristige positive Erfahrungen entstehen. Das Erlassen eines Gesetzes, in dem Investoren gesetzlicher Schutz zugesagt wird, reicht mit Sicherheit nicht aus, die jahrelange institutionelle Unsicherheit durch staatliche Willkür zu beenden: „Cameroon was also in the process of drafting a business code in order to provide investors with sound legal protection" (WTO, 1995, S. 16). Solange die Wirtschaftspolitik nicht in der Lage ist, institutionelle Sicherheit zu schaffen, ist es für die wirtschaftliche Entwicklung am förderlichsten, ihr möglichst geringen Einfluß auf die Ökonomie zu ermöglichen. *Eine bessere Ausschöpfung des Entwicklungspotentials* erfordert allerdings eine effiziente Verwaltung und Demokratie. Diese Überlegungen stimmen auch mit den drei „Überlebensstrategien" überein, die von SANDBOOK / BARKER (1985, S. 148ff) definiert wurden: „Avoid the state" und „Free the markets" sind dabei eher als kurzfristige Strategien zu sehen, während „Build the state" langfristig notwendig ist, denn: „The fundamental problem is a political one - where is the will to free the markets and shrink the state" (SANDBROOK / BARKER, 1985, S. 153)?

5.3 Eine effiziente Verwaltung

Die Beurteilung der Rolle des Staates, die sich aus den bisherigen Ausführungen ergibt, ist ambivalent. Einerseits wurde ausgehend von der Institutionenökonomie die entscheidende Bedeutung des Staates für die wirtschaftliche Entwicklung hervorgehoben, andererseits wurde betont, daß die Verkleinerung des Staatssektors und die Verringerung seines Einflusses auf die Entscheidungen der wirtschaftenden Akteure wichtig für die Entwicklung Kameruns sind. „If the state is to accomplish its main objective - social and economic development - the role and scope of the state has to be restricted“ (PICARD et al., 1994, S. 113). Dieser Aussage ist jedoch die in den letzten Jahrzehnten gemachte Beobachtung gegenüber zu stellen, daß die Entwicklungsländer mit den höchsten Wachstumsraten, die NICs in Ost- und Südostasien, überwiegend zu den „starken“ Staaten mit teilweise erheblichem Einfluß auf die Wirtschaft zu zählen sind. Dort gab es jedoch zwei Voraussetzungen, die in Kamerun fehlen. Zum einen besitzt die Bürokratie eine lange Tradition: „However, the NICs had high levels of administrative skill, which many African countries lack“ (LALL, 1993, S. 53); zum anderen schlossen die Ziele der führenden Politiker dieser Länder - aus welchen Gründen auch immer[86] - die wirtschaftliche Entwicklung ein. Die kamerunischen Politiker benötigten für ihre Legitimation und für den Erhalt ihrer Macht nicht die wirtschaftliche Entwicklung der gesamten Volkswirtschaft, sondern nur die Alimentierung bestimmter Personen und Gruppen. Zudem war der Staatsapparat zwar aufgebläht und die Politik versuchte, die Wirtschaft zu lenken, aber die Bürokratie arbeitete sehr ineffizient (vgl. 4.1). Der Sektor Staat muß folglich verkleinert werden, um die Möglichkeit des Mißbrauchs der Staatsgewalt und opportunistischen Verhaltens der Bürokraten zu verringern. „As a matter of fact there seems to be a direct and positive correlation between the size of the number of levels in the bureaucracy and the level of corruption in patrimonial states“ (JUA, 1991, S. 165). Daher ist es - auf Betreiben der Geber hin - auch beabsichtigt, eine einzige Behörde (die CGCI) zu schaffen, an die sich potentielle Investoren wenden können - das sogenannte Single window-System (FOKAM, 1992, S. 225). Auch die gesamte Verwaltung der Exportfreizonen wurde in die Hände eines einzigen Amtes, dem (ONZFI) gelegt. Wie bereits erwähnt, besitzt das ONZFI aber nicht die Kapazitäten, um diese Aufgabe zu erfüllen (vgl. 5.2.1). Auch die teilweise Übernahme der Importkontrollen durch die schweizerische Gesellschaft SGS (vgl. 2.4.6.2) und die Übertragung der Qualitätskontrollen bei Kaffee und Kakao vom ONCC auf diese Organisation (vgl. MTM, 1995, S. 2751) sind Beweis und Eingeständnis der Ineffizienz staatlicher Organisationen.

5.3.1 Organisatorisches Wissen

Die staatlichen Organisationen sind auch deshalb in der Verfolgung ihrer Ziele ineffizient, weil die Beamten sich selbst nicht als Agenten mit dem Auftrag der Entwicklung, sondern als Autoritäten begreifen. Dieser Standpunkt geht auf die Kolonialzeit zurück, in der die Verwaltung vor allem die Funktion der Kontrolle der Bevölkerung hatte. Die Kolonialbeamten genossen eine Machtstellung, deren Prestige auch heute noch einen großen Anreiz darstellt. „Dieser Mythos der Verwaltungsposition ist unmittelbar funktional für die Verhaltensweisen der Beamtenschaft: sie begreift sich eher als Inhaber einer Machtposition und

[86] Für Südkorea und Taiwan z.B. war die existentielle Bedrohung durch ihre kommunistischen Pendants ein starker Antrieb zur Erhöhung ihrer militärischen Stärke durch wirtschaftliche Entwicklung.

nicht als Träger einer Dienstleistungsfunktion gegenüber der Gesellschaft" (ILLY, 1987, S. 20). Die Verwaltung tritt als „achtunggebietende, repressive Autorität" (ILLY, 1976, S. 187) auf und wird von der Bevölkerung auch so gesehen. Dies wird z.B. dadurch unterstrichen, daß der Préfet immer in der Begleitung von Gendarmen unterwegs ist - in der Regel, um Steuern einzutreiben. Die koloniale Herrschaft hatte also in zweierlei Hinsicht einen negativen Einfluß auf die Funktionsfähigkeit der Verwaltung nach der Unabhängigkeit: zum einen blieben die entscheidenden Positionen, in denen organisatorisches Wissen hätte gesammelt werden können, Afrikanern verschlossen, so daß learning by doing erst nach der Unabhängigkeit praktiziert werden konnte; zum anderen wurden die Denkmodelle dahingehend beeinflußt, daß eine Verwaltungsposition mit persönlicher Macht gleichgesetzt wird. Diese Überzeugungen wurden von den Institutionen der politischen Ordnung bestätigt, indem öffentliche Ämter im Sinne des Klientelismus als „Geschenke" vergeben werden. „Tout responsable semblait avoir conscience qu'il était là non pour les nécessités d'une bonne gestion, mais avant tout en sa qualité de représentant de sa tribu. Et c'est le plus innocemment du monde qu'il se mettait à remplir ledit organisme des membres de ce groupe; ..." (BANOCK, 1993, S. 115). Erst dadurch konnte diese Überzeugung dauerhaft fortbestehen. ILLY (1987, S. 18) bezeichnet daher „... die Position der Verwaltung in Afrika als `verfrühte Bürokratisierung´ (d.h. sie ist nicht aus der Gesellschaft organisch gewachsen und mit deren Normensystem harmonisch verknüpft) oder `unechte Bürokratisierung´ ...". Selbst wenn die formalen externen institutionellen Rahmenbedingungen für die Bürokraten schnell im Sinne einer höheren Effizienz geändert werden sollten (welche Änderungen sinnvoll wären, wird im folgenden besprochen), würde die Veränderung der beschriebenen Überzeugung - und damit der institutionelle Wandel insgesamt - Zeit benötigen. Der Aufbau einer effizienten Verwaltung ist langwierig. Daher ist es nicht nur kurz-, sondern auch mittelfristig die richtige Strategie, sozusagen als Second-best-Lösung, den Einfluß des kamerunischen Staates auf die Wirtschaft zu verringern. Um aber langfristig das Entwicklungspotential Kameruns, wie auch jeden anderen Landes, auszuschöpfen, muß die Effizienz der staatlichen Organisationen verbessert werden, damit der Staat als unparteiischer Dritter für institutionelle Sicherheit sorgen kann.

Naheliegend ist es, fehlendes organisatorisches Wissen - auch als Ergebnis der kolonialen Vergangenheit - als Ursache für die Ineffizienz der Verwaltung auszumachen. „Few would deny the crucial contribution of competent managers to organisational effectiveness and efficiency" (BLUNT / JONES, 1992, S. 311). Die Lösung würde in diesem Fall in der Aus- und Weiterbildung der Beamten liegen. Trotz einiger Versuche in dieser Richtung konstatieren BLUNT / JONES (1992, S. 315), daß die nationalen Institute zur Vermittlung von Wissen über öffentliche Verwaltung und Management in Afrika wenig erfolgreich waren und sind. Dies trifft auch auf Kamerun zu: „The overall shortage of training opportunities and their distribution in favour of administrative elites are exacerbated by the poor quality of trainers in most of the country's institutions" (NDONGKO, 1989, S. 19).[87] Wieso sollen auch gerade diese Organisationen effizient sein? Die Probleme könnten nach Meinung von BLUNT / JONES (1992, S. 317) zum Teil durch politische Unterstützung und ein „kompetentes Management" gelöst werden. Da scheint sich die Katze in den Schwanz zu beißen: Die Organisationen, die organisatorische Effizienz vermitteln sollen, sind selbst ineffizient.

---

[87] NDONGKO (1989, S. 19f) findet für diese Erfolglosigkeit 5 Gründe - darunter auch die Sitte, die Teilnehmer an der Weiterbildung nicht nach Bedarf, sondern nach Position im Patronage-System auszuwählen.

Die Ursache des Problems und damit auch die Lösung ist aber in erster Linie auf der Angebots- und nicht auf der Nachfrageseite zu finden. Da jedes Lernen individuell ist (BLUNT / JONES, 1992, S. 321), wird die Aneignung von Wissen durch die (individuell unterschiedliche) Fähigkeit und die *Bereitschaft* zu lernen bestimmt. Solange gelerntes Wissen oder Können sich nicht für den einzelnen auszahlt, da z.B. die Vergabe von Posten nach anderen Kriterien erfolgt, oder Weiterbildung nicht honoriert wird, besteht auch kein Anreiz zum Lernen. Bürokraten, die ihre Funktion in der Repression der Regierten oder in der eigenen Bereicherung sehen, haben kein Interesse daran, sich selbst im Sinne organisatorischer Effizienz weiterzubilden. Eine größere Lernbereitschaft erfordert also sowohl eine Änderung der Denkmodelle der Bürokraten als auch einen Wandel der politischen Ordnung. Da Überzeugungen sich nur langsam verändern, führt der Weg zu einer effizienteren Verwaltung zuerst über den Wandel der externen Institutionen. Vor allem der Einfluß des Klientelismus und die Gelegenheit zum Opportunismus in der Verwaltung müssen eingeschränkt werden.

5.3.2 Transparenz und Kontrolle

Wettbewerb schafft durch die Möglichkeit der Eliminierung erfolgloser Unternehmen die Bereitschaft zur Aneignung neuen Wissens. Bei staatlichen Organisationen muß dieser Druck durch interne Kontrollen und Sanktionen und durch die Überwachung durch die Politiker erzeugt werden. Der Klientelismus verhindert aber eine solche Kontrolle (vgl. 4.1). Eine Änderung der politischen Ordnung, der Legitimation der Politiker, würde entscheidend dazu beitragen, daß Verwaltungsämter nicht mehr als „Beute" vergeben werden und daß die Staatsangestellten nicht mehr die Legitimationsbasis der Politiker darstellen. Die Richtung und die Perspektiven einer solchen Änderung werden später erläutert (vgl. 5.4). Jedenfalls müßten die Politiker in diesem neuen System das Ziel einer effizienten Verwaltung verfolgen. Die Instrumentarien zur Erreichung einer solchen Effizienz sind Transparenz, Kontrolle und Sanktionen. Um Kontrolle überhaupt zu ermöglichen, müssen die Aufgaben jedes einzelnen Beamten klar definiert sowie seine Leistung meßbar sein und damit durch Kontrolle Effizienzdruck erzeugt werden kann, muß es die Möglichkeit zu individuellen Sanktionen bzw. Belohnungen geben. Wirksame Kontrolle erfordert also Transparenz und Sanktionen.
Das Aufblähen des Staatsapparates im Sinne des Klientelismus hat aber dazu geführt, daß Stellen, Ämter und ganze Organisationen ohne genau definierte Aufgabenbereiche geschaffen wurden. Die parastaatlichen Organisationen stellten z.B. teilweise nicht einmal eine Bilanz auf. Erst 1994 wurden die wichtigsten Parastatals dazu gezwungen, Rechenschaftsberichte vorzulegen. Zudem soll diesen Organisationen nach einem Gesetz von 1995 mehr Autonomie gewährt werden, wodurch der jeweiligen Leitung auch mehr Verantwortung übertragen wird (vgl. 2.3.4.2.2). Erst durch diese Maßnahmen wird es möglich, die Leiter dieser Parastatals - in Zukunft die Vorstandsvorsitzenden - auf den Grad ihrer Aufgabenerfüllung hin zu kontrollieren und eventuelles Versagen zu sanktionieren.

Ähnliches gilt für die öffentliche Verwaltung selbst.[88] Die Ziele und Aufgaben jedes Amtes und jedes Arbeitsplatzes müssen genau definiert werden (GANKOU, 1991, S. 66). Mit der dazugehörigen Dezentralisierung von Entscheidungskompetenz und Verantwortung entfällt auch der Grund für eine regionale Zentralisierung. „This will definitely be beneficial since it

---

[88] NDONGKO (1989, S. 18 - 35) diskutiert ausführlich die Möglichkeiten, wie die Performance im öffentlichen Sektor verbessert werden kann.

is an accepted theory that line managers such as chiefs of bureaus, chiefs of services, etc., will manage and administer better if they are given control over the use of all resources, including human resources“ (NDONGKO, 1989, S. 30). Das würde dem notorischen Weiterschieben der Verantwortung und dem Fehlen von Eigeninitiative entgegenwirken (ILLY, 1976, S. 203). Damit wird nicht nur die Kontrolle der Verwaltungsbeamten erst möglich, sondern diese *selbst* müssen ihre Aufgaben kennen, um überhaupt Leistung bringen zu können. Erst dann kann die Übertragung von Verantwortung zur Erfüllung dieser Aufgaben als Motivations-Instrument genutzt werden: „To use this tool effectively, the government would have to define, classify and analyse all public sector jobs ...“ (NDONGKO, 1989, S. 28). Die Definition von Aufgaben und Verantwortlichkeiten erleichtert also Kontrolle und Motivation.
Die Motivation zur Erfüllung der Aufgaben und auch zur Aneignung von entsprechendem Wissen, z.B. durch Weiterbildung, wird erhöht, wenn die Kontrollen mit positiven Anreizen und mit Sanktionen verbunden werden. In der Vergangenheit konnte davon kaum die Rede sein. Die Regierung nahm willkürlich Versetzungen, Beförderungen und Zurückstufungen vor, die in der Regel wenig mit dem Erfolg der betroffenen Personen bei der Erfüllung ihrer Aufgaben zu tun hatten. „This practice frustrates the most qualified, experienced and most productive workers“ (NDONGKO, 1989, S. 27; vgl. auch ILLY, 1987, S. 21). Die Job-Rotation wurde eher von den Regeln des Klientelismus bestimmt. „Seniority, performance and experience are usually not considered when it comes to promotions in the public service“ (NDONGKO, 1989, S. 27). Um die Motivation zu verbessern, müssen Beförderungen (oder auch Zurückstufungen) nach festen Regeln an die Aufgabenerfüllung und an Weiterbildung gebunden sein. Dazu gehört die genaue Definition von Laufbahnen, da dies zu einer stärkeren Spezialisierung und zu einem größeren Anreiz zur Aneignung spezifischen Wissens beiträgt. „Consequently, an important way to improve motivation and to facilitate the training of public officials in Cameroon is to define possible career paths, and to make sure that advancement in the public service depends on experience, the upgrading of skills and performance“ (NDONGKO, 1989, S. 25). Damit eine Beförderung angestrebt wird, muß sie natürlich auch mit einer besseren Bezahlung verbunden sein. Durch eine im Vergleich zum privaten Wirtschaftssektor angemessene Bezahlung wird zudem die Neigung zu opportunistischem Verhalten vermindert (vgl. GANKOU, 1991, S. 66f). NDONGKO (1989, S. 28ff) gibt noch einige andere Beispiele, wie die Leistungsanreize verbessert werden können.

Es gibt also einige Möglichkeiten, die Effizienz der staatlichen Organisationen durch Transparenz, Kontrolle und Sanktionen zu verbessern. Alle diese Möglichkeiten sind aber nur praktikabel, wenn die Verwaltung von einem Teil des Patronage-Systems zu einem ausführenden Organ der Politik wird. Erst dann werden die in 4.1.3 genannten Ursachen der Ineffizienz beseitigt und die Grundlagen für Reformen im genannten Sinne geschaffen. Darüber hinaus müssen Kontrolle und Sanktionen an der Spitze, bei Ministern, Leitern von Parastatals usw., anfangen, damit diese zum einen überhaupt ein Interesse an der Effizienz der Organisation, die sie leiten, haben. Zum anderen kann ein opportunistisch handelnder Leiter einer Organisation von den übrigen Mitgliedern, seinen Untergebenen, nicht glaubwürdig regelnbefolgendes Verhalten einfordern. Zur Identifikation mit den Zielen der Organisation, die von CLAGUE (1993, S. 393) als „goal internalization“ bezeichnet wird - in bezug auf die hoheitliche Verwaltung könnte man auch von Pflichtethos sprechen - kommt es nicht, solange „Die Nachlässigkeit und Disziplinlosigkeit der höheren Beamten in Yaoundé ... notorisch“ (ILLY, 1976, S. 204) ist. Die Internalisierung der Ziele der Organisation ist deshalb

so wichtig, da sie zwar nicht opportunistisches Verhalten verhindert, aber dessen „psychische Kosten" erhöht und damit seine Wahrscheinlichkeit verringert. Das vermindert die Notwendigkeit von Kontrollen und trägt erheblich zur Senkung der internen Transaktionskosten bei (vgl. 3.3.3.1.2).
Um die opportunistische Einflußnahme der Politiker auf die Verwaltung zu beenden bzw. einzuschränken, wird gefordert, daß die Entscheidung über Berufungen und Beförderungen einer unabhängigen Kommission übertragen wird (NDONGKO, 1989, S. 28). Angesichts der Tatsache, daß dies wahrscheinlich die einzige vom direkten Einfluß der Regierung unabhängige staatliche Organisation in Kamerun wäre, eine unrealistische Forderung. Solche Absichten sind auch in der Vergangenheit gescheitert. Nach der Unabhängigkeit Kameruns wurden ein Cour fédérale des Comptes (Rechnungshof) und ein Service de l'Inspection et du Côntrole gegründet. Bereits Mitte der 60er Jahre übernahm Ahidjo dieses Kontroll-Amt selbst und löste die dazugehörige Sonderjurisdiktion auf. Das einzige Instrument zur Verwaltungskontrolle befand sich damit in der Hand des Präsidenten, der sich folglich selbst kontrollierte (ILLY, 1976, S. 204). Es wäre keine rationale Entscheidung des Präsidenten, eine unabhängige Organisation zu gründen bzw. zuzulassen, die seine eigenen Entscheidungen kontrolliert, bzw. ihn seines direkten Einflusses auf die Verwaltung beraubt - zumal das Patronage-System auf der *unkontrollierten* Verfügung über die Staatsressourcen basiert. Nur eine externe Kontrolle der Politiker, allen voran des Präsidenten, die auch die Verantwortung für die Performance der staatlichen Organisationen tragen, kann dieses Dilemma lösen. Bevor die Perspektiven einer solchen Kontrolle durch die Regierten erläutert werden, soll auf die Bedeutung einer unabhängigen Rechtsprechung als externer Kontrolle politischer Macht hingewiesen werden.

Bisher war bei staatlichen Organisationen immer von der öffentlichen Verwaltung die Rede. Damit sollte nicht unterschätzt werden, daß eine unabhängige Rechtssprechung, die nicht nur Konflikte zwischen Privaten, sondern auch zwischen Privaten und Vertretern der Staatsmacht entscheidet, große Bedeutung für die wirtschaftliche Entwicklung hat. Die Funktion der Jurisdiktion besteht in der Rechtsdurchsetzung. Den Gerichten kommt damit die Aufgabe zu, die Durchsetzung von Verträgen zu erleichtern und private Verfügungsrechte zu schützen. Damit ist eine effiziente Rechtssprechung entscheidend für die Schaffung institutioneller Sicherheit und die Senkung der Transaktionskosten. Wie ausführlich erläutert wurde, wirkt sich besonders die Mißachtung formaler Regeln (so vorhanden) durch Staatsvertreter negativ auf die wirtschaftliche Entwicklung aus. Willkürlich wird auf die Verfügungsrechte der privaten Akteure zugegriffen (vgl. 4.2.2.3). Eine von den übrigen Staatsvertretern unabhängige Rechtssprechung kann opportunistisches Verhalten von Politikern und Bürokraten (und Richtern) sanktionieren. Dazu müssen aber die entsprechenden - von Politikern beschlossenen - Gesetze oder andere formale Regeln vorhanden sein. So könnte bei der Existenz verbindlicher Verwaltungsregeln, z.B. über die Beförderung, eine unabhängige Verwaltungsgerichtsbarkeit eine erhebliche Kontrollfunktion gegenüber willkürlichem Verhalten der Politiker ausüben.
Zur Unabhängigkeit der Gerichte, von der bis heute in Kamerun keine Rede sein kann (vgl. 4.2.2), würde vor allem eine personelle Unabhängigkeit durch Berufung auf Lebenszeit und die Wahl durch ein Gremium, statt wie beim Vorsitzenden des Obersten Gerichtshofes die Ernennung durch den Präsidenten (vgl. MEHLER, 1993a, S. 159), beitragen. Um die Neigung zu opportunistischem Verhalten zu verringern, ist zudem eine entsprechende Alimentation notwendig.

Bei einer unabhängigen Rechtssprechung - Gewaltenteilung - reduziert sich der Einfluß der Politiker auf das Erlassen von Gesetzen. Eine Kontrolle der Politiker in bezug auf dieses Verhalten ist nur über deren Legitimation oder durch eine Verfassung möglich, die den Rahmen vorgibt, innerhalb dessen Gesetze erlassen werden dürfen. Die Verfassung ist dann im institutionellen Spektrum die formale Regel, die am schwersten zu ändern ist. Aber auch die Verfassung kann nicht unveränderlich sein und muß irgendwann einmal beschlossen worden sein, so daß die gesetzgeberische Tätigkeit der Politiker so kontrolliert werden muß, daß die Gesetze im weitesten Sinne entwicklungsförderlich sind.

Die negativen Wirkungen opportunistischen Verhaltens der Bürokraten auf die Wirtschaft können kurzfristig durch die Reduzierung der Gelegenheiten begrenzt werden. Der Rückzug des Staates aus der direkten Intervention in die Wirtschaft durch Privatisierung und Liberalisierung trägt ebenso dazu bei wie die Verkleinerung des eigentlichen Staatssektors durch Stellenabbau. Durch diese Schrumpfung und durch die sich abzeichnende Verbesserung der Staatsfinanzen können die verbleibenden Staatsangestellten besser bezahlt bzw. die frühere Bezahlung kann wiederhergestellt werden. Dadurch verringert sich der Anreiz zu opportunistischem Verhalten. Die genaue Zuweisung von Aufgaben, die Dezentralisierung von Verantwortung und die Aufstellung von verbindlichen Beförderungsregeln erfordern dagegen mehr Zeit und vor allem den politischen Willen dazu. Mindestens ebenso langwierig ist der Aufbau einer unabhängigen, effizienten Rechtssprechung. Der Druck der Geber kann bei diesen komplexen Aufgaben weit weniger bewirken als bei der simplen „Gesundschrumpfung“ des Staates durch Ausgabenreduzierung. Effizienzverbesserungen in diesen Bereichen erfordern permanenten Druck, der - wie im folgenden zu erläutern ist - nur durch Demokratisierung erreicht werden kann.

5.4 Politischer Wettbewerb durch Demokratisierung

Die Verwaltung erhält als Exekutive ihre Aufträge bzw. ihre Zielvorgabe von der Legislative. Die Politiker sind in diesem Sinne die Prinzipale und die Bürokraten die Agenten. Daher müßte der Druck zur Erfüllung dieser Aufgaben und damit zur Effizienz der staatlichen Organisationen von den Politikern ausgehen. Im politischen System Kameruns ist aber die Gewaltenteilung, die für eine solche Kontrollfunktion der Politiker nötig wäre, aufgehoben. „Mit der Herausbildung eines `politisch-administrativen Komplexes´ verwischen sich die Unterscheidungen zwischen Partei, Regierung und Verwaltung, was auch in personellen Fluktuationen zum Ausdruck kommt ...“ (ILLY, 1987, S. 17). Die Politiker benötigen die Bürokraten zu ihrer eigenen Legitimation. Daraus ergibt sich, daß sie ihre Kontrollfunktion nur eingeschränkt oder gar nicht wahrnehmen können (vgl. 4.1).
Durch die Verschuldung gegenüber dem Ausland wurde die Regierung aber handlungsunfähig und die Geber übten durch die mit den SAP verbundenen Auflagen auf die Regierung und damit auf die Bürokratie Druck zu größerer Effizienz aus. Dieser Druck kann aber nicht dauerhaft sein, weil bei einer Verbesserung der wirtschaftlichen Lage auch das Druckmittel wegfällt. Darüber hinaus fehlt neben den Ressourcen für eine wirklich umfassende Kontrolle auch der entsprechende politische Auftrag für Weltbank oder IWF. Druck, der zu kontinuierlichen Effizienzverbesserungen führen soll, muß folglich intern erzeugt werden und institutionalisiert sein. Darüber hinaus muß er nicht nur dafür sorgen, daß die staatlichen Organisationen eine Verbesserung ihrer Effizienz anstreben, sondern auch zu einer Verringerung

des opportunistischen Verhaltens von Bürokraten und Politikern führen. Denn daß die „Selbstbereicherung der Herrschaftseliten" zu einem „gesellschaftlichen Krebsschaden" werden konnte, hat nach TETZLAFF (1991, S. 36f) zwei Gründe: Zum einen gibt es außerhalb von Politik und Administration kaum Renten zu gewinnen und zum anderen fehlt die institutionelle Kontrolle von Herrschaft. Die SAP haben durch ihre Liberalisierungs- und Privatisierungsmaßnahmen dafür gesorgt, daß es einerseits mehr Renten außerhalb des Staatssektors zu gewinnen gibt und andererseits durch die Sparmaßnahmen der Regierung weniger Verteilungsmasse zur Verfügung steht. Da die erste Grundlage des klientelistischen Systems damit teilweise beseitigt ist, muß verstärkt die zweite Ursache bekämpft werden. Das erfordert einen Wandel der politischen Ordnung, da die bisherige keine institutionelle Sicherheit bieten kann. „Obwohl Handel und Industrie, zumindest was die größeren Unternehmen anbelangt, sehr eng in die klientelistischen Beziehungen eingebunden sein können und damit eine gewisse Sicherheit besitzen, schaffen patrimoniale Systeme insgesamt *nicht* die *Rechtssicherheit* und die *'Moralökonomie'*, die für eine funktionierende Marktwirtschaft unerläßlich sind" (WALLER, 1991, S. 198).

5.4.1 Demokratie und wirtschaftliche Entwicklung

Der notwendige Druck, damit die Politiker Entscheidungen zugunsten der Mehrheit und nicht einer Minderheit treffen und damit die staatlichen Organisationen effizient arbeiten, kann durch politischen Wettbewerb erzeugt werden. Wie auf den Gütermärkten sorgt auch in der Politik die dezentrale Lösungssuche für eine größere Wahrscheinlichkeit, daß Verbesserungen erzielt werden. Dies wird erreicht durch Transparenz der Probleme, Kontrolle der Ergebnisse getroffener Maßnahmen und die Sanktionierung von Fehlverhalten. Demokratie erfüllt nicht nur diese Aufgaben, sie ist auch nach der in dieser Arbeit zugrundegelegten Definition ein Teil der Entwicklung (vgl. 3.1.2.3). Die individuellen Handlungsalternativen müssen auch die Beteiligung an politischen Entscheidungen einschließen.

Zudem führt Demokratie dazu, daß opportunistisches Verhalten von Politikern und Bürokraten durch die Abwahl der Politiker sanktioniert werden kann. Dadurch steigt die Wahrscheinlichkeit, daß sich der Staat als unbeteiligter Dritter verhält, denn „... political competition is a check on predatory rulers" (GOLDSMITH, 1995, S. 168). GOLDSMITH (1995, S. 168) kommt nach der Berechnung verschiedener Korrelationen zu dem Schluß, daß Demokratien eine höhere Sicherheit der Verfügungsrechte (vor dem Zugriff der Staatsvertreter selbst) garantieren und schneller wachsen. „Open political systems tend to do the best job of constraining government from expropriating private holdings" (GOLDSMITH, 1995, S. 162).

Es ist aber unter den Ökonomen immer noch umstritten, ob politischer Wettbewerb in jeder Entwicklungsphase wachstumsförderlich ist (GOLDSMITH, 1995, S. 157). Politsche Entwicklung wird von den Skeptikern eher als Folge wirtschaftlicher Entwicklung, denn als deren Voraussetzung gesehen. Während schon länger ein weitgehender Konsens darin zu bestehen scheint, daß wirtschaftliche Entwicklung Marktwirtschaft erfordert, bildet sich daher eine solche Übereinstimmung in politischer Hinsicht erst langsam heraus: „... nämlich ein Staat, in dem die Grundelemente der Demokratie, Respekt vor Menschenrechten, Partizipation auf allen institutionellen Ebenen, politischer Wettbewerb und Kontrolle der politischen Macht verwirklicht sind" (WALLER, 1991, S. 200). Die Vertreter der These, daß Diktaturen eher geeignet sind, für wirtschaftliche Entwicklung zu sorgen, sehen in einer Demokratisierung vor allem die Gefahr größerer institutioneller Unsicherheit. Dies gilt be-

sonders für die Phase des offenen innenpolitischen Machtkampfs am Anfang einer Demokratisierung (SCHMIDT, 1995, S. 148). Dieses Argument ist nicht von der Hand zu weisen, da jeder institutionelle Wandel zumindest relative Gewinner und Verlierer mit sich bringt. Es gibt aber weniger Gegner einer Veränderung und damit einen reibungsloseren Übergang, wenn die Zahl der absoluten Verlierer möglichst klein ist. Daher steigen die Chancen für einen Erfolg der Demokratisierung, wenn der Übergang von wirtschaftlicher Entwicklung begleitet wird (WALLER, 1991, S. 201).
Zudem ist eine kurzfristige Verschlechterung der institutionellen Sicherheit in Kauf zu nehmen, wenn dadurch die langfristigen Voraussetzungen für wirtschaftliche Entwicklung gelegt werden, denn Demokratien sind nicht per se instabiler als Diktaturen - vor allem dann nicht, wenn es gelungen ist, die Konflikte zu institutionalisieren, d.h. feste Regeln für die Konfliktlösung zu etablieren. Demokratien besitzen durch die Garantie von individueller Freiheit und Sicherheit eine Legitimation, die nicht allein auf wirtschaftlicher Performance oder Verteilung von Renten beruht (SCHMIDT, 1995, S. 144f). „Einen wesentlichen Vorteil für die Implementierung und Umsetzung von SAP's besitzen demokratische gegenüber autoritären Staaten dadurch, daß sie über eine größere Legitimationsbasis und Konsens in der Bevölkerung verfügen. ... Ein autoritäres Regime kann es sich dagegen aufgrund seiner schmalen Legitimationsbasis kaum leisten, Schlüsselgruppen durch Aufbürdung von Anpassungskosten zu verlieren" (SCHMIDT, 1995, S. 147). Das diktatorische Regime erweist sich dadurch als krisenanfälliger und damit instabiler. „The greater a regime's dependence upon mercenary support, however, the greater it's vulnerability to disaffection in the event of an economic downturn" (SANDBROOK, 1986, S. 322). Es dürfte daher kein Zufall bzw. nicht nur durch externe Einflüsse zu erklären sein, daß der Beginn der offenen Demokratisierungsbewegung in Kamerun zeitlich mit der Wirtschaftskrise zusammenfiel. Durch die „Schwächung" des Staates - genauer gesagt des diskretionären Spielraums der Regierenden - taucht für die autokratische Regierung die Bedrohung durch eine Dezentralisierung auf (SCHMIDT, 1995, S. 146). Der Kitt, der zuvor eine Zentralisierung der Macht ermöglichte, existiert nicht mehr: „What will hold these societies together when the rulers have little in the way of patronage to distribute" (SANDBROOK, 1986, S. 330)? Die Antwort auf diese Frage ist entweder Repression oder eine neue Legitimationsbasis. Die Bedrohung der bestehenden Machtstrukturen durch die Wirtschaftskrise führt dazu, daß die Regierung mehr mit ihrem eigenen Überleben und dem Erhalt ihrer Legitimationsbasis als mit der Bewältigung dieser Krise beschäftigt ist.

In Kamerun, wie auch in vielen anderen afrikanischen Ländern, haben sich fehlende Transparenz des politischen Entscheidungsprozesses und fehlende Kontroll- und Sanktionsmöglichkeiten der Regierten über die Regierenden als Hindernis für wirtschaftliche Entwicklung erwiesen. „Lange Zeit hat die Idee von der 'Entwicklungsdiktatur' eine klare Zielrichtung auf mehr Demokratie verhindert. Die durchgehend negativen Erfahrungen - zumindest in Afrika - mit autoritären Regimen haben jedoch gerade auch bei den häufig eher anti-westlich orientierten afrikanischen Intellektuellen einen Meinungsumschwung hin zum *demokratischen Staat* westlicher Prägung bewirkt" (WALLER, 1991, S. 200f). Diese Erkenntnis findet immer mehr Anhänger: „Both practitioners and academics in Africa recognize that in order to improve the quality of policies, increase the commitment of the implementation machinery, and enhance the sustainability of policies, there is a need to decentralize and increase participation at all levels of society" (PICARD et al., 1994, S. 114f).

Es besteht allerdings ein großes Problem darin zu definieren, welche politische Ordnung als Demokratie und welche als Diktatur zu bezeichnen ist. Die realen politischen Systeme bewegen sich in einem Spektrum, von dem die beiden genannten Regierungsformen nur die beiden Endpunkte darstellen. Für JUA (1988, S. 23) erfordert politischer Wettbewerb mehrere Parteien, damit der Staat vom Subjekt zum Objekt der Kämpfe wird, was „... is ushered in earlier in multi- than in single-party states". Man sollte sich aber davor hüten, von den afrikanischen Gesellschaften den sofortigen Übergang zu einem Mehrparteiensystem westlicher Prägung zu erwarten. Demokratisierung ist ein Prozeß, der aus mehr Partizipation, mehr Dezentralisierung und mehr Transparenz besteht. Auch die am weitesten fortgeschrittenen Demokratien stellen keineswegs den Endpunkt politischer Entwicklung dar. Reale politische Märkte sind genauso wie (genauer gesagt noch mehr als) Gütermärkte ineffizient (vgl. 3.3.3.2). Bevor aber auf die Perspektiven für mehr politischen Wettbewerb in Kamerun eingegangen wird, soll im folgenden zu einigen Argumenten gegen die Möglichkeit der Demokratisierung Stellung genommen werden.

5.4.2 Hindernisse der Demokratisierung

Die Einwände, die der Demokratisierung zumindest kurz- und mittelfristig geringe Aussichten einräumen, sind: Demokratie besitzt keine Tradition in Afrika, die Kultur des Klientelismus verhindert politischen Wettbewerb, die ethnische Vielfalt würde bei einer pluralistischen Gesellschaft zu offenen Konflikten sowie zum Auseinanderbrechen des Nationalstaates führen.

In der Tat ist institutioneller Wandel verlaufsabhängig (vgl. 3.3.4.2) und daher spielen für die Perspektiven der Demokratisierung sowohl die koloniale als auch die Geschichte des unabhängigen Kamerun eine Rolle. In beiden Phasen wurden politische Entscheidungen nicht demokratisch getroffen, wobei sich das unabhängige Kamerun nach anfänglichen demokratischen Ansätzen als in der Tradition des kolonialen Staates stehend erwies. „These new societies' major political traditions were, in fact, derived from the colonial era - a truly autocratic epoch" (SANDBROOK / BARKER, 1985, S. 85). Zwar wurde am Ende der Kolonialzeit in Kamerun - wie in anderen afrikanischen Kolonien - ein Parlament eingerichtet (1946) und eine Verfassung erlassen, aber diese Phase dauerte nur 15 Jahre (vgl. 2.3.1.1). Die anderen Institutionen konnten sich in dieser kurzen Zeit der Verfassung nicht anpassen. Zudem fehlte nach Meinung von SANDBROOK / BARKER (1985, S. 85) allgemein in Afrika eine Bourgeoisie, die für eine liberale Demokratie hätte kämpfen können. Spätestens 10 Jahre nach der Unabhängigkeit Kameruns waren die demokratischen Ansätze beseitigt und der Staat war eine Autokratie (vgl. 2.3.1.2). Für ILLY (1987, S. 12) ist die Zentralisierung und der autoritäre Charakter der meisten afrikanischen Staaten auch darauf zurückzuführen, daß nach der Unabhängigkeit nicht nur ein Staat, sondern auch eine Nation gebildet werden sollte. Dabei beinhaltet der Begriff „Nation" eine gewisse ethnische Homogenität. Die afrikanischen Staatsführer sahen die Bildung eines gemeinsamen Nationalgefühls als notwendig für den Zusammenhalt des Landes und damit für den Erhalt ihrer Macht an. Für Partizipation und Dezentralisierung war da kein Platz. Unabhängige Gruppen, gar auf ethnischer Basis, wurden von Ahidjo und auch von Biya als Bedrohung ihrer Regierung gesehen und entsprechend bekämpft (vgl. 4.1.2.1). Es ist schwer zu sagen, ob diese Zentralisierung tatsächlich ein notwendiger Prozeß war, um Kamerun in den ersten Jahren nach der Unabhängigkeit nicht auseinanderfallen zu lassen. Mittlerweile ist der Staat aber etablierter und es scheint ein Nationalbewußtsein zu entstehen: Die „politische Kultur Kame-

runs ... ist im Begriff sich grundlegend zu verändern, sehr wahrscheinlich auch sich zu homogenisieren" (MEHLER, 1993a, S. 131).
Sowohl die Kolonie als auch das unabhängige Kamerun können demnach nur wenige demokratische Traditionen bieten. Wie sieht es aber mit den vorkolonialen politischen Strukturen aus, die natürlich auf lokaler Ebene weiterbestanden? „Certain liberal-democratic values may have existed in traditional societies, but in a much altered guise and more intimate political environment" (SANDBROOK, 1986, S. 322). Viele ethnische Gemeinschaften in Kamerun kennen keine ausgeprägten hierarchischen Herrschaftsstrukturen. Die Entscheidungsfindung, z.B. bei den Beti, erfolgt im Konsens, wenn auch nicht egalitär, wobei es auch gewisse Voraussetzungen gab (und gibt), die zur Teilnahme an den Palavern berechtigen (MEHLER, 1993a, S. 116). Der Zwang zum Konsens, zumindest mit einem Teil der Gemeinschaft, beschränkt aber die Macht der „Regierung". Allerdings gibt es keine Gewaltenteilung (MEHLER, 1993a, S. 119). Die Kultur der Beti kann daher zwar nicht unbedingt als demokratisch bezeichnet werden, sie ist aber bestimmt auch nicht die Basis für eine Autokratie. Generell waren in den Gesellschaften des Südens die Familien bzw. die Dörfer die politischen Einheiten. Übergeordnete Strukturen gab es angesichts der dünnen Besiedlung kaum. „Die eigentliche Entscheidungseinheit ist die erweiterte bzw. Dorf-Familie, und zwar in juristischer, ökonomischer, religiöser und politischer Sicht" (ILLY, 1976, S. 35). Die Gesellschaften der Bamiléké sind dagegen zwar hierarchischer strukturiert, aber die Macht des Herrschers wird durch den Einfluß der Notablen beschränkt (vgl. 4.2.1.2).
Insgesamt gibt es in Kamerun eine kaum überschaubare Vielfalt traditioneller politischer Strukturen. Das geht von der Vererbung von Machtpositionen bis zu Systemen mit einem hohen Maß an Wettbewerb und sozialer Mobilität. Für die Maka, ein Volk im Südosten Kameruns, gilt, daß Autorität, die außerhalb der Familie - hier im engeren Sinne - ausgeübt wird, nur auf Argumenten und Überzeugung basieren kann (SCHATZBERG, 1986, S. 11). Obwohl die vorkolonialen Gesellschaftsmodelle einen „Steinbruch an demokratieförderlichen wie -feindlichen Wertvorstellungen" (MEHLER, 1993a, S. 248) bilden und daher kaum einheitlich zu interpretieren sind, besteht laut MEHLER (1993a, S. 248) in den Ethnien Kameruns mit protostaatlichen Strukturen in zwei Punkten Übereinstimmung: Die Herrschenden waren den Beherrschten gegenüber verantwortlich und offene Opposition wurde nicht geduldet.

Diese Verantwortungsposition wird häufig mit der Beziehung eines Vaters zu seinen Kindern verglichen (vgl. 4.1.1). Insgesamt ist dieser Interpretation von Macht auch der Gedanke der Veränderung und politischen Rotation zu eigen: Die „Kinder" wachsen auf und übernehmen irgendwann die Position des „Vaters". „In other words, the `children´ have to be permitted to `grow up´ and the `father´ must not seek to remain eternally in power" (SCHATZBERG, 1986, S. 17). Es gibt aber wenige Diktatoren in Afrika oder in anderen Erdteilen, die freiwillig und nicht gezwungen durch Alter, Krankheit oder einen Putsch zurücktreten. Dies macht eine Diktatur, zu der auch eine dauerhafte Unterdrückung der Beherrschten gehört, im Sinne eines paternalistischen Systems illegitim. Eine tief verwurzelte Sicht des politischen Führers als Vater mündet also keineswegs in eine Diktatur, sondern kann die Grundlage für eine demokratische Entwicklung des gesamten Staatswesens sein. „The real tragedy is that the manipulation and misapplication of the metaphors of father and family may well discredit, over the long term, a culturally valid basis for the organization of legitimate political power" (SCHATZBERG, 1986, S. 19). In einer Parteiorganisation oder bei Wahlen könnten die Klientelbeziehnugen eine neue Dimension durch ein neues Tauschobjekt gewinnen: Stimmen. Es ist durchaus nicht abwegig, auch die Beziehung zwischen Politikern und Wählern als Patron - Klient Beziehungen zu verstehen. Unter diesen Umständen würden die Kameruner Kulturen die Grundlage bieten für verantwortliches Handeln der Regierenden und für die Loyalität der Regierten. Tatsächlich wird aber diese Weltanschauung über politische Macht von den Herrschern mißbraucht, um ihr bisheriges Handeln zu rechtfertigen, das eigentlich allgemeinem Opportunismus entspringt (vgl. 4.1.1). „Selbstbereicherung und Jagd auf Pfründe und Renten sind universell vorkommende Erscheinungen von Herrschaftseliten" (TETZLAFF, 1991, S. 36).

Allerdings sollte nicht vergessen werden, daß Kultur nur Information ist und *einen* Teil der Institutionen darstellt. Es handelt sich um Rahmenbedingungen, innerhalb derer die Akteure sich bewegen und gegen die sie auch verstoßen können, zumal wenn die Kontroll- und Sanktionsmechanismen durch den Wandel von persönlichen zu unpersönlichen Tauschbeziehungen ihre Wirkung verlieren. Außerdem unterliegen kulturelle Verhaltensnormen den bereits erläuterten Bedingungen des institutionellen Wandels (vgl. 3.3.4.2.2). „When institutional disequilibrium gives rise to large enough expected benefits to cover the potential costs, individuals will make the effort to adopt new values, mores, and customs no matter how deeply rooted these rules seem to be" (LIN, 1989, S. 22). Das gilt - trotz mancher anders lautender Vorurteile - natürlich auch für die Kultur Afrikas. „La culture africaine n'est pas «immobile»" (WARNIER, 1993, S. 286). Der Wandel ist sogar dabei, sich zu beschleunigen: „Permettons-nous d'insister: aux yeux de quiconque possède un peu de culture historique, les sociétés africaines ne changent pas lentement, elles changent à une rythme accéléré" (WARNIER, 1993, S. 284). Kulturell begründete Verhaltensweisen verwischen sich. So gibt es nach WARNIER (1993, S. 283) in den Tontines Beispiele dafür, daß Angehörige von Völkern aus dem Süden die traditionell begründete De-akkumulation beschränken und Bamiléké dem Ethos de la munificence Rechnung tragen, um ihre Partner nicht zu kränken. Ethnische Solidaritäten werden beiseite geschoben, wenn sie den individuellen Interessen entgegenstehen. Z.B. spielt die ethnische Zugehörigkeit in der Personalpolitik der privaten Unternehmen in Kamerun kaum eine Rolle, die Qualifikation ist entscheidend (WARNIER, 1993, S. 233ff). Anders verhält es sich bei den großen Unternehmen und beim Staat: „Ces entreprises recruteraient leurs employés par clientélisme familial, ethnique ou de réseau, ne sanctionneraient que médiocrement les performances des employés et seraient par conséquent fort peu rentables" (WARNIER, 1993, S. 235). Darin zeigt sich, daß die Regierung aufgrund des von ihr praktizierten Klientlismus und des fehlenden Wettbewerbsdrucks den ethnischen Zugehörigkeiten mehr Bedeutung zumißt als die übrige Wirtschaft (vgl. 4.1.2.1). Wenn die Unternehmen mit mehr als 10 Beschäftigten in den großen Städten in der Regel transethnisch sind, kann das für größere Betriebe und für staatliche Organisationen prinzipiell auch kein Hindernis sein (WARNIER, 1993, S. 283). Hier wird die Personalpolitik aber von der Regierung bestimmt und deren Interesse besteht weniger in organisatorischer Effizienz als im Erhalt ihrer Macht. Zu diesem Zweck werden ethnische Verbindungen instrumentalisiert, indem sie zu einem Teil der Klientelbeziehungen werden. Die von der Regierung propagierte Befürchtung, daß bei einer mehr pluralistischen politischen Ordnung die ethnische Vielfalt zu offenen Konflikten führen würde, ist vorgeschoben. Ethnische Rivalitäten werden sogar gezielt geschürt, denn zugespitzt hat sich in letzter Zeit vor allem die „Polemik zwischen Eliten der Beti/Bulu und Bamiléké" (MEHLER, 1993a, S. 382). Nicht politische Öffnung, sondern gerade die Politik der nationalen Integration und Zentralisierung läßt Konflikte anwachsen oder aufbrechen, so daß *diese Politik* und nicht der „ethnische Pluralismus per se" ein Hindernis für die Demokratisierung darstellt (MEHLER, 1993a, S. 97). „The functionaries of the colonial bureaucracy, half administrators and half ethnologists, gave a decisive stimulus to ethnic consciousness" (BAYART, 1993, S. 52f). Darüber hinaus sind natürlich auch in Afrika ethnische Identitäten nichts unveränderliches, sondern Wandel unterworfen. Durch Wanderungen und zunehmende Bevölkerungsdichte vermischen sich Völker und es entstehen „neue Ethnien" (BAYART, 1993, S. 47ff). Obwohl auch Afrikaner selbst vielfach ethnische Zugehörigkeiten in den Vordergrund rücken, sind sie doch nur *ein Teil* der Identität. „Ethnic identity does not furthermore exclude other lines of identification; biological, religious or economic" (BAYART, 1993, S. 50).

5.4.3 Demokratie als Prozeß

Weder Geschichte noch Kultur noch ethnische Vielfalt stellen also prinzipielle Hindernisse für eine Demokratisierung dar. Sie können diese aber positiv oder negativ beeinflussen und sind bei der Diskussion der Perspektiven einer Öffnung des politischen Systems zu berücksichtigen. Es ist klar, daß unter diesen Voraussetzungen nicht sofort eine funktionsfähige repräsentative Demokratie eingeführt werden kann. Die Ansprüche an eine demokratische Ordnung dürfen nicht - wie im folgenden Zitat - zu hoch gesteckt werden: „Preconditions for the latter (representative democracy, d.Verf.) generally include high rates of urbanization, advanced development of voluntary organizations, overlapping and crosscutting social affilitations, widespread literacy, adequate and equitably distributed personal incomes, and a shared sense of national identity" (GARRITY / PICARD, 1994, S. 154). Abgesehen davon, wie diese „Vorbedingungen" zu quantifizieren und ob sie tatsächlich nötig sind, gelten sie vielleicht für eine hochentwickelte repräsentative Demokratie, aber nicht für eine Demokratisierung, wie sie im folgenden definiert werden soll.
Politische Entwicklung durch Demokratisierung bedeutet lediglich intensiveren Wettbewerb auf den politischen Märkten durch mehr Information, mehr Kontrolle und mehr Sanktionsmöglichkeiten. Entscheidend für die Erhöhung der Wettbewerbsintensität ist es, Verantwortlichkeiten festlegen zu können. Dafür sind Informationen nötig und die Möglichkeit zu persönlichen Sanktionen (vgl. GARRITY / PICARD, 1994, S.155). MEHLER (1992, S. 227) bezeichnet als „Minimalkriterien für Demokratisierung" mehr Wettbewerb um politische Ämter, mehr politische Partizipation der Bürger bei der Auswahl und Kontrolle von politischen Funktionsträgern und Politikinhalten, mehr Respekt vor Freiheits- und Menschenrechten sowie die Abkehr von der Selbstprivilegierung der Staatsklasse und die Hinwendung zu mehr Verteilungsgerechtigkeit. Der „Selbstprivilegierung der Staatsklasse" ist durch die Wirtschaftskrise und die Strukturanpassung zum Teil der Boden entzogen worden. Der Respekt vor Freiheits- und Menschenrechten wird zunehmen, wenn der Staat besser kontrolliert wird. Der Schlüssel dazu ist mehr Partizipation, d.h., daß die Regierten quantitativ und qualitativ stärker an den politischen Entscheidungsprozessen beteiligt werden. Im folgenden soll erläutert werden, daß der Ansatz für eine solche Entwicklung *in Kamerun* in Dezentralisierung und mehr Transparenz der Politik liegen kann.

Partizipation ist nicht gleich Demokratie. Auch in Autokratien gibt es Individuen und Gruppen, die direkt und indirekt auf die Entscheidungen des Staatsführers Einfluß nehmen können, so daß es auch in solchen Regierungssystemen Partizipation gibt. JUA (1991, S. 163) definiert für Kamerun eine Führungsklasse, die aus etwa 1.000 Personen besteht. Obwohl von diesen zwar nur einige die Entscheidungen des Präsidenten direkt beeinflussen konnten, stellen sie dennoch die einflußreichsten Personen des Landes dar, gegen deren Interessen keine Politik betrieben werden konnte (vgl. 4.1.2.2). Auch auf die Unterstützung der Mitglieder des Verwaltungs- und Repressionsapparates, also Militärs, Polizisten, Verwaltungsbeamte etc., ist die Regierung angewiesen, so daß auch keine politischen Entscheidungen getroffen wurden, die zu Lasten dieser Gruppen gingen (vgl. 4.1.3). Mehr Partiziption bedeutet nun, daß bisher nicht an den Entscheidungen beteiligte Gruppen miteinbezogen werden (SCHMIDT, 1995, S. 147). „Democracy would then not eliminate patrimonial corruption certainly, but it would limit its negative impact and potentially empower the groups that have the most to gain from economic reform: small holders in the countryside and the private sector middle class" (Van De WALLE, 1990, S. 337). Dadurch kann der Druck zu Reformen erhöht werden (WALLER, 1991, S. 202). Als erster Schritt der Demokratisierung müssen also die Gruppen gestärkt werden, die nicht Mtglied der Staatsklasse sind. Der bisherige Demokratisierungsprozeß in Kamerun war trotz der teilweisen Manipulation der Wahlen ein Schritt in diese Richtung (vgl. 2.3.1.3). „Wichtig ist dabei auch, daß das politische System eine Atmosphäre zuläßt, die es der (mehrheitlich ländlichen) Bevölkerung erlaubt, auf die Verwaltung Druck auszuüben und den Grad ihrer Aufgabenerfüllung zu kontrollieren" (ILLY, 1987, S. 22f). Dies kann aber vor allem in kleinen überschaubaren Einheiten geleistet werden, da die geringe Transparenz und die Komplexität der nationalen Politik bisher eine solche Kontrolle kaum erlaubt (vgl. GARRITY / PICARD, 1994, S. 155f).

Mehr als von Präsidentschafts- und Parlamentswahlen ist daher in dieser Hinsicht von den Folgen der im Januar 1996 abgehaltenen Kommunalwahlen zu erwarten. Damit aber die unteren Verwaltungsebenen kontrolliert werden können, müssen sie auch eigenverantwortlich Entscheidungen treffen können. Für ein so heterogenens Land wie Kamerun scheint es sich geradezu aufzudrängen, politische Entscheidungen dezentral und nicht zentral zu treffen. „Irgendeine Form der Dezentralisierung von Entscheidungen (möglicherweise bis hin zu föderalen Arrangements) scheint hier am erfolgversprechendsten - und mit dem demokratischen Impetus günstig verknüpfbar zu sein" (MEHLER, 1993a, S. 97). Regionale Demokratisierung (Föderalismus) würde die lokalen Politiker und Staatsangestellten zu Lobbyisten ihrer Region machen anstatt zu Handlangern der Zentralregierung (vgl. BIWOLE, 1986, S. 223). Sie wären nicht mehr nur ausführende Organe der Entscheidungen der Zentralregierung, sondern sie müßten ihre Legitimation in der jeweiligen Region suchen. Das bedeutet noch nicht, daß automatisch funktionierende demokratische Strukturen entstehen, aber Opportunismus von Politikern und Bürokraten wird durch die größere Transparenz und die besseren Kontrollmöglichkeiten erschwert. Außerdem findet durch Dezentralisierung auch so etwas wie eine politische Spezialisierung statt. Dadurch daß Entscheidungen näher am Problem getroffen werden, sinken die Informationskosten der Regierenden, zumal in einem Land mit schlechter Infrastruktur. Mit Dezentralisierung verbindet sich auch die Hoffnung, daß die größere Effizienz der lokalen politischen Märkte auf die nationale Politik ausstrahlt: „In time, this local capacity for organization and confidence may increase popular pressure for change at the territorial level. Or so it is hoped" (SANDBROOK / BARKER, 1985, S. 150).

Darüber hinaus würden die interethnischen Konflikte, so sie denn bestehen, mehr zu intraethnischen, was eventuell neue nicht-ethnische Interessengruppen entstehen ließe. Weiterhin würde der interethnische Konflikt institutionalisiert, d.h. nach bestimmten Regeln ablaufen. „Voraussetzung hierzu (für Entwicklung, d. Verf.) ist jedoch, daß die sog. Staat-

selite nicht weiter nur einem Phantom des Nationalstaates nachjagt, sondern endlich die ethno-kulturelle Pluralität afrikanischer Staaten anerkennt" (ILLY, 1987, S. 16).
Forderungen nach einer stärker föderativen Ordnung des Staates, die vor allem aus dem Westen, aber auch aus Douala kommen, stoßen in der kamerunischen Regierung verständlicherweise auf taube Ohren, denn wer gibt schon freiwillig Kompetenzen ab? Dezentralisierung ist ein Wort, „das unter französischen Diplomaten die gleichen Abwehrreflexe aktiviert wie im kamerunischen Präsidialamt" (NZZ, 22.9.1993). Die Ablehnung der Dezentralisierung durch Frankreich dürfte daran liegen, daß es gegenüber der jetzigen Situation vermutlich an Einfluß verlieren würde - z.B. durch das mögliche Aufkommen anti-französischer Kräfte (vor allem aus dem anglophonen Westen). Für die kamerunische Regierung ist die Zentralisierung der politischen Macht existentiell wichtig, da dadurch der für das Patronage-System notwendige Zugriff auf die Staatsressourcen garantiert wird und der Einsatz repressiver Mittel leichter ist (vgl. 2.3.1.2 und 4.1.2.2). „Federalism, characterized by decentralized decision making, reduced the president's control of resource allocation and made it difficult for him to accumulate the resources needed to bribe his supporters and purchase security for his regime" (MBAKU / KAMERSCHEN, 1993, S. 42). Durch die Aufrechterhaltung persönlicher Abhängigkeiten verhindert der Präsident auch die Entstehung einer organisierten Opposition. Die Patronage im Sinne der Individualisierung von „benefits" untergräbt die Versuche zur Organisierung politischer Gruppeninteressen, da ein großer Anreiz besteht, aus der Koalition auszuscheren und sich durch politische Loyalität gegenüber den regierenden Politikern deren Unterstützung zu „verdienen". Es kommt zum „Buhlen" um individuelle Ausnahmen, um die Beteiligung am Patronage-System. Dezentralisierung würde diese persönlichen Abhängigkeiten verringern und die Machtposition des Präsidenten angreifen.

Da die Stellung des Präsidenten aber Mitte der 90er Jahre so geschwächt war, daß er sich nur durch ein Lavieren zwischen Repression und Zugeständnissen an die Opposition an der Macht halten konnte, fanden dennoch Anfang 1996 die lange angekündigten Kommunalwahlen statt. Obwohl auch diese Wahlen wieder von Einschüchterung und Manipulation begleitet waren, konnte die Regierungspartei, die RDPC, nur 62 % der Gemeinden gewinnen (vgl. 2.3.1.3). Es handelte sich aber nicht um die ersten pluralistischen Gemeindewahlen in Kamerun. Bereits in den 50er Jahren gab es Kommunalwahlen in Douala, Yaoundé und Nkongsamba. ILLY (1976, S. 192) spricht sogar von einer „relativ hohe(n) Autonomie an der Basis". Nachdem bereits in den 60er Jahren nur noch Kandidaten der Einheispartei zur Wahl gestellt wurden, wurden 1967 die Wahlen ganz abgeschafft und die Bürgermeister von der Regierung ernannt (ILLY, 1976, S. 192).
Gemeindewahlen allein bedeuten allerdings noch keine Dezentralisierung. Die Kommunen müssen auch die Möglichkeit zu eigenverantwortlicher Politik haben. Dazu sind die entsprechenden Kompetenzen und auch Einnahmen notwendig. Mitte der 80er Jahre betrug die Finanzkraft der Gemeinden nur 7 % der der Zentralverwaltungen, wobei zwei Drittel dieser Einnahmen von Douala und Yaoundé kontrolliert werden. Die Gemeinden finanzieren sich in erster Linie durch eine Pauschalsteuer (impôt forfaitaire). Dabei besitzt der Sous-Préfet die Kompetenz, die Steuerpflichtigen und den Steuersatz für jeden zu bestimmen (BIWOLE, 1986, S. 225f). Für einen tatsächlichen Föderalismus wären eine klare formale Festlegung der Kompetenzen der Zentralregierung und der Gemeindeverwaltungen und eine Verbesserung der Finanzsituation der Gemeinden notwendig (BIWOLE, 1986, S. 223).

Dezentralisierung ist aber nicht nur auf die politischen Entscheidungsprozesse zu beziehen, sie bedeutet auch die Entstehung bzw. Bedeutungszunahme unabhängiger gesellschaftlicher Organisationen. Diese Organisationen sind Zusammenschlüsse bestimmter Bevölkerungsgruppen, als deren Interessenvertreter sie auftreten. Sie haben als Interessenverbände auch das Ziel, die Institutionen zum Nutzen ihrer Mitglieder zu verändern; das kann auch die Beeinflussung der Weltanschauung aller Mitglieder der Gesellschaft bedeuten. Zur Dezentralisierung gehört folglich ebenfalls die Freiheit der Individuen, Organisationen zur Vertretung ihrer Interessen zu gründen. Das verstärkt die dezentrale Suche nach politischen Lösungen. Zudem ist es eine weitere Aufgabe von Interessenverbänden, ihre Mitglieder zu informieren. Unter unabhängigen gesellschaftlichen Organisationen entsteht sogar ein Wettbewerb um Wissens-Vorsprünge, da durch asymmetrische Informationen Vorteile in Tauschbeziehungen oder bei Verhandlungen erreicht werden können.
Denkbar sind Organisationen zur Vertretung der Interessen von Arbeitnehmern, Unternehmern, Konsumenten etc. Der Rückzug des Staates aus der direkten Beeinflussung der Wirtschaft hat unabhängigen gesellschaftlichen Organisationen mehr Spielraum eröffnet. So gibt die Liberalisierung des Kaffee- und Kakaomarktes den landwirtschaftlichen Genossenschaften, die bis dato noch erheblich unter Regierungseinfluß stehen (vgl. 2.4.2.3 - Kaffee und Kakao), mehr Möglichkeiten zum unabhängigen Handeln. Es ist durchaus wahrscheinlich, daß sich diese bei der anhaltenden Schwäche der Regierung zunehmend von der politischen Einflußnahme lösen. Die Ex-Einheitsgewerkschaft CSTC ist dafür ein Beispiel. Deren Generalsekretär, Louis Sombes, war 1993 aufgrund der Gehaltskürzungen für einen Streik eingetreten und wurde daraufhin des Amtes enthoben. Die Basis widersetzte sich aber der neuen Führung, so daß Sombes wieder eingesetzt werden mußte (MEHLER, 1995a, S. 187). Ein weiteres Beispiel für die zunehmende Bedeutung unabhängiger Interessenvertretungen sind die Anwälte, die nicht nur individuell, sondern auch als organisierter Berufsstand zu wichtigen Streitern für die Demokratie wurden (MEHLER, 1993a, S. 288).

Unabhängige gesellschaftliche Organisationen liefern auch einen wichtigen Beitrag zur Transparenz politischer Entscheidungen, denn sie haben ein Interesse daran, diese auf Wirkungen für ihre Mitglieder hin zu überprüfen. Auch einer politischen Opposition ist an solcher Kontrolle gelegen. Selbst zaghafte, von repressiven Perioden unterbrochene, Demokratisierungsversuche tragen somit zur besseren Information der Regierten bei. Transparenz ist aber die Voraussetzung für Kontrolle und Sanktionen (vgl. PICARD et al., 1994, S. 120f). Niedrige Informationskosten sind für eine hohe Wettbewerbsintensität auf den politischen Märkten mindestens genauso wichtig wie auf den Gütermärkten. Eine freie Presse, die politische Prozesse transparent macht, opportunistisches Verhalten und Ineffizienzen in den staatlichen Organisationen aufdeckt, Verletzungen von Menschen- und Bürgerrechten anprangert etc., ist daher ein weiteres wichtiges Element der Demokratisierung. So kann z.B. erst durch Berichte über Institutionen oder über institutionellen Wandel in anderen Ländern ein Wettbewerb der Institutionen entstehen. Daß die Demokratiewelle in Afrika im Gefolge der Veränderungen in Osteuropa Anfang der 90er Jahre stattfand, ist dafür ein Beispiel. Die Anstrengungen, die die Kameruner Regierung zur Unterdrückung der freien Presse unternimmt, sind der beste Beweis für die Bedeutung von Information und Wissen (vgl. 2.3.1.3).
Mehr Partizipation, mehr Dezentralisierung und mehr Informationen führen also zu größerer Transparenz politischer Entscheidungen und damit zu besserer Kontrolle und zu mehr Sanktionsmöglichkeiten gegenüber Politikern. Dadurch intensiviert sich der Wettbewerb auf den politischen Märkten und der institutionelle Wandel beschleunigt sich. Die Institutionen

werden damit flexibler und besser den relativen Preisen angepaßt. Durch die größere Realitätsnähe der Institutionen verstärkt sich schließlich der Wettbewerb auf den Gütermärkten. Demokratie führt folglich zu politischer *und* wirtschaftlicher Entwicklung.

5.4.4 Wandel der politischen Kultur

Die bestehende politische Ordnung in Kamerun steht der Effizienz der staatlichen Organisationen, den Institutionen einer Wettbewerbsordnung und institutioneller Sicherheit im allgemeinen im Wege. Sie behindert also wirtschaftliche Entwicklung. Zudem sind die Transaktionskosten des gegenwärtigen politischen Systems sehr hoch im Vergleich zu einer Ordnung, die sich auf eine demokratische Legitimierung stützt. Das Patronage-System kann nur durch die Verteilung von Ressourcen am Laufen gehalten werden. Die Kosten, die mit der Nutzung der politischen Ordnung oder der Durchsetzung von Politik verbunden sind, sind daher sehr hoch (vgl. 3.3.2.3 und 4.1). Politische Entscheidungen werden aufgrund der Unvollkommenheit politischer Märkte nach Verhandlungen getroffen. Doch es ist ein Irrtum anzunehmen, in Diktaturen gäbe es keinen politischen Bargainingprozeß. Er ist nur nicht öffentlich und es ist lediglich eine Minderheit beteiligt. Demokratisierung bedeutet nun auch eine Formalisierung der politischen Entscheidungsprozesse, denn diese ist nicht nur die Voraussetzung für Transparenz, sondern spart auch Transaktionskosten. Der Ablauf von Verhandlungen nach bestimmten Regeln schafft nämlich institutionelle Sicherheit, wodurch Informations-, Verhandlungs- und Durchsetzungskosten sinken.

Mehr politischer Wettbewerb durch Demokratisierung würde aber nicht nur den Staat dazu veranlassen, sich mehr als unparteiischer Dritter zu verhalten und dadurch mehr Wohlstand zu ermöglichen, sondern die Gelegenheit zur Beteiligung an politischen Entscheidungen bedeutet auch individuelle Entwicklung an sich. Zur Demokratie, dem „Legitimationsideal kollektiven Handelns“ (PIES, 1993, S. 286), gehört aber auch der Schutz des einzelnen vor der Gemeinschaft, die Garantie der Menschen- und Bürgerrechte (vgl. 3.1.2.3). Die Respektierung dieser grundlegenden individuellen Freiheitsrechte durch den Staat ist um so wahrscheinlicher, je transparenter politische Entscheidungsprozesse sowie staatliche Organisationen und je besser die Kontroll- und Sanktionsmöglichkeiten sind. Zu einem intensiven Wettbewerb politischer Ideen kommt es zudem erst, wenn mit dem Äußern der eigenen Überzeugungen keine persönlichen Nachteile verbunden sind. Die Demokratisierung und der Schutz der Menschen- und Bürgerrechte gehen also Hand in Hand. Diskretionäre Eingriffe zugunsten oder zuungunsten bestimmter Personen und Gruppen werden durch Partizipation schwieriger. Gleichheit vor dem Gesetz ist zudem eine Voraussetzung für gleiche Startbedingungen im Wettbewerb und damit eine Voraussetzung desselben (vgl. 3.3.3.1.2). Der Schutz des einzelnen vor dem Staat erfordert jedoch die Unabhängigkeit der Justiz, die es in Kamerun nur formal gibt (vgl. 4.2.2). Mehr Transparenz und Kontrolle in der Politik, z.B. mit Hilfe einer freien Presse, würde auch zur Offenlegung der Beeinflussung von Gerichten durch Politiker oder Bürokraten führen. Die Garantie einer unabhängigen Rechtssprechung bzw. eine effiziente Rechtsordnung erfordert aber eine ständige Überwachung und die Verankerung ihrer Bedeutung in den Überzeugungen aller Akteure. Mit anderen Worten: die Etablierung einer Rechtskultur, die die Akzeptanz von Gerichtsentscheidungen und damit deren automatische Durchsetzung begünstigt, die aber auch nur in einem langwierigen Prozeß zu erreichen ist. „How does one create such self-enforcing constraints? Part of the answer is that creating a system of effective enforcement and of moral con-

straints on behavior is a long, slow process that requires time to develop if it is to evolve - a condition markedly absent in the rapid transformation of Africa from tribal societies to market economies" (NORTH, 1990, S. 60).
Solche „moralischen Verhaltensbeschränkungen" entstehen, wenn die Institutionen wenige Anreize geben, sich opportunistisch zu verhalten, und wenn die Akteure die bestehende institutionelle Ordnung für gerecht halten.
Die Beteiligung möglichst vieler am politischen Entscheidungsprozeß verringert die Wahrscheinlichkeit, daß ein einzelner oder eine Minderheit die Politik zu ihren Gunsten beeinflussen kann. Im Gegensatz zu einer Autokratie, in der ein einzelner oder eine kleine Gruppe über die Politik häufig bis in kleinste Details entscheiden, werden bei Wahlen in einer Demokratie grundsätzlichere und abstraktere Entscheidungen getroffen. Das erhöht die Wahrscheinlichkeit dafür, daß politische Entscheidungen weniger nach kurzfristigen individuellen Vorteilen als nach langfristigen Überzeugungen gefällt werden.
Politische Entscheidungen in einer Demokratie ziehen ihre Legitimität darüber hinaus auch aus der Gerechtigkeit des Systems. Individuelle Freiheiten und gleiche Partizipationsmöglichkeiten für jeden geben den Akteuren ein Gefühl, daß die jeweiligen Entscheidungen gerecht getroffen wurden. Die Meinung über Fairneß und Gerechtigkeit des Systems beeinflußt aber die automatische Regelbefolgung (vgl. 3.3.2.4). Die „Moral der Kooperation" wird dadurch begünstigt - auf den wirtschaftlichen genauso wie auf den politischen Märkten. „Where the level of rule obedience is satisfactory and the content of the rules is favorable, a society will tend to develop business and governmental organizations that instill organizational loyalty and esprit de corps" (CLAGUE, 1993, S. 412). Demokratie liefert damit auch einen Beitrag zur Senkung der Transaktionskosten, da auch individuell nachteilige Entscheidungen und Maßnahmen eher akzeptiert werden und folglich die Durchsetzungskosten niedriger sind. „A strong state is one that can count on willing compliance. ... The other basis for rule is, of course, coerced compliance" (SANDBROOK / BARKER, 1985, S. 83f). Diese „coerced compliance" kann so teuer werden, daß die Politik überhaupt nicht mehr durchgesetzt werden kann. So reagierte die Kameruner Regierung auf die Anti-Regime-Demonstrationen Anfang der 90er Jahre mit einem Verzicht auf die Kontrolle weiter Landesteile. Wirklich bedenklich erschien nur eine nachlassende Popularität in der Armee, der Polizei, bei Beamten oder Gefängniswärtern (MEHLER, 1995b, S. 304). „Das Wissen um den gleichzeitig starken und schwachen Staat (punktuelle, aber dann äußerst repressive Zwangsherrschaft) dürfte zu den wichtigsten Bestandteilen der politischen Kultur Kameruns gehören" (MEHLER, 1993a, S. 122).

Demokratisierung führt dazu, daß die Prozesse, in denen politische Entscheidungen getroffen werden, formal geregelt und transparenter sind sowie aufgrund von Kontrolle und Sanktionen weniger diskretionär gegen einzelne oder Minderheiten gerichtet werden können. Die Regierung ist weniger in der Lage, politische Entscheidungen durch die diskretionäre Verteilung von Ressourcen oder die diskretionäre Anwendung von Gewaltmitteln durchzusetzen, sondern sie muß sich einer breiteren Zustimmung versichern. Erst wenn durch die Demokratisierung die Akzeptanz sowie die Meinung über die Gerechtigkeit des Zustandekommens politischer Entscheidungen steigt, wird der Staat von der Bevölkerung mehr als Dienstleister denn als repressive Autorität wahrgenommen. Bis jetzt wird diese Wahrnehmung als repressive Autorität von der Regierung aber noch gezielt unterstützt. So stammen z.B. die ausführenden Beamten in der Regionalverwaltung in der Regel nicht aus den Provinzen, in denen sie tätig sind, sondern aus anderen Landesteilen (GANKOU, 1991,

S. 66). Allerdings ist das Schaffen von Vertrauen langwierig und erfordert eine Veränderung des Verhaltens von Regierung und Bürokratie über längere Zeit. Hier findet sich das Kooperationsproblem wieder (vgl. 3.3.2.1). Nicht nur die Weltanschauung der Regierten würde sich bei einer Änderung der politischen Ordnung langsam ändern, sondern auch die der Regierenden. Wird die Möglichkeit zu opportunistischem Verhalten verringert, dann nimmt auch die „Moral der Kooperation" zu. Externe Kontrolle und Sanktionen sowie interne Selbstbeschränkungen verstärken sich gegenseitig. In Kamerun wurde dieser Prozeß durch Wirtschaftskrise, Strukturanpassung und die damit erzwungenen Änderungen in der politischen Ordnung sowie durch die begonnene Demokratisierung angestoßen.

5.5 Zusammenfassung

1. Nachdem sich die Kameruner Regierung als unfähig erwiesen hat, auf die Mitte der 80er Jahre beginnende Wirtschaftskrise angemessen zu reagieren, und daher zahlungsunfähig geworden war, mußte sie sich von den internationalen Gebern *Strukturanpassungsprogramme* aufzwingen lassen. Deren vorrangiges Ziel war die Wiederherstellung der Zahlungsfähigkeit und der makroökonomischen Stabilität. Dazu gehörte ein Rückzug des Staates aus der direkten Beeinflussung der Wirtschaft durch *Liberalisierung und Privatisierung*, womit auch allokative Verzerrungen beseitigt und die langfristigen Wachstumschancen verbessert werden sollten.
Diese Maßnahmen verringerten für die Regierung die Möglichkeit, diskretionär auf die Wirtschaft Einfluß zu nehmen, was aber eine Grundlage des Patronage-Systems ist. Die SAP bedrohten also die Legitimation der Regierung, weshalb diese wenig an deren Umsetzung interessiert war. Obwohl die Maßnahmen der SAP deswegen nur langsam, wenn überhaupt, durchgesetzt wurden, reduzierte sich auch durch die Wirtschaftskrise an sich der direkte Einfluß von Bürokraten und Politikern auf die wirtschaftlichen Entscheidungen der privaten Akteure.

2. Da weniger Ressourcen im Staatssektor zu verteilen waren, sank dessen Attraktivität bei der Suche nach Renten. Der - teilweise erzwungene - Rückzug des Staates aus der Wirtschaft reduzierte auch den negativen Einfluß der von ihm ausgehenden institutionellen Unsicherheit. Um aber das Entwicklungspotential der privaten Wirtschaft wirklich ausschöpfen zu können, muß der Staat eine *aktive Wettbewerbspolitik* betreiben. Dazu gehört in erster Linie die Schaffung institutioneller Sicherheit durch die Garantie von Vertragsfreiheit und privaten Verfügungsrechten sowie die billige Durchsetzung von Verträgen. Während dies *Voraussetzungen* für Wettbewerb sind, kann dessen *Intensität* zudem durch den Ausbau der Infrastruktur und die Förderung von Informationsfluß und Bildung erhöht werden. Obwohl auch von den internationalen Gebern erkannt wurde, daß die Beschränkung der Rolle des Staates allein noch nicht zu Entwicklung führt, wurden bei der Wettbewerbspolitik, die einen aktiven Staat erfordert, noch wenig Fortschritte erzielt. Dies liegt daran, daß Weltbank und IWF in ihren Möglichkeiten der Einflußnahme auch institutionell beschränkt sind und daß eine aktive Wettbewerbspolitik ein sehr viel komplexeres Problem darstellt als simple Sparmaßnahmen.

3. Die Schaffung institutioneller Sicherheit und die Durchsetzung wirtschaftspolitischer Maßnahmen erfordern eine effiziente Verwaltung. Damit diese aber effizienter arbeiten kann

als bisher, sind institutionelle Änderungen notwendig, durch die *Transparenz und Kontrolle* verstärkt werden. Dazu gehört z.B. die genaue Definition von Aufgaben und Verantwortlichkeiten sowie die Verringerung der willkürlichen Einflußnahme durch die Politiker z.B. durch die Einführung des Laufbahnprinzips mit festen Beförderungsregeln. Kontrollen und an den Erfolg gebundene positive und negative Sanktionen würden die Bereitschaft zum Opportunismus senken und den Leistungswillen steigern. Die Einrichtung und die Durchsetzung solcher formalen Regeln kann aber nur extern erfolgen - zum einen durch die Politiker, die den staatlichen Organisationen die Ziele vorgeben und zum anderen durch eine unabhängige Verwaltungsgerichtsbarkeit. Die Unabhängigkeit der Rechtssprechung ist vor allem dann vonnöten, wenn es um den Schutz der individuellen Rechte vor der willkürlichen Zwangsgewalt des Staates geht.

4. Eine effiziente Verwaltung, eine unabhängige Rechtssprechung und eine Wirtschaftspolitik, deren Ziel Wettbewerb ist, können nicht von außen verordnet werden wie Strukturanpassungsmaßnahmen, sie erfordern permanenten Druck mittels der Kontrolle durch die Regierten. Auf die Politiker muß anhaltender Druck ausgeübt werden können, damit diese sich nicht opportunistisch verhalten und an einer effizienten Verwaltung und einer unabhängigen Rechtssprechung interessiert sind. Dafür ist *politischer Wettbewerb* notwendig. Die Entscheidungsprozesse und die Durchsetzung von Politik müssen transparent und damit kontrollierbar sowie gegebenenfalls sanktionierbar sein. Die Wahrscheinlichkeit, daß eine Politik zugunsten einzelner oder einzelner Gruppen betrieben wird, wird dadurch verringert, daß möglichst viele an den politischen Entscheidungen - direkt oder indirekt - partizipieren. Eine solche Partizipation scheint in Kamerun neben den Ansätzen, die es bereits gibt, am besten durch *Dezentralisierung* zu erreichen zu sein, da diese gut mit *Transparenz* zu verbinden ist. Die Kommunalwahlen sind in diesem Sinne ein Schritt in die richtige Richtung, aber eine Aufwertung der Kompetenzen der Gemeinden muß folgen. Auch die steigende Bedeutung unabhängiger privater Organisationen führt zu einer Dezentralisierung politischer Macht und zu mehr Transparenz.

5. Demokratie ist also kein Endzustand, sondern ein langwieriger Prozeß, zu dem auch ein Wandel der Weltanschauung gehört, sowohl bei Regierten als auch bei Regierenden. Größere Transparenz und Kontrolle der Regierung, z.B. durch eine Opposition, unabhängige gesellschaftliche Organisationen und eine freie Presse führen zu mehr Schutz des einzelnen vor dem Staat, indem z.B. Menschenrechtsverletzungen, Ungerechtigkeiten durch eine diskretionäre Politik und die Einflußnahme auf richterliche Entscheidungen offengelegt und durch die Regierten sanktioniert werden können. „It is essential to have rules that eliminate not only failed economic organization but failed political organization as well" (NORTH, 1990, S.81). Dadurch werden Politiker und Bürokraten gezwungen, weniger als repressive Autoritäten denn als *Dienstleister* zu handeln und sich auch letztlich selbst so zu verstehen. Mit Hilfe externer Kontrollen und Sanktionen entstehen interne Selbstbeschränkungen, sozusagen eine *„Moral der Politik"*. Durch langfristiges Verhalten des Staates als unparteiischer Dritter steigt schließlich auch bei den Regierten die Akzeptanz politischer Entscheidungen, da die Institutionen, nach denen diese Entscheidungen getroffen und durchgesetzt werden, für gerecht gehalten werden. Diese langsamen Veränderungen der Weltanschauungen lassen gemeinsam mit der beschriebenen Veränderung der formalen Regeln die Transaktionskosten in der gesamten Volkswirtschaft signifikant sinken.

6 Schlußbemerkungen

Entwicklung bedeutet eigentlich „nur“, daß den Menschen die *Möglichkeit* gegeben wird, ihre *Fähigkeiten* zum eigenen Vorteil - und damit durch positive externe Effekte letztlich zum Vorteil der Gemeinschaft - zu nutzen. Die Länder oder Gesellschaften unterscheiden sich daher nicht in den individuellen Fähigkeiten, sondern in den Möglichkeiten, die sie ihren Mitgliedern eröffnen. Die Institutionen definieren die Entscheidungsalternativen, das Choice set und sind dadurch für den Entwicklungsstand der Individuen und damit der Gemeinschaft verantwortlich.

Im wirtschaftlichen Sinne heißt Entwicklung die Zunahme der Möglichkeit des einzelnen, über Güter zu verfügen, also *Wohlstand*. Eine wesentliche Voraussetzung für Wohlstand ist Wettbewerb auf den Gütermärkten und folglich das Entstehen einer *arbeitsteiligen Volkswirtschaft*. Je intensiver aber die Arbeitsteilung ist, um so mehr Transaktionen sind notwendig und um so weniger wahrscheinlich ist es, daß sich die Tauschpartner persönlich kennen. Notwendig für Entwicklung ist daher der Übergang von persönlichen zu unpersönlichen Tauschbeziehungen - eine schwer zu überspringende Hürde, denn interne Beschränkungen und nicht-formale Institutionen müssen durch *formale Regeln* und deren *zentrale Durchsetzung* zwar nicht ersetzt, aber ergänzt werden. Nur so kann die institutionelle Sicherheit geschaffen werden, die die Kosten der einzelnen Transaktion signifikant sinken läßt. Interne Beschränkungen - Denkmodelle und Weltanschauungen - sind aber weiterhin wichtig, da sie, falls sie dieselben Anreize geben wie die externen Institutionen, die Durchsetzungskosten der formalen Regeln senken.

Der Grund, warum in manchen Regionen der Erde der Übergang von nicht-formalen zu formalen Regeln mit zentraler Durchsetzung weiter fortgeschritten ist als in anderen, liegt in den *Veränderungen der relativen Preise*. Von solchen Veränderungen geht nämlich der Antrieb zum *institutionellen Wandel* aus. Eine wesentliche Rolle fällt dabei dem Produktionsfaktor Boden bzw. dem Bevölkerungswachstum zu. „The preeminence of strategies of extraversion and escape, lack of overexploitation, the mediocrity of accumulation, underproductivity in the economy, wealth valued in men rather than goods and land, extensive representation of space in terms of mobility, a plural conception of time: all these characteristics probably owe much to weak demographic pressure“ (BAYART, 1993, S. 263f.). Daher wird das gegenwärtige rapide Bevölkerungswachstum in Afrika den institutionellen Wandel weiter beschleunigen (BAYART, 1993, S. 263). Technische oder institutionelle Innovationen werden in der Regel nicht „ohne Grund“ gemacht. Erst müssen Probleme auftauchen bzw. sich die relativen Preise verändern, bevor Lösungen gesucht bzw. die entsprechenden Renten wahrgenommen werden. Das bestätigt die Untersuchung von Van BEEK (1988, S. 19) über die Kapsiki, ein kamerunisches Volk in der Provinz Adamaoua. Solange diese auf relativ fruchtbaren Böden bei gleichbleibender Bevölkerungsdichte lebten, hat sich ihre Art und Weise der Landbestellung kaum geändert, aber: „Under different conditions, with less impositions of inter-gender rules and in the absence of the more fertile mountain slopes, the Kapsiki/Higi are quick to adopt new techniques of cultivation“ (Van BEEK, 1988, S. 19).

Im modernen Afrika ändern sich durch das rasende Bevölkerungswachstum und durch Einflüsse von außen die relativen Preise schnell und auch der institutionelle Wandel beschleunigt sich. Dadurch verliert es seine „traditionellen Werte“ - etwas, das in den meisten Gesellschaften beklagt wurde oder wird (vgl. TABI ABODO, 1986, S. 218). Dies scheint eine unumgängliche Konsequenz der Veränderung der relativen Preise zu sein. Entscheidend für die Entwicklung ist, daß diese „traditionellen Werte" (interne Beschränkungen, nicht-formale Regeln) durch andere Institutionen ersetzt oder ergänzt werden. Welche Institutionen das sind - ob sie Wettbewerb zulassen und damit zu Wohlstand führen - ist aber das Ergebnis von *Verhandlungen*. Geschichte bleibt daher unvorhersehbar. Wenn sich in diesen Verhandlungen - bzw. „social struggles" (BAYART, 1993, S. 263f) - die Organisationen oder Individuen durchsetzen, die die *Institutionen einer Wettbewerbsordnung* zum Ziel haben, dann kommt es zu wirtschaftlicher Entwicklung.

Wachstum kann auch in Diktaturen erreicht werden und erfordert nicht unbedingt Entwicklung, wie sie hier definiert wurde. Für die tatsächliche *Ausschöpfung des individuellen Entwicklungspotentials* sind aber Freiheitsrechte notwendig, die definitionsgemäß nicht mit einer Diktatur vereinbar sind. Die vorliegende Untersuchung hat gezeigt, daß dies auch auf Kamerun zutrifft. Zeitweilig wurden zwar trotz autokratischer Regierungsform beträchtliche Wachstumsraten erzielt, aber auf lange Sicht erfordert gute wirtschaftliche Performance in Kamerun *politische Entwicklung*.

Entscheidend für wirtschaftliche Entwicklung sind im allgemeinen Vertragsfreiheit, sichere private Verfügungsrechte und geringe Kosten der Vertragsdurchsetzung. Eine Regierung, die diese wirtschaftlichen Freiheiten garantiert und politische Freiheiten unterdrückt, kann *wirtschaftlich* properieren. Allerdings verschieben sich mit der Zeit dadurch auch die Verhandlungspositionen der verschiedenen Gruppen, so daß ein Wandel der politischen Ordnung durch Beteiligung neuer Gruppen - langsam oder auch plötzlich - vonstatten gehen kann. Durch die zunehmende Partizipation wirtschaftlich erfolgreicher Gruppen an politischen Entscheidungen *kann* es schließlich zu Demokratisierung und politischer Entwicklung kommen. Diese *Möglichkeit* der politischen Entwicklung *durch* wirtschaftliches Wachstum ist im Falle Kameruns wenig wahrscheinlich, da der autokratische Staat eben *nicht* die genannten wirtschaftlichen Freiheiten garantiert. Willkür von Politikern und Bürokraten schafft institutionelle Unsicherheit und verhindert Wachstum. Ein eher möglich erscheinender Entwicklungsweg für Kamerun ist daher die Begrenzung dieser Willkür und die *Änderung der politischen Ordnung*. Ebenso wie bei den Regeln für das Wirtschaften ist auch hier eine *Formalisierung* notwendig. Die Einführung und die Garantie formaler Regeln der politischen Entscheidungsfindung und -durchsetzung erfordern aber effizientere politische Märkte und damit *Transparenz*, *Kontrolle* und gegebenenfalls *Sanktionen*. Dies kann am besten durch Demokratisierung erreicht werden. *Politische Entwicklung ist folglich im Falle Kameruns die Voraussetzung für wirtschaftliche Entwicklung.*

Seit Beginn der 90er Jahre gibt es in Kamerun einige demokratische Ansätze, die zu Hoffnung Anlaß geben. Entwicklung und institutioneller Wandel brauchen zwar Zeit, aber die Richtung scheint inzwischen zu stimmen. Auch in wirtschaftlicher Hinsicht gibt es einige Veränderungen, die in der zweiten Hälfte der 90er Jahre wieder eine bessere Performance erwarten lassen. Privatisierung und Liberalisierung eröffnen besonders in der Landwirtschaft die Möglichkeit, das vorhandene Potential besser zu nutzen. Jüngste Veränderungen in der UDEAC können zudem die Grundlage für eine Zunahme des regionalen Handels auch mit verarbeiteten Gütern bilden. Vor allem aber die Abwertung des FCFA gegenüber dem FF ermöglicht besonders der Industrie, aus ihrer Rezession zu entkommen.

Die Geber haben durch ihre Einflußnahme auf die Wirtschaftspolitik Kameruns zwar dazu beigetragen, daß sich die Wachstumsbedingungen verbessert haben, ihr Einfluß wirkt sich aber teilweise auch kontraproduktiv aus. Besonders die mangelnde Koordination fällt dabei negativ ins Gewicht. So kann man nicht *allen* Ländern eine Abwertung empfehlen. Die Abwertung des Naira beispielsweise ging erheblich auf Kosten der Nachbarn Nigerias - u.a. auch Kameruns. Das Fehlen einer umfassenden Sichtweise besteht aber nicht nur regional, sondern auch sektoral: „Die Institutionen der Entwicklungszusammenarbeit haben ihre Projekt- und Programmarbeit sektoral organisiert und dadurch ein Selbstverständnis entwickelt, das keinen Raum für die Bedeutung entwicklungsfördernder Rahmenbedingungen zur Initiierung selbsttragender Entwicklungsprozesse ließ" (SCHLARB, 1990, S. 13). Die viel beschworene „Hilfe zur Selbsthilfe" müßte jedoch *gerade* darin bestehen, die Rahmenbedingungen für eigenverantwortliches Handeln festzulegen. Möglicherweise verlangt man aber damit von der „externen" Entwicklungspolitik zu viel. *Nicht* zuviel verlangt dürfte aber die Forderung sein, die bereits bestehende politische Einflußnahme in Richtung Demokratisierung zu lenken. Besonders Frankreich hat sich hier mit seiner Unterstützung von Ahidjo und Biya - v.a. zur Wahrung der eigenen Interessen - negativ hervorgetan. Speziell in jüngerer Zeit wurde eine weitere Demokratisierung - mit dem Argument der Aufrechterhaltung der politischen Stabilität - besonders durch die *finanzielle* Unterstützung des bestehenden Regimes behindert.

Aber auch das Gebot der Nicht-Einmischung in die Politik, dem die internationalen Organisationen unterliegen, muß hinterfragt werden, denn bereits durch die vehemente wirtschaftliche Intervention beeinflussen die Geber die politische Entwicklung erheblich. Unter solchen Umständen muß das Gebot der Nicht-Einmischung in die Politik als „Pseudo-Höflichkeit" (WALLER, 1991, S. 194) bezeichnet werden. So haben Weltbank und IWF durch ihre mehrfache Kreditgewährung an Kamerun - trotz mangelhafter Duchsetzung der Anpassungsmaßnahmen - eine erfolglose Regierung subventioniert und die Sanktionierung falscher Politik be-, wenn nicht verhindert. Selbst anscheinend fest im Sattel sitzende autokratische Regierungen werden nämlich bei anhaltender wirtschaftlicher Erfolglosigkeit in Frage gestellt: „Mit steigender Auslandsverschuldung wächst die Nachfrage nach neuen pragmatisch-technokratischen Führungskollektiven" (TETZLAFF, 1991, S. 36).
Prinzipiell ist zu fragen, ob es wirklich gerechtfertigt ist, die *nationale Souveränität* als Allerheiligstes der internationalen Politik über alle anderen Werte zu stellen, egal wie verbrecherisch die jeweilige Regierung mit ihrem eigenen Volk umgeht? Ist es nicht eher angebracht, solche Diktaturen (u.a. durch wirtschaftlichen Druck) dazu zu zwingen, den Menschen in ihrem Land, die Möglichkeit zur Entwicklung zu geben? Geht es um die nationalen Interessen und nicht die Lebensumstände der Menschen in den Entwicklungsländern, dann sind die sogenannten entwickelten Länder weit weniger skrupellos in der Anwendung von diplomatischem und wirtschaftlichem Zwang. Gerade die internationale Garantie der Ländergrenzen durch die UN hat Wettbewerbsdruck von den Regierungen der Entwicklungsländer genommen. „Es ist keine Frage, daß sich das UN-System der Unverletzbarkeit der Grenzen insbesondere in Afrika bewährt hat und viele Konflikte zwischen den Staaten verhindert hat. Da es aber den Außendruck auf die Eliten in Richtung Entwicklungsorientierung drastisch vermindert hat, erscheint es politisch legitim, diesen Außendruck über die internationale Entwicklungszusammenarbeit durch Auflagenpolitik und Politikdialog wiederherzustellen" (WALLER, 1991, S. 195).[89] Internationale Entwicklungspolitik darf sich nicht nur an den Erfolgen wirtschaftspolitischer Anpassungsmaßnahmen und der nationalen

---

[89] WALLER (1991, S. 207ff) beschreibt die Möglichkeiten von Auflagenpolitik und Politikdialog im Detail.

- politischen - Souveränität orientieren. WALLER (1991, S. 195) sieht in der UN-Deklaration der Menschenrechte von 1948 und in den UN-Pakten über *politische und wirtschaftliche Menschenrechte* die Kriterien, durch die sich Souveränität, die *keinen* Wert an sich darstellt, legitimieren muß. „Maßstab für die Beurteilung der Legitimität einer Einmischung von außen auf das politische System eines völkerrechtlich souveränen Staates müßte dementsprechend die antizipierte Wirkung der geplanten Maßnahmen auf die Grundrechte der Bevölkerung und die Entwicklungsperspektive der Gesellschaft sein" (WALLER, 1991, S. 195).
Natürlich ist eine solche Einmischung sehr problematisch, denn sie ist genausowenig demokratisch legitimiert wie die diktatorischen Regierungen in den Entwicklungsländern. Im übrigen sind *alle* politischen Märkte ineffizient, so daß auch durch Wahlen legitimierte Regierungen Menschen- und Bürgerrechtsverletzungen begehen. WALLER (1991, S. 209) hält daher eine verstärkte parlamentarische Kontrolle in den Geber-Ländern und eine Rechenschaftspflicht der multilateralen Geber für notwendig. Doch auch dies kann nicht die entwicklungspolitische Notwendigkeit ersetzen, daß diejenigen die Politik beeinflussen, die selbst von ihr betroffen werden. Trotz legitimatorischer Vorbehalte und den Schwächen internationaler Entwicklungshilfe ist eine Politik von außen, die - konsequenter als bisher - Demokratisierung und die Einhaltung von Menschen- und Bürgerrechten zu Bedingungen für wirtschaftliche Hilfe macht, einer Politik, die bestehende diktatorische Systeme nolens volens unterstützt, vorzuziehen. Es gibt sicher Beispiele aus der Geschichte, daß Wirtschaftswachstum die Voraussetzung für politische Entwicklung war - im Falle Kameruns ist politische Entwicklung die Voraussetzung für mehr Wohlstand. Dementsprechend muß die Entwicklungspolitik in Kamerun in erster Linie bei der Veränderung der politischen Entscheidungsprozesse und Durchsetzungsmechanismen ansetzen.

Diagrammverzeichnis:

Tabellenverzeichnis:

Abkürzungsverzeichnis:

(aufgeführt sind nur Abkürzungen, die nicht als solche im Duden zu finden sind)

ALUCAM:	Compagnie Camerounaise de l'Aluminium
BAT Cameroun:	British American Tobacco Cameroun
BCCC:	Bank of Credit and Commerce Cameroun
BCD:	Banque Camerounaise de Développement
BEAC:	Banque des Etats d'Afrique Centrale
BfAI:	Bundesstelle für Außenhandelsinformationen
BIAOC:	Banque Internationale pour l'Afrique Occidentale Cameroun
BICIC:	Banque Internationale pour le Commerce et l'Industrie du Cameroun
BIP:	Bruttoinlandsprodukt
BIPm:	Bruttoinlandsprodukt zu Marktpreisen
BMBC:	Banque Meridien BIAO Cameroun
BNP:	Banque Nationale de Paris
BSP:	Bruttosozialprodukt
BSPm:	Bruttosozialprodukt zu Marktpreisen
BWS:	Bruttowertschöpfung
CAC:	Crédit Agricole du Cameroun
CAM:	Cameroon Anglophone Mouvement
CAMAIR:	Cameroon Airlines
CAMCCUL:	Cameroon Credit Cooperatives Union League
bzw. CAMCUL:	Cameroon Credit Union League
CAMDEV:	siehe CDC
CAMSHIP:	Cameroon Shipping Lines
CAMSUCO:	Cameroon Sugar Company
CAPME:	Centre Nationale d'Assistance aux Petites et Moyennes Entreprises
CCCE:	Caisse Centrale de la Coopération Economique
CCIM:	Chambre de Commerce, d'Industrie et des Mines
CDC:	Cameroon Development Corporation
CDCWU:	CDC Worker Union
CEEAC:	Communauté Economique des Etats d'Afrique Centrale
CELLUCAM:	Cellulose of Cameroon
CEMAC:	Coopération Economique et Monétaire en Afrique Centrale
CENADEC:	Centre National de Développement des Entreprises Coopératives
CENEEMA:	Centre National d'Etudes et d'Expérimentation du Machinisme Agricole
CFA:	Coopération Financière en Afrique
CFD:	Caisse Française de Développement
CFDT:	Compagnie Française pour le Développement des Fibres Textiles
CGCI:	Cellule de Gestion du Code des Investissements
CHB:	Comptes Hors Budget
CHOCOCAM:	Chocolaterie et Confisérie Camerounaise
CIC:	Crédit Industriel et Commercial
CICAM:	Cotonnière Industrielle du Cameroun
CICC:	Comité Interprofessionnel Cacao et Café

CIMENCAM:	Cimenteries du Cameroun
CNPS:	Caisse Nationale de Prévoyance Sociale
COBAC:	Commission Bancaire d'Afrique Centrale
COCAM:	Holzverarb. Unternehmen (Preßspanplattenherst., 1993 privatisiert)
COMDEV:	Commonwealth Development Corporation
CPPC:	Cameroon Pulp and Paper Company
DA:	Droit d'Accise
EAMI:	Exploitations Agricoles de Moyenne Importance
EDSC:	Enquête Démographique et de Santé du Cameroun
EIU:	Economist Intelligence Unit
FCFA:	Franc de la Coopération Financière en Afrique
FE:	Faktoreinkommen bzw. Export oder Import von Faktorleistungen
FEai:	Export von Faktorleistungen
FEia:	Import von Faktorleistungen
F&E:	Forschung und Entwicklung
FF:	Franc français
FJP:	Fünf-Jahres-Plan
FOGAPE:	Fonds d'Aide et de Garantie de Credits aux PME
FONADER:	Fonds National du Développement Rural
HEVECAM:	Société des Hévéas du Cameroun
H.v.:	Herstellung von ...
I:	Investitionen
IA:	Internationales Afrikaforum
IMF:	International Monetary Fund
IPS:	Hintergrunddienst der Dritte Welt Nachrichtenagentur GmbH
IPSBL:	Institution Privées sans But Lucratif (Private Organisationen ohne Erwerbszweck)
IWF:	Internationaler Währungsfonds
JA:	Jeune Afrique
JAE:	Jeune Afrique Economie
MDR:	Mouvement pour la Défense de la République
MIDEVIV:	Mission de Développement des Semences et des Cultures Vivrières
MINAGRI:	Ministère de l'Agriculture
MINDIC:	Ministère du Développement Industriel et Commercial
MINFI:	Ministère des Finances
MINPAT:	Ministère du Plan et de l'Aménagement du Territoire
MREP:	Mission de Réhabilitation des Entreprises Publiques
MTM:	Marchés Tropicaux et Mediterranéens
NfA:	Nachrichten für Außenhandel (der BfAI)
NIE:	New Institutional Economics
NPMB:	National Produce Marketing Board
NSPf:	Nettosozialprodukt zu Faktorkosten (entspricht Volkseinkommen)
NSPm:	Nettosozialprodukt zu Marktpreisen
NZZ:	Neue Züricher Zeitung
OC:	Office Céréalier
OCB:	Organisation Camerounaise de la Banane
ODI:	Overseas Development Institute (in London)

ONADEF:	Office Nationale du Développement des Fôrets
ONCC:	Office Nationale du Café et du Cacao
ONCPB:	Office Nationale pour la Commercialisation des Produits de Base
ONZFI:	Office Nationale Des Zones Franches Industrielles
PAMOL:	Plantations Pamol du Cameroun
Parastatal:	Unternehmen im Staatsbesitz oder unter staatlicher Kontrolle
PFI:	Point Franc Industriel
PGE:	Programme Général des Echanges
PGVI:	Programme Général de Vérification des Importations
PME:	Petites et Moyennes Entreprises
RCA:	République Centrafricaine
RDPC:	Rassemblement Démocratique du Peuple Camerounais
REGIFERCAM:	Régie Nationale des Chemins de Fer du Cameroun
S:	Ersparnis
SABC:	Société des Brasseries du Cameroun
SAFIL:	Société Africaine du Fileterie
SAL:	Structural Adjustement Loan
SAP:	Structural Adjustement Program
SCB:	Société Cameroounaise de Banque
SCB-CL:	Société Camerounaise de Banque - Crédit Lyonnais
SCBC:	Standard Chartered Bank Cameroon
SCDM:	Société Camerounaise de Métallurgie
SCM:	Société Camerounaise de Minoterie
SCNC:	Southern Cameroon National Council
SCPC:	Southern Cameroons Peoples Council
SCS:	Société Camerounaise de Sacherie
SCT:	Société Camerounaise des Tabacs
SDF:	Social Democratic Front
SDR:	Special Drawing Rights
SEMRY:	Société d'Expansion et de Modernisation de la Riziculture de Yagoua
SEPCAE:	Société d'Engrais et des Produits Chimiques d'Afrique Equatoriale
SGBC:	Société Générale de Banques au Cameroun
SGS:	Société Générale de Surveillance
SIC-CACAOS:	Société Industrielle des Cacaos
SICABO:	kleiner Produzent von Baumwollkleidung
SITABAC:	Société Industrielle des Tabacs du Cameroun
SNEC:	Société Nationale des Eaux du Cameroun
SNH:	Société Nationale des Hydrocarbures
SNI:	Société Nationale d'Investissement
SOCAME:	Société Camerounaise des Engrais
SOCAPALM:	Société Camerounaise de Palmeraies
SOCATRAL:	Société Camerounaise de Transformation de l'Aluminium
SOCOODER:	Société Coopérative du Développement Rural
SODEBLE:	Société de Développement du Blé
SODECAO:	Société de Développement du Cacao
SODECOTON:	Société de Développement du Coton
SODERIM:	Société de Développement de la Riziculture dans la Plaine de Mbos

SOFIBEL:	Société Forestière et Industrielle de Belabo
SOLICAM:	Société Textile pour le Ligne de Maison
SONARA:	Société Nationale de Raffinage
SONEL:	Société Nationale d'Electricité
SOSUCAM:	Société Sucrière du Cameroun
SOTUC:	Société des Transports Urbains du Cameroun
SPFS:	Société des Palmeraies de la Ferme Suisse
SRC:	Société de Recouvrement des Créances
STBA:	Statistisches Bundesamt
STPC:	Société des Tanneries et Peausseries du Cameroun (H.v. Häuten und Lederwaren)
STT:	Société Textile du Tchad
SYNDUSTRICAM:	Syndicat des Industriels du Cameroun
TCA:	Taxe sur le Chiffre d'Affaires
Ti - Zu:	Indirekte Steuern abzüglich Subventionen (an Unternehmen)
ToT:	Terms of Trade
UC:	Union Camerounaise
UCCAO:	Union Centrale des Coopératives Agricoles de l'Ouest
UDEAC:	Union Douanière et Economique d'Afrique Centrale
UMAC:	Union Monétaire en Afrique Centrale
UNC:	Union Nationale Camerounaise
UNDP:	United Nations Development Programme
UNDP:	Union Nationale pour la Démocratie et le Progrès
UNIDO:	United Nations Industrial Development Organization
UNVDA:	Upper Noun Valley Development Authority
UNTC:	Union Nationale des Travailleurs du Cameroun
UPC:	Union des Populations du Cameroun
USAID:	United States Agency for International Development
VGR:	Volkswirtschaftliche Gesamtrechnung
WTO:	World Trade Organization
X-M:	Außenbeitrag
ZFI:	Zone Franche Industrielle

Literaturverzeichnis:

ABRAMS, Burton A. / LEWIS, Kenneth A. (1995): Cultural and Institutional Determinants of Economic Growth, **in:** Public Choice 83, S. 273 - 289.

AGBOR-TABI, Peter (1986): Cameroon and the UDEAC, **in:** Internationales Afrikaforum 22, Nr. 3, S. 265 - 270.

ALESINA, Alberto / PEROTTI, Roberto (1994): The Political Economy of Growth: A Critical Survey of the Recent Literature, **in:** The World Bank Economic Review 8, Nr. 3, S. 351 - 371.

ALLECHI, M'Bet / NIAMKEY, Madeleine A. (1994): Evaluating the Net Gains from the CFA Franc Zone Membership: A Different Perspective, **in:** World Development 22, Nr. 8, S. 1147 - 1160.

ARKADIE, Brian van (1990): The Role of Institutions in Development, **in:** Proceedings of the World Bank Annual Conference on Development Economics 1989, Washington D.C., S. 153 - 175.

ARROW, Kenneth J. (1962): The Economic Implications of Learning by Doing, **in:** Review of Economic Studies 29, S. 155 - 173.

ARROW, Kenneth J. (1986): Rationality of Self and Others in an Economic System, **in:** Journal of Business 59, Nr. 4, S. 385 - 399.

ARTHUR, W. Brian (1989): Competing Technologies, Increasing Returns and Lock-in by Historical Events, **in:** The Economic Journal 99, S. 116 - 131.

BALÉPA, Martin / FOTSO, Métard / BARRÈRE, Bernard (1992): Enquête Démographique et de Santé Cameroun 1991, Columbia.

BANOCK, Michel (1993): Le processus de démocratisation en Afrique - Le cas camerounais, Paris.

BARDHAN, Pranab (1989a): The New Institutional Economics and Development Theory: A Brief Critical Assessment, **in:** World Development 17, Nr. 9, S. 1389 - 1395.

BARDHAN, Pranab (1989b): Alternative Approaches to the Theory of Institutions in Economic Development, **in:** Bardhan, Pranab (Hrsg.): The Economic Theory of Agrarian Institutions, Oxford, S. 3 - 17.

BATES, Robert H. (1983): Essays on the Political Economy of Rural Africa, Cambridge.

BAYART, Jean- François (1988): Les fondements sociaux de l'Etat au Cameroun (1982 - 1988), Conference on the Political Economy of Cameroon: Historical Perspectives, Leiden.

BAYART, Jean-François (1993): The State in Africa - the Politics of the Belly, London / New York. (englische Übersetzung des französischen Originals: L'état en Afrique - La politique du ventre, 1989)

BEAC (Banque des Etats de l'Afrique Centrale) (1988): Tableau de bord des économies de la zone d'émission BEAC, 3ème édition - janvier 1988, Yaoundé.

BEAC (Banque des Etats de l'Afrique Centrale) (1991): Etudes et statistiques 187, décembre 1991, Yaoundé.

BEAC (Banque des Etats de l'Afrique Centrale) (1994): Etudes et statistiques, janvier 1994, Yaoundé.

BEAC (Banque des Etats de l'Afrique Centrale): Etudes et statistiques, Dezember 1991 bis Januar 1994, Yaoundé.

BEEK, Walter E.A. van (1988): The Flexibility of Domestic Production - The Kapsiki and their Transformations, Conference on the Political Economy of Cameroon: Historical Perspectives, Leiden.

BEKOLO-EBE, Bruno (1986): Rétrospective d'une décennie de croissance de l'économie camerounaise 1975-1986, **in:** Revue camerounaise de management 1986, Nr. 3/4, S. 7 - 40.

BEKOLO-EBE, Bruno (1992): Dynamique nouvelle de financement et sortie de crise au Cameroun, **in:** Mondes en développement 20, Nr. 77/78, S. 101 - 118.

BELLA, Nicole (1995): La fécondité au Cameroun, **in:** Population 50, Nr. 1, S. 35 - 60.

BfAI (Bundesstelle für Außenhandelsinformationen) (1989): Kamerun - Außenhandelsprogramm 1989-91, Köln.

BfAI (Bundesstelle für Außenhandelsinformationen) (1994): Wolf Schmidt: Wirtschaftslage - Kamerun zum Jahreswechsel 1993/94.

BfAI (Bundesstelle für Außenhandelsinformationen), NfA (Nachrichten für Außenhandel) 8.3.1990: „Errichtung von Industriefreizonen in Kamerun".

BfAI (Bundesstelle für Außenhandelsinformationen), NfA (Nachrichten für Außenhandel) 18.5.1990: „Kamerun bemüht sich um seine Landwirtschaft".

BfAI (Bundesstelle für Außenhandelsinformationen), NfA (Nachrichten für Außenhandel) 9.7.1990: „Kamerun erläßt liberalere Handelsgesetze".

BfAI (Bundesstelle für Außenhandelsinformationen), NfA (Nachrichten für Außenhandel) 5.5.1994: „Kamerun hat seine Abgabenpolitik geändert".

BfAI (Bundesstelle für Außenhandelsinformationen), NfA (Nachrichten für Außenhandel) 19.8.1994: „Kamerun legt Sparhaushalt für 1994/95 vor".

BfAI (Bundesstelle für Außenhandelsinformationen), NfA (Nachrichten für Außenhandel) 24.8.1994: „Kamerun nimmt Privatisierung in Angriff".

BfAI (Bundesstelle für Außenhandelsinformationen), NfA (Nachrichten für Außenhandel) 6.11.95: „Kamerun erhält wieder Unterstützung vom IWF".

BIWOLE, Gilbert (1986): Les communes camerounaises - lieu géométrique du développement local, **in:** Revue camerounaise de management 1986, Nr. 3/4, S. 221 - 240.

BLANCKMEISTER, Barbara (1990): Zwischen Hoffnung und Resignation - Zur Lage der Grundschule in den ländlichen Regionen Nordkameruns, **in:** Afrika Spektrum 1990, Nr. 1, S. 77 - 92.

BLANDFORD, David et al. (1994): Oil Boom and Bust - The Harsh Realities of Adjustement in Cameroon, **in:** Sahn, David E. (Hrsg.): Adjusting to Policy Failure in African Economies, New York, S. 131 - 163.

BLUNT, Peter / JONES, Merrick L. (1992): Managing Organizations in Africa, Berlin / New York.

BORNER, Silvio (1991): Die Bedeutung der Institutionen für das wirtschaftliche Wachstum, **in:** Gahlen et al. (Hrsg.): Wachstumstheorie und Wachstumspolitik - Ein neuer Anlauf, Tübingen, S. 189 - 202.

BOYD, Robert / RICHERSON, Peter J. (1994): The Evolution of Norms: An Anthropological View, **in:** Journal of Institutional and Theoretical Economics (JITE) 150, Nr. 1, S. 72 - 87.

BREITINGER, Eckhard (1992): Kamerun - Literaten kämpfen gegen die Zensur, **in:** Internationales Afrikaforum, 3,1992, S. 255 - 265.

BROMLEY, Daniel W. (1993): Reconstituting Economic Systems: Institutions in National Economic Development, **in:** Development Policy Review 11, S. 131 - 151.

BRUNETTI, Aymo / WEDER, Beatrice (1995): Political Sources of Growth: A Critical Note on Measurement, **in:** Public Choice 82, S. 125 - 134.

BRYDE, Brun-Otto (1987): Recht und Verwaltung nach der Unabhängigkeit - Entwicklungstendenzen, **in:** Illy, Hans F. / Bryde, Brun-Otto (Hrsg.): Staat, Verwaltung und Recht in Afrika 1960-1985, Berlin, S. 27 - 40.

BUCHANAN, James M. (1987): The Constitution of Economic Policy, **in:** American Economic Review 77, Nr.3, S. 243 - 250.

BUCHANAN, James M. (1994): Choosing What to Choose, **in:** Journal of Institutional and Theoretical Economics (JITE) 150, Nr. 1, S. 123 - 135.

CAMEROON (1984) (Ministry of Trade and Industry): General trade schedule for Cameroon, Yaoundé.

CAMEROON (1989a) (Ministère du plan et de l'Aménagement du Territoire: Direction de la Statistique et de la Comptabilité Nationale):
Comptes nationaux du Cameroun (version SCN), Yaoundé.

CAMEROON (1989b) (Ministry of the Plan and Regional Development: Department of Statistics and National Accounts): Cameroon in figures 1988, Yaoundé.

Cameroon Tribune 20.6.1995, Nkendem Forbinake: „Civil Service Lay-offs Begin In Earnest".

Cameroon Tribune 16.8.1995, Ferdi Moudji: „P.M. Identifies `Anglophone Problem´".

CLAGUE, Christopher (1991): Relative Efficiency, Self-Containment And Comparative Costs Of Less Developed Countries, **in:** Economic Development And Cultural Change 39, Nr. 3, S. 507 - 530.

CLAGUE, Christopher (1993): Rule Obedience, Organizational Loyalty and Economic Development, **in:** Journal of Institutional and Theoretical Economics (JITE) 149, Nr. 2, S. 393 - 414.

CLAUDE, Dominique (1989): Production and Commercialisation of Rice in Cameroon - The Semry Project, **in:** Bonnie K. Campbell / Loxley, John (Hrsg.): Structural Adjustement in Africa, London, S. 202 - 235.

CLEMENT, Jean A.P. (1994): Streben nach Stabilität - Wechselkursanpassung des CFA-Franc, **in:** Finanzierung und Entwicklung, Juni 1994, S. 10 - 13.

COASE, Ronald H. (1937): The Nature of the Firm, **in:** Economica - New Series 4, S. 386 - 405.

COASE, Ronald H. (1984): The New Institutional Economics,
in: Journal of Institutional and Theoretical Economics (JITE) 140, S. 229 - 231.

COURADE, Georges (et al.) (1991): L'union centrale des coopératives agricoles de l'ouest du Cameroun (UCCAO) - de l'entreprise commerciale à l'organisation paysanne,
in: Revue Tiers Monde 128, S. 887 - 899.

COURLET, Claude / TIBERGHIEN, Raphael (1986):
Le développment décentralisé des petites entreprises industrielles au Cameroun,
in: Revue Tiers Monde 27, Nr. 107, S. 607 - 616.

Croissance 370, April 1994, Marie-Agnès Leplaideur: „A Yaoundé, la résignation".

DATTA, Samar K. / NUGENT, Jeffrey B. (1989): Transaction Cost Economics and Contractual Choice - Theory and Evidence, **in:** Nabli, Mustapha K. / Nugent, Jeffrey B. (Hrsg.): The New Institutional Economics and Development - Theory and Applications to Tunisia, Amsterdam - New York, S. 34 - 79.

DAVID, Paul A. (1984): Clio and the Economics of QWERTY,
in: American Economic Review; Papers and Proceedings 75, Nr. 2, S. 332 - 337.

DELANCEY, Mark W. (1986): Cameroon's Foreign Relations, **in:** Schatzberg, Michael G. / Zartman, I. William (Hrsg.): The Political Economy of Cameroon, New York, S. 189 - 217.

DELANCEY, Mark W. (1989): Cameroon - Dependence and Independence, Boulder / London.

DELANCEY, Virginia (1986): Agricultural Productivity in Cameroon, **in:** Schatzberg, Michael G. / Zartman, I. William (Hrsg.): The Political Economy of Cameroon, New York, S. 133 - 157.

DELORME Jr., Charles / KAMERSCHEN, David R. / MBAKU, John M. (1986): Rent Seeking in the Cameroon Economy: Krueger's Analytic Technique Helps to Account for Development Lag in Colonial States, **in:** American Journal of Economics and Sociology 45, Nr. 4, S. 413 - 423.

DENZAU, Arthur T. / NORTH, Douglass C. (1994): Shared Mental Models: Ideologies and Institutions, **in:** Kyklos 47, Nr. 1, S. 3- 31.

DINAMONA-LOUKOMBO, Maurice (1987): Incidences des trois chocs pétroliers sur les économies de la zone BEAC et nécessité absolue de mettre en place une structure économique plus diversifiee, **in:** Banque des Etats de l'Afrique Centrale (Hrsg.): Etudes et statistiques 143, S. 176 - 205.

ECKERT, Andreas / ROHDE, Eckart (1994): „What makes my land my land?" - Bodenrecht, Entwicklung und Landkonflikte in Kamerun, **in:** Afrika Spectrum 29, Nr. 3, S. 285 - 302.

EHRLICH, Isaac (1990): The Problem of Development - Introduction, **in:** Journal of Political Economy 98, Nr. 5, S. S1 - S11.

EIU (The Economist Intelligence Unit) (1988): Country Profile: Cameroon - Central African Republic - Chad 1987/88, London.

EIU (The Economist Intelligence Unit) (1993): Country Profile: Cameroon - Central African Republic - Chad 1992/93, London.

EIU (The Economist Intelligence Unit) (1994): Country Profile: Cameroon - Central African Republic - Chad 1993/94, London.

EIU (The Economist Intelligence Unit) (1995): Country Profile: Cameroon - Central African Republic - Chad 1994/95, London.

EIU (The Economist Intelligence Unit) 1.Quartal 1994 bis 4. Quartal 1995: Country report: Cameroon - CAR - Chad (vierteljährliche Analysen politischer und wirtschaftlicher Trends, London.

ELKAN, Walter (1988): Unternehmer und Unternehmertum in Afrika, **in:** Finanzierung und Entwicklung 25, Nr 4, S 20, 41, 42.

ENKE, Harald / GSCHWENDTNER, H. / KÖRBER-WEIK, M. / LINDNER, H. (1984): Struktur, Konjunktur und Wirtschaftswachstum, 1. Aufl., Tübingen.

ESSOMBE EDIMO, Jean - Roger (1991): Désengagement de l'état et réhabilitation des entreprises parapubliques au Cameroun, **in:** Mondes en développement 19, Nr. 75/76, S. 67 -73.

FASBENDER, Karl (1990): Marktwirtschaft - Eine effizienz- und sozialorientierte Wirtschaftsordnung für die Dritte Welt?, **in:** Hamburger Jahrbuch für Wirtschafts- und Gesellschaftspolitik 35, S. 93 - 109.

FIELDING, David (1995): Investment in Cameroon, **in:** Journal of African Economies 4, Nr. 1, S. 29 - 51.

FISIY, Cyprian F. (1992): Power and Privilege in the Administration of Law - Land Law Reforms and Social Differentiation in Cameroon, Leiden.

FODOUOP, Kengne (1988): La contrebande entre le Cameroun et le Nigeria, **in:** Les cahiers d'outre-mer 41, Nr. 161, S. 5 - 25.

FOKAM, Jean-Faustin (1991): La régime juridique des zones franches industrielles au Cameroun, **in:** Banque des Etats de l'Afrique Centrale (Hrsg.): Etudes et statistiques 181, S. 80 - 86.

FOKAM, Jean-Faustin (1992): La réforme du code des investissements du Cameroun, **in:** Banque des Etats de l'Afrique Centrale (Hrsg.): Etudes et statistiques 194, S. 218 - 225.

FREY, Bruno S. / EICHENBERGER, Reiner (1994): The Political Economy of Stabilization Programmes in Developing Countries, **in:** European Journal of Political Economy 10, S. 169 - 190.

FURUBOTN, Eirik G. / RICHTER, Rudolf (1991): The New Institutional Economics: An Assessment, **in:** Furubotn, Eirik G. / Richter, Rudolf (Hrsg.): The New Institutional Economics - A Collection of Articles from the Journal of Institutional and Theoretical Economics, Tübingen, S. 1 - 34.

GAAY FORTMAN, Bas de (1990): Entitlement and Development - An Institutional Approach to the Acquirement Problem, **in:** Working Paper Series 87, Institute of Social Studies, The Hague.

GANKOU, Jean-Marie (1985): L'investissement dans les pays en développment, Paris.

GANKOU, Jean-Marie (1991): La politique économique du Cameroun - son impact sur la croissance depuis 1960, Neuchâtel.

GESCHIERE, Peter / KONINGS, Piet (Hrsg.) (1993): Itinéraires d'accumulation au Cameroun, Paris / Leiden.

GOLDSMITH, Arthur A. (1995): Democracy, Property Rights and Economic Growth, **in:** The Journal of Development Studies 32, Nr. 2, S. 157 - 174.

GRABOWSKI, Richard (1988): The Theory of Induced Institutional Innovation: A Critique, **in:** World Development 16, Nr. 3, S. 385 - 394.

GREENAWAY, David / MORRISEY, Oliver (1993): Structural Adjustement and Liberalisation in Developing Countries: What Lessons Have We Learned?, **in:** Kyklos 46, Nr. 2, S 241 - 261.

GROS, Jean-Germain (1994): Of Cattle, Farmers, Veterinarians and the World Bank: The Political Economy of Veterinary Services Privatization in Cameroun, **in:** Public Administration and Development 14, S. 37 - 51.

GULHATI, Ravi (1990): Who Makes Economic Policy in Africa and How?, **in:** World Development 18, Nr. 8, S. 1147 - 1161.

HAGEL, Thomas (1992): Die Privatisierung des Düngemittelsektors in Kamerun - Ein Beispiel gebergestützter Förderung des Privatsektors, Arbeiten aus dem Institut für Afrika-Kunde 84, Hamburg.

HARTWIG, Karl-Heinz (1988): Ordnungstheorie und die Tradition ökonomischen Denkens, **in:** Cassel, Dieter et al. (Hrsg.): Ordnungspolitik, München, S. 31 - 51.

HEIDHUES, Franz / BRÜNTRUP, Michael / FADANI, Andrea (1995): Landwirtschaftliche Preispolitik in West-Afrika und die langfristige Agrarstrukturentwicklung - Untersuchungen aus Kamerun und Benin, **in:** Die Landwirtschaft nach der EU - Agrarreform (Schriften der Gesellschaft für Wirtschafts- und Sozialwissenschaften des Landbaus e.V. 31), Münster - Hiltrup, S. 437 - 450.

HEINER, Ronald A. (1983): The Origin of Predictable Behavior, **in:** American Economic Review 73, Nr. 4, S. 560 - 595.

HEMMER, Hans - Rimbert (1988): Wirtschaftsprobleme der Entwicklungsländer, 2. Auflage, München.

HEMMER, Hans-Rimbert (1990): 40 Jahre Entwicklungstheorie und -politik ein Rückblick aus wirtschaftswissenschaftlicher Sicht, **in:** Zeitschrift für Wirtschafts- und Sozialwissenschaften 110, Nr. 4, S. 505 - 570.

HERDZINA, Klaus (1991): Wettbewerbspolitik, 3. Aufl., Stuttgart.

HERRICK, Bruce H. (1989): A New Paradigm for the Study of Economic Development, **in:** Nabli, Mustapha K. / Nugent, Jeffrey B. (Hrsg.): The New Institutional Economics and Development - Theory and Applications to Tunisia, Amsterdam - New York, S. 429 - 437.

HESP, Paul (1988): Industrial Development and Industrial Policy-Making in Cameroon, Conference on the Political Economy of Cameroon: Historical Perspectives, Leiden.

HOLLER, Manfred / ILLING, Gerhard (1993): Einführung in die Spieltheorie, 2. Auflage, Berlin - Heidelberg.

HOPPMANN, Erich (1988): Wirtschaftsordnung und Wettbewerb, 1. Aufl., Baden - Baden.

IA (Internationales Afrikaforum), Kurzmeldungen von 3, 1992 bis 3, 1995.

ILLY, Hans F. (1976): Politik und Wirtschaft in Kamerun - Bedingungen, Ziele und Strategien der staatlichen Entwicklungspolitik, München.

ILLY, Hans F. (1987): Staat und Verwaltung in Afrika seit der Unabhängigkeit - Realitäten und Interpretationen, **in:** Illy, Hans F. / Bryde, Brun-Otto (Hrsg.): Staat, Verwaltung und Recht in Afrika 1960-1985, Berlin, S. 11 - 26.

ILLY, Hans F. (1995): Strukturanpassungsprogramme und institutionelle Reformen in Afrika - stumpfe Waffen der Weltbank?, **in:** Betz, Joachim (Hrsg.): Politische Restriktionen der Strukturanpassung in Entwicklungsländern, Schriften des Deutschen Übersee-Instituts 30, Hamburg, S. 157 - 180.

IMF (International Monetary Fund) (1982): Direction of Trade Statistics Yearbook 1982, Washington D.C.

IMF (International Monetary Fund) (1992): International Financial Statistics Yearbook 1992, Washington D.C.

IMF (International Monetary Fund) (1994): World Economic Outlook, May 1994, Washington D.C.

IMF (International Monetary Fund) (1995a): Direction of Trade Statistics Yearbook 1995, Washington D.C.

IMF (International Monetary Fund) (1995b): World Economic Outlook, Oktober 1995, Washington D.C.

IMF (International Monetary Fund) (1995c): Balance of Payments Statistics Yearbook 1995, Washington D.C.

IMF (International Monetary Fund) (1995d): International Financial Statistics Yearbook 1995, Washington D.C.

IMF (International Monetary Fund) (1996): International Financial Statistics February 1996, Washington D.C.

INGHAM, Barbara (1993): The Meaning of Development: Interactions Between „New" and „Old" Ideas, **in:** World Development 21, Nr. 11, S. 1803 - 1821.

IPS (Hintergrunddienst der Dritte Welt Nachrichtenagentur GmbH) 20, 14.5.1994: „Politik: Englischsprachige Kameruner drohen mit Abspaltung", S. 24.

IPS (Hintergrunddienst der Dritte Welt Nachrichtenagentur GmbH) 33, 13.8.1994: „Wirtschaft: Kameruns neue Umsatzsteuer reißt Löcher ins Portemonnaie“, S. 14.

IPS (Hintergrunddienst der Dritte Welt Nachrichtenagentur GmbH) 36, 3.9.1994: „Politik: Franzosen in Kamerun befürchten algerische Zustände“, S. 6f.

IPS (Hintergrunddienst der Dritte Welt Nachrichtenagentur GmbH) 45, 5.11.1994: „Menschenrechte: In Kamerun gehören prügelnde Polizisten zum Alltag“, S. 22.

IPS (Hintergrunddienst der Dritte Welt Nachrichtenagentur GmbH) 8, 25.2.1995: „Politik: Kameruns Regierung bald am Ende“?, S. 19f.

JA (Jeune Afrique) 1468, Feb. 1989, Bernard Dreyfus: „Tontine: Entre la banque et la loterie“, S. 68.

JA (Jeune Afrique) 1708, Sept./Okt. 1993, Thierry Vincent: „Mésaventures allemandes au Cameroun“, S. 74f.

JA (Jeune Afrique) 1752, Aug. 1994, Géraldine Faes: „Délestage public“, S. 46 - 49.

JA (Jeune Afrique) 1753/1754, Aug. 1994, Géraldine Faes, Rémi Godeau, Assou Massou: „Dévaluation: premier bilan“, S. 46ff.

JA (Jeune Afrique) 1760, Sept./Okt. 1994, François Soudan: „Le mystère Biya“, S. 35.

JA (Jeune Afrique) 1760, Sept./Okt. 1994, Géraldine Faes: „«Nzorro» est arrivé ... “, S. 36 - 39.

JA (Jeune Afrique) 1760, Sept./Okt. 1994: HEVECAM, S. 44f.

JA (Jeune Afrique) 1760, Sept./Okt. 1994, Thierry Vincent: „L'opposition en miettes“, S. 51 - 55.

JACKSON, Robert / ROSBERG, Carl G. (1982): Personal Rule in Black Africa - Prince-Autocrat-Prophet-Tyrant, Berkeley / Los Angeles / London.

JAE (Jeune Afrique Economie) 164, Feb. 1993, Thierry Vincent: „Intégration régionale en panne“, S. 84f.

JAE (Jeune Afrique Economie) 164, Feb. 1993, Interview mit John Fru Ndi durch Jean-Baptiste Placca: „John Fru Ndi: «Je ne céderai jamais à Biya»“, S. 116 - 121.

JAE (Jeune Afrique Economie) 170, Aug. 1993, Celestin Monga: „La banqueroute en ligne de mire“, S. 84 - 89.

JAE (Jeune Afrique Economie) 194, April 1995, Frédéric Dorce: „Cameroun: une bien étrange «privatisation»“, S. 8 - 12.

JAE (Jeune Afrique Economie) 199, Juli 1995, Interview mit Justin Ndioro durch Frédéric Dorce und Blaise-Pascal Talla: „«Comment le Cameroun va sortir de la crise»", S. 46 - 60.

JAE (Jeune Afrique Economie) 200, Juli 1995, Frédéric Dorce: „Du sang neuf pour le Cameroun", S. 64 - 71.

JAKOBEIT, Cord (1988): Nationale Strategien und Hindernisse agro-exportorientierter Entwicklung - Kaffee- und Kakaopolitik in der Côte d'Ivoire und in Kamerun, Hamburger Beiträge zur Afrika-Kunde 34, Hamburg.

JOHNS, R. A. (1988): Colonial Trade and International Exchange, London.

JONES, Eric L. (1995): Culture and its Relationship to Economic Change, **in:** Journal of Institutional and Theoretical Economics (JITE) 151, Nr. 2, S. 269 - 285.

JUA, Nantang (1988): The Petty Bourgeoisie and the Politics of Social Justice in Cameroon, Conference on the Political Economy of Cameroon: Historical Perspectives, Leiden.

JUA, Nantang (1991): Cameroon: Jump-Starting an Economic Crisis, **in:** Africa insight 21, Nr. 3, S. 162 - 170.

JUA, Nantang (1993): State, Oil and Accumulation, **in:** Geschiere, Peter / Konings, Piet (Hrsg.): Itinéraires d'accumulation au Cameroun, Paris / Leiden, S. 131 - 160.

KALDOR, Nicholas (1957): A Model of Economic Growth, **in:** The Economic Journal 67, S. 591 - 624.

KAPPEL, Robert (1993): Future Prospects for the CFA Franc Zone, **in:** Intereconomics, November / Dezember 1993, S. 269 - 278.

KARMILOFF, Igor G. (1990): Industrialization in sub-Saharan Africa - Country Case Studie - Cameroon, **in:** Riddel, Roger C. (Hrsg.): Manufacturing Africa - Performance & Prospects of 7 Countries in sub-Saharan Africa, London/Portsmouth, S. 109 - 151.

KIMENYI, Mwangi S. / MBAKU, John M. (1993): Rent-Seeking and Institutional Stability in Developing Countries, **in:** Public Choice 77, S. 385 - 405.

KING, Robert G. / REBELO, Sergio (1990): Public Policy and Economic Growth: Developing Neoclassical Implications, **in:** Journal of Political Economy 98, S. S126-S150.

KIRCHGÄSSNER, Gebhard (1993): Hält sich der Homo oeconomicus an Regeln? - Einige Bemerkungen zur Rolle von Normen und Regeln im Rahmen der Konzeption des ökonomischen Verhaltensmodells, **in:** Jahrbuch für Neue Politische Ökonomie 12, S. 181 - 197.

KIWIT, Daniel / VOIGT, Stefan (1995): Überlegungen zum institutionellen Wandel unter Berücksichtigung des Verhältnisses interner und externer Institutionen, Diskussionsbeitrag 02/95 - Max-Planck-Institut zur Erforschung von Wirtschaftssystemen, Jena.

KLUMP, Rainer (1995): Kreativität, Institutionen, Wachstum und Wandel: Die „neue“ Wachstumstheorie als Theorie wirtschaftlicher Entwicklung, Arbeitspapier, Würzburg.

KLUMP, Rainer / REICHEL, Richard (1994): Institutionelle Unsicherheit und wirtschaftliche Entwicklung, **in:** Jahrbuch für Nationalökonomie und Statistik 213, Heft 4, S. 441 - 455.

KÖNIG, Heinz (Hrsg.) (1968): Wachstum und Entwicklung der Wirtschaft, 1. Aufl., Köln / Berlin.

KÖRNER, Peter (1988): Kamerun - afrikanisches „Musterland“ in der Krise, **in:** Afrika - Spektrum 1988, Nr. 1, S. 77 -94.

KÖSTERS, Wim (1994): Neue Wachstumstheorie und neue Außenhandelstheorie. Frische Argumente für eine staatliche Industriepolitik?, **in:** Wirtschaftswissenschaftliches Studium 23, Heft 3, S. 117 - 122.

KOFELE-KALE, Ndiva (1986): Ethnicity, Regionalism, and Political Power: A Post-Mortem of Ahidjo's Cameroon, **in:** Schatzberg, Michael G. / Zartman, I. William (Hrsg.): The Political Economy of Cameroon, New York, S. 53 - 82.

KONINGS, Piet (1988): Trade Unionism and Labour Control in Agro-industry in Cameroon - the Case of the Cameroon Development Cooperation - 1947 - 1986, Conference on the Political Economy of Cameroon: Historical Perspectives, Leiden.

KONINGS, Piet (1993): Contract Farming and Capital Accumulation in Cameroon - The Case of the CDC Smallholder Schemes, **in:** Geschiere, Peter / Konings, Piet (Hrsg.): Itinéraires d'accumulation au Cameroun, Paris / Leiden, S. 217 - 240.

KONINGS, Piet (1995): Plantation Labour and Economic Crises in Cameroon, **in:** Development and Change 26, S. 525 - 549.

KOOPMAN HENN, Jeanne (1988): Food Policy, Food Production, and the Family Farm in Cameroon, Conference on the Political Economy of Cameroon: Historical Perspectives, Leiden.

KREPS, David M. (1990): A Course in Microeconomic Theory, 1. Aufl., New York.

KRUEGER, Anne O. (1990): Perspectives on Trade and Development, New York.

KRUEGER, Anne O. (1993): Virtuous and Vicious Circles in Economic Development, **in:** American Economic Review; Papers and Proceedings 83, Nr. 2, S. 351 - 355.

KUOH, Christian-Tobie (1991): Une fresque du régime Ahidjo (1970-1982), Paris.

KUOH, Christian-Tobie (1992): Le Cameroun de l'après-Ahidjo (1982-1992), Paris.

KURAN, Timur (1987): Preference Falsification, Policy Continuity and Collective Conservatism, **in:** The Economic Journal 97, S. 642 - 665.

LAAN, Hendrik L. van der (1988): The Ambivalent Relationship between Agricultural Cooperatives and the Marketing Board ONCPB, Conference on the Political Economy of Cameroon: Historical Perspectives, Leiden.

LACHAUD, Jean-Pierre (Hrsg.) (1994): Pauvreté et marché du travail urbain en Afrique subsaharienne - analyse comparative, Genf.

LACHMANN, Werner (1991): Institutional Economics und Entwicklungspolitik, **in:** Gormsen, Erdmann / Thimm, Andreas (Hrsg.): Entwicklungskonzeptionen im Vergleich, Mainz, S. 7 - 33.

LALL, Sanjaya (1993): Trade Policies for Development: A Policy Prescription for Africa. **in:** Development Policy Review 11, S. 47 - 65.

LEIBENSTEIN, Harvey (1989): Organizational Economics and Institutions as Missing Elements in Economic Development Analysis, **in:** World Development 17, Nr. 9, S. 1361 - 1373.

LEIPOLD, Helmut (1989a): Das Ordnungsproblem in der Ökonomischen Institutionentheorie, **in:** ORDO 40, 1989, S. 129 - 146.

LEIPOLD, Helmut (1989b): Neuere Ansätze zur Weiterentwicklung der Ordnungstheorie, **in:** Jahrbuch für Neue Politische Ökonomie 8, S. 13 - 29.

LE VINE, Victor T. (1986): Leadership and Regime Changes in Perspective, **in:** Schatzberg, Michael G. / Zartman, I. William (Hrsg.): The Political Economy of Cameroon, New York, S. 20 - 52.

LEVY, Brian (1993): An Institutional Analysis of the Design and Sequence of Trade and Investment Policy Reform, **in:** The World Bank Economic Review 7, Nr. 2, S. 247 - 262.

LIN, Justin Yifu (1989): An Economic Theory of Institutional Change: Induced and Imposed Change, **in:** Cato Journal 9, Nr. 1, S. 1 - 33.

LÖCHEL, Horst (1995): Institutionen, Transaktionskosten und wirtschaftliche Entwicklung - Ein Beitrag zur neuen Institutionenökonomik und zur Theorie von Douglass C. North, Berlin.

LUCAS, Robert E. (1988): On the Mechanics of Economic Development, **in:** Journal of Monetary Economics 22, S. 3 - 42.

LUCAS, Robert E. Jr. (1990): Why Doesn't Capital Flow from Rich to Poor Countries?, **in:** American Economic Review - Papers and Proceedings 80, Nr. 4, S. 92 -96.

MAHON Jr., James E. (1992): Was Latin America Too Rich to Prosper? Structural and Political Obstacles to Export - Led Industrial Growth, **in:** The Journal of Development Studies 28, Nr.2, S. 241 - 263.

MATTHEWS, R. C. O. (1986): The Economics of Institutions and the Sources of Growth, **in:** The Economic Journal 96, S. 903 - 918.

MBAKU, John Mukun / KAMERSCHEN, David R. (1993): Competition for Government Transfers and the Collapse of Federalism in Cameroon, **in:** Journal of Social and Economic Studies (N.S.) 10, S. 31 - 50.

MEHLER, Andreas (1992): Die Kameruner Oppositionsparteien - im Notfall mit Gewalt?, **in:** Tetzlaff, Rainer (Hrsg.): Perspektiven der Demokratisierung in Entwicklungsländern (Schriften des Deutschen Übersee-Instituts 13), Hamburg, S. 227 - 269.

MEHLER, Andreas (1993a): Kamerun in der Ära Biya - Bedingungen, erste Schritte und Blockaden einer demokratischen Transition, Hamburg.

MEHLER, Andreas (1993b): Kamerun 1992, **in:** Hofmeier, Rolf / Institut für Afrika-Kunde (Hrsg.): Afrika - Jahrbuch 1992, Hamburg, S. 178 - 184.

MEHLER, Andreas (1994): Kamerun 1993, **in:** Hofmeier, Rolf / Institut für Afrika-Kunde (Hrsg.): Afrika - Jahrbuch 1993, Hamburg, S. 188 - 194.

MEHLER, Andreas (1995a): Kamerun 1994, **in:** Hofmeier, Rolf / Institut für Afrika-Kunde (Hrsg.): Afrika - Jahrbuch 1994, Hamburg, S. 182 - 188.

MEHLER, Andreas (1995b): Politische Hindernisse der Strukturanpassung in Kamerun, **in:** Betz, Joachim (Hrsg.): Politische Restriktionen der Strukturanpassung in Entwicklungsländern, Schriften des Deutschen Übersee-Instituts 30, Hamburg, S. 295 - 307.

MEIER, Gerald M./ STEEL, William F. (Hrsg.) (1989): Industrial Adjustment in Sub-Saharan Africa, (Published for the World Bank), Oxford.

MEILINK, Henk A. (1988): Food Price Policy and Food Production in Cameroon, Conference on the Political Economy of Cameroon: Historical Perspectives, Leiden.

MIAFFO, Dieudonné / WARNIER, Jean-Pierre (1993): Accumulation et éthos de la notabilité chez les Bamiléké, **in:** Geschiere, Peter / Konings, Piet (Hrsg.): Itinéraires d'accumulation au Cameroun, Paris / Leiden, S. 33 - 70.

MORRIS, Cynthia Taft / ADELMAN, Irma (1989): Nineteenth - Century Development Experience and Lessons for Today, **in:** World Development 17, Nr. 9, S. 1417-1432.

MTM (Marchés Tropicaux et Mediterranéens) (1992): Cameroun, Redaktion: Christine Gilguy, 11. décembre 1992, S. 3282 - 3342.

MTM (Marchés Tropicaux et Mediterranéens) (1994): Cameroun 1994, 15. avril 1994, S. 748 - 784.

MTM (Marchés Tropicaux et Mediterranéens) (1995): Spécial Cameroun, Redaktion: Christine Gilguy, 8. décembre 1995, S. 2703 - 2755.

MTM (Marchés Tropicaux et Mediterranéens): Kurzmeldungen vom 10. Juli 1992 bis 1. Sept. 1995.

MUMMERT, Uwe (1995): Informelle Institutionen und ökonomische Analyse, Diskussionsbeitrag 02/95 - Max-Planck-Institut zur Erforschung von Wirtschaftssystemen, Jena.

MURPHY, Kevin M. / SHLEIFER, Andrei / VISHNY, Robert W. (1993): Why Is Rent-Seeking So Costly to Growth?, **in:** American Economic Review; Papers and Proceedings 83, Nr. 2, S. 409 - 414.

MYHRMAN, Johan (1989): The New Institutional Economics and the Process of Economic Development, **in:** Journal of Institutional and Theoretical Economics (JITE) 145, Nr. 1, S. 38 - 58.

NABLI, Mustapha K. / NUGENT, Jeffrey B. (1989a): The New Institutional Economics and Its Applicability to Development, **in:** World Development 17, Nr. 9, S. 1333 - 1347.

NABLI, Mustapha K. / NUGENT, Jeffrey B. (1989b): The New Institutional Economics and Economic Development - An Introduction, **in:** Nabli, Mustapha K. / Nugent, Jeffrey B. (Hrsg.): The New Institutional Economics and Development - Theory and Applications to Tunisia, Amsterdam - New York, S. 3 - 33.

NABLI, Mustapha K. / NUGENT, Jeffrey B. (1989c): Collective Action, Institutions and Development, **in:** Nabli, Mustapha K. / Nugent, Jeffrey B. (Hrsg.): The New Institutional Economics and Development - Theory and Applications to Tunisia, Amsterdam - New York, S. 80 - 137.

NABLI, Mustapha K. / NUGENT, Jeffrey B. (1989d): The New Institutional Economics and Development - Concluding Remarks, **in:** Nabli, Mustapha K. / Nugent, Jeffrey B. (Hrsg.): The New Institutional Economics and Development - Theory and Applications to Tunisia, Amsterdam - New York, S. 438 - 448.

NDONGKO, Wilfred A. (1986): The Political Economy of Development in Cameroon: Relations between the State, Indigenous Business, and Foreign Investors, **in:** Schatzberg, Michael G. / Zartman, I. William (Hrsg.): The Political Economy of Cameroon, New York, S. 83 - 110.

NDONGKO, Theresa M. (1989): Human Resource Management in Cameroon - A Critical Overview, **in:** Cahiers Africains d'Administration Publique 33, S. 11 - 36.

NGOGANG, Samuel (1982): Eine Struktur für dezentralisierte geldpolitische Impulsentscheidungen - Die Geldpolitik Kameruns in der Franc-Zone, Giessen.

NIDA, Elie (1986): Le commerce extérieur du Cameroun depuis l'indépendance: Bilan-diagnostic et incidence sur le développement, **in:** Revue camerounaise de management 1986, Nr. 3/4, S. 56 - 125.

NJOMO, Emmanuel N. (1992): On Belonging to a Monetary Union: A Cliometric Review of Cameroon's Membership in the Franc-Zone, George Mason University.

NORTH, Douglass C. (1988): Ideology and Political / Economic Institutions, **in:** Cato Journal 8, Nr. 1, S. 15 - 28.

NORTH, Douglass C. (1989): Institutions and Economic Growth: An Historical Introduction, **in:** World Development 17, Nr. 9, S. 1319 - 1332.

NORTH, Douglass C. (1990): Institutions, Institutional Change and Economic Performance, Cambridge.

NORTH, Douglass C. (1993a): Institutions and Credible Commitment, **in:** Journal of Institutional and Theoretical Economics (JITE) 149, Nr. 1, S. 11 - 23.

NORTH, Douglass C. (1993b): Institutions and Economic Performance, **in:** Mäki, Uskali et al. (Hrsg.): Rationality, Institutions and Economic Methodology, London and New York, S. 242 - 261.

NORTH, Douglass C. / WALLIS, John J. (1994): Integrating Institutional Change and Technical Change in Economic History - A Transaction Cost Approach, **in:** Journal of Institutional and Theoretical Economics (JITE) 150, Nr. 4, S. 609 - 624.

NSOULI, Saleh M. (1993): Strukturanpassung in Afrika südlich der Sahara, **in:** Finanzierung und Entwicklung 30, Nr. 3, S. 20 - 23.

NYEMBA AMBELA, Jean (1992): Développement rural au Cameroun: Et si les paysans le concevaient autrement?, **in:** Africa Development 17, Nr. 4, S. 29 - 45.

NZZ (Neue Züricher Zeitung) 31.10.1992: „Verhärtung der Fronten nach Kameruns Wahlen".

NZZ (Neue Züricher Zeitung) 20.9.1993: „Unselige Erbteilungen in Bismarcks Afrika".

NZZ (Neue Züricher Zeitung) 22.9.1993: „Ungebrochene Autokratie Biyas in Kamerun".

NZZ (Neue Züricher Zeitung) 25.9.1993: „Kameruns Demokraten geben nicht auf".

OBERENDER, Peter (1989): Der Einfluß ordnungstheoretischer Prinzipien Walter Euckens auf die deutsche Wirtschaftspolitik nach dem Zweiten Weltkrieg: Eine ordnungspolitische Analyse, **in:** ORDO 40, S. 321 - 350.

OEFNER, Stefan (1990): Theorien zur Erklärung von Entwicklung und Unterentwicklung - ein methodologisches Raster, Darmstadt.

OLSON, Mancur (1965): Some Social and Political Implications of Economic Development, **in:** World Politics 17, Nr. 3, S. 525 - 554.

OLSON, Mancur (1987): Diseconomies of Scale and Development, **in:** Cato Journal 7, Nr. 1, S. 77 - 97.

OSTROM, Elinor (1986): An Agenda for the Study of Institutions, **in:** Public Choice 48, S. 3 - 25.

OUDEN, Jan H. B. den (1987): In Search of Personal Mobility: Changing Interpersonal Relations in two Bamileke Chiefdoms - Cameroon, **in:** Africa 57, Nr. 1, S. 3 - 27.

OUDEN, Jan H.B. den (1988): Stagnation et dynamisme - Morcellement de la terre et l'exode rurale dans deux chefferies Bamiléké - Cameroun, Conference on the Political Economy of Cameroon: Historical Perspectives, Leiden.

PACK, Howard (1993): Produktivity and Industrial Development in Sub-Saharan Africa. **in:** World Development 21, Nr. 1, S. 1 - 16.

PELTZER, Roger (1994): Der Fall Kamerun: Erste Auswirkungen und Perspektiven der FCFA - Abwertung, **in:** Afrika Spektrum 1994, Nr. 2, S. 207 - 215.

PETERS, H.-R. (1988): Sektorale Strukturpolitik, 1. Aufl., München - Wien.

PICARD, Louis A. / LIVIGA, Athumani J. / GARRITY, Michelle (1994): Sustainable Policies, Management Capacity, and Institutional Development, **in:** Picard, Louis A. / Garrity, Michelle (Hrsg.): Policy Reform for Sustainable Development in Africa - The Institutional Imperative, Boulder - London, S. 113 - 126.

PIES, Ingo (1993): Normative Institutionenökonomik - Zur Rationalisierung des politischen Liberalismus, Tübingen.

PIO, Alessandro (1994): New growth Theory and Old Development Problems: How Recent Developments in Endogenous Growth Theory Apply to Developing Countries, **in:** Development Policy Review 12, S. 277 - 300.

PLANE, Patrick (1992): De la crise a l'assainissement: Le difficile cheminement des services publics africains (Cameroun, Niger et Senegal), **in:** Mondes en développement 20, Nr. 77/78, S. 149 - 157.

PRIDDAT, Birger P. (1995): Ökonomie und Geschichte: Zur Theorie der Institutionen bei D.C. North, **in:** Priddat, Birger P. (Hrsg.): Neuorientierungen in der ökonomischen Theorie, Marburg, S. 205 - 239.

RAMSER, Hans Jürgen (1993): Grundlagen der „neuen“ Wachstumstheorie, **in:** Wirtschaftswissenschaftliches Studium 22, Heft 3, S. 117 - 123.

REPUBLIQUE DU CAMEROUN (1992): Annuaire National 1992, Yaoundé.

REUTER, Norbert (1994): Institutionalismus, Neo-Institutionalismus, Neue Institutionelle Ökonomie und andere „Institutionalismen“, **in:** Zeitschrift für Wirtschafts- und Sozialwissenschaften (ZWS), Vol. 114, S. 5 - 23.

RIBHEGGE, Herman (1991): Der Beitrag der Neuen Institutionenökonomik zur Ordnungspolitik, **in:** Jahrbuch für Neue Politische Ökonomie 10, Tübingen, S. 38 - 60.

RICHTER, Rudolf (1990): Sichtweise und Fragestellungen der Neuen Institutionenökonomik, **in:** Zeitschrift für Wirtschafts- und Sozialwissenschaften 110, S. 571 - 591.

RICHTER, Rudolf (1994): Institutionen ökonomisch analysiert - zur jüngeren Entwicklung auf einem Gebiet der Wirtschaftstheorie, Tübingen.

RICHTER, Rudolf / BINDSEIL, Ulrich (1995): Neue Institutionenökonomik, **in:** Wirtschaftswissenschaftliches Studium 24, Heft 3, S. 132 - 140.

RIDDEL, Roger C. (Hrsg.) (1990): Manufacturing Africa - Performance & Prospects of 7 Countries in sub-Saharan Africa, London / Portsmouth.

RIESE, Hajo (1986): Entwicklungsstrategie und ökonomische Theorie - Anmerkungen zu einem vernachlässigten Thema, **in:** Ökonomie und Gesellschaft 4 - Entwicklungsländer und Weltmarkt, Frankfurt, S. 157 - 196.

RODRIK, Dani (1993): The Positive Economics of Policy Reform, **in:** American Economic Review; Papers and Proceedings 83, Nr. 2, S. 356 - 361.

ROHDE, Eckart (1990): Chefferie Bamiléké - traditionelle Herrschaft und Kolonialsystem - eine Studie zu den Veränderungsprozessen im Herrschafts- und Gesellschaftssystem der Bamiléké-Völker in West-Kamerun, Münster / Hamburg.

ROMER, Paul M. (1990): Endogenous Technological Change, **in:** Journal of Political Economy 98, S. S71 - S102.

ROMER, Paul M. (1994): The Origins of Endogenous Growth, **in:** Journal of Economic Perspectives 8, Nr. 1, S. 3 - 22.

ROTHCHILD, Donald / CHAZAN, Naomi (Hrsg.) (1988): The Precarious Balance: State and Society in Africa, Boulder.

ROWLANDS, Michael (1993): Accumulation and the Cultural Politics of Identity in the Grassfields, **in:** Geschiere, Peter / Konings, Piet (Hrsg.): Itinéraires d'accumulation au Cameroun, Paris / Leiden, S. 71 - 98.

RUTTAN, Vernon W. (1988): Cultural Endowments and Economic Development: What Can We Learn from Anthropology?, **in:** Economic Development and Cultural Change 36, S. S247 - S271.

RUTTAN, Vernon W. (1991): What Happened To Political Development?, **in:** Economic Development And Cultural Change 39, Nr. 2, S. 265 - 292.

RUTTAN, Vernon W. / HAYAMI, Yujiro (1984): Toward a Theory of Induced Institutional Innovation, **in:** Journal of Development Studies 20, S. 203 - 223.

SAHN, David E. (Hrsg.) (1994): Adjusting to Policy Failure in African Economies, New York.

SANDBROOK, Richard (1986): The State and Economic Stagnation in Tropical Africa, **in:** World Development 14, Nr. 3, S. 319 - 332.

SANDBROOK, Richard / BARKER, Judith (1985): The Politics of Africa's Economic Stagnation, Cambridge.

SAVVIDES, Andreas (1995): Economic Growth in Africa, **in:** World Development 23, Nr. 3, S. 449 - 458.

SCHAMP, Eike W. (1987): Einheimische Unternehmer im Industrialisierungsprozeß - Das Beispiel Kamerun, **in:** Die Erde 118, S. 93 - 107.

SCHAMP, Eike W. (1988): Zur Neuentdeckung des Kleinunternehmers in der Entwicklungsstrategie - Wachstumsbedingungen und Gewerbepolitik in Kamerun, **in:** Zeitschrift für Wirtschaftsgeographie 32, Heft 2, S. 88 - 95.

SCHATZBERG, Michael G. (1986): The Metaphors of Father and Family, **in:** Schatzberg, Michael G. / Zartman, I. William (Hrsg.): The Political Economy of Cameroon, New York, S. 1 - 19.

SCHATZBERG, Michael G. / ZARTMAN, I. William (Hrsg.) (1986): The Political Economy of Cameroon (Praeger Special Studies), New York.

SCHLARB, Axel (1990): Wirtschaftskrise, Ordnungspolitik und wirtschaftspolitische Beratung, **in:** Schlarb, Axel (Hrsg.): Die Bedeutung der Ordnungspolitik für den wirtschaftlichen Anpassungsprozeß in Entwicklungsländern: Beiträge einer DSE - Tagung, 1. Auflage, Baden - Baden, S. 13 - 26.

SCHMIDT, Reinhard H. (1986): Credit Supply, Self-help, and the Survival of Financial Institutions in Developing Countries. **in:** Jahrbuch für Neue Politische Ökonomie 5, 1986, S. 262 - 279.

SCHMIDT, Siegmar (1995): Strukturanpassung und Transitionsprozesse in Afrika, **in:** Betz, Joachim (Hrsg.): Politische Restriktionen der Strukturanpassung in Entwicklungsländern, Schriften des Deutschen Übersee-Instituts 30, Hamburg, S. 123 - 156.

SCHMIDTCHEN, Dieter (1989): Evolutorische Ordnungstheorie oder: Die Transaktionskosten und das Unternehmertum, **in:** ORDO 40, S. 161 - 182.

SCHÜLLER, Alfred (1988): Ökonomik der Eigentumsrechte in ordnungstheoretischer Sicht, **in:** Cassel, Dieter et al. (Hrsg.): Ordnungspolitik, München, S. 155 - 183.

SCOTT, Maurice FitzGerald (1989): A New View of Economic Growth, Oxford.

SCOTT, Maurice FitzGerald (1993): Explaining Economic Growth, **in:** American Economic Review; Papers and Proceedings 83, Nr. 2, S. 421 - 425.

SCULLY, Gerald W. (1988): The Institutional Framework and Economic Development, **in:** Journal of Political Economy 96, Nr. 3, S. 652 - 662.

SEN, Amartya (1983): Development: Which Way Now?, **in:** Economic Journal 93, S. 745 - 762.

SEN, Amartya (1988): The Concept of Development, **in:** Chenery, Hollis / Srinivasan, T.N. (Hrsg.): Handbook of Development Economics I, Amsterdam - New York, S. 9 - 26.

SIMON, Herbert A. (1979): Rational Decision Making in Business Organizations, **in:** American Economic Review 69, Nr. 4, S. 493 - 513.

SOLOW, Robert M. (1991): New Directions in Growth Theory, **in:** B.Gahlen et al (Hrsg.): Wachstumstheorie und Wachstumspolitik - Ein neuer Anlauf, Tübingen, S. 3 - 17.

SOOTH, Christian Paul (1992): Entstehungs- und Entwicklungsbedingungen staatlicher Systeme sozialer Sicherung in Afrika - Senegal, Kamerun, Mauritius und Gabun im Vergleich, Hamburg.

Der Spiegel, 3.2.1992: „Toter Fuß“.

STBA (Statistisches Bundesamt) (1988): Länderbericht Kamerun 1987, Wiesbaden.

STBA (Statistisches Bundesamt) (1993): Länderbericht Kamerun 1992, Wiesbaden.

STEIN, Howard (1994): Theories of Institutions and Economic Reform in Africa, **in:** World Development 22, Nr. 12, S. 1833 - 1849.

STEIN, Howard / WILSON III, Ernest J. (1993): The Political Economy of Robert Bates: A Critical Reading of Rational Choice in Africa, **in:** World Development 21, Nr. 6, S. 1035 - 1053.

STERN, Nicholas (1989): The Economics of Development: A Survey, **in:** The Economic Journal 99, S. 597 - 685.

STERN, Nicholas (1991): The Determinants of Growth, **in:** The Economic Journal 101, S. 122 - 133.

STIGLITZ, Joseph E. (1989a): Rational Peasants, Efficient Solutions, and a Theory of Rural Organization: Methodological Remarks for Development Economics, **in:** Bardhan, Pranab (Hrsg.): The Economic Theory of Agrarian Institutions, Oxford, S. 18 - 30.

STIGLITZ, Joseph E. (1989b): Markets, Market Failures, and Development, **in:** American Economic Review; Papers and Proceedings 79, Nr. 2, S. 197 - 203.

STOKEY, Nancy L. (1988): Learning by Doing and the Introduction of New Goods, **in:** Journal of Political Economy 96, Nr. 4, S. 701 - 717.

STREIT, Manfred E. (1988): Freiheit und Gerechtigkeit - Ordnungspolitische Aspekte zweier gesellschaftlicher Grundwerte, **in:** ORDO 39, S. 33 - 53.

STREIT, Manfred E. / WEGNER, Gerhard (1989): Wissensmangel, Wissenserwerb und Wettbewerbsfolgen - Transaktionskosten aus evolutorischer Sicht, **in:** ORDO 40, S. 183 - 200.

SUMMERS, Lawrence H. / PRITCHETT, Lant H. (1993): The Structural - Adjustment Debate, **in:** American Economic Review - Papers and Proceedings 83, Nr. 2, S. 383 - 389.

TABI ABODO, A. (1986): Perspectives du VIe Plan - Enjeu et défi à relever en matière de valorisation des ressources humaines, **in:** Revue camerounaise de management 1986, Nr. 3/4, S. 211 - 220.

die tageszeitung 13.5.1992, Dominic Johnson: „Kameruns ehemaliger Top-Bankier packt aus“.

die tageszeitung 1.3.1994, Dominic Johnson: „Hilfe für einen alten Freund“.

TCHALA ABINA, Francois (1988): De l'indépendance à la dépendance - étude de l'évolution des relations sociales de production dans le secteur agricole au Cameroun de 1960 - 1987, Conference on the Political Economy of Cameroon: Historical Perspectives, Leiden.

TCHATCHOUANG, Jean-Claude (1991): Pour le financement du secteur informel, **in:** Banque des Etats de l'Afrique Centrale (Hrsg.): Etudes et statistiques 187, S. 259 - 278.

TETZLAFF, Rainer (1991): Überlegungen zur „Entstaatlichung“ afrikanischer Gesellschaften - ein Ausweg aus der Krise?, **in:** Freyhold, Klaus von / Tetzlaff, Rainer (Hrsg.): Die „afrikanische Krise“ und die Krise der Entwicklungspolitik, Münster / Hamburg, S. 19 - 39.

TIETZEL, Manfred (1990): Der Neue Institutionalismus auf dem Hintergrund der alten Ordnungstheorie, **in:** Diskussionsbeiträge des Fachbereichs Wirtschaftswissenschaft der Universität - Gesamthochschule - Duisburg, Nr. 135.

TOYE, John (1993): The New Institutional Economics and its Implications for Development Theory, **in:** Martinussen, John (Hrsg.): New Institutional Economics and Development Theory, Roskilde, S. 33 - 54.

UN (United Nations) (1984): International Trade Statistics Yearbook 1982, Volume I - Trade by Country, New York.

UN (United Nations) (1994a): National Accounts Statistics: Main Aggregates and Detailed Tables 1992, Part I, New York.

UN (United Nations) (1994b): Handbook of International Trade and Development Statistics 1993, New York / Genf.

UN (United Nations) (1995): International Trade Statistics Yearbook 1993, Volume I - Trade by Country, New York.

UN (United Nations): Monthly Bulletin of Statistics (letzte verwendete Ausgabe: Januar 1996), New York.

UNDP (United Nations / Development Programme) (1995): Bericht über die menschliche Entwicklung 1995, Bonn.

UNIDO (United Nations Industrial Development Organization) (1990): Cameroon - Coping with Reduced Oil Revenue, Industrial Development Review Series, Wien.

VANBERG, Victor J. (1993): Rational Choice vs. Adaptive Rule-following: on the Behavioral Foundations of the Social Sciences, **in:** Jahrbuch für Neue Politische Ökonomie 12, S. 93 - 110.

WAGNER, Helmut: (1993): Wachstum und Entwicklung: Theorie der Entwicklungspolitik, 1. Aufl., München - Wien.

WALLE, Nicolas Pierre van de (1990): The Political Economy of Agricultural Reform in Cameroon, Princeton University.

WALLER, Peter P. (1991): Internationale Unterstützung des Reformprozesses in Entwicklungsländern im Rahmen von Auflagenpolitik und Politikdialog - Das Beispiel patrimonialer Regime in Afrika, **in:** Sautter, Hermann (Hrsg.): Wirtschaftspolitische Reformen in Entwicklungsländern - Schriften des Vereins für Socialpolitik N.F. 209, Berlin, S. 191 - 212.

WALTER, Helmut (1983): Wachstums- und Entwicklungstheorie, Stuttgart / New York.

WARNIER, Jean-Pierre (1993): L'esprit d'entreprise au Cameroun, Paris.

WARNIER, Jean-Pierre (1994): La bigarrure des patrons camerounais, **in:** La réinvention du capitalisme, Paris, S. 175 - 201.

WAUTELET, Jean-Marie (1990): Cameroun - accumulation et développement 1960 - 1990, **in:** Mondes en développement 18, Nr. 69, S. 75 - 85.

WEISS, Dieter (1987): Der informelle Sektor in den Metropolen der Entwicklungsländer - Konzeptionelle Ansätze zu einer Neuorientierung von Regelungspolitiken, **in:** Konjunkturpolitik 33, Heft 2, S. 99 - 115.

WILBER, Charles K. (Hrsg.) (1988): The political economy of development and underdevelopment, New York, 4. Auflage.

WILKENS, Herbert (1990): Wirtschaftliche Situation und ordnungspolitische Perspektiven in Schwarzafrika, **in:** Axel Schlarb (Hrsg.): Die Bedeutung der Ordnungspolitik für den wirtschaftlichen Anpassungsprozeß in Entwicklungsländern: Beiträge einer DSE - Tagung, 1. Auflage, Baden - Baden, S. 243 - 268.

WILLAME, Jean-Claude (1986): The Practices of a Liberal Political Economy: Import and Export Substitution in Cameroon (1975 - 1981), **in:** Schatzberg, Michael G. / Zartman, I. William (Hrsg.): The Political Economy of Cameroon, New York, S. 111-132.

WILLIAMSON, Oliver E. (1985): The Economic Institutions of Capitalism - Firms, Markets, Relational Contracting, New York / London.

WTO (World Trade Organization / Secretariat) (1995): Trade Policy Review Body - Cameroon, **in:** WTO (Hrsg.): World Trade and Arbitration Materials, Bd. 7, S. 7-18.

WORLD BANK (1989a): Sub-Saharan Africa - From Crisis to Sustainable Growth, Washington D.C.

WORLD BANK (1989b): World Tables 1988-89, Washington D.C.

WORLD BANK (1990): World Debt Tables 1990-91, Vol. 2, Washington D.C.

WORLD BANK (1991): World Tables 1991, Washington D.C.

WORLD BANK (1992): African Development Indicators, Washington D.C..

WORLD BANK (1994a): World Debt Tables 1994-95, Vol. 2, Washington D.C.

WORLD BANK (1994b): World Bank Atlas 1995, Washington D.C.

WORLD BANK (1994c): Weltentwicklungsbericht 1994, Washington D.C.

WORLD BANK (1994d): World Tables 1994, Washington D.C.

WORLD BANK (1995): World Bank Atlas 1996, Washington D.C.

YONDO, Marcel (1986): Le financement des petites et moyennes entreprises camerounaises, **in:** Revue camerounaise de management 1986, Nr. 3/4, S. 161 - 174.

Wolfgang Hermann Müller

Prinzipien wirtschaftlichen Handelns und ihre Anwendung

Umriß einer Wirtschaftsphilosophie

Frankfurt/M., Berlin, Bern, New York, Paris, Wien, 1996. 145 S., 1 Abb.
ISBN 3-631-30477-3 · br. DM 48.–*

Die enge Verbindung von Wirtschaft und Weltgeschehen verlangt nach einer exakten Untersuchung ihrer Notwendigkeit, Möglichkeiten und Grenzen. Die Ökonomie wird auf ihre erlernbaren theoretischen Prinzipien, die Möglichkeiten ihrer Anwendung und die Bedingungen ihrer praktischen Durchsetzbarkeit hin untersucht. Ergebnis ist eine gründliche Neubestimmung des Verhältnisses von Theorie, Anwendung und Praxis. Die historisch bekannten Wirtschaftsschulen und -richtungen werden auf ihren Geltungsanspruch hinterfragt. Politische und ideologische Rahmenbedingungen werden in ihrem Einfluß auf Privat- und Gemeinwirtschaft erläutert und Modelle zur Überprüfung von Wirtschaftspolitik und Wirtschaftsethik aufgezeigt.

Aus dem Inhalt: Wissenschaftsanspruch, Definition und Methoden der Ökonomie · Einfluß von politischen und ideologischen Rahmenbedingungen · Privat- und Gemeinwirtschaft · Wirtschaftsschulen und Wirtschaftsmodelle · Wirtschaftsrecht und Wirtschaftsethik · Ökonomische Begriffsbildung und Wissenschaft · Ökonomie und Philosophie

Kolibri 360 GmbH
Ferdinand-Jühlke-Straße 7
99095 Erfurt, Deutschland
produktsicherheit@kolibri360.de

Druck:
CPI Druckdienstleistungen GmbH
im Auftrag der
Kolibri 360 GmbH
Ferdinand-Jühlke-Str. 7
99095 Erfurt